KB175198

대규모기업집단 소유지분도

2 0 1 2 - 2 0 2 1

2

대규모기업집단 소유지분도 10년

2012-2021

2

김동운 지음

지은이의 말

이 책은 '대규모기업집단 소유지분도 10년 역사' 안내서이다. '한국의 대규모기업집단·재벌 역사 기초자료 구축 프로젝트'의 세 번째 결과물이다. 이전의 관련 두 저서는 다음과 같다: <한국의 대규모기업집단 30년, 1987-2016> (1·2권, 2019년 2월); <한국재벌과 지주회사체제 20년, 2000-2019> (2020년 6월).

분석 대상은 2012년부터 2021년까지 10년 동안 작성된 97개 대규모기업집단의 625개 소유지분도이다. 83개 사기업집단 지분도가 568개, 14개 공기업집단 지분도가 57개이다. 사기업집단은 2012-2021년의 10년 기간에, 공기업집단은 2012-2016년의 5년 기간에 관련되어 있다. 10년 내내 작성된 42개 사기업집단 지분도가 420개, 나머지 55개 사기업·공기업집단 지분도가 205개이다.

10년 개근한 집단 중에는, 5대 재벌인 삼성, 현대자동차, SK, LG 및 롯데가 있고, 2020년 즈음에 집단 이름이 영어로 변경된 DB, DL 및 HDC가 있으며, 동일인이 법인이면서 상위 순위를 유지한 POSCO, 농협 및 KT 그리고 동일인이 외국계 법인인 S-Oil과 한국GM도 있다. 또, 4-6년 동안 관련된 집단에는 IT재벌인 카카오, 네이버, 넥슨 및 넷마블이 포함되어 있으며, 공기업집단 1·2위인 한국전력공사와 한국토지주택공사도 포함되어 있다.

대규모기업집단의 소유지분도(所有持分圖)는 '기업집단 소속 계열회사들의 소유관계를 갖가지 색깔의 그림으로 설명한 도해(圖解)'이다. 소유하고 소유되는 관계는 화살표로 연결되어 있고, 여기에 소유의 크기를 나타내는 지분율이 표시되어 있다. 1개 집단의 1개 연도 소유 현황이 1개 쪽에 '멋진 그림'으로 일목요연하게 정돈되어 있어 한눈에 쏙 들어온다.

기업집단은 계열회사(系列會社)로 불리는 기업들의 모임이며, 이들을 동일 계열로 묶는 핵심 요소가 소유관계이다. 소유의 정점에는 계열회사들을 실질적으로 지배하는 주체인 동일인(同一人)이 자리 잡고 있는데, 대부분은 자연인 즉 개인이고 일부는 법인이다. 자연인인 동일인은 흔히 오너(owner) 또는 총수로 불리며, 오너가 지배하는 기업집단이 다름 아닌 재벌(財閥)이다. 따라서 동일인을 중심으로 전개되는 특유의 '소유방정식'을 정확하게 파악하는 것은 기업집단·재벌을 제대로 이해하기 위한 필수요건이며, 이 과정에서 지도, 등대 또는 나침반의 역할을 하는 것이 바로 소유지분도이다.

대규모기업집단은 기업집단 중 규모가 큰 집단이다. 한국경제의 중심축을 담당해 오고 있는 주역이며, 그 비중과 영향력이 매우 큰 점 때문에 1987년 대규모기업집단지정제도가 도입되어 공정거래위원회가 이들 집단을 특별히 관리해 오고 있다. 관리 사항 중 중요한 위치를 차지하는 것이 '소유 현황'이다. 소유지배는 경영지배 및 사업지배로 이어져 집단의 운명을 좌우할 수 있기 때문이다. 2004년부터는 보다 다양한 소유구조 정보가 공개되었으며, 이의 연장선상에서 2012년 처음으로 소유지분도가 등장하였다. 이후 2021년까지 10년 동안 매년 지정 집단 수만큼인 57-71개씩, 총 625개의 지분도가 작성되었다.

이 책에서는 연도별·집단별로 작성된 97개 집단의 625개 소유지분도를 집단별·연도별로 재구성하고 분석하면서 '안내 설명'을 덧붙였다. 집단별로 지분도가 시간의 흐름에 따라 어떻게 변해 왔는지 그리고 집단 간에 지분도가 어떤 공통점·차이점을 보이는지를 일목요연하게 파악함으로써 '대규모기업집단 소유지배구조'의 심층적인 연구를 위한 유용한 참고자료가 될 수 있도록 구성하였다. 1권에는 연구의 전반적인 내용과 지분도에 나타난 소유구조의 주요 특징을 정리하였으며, 2·3권에는 625개 지분도 그림 및 안내 설명을 수록하였다.

미진한 부분들을 뒤로 하고 원고를 마무리하고 보니 두려움이 앞선다. 따끔한 지적 그리고 따뜻한 격려를 부탁드린다. 이 종이책에는 아쉽게도 소유지분도가 흑백으로 인쇄되어 있는데, 전자책을 통해 원고에 담은 천연색 지분도가 독자들에게 전달될 수 있기를 기대해 본다. 천연색 원본 지분도는 기업집단포털(www.egroup.go.kr)에서 이용 가능하다. 꼼꼼하고 정성스럽게 책을 만들어 주신 출판사 여러분들께 진심으로 감사드린다.

2022년 5월 10일 화요일

20대 대통령 취임식 날

김 동 운

차례

제3장 97개 기업집단: 소유지분도 – (1) 19개 사기업집단 [ㄱ – ㄷ] · 49

제4장 97개 기업집단: 소유지분도 – (2) 12개 사기업집단 [ㄹ – ㅅ] · 235

표 차례

제1장

대규모기업집단과 소유지분도: 개관

1. 대규모기업집단과 소유지분도

'백문(百聞)이 불여일견(不如一見)', 'A picture is worth a thousand words'. 두 속담을 직역(直譯)하면 이렇다: 백 번 듣는 것은 한 번 보는 것과 같지 않다, 한 개 그림은 천 개 단어의 가치가 있다. 의미를 풀어보면 다음과 같다: 말로만 듣고 글로만 읽는 것보다는, 말과 글의 내용이 관련된 상황을 몸소 체험하거나 내용의 핵심이 담긴 시각화(視覺化)된 자료를 볼 때, 내용이 보다 잘 와닿을 수 있다.

대규모기업집단의 소유지분도(所有持分圖)는 이들 속담 특히 두 번째 속담에 딱 들어맞는 '멋진 그림'이다. 기업집단을 구성하는 회사들의 소유관계를 갖가지 색깔의 그림으로 설명한 도해(圖解)이다. 소유하고 소유되는 관계는 화살표로 연결되어 있고, 여기에 지분 즉 소유의 크기를 나타내는 비율이 표시되어 있다. 1개 집단의 1개 연도 소유 현황이 1개 쪽에 일목요연(一目瞭然)하게 정돈되어 있어 한눈에 쏙 들어온다.

기업집단은 계열회사(系列會社)로 불리는 기업들의 모임이며, 이들을 동일 계열로 묶는 핵심 요소가 '소유관계'이다. 소유의 정점에는 계열회사들을 실질적으로 지배하는 주체인 동일인(同一人)이 자리 잡고 있는데, 대부분은 자연인(自然人; 개인)이고 일부는 법인(法人; 회사 또는 단체)이다. 자연인인 동일인은 흔히 오너(owner; 소유자) 또는 총수(總帥)라고 불리며, 오너가 지배하는 기업집단은 재벌(財閥)로 불린다. 따라서 동일인을 중심으로 전개되는 특유의 '소유방정식'을 정확하게 파악하는 것은 기업집단을 제대로 이해하기 위한 필수 요건이며, 이 과정에서 지도, 등대 또는 나침반의 역할을 하는 것이 바로 소유지분도이다.

대규모기업집단(2017년 9월 이후의 ‘공시대상기업집단’)은 기업집단 중 규모가 큰 집단이다. 한국경제의 중심축을 담당해 오고 있는 주역이며, 그 비중과 영향력이 매우 큰 점 때문에 1987년 대규모기업집단지정제도가 도입되어 공정거래위원회가 이들 집단을 특별히 관리해 오고 있다. 자산총액을 기준으로 2021년까지 35년 동안 매년 상위 30-79개씩의 집단이 지정되었으며, 2002-2016년의 15년 동안에는 사기업집단과 공기업집단이 함께, 나머지 20년 동안에는 사기업집단만 지정되었다 (<표 1.1>).

대규모기업집단에 대한 특별 관리 사항 중 중요한 위치를 차지하는 것이 ‘소유 현황’이다. 소유지배는 경영지배 및 사업지배로 이어져 집단의 운명을 좌우할 수 있기 때문이다. 2004년부터는 보다 상세한 소유지분구조 정보가 공개되었다.

1) 2003년까지는 회사별로 동일인 및 동일인 관련자(친인척, 임원, 비영리법인, 계열회사) 지분 공개; 2004년에는 ① 친인척을 4개 유형(배우자 및 혈족 1촌, 혈족 2-4촌, 혈족 5-8촌, 인척 4촌 이내)으로 세분화하여 지분 공개, ② 회사 간 출자관계를 매트릭스(출자회사와 피출자회사의 조합으로 된 행렬) 형태로 공개. 2) 투자자 및 이해관계자들에게 소유구조 정보를 투명하게 제공하여 시장참여자의 올바른 판단을 유도함으로써 시장 감시 기능을 강화하는 것이 목적.

이후 2011년까지 8년 동안 다양한 소유 현황 정보들이 발표되었으며, 그 연장선상에서 2012년에 처음으로 ‘소유지분도’가 등장하였다.

1) 소유지분도 개념: ‘기업집단 소속 동일인 및 계열회사 간 출자 현황(지분율)을 요약·정리한 도표’. 2) 출자관계 매트릭스는 내용이 방대하여 다소 이해하기 어려웠으며 가독성·활용성을 높이기 위해 출자관계를 한 장의 그림에 일목요연하게 정리한 지분도 작성. 3) 다음 4종류 포함 주요 사항 표기 - ① 동일인 및 계열회사 간 소유지분율(보통주·우선주 포함), ② 동일인 2세 보유 계열회사 주식, ③ 지주회사체제 소속 계열회사, ④ 상장(上場). 4) 주주·채권자 등 시장참여자들이 복잡한 소유지배구조를 일목요연하게 파악할 수 있으며, 이는 대기업집단 스스로 소유구조를 개선하도록 하는 시장압력으로 작용할 것으로 기대.

2012년부터 2021년까지 10년 동안 작성된 대규모기업집단 소유지분도는 총 625개, 관련 집단은 97개이다 (<표 1.1>).

첫째, 매년 작성된 소유지분도는 지정된 집단 수만큼인 57-71개씩이며, 총 625개이다. 사기업집단 지분도는 50-71개씩 568개, 공기업집단 지분도는 10-13개씩 57개이다. 사기업집단은 2012-2021년의 10년 동안, 공기업집단은 2012-2016년의 5년 동안 관련되어 있다.

〈표 1.1〉 대규모기업집단과 소유지분도, 2012-2021년

(1) 대규모기업집단, 1987-2021년 (개)

연도	사기업집단	공기업집단	합	연도	사기업집단	공기업집단	합
1987	32		32	2005	48	7	55
1988	40		40	2006	52	7	59
1989	43		43	2007	55	7	62
1990	53		53	2008	68	11	79
1991	61		61	2009	40	8	48
1992	78		78	2010	45	8	53
1993	30		30	2011	47	8	55
1994	30		30	2012	52	11	63
1995	30		30	2013	52	10	62
1996	30		30	2014	50	13	63
1997	30		30	2015	50	11	61
1998	30		30	2016	53	12	65
1999	30		30	2017	57		57
2000	30		30	2018	60		60
2001	30		30	2019	59		59
2002	34	9	43	2020	64		64
2003	42	7	49	2021	71		71
2004	45	6	51				

(2) 소유지분도 작성 집단, 2012-2021년: 97개 집단, 625개 지분도 (개)

'연도'별 집단 · 지분도 수			
연도	사기업 집단 (a)	공기업 집단 (b)	집단 · 지분도 수 (a+b)
2012	52	11	63
2013	52	10	62
2014	50	13	63
2015	50	11	61
2016	53	12	65
2017	57		57
2018	60		60
2019	59		59
2020	64		64
2021	71		71
지분도 총수	568	57	625
집단 총수	-	-	-

'지분도 연도 수'별 집단 · 지분도 수				
지분도 연도 수	a	b	집단 수 (a+b)	지분도 수
10	42		42	420
9	1		1	9
8	2		2	16
7	2		2	14
6	5		5	30
5	7	9	16	80
4	3	1	4	16
3	2	2	4	12
2	7		7	14
1	12	2	14	14
지분도 총수	-	-	-	625
집단 총수	83	14	97	-

(3) 97개 집단 이름

<table>
<tr><td rowspan="2">83개 사기업 집단</td><td>42개 집단 (10개 지분도 작성)</td><td>교보생명보험, 금호아시아나, 농협*, 대우건설*, 대우조선해양*, 동국제강, 두산, DB, DL, 롯데, 미래에셋, 부영, 삼성, 세아, CJ, 신세계, S-Oil*, SK, HDC, LS, LG, 영풍, OCI, 이랜드, GS, KCC, KT*, KT&G*, 코오롱, 태광, 태영, POSCO*, 하이트진로, 한국GM*, 한국타이어, 한라, 한진, 한화, 현대백화점, 현대자동차, 현대중공업, 효성</td></tr>
<tr><td>41개 집단 (9–1개 지분도 작성)</td><td>금호석유화학, 네이버, 넥슨, 넷마블, 다우키움, 대방건설, 대성, 대한전선, 동양, 동원, 메리츠금융, 반도홀딩스, 삼양, 삼천리, 셀트리온, 아모레퍼시픽, IS지주, IMM인베스트먼트, 애경, SM, STX, HMM*, MDM, 웅진, 유진, 장금상선, 중앙, 중흥건설, 카카오, KG, 코닝정밀소재*, 쿠팡*, 하림, 한국투자금융, 한국항공우주산업*, 한솔, 한진중공업, 현대, 현대해상화재보험, 호반건설, 홈플러스*</td></tr>
<tr><td>14개 공기업 집단</td><td>(5–1개 지분도 작성)</td><td>부산항만공사, 서울메트로, 서울특별시도시철도공사, SH공사, 인천국제공항공사, 인천도시공사, 한국가스공사, 한국도로공사, 한국석유공사, 한국수자원공사, 한국전력공사, 한국지역난방공사, 한국철도공사, 한국토지주택공사</td></tr>
</table>

주: 1) 집단 지정: 1987–2016년 4월, 2017년 5월 또는 9월, 2018–2021년 5월.
2) 동일인: [자연인] 70개 사기업집단, [법인] 27개 집단 (13개 사기업집단(*) + 14개 공기업집단).

둘째, 관련 집단은 매년 57-71개씩이며, 총 97개이다. 사기업집단은 10년 동안 50-71개씩 83개, 공기업집단은 5년 동안 10-13개씩 14개이다. 즉, 568개 사기업집단 지분도는 83개 집단의 지분도이며, 57개 공기업집단 지분도는 14개 집단의 지분도이다.

셋째, 각 집단별 소유지분도 수는 10개에서 1개 사이이다. 10년 동안 관련된 사기업집단의 지분도 수는 10-1개, 5년 동안 관련된 공기업집단의 지분도 수는 5-1개이다.

10개 지분도가 작성된 사기업집단은 42개, 지분도 총수는 420개이다. 집단 수 '42개'는 전체 사기업집단 83개 중에서는 절반 이상(51%)이고 전체 사기업·공기업집단 97개 중에서는 2/5 이상(43%)이다. 또, 지분도 수 '420개'는 전체 사기업집단 지분도 568개 중에서는 3/4가량(74%)이고 전체 사기업·공기업집단 지분도 625개 중에서는 2/3 이상(67%)이다.

9-1개 지분도 작성 집단은 각각 1-12개씩이다. 사기업집단 1-12개씩, 공기업집단 1-9개씩이다. 사기업집단 중에서는 1개 지분도 작성 집단이 12개로 가장 많고 그다음이 5개 및 2개 지분도 작성 집단(각각 7개씩), 6개 지분도 작성 집단(5개) 순이다. 공기업집단 중에서는 가장 많은 5개 지분도 작성 집단이 9개이며, 전체 14개 중 2/3가량(64%)을 차지하고 있다.

2. 연구의 범위

2.1 연구의 목적 및 범위

본 연구의 목적은 '한국의 대규모기업집단 소유지분도 10년 역사의 기초자료'를 구축하는 것이다. 연도별·집단별로 공정거래위원회가 작성한 지분도를 집단별·연도별로 재구성하고 '안내 설명'을 덧붙였다. 집단별로 지분도가 시간의 흐름에 따라 어떻게 변해 왔는지 그리고 집단 간에 지분도가 어떤 공통점·차이점을 보이는지를 일목요연하게 파악함으로써 '대규모기업집단 소유지배구조'의 심층적인 연구를 위한 유용한 참고자료가 될 수 있도록 구성하였다.

분석 대상은 2012-2021년의 10년 동안 97개 대규모기업집단과 관련하여 작성된 625개 소유지분도이다. 83개 사기업집단 지분도가 568개, 14개 공기업집단 지분도가 57개이며, 집단별 지분도는 각각 10-1개씩이다.

'소유지분도에 대한 안내'가 주목적이며, 그런 만큼 지분도 정보를 기준으로 분석을 진행하였으며 추가적인 소유구조 자료를 별도로 분석하지는 않았다. 1개 쪽의 지분도에는 다양한 정보가 압축적으로 제시되어져 있는데, 경우에 따라서는 이를 온전하게 파악하는 것이 쉽지만은 않다. 특히, 집단의 계열회사 수가 많고 1개 회사가 지분을 보유하는 다른 회사의 수가 여러 개이며 회사들 간에 순환출자가 형성되어 있는 경우에는 소유구조를 파악하는 것이 더더욱 어려워진다. 따라서 분석 내용에는 잠정적인 내용이 일부 포함되어 있으며 다소의 오류 또한 있을 수 있을 것으로 생각된다.

집단 관련 일반적인 사항에 대해서는 대규모기업집단 지정 등의 공정거래위원회 자료 그리고 사업보고서·감사보고서 등의 금융감독원 전자공시시스템 자료를 주로 활용하였다.

2.2 소유지분도에 담긴 정보

'1개 집단의 1개 연도 소유 현황을 압축적으로 나타내는 1쪽 소유지분도'에 담긴 정보는 '그림에 표시된 정보'와 '그림 밖 여백에 표시된 정보'로 구분된다. 연도별 그리고 집단별로 정보의 내용과 글·그림 표시 방식에 적지 않은 차이가 있다 (<표 1.2>).

<표 1.2> 소유지분도에 담긴 정보

그림에 표시된 정보	집단	1) 순위, 2) 이름
	소유관계	1) 동일인 이름, 2) 계열회사 이름, 3) 화살표 (소유관계), 4) 숫자 (지분율), 5) 기타
그림 밖 여백에 표시된 정보	범례(凡例)	1) 음영은 지주회사 등, 2) ★은 상장회사, 3) 기준 연월일, 4) 발행주식총수 기준, 5) 단위: %, 6) 기타
	주식 소유 현황	동일인 및 특수관계인의 계열회사에 대한 보유 지분
	주주 현황	계열회사 주주 및 보유 지분

2.2.1 그림에 표시된 정보

(1) [집단]

1) 순위: 2012-2016년에는 사기업집단과 공기업집단이 함께 지정되었으며, 순위는 이들 집단 전체 중에서의 순위; 이 책에서는 사기업집단과 공기업집단을 분리하여 각 집단 중에서의 순위를 표시함.

2) 이름: 거의 대부분 한글로 표기; 이 책에서는 일부 한글 이름을 영어로 표기함.

(2) [소유관계]

1) 동일인 이름: 자연인은 타원형으로, 법인은 사각형 또는 타원형으로 표시; 거의 대부분 맨 위쪽에 위치; 한글로 표기된 법인 이름 중 일부를 이 책에서는 영어로 표기함.

2) 계열회사 이름: 거의 대부분 한글로 표기, 사각형으로 표시, 상장회사인 경우 별표(★) 표시; 이 책에서는 일부 한글 이름을 영어로 표기함.

3) 화살표: 소유관계를 나타내는 기호; 동일인과 회사 사이 또는 회사와 회사 사이에 표시; 시작 부분에 소유하는 주체 위치, 끝 부분에 소유되는 대상 위치; 시작 부분에는 동일인 또는 1개 회사가 관련되고 끝 부분에는 1개 또는 2개 이상 회사가 관련됨.

4) 숫자: 동일인 또는 소유 회사가 다른 회사에 대해 보유하는 지분율 (%); 거의 대부분 소수점 한자리까지 표시, 주로 화살표 끝 부분에 위치.

5) 기타: 일부 집단의 일부 연도에는 추가 정보 포함; (KT) 회사 이름 밑 괄호에 자기주식 비율, (한국항공우주산업) 주식 수.

2.2.2 그림 밖 여백에 표시된 정보

(1) [범례(凡例)] 그림 관련 참고 사항, 괄호에 표시; 연도별·집단별로 항목 수와 표기 방식에 다소 차이가 있음, 2021년 현재 5개 항목.

1) '음영은 지주회사 등': 공정거래법상 지주회사 및 관련 계열회사는 사각형에 색깔을 넣어 음영 처리됨; 다른 표기 5종류 (음영은 지주회사체제; 음영은 지주회사 및 자회사, 손자회사; 음영은 지주회사 체제 내 회사; 음영은 지주사 체제 내의 계열회사; 음영: 지주회사 체제 계열사).

2) '★은 상장회사': 다른 표기 1종류 (★은 상장법인).

3) '기준 연월일(年月日)': 지분도 작성 기준 연월일; 2012-2016년 4월, 2017년 5월 또는 9월, 2018-2021년 5월.

4) '발행주식총수 기준': 지분율(%) 계산할 때 보통주와 우선주 합계를 기준; 다른 표기 6종류 (우선주 포함, 보통주+우선주 기준, 총발행주식수 기준, 총주식수 기준, 발행주식수 기준, 전체주식수 기준); (한화) 일부 연도에 '지분율 보통주 기준' 표시.

5) '단위: %'; {(동일인 또는 회사가 보유하는 다른 회사 주식 수) ÷ (다른 회사 발행주식총수)} x 100; 다른 표기 2종류 (지분율(%), 주식소유율(%)).

6) 기타: 일부 집단의 일부 연도에는 추가 정보 포함, 괄호 또는 여백에 표시.

- (네이버) 연두색 음영은 해외계열사.
- (농협) ♣ 사모투자전문회사.
- (롯데) ◎ 금융보험사.
- (CJ) ( )는 자기주식.
- (IMM인베스트먼트) 약어 (유) 유한회사, (주) 주식회사, (사) 사모투자합자회사; 빨간색 테두리: 자본시장법상 경영참여형 사모투자집합기구 (PEF), 노란색 테두리: 자본시장법상 투자목적회사 (SPC), 점선 테두리: 벤처투자촉진법상 벤처투자조합 (계열회사 아님).
- (태영) 회색 음영은 지주/자/손자회사, 회색 음영은 지주/자/손/증손회사; 회사명 주황음영: 우선주 보유, 회사명 초록음영: 우선주 보유.

- (한국항공우주산업) 파란 글씨: 주식 수(주).
- (효성) ◎ 금융보험사.

(2) [주식 소유 현황] 동일인 및 특수관계인(2세, 친족, 비영리법인·단체, 계열회사, 임원)의 계열회사에 대한 보유 지분; 박스 안에 주주 이름, 계열회사 이름, 지분율 등 표시; 다른 표기 1종류 (지분 현황).

(3) [주주 현황] 주요 계열회사의 주주 및 보유 지분; 박스 안에 주주 이름, 지분율 등 표시; 다른 표기 1종류 (주주).

2.3 분석 내용

책의 2·3권에 수록된 소유지분도 분석 내용은 '지분도 안내 설명'과 '지분도 그림'의 두 부분으로 구성되어 있으며, 안내 설명에는 '요약표'(2종류)와 '지분도 관련 주요 특징'(3개 항목)이 포함되어 있다. 개별 집단별로, 안내 설명 2-5쪽씩, 지분도 그림 1-10쪽씩, 합 3-15쪽씩이다. 97개 집단 전체로는, 안내 설명 285쪽, 지분도 그림 625쪽, 합 910쪽이다 (<표 1.3>).

책의 1권에서는 연구의 전반적인 내용 그리고 소유지분도에 나타난 97개 집단 소유구조의 주요 특징을 정리하였다.

2.3.1 요약표

(1) [요약표 1] 집단의 연도별 주요 지표 5-6종류.

1) 소유지분도 작성 연도인 '2012-2021년'에는 6개 지표 (동일인, 순위, 계열회사, 자산총액, 매출액, 당기순이익), 지분도 작성 이전 연도인 '1987-2011년'에는 동일인 제외 5개 지표; 집단 순위는 사기업집단 및 공기업집단 각각의 순위.

2) 집단 지정 기준 시점: 1987-2016년 4월, 2017년 5월 또는 9월, 2018-2021년 5월.

(2) [요약표 2] 소유구조; 관련 3개 사항 (주요 주주, 주요 지배 회사, 주요 계열회사).

〈표 1.3〉 소유지분도 분석 내용

<table>
<tr><td rowspan="3">요약표</td><td rowspan="2">요약표 1</td><td colspan="2">* 집단 지정 기준: 1987-2016년 4월, 2017년 5월 또는 9월,
2018-2021년 5월
* 집단 순위: 사기업집단, 공기업집단 각각의 순위</td></tr>
<tr><td colspan="2">집단의 연도별 주요 지표:
지분도 이전 (1987-2011년): 순위, 계열회사, 자산총액, 매출액,
당기순이익
지분도 기간 (2012-2021년): 동일인, 순위, 계열회사, 자산총액,
매출액, 당기순이익</td></tr>
<tr><td>요약표 2</td><td colspan="2">소유구조: 주요 주주, 주요 지배 회사, 주요 계열회사</td></tr>
<tr><td rowspan="6">소유지분도
관련
주요 특징</td><td>그룹</td><td colspan="2">대규모기업집단 지정 연도, 연도 수, 그룹 이름</td></tr>
<tr><td rowspan="4">소유지분도:
개관</td><td colspan="2">1) 소유지분도 작성 연도, 연도 수</td></tr>
<tr><td colspan="2">2) 그룹 주요 지표: 6개 지표 종합 (동일인, 순위, 계열회사,
자산총액, 매출액, 당기순이익)</td></tr>
<tr><td colspan="2">3) 소유구조:
◆ 소유구조 요약 ◆
① 주요 주주 : 명 수, 이름, 지분
② 주요 지배 회사: 개수, 이름, 기타
③ 계열회사 : 유형, 주요 회사 (개수, 이름, 계열회사2)</td></tr>
<tr><td colspan="2">4) 회사의 변동 사항</td></tr>
<tr><td>소유지분도:
연도별</td><td colspan="2">연도별 요약: (연도별 요약 합)
지분도 작성 연월, 집단 순위, 동일인, 계열회사
소유구조: 주요 주주 및 지분 →
주요 지배 회사 → 주요 계열회사</td></tr>
<tr><td rowspan="5">연도별
소유지분도</td><td rowspan="2">연도별 요약</td><td colspan="2">* 지분도 작성 기준: 2012-2016년 4월, 2017년 5월 또는 9월,
2018-2021년 5월</td></tr>
<tr><td colspan="2">개별 연도 요약: 지분도 작성 연월, 집단 순위, 동일인, 계열회사
소유구조: 주요 주주 및 지분 →
주요 지배 회사 → 주요 계열회사</td></tr>
<tr><td rowspan="3">지분도 그림</td><td>합</td><td>[625개] 97개 집단</td></tr>
<tr><td>책 2권 수록</td><td>[326개] 49개 사기업집단 (ㄱ - ㅇ)</td></tr>
<tr><td>책 3권 수록</td><td>[242개] 34개 사기업집단 (ㅈ - ㅎ)
[57개] 14개 공기업집단 (ㅂ - ㅎ)</td></tr>
</table>

2.3.2 소유지분도 관련 주요 특징

(1) [그룹]

1) 집단 관련 3개 기본사항: 대규모기업집단 지정 연도, 연도 수, 그룹 이름 (변경된 경우; 이름 및 관련 연도).

2) 그룹 이름: 공정거래위원회 자료에는 몇몇 경우만 제외하고 한글로 표기되어 있으며, 한글 이름 중 일부를 영어로 표기함; 영어 표기는 일반적으로 사용되는 경우이거나 영어로 표기하는 것이 보다 자연스럽다고 판단되는 경우임; 공정거래위원회 자료에서와는 달리, 집단 이름 뒤에 일반적으로 사용되는 '그룹'이라는 용어를 붙임.

(2) [소유지분도: 개관]

1) 소유지분도 작성 연도, 연도 수.

2) 그룹 주요 지표: 소유지분도 작성 연도 관련 6개 지표 종합

(동일인, 순위, 계열회사, 자산총액, 매출액, 당기순이익).

3) 소유구조

◆ 소유구조 요약 ◆ (3개 사항: 주요 주주, 주요 지배 회사, 계열회사)

① 【주요 주주】 '주요 지배 회사'를 소유하는 주주; 관련 3개 사항 (명 수, 이름, 지분).

‖명 수‖ 소유지분도 연도에 관련된 전체 주주 수이며, 1명 또는 2명 이상임; 2명 이상인 경우 매년 몇 명씩 관련되어 있는지 표시; 동일인이 민간단체인 농협의 경우에는 주주 '개수' 표시; 농협 외에 동일인이 법인인 집단의 경우 '주요 주주'는 없음.

‖이름‖ 주주의 이름 및 신분 (동일인 여부, 동일인과의 친족 관계); 동일인 신분이 계승되어 2명인 경우, 이름, 친족 관계 및 관련 연도.

‖지분‖ 주주 보유 지분; 주주가 2명 이상인 경우 주주별 지분 및 관련 연도.

② 【주요 지배 회사】 집단 계열회사 중 대다수 또는 가장 많은 수를 소유지배하는 상위의 계열회사; 관련 3개 사항 (개수, 이름, 기타).

‖개수‖ 소유지분도 연도에 관련된 전체 회사 수이며, 1개 또는 2개 이상임; 2개 이상인 경우 매년 몇 개 회사가 관련되어 있는지 표시; 동일인이 법인인 경우, 농협을 제외하고, '동일인 = 주요 지배 회사'임.

‖이름‖ 회사 이름, 상장(上場) 여부; 회사가 2개 이상인 경우 회사별 관련 연도.

‖기타‖ 일부 집단에서는 주요 주주의 친족 등이 소유지배하는 주요 계열회사가 있으며, 이를 '제2의 주요 지배 회사'로 간주하고 관련 2개 사항(개수, 이름)을 별도로 표시.

③ 【계열회사】 관련 2개 사항 (유형, 주요 회사 (개수, 이름, 계열회사2)).

‖유형‖ '주요 지배 회사'가 소유지배하는 하위의 계열회사들을 3가지 유형으로 분류함 (ⓐ 자회사, ⓑ 자회사 → 손자회사, ⓒ 자회사 → 손자회사 → 증손회사); 관련 유형은 1개 또는 2개 이상이며, 2개 이상인 경우 관련 연도 표시; 여기서의 자회사·손자회사·증손회사는 공정거래법 기준에 따른 엄밀한 구분이 아니며 출자·피출자 여부 및 정도를 기준으로 한 편의상의 구분임, 증손회사의 하위 계열회사는 제외함.

‖주요 회사‖ '주요 계열회사'를 가리키며, 다음 2가지를 기준으로 임의로 선정함 - ⓐ 상대적으로 보다 빈번하게 다른 계열회사들의 지분을 보유하는 회사, ⓑ 보유 지분이 없는 경우 주요 상장회사 또는 비상장회사; 대부분 주요 계열회사는 자회사임; 관련 3개 사항 (개수, 이름, 계열회사2).

- '개수': 소유지분도 연도에 관련된 전체 회사 수이며 1개 또는 2개 이상임; 2개 이상인 경우 매년 몇 개 회사가 관련되어 있는지 표시.

- '이름': 회사 이름, 상장 여부.

- '계열회사2': 일부 집단에서는 주요 주주의 친족이 소유지배하는 주요 계열회사가 있으며, 이를 '제2의 주요 계열회사'로 간주하고 관련 2개 사항(개수, 이름)을 별도로 표시.

4) 회사의 변동 사항: 주요 지배 회사 및 계열회사의 상호 변경 등.

(3) [소유지분도: 연도별]

연도별 요약: 연도별 요약 내용을 한 곳에 모음.

지분도 작성 연월, 집단 관련 3개 기본사항 (순위, 동일인, 계열회사; 계열회사의 경우, 공정거래위원회 대규모집단 지정 자료 기준이며 지분도의 회사 수와 다를 수 있음).

소유구조: 주요 주주 및 지분 → 주요 지배 회사 → 주요 계열회사.

2.3.3 연도별 소유지분도

(1) [연도별 요약]

개별 연도 요약.

지분도 작성 연월, 집단 관련 3개 기본사항 (순위, 동일인, 계열회사; 계열회사의 경우, 공정거래위원회 대규모집단 지정 자료 기준이며 지분도의 회사 수와 다를 수 있음).

소유구조: 주요 주주 및 지분 → 주요 지배 회사 → 주요 계열회사.

(2) [지분도 그림]

1) 매년 공개된 공정거래위원회 작성 소유지분도를 활용함; 2012-2020년 지분도는 천연색 원본을 복사 가능한 상태로 가공한 후 선택적으로 복사하여 천연색 상태로 원고 지면에 배치함, 2021년 지분도는 가공이 가능하지 않아 흑백으로 프린트한 후 스캔하여 활용함; 가공·변형된 지분도는 종이책에는 모두 흑백으로 인쇄되어 있음, 그림의 선명도는 원본 지분도에 비해 떨어지며 경우에 따라서는 그림의 내용을 파악하는 과정에서 다소의 혼선이 생길 수도 있음; 원고의 천연색 지분도가 포함된 전자책이 출판된다면 선명도 문제는 상당 부분 해소될 수 있을 것으로 생각됨; 천연색 원본 지분도는 해당 연도 공정거래위원회 (www.ftc.go.kr) 자료 또는 기업집단포털(www.egroup.go.kr)에서 이용 가능함.

2) 지분도 작성 기준 시점: 2012-2016년 4월, 2017년 5월 또는 9월, 2018-2021년 5월 (대규모집단 지정 시점과 동일).

3) 지분도는 총 625개, 관련 집단은 97개이며, 책의 2권과 3권에 나누어 수록함: [2권] 326개 지분도 (49개 사기업집단); [3권] 242개 지분도 (34개 사기업집단), 57개 지분도 (14개 공기업집단).

3. 대규모기업집단의 소유구조

3.1 개관

97개 집단의 소유구조는 '주요 주주의 신분 및 구성'을 기준으로 7개 유형으로 분류할 수 있다. 소유지분도의 정보만으로는 집단별·연도별로 소유구조를 파악하기가 쉽지 않은 경우가 적지 않고 1개 집단 내에서는 시기에 따라 소유구조가 변하는 경우가 있지만, 1개 집단의 소유구조는 1개 유형에 속하는 것으로 최대한 판단하였다 (<표 1.4>).

소유구조 7유형 중 5개 유형(I-V)은 동일인이 자연인인 70개 사기업집단과 관련이 있고 1개 유형(VI)은 동일인이 법인인 1개 사기업집단과 관련이 있으며, 이들 6개 유형에서는 '주요 주주'가 '주요 지배 회사'를 소유지배하고 있다. 나머지 1개 유형(VII)의 경우, 동일인이 법인인 26개 집단(12개 사기업집단, 14개 공기업집단)과 관련이 있는데, 동일인인 사기업·공기업이 '주요 지배 회사'이며 동일인을 소유지배하는 '주요 주주'는 알려져 있지 않아 '주요 주주 = 기타'로 분류하였다.

I-V의 5개 유형 중, 2개 유형(I, II)에서는 주요 주주에 동일인 1명이 관련되어 있고, 2개 유형(III, IV)에서는 동일인 2명이 관련되어 있으며, 1개 유형(V)에서는 동일인이 관련되어 있지 않다. '동일인 2명'은 동일인이 변경된 경우이며, 따라서 '유형I과 유형III' 그리고 '유형II와 유형IV'는 각각 유사하거나 동일한 유형으로 볼 수 있다. 97개 집단의 소유구조 중에서는 주요 주주에 동일인이 1명 관련된 2개 유형(I, II) 그리고 주요 주주가 '기타'로 분류된 1개 유형(VII)이 1/3가량씩(26-32개) 차지하고 있다.

각 유형의 소유구조는 다시 '단일소유구조'와 '복합소유구조'로 분류할 수 있다.

1) [단일소유구조] 주요 주주가 주요 지배 회사를 통해 집단 계열회사의 대부분을 소유지배하는 경우이며, '주요 주주 → 주요 지배 회사 → 계열회사'의 구조이다. 주요 주주가 없는 경우에는 '주요 지배 회사 → 계열회사'의 구조를 갖는다.

2) [복합소유구조] 주요 주주가 주요 지배 회사를 통해 대다수의 계열회사를 소유지배하는 가운데 동일인 또는 친족이 계열회사의 일부를 별개로 소유지배하는 경우이며, {(주요 주주 → 주요 지배 회사 → 계열회사) + (동일인 또는 친족 → 계열회사)}의 구조이다.

〈표 1.4〉 소유구조: 7유형 및 단일·복합소유구조

(1) 소유구조: 7유형 및 단일·복합소유구조 (집단 수, 개)

유형		주요 주주		단일 소유구조	복합 소유구조	합
I		동일인 1명		30	2	32
II		동일인 1명 + 특수관계인		11	16	27
	1	동일인 1명 + 2세		9	2	11
	2	동일인 1명 + 2세 + 친족		1	5	6
	3	동일인 1명 + 2세 + 친족 + 비영리법인			1	1
	4	동일인 1명 + 친족		1	8	9
III		동일인 2명 [1명 → 1명 (2세)]		5		5
IV		동일인 2명 + 특수관계인		1	4	5
	1	동일인 2명 [1명 → 1명 (2세)] + 2세 + 친족			1	1
	2	동일인 2명 [1명 → 1명 (2세)] + 친족			2	2
	3	동일인 2명 [1명 → 1명 (2세)] + 기타			1	1
	4	동일인 2명 [1명 → 1명 (친족)] + 친족		1		1
V		특수관계인			1	1
VI		동일인 1개 법인 [민간단체]		1		1
VII		기타		26		26
	1	(주요 지배 회사 = 동일인 1개 법인 [사기업])		12		12
	2	(주요 지배 회사 = 동일인 1개 법인 [공기업])		14		14
합		I-V / VI-VII		47 / 27	23 / 0	70 / 27
		I-VII		74	23	97
참고		I-V	동일인 = 자연인, 주요 주주 : 70개 사기업집단			
		VI	동일인 = 법인, 주요 주주 : 1개 사기업집단			
		VII	동일인 = 법인, 주요 지배 회사: 26개 집단 (12개 사기업집단, 14개 공기업집단)			
		단일소유구조	주요 주주 → 주요 지배 회사 → 계열회사			
		복합소유구조	{주요 주주 → 주요 지배 회사 → 계열회사} + {동일인 또는 친족 → 계열회사}			

(2) 집단 이름

유형		단일소유구조	복합소유구조
I		교보생명보험, 네이버, 넥슨, 넷마블, 다우키움, 대한전선, 동국제강, 메리츠금융, 미래에셋, 삼양, CJ, 아모레퍼시픽, IMM인베스트먼트, SM, STX, HDC, 웅진, 유진, 이랜드, 카카오, 코오롱, 하림, 하이트진로, 한국투자금융, 한라, 한솔, 한진중공업, 현대, 현대백화점, 현대중공업	부영, 태광
II	1	동양, 동원, DB, DL, IS지주, 영풍, 중앙, KG, 태영	신세계, 호반건설
	2	금호석유화학	반도홀딩스, 애경, MDM, 중흥건설, 한국타이어
	3		금호아시아나
	4	삼천리	대성, 셀트리온, SK, 장금상선, GS, KCC, 한화, 현대해상화재보험
III		두산, 삼성, LG, 한진, 현대자동차	
IV	1		효성
	2		LS, OCI
	3		롯데
	4	세아	
V			대방건설
VI		농협	
VII	1	대우건설, 대우조선해양, S-Oil, HMM, KT, KT&G, 코닝정밀소재, 쿠팡, POSCO, 한국GM, 한국항공우주산업, 홈플러스	
	2	부산항만공사, 서울메트로, 서울특별시도시철도공사, SH공사, 인천국제공항공사, 인천도시공사, 한국가스공사, 한국도로공사, 한국석유공사, 한국수자원공사, 한국전력공사, 한국지역난방공사, 한국철도공사, 한국토지주택공사	

주: 다음 참고: 제4장 (97개 기업집단: 소유구조의 유형), 제5장 (97개 기업집단: 집단별 소유구조).

주요 주주가 동일인인 3개 유형(I, III, VI) 그리고 주요 주주가 없는 1개 유형(VII)은 거의 전부가 단일소유구조이고, 주요 주주에 특수관계인이 참여하는 3개 유형(II, IV, V)에서는 복합소유구조가 우위를 점하고 있다. 전체 97개 집단 중에서는, 3/4 이상(76%)인 74개 집단(60개 사기업집단, 14개 공기업집단)이 단일소유구조를, 나머지 23개 사기업집단이 복합소유구조를 가지고 있다. 앞의 '60개 사기업집단' 중 47개의 동일인은 자연인이고 13개의 동일인은 법인이며, '14개 공기업집단'의 동일인은 모두 법인이다. 즉 법인이 동일인인 27개 집단은 모두 단일소유구조를 가지고 있다. 이들 27개 집단 중 26개에서는 동일인이 '주요 지배 회사'와 동일하며, '주요 주주 = 기타'로 분류되어 있다.

3.2 소유구조 7유형

3.2.1 [유형 I] 주요 주주 = 동일인 1명

97개 집단의 1/3(33%)에 해당하는 가장 많은 32개 사기업집단이 관련되어 있다. 주요 주주인 동일인 1명의 소유지배 장악력이 가장 큰 유형으로 볼 수 있다. 동일인이 자연인인 70개 사기업집단 중에서는 거의 절반 수준(46%)이다. 30개 집단은 단일소유구조를 가지고 있고 2개 집단만 복합소유구조를 가지고 있다. 단일소유구조 집단 '30개'는 7유형 중에서는 가장 많은 수이며, 단일구조 전체 74개 집단의 2/5 이상(41%)을 차지하고 있다.

단일소유구조를 가지고 있는 30개 집단 중 24개에서는 주요 지배 회사가 1개이며, 네이버, 넥슨, 넷마블, 카카오 등 IT 관련 신생 대규모기업집단들이 여기에 속한다. 나머지 6개 집단(미래에셋, 웅진, 한라, 현대, 현대백화점, 현대중공업)에서는 주요 지배 회사가 총 2개씩이다.

복합소유구조를 가지고 있는 2개 집단은 부영과 태광이다. 두 집단 모두 {(동일인 → 주요 지배 회사 → 계열회사) + (동일인 → 계열회사)}의 2중 구조를 가지고 있다. 즉, 동일인 1명이 계열회사 전부를 소유지배하고 있는데, 많은 계열회사는 주요 지배 회사 1개를 통해 지배하고 나머지 계열회사는 동일인이 직접 지배하고 있다.

3.2.2 [유형 II] 주요 주주 = 동일인 1명 + 특수관계인

97개 집단의 1/3가량(28%)인 27개 사기업집단이 관련되어 있다. 동일인이 자연인인 70개 사기업집단 중에서는 2/5 수준(39%)이다. 11개 집단은 단일소유구조를, 보다 많은 16개 집단은 복합소유구조를 가지고 있다. 복합소유구조 집단 '16개'는 7유형 중에서는 가장 많은 수이며, 복합구조 전체 23개 집단의 2/3 이상(70%)을 차지하고 있다. 주요 주주에 특수관계인인 친족이 포함되어 있는데, 친족 중 일부가 독자적인 계열회사를 소유지배하면서 복합소유구조를 형성하게 되었다. 특수관계인의 유형 및 참여 정도에 따라 4개 하위 유형으로 세분화할 수 있다. 이들 중 3개 유형에서는 동일인 2세가 주요 주주로 참여하고 있다.

(1) 주요 주주 = 동일인 1명 + 2세

11개 사기업집단이 관련되어 있다. 9개 집단은 단일소유구조를, 2개 집단은 복합소유구조를 가지고 있다.

단일소유구조의 9개 집단 중 5개 집단(DB, IS지주, 영풍, 중앙, KG)에서는 동일인의 2세 2명이 그리고 4개 집단(동양, 동원, DL, 태영)에서는 2세 1명이 주요 주주로 참여하였다. 복합소유구조 2개 집단은 신세계와 호반건설이며, 각각 2세 2명이 주요 주주로 참여하여 2중 소유구조를 형성하고 있다. 신세계에서는 동일인과 2세 1명씩 2명이 각각 별개의 주요 지배 회사를 소유하고 있고, 호반건설에서는 동일인과 2세 1명의 2명 그리고 2세 1명이 각각의 주요 지배 회사를 소유하고 있다.

11개 집단 중 7개 집단에서는 주요 지배 회사가 1개이며, 2개 집단(태영, 신세계)에서는 주요 지배 회사가 총 2개씩 그리고 2개 집단(DB, 호반건설)에서는 총 3개씩이다.

(2) 주요 주주 = 동일인 1명 + 2세 + 친족

6개 사기업집단이 관련되어 있으며, 1개 집단은 단일소유구조를, 5개 집단은 복합소유구조를 가지고 있다.

단일소유구조 1개 집단은 금호석유화학이며, 동일인, 2세, 조카 등 총 3명이 주요 주주로 참여하고 있다. 복합소유구조 5개 집단 중에서는, 3개 집단(MDM, 중흥건설, 한국타이어)에서는 2세 2명이, 2개 집단(반도홀딩스, 애경)에서는 2세 1명이 주요 주주이다. 5개 집단의 복합소유구조는 주요 주주의 구도에 따라 2중, 3중, 4중 구조의 3유형으로 나눌 수 있다:

① [2중 소유구조] 반도홀딩스, 애경, 한국타이어 (주요 주주의 구도: 동일인, 2세 1·2명 vs. 친족); ② [3중 소유구조] MDM (동일인 vs. 동일인, 2세 2명 vs. 친족); ③ [4중 소유구조] 중흥건설 (동일인 vs. 2세 1명 vs. 2세 1명 vs. 동일인, 친족).

6개 집단 중 3개(반도홀딩스, 애경, 한국타이어)에서는 주요 지배 회사가 1개이며, 1개 집단(MDM)에서는 주요 지배 회사가 총 2개 그리고 1개 집단(중흥건설)에서는 총 3개이다. 주요 지배 회사는 친족을 제외한 주요 주주 즉 동일인 및 2세가 소유하고 있다.

(3) 주요 주주 = 동일인 1명 + 2세 + 친족 + 비영리법인

1개 사기업집단(금호아시아나)이 해당되며 복합소유구조를 가지고 있다. 주요 주주의 구도는 '동일인, 2세 1명 vs. 친족, 비영리법인'으로 2중 구조를 형성하고 있으며, 주요 지배 회사는 총 3개이고 동일인 및 2세가 소유하고 있다.

(4) 주요 주주 = 동일인 1명 + 친족

9개 사기업집단이 관련되어 있으며, 1개 집단은 단일소유구조를, 대다수인 8개 집단은 복합소유구조를 가지고 있다.

단일구조 1개 집단(삼천리)에서는 동일인과 조카가 주요 주주이다. 복합구조 8개 집단 중에서는 7개에서 주요 주주가 '동일인 vs. 친족' 또는 '동일인 vs. 동일인, 친족'의 구도를 가지면서 2중 구조를 형성하고 있다. 1개 집단(대성)은 독특한 6중 구조를 가지고 있다. 동일인, 형제 2명, 친족 등이 주요 주주로 참여하여, 각각 '동일인 vs. 친족', '형제 1명 vs. 친족', '형제 1명 vs. 동일 형제 1명'의 3중 구도를 가지면서 각각의 구도 안에서 다시 2중 구조를 형성하고 있다.

9개 집단 중 5개(셀트리온, 장금상선, KCC, 한화, 현대해상화재보험)에서는 주요 지배 회사가 1개씩이며, 3개 집단(삼천리, SK, GS)에서는 주요 지배 회사가 총 2개씩 그리고 1개 집단(대성)에서는 총 3개이다. 7개 집단에서는 동일인이 주요 지배 회사를 소유하고 있으며, 2개 집단(대성, SK)에서는 동일인과 친족이 각각의 주요 지배 회사를 소유하고 있다.

3.2.3 [유형 III] 주요 주주 = 동일인 2명 [1명 → 1명 (2세)]

5개 사기업집단이 관련되어 있으며 모두 단일소유구조를 가지고 있다. 동일인 신분이 후

세대로 계승된 경우이며, 동일인은 일정 기간에 1명씩이므로 실질적으로는 '유형 I'(주요 주주 = 동일인 1명)과 동일한 것으로 볼 수 있다. 다만, 소유지배의 주체가 변경된 만큼 2세 동일인의 소유지배 장악력은 '유형 I'에서와는 적지 않은 차이가 있을 것으로 보인다.

3개 집단(두산, 삼성, LG)에서는 주요 지배 회사가 1개씩이고, 1개 집단(현대자동차)에서는 주요 지배 회사가 총 2개 그리고 1개 집단(한진)에서는 총 3개이다.

3.2.4 [유형 IV] 주요 주주 = 동일인 2명 + 특수관계인

5개 사기업집단이 관련되어 있으며, 1개 집단은 단일소유구조를 그리고 4개 집단은 복합소유구조를 가지고 있다. 주요 주주 구성이 '유형 II'(주요 주주 = 동일인 1명 + 특수관계인)와 유사하다. 특수관계인의 유형 및 참여 정도에 따라 4개의 하위 유형으로 세분화할 수 있으며, 이들 중 1개 유형에서는 동일인 신분을 2세가 아닌 친족이 계승하였다.

(1) 주요 주주 = 동일인 2명 [1명 → 1명 (2세)] + 2세 + 친족

1개 사기업집단(효성)이 관련되어 있으며 복합(2중) 소유구조를 가지고 있다. 동일인과 2세 2명이 주요 주주로 참여하고 있으며, 2세 1명이 동일인 신분을 계승하였다. 주요 지배 회사는 1개로 동일인 및 2세가 소유하고 있다.

(2) 주요 주주 = 동일인 2명 [1명 → 1명 (2세)] + 친족

2개 사기업집단이 관련되어 있으며 복합소유구조를 가지고 있다. 1개 집단(LS)에서는 동일인, 2세, 조카, 친족 등이 주요 주주이며, '동일인, 2세, 조카 vs. 동일인, 2세 vs. 친족'의 구도를 가지면서 3중 소유구조를 형성하고 있다. 다른 1개 집단(OCI)은 '동일인, 2세 vs. 친족'의 구도 하에 2중 소유구조를 가지고 있다. 주요 지배 회사는 각각 3개, 2개이며, 2개 집단 모두에서 친족이 1개씩의 주요 지배 회사를 독자적으로 소유하고 있다.

(3) 주요 주주 = 동일인 2명 [1명 → 1명 (2세)] + 기타

1개 사기업집단(롯데)이 관련되어 있으며 복합(2중) 소유구조를 가지고 있다. 주요 지배 회사는 2개이며, 이 중 1개(호텔롯데)의 주요 주주는 일본 롯데그룹 계열회사인 것으로 알려져 있지만 소유지분도에는 관련 정보가 포함되어 있지 않아 편의상 '기타'로 분류하였다.

롯데그룹의 소유관계는 유난히 복잡하여 소유지분도 정보만으로는 소유구조의 내용을 파악하기가 가능하지 않다. 2012-2017년에는 더더욱 그렇고, 지주회사체제가 도입된 2018년 이후에도 파악의 어려움은 여전히 남아 있다. 책에서는 지주회사 롯데지주(이전 롯데제과)를 기준으로 소유구조를 잠정적으로 논의하였다.

(4) 주요 주주 = 동일인 2명 [1명 → 1명 (친족)] + 친족

1개 사기업집단(세아)이 관련되어 있으며 단일소유구조를 가지고 있다. 동일인, 동일인 신분을 계승한 형제, 새 동일인의 2세 등 총 3명이 주요 주주로 참여하고 있고, 주요 지배회사는 2개이다.

3.2.5 [유형 V] 주요 주주 = 특수관계인

1개 사기업집단(대방건설)이 관련되어 있다. 동일인은 주요 주주가 아니며, 2세 2명이 주요 주주로서 각각 1개씩의 주요 지배 회사를 소유하면서 2중의 복합소유구조를 형성하고 있다.

3.2.6 [유형 VI] 주요 주주 = 동일인 1개 법인 [민간단체]

1개 사기업집단(농협)이 관련되어 있으며 단일소유구조를 가지고 있다. 동일인은 민간단체(농협중앙회)이며 주요 지배 회사 2개를 소유하고 있다.

3.2.7 [유형 VII] 주요 주주 = 기타

26개 집단이 관련되어 있다. 12개는 사기업집단이고 14개는 공기업집단이다. 동일인인 1개 법인이 '주요 지배 회사'로서 계열회사를 소유하고 있으며, 이 법인을 소유하는 '주요 주주'는 소유지분도 정보에 포함되어 있지 않아 편의상 '기타'로 분류하였다. 모두 '동일인 겸 주요 지배 회사 → 계열회사'의 단일소유구조를 가지고 있다. 동일인이 사기업인지 공기업인지에 따라 2개 하위 유형으로 나눌 수 있다.

(1) 주요 지배 회사 = 동일인 1개 법인 [사기업]

12개 사기업집단이 관련되어 있다. 11개 집단에서는 집단 이름과 동일인 이름이 똑같으며, 1개 집단에서만 두 이름이 다르다 (코닝정밀소재 vs. 삼성코닝정밀소재). 1개 집단(한국GM)의 경우, 동일인이 지분을 보유하지 않은 상태에서 계열회사들에 대해 실질적인 지배력을 행사하고 있다.

(2) 주요 지배 회사 = 동일인 1개 법인 [공기업]

14개 공기업집단이 관련되어 있으며, 14개 집단 모두에서 집단 이름과 동일인 이름이 동일하다.

제2장

97개 기업집단: 이름 및 소유지분도 연도

1. 97개 기업집단의 이름

1.1 집단 이름: '가나다' 순

(1) 83개 사기업집단, 2012–2021년

ㄱ	교보생명보험	금호석유화학	금호아시아나	
ㄴ	네이버	넥슨	넷마블	농협
ㄷ	다우키움	대방건설	대성	대우건설
	대우조선해양	대한전선	동국제강	동양
	동원	두산	DB	DL
ㄹ	롯데			
ㅁ	메리츠금융	미래에셋		
ㅂ	반도홀딩스	부영		
ㅅ	삼성	삼양	삼천리	세아
	셀트리온	CJ	신세계	
ㅇ	아모레퍼시픽	IS지주	IMM인베스트먼트	애경
	SM	S-Oil	SK	STX
	HDC	HMM	LS	LG
	MDM	영풍	OCI	웅진
	유진	이랜드		
ㅈ	장금상선	중앙	중흥건설	GS
ㅋ	카카오	KCC	KG	KT
	KT&G	코닝정밀소재	코오롱	쿠팡
ㅌ	태광	태영		
ㅍ	POSCO			
ㅎ	하림	하이트진로	한국GM	한국타이어
	한국투자금융	한국항공우주산업	한라	한솔
	한진	한진중공업	한화	현대
	현대백화점	현대자동차	현대중공업	현대해상화재보험
	호반건설	홈플러스	효성	

(2) 14개 공기업집단, 2012-2016년

ㅂ	부산항만공사			
ㅅ	서울메트로	서울특별시 도시철도공사		
ㅇ	SH공사	인천국제공항공사	인천도시공사	
ㅎ	한국가스공사	한국도로공사	한국석유공사	한국수자원공사
	한국전력공사	한국지역난방공사	한국철도공사	한국토지주택공사

주: 1) 2012-2016년 4월, 2017년 5월 또는 9월, 2018-2021년 5월 지정.
2) 사기업집단 19개와 공기업집단 1개는 이름이 변경됨 ('1.3 이름이 변경된 20개 집단' 참고).

1.2 집단 이름: '소유지분도 연도 수' 순

(1) 83개 사기업집단, 2012-2021년

소유지분도 연도 수 (년)	집단 (개)	집단		
10	42	교보생명보험	금호아시아나	농협
		대우건설	대우조선해양	동국제강
		두산	DB	DL
		롯데	미래에셋	부영
		삼성	세아	CJ
		신세계	S-Oil	SK
		HDC	LS	LG
		영풍	OCI	이랜드
		GS	KCC	KT
		KT&G	코오롱	태광
		태영	POSCO	하이트진로
		한국GM	한국타이어	한라
		한진	한화	현대백화점
		현대자동차	현대중공업	효성

소유지분도 연도 수 (년)	집단 (개)	집단		
9	1	아모레퍼시픽		
8	2	삼천리	한국투자금융	
7	2	중흥건설	한진중공업	
6	5	금호석유화학	셀트리온	카카오
		하림	한솔	
5	7	네이버	넥슨	동원
		SM	유진	현대
		호반건설		
4	3	넷마블	대성	홈플러스
3	2	다우키움	애경	
2	7	동양	삼양	IMM인베스트먼트
		STX	HMM	웅진
		장금상선		
1	12	대방건설	대한전선	메리츠금융
		반도홀딩스	IS지주	MDM
		중앙	KG	코닝정밀소재
		쿠팡	한국항공우주산업	현대해상화재보험

(2) 14개 공기업집단, 2012-2016년

5	9	부산항만공사	서울특별시 도시철도공사	인천도시공사
		한국가스공사	한국도로공사	한국수자원공사
		한국전력공사	한국철도공사	한국토지주택공사
4	1	한국석유공사		
3	2	서울메트로	인천국제공항공사	
1	2	SH공사	한국지역난방공사	

주: 1) 2012-2016년 4월, 2017년 5월 또는 9월, 2018-2021년 5월 지정.
2) 사기업집단 19개와 공기업집단 1개는 이름이 변경됨 ('1.3 이름이 변경된 20개 집단' 참고).

1.3 이름이 변경된 20개 집단

(1) 19개 사기업집단, 1987-2021년

집단	이름	연도	이름	연도
금호아시아나	금호	1987-2003	금호아시아나	2004-21
대성	대성산업	1990-92	대성	2002-08, 2011-15
DB	동부	1987-2017	DB	2018-21
DL	대림	1987-2020	DL	2021
삼양	삼양사	1989-92	삼양	1999, 2004-08 2020-21
CJ	제일제당	1999-2002	CJ	2003-21
아모레퍼시픽	태평양화학	1988-92	아모레퍼시픽	2013-21
	태평양	2007-08		
SK	선경	1987-97	SK	1998-2021
HDC	현대산업개발	2000-18	HDC	2019-21
LS	LG전선	2004	LS	2005-21
LG	럭키금성	1987-94	LG	1995-2021
OCI	동양화학	1990-92, 2001-08	OCI	2009-21
중앙	중앙일보	2006	중앙	2021
태광	태광산업	1988-92, 2001-08	태광	2011-21
POSCO	포항제철	1989, 2001-02	POSCO	2003-21
하이트진로	조선맥주	1992	하이트진로	2011-21
	하이트맥주	2003-08, 2010		
한국GM	GM대우	2004-10	한국GM	2011-21
한화	한국화약	1987-92	한화	1993-2021
홈플러스	삼성테스코	2008-10	홈플러스	2011-15

(2) 1개 공기업집단, 2010-2016년

인천도시공사	인천광역시 도시개발공사	2010	인천도시공사	2012-16

2. 97개 기업집단의 소유지분도 연도

2.1 소유지분도 연도: 집단 이름 '가나다' 순

(1) 83개 사기업집단, 2012-2021년

집단	소유지분도 (년)		대규모기업집단 지정 (년)	
	연도	연도 수	연도	연도 수
교보생명보험	2012-21	10	2007-08, 2012-21	12
금호석유화학	2016-21	6	2016-21	6
금호아시아나	2012-21	10	1987-2021	35
네이버	2017-21	5	2017-21	5
넥슨	2017-21	5	2017-21	5
넷마블	2018-21	4	2018-21	4
농협	2012-21	10	2008, 2012-21	11
다우키움	2019-21	3	2019-21	3
대방건설	2021	1	2021	1
대성	2012-15	4	1990-92, 2002-08 2011-15	15
대우건설	2012-21	10	2004-06, 2011-21	14
대우조선해양	2012-21	10	2003-21	19
대한전선	2012	1	1992, 2003-12	11
동국제강	2012-21	10	1987-2021	35
동양	2012-13	2	1989-2013	25
동원	2017-21	5	1990-92, 2002-04 2017-21	11
두산	2012-21	10	1987-2021	35
DB	2012-21	10	1987-2021	35
DL	2012-21	10	1987-2021	35
롯데	2012-21	10	1987-2021	35
메리츠금융	2018	1	2018	1
미래에셋	2012-21	10	2008, 2010-21	13

집단	소유지분도 (년)		대규모기업집단 지정 (년)	
	연도	연도 수	연도	연도 수
반도홀딩스	2021	1	2021	1
부영	2012-21	10	2002-08, 2010-21	19
삼성	2012-21	10	1987-2021	35
삼양	2020-21	2	1989-92, 1999 2004-08, 2020-21	12
삼천리	2014-21	8	1992, 2014-21	9
세아	2012-21	10	2004-21	18
셀트리온	2016-21	6	2016-21	6
CJ	2012-21	10	1999-2021	23
신세계	2012-21	10	2000-21	22
아모레퍼시픽	2013-21	9	1988-92, 2007-08 2013-21	16
IS지주	2021	1	2021	1
IMM인베스트먼트	2020-21	2	2020-21	2
애경	2019-21	3	2008, 2019-21	4
SM	2017-21	5	2017-21	5
S-Oil	2012-21	10	2000, 2009-21	14
SK	2012-21	10	1987-2021	35
STX	2012-13	2	2005-13	9
HDC	2012-21	10	2000-21	22
HMM	2020-21	2	2020-21	2
LS	2012-21	10	2004-21	18
LG	2012-21	10	1987-2021	35
MDM	2021	1	2021	1
영풍	2012-21	10	1990-92, 2000-08 2010-21	24
OCI	2012-21	10	1990-92, 2001-21	24
웅진	2012-13	2	2008-13	6
유진	2012, 2018-21	5	2008, 2011-12 2018-21	7
이랜드	2012-21	10	2005-08, 2012-21	14

집단	소유지분도 (년)		대규모기업집단 지정 (년)	
	연도	연도 수	연도	연도 수
장금상선	2020-21	2	2020-21	2
중앙	2021	1	2006, 2021	2
중흥건설	2015-21	7	2015-21	7
GS	2012-21	10	2005-21	17
카카오	2016-21	6	2016-21	6
KCC	2012-21	10	2002-21	20
KG	2020	1	2020	1
KT	2012-21	10	2003-21	19
KT&G	2012-21	10	2003-21	19
코닝정밀소재	2014	1	2014	1
코오롱	2012-21	10	1987-2021	35
쿠팡	2021	1	2021	1
태광	2012-21	10	1988-92, 2001-08 2011-21	24
태영	2012-21	10	1992, 2006-08 2012-21	14
POSCO	2012-21	10	1989, 2001-21	22
하림	2016-21	6	2016-21	6
하이트진로	2012-21	10	1992, 2003-08 2010-21	19
한국GM	2012-21	10	2004-21	18
한국타이어	2012-21	10	1992, 2002-08 2012-21	18
한국투자금융	2012-13, 2016-21	8	2009-13, 2016-21	11
한국항공우주산업	2021	1	2021	1
한라	2012-21	10	1987-99, 2008 2012-21	24
한솔	2013-18	6	1996-2008, 2013-18	19
한진	2012-21	10	1987-2021	35
한진중공업	2012-18	7	2006-18	13

집단	소유지분도 (년)		대규모기업집단 지정 (년)	
	연도	연도 수	연도	연도 수
한화	2012-21	10	1987-2021	35
현대	2012-16	5	1987-2016	30
현대백화점	2012-21	10	2001-21	21
현대자동차	2012-21	10	2001-21	21
현대중공업	2012-21	10	2002-21	20
현대해상화재보험	2021	1	2021	1
호반건설	2017-21	5	2017-21	5
홈플러스	2012-15	4	2008-15	8
효성	2012-21	10	1987-2021	35

(2) 14개 공기업집단, 2012-2016년

부산항만공사	2012-16	5	2008, 2012-16	6
서울메트로	2014-16	3	2014-16	3
서울특별시 도시철도공사	2012-16	5	2010-16	7
SH공사	2016	1	2016	1
인천국제공항공사	2012-14	3	2010-14	5
인천도시공사	2012-16	5	2010, 2012-16	6
한국가스공사	2012-16	5	2002-16	15
한국도로공사	2012-16	5	2002-16	15
한국석유공사	2012, 2014-16	4	2009, 2011-12 2014-16	6
한국수자원공사	2012-16	5	2002-03, 2012-16	7
한국전력공사	2012-16	5	2002-16	15
한국지역난방공사	2014	1	2008, 2014	2
한국철도공사	2012-16	5	2005-16	12
한국토지주택공사	2012-16	5	2010-16	7

2.2 소유지분도 연도: '소유지분도 연도 수' 순

(1) 83개 사기업집단, 2012-2021년

소유 지분도 연도 수 (년)	집단 (개)	집단	소유지분도 연도 (년)	대규모기업집단 지정 (년)	
				연도 수	연도
10	42	교보생명보험	2012-21	12	2007-08, 2012-21
		금호아시아나	2012-21	35	1987-2021
		농협	2012-21	11	2008, 2012-21
		대우건설	2012-21	14	2004-06, 2011-21
		대우조선해양	2012-21	19	2003-21
		동국제강	2012-21	35	1987-2021
		두산	2012-21	35	1987-2021
		DB	2012-21	35	1987-2021
		DL	2012-21	35	1987-2021
		롯데	2012-21	35	1987-2021
		미래에셋	2012-21	13	2008, 2010-21
		부영	2012-21	19	2002-08, 2010-21
		삼성	2012-21	35	1987-2021
		세아	2012-21	18	2004-21
		CJ	2012-21	23	1999-2021
		신세계	2012-21	22	2000-21
		S-Oil	2012-21	14	2000, 2009-21
		SK	2012-21	35	1987-2021
		HDC	2012-21	22	2000-21
		LS	2012-21	18	2004-21
		LG	2012-21	35	1987-2021
		영풍	2012-21	24	1990-92, 2000-08 2010-21
		OCI	2012-21	24	1990-92, 2001-21
		이랜드	2012-21	14	2005-08, 2012-21

소유 지분도 연도 수 (년)	집단 (개)	집단	소유지분도 연도 (년)	대규모기업집단 지정 (년)	
				연도 수	연도
(10)	(42)	GS	2012-21	17	2005-21
		KCC	2012-21	20	2002-21
		KT	2012-21	19	2003-21
		KT&G	2012-21	19	2003-21
		코오롱	2012-21	35	1987-2021
		태광	2012-21	24	1988-92, 2001-08 2011-21
		태영	2012-21	14	1992, 2006-08 2012-21
		POSCO	2012-21	22	1989, 2001-21
		하이트진로	2012-21	19	1992, 2003-08 2010-21
		한국GM	2012-21	18	2004-21
		한국타이어	2012-21	18	1992, 2002-08 2012-21
		한라	2012-21	24	1987-99, 2008 2012-21
		한진	2012-21	35	1987-2021
		한화	2012-21	35	1987-2021
		현대백화점	2012-21	21	2001-21
		현대자동차	2012-21	21	2001-21
		현대중공업	2012-21	20	2002-21
		효성	2012-21	35	1987-2021
9	1	아모레퍼시픽	2013-21	16	1988-92, 2007-08 2013-21
8	2	삼천리	2014-21	9	1992, 2014-21
		한국투자금융	2012-13, 2016-21	11	2009-13, 2016-21
7	2	중흥건설	2015-21	7	2015-21
		한진중공업	2012-18	13	2006-18

소유 지분도 연도 수 (년)	집단 (개)	집단	소유지분도 연도 (년)	대규모기업집단 지정 (년)	
				연도 수	연도
6	5	금호석유화학	2016-21	6	2016-21
		셀트리온	2016-21	6	2016-21
		카카오	2016-21	6	2016-21
		하림	2016-21	6	2016-21
		한솔	2013-18	19	1996-2008, 2013-18
5	7	네이버	2017-21	5	2017-21
		넥슨	2017-21	5	2017-21
		동원	2017-21	11	1990-92, 2002-04 2017-21
		SM	2017-21	5	2017-21
		유진	2012, 2018-21	7	2008, 2011-12 2018-21
		현대	2012-16	30	1987-2016
		호반건설	2017-21	5	2017-21
4	3	넷마블	2018-21	4	2018-21
		대성	2012-15	15	1990-92, 2002-08 2011-15
		홈플러스	2012-15	8	2008-15
3	2	다우키움	2019-21	3	2019-21
		애경	2019-21	4	2008, 2019-21
2	7	동양	2012-13	25	1989-2013
		삼양	2020-21	12	1989-92, 1999 2004-08, 2020-21
		IMM인베스트먼트	2020-21	2	2020-21
		STX	2012-13	9	2005-13
		HMM	2020-21	2	2020-21
		웅진	2012-13	6	2008-13
		장금상선	2020-21	2	2020-21

소유 지분도 연도 수 (년)	집단 (개)	집단	소유지분도 연도 (년)	대규모기업집단 지정 (년)	
				연도 수	연도
1	12	대방건설	2021	1	2021
		대한전선	2012	11	1992, 2003-12
		메리츠금융	2018	1	2018
		반도홀딩스	2021	1	2021
		IS지주	2021	1	2021
		MDM	2021	1	2021
		중앙	2021	2	2006, 2021
		KG	2020	1	2020
		코닝정밀소재	2014	1	2014
		쿠팡	2021	1	2021
		한국항공우주산업	2021	1	2021
		현대해상화재보험	2021	1	2021

(2) 14개 공기업집단, 2012-2016년

5	9	부산항만공사	2012-16	6	2008, 2012-16
		서울특별시도시철도공사	2012-16	7	2010-16
		인천도시공사	2012-16	6	2010, 2012-16
		한국가스공사	2012-16	15	2002-16
		한국도로공사	2012-16	15	2002-16
		한국수자원공사	2012-16	7	2002-03, 2012-16
		한국전력공사	2012-16	15	2002-16
		한국철도공사	2012-16	12	2005-16
		한국토지주택공사	2012-16	7	2010-16
4	1	한국석유공사	2012, 2014-16	6	2009, 2011-12 2014-16
3	2	서울메트로	2014-16	3	2014-16
		인천국제공항공사	2012-14	5	2010-14
1	2	SH공사	2016	1	2016
		한국지역난방공사	2014	2	2008, 2014

제3장

97개 기업집단: 소유지분도 – (1) 19개 사기업집단

[ㄱ – ㄷ]

1. 교보생명보험그룹: 2012-2021년

연도	동일인	순위 (위)	계열회사 (개)	자산총액 (10억 원)	매출액 (10억 원)	당기순이익 (10억 원)
2007		53	15	2,261	13,235	297
2008		62	11	2,426	12,883	352
2012	신창재	46	13	5,708	14,546	674
2013	신창재	44	12	6,296	14,648	585
2014	신창재	42	13	7,124	14,763	593
2015	신창재	39	13	7,919	13,856	528
2016	신창재	34	13	8,518	14,425	686
2017	신창재	34	14	8,875	14,614	580
2018	신창재	30	14	10,901	15,566	711
2019	신창재	27	14	11,663	14,904	619
2020	신창재	25	13	13,580	15,706	641
2021	신창재	26	12	14,413	18,815	512

	[소유구조]
주요 주주	신창재 (동일인)
주요 지배 회사	교보생명보험
주요 계열회사	교보증권, 교보문고

주: 2007-2016년 순위: 공기업집단을 제외한 순위.

1. 그룹

1) 대규모기업집단 지정 연도: 2007-2008, 2012-2021년.

2) 연도 수: 12년.

2. 소유지분도: 개관

1) 소유지분도 작성 연도: 2012-2021년.

연도 수: 10년.

2) 그룹 주요 지표: [동일인] 신창재. [순위] 25-46위.
[계열회사] 12-14개. [자산총액] 5.7-14.4조 원.
[매출액] 13.9-18.8조 원. [당기순이익] 0.5-0.7조 원.

3) 소유구조

◆ 신창재 → 교보생명보험 → 계열회사 ◆

① [주요 주주]
1명.
신창재 (동일인).
지분: 33.8%.

② [주요 지배 회사]
1개.
교보생명보험.

③ [계열회사]
유형: 자회사 → 손자회사.
주요 회사: 2개 (2개씩 관련).
교보증권 (상장), 교보문고.

3. 소유지분도: 연도별, 2012-2021년

1) 2012년 4월: [순위] 46위, [동일인] 신창재, [계열회사] 13개
신창재 (33.8%) →
교보생명보험 → 교보증권, 교보문고 등.

2) 2013년 4월: [순위] 44위, [동일인] 신창재, [계열회사] 12개
신창재 (33.8%) →
교보생명보험 → 교보증권, 교보문고 등.

3) 2014년 4월: [순위] 42위, [동일인] 신창재, [계열회사] 13개

신창재 (33.8%) →

교보생명보험 → 교보증권, 교보문고 등.

4) 2015년 4월: [순위] 39위, [동일인] 신창재, [계열회사] 13개

신창재 (33.8%) →

교보생명보험 → 교보증권, 교보문고 등.

5) 2016년 4월: [순위] 34위, [동일인] 신창재, [계열회사] 13개

신창재 (33.8%) →

교보생명보험 → 교보증권, 교보문고 등.

6) 2017년 9월: [순위] 34위, [동일인] 신창재, [계열회사] 14개

신창재 (33.8%) →

교보생명보험 → 교보증권, 교보문고 등.

7) 2018년 5월: [순위] 30위, [동일인] 신창재, [계열회사] 14개

신창재 (33.8%) →

교보생명보험 → 교보증권, 교보문고 등.

8) 2019년 5월: [순위] 27위, [동일인] 신창재, [계열회사] 14개

신창재 (33.8%) →

교보생명보험 → 교보증권, 교보문고 등.

9) 2020년 5월: [순위] 25위, [동일인] 신창재, [계열회사] 13개

신창재 (33.8%) →

교보생명보험 → 교보증권, 교보문고 등.

10) 2021년 5월: [순위] 26위, [동일인] 신창재, [계열회사] 12개

신창재 (33.8%) →

교보생명보험 → 교보증권, 교보문고 등.

1) 교보생명보험그룹, 2012년 4월: [순위] 46위, [동일인] 신창재, [계열회사] 13개

신창재 (33.8%) → 교보생명보험 → 교보증권, 교보문고 등

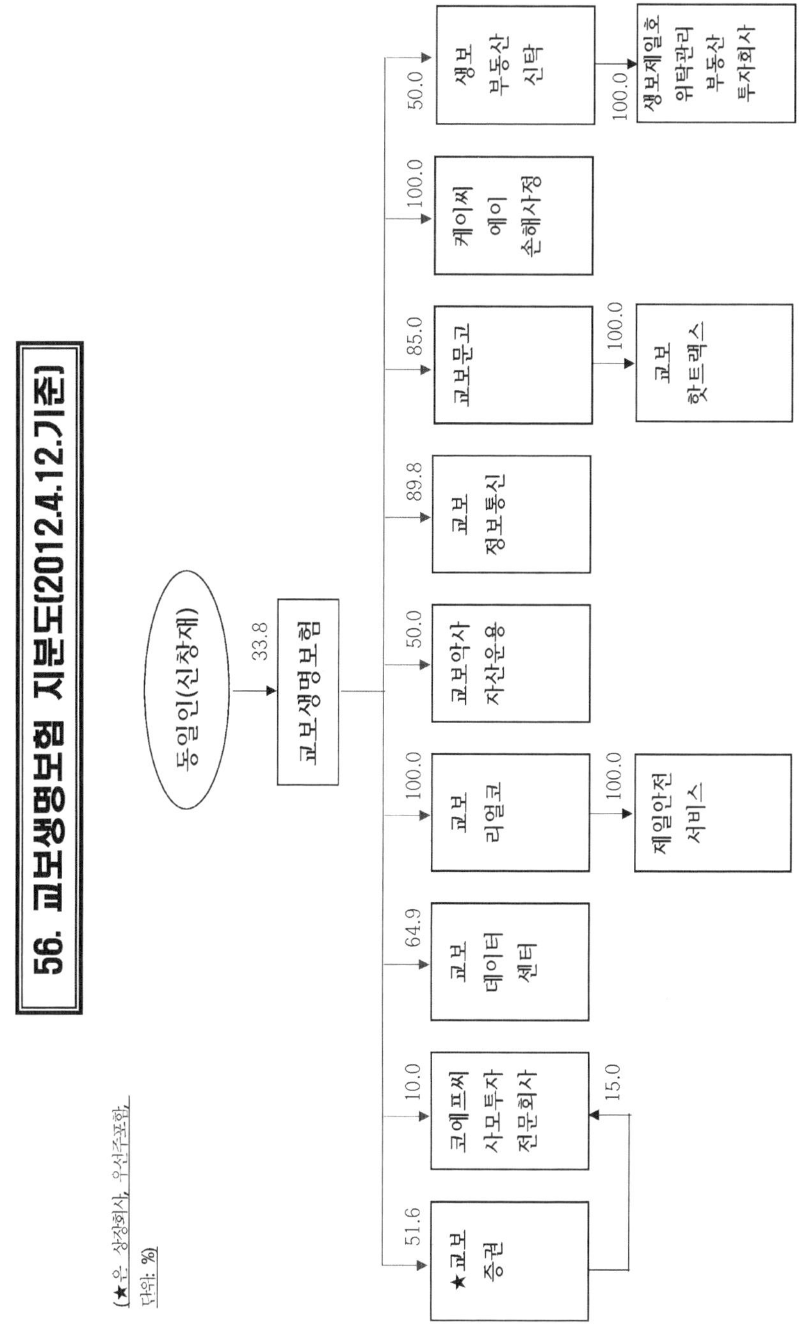

2) 교보생명보험그룹, 2013년 4월: [순위] 44위, [동일인] 신창재, [계열회사] 12개

신창재 (33.8%) → 교보생명보험 → 교보증권, 교보문고 등

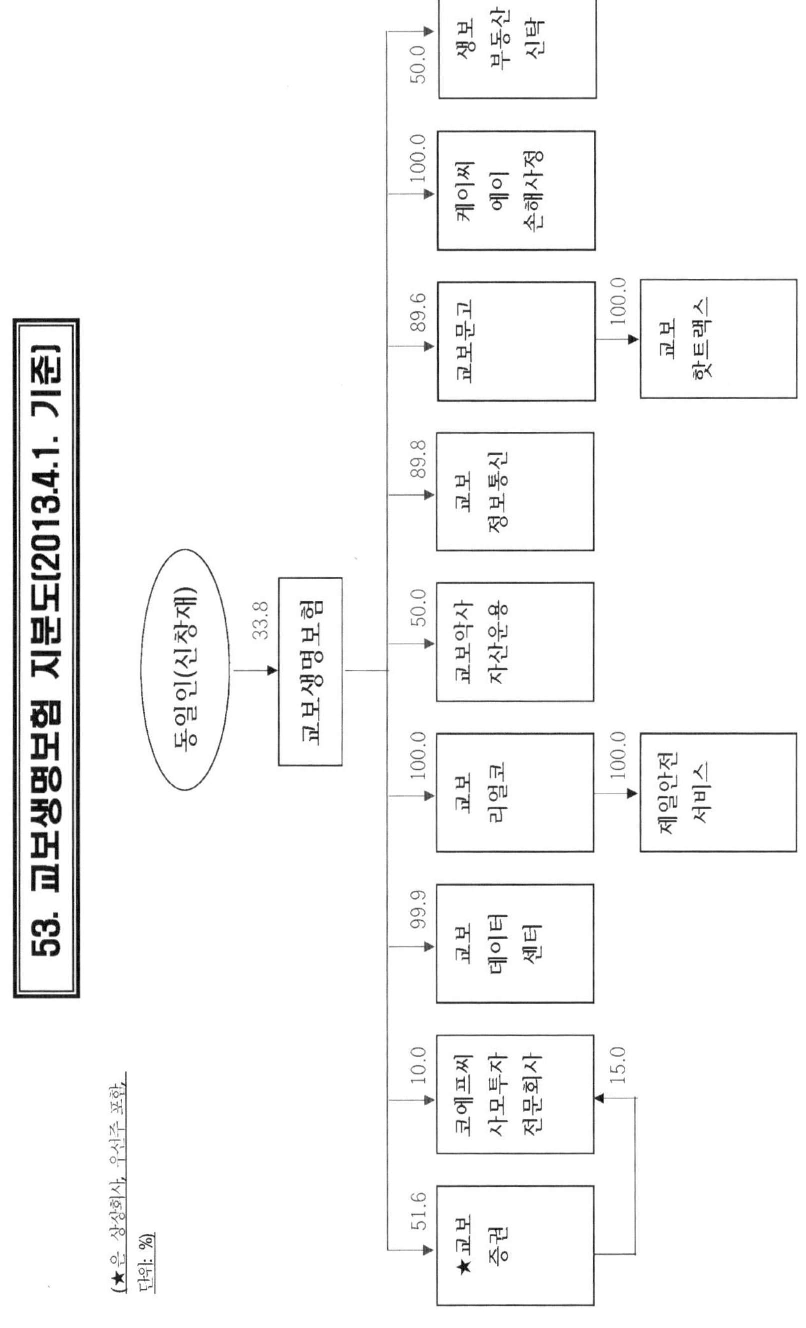

3) 교보생명보험그룹, 2014년 4월: [순위] 42위, [동일인] 신창재, [계열회사] 13개

신창재 (33.8%) → 교보생명보험 → 교보증권, 교보문고 등

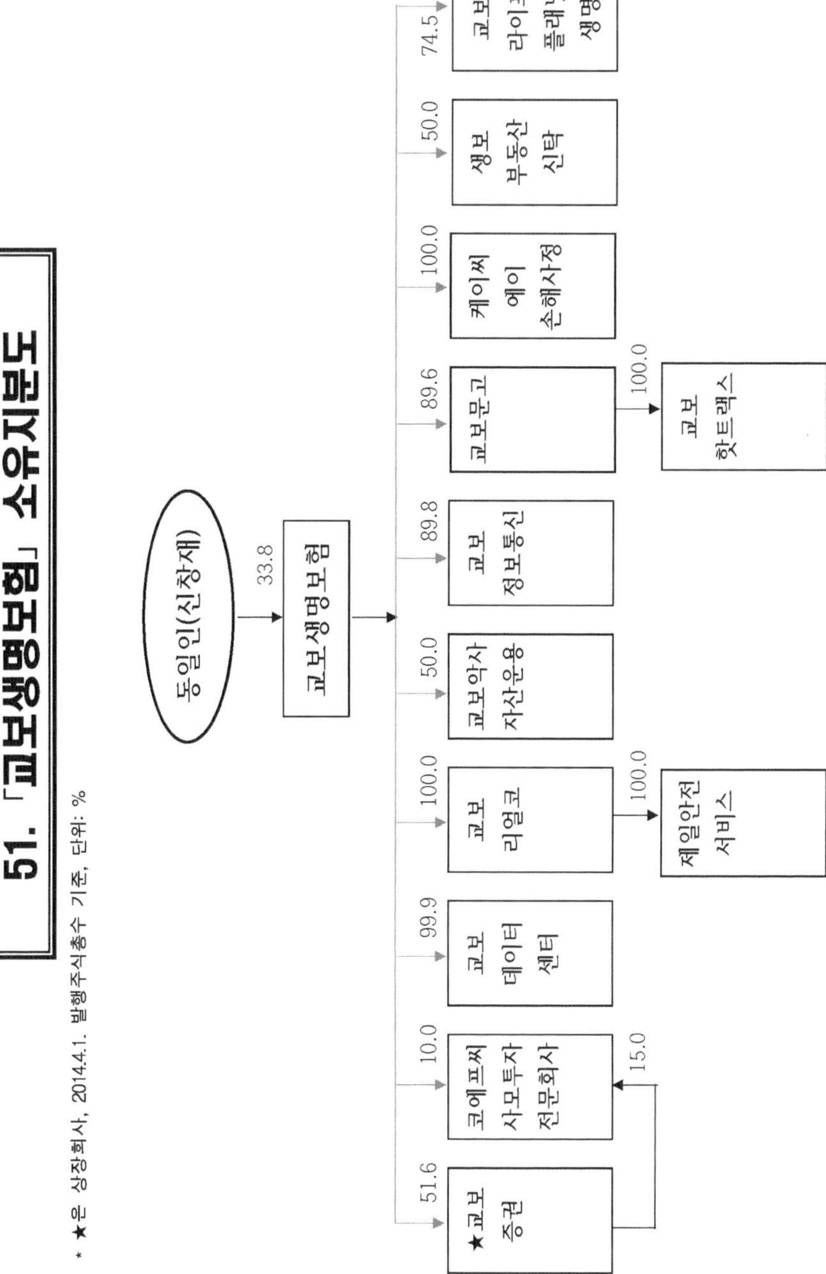

4) 교보생명보험그룹, 2015년 4월: [순위] 39위, [동일인] 신창재, [계열회사] 13개

신창재 (33.8%) → 교보생명보험 → 교보증권, 교보문고 등

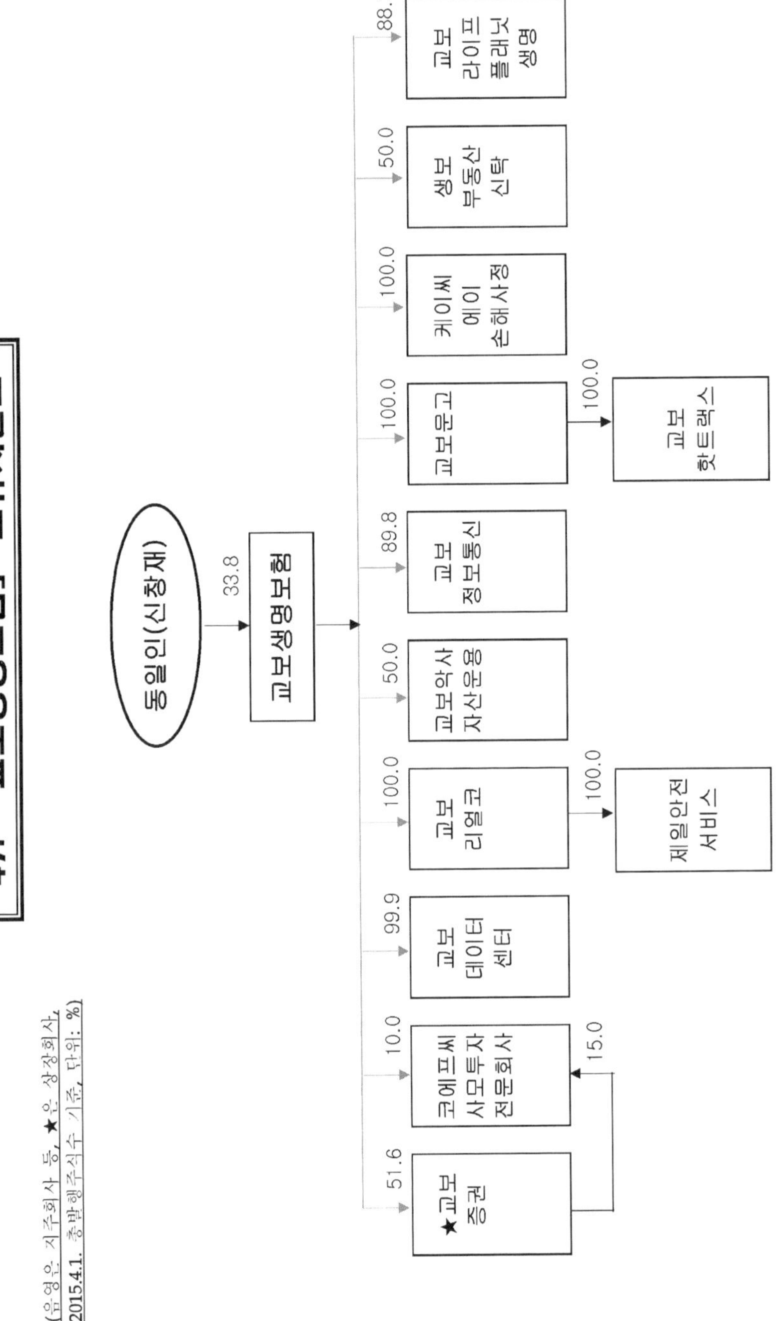

5) 교보생명보험그룹, 2016년 4월: [순위] 34위, [동일인] 신창재, [계열회사] 13개

신창재 (33.8%) → 교보생명보험 → 교보증권, 교보문고 등

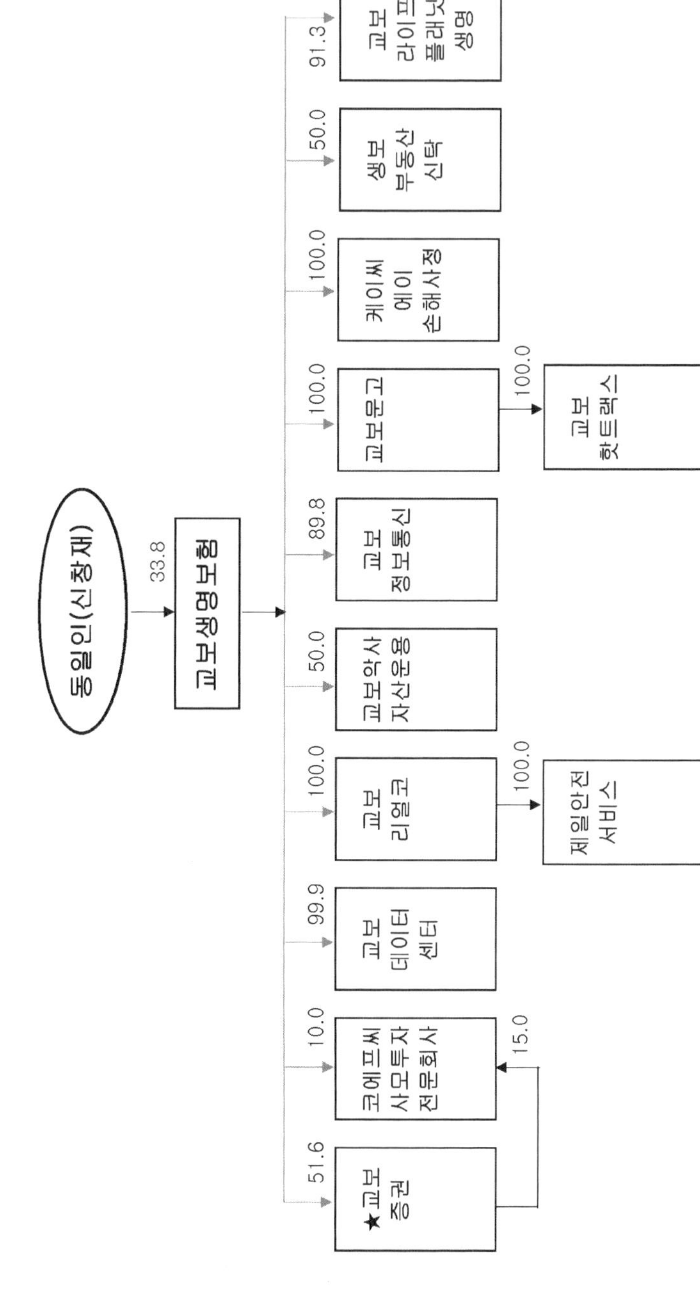

6) 교보생명보험그룹, 2017년 9월: [순위] 34위, [동일인] 신창재, [계열회사] 14개

신창재 (33.8%) → 교보생명보험 → 교보증권, 교보문고 등

34. 「교보생명보험」 소유지분도

(★은 상장회사, 2017.9.1. 발행주식총수 기준, 단위: %)

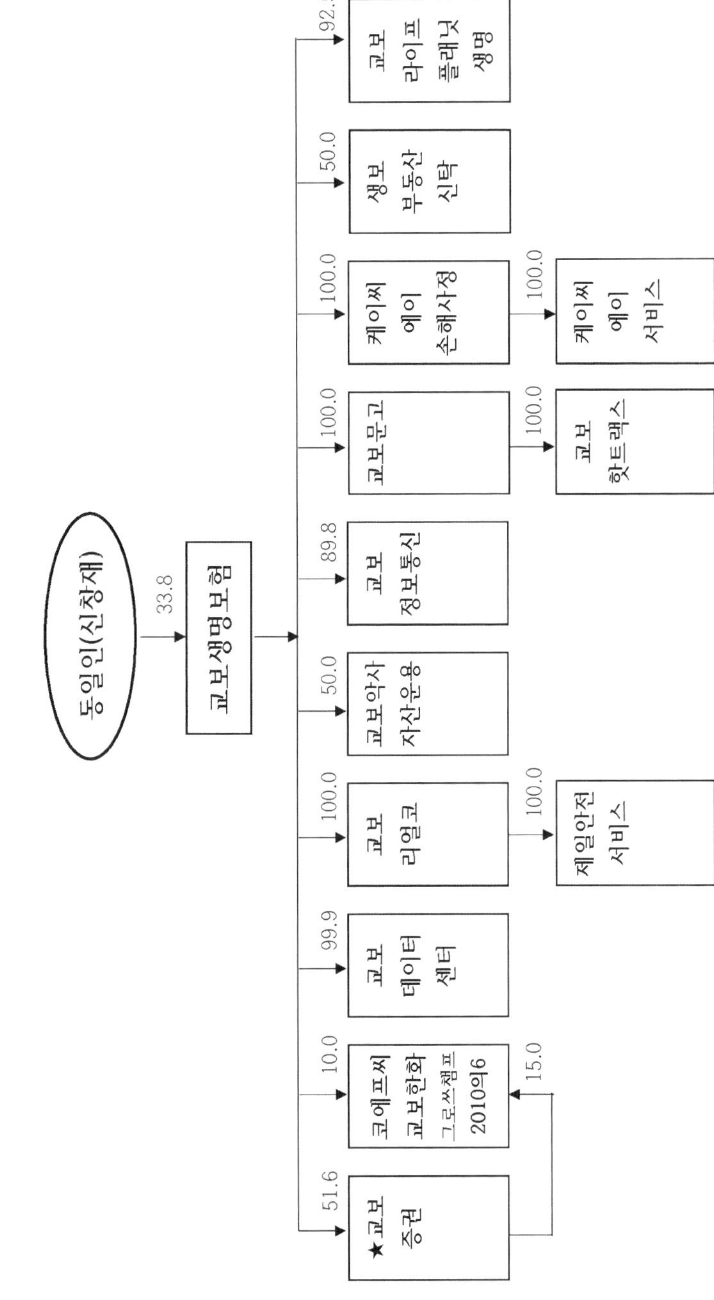

7) 교보생명보험그룹, 2018년 5월: [순위] 30위, [동일인] 신창재, [계열회사] 14개

신창재 (33.8%) → 교보생명보험 → 교보증권, 교보문고 등

30. 「교보생명보험」 소유지분도

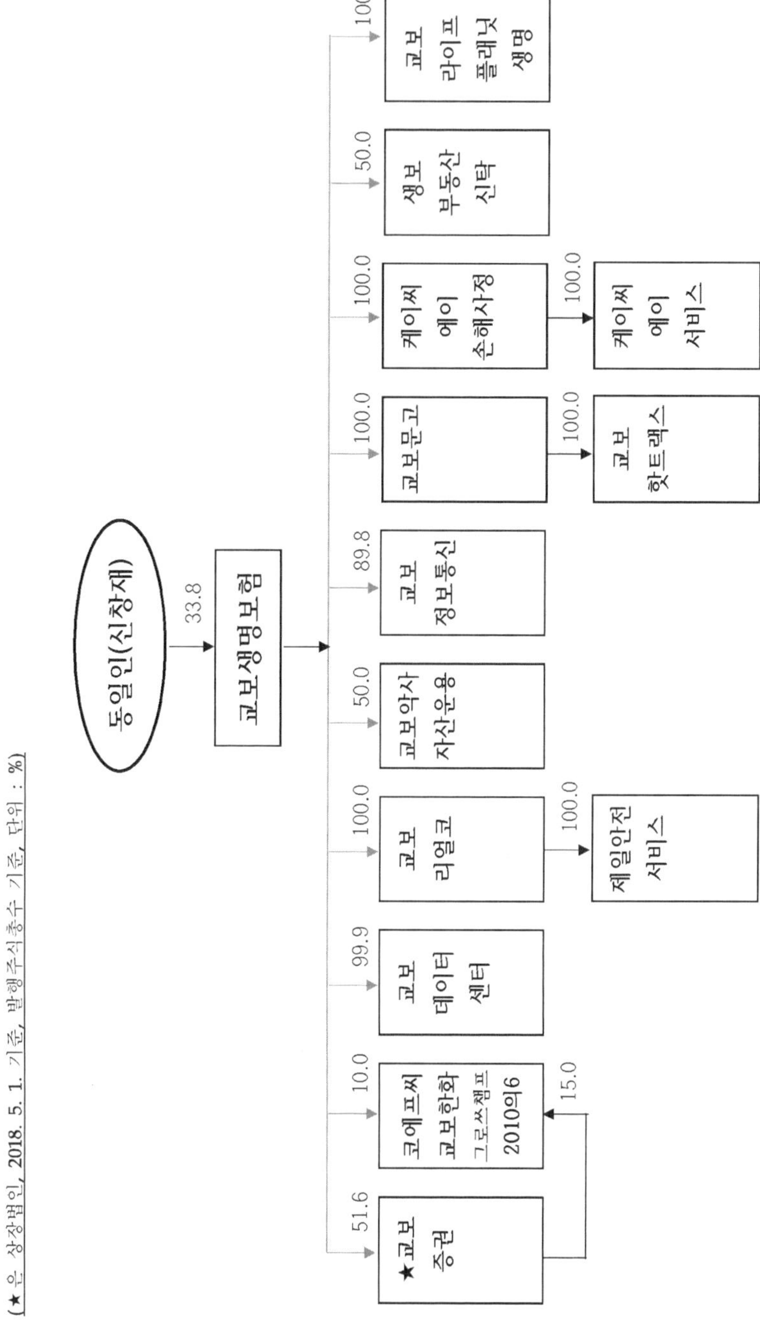

8) 교보생명보험그룹, 2019년 5월: [순위] 27위, [동일인] 신창재, [계열회사] 14개

신창재 (33.8%) → 교보생명보험 → 교보증권, 교보문고 등

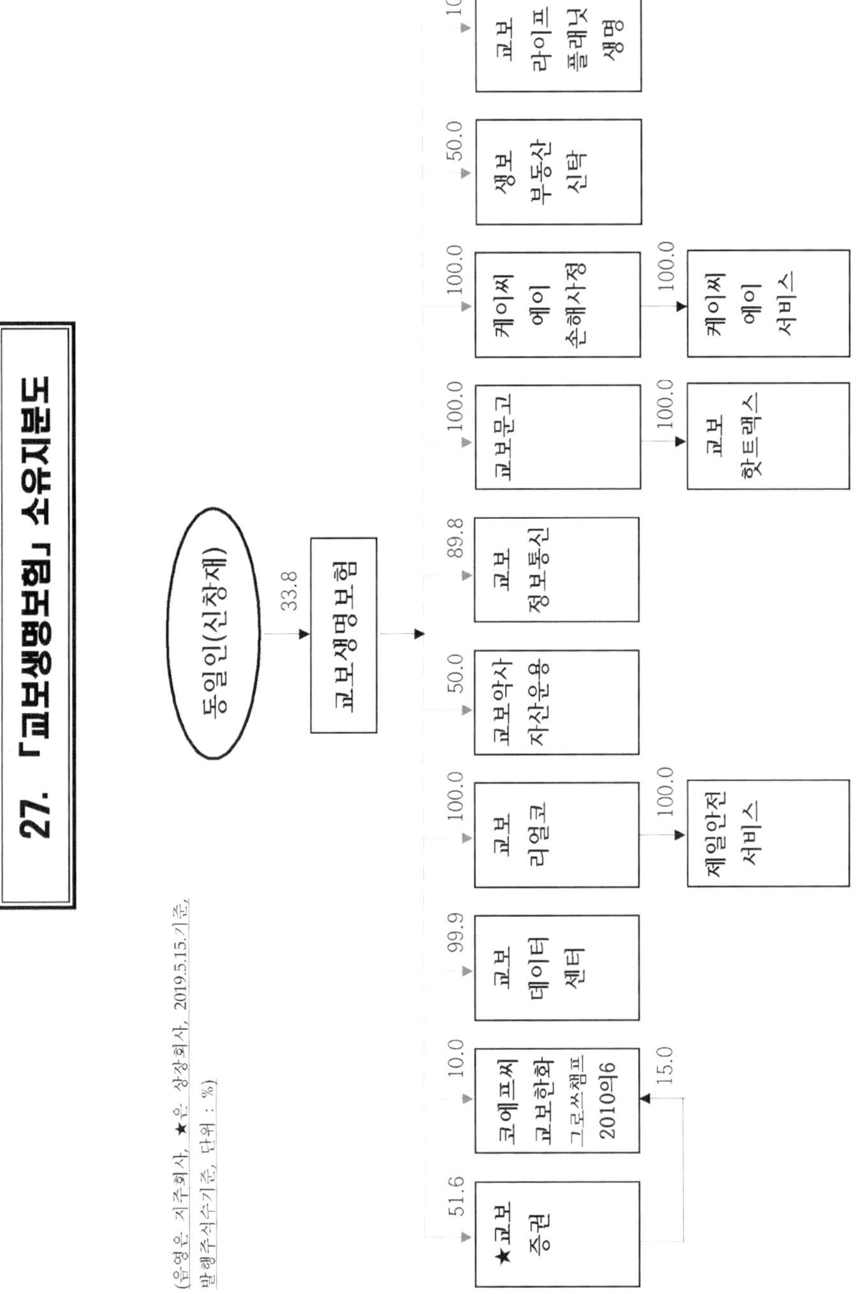

9) 교보생명보험그룹, 2020년 5월: [순위] 25위, [동일인] 신창재, [계열회사] 13개

신창재 (33.8%) → 교보생명보험 → 교보증권, 교보문고 등

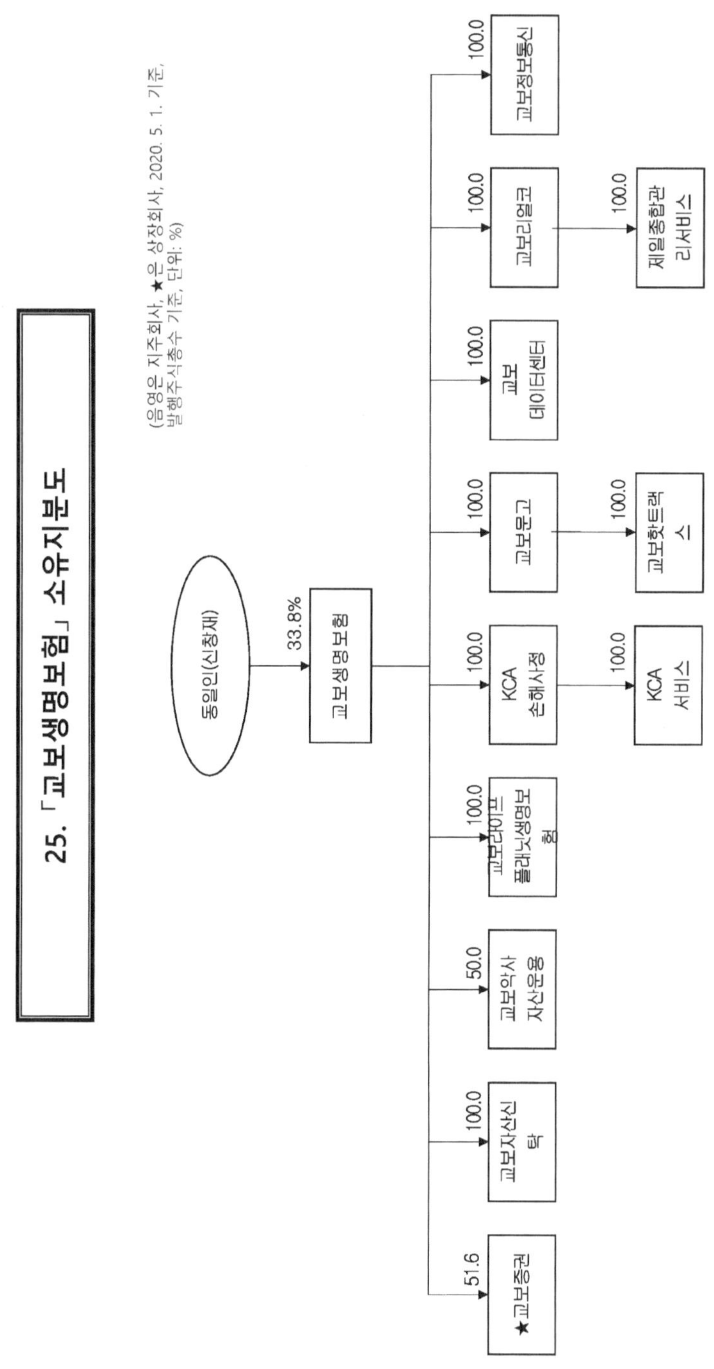

10) 교보생명보험그룹, 2021년 5월: [순위] 26위, [동일인] 신창재, [계열회사] 12개

신창재 (33.8%) → 교보생명보험 → 교보증권, 교보문고 등

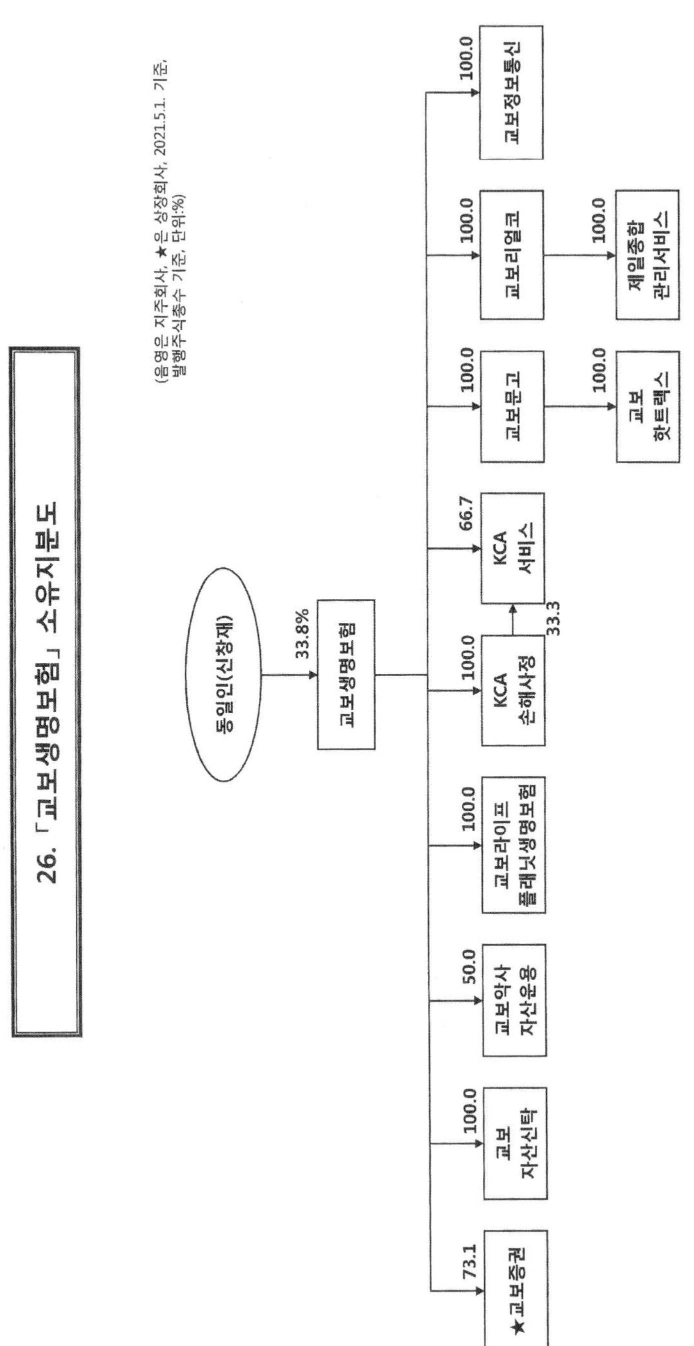

2. 금호석유화학그룹: 2016-2021년

연도	동일인	순위 (위)	계열회사 (개)	자산총액 (10억 원)	매출액 (10억 원)	당기순이익 (10억 원)
2016	박찬구	52	10	5,140	5,017	151
2017	박찬구	54	11	5,683	5,046	94
2018	박찬구	55	11	5,756	6,443	309
2019	박찬구	55	11	5,832	7,212	577
2020	박찬구	59	12	5,710	6,305	375
2021	박찬구	55	15	6,665	6,186	650

	[소유구조]
주요 주주	박찬구 (동일인), 박준경 (2세), 박철완 (조카)
주요 지배 회사	금호석유화학
주요 계열회사	금호피앤비화학, 코리아에너지발전소

주: 2016년 순위: 공기업집단을 제외한 순위.

1. 그룹

1) 대규모기업집단 지정 연도: 2016-2021년.

2) 연도 수: 6년.

2. 소유지분도: 개관

1) 소유지분도 작성 연도: 2016-2021년.
연도 수: 6년.

2) 그룹 주요 지표: [동일인] 박찬구. [순위] 52-59위.
[계열회사] 10-15개. [자산총액] 5.1-6.7조 원.
[매출액] 5.0-7.2조 원. [당기순이익] 0.1-0.7조 원.

3) 소유구조

◆ 박찬구, 박준경, 박철완 → 금호석유화학 → 계열회사 ◆

① [주요 주주]

3명 (2-3명씩 지분 보유).

박찬구 (동일인) ‖ 박준경 (2세) ‖ 박철완 (조카; 동일인 형 박정구의 2세).

지분: 6.1% (6년; 2016-2021년) ‖ 6.5% (6년; 2016-2021년) ‖

9.1% (4년; 2017-2020년).

② [주요 지배 회사]

1개.

금호석유화학 (상장).

③ [계열회사]

유형: 자회사 → 손자회사.

주요 회사: 2개 (2개씩 관련).

금호피앤비화학, 코리아에너지발전소.

3. 소유지분도: 연도별, 2016-2021년

1) 2016년 4월: [순위] 52위, [동일인] 박찬구, [계열회사] 10개

박찬구 (6.1%), 박준경 (6.5%) →

금호석유화학 → 금호피앤비화학, 코리아에너지발전소 등.

2) 2017년 9월: [순위] 54위, [동일인] 박찬구, [계열회사] 11개

박찬구 (6.1%), 박준경 (6.5%), 박철완 (9.1%) →

금호석유화학 → 금호피앤비화학, 코리아에너지발전소 등.

3) 2018년 5월: [순위] 55위, [동일인] 박찬구, [계열회사] 11개

박찬구 (6.1%), 박준경 (6.5%), 박철완 (9.1%) →

금호석유화학 → 금호피앤비화학, 코리아에너지발전소 등.

4) 2019년 5월: [순위] 55위, [동일인] 박찬구, [계열회사] 11개

박찬구 (6.1%), 박준경 (6.5%), 박철완 (9.1%) →

금호석유화학 → 금호피앤비화학, 코리아에너지발전소 등.

5) 2020년 5월: [순위] 59위, [동일인] 박찬구, [계열회사] 12개

박찬구 (6.1%), 박준경 (6.5%), 박철완 (9.1%) →

금호석유화학 → 금호피앤비화학, 코리아에너지발전소 등.

6) 2021년 5월: [순위] 55위, [동일인] 박찬구, [계열회사] 15개

박찬구 (6.1%), 박준경 (6.5%) →

금호석유화학 → 금호피앤비화학, 코리아에너지발전소 등.

64. 「금호석유화학」 소유지분도

(음영은 지주회사 등, ★은 상장회사,
2016. 4. 1. 기준, 발행주식총수 기준, 단위: %)

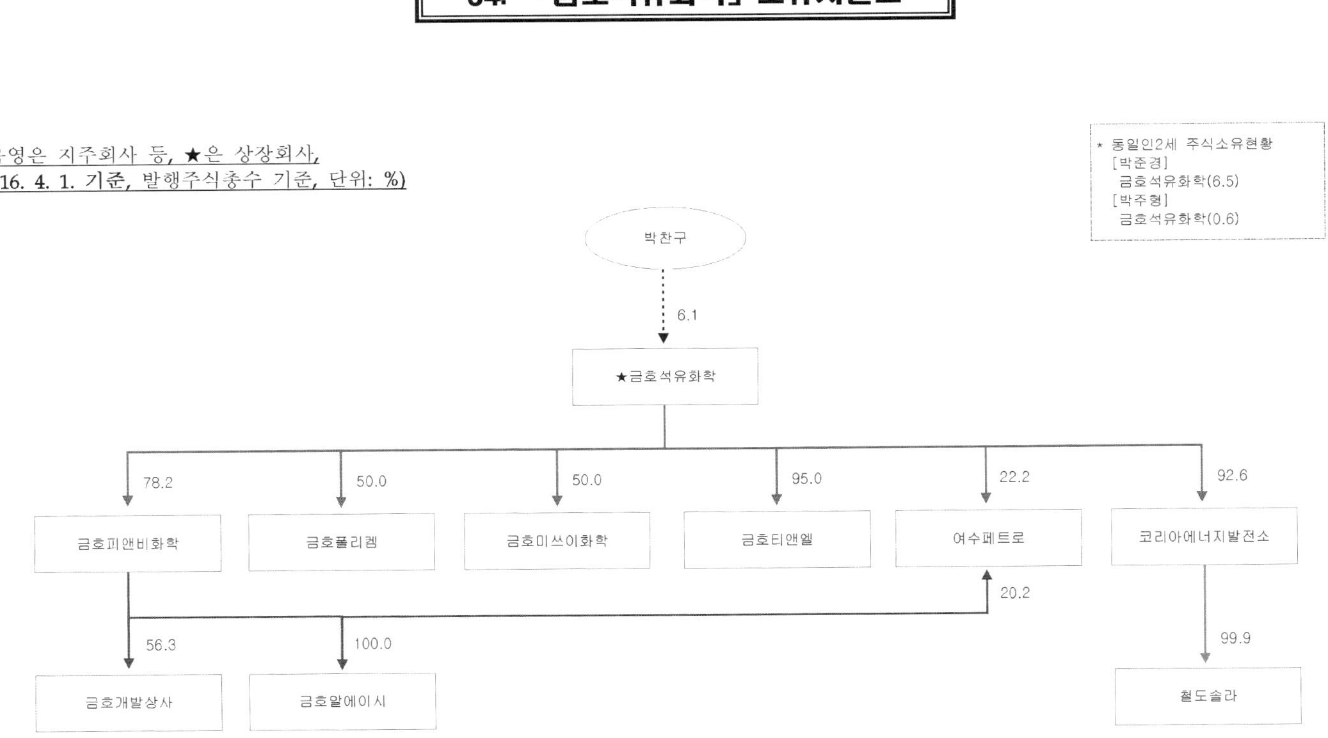

1) 금호석유화학그룹, 2016년 4월: [순위] 52위, [동일인] 박찬구, [계열회사] 10개

박찬구 (6.1%), 박준경 (6.5%) → 금호석유화학 → 금호피앤비화학, 코리아에너지발전소 등

2) 금호석유화학그룹, 2017년 9월: [순위] 54위, [동일인] 박찬구, [계열회사] 11개

박찬구 (6.1%), 박준경 (6.5%), 박철완 (9.1%) → 금호석유화학 → 금호피앤비화학, 코리아에너지발전소 등

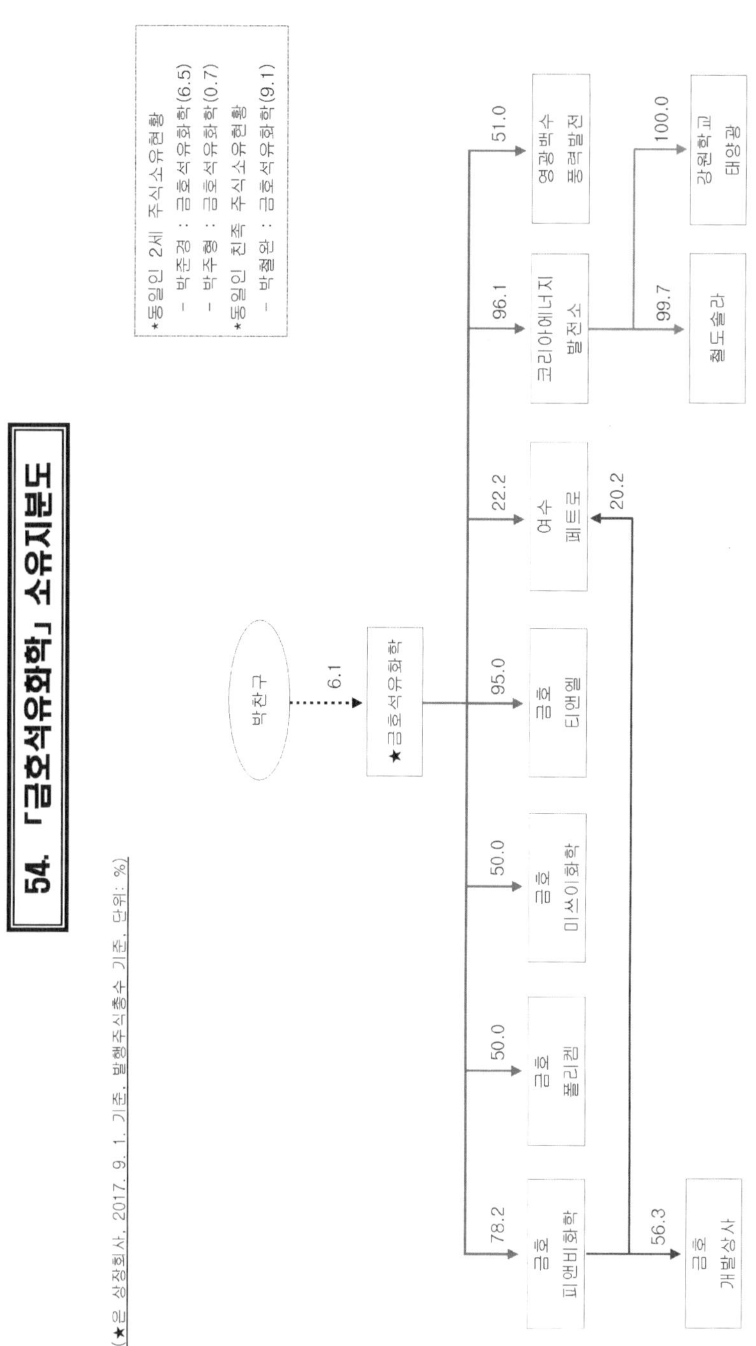

3) 금호석유화학그룹, 2018년 5월: [순위] 55위, [동일인] 박찬구, [계열회사] 11개

박찬구 (6.1%), 박준경 (6.5%), 박철완 (9.1%) → 금호석유화학 → 금호피앤비화학, 코리아에너지발전소 등

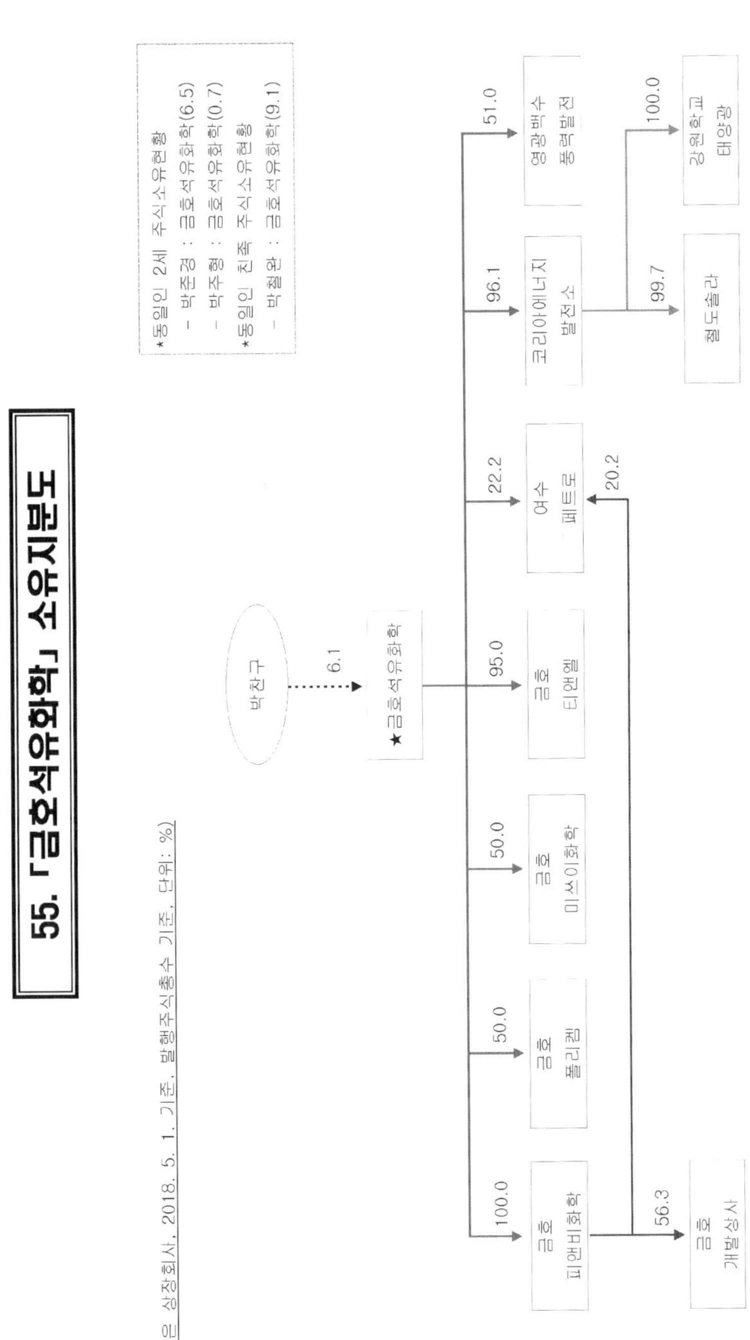

4) 금호석유화학그룹, 2019년 5월: [순위] 55위, [동일인] 박찬구, [계열회사] 11개

박찬구 (6.1%), 박준경 (6.5%), 박철완 (9.1%) → 금호석유화학 → 금호피앤비화학, 코리아에너지발전소 등

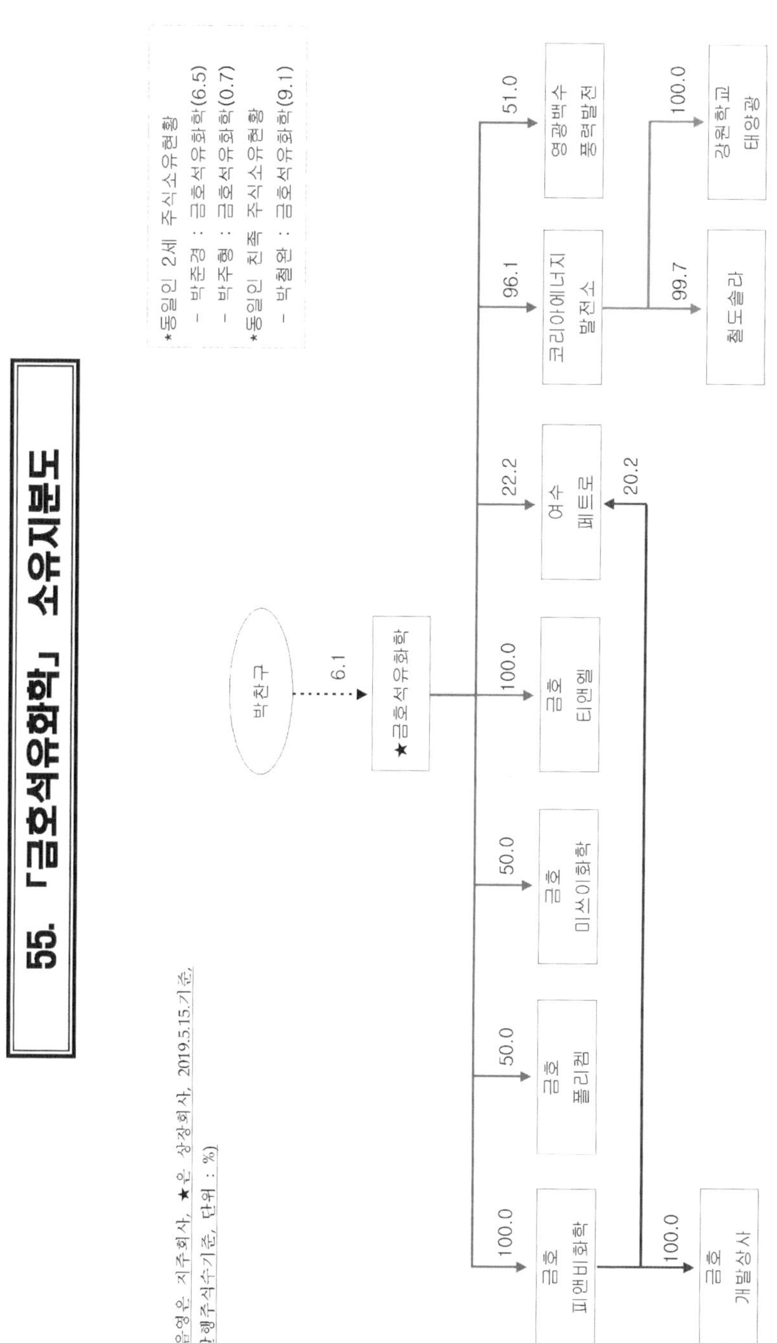

5) 금호석유화학그룹, 2020년 5월: [순위] 59위, [동일인] 박찬구, [계열회사] 12개

박찬구 (6.1%), 박준경 (6.5%), 박철완 (9.1%) → 금호석유화학 → 금호피앤비화학, 코리아에너지발전소 등

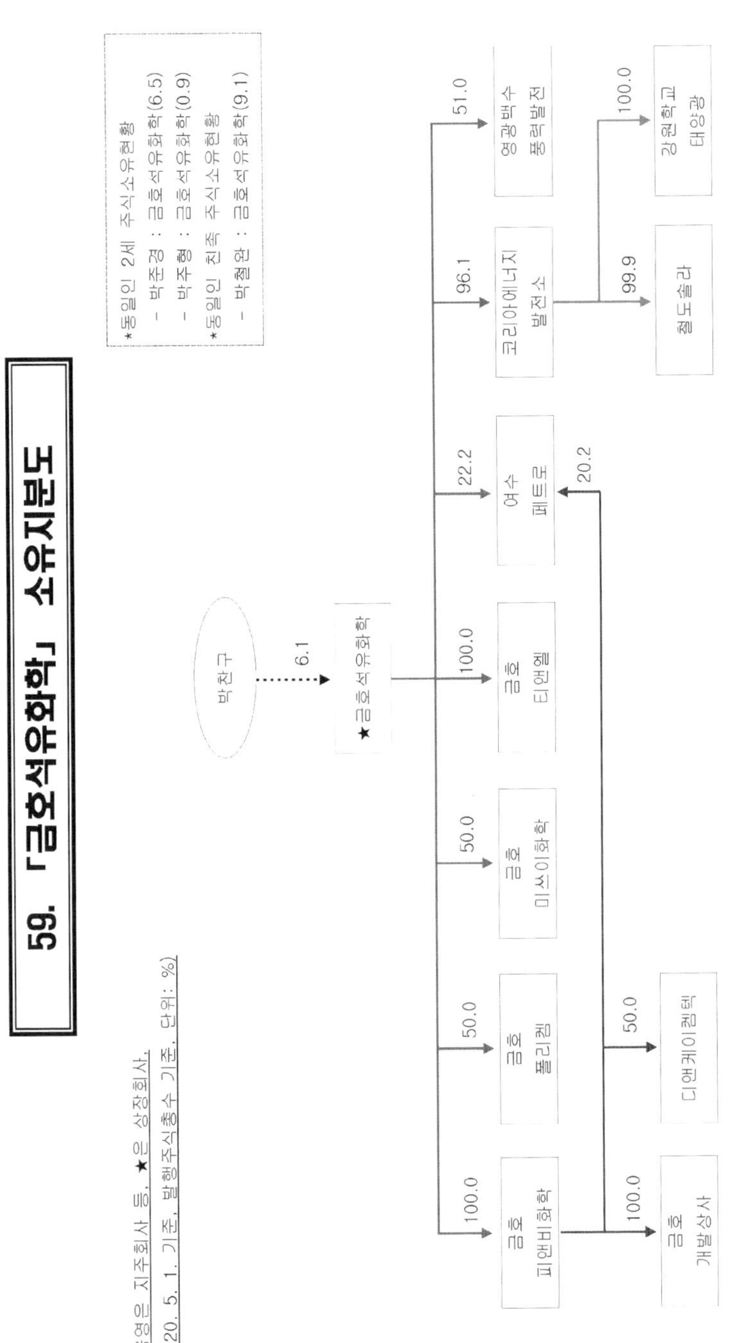

6) 금호석유화학그룹, 2021년 5월: [순위] 55위, [동일인] 박찬구, [계열회사] 15개

박찬구 (6.1%), 박준경 (6.5%) → 금호석유화학 → 금호피앤비화학, 코리아에너지발전소 등

55. 「금호석유화학」 소유지분도

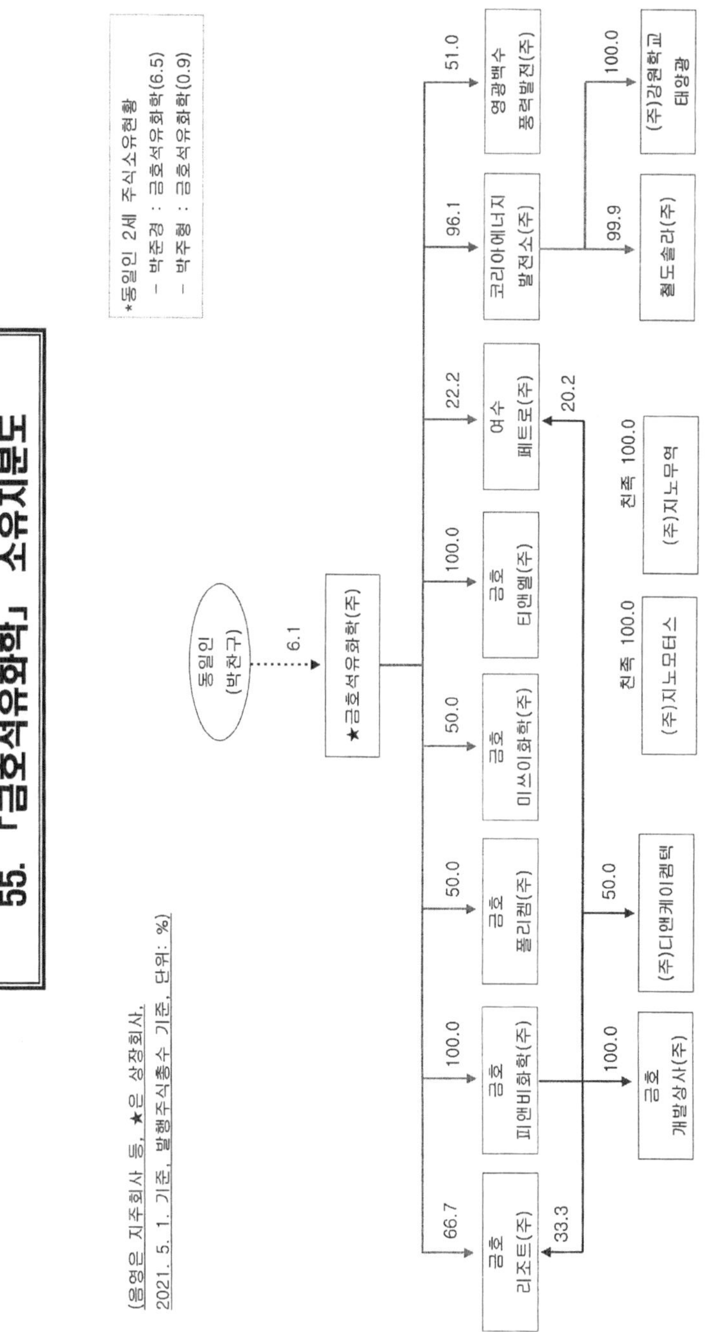

3. 금호아시아나그룹: 2012-2021년

연도	동일인	순위 (위)	계열회사 (개)	자산총액 (10억 원)	매출액 (10억 원)	당기순이익 (10억 원)
1987		22	19	702	388	17
1988		20	10	865	692	37
1989		17	12	1,212	843	17
1990		16	18	1,731	990	-11
1991		12	24	2,613	1,393	-24
1992		11	25	3,536	1,814	-13
1993		11	24	4,272	-	-
1994		11	22	4,609	2,616	-61
1995		11	24	5,374	2,491	-18
1996		11	27	6,423	3,946	8
1997		11	26	7,486	4,834	-40
1998		9	32	10,361	5,669	-463
1999		9	29	10,696	6,235	-322
2000		8	20	11,532	7,360	-232
2001		9	17	11,606	6,826	-286
2002		9	15	10,608	7,777	-750
2003		12	15	9,698	8,230	103
2004		11	16	10,602	8,433	55
2005		12	18	11,413	9,889	724
2006		13	23	12,982	10,900	473
2007		9	38	22,873	18,076	993
2008		10	52	26,667	21,872	1,427
2009		9	48	37,558	25,954	-40
2010		9	45	34,942	22,222	-3,867
2011		13	36	24,507	18,838	1,158
2012	박삼구	16	25	19,099	18,598	625
2013	박삼구	19	24	17,037	18,221	3
2014	박삼구	18	26	18,261	17,083	-21
2015	박삼구	18	26	18,828	16,835	233
2016	박삼구	20	24	15,246	10,640	-138
2017	박삼구	19	28	15,615	10,762	264
2018	박삼구	25	26	11,885	8,634	297
2019	박삼구	28	27	11,435	9,731	-14
2020	박삼구	20	27	17,579	9,705	-913
2021	박삼구	22	27	17,442	6,261	-783

	[소유구조]	
주요 주주	박삼구 (동일인), 박세창 (2세)	친족, 비영리법인
주요 지배 회사	금호산업, 금호기업, 금호홀딩스/금호고속	-
주요 계열회사	아시아나항공, '금호산업/금호건설 → 아시아나항공'	금호석유화학, 케이에이

주: 2002-2016년 순위: 공기업집단을 제외한 순위.

1. 그룹

1) 대규모기업집단 지정 연도: 1987-2021년.

2) 연도 수: 35년.

3) 그룹 이름: 금호 (1987-2003년), 금호아시아나 (2004-2021년).

2. 소유지분도: 개관

1) 소유지분도 작성 연도: 2012-2021년.

   연도 수: 10년.

2) 그룹 주요 지표: [동일인] 박삼구. [순위] 16-28위.

   [계열회사] 24-28개. [자산총액] 11.4-19.1조 원.

   [매출액] 6.3-18.6조 원. [당기순이익] (-0.9) - 0.6조 원.

3) 소유구조

◆ {박삼구, 박세창 → 금호산업, 금호기업, 금호홀딩스/금호고속 → 계열회사} + {친족, 비영리법인 → 계열회사2} ◆

① [주요 주주]

2명 (1-2명씩 지분 보유).

박삼구 (동일인) ‖ 박세창 (2세).

지분: 5.1-38.8% (9년; 2013-2021년) ‖ 0.01-24.4% (10년; 2012-2021년).

② [주요 지배 회사]

3개 (1개씩 관련).

금호산업 (상장)(4년; 2012-2015년), 금호기업 (1년; 2016년),

금호홀딩스 / 금호고속 (5년; 2017-2021년).

③ [계열회사]

유형: 자회사 → 손자회사 (2년; 2012-2013년),

자회사 → 손자회사 → 증손회사 (8년; 2014-2021년).

주요 회사: 2개 (1-2개씩 관련).

아시아나항공 (상장), '금호산업 / 금호건설 (상장) → 아시아나항공'.

* 계열회사2: 2개 (1-2개씩 관련).

금호석유화학 (상장), 케이에이.

4) 금호터미널: 금호홀딩스 (2016년 8월 금호기업 합병 후 상호 변경),

금호고속 (2018년 3월 상호 변경).

금호산업: 금호건설 (2021년 3월 상호 변경).

3. 소유지분도: 연도별, 2012-2021년

1) 2012년 4월: [순위] 16위, [동일인] 박삼구, [계열회사] 25개

{박세창 (0.01%) →

금호산업 → 아시아나항공 등} +

{친족 → 금호석유화학 등}.

2) 2013년 4월: [순위] 19위, [동일인] 박삼구, [계열회사] 24개

{박삼구 (7.1%), 박세창 (6.9%) →

금호산업 → 아시아나항공 등} +

{친족, 비영리법인 → 금호석유화학, 케이에이 등}.

3) 2014년 4월: [순위] 18위, [동일인] 박삼구, [계열회사] 26개

{박삼구 (5.3%), 박세창 (5.1%) →

금호산업 → 아시아나항공 등} +

{친족, 비영리법인 → 금호석유화학, 케이에이 등}.

4) 2015년 4월: [순위] 18위, [동일인] 박삼구, [계열회사] 26개

{박삼구 (5.1%), 박세창 (4.9%) →
금호산업 → 아시아나항공 등} +
{친족, 비영리법인 → 금호석유화학, 케이에이 등}.

5) 2016년 4월: [순위] 20위, [동일인] 박삼구, [계열회사] 24개

{박삼구 (23.3%), 박세창 (17.8%) →
금호기업 → '금호산업 → 아시아나항공 등'} +
{친족, 비영리법인 → 케이에이 등}.

6) 2017년 5월: [순위] 19위, [동일인] 박삼구, [계열회사] 28개

{박삼구 (23.9%), 박세창 (17.8%) →
금호홀딩스 → '금호산업 → 아시아나항공 등'} +
{친족, 비영리법인 → 케이에이 등}.

7) 2018년 5월: [순위] 25위, [동일인] 박삼구, [계열회사] 26개

{박삼구 (26.4%), 박세창 (18.7%) →
금호고속 → '금호산업 → 아시아나항공 등'} +
{비영리법인 → 케이에이 등}.

8) 2019년 5월: [순위] 28위, [동일인] 박삼구, [계열회사] 27개

{박삼구 (27.8%), 박세창 (18.8%) →
금호고속 → '금호산업 → 아시아나항공 등'} +
{비영리법인 → 케이에이 등}.

9) 2020년 5월: [순위] 20위, [동일인] 박삼구, [계열회사] 27개

{박삼구 (28.9%), 박세창 (18.8%) →
금호고속 → '금호산업 → 아시아나항공 등'} +
{비영리법인 → 케이에이 등}.

10) 2021년 5월: [순위] 22위, [동일인] 박삼구, [계열회사] 27개

{박삼구 (38.8%), 박세창 (24.4%) →
금호고속 → '금호건설 → 아시아나항공 등'} +
{비영리법인 → 케이에이 등}.

1) 금호아시아나그룹, 2012년 4월: [순위] 16위, [동일인] 박삼구, [계열회사] 25개

{박세창 (0.01%) → 금호산업 → 아시아나항공 등} + {친족 → 금호석유화학 등}

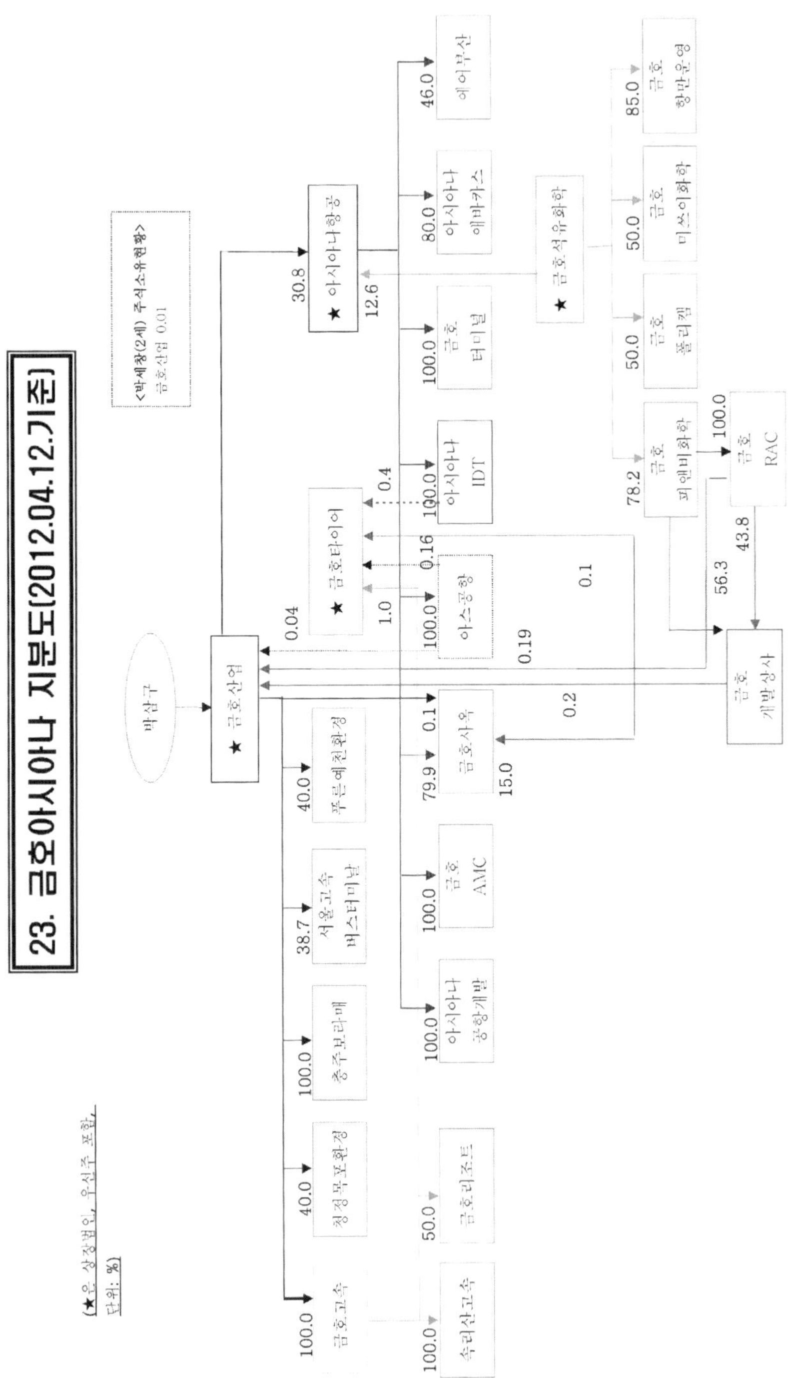

2) 금호아시아나그룹, 2013년 4월: [순위] 19위, [동일인] 박삼구, [계열회사] 24개

{박삼구 (7.1%), 박세창 (6.9%) → 금호산업 → 아시아나항공 등} + {친족, 비영리법인 → 금호석유화학, 케이에이 등}

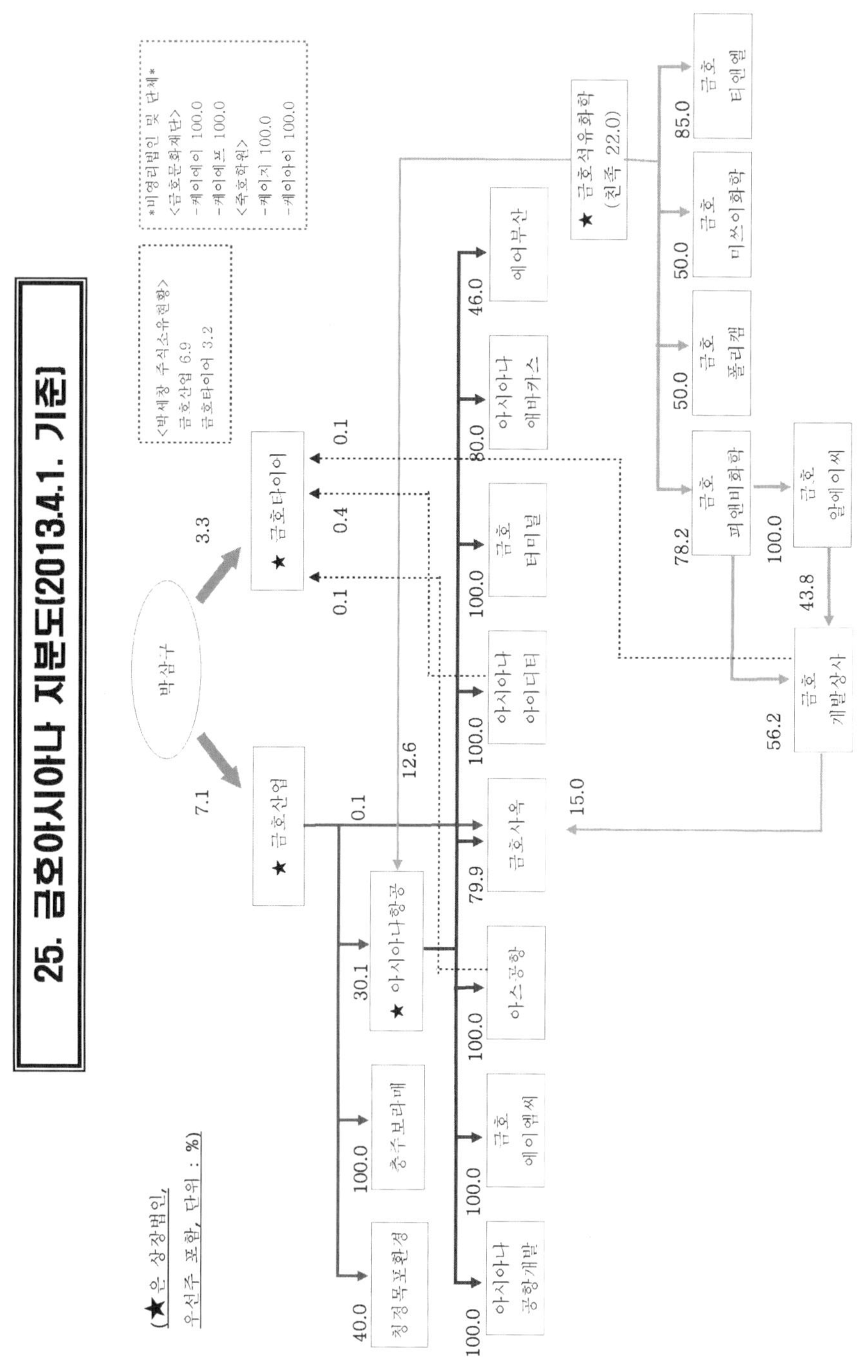

3) 금호아시아나그룹, 2014년 4월: [순위] 18위, [동일인] 박삼구, [계열회사] 26개

{박삼구 (5.3%), 박세창 (5.1%) → 금호산업 → 아시아나항공 등} + {친족, 비영리법인 → 금호석유화학, 케이에이 등}

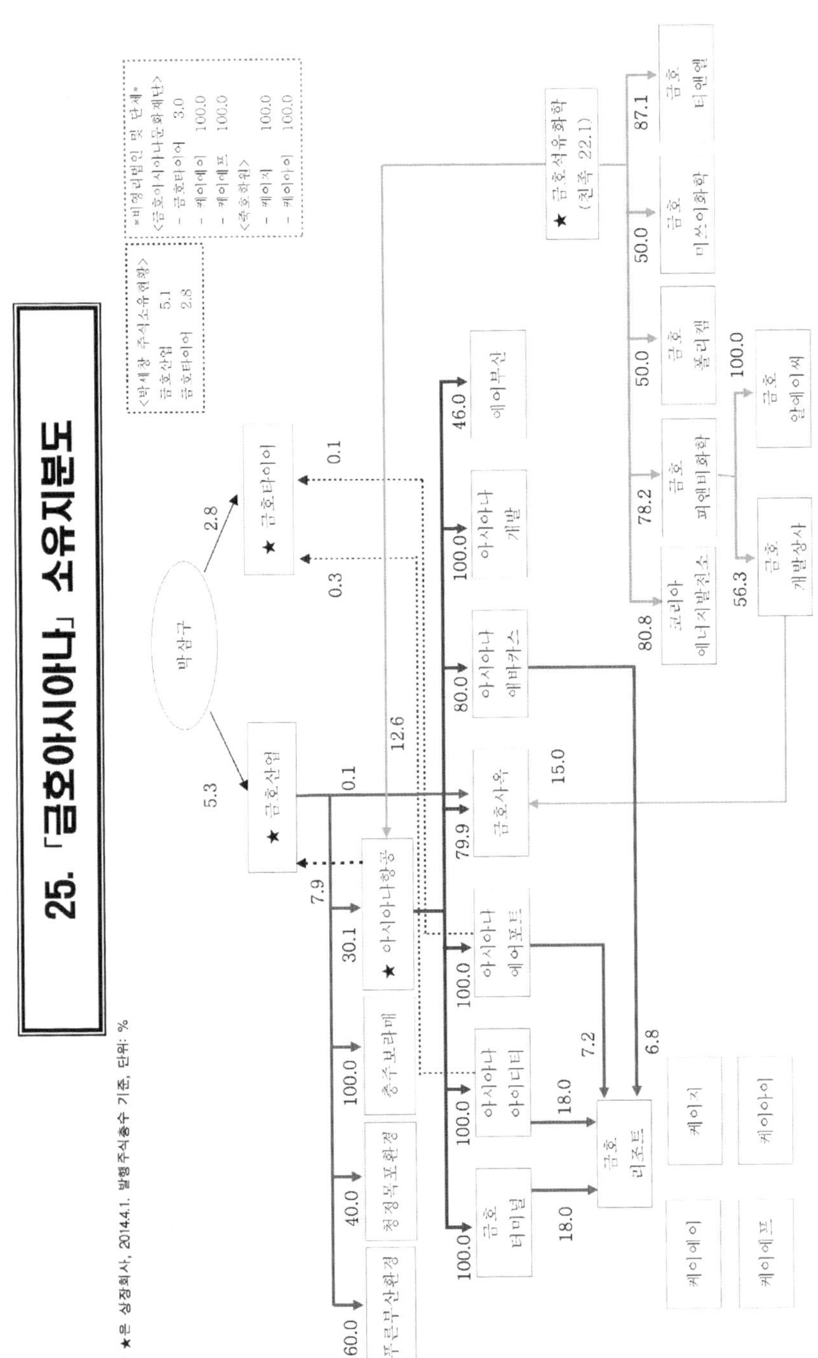

4) 금호아시아나그룹, 2015년 4월: [순위] 18위, [동일인] 박삼구, [계열회사] 26개

{박삼구 (5.1%), 박세창 (4.9%) → 금호산업 → 아시아나항공 등} + {친족, 비영리법인 → 금호석유화학, 케이에이 등}

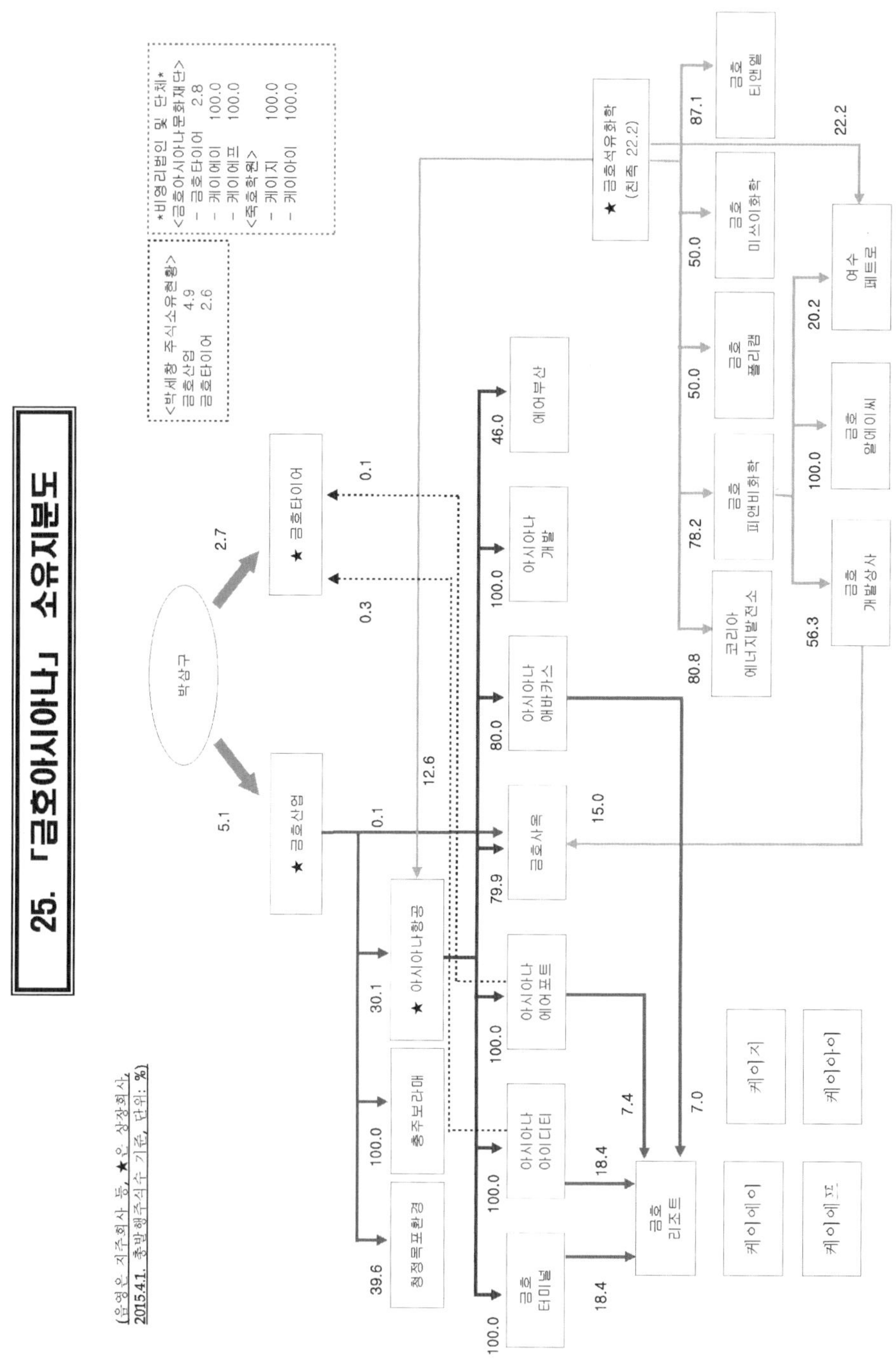

5) 금호아시아나그룹, 2016년 4월: [순위] 20위, [동일인] 박삼구, [계열회사] 24개

{박삼구 (23.3%), 박세창 (17.8%) → 금호기업 → '금호산업 → 아시아나항공 등'} + {친족, 비영리법인 → 케이에이 등}

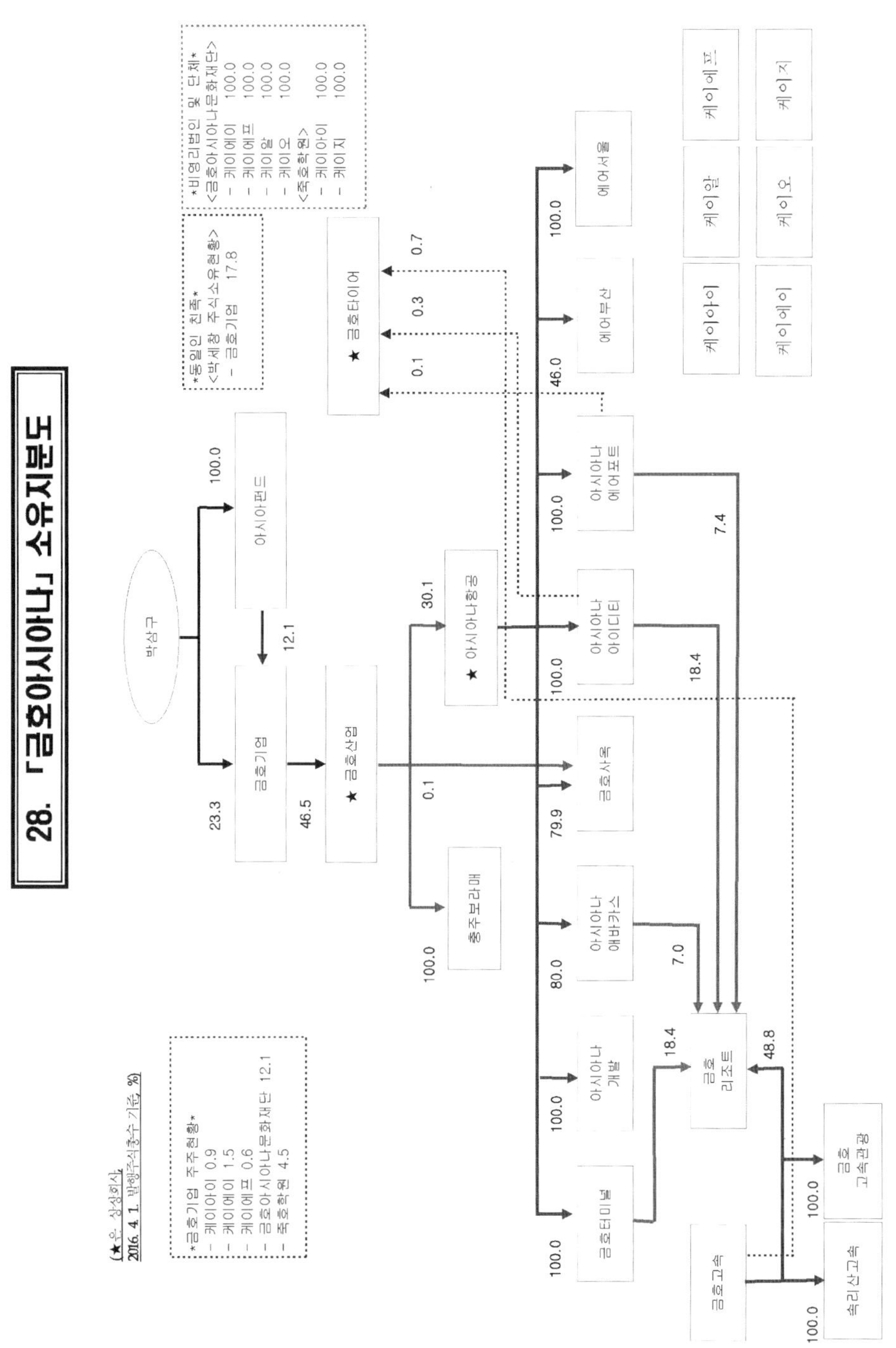

6) 금호아시아나그룹, 2017년 5월: [순위] 19위, [동일인] 박삼구, [계열회사] 28개

{박삼구 (23.9%), 박세창 (17.8%) → 금호홀딩스 → '금호산업 → 아시아나항공 등'} + {친족, 비영리법인 → 케이에이 등}

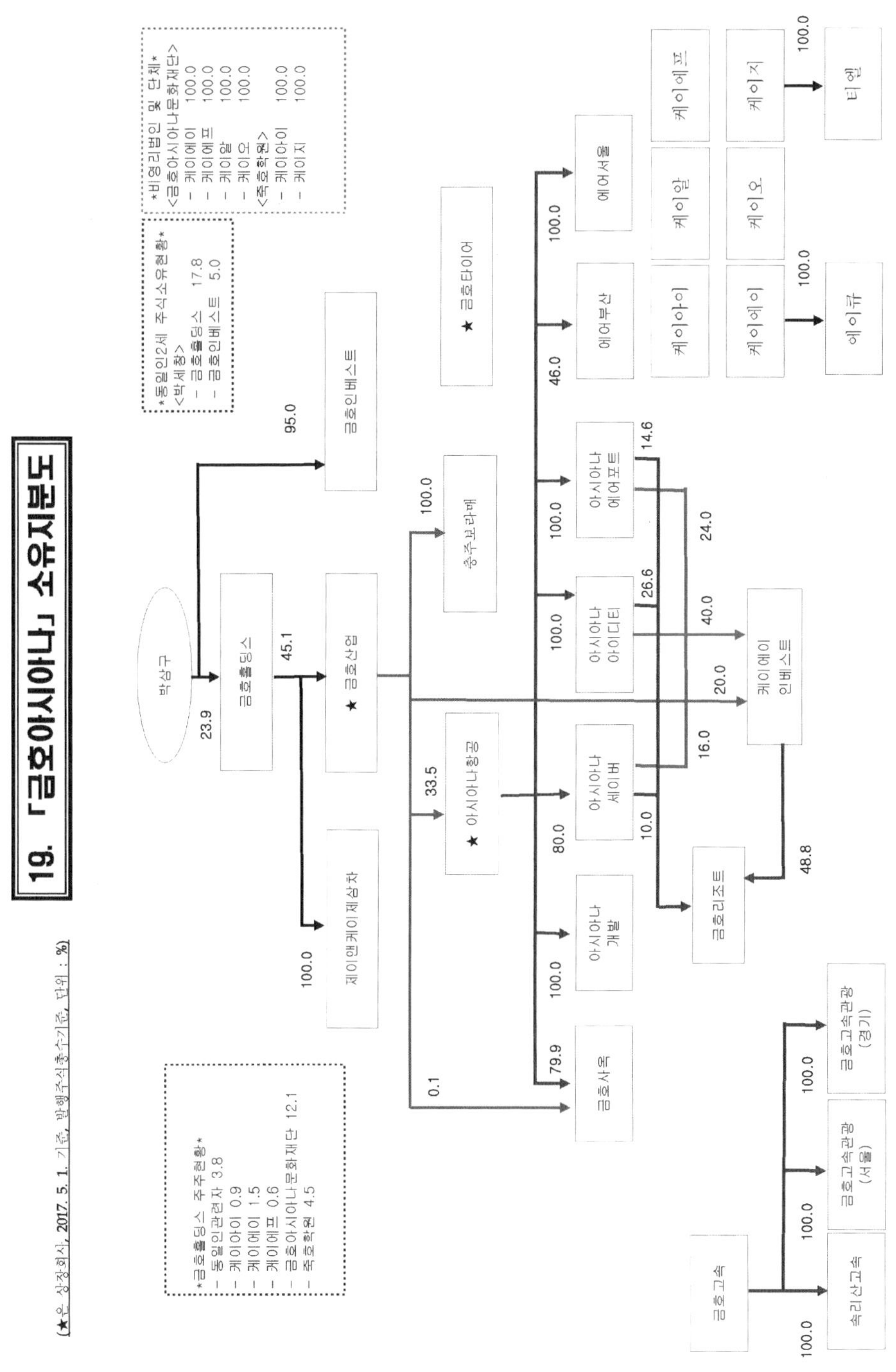

7) 금호아시아나그룹, 2018년 5월: [순위] 25위, [동일인] 박삼구, [계열회사] 26개

{박삼구 (26.4%), 박세창 (18.7%) → 금호고속 → '금호산업 → 아시아나항공 등'} + {비영리법인 → 케이에이 등}

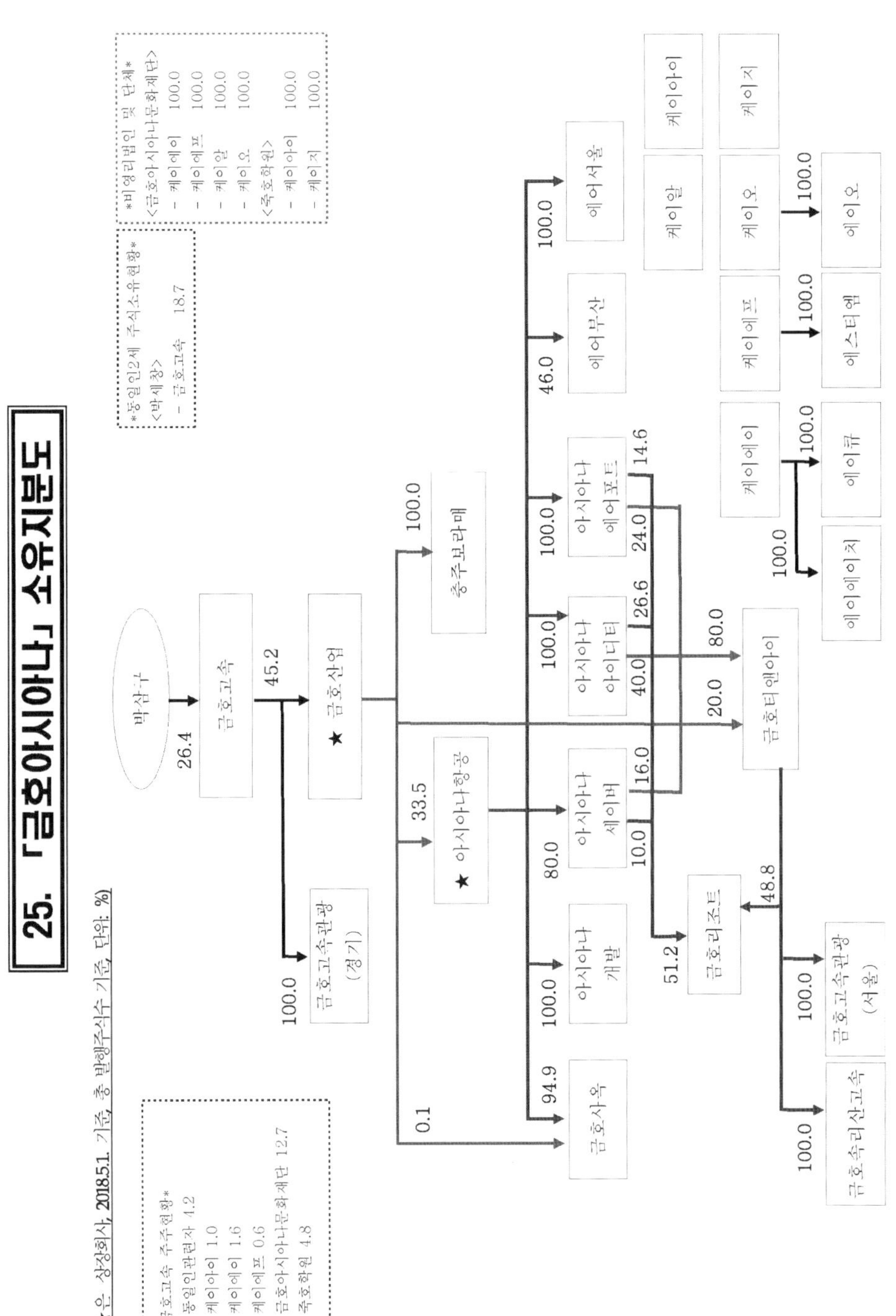

8) 금호아시아나그룹, 2019년 5월: [순위] 28위, [동일인] 박삼구, [계열회사] 27개

{박삼구 (27.8%), 박세창 (18.8%) → 금호고속 → '금호산업 → 아시아나항공 등'} + {비영리법인 → 케이에이 등}

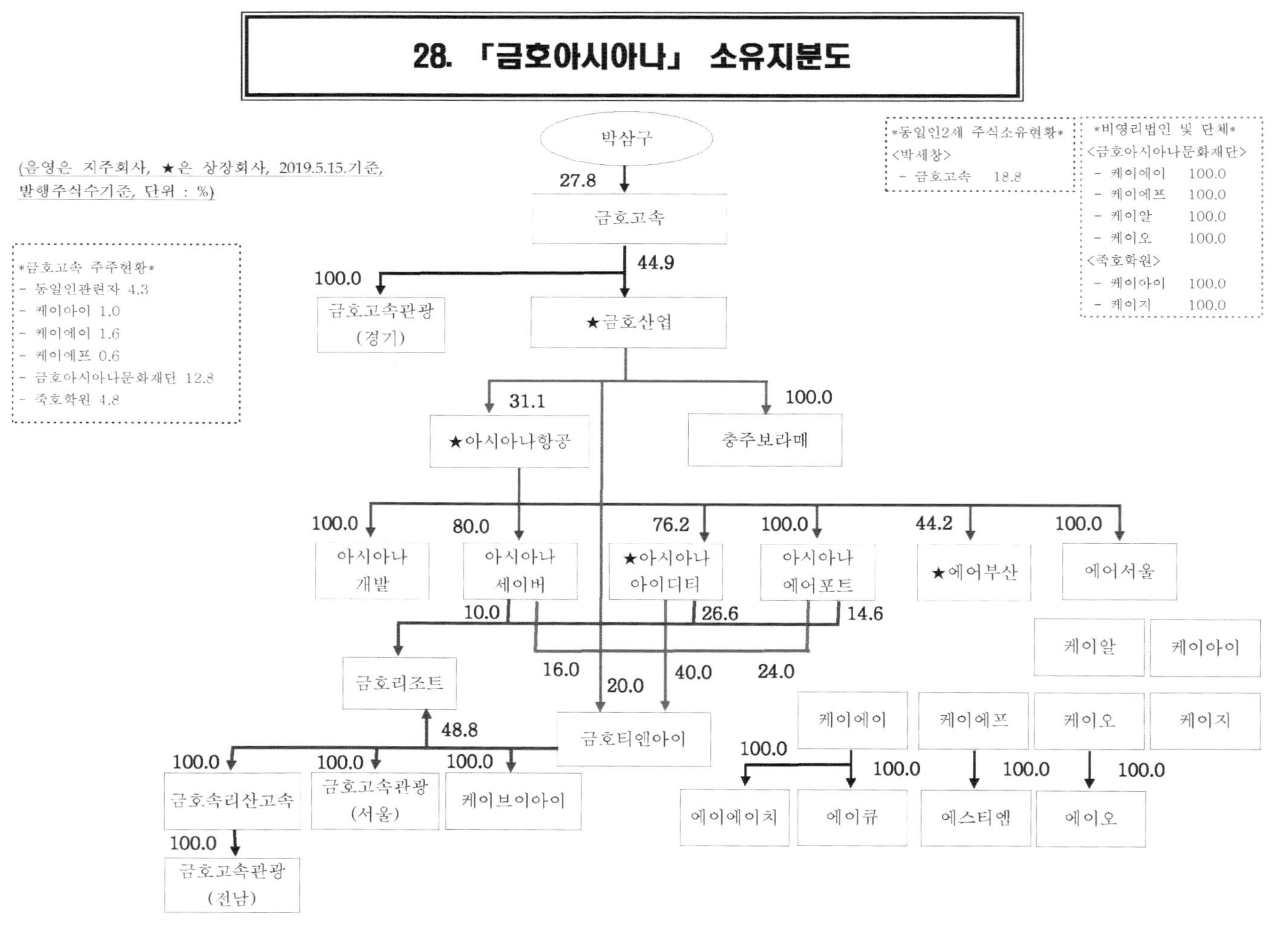

9) 금호아시아나그룹, 2020년 5월: [순위] 20위, [동일인] 박삼구, [계열회사] 27개

{박삼구 (28.9%), 박세창 (18.8%) → 금호고속 → '금호산업 → 아시아나항공 등'} + {비영리법인 → 케이에이 등}

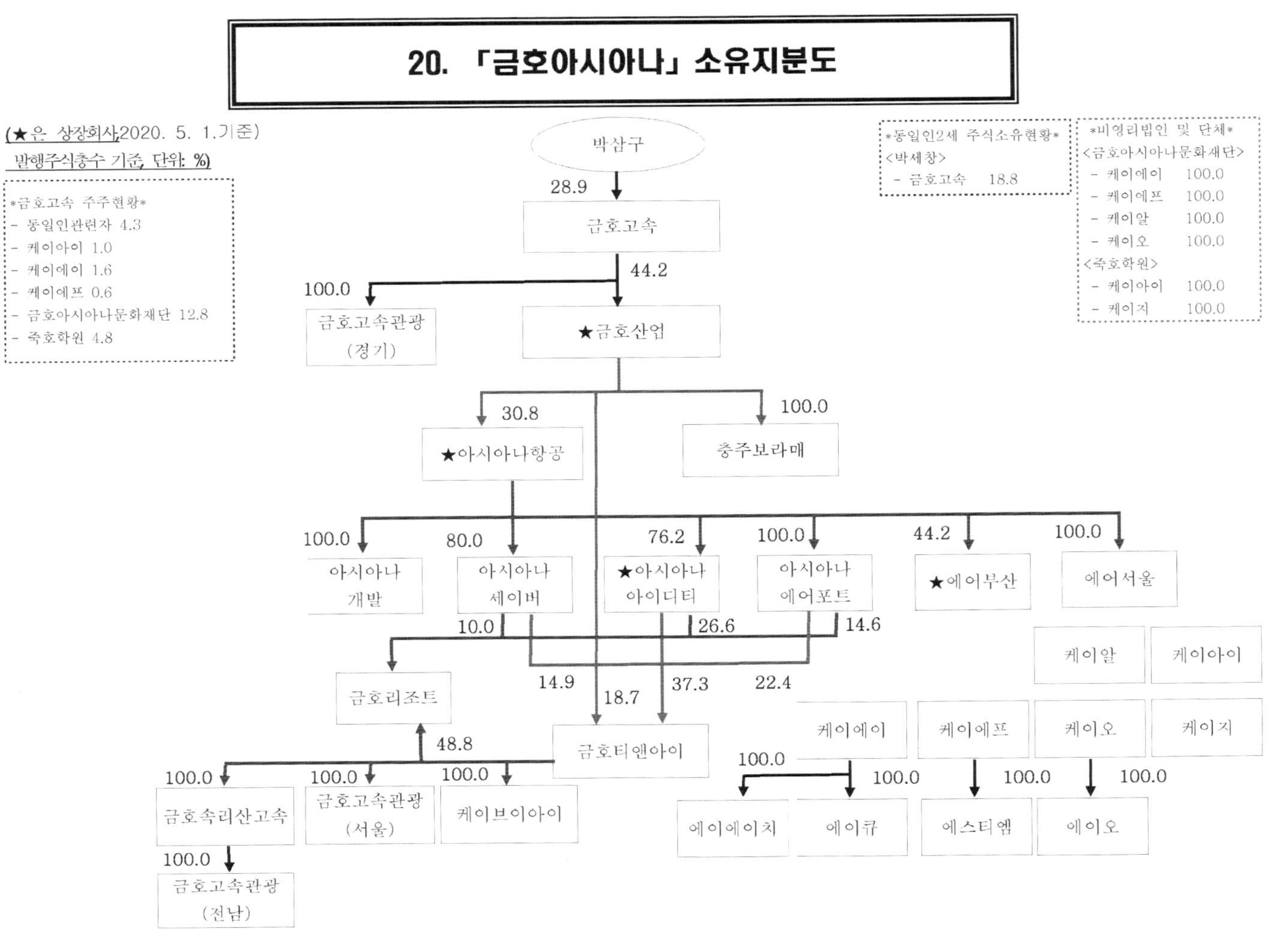

10) 금호아시아나그룹, 2021년 5월: [순위] 22위, [동일인] 박삼구, [계열회사] 27개

{박삼구 (38.8%), 박세창 (24.4%) → 금호고속 → '금호건설 → 아시아나항공 등'} + {비영리법인 → 케이에이 등}

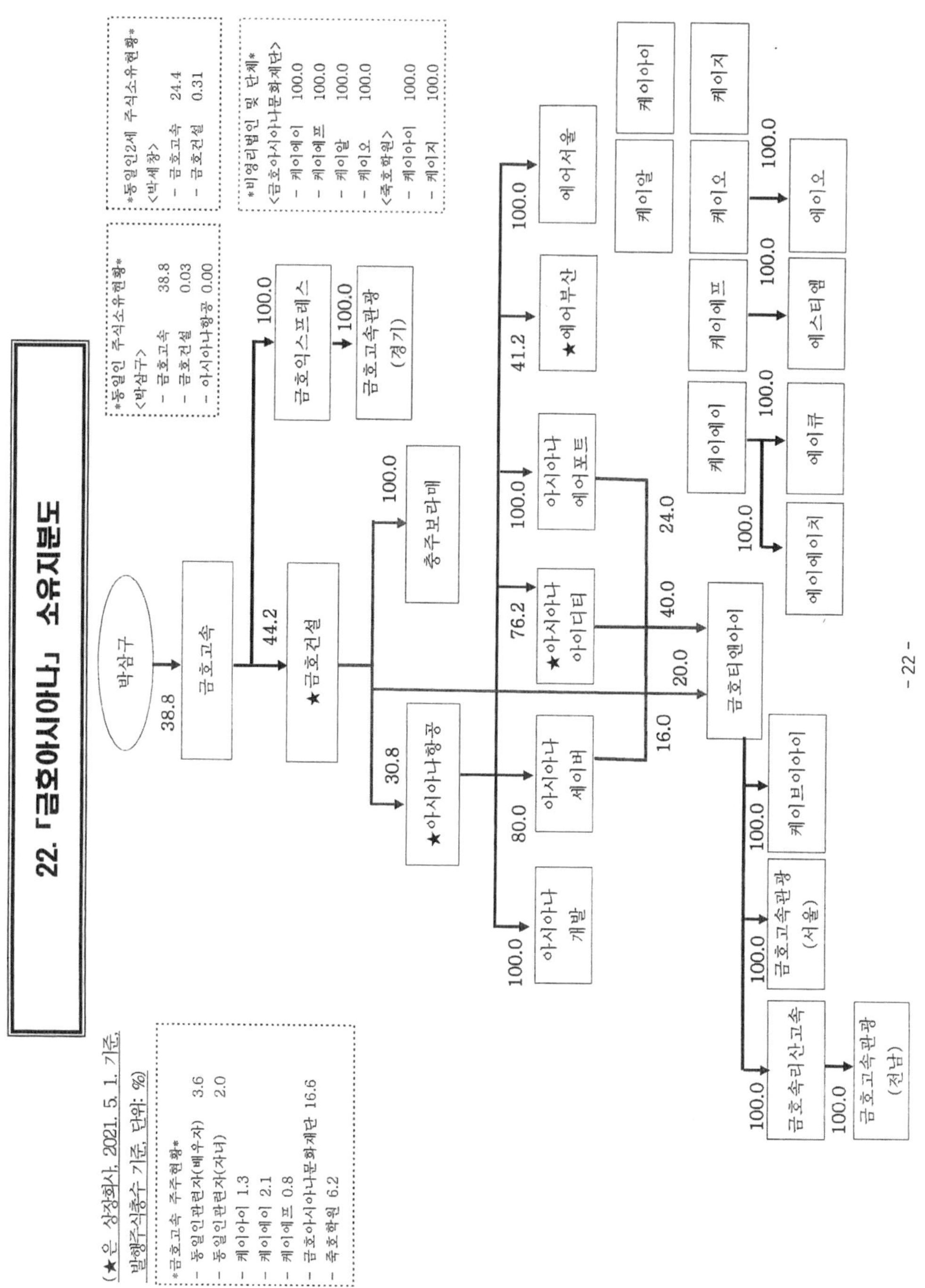

4. 네이버그룹: 2017-2021년

연도	동일인	순위 (위)	계열회사 (개)	자산총액 (10억 원)	매출액 (10억 원)	당기순이익 (10억 원)
2017	이해진	51	71	6,614	4,989	622
2018	이해진	49	45	7,144	4,215	829
2019	이해진	45	42	8,266	4,824	710
2020	이해진	41	43	9,491	5,608	783
2021	이해진	27	45	13,584	6,674	866

	[소유구조]
주요 주주	이해진 (동일인)
주요 지배 회사	네이버
주요 계열회사	LINE Corp., 스노우, 네이버아이앤에스, 'A-Holdings → Z-Holdings → LINE Corporation'

1. 그룹

1) 대규모기업집단 지정 연도: 2017-2021년.

2) 연도 수: 5년.

2. 소유지분도: 개관

1) 소유지분도 작성 연도: 2017-2021년.
연도 수: 5년.

2) 그룹 주요 지표: [동일인] 이해진. [순위] 27-51위.
[계열회사] 42-71개. [자산총액] 6.6-13.6조 원.
[매출액] 4.2-6.7조 원. [당기순이익] 0.6-0.9조 원.

3) 소유구조

◆ 이해진 → 네이버 → 계열회사 ◆

① [주요 주주]

1명.

이해진 (동일인).

지분: 3.7-4.3%.

② [주요 지배 회사]

1개.

네이버 (상장).

③ [계열회사]

유형: 자회사 → 손자회사 → 증손회사.

주요 회사: 6개 (3-5개씩 관련).

LINE Corp. (상장, 해외), 스노우, 네이버아이앤에스,

'A-Holdings (해외) → Z-Holdings (상장, 해외) →

LINE Corporation (해외)'.

3. 소유지분도: 연도별, 2017-2021년

1) 2017년 9월: [순위] 51위, [동일인] 이해진, [계열회사] 71개

{이해진 (4.3%) →

네이버 → LINE Corp., 스노우, 네이버아이앤에스 등} +

{친족, 임원 → 계열회사}.

2) 2018년 5월: [순위] 49위, [동일인] 이해진, [계열회사] 45개

{이해진 (4.3%) →

네이버 → LINE Corp., 스노우, 네이버아이앤에스 등} +

{임원 → 계열회사}.

3) 2019년 5월: [순위] 45위, [동일인] 이해진, [계열회사] 42개

이해진 (3.7%) →

네이버 → LINE Corp., 스노우, 네이버아이앤에스 등.

4) 2020년 5월: [순위] 41위, [동일인] 이해진, [계열회사] 43개

이해진 (3.7%) →

네이버 → LINE Corp., 스노우, 네이버아이앤에스 등.

5) 2021년 5월: [순위] 27위, [동일인] 이해진, [계열회사] 45개

이해진 (3.7%) →

네이버 → 'A-Holdings → Z-Holdings → LINE Corporation',
스노우, 네이버아이앤에스 등.

1) 네이버그룹, 2017년 9월: [순위] 51위, [동일인] 이해진, [계열회사] 71개

{이해진 (4.3%) → 네이버 → LINE Corp., 스노우, 네이버아이앤에스 등} + {친족, 임원 → 계열회사}

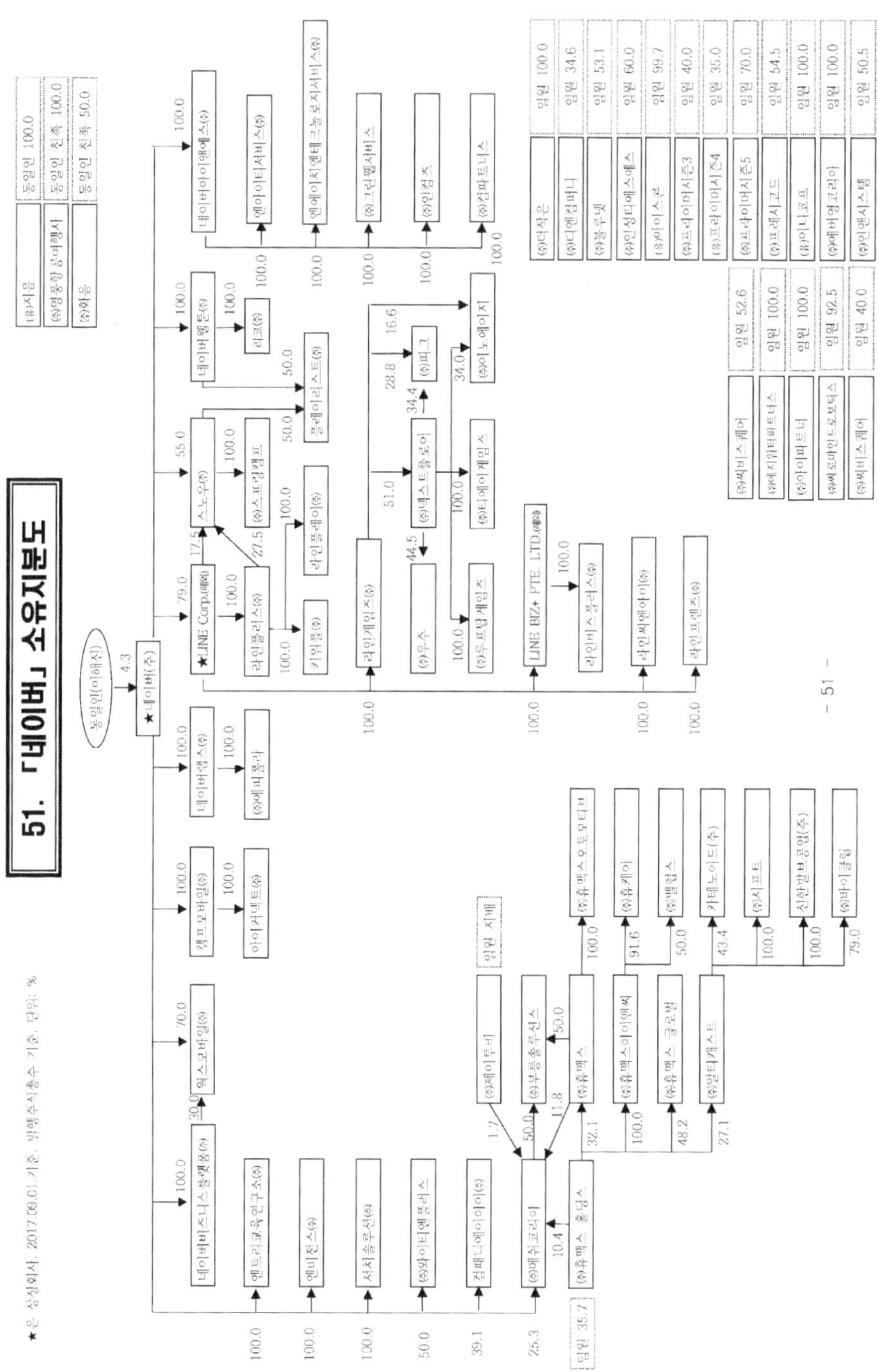

2) 네이버그룹, 2018년 5월: [순위] 49위, [동일인] 이해진, [계열회사] 45개

{이해진 (4.3%) → 네이버 → LINE Corp., 스노우, 네이버아이앤에스 등} + {임원 → 계열회사}

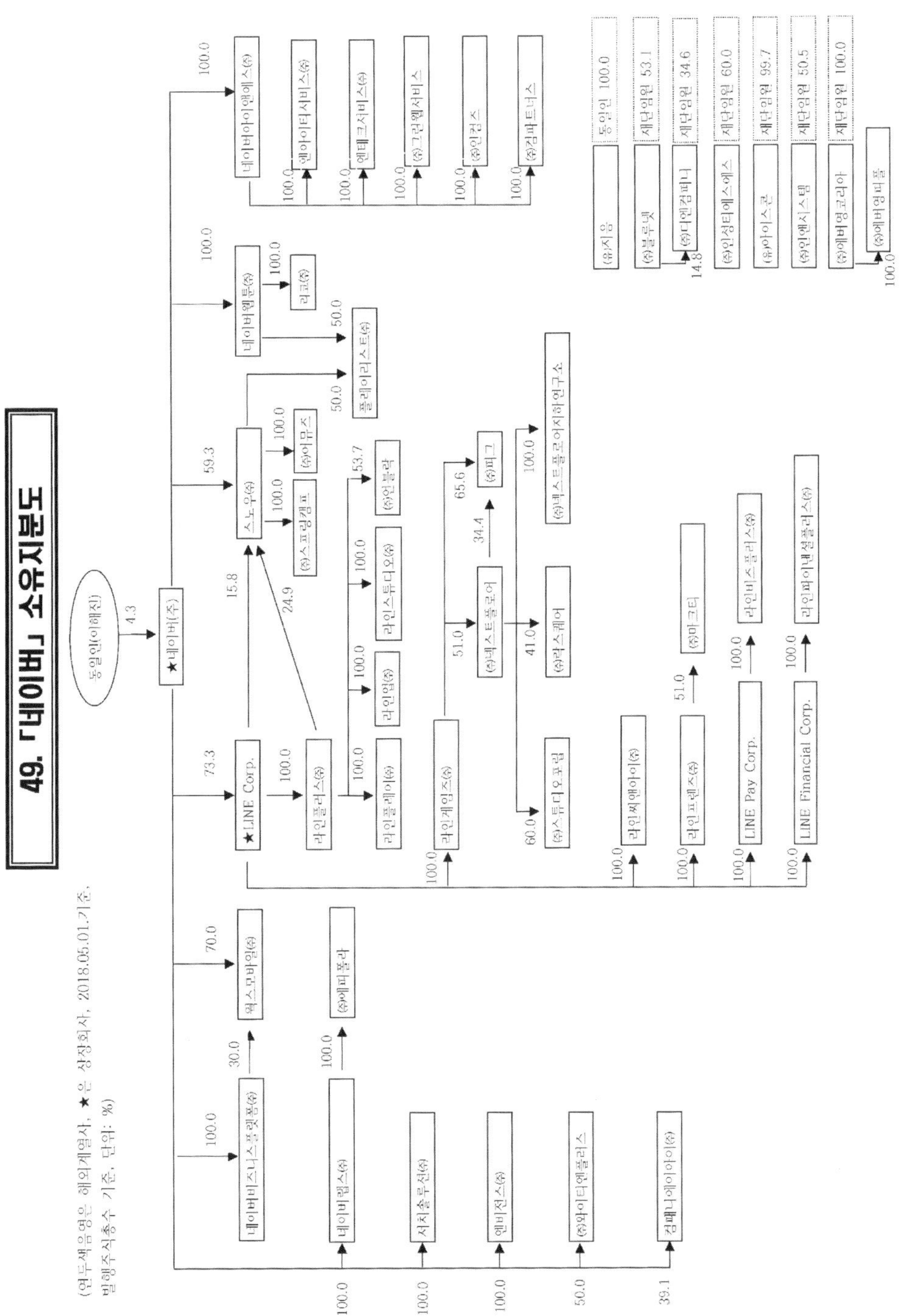

3) 네이버그룹, 2019년 5월: [순위] 45위, [동일인] 이해진, [계열회사] 42개

이해진 (3.7%) → 네이버 → LINE Corp., 스노우, 네이버아이앤에스 등

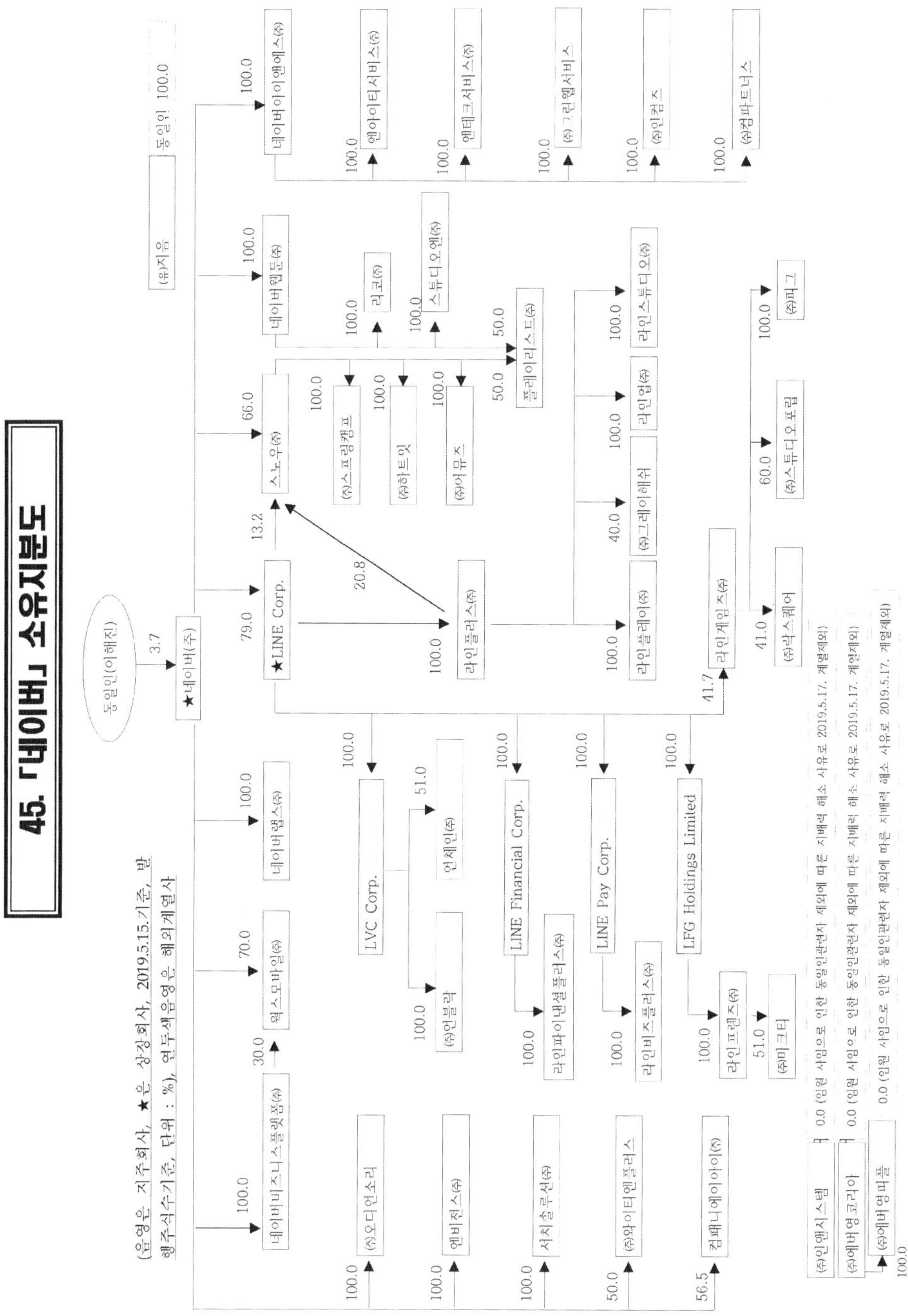

4) 네이버그룹, 2020년 5월: [순위] 41위, [동일인] 이해진, [계열회사] 43개

이해진 (3.7%) → 네이버 → LINE Corp., 스노우, 네이버아이앤에스 등

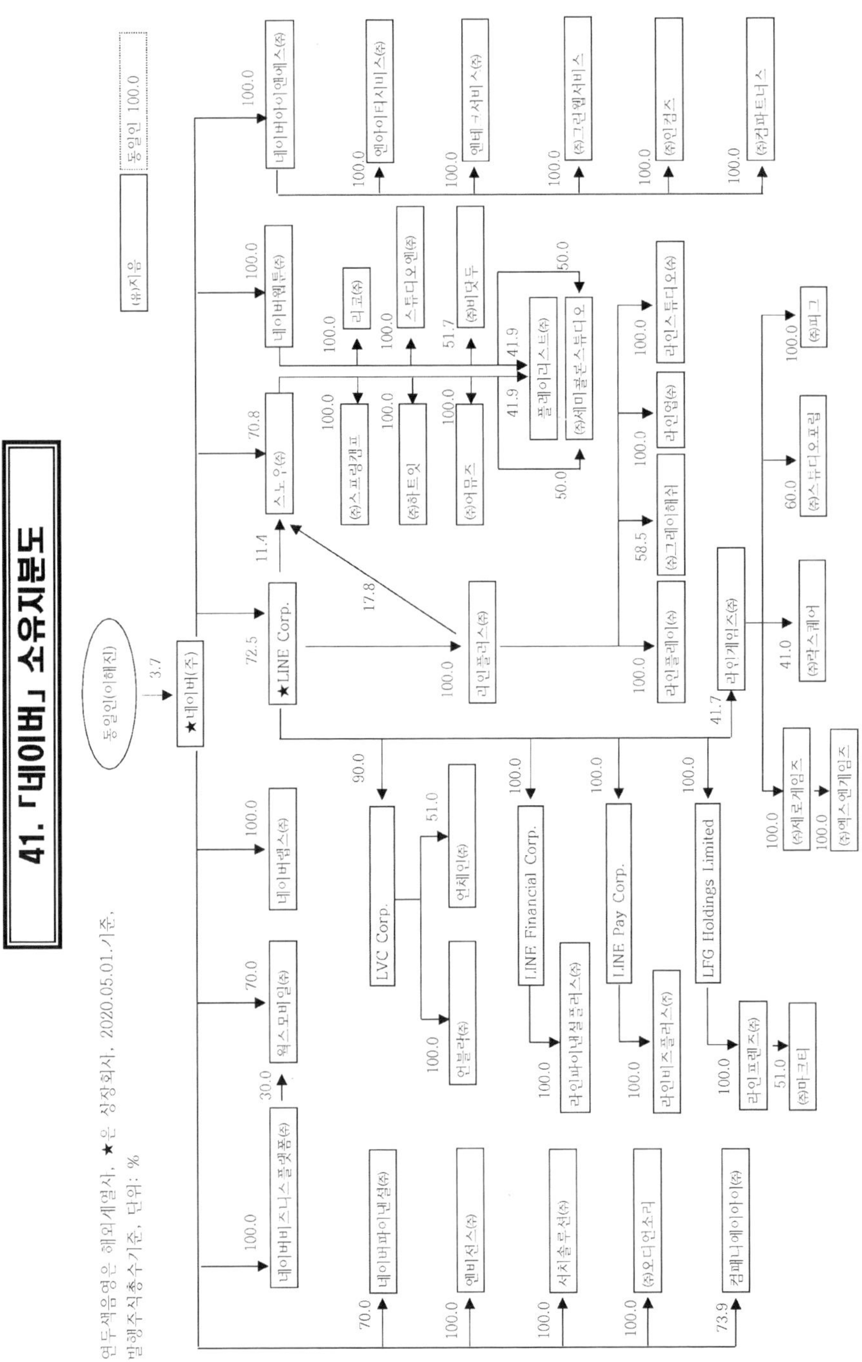

5) 네이버그룹, 2021년 5월: [순위] 27위, [동일인] 이해진, [계열회사] 45개

이해진 (3.7%) → 네이버 → 'A-Holdings → Z-Holdings → LINE Corporation', 스노우, 네이버아이앤에스 등

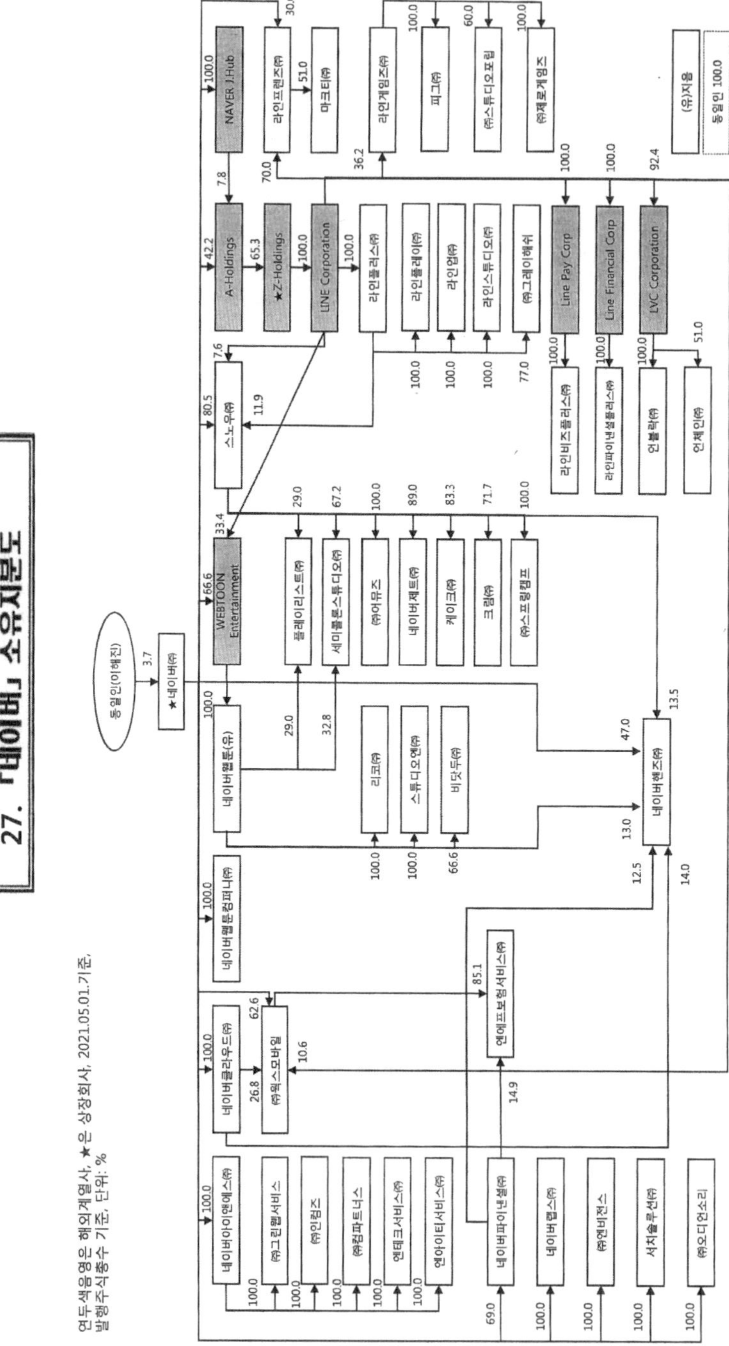

5. 넥슨그룹: 2017-2021년

연도	동일인	순위 (위)	계열회사 (개)	자산총액 (10억 원)	매출액 (10억 원)	당기순이익 (10억 원)
2017	김정주	56	22	5,538	1,891	833
2018	김정주	52	22	6,721	2,372	1,054
2019	김정주	47	21	7,900	2,421	1,257
2020	김정주	42	18	9,465	2,561	1,449
2021	김정주	34	18	11,998	3,272	1,165

	[소유구조]
주요 주주	김정주 (동일인)
주요 지배 회사	엔엑스씨
주요 계열회사	'Nexon Co., Ltd. → 넥슨코리아'

1. 그룹

1) 대규모기업집단 지정 연도: 2017-2021년.

2) 연도 수: 5년.

2. 소유지분도: 개관

1) 소유지분도 작성 연도: 2017-2021년.
연도 수: 5년.

2) 그룹 주요 지표: [동일인] 김정주. [순위] 34-56위.
[계열회사] 18-22개. [자산총액] 5.5-12.0조 원.
[매출액] 1.9-3.3조 원. [당기순이익] 0.8-1.4조 원.

3) 소유구조

◆ 김정주 → 엔엑스씨 → 계열회사 ◆

① [주요 주주]

1명.

김정주 (동일인).

지분: 67.49-67.5%.

② [주요 지배 회사]

1개.

엔엑스씨.

③ [계열회사]

유형: 자회사 → 손자회사 → 증손회사.

주요 회사: 2개 (2개씩 관련).

'Nexon Co., Ltd. (상장, 해외) → 넥슨코리아'.

3. 소유지분도: 연도별, 2017-2021년

1) 2017년 9월: [순위] 56위, [동일인] 김정주, [계열회사] 22개

김정주 (67.5%) →

엔엑스씨 → 'Nexon Co., Ltd. → 넥슨코리아'.

2) 2018년 5월: [순위] 52위, [동일인] 김정주, [계열회사] 22개

김정주 (67.49%) →

엔엑스씨 → 'Nexon Co., Ltd. → 넥슨코리아'.

3) 2019년 5월: [순위] 47위, [동일인] 김정주, [계열회사] 21개

김정주 (67.5%) →

엔엑스씨 → 'Nexon Co., Ltd. → 넥슨코리아'.

4) 2020년 5월: [순위] 42위, [동일인] 김정주, [계열회사] 18개

김정주 (67.5%) →

엔엑스씨 → 'Nexon Co., Ltd. → 넥슨코리아'.

5) 2021년 5월: [순위] 34위, [동일인] 김정주, [계열회사] 18개

김정주 (67.5%) →

엔엑스씨 → 'Nexon Co., Ltd. → 넥슨코리아'.

1) 넥슨그룹, 2017년 9월: [순위] 56위, [동일인] 김정주, [계열회사] 22개

김정주 (67.5%) → 엔엑스씨 → 'Nexon Co., Ltd. → 넥슨코리아'

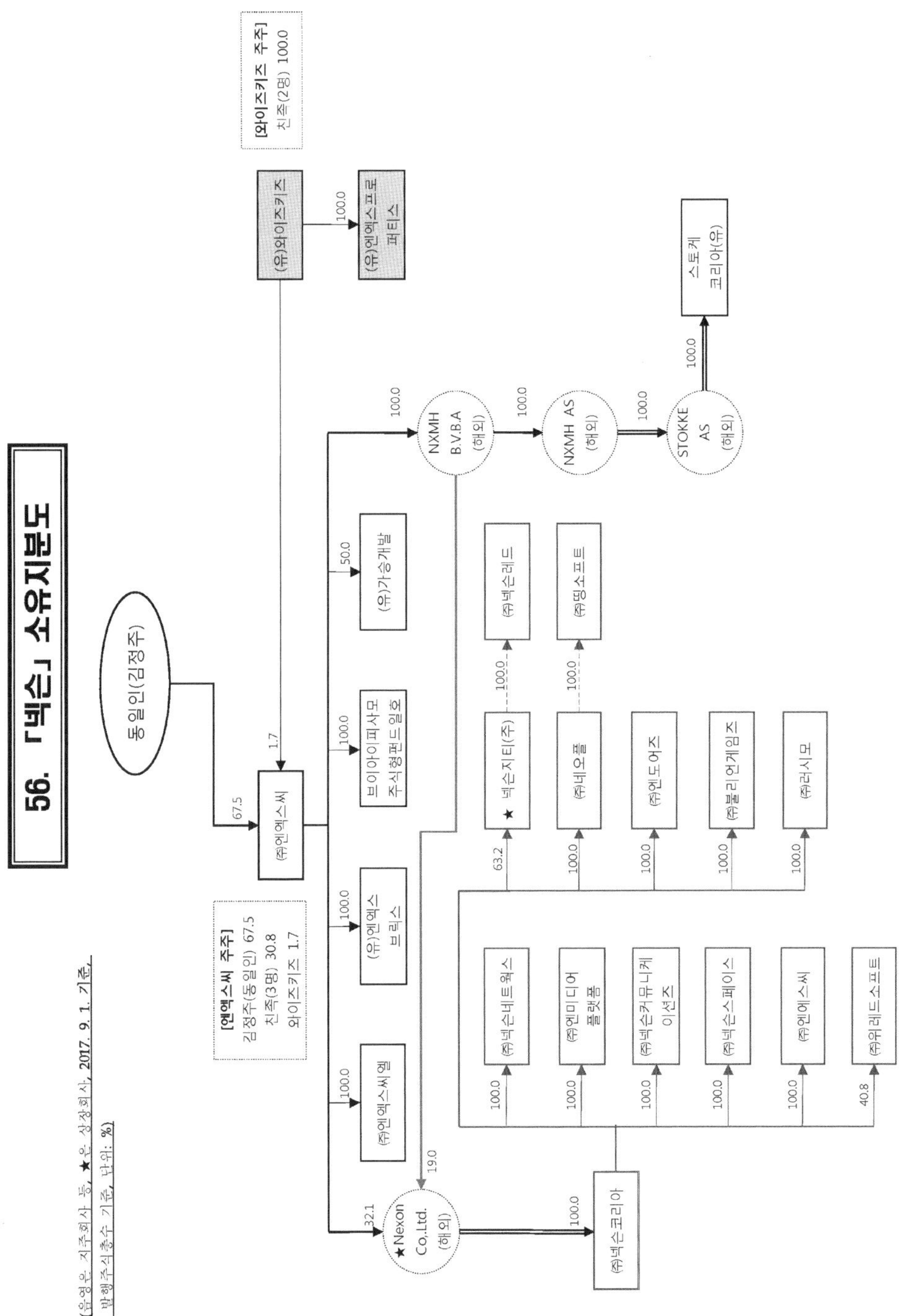

2) 넥슨그룹, 2018년 5월: [순위] 52위, [동일인] 김정주, [계열회사] 22개

김정주 (67.49%) → 엔엑스씨 → 'Nexon Co., Ltd. → 넥슨코리아'

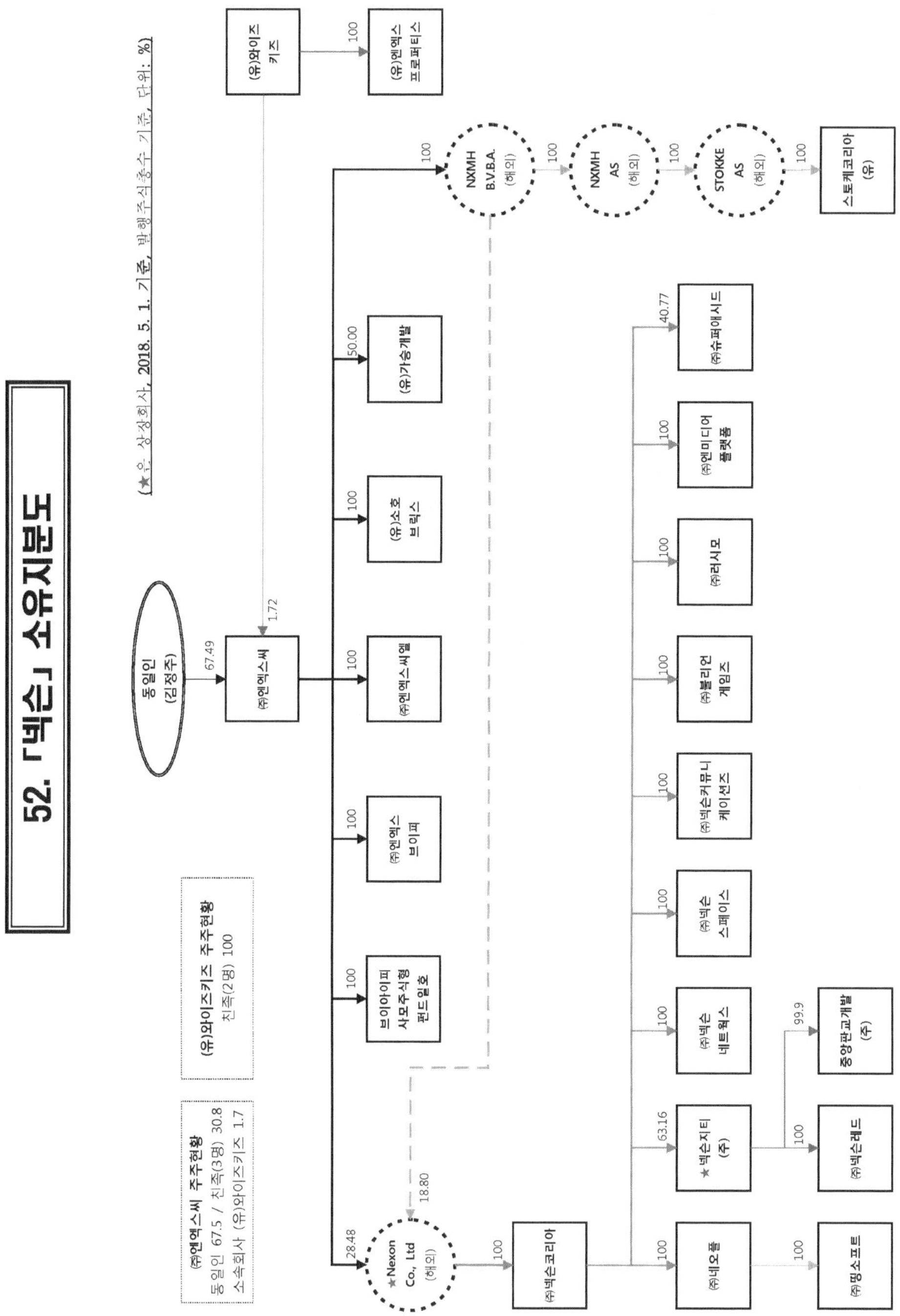

3) 넥슨그룹, 2019년 5월: [순위] 47위, [동일인] 김정주, [계열회사] 21개

김정주 (67.5%) → 엔엑스씨 → 'Nexon Co., Ltd. → 넥슨코리아'

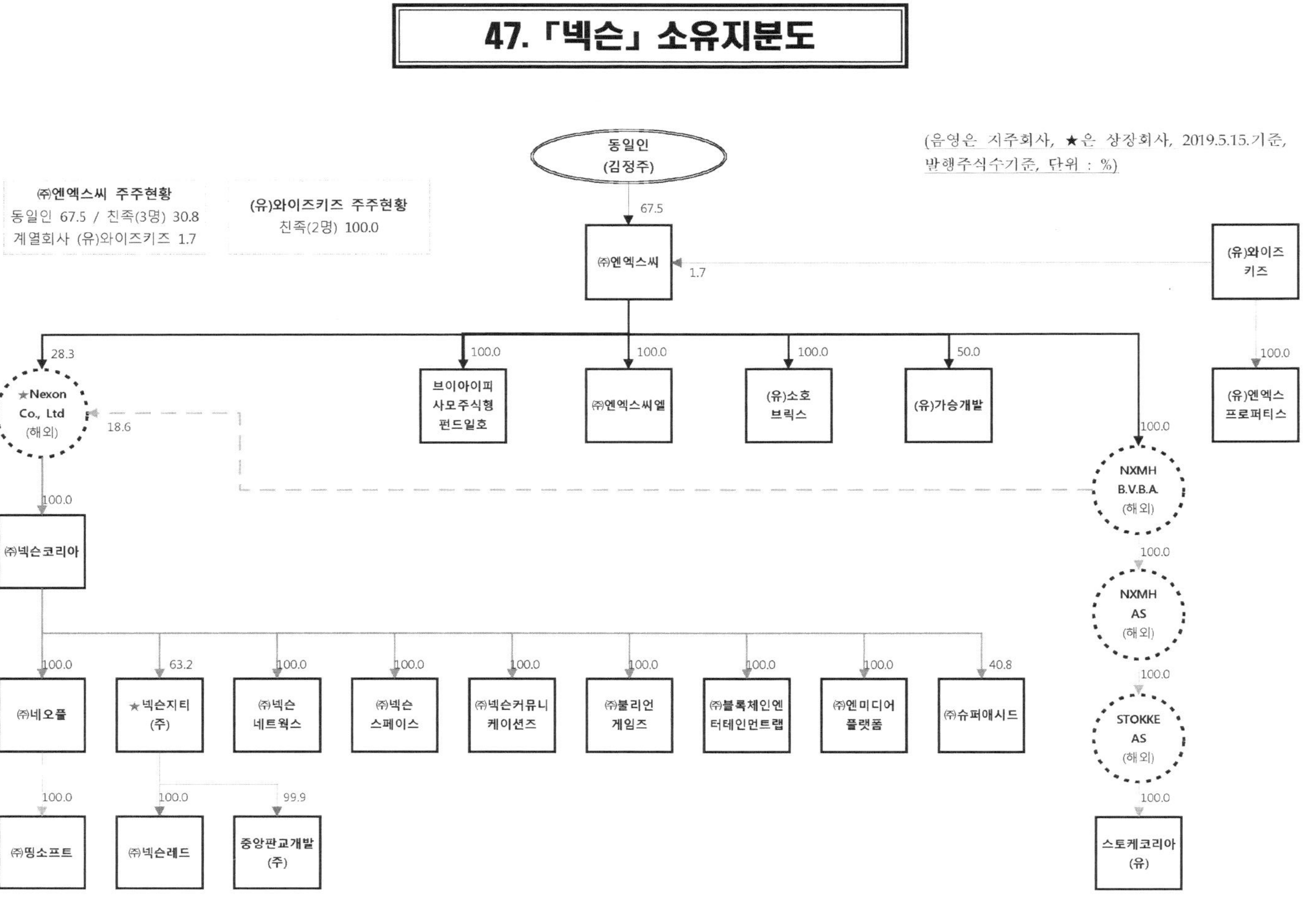

4) 넥슨그룹, 2020년 5월: [순위] 42위, [동일인] 김정주, [계열회사] 18개

김정주 (67.5%) → 엔엑스씨 → 'Nexon Co., Ltd. → 넥슨코리아'

42. 「넥슨」 소유지분도

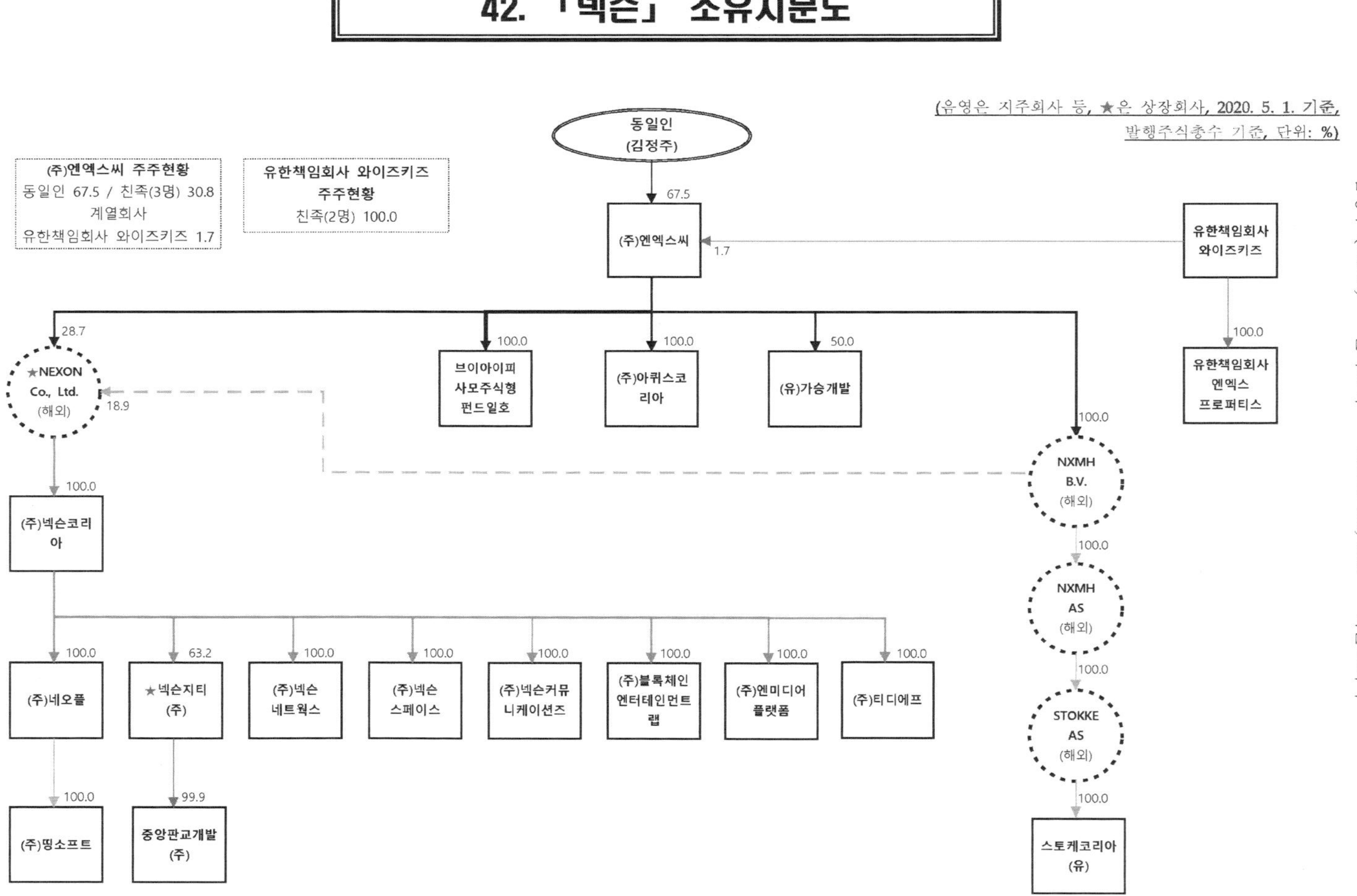

5) 넥슨그룹, 2021년 5월: [순위] 34위, [동일인] 김정주, [계열회사] 18개

김정주 (67.5%) → 엔엑스씨 → 'Nexon Co., Ltd. → 넥슨코리아'

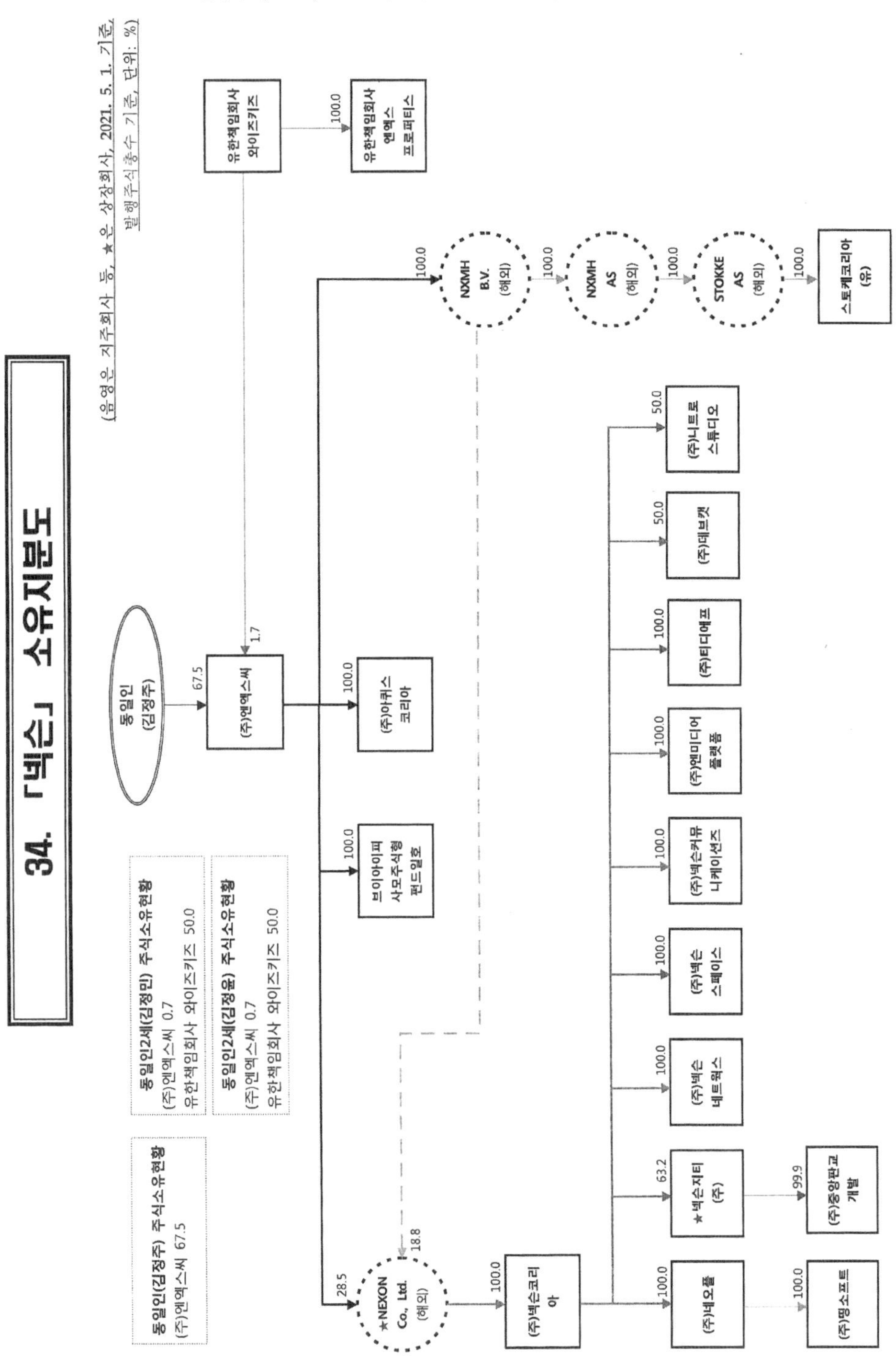

6. 넷마블그룹: 2018-2021년

연도	동일인	순위 (위)	계열회사 (개)	자산총액 (10억 원)	매출액 (10억 원)	당기순이익 (10억 원)
2018	방준혁	57	26	5,662	2,217	292
2019	방준혁	57	23	5,500	1,625	126
2020	방준혁	47	25	8,315	4,397	387
2021	방준혁	36	23	10,703	4,731	475

	[소유구조]
주요 주주	방준혁 (동일인)
주요 지배 회사	넷마블
주요 계열회사	미디어웹, 넷마블엔투, 코웨이

1. 그룹

1) 대규모기업집단 지정 연도: 2018-2021년.

2) 연도 수: 4년.

2. 소유지분도: 개관

1) 소유지분도 작성 연도: 2018-2021년.
연도 수: 4년.

2) 그룹 주요 지표: [동일인] 방준혁. [순위] 36-57위.
[계열회사] 23-26개. [자산총액] 5.5-10.7조 원.
[매출액] 1.6-4.7조 원. [당기순이익] 0.1-0.5조 원.

3) 소유구조

◆ 방준혁 → 넷마블 → 계열회사 ◆

① [주요 주주]

1명.

방준혁 (동일인).

지분: 24.1-24.26%.

② [주요 지배 회사]

1개.

넷마블 (상장).

③ [계열회사]

유형: 자회사 → 손자회사 (2018-2019년),

자회사 → 손자회사 → 증손회사 (2020-2021년).

주요 회사: 3개 (2-3개씩 관련).

미디어웹, 넷마블엔투, 코웨이 (상장).

3. 소유지분도: 연도별, 2018-2021년

1) 2018년 5월: [순위] 57위, [동일인] 방준혁, [계열회사] 26개

? →

넷마블 → 미디어웹, 넷마블엔투 등.

2) 2019년 5월: [순위] 57위, [동일인] 방준혁, [계열회사] 23개

방준혁 (24.26%) →

넷마블 → 미디어웹, 넷마블엔투 등.

3) 2020년 5월: [순위] 47위, [동일인] 방준혁, [계열회사] 25개

방준혁 (24.2%) →

넷마블 → 미디어웹, 넷마블엔투, 코웨이 등.

4) 2021년 5월: [순위] 36위, [동일인] 방준혁, [계열회사] 23개

방준혁 (24.1%) →

넷마블 → 미디어웹, 넷마블엔투, 코웨이 등.

1) 넷마블그룹, 2018년 5월: [순위] 57위, [동일인] 방준혁, [계열회사] 26개

? → 넷마블 → 미디어웹, 넷마블엔투 등

57. 「넷마블」 소유지분도

(★은 상장회사, 2018. 5. 1. 기준, 발행주식총수 기준, 단위: %)

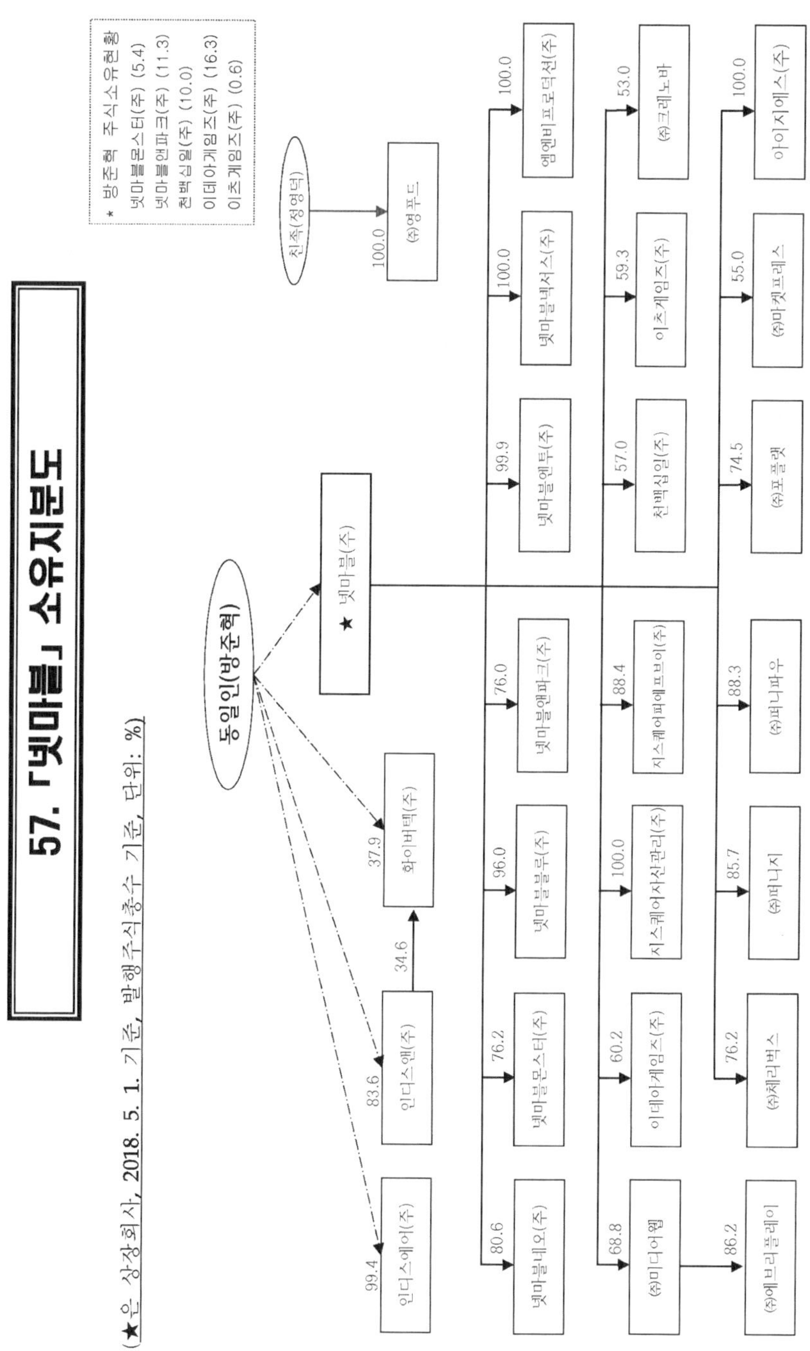

2) 넷마블그룹, 2019년 5월: [순위] 57위, [동일인] 방준혁, [계열회사] 23개

방준혁 (24.26%) → 넷마블 → 미디어웹, 넷마블엔투 등

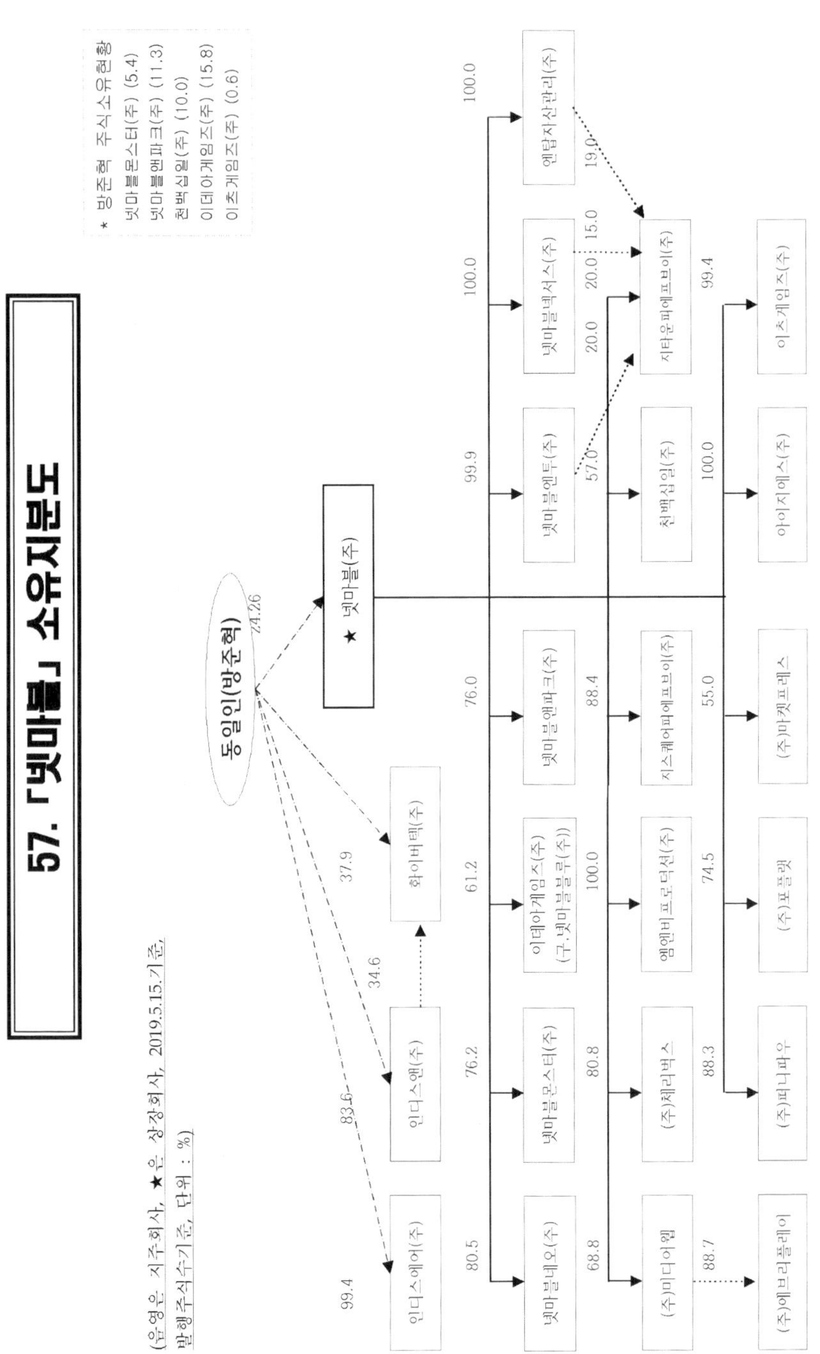

3) 넷마블그룹, 2020년 5월: [순위] 47위, [동일인] 방준혁, [계열회사] 25개

방준혁 (24.2%) → 넷마블 → 미디어웹, 넷마블엔투, 코웨이 등

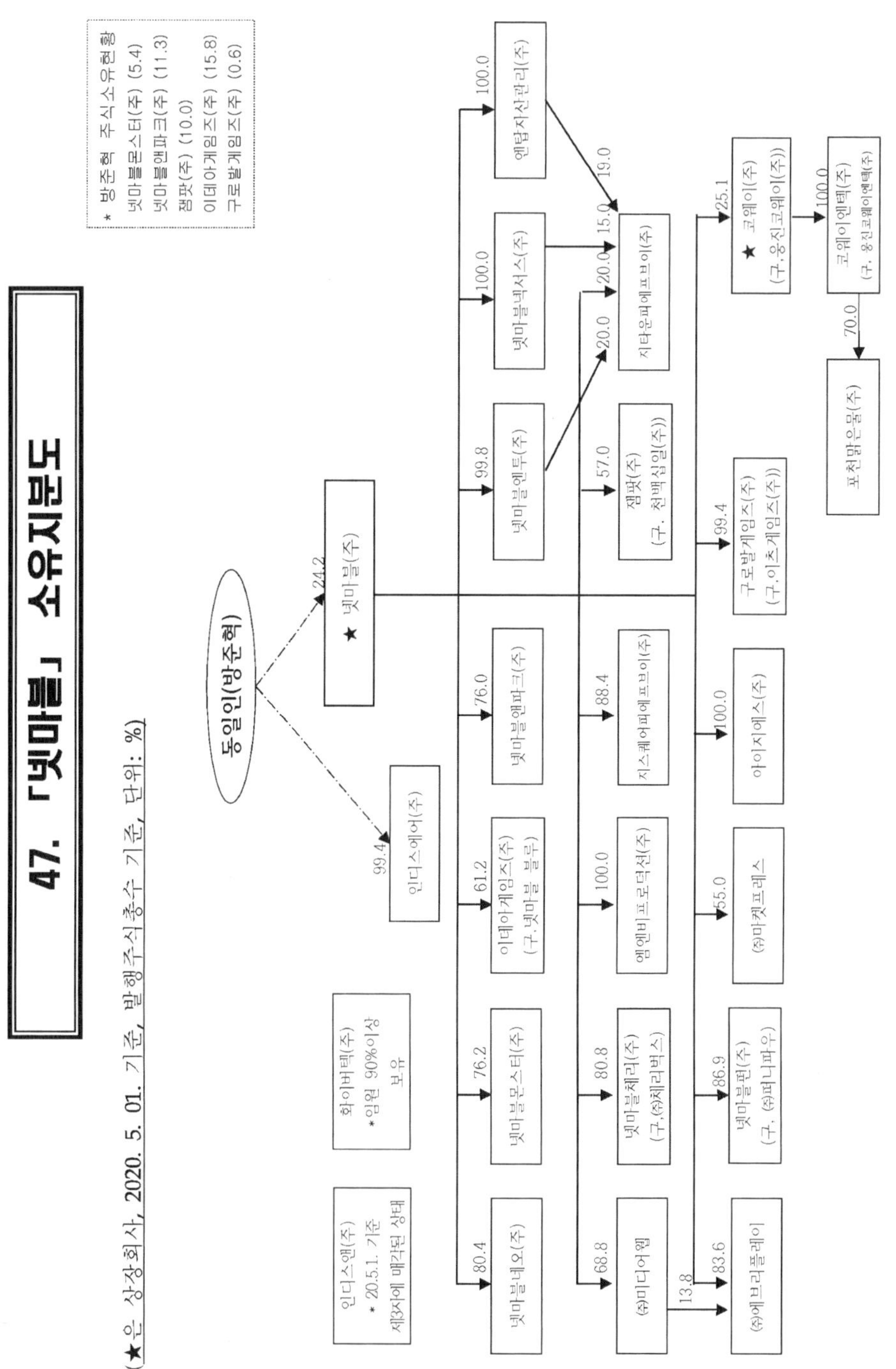

4) 넷마블그룹, 2021년 5월: [순위] 36위, [동일인] 방준혁, [계열회사] 23개

방준혁 (24.1%) → 넷마블 → 미디어웹, 넷마블엔투, 코웨이 등

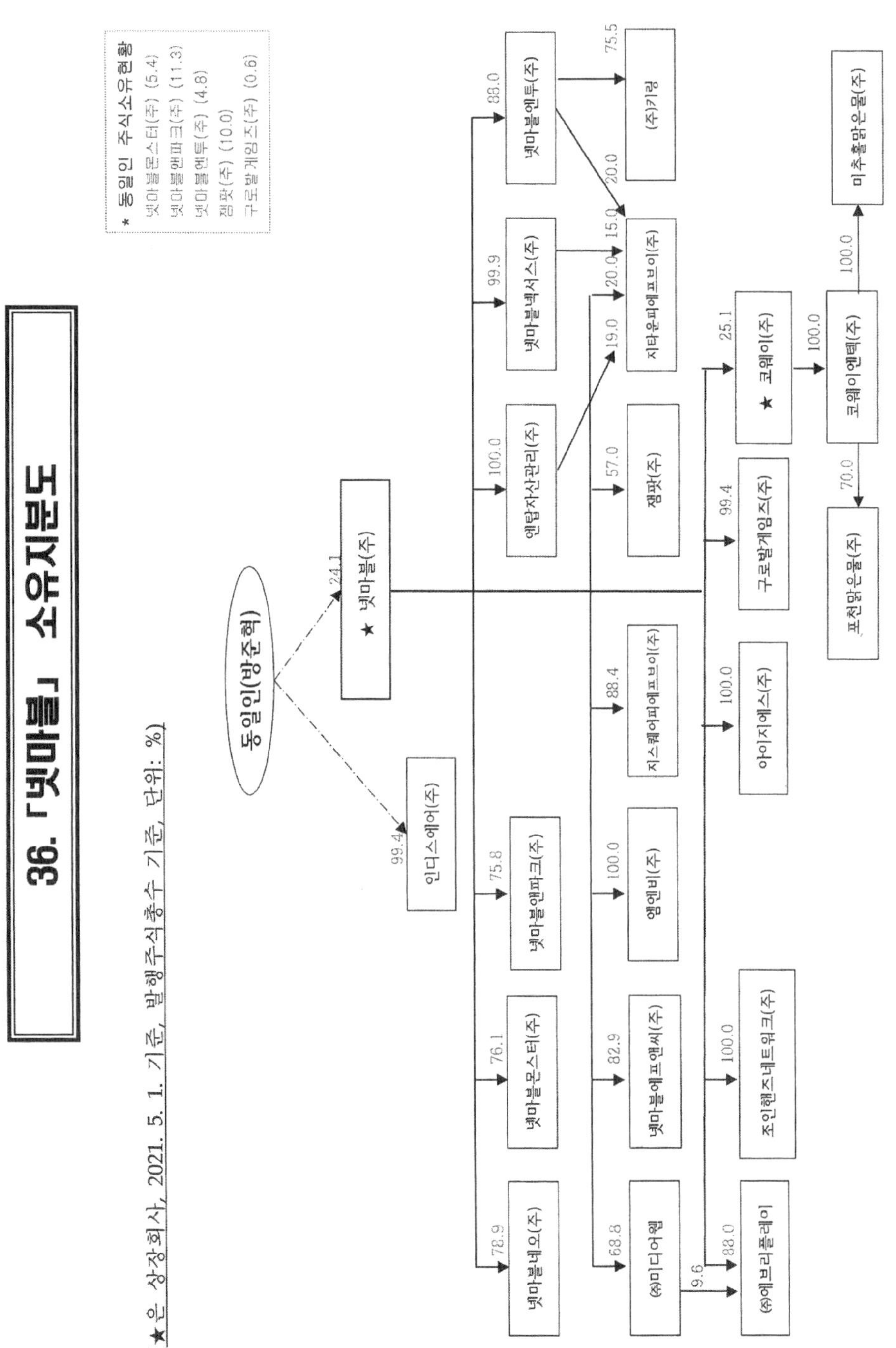

7. 농협그룹: 2012-2021년

연도	동일인	순위 (위)	계열회사 (개)	자산총액 (10억 원)	매출액 (10억 원)	당기순이익 (10억 원)
2008		67	26	2,099	4,094	74
2012	농협중앙회	34	41	8,627	7,339	130
2013	농협중앙회	9	34	38,942	30,772	714
2014	농협중앙회	9	32	40,767	34,759	1,034
2015	농협중앙회	9	39	45,463	39,032	770
2016	농협중앙회	10	45	50,104	46,567	1,150
2017	농협중앙회	10	81	50,806	49,619	957
2018	농협중앙회	9	49	58,089	54,006	1,325
2019	농협중앙회	9	44	59,176	52,725	1,708
2020	농협중앙회	10	58	60,596	56,233	2,096
2021	농협중앙회	10	58	63,552	59,309	2,997

	[소유구조]
주요 주주	농협중앙회 (동일인)
주요 지배 회사	농협금융지주, 농협경제지주
주요 계열회사	농협은행, NH농협증권, 농협사료, NH투자증권

주: 1) 2008-2016년 순위: 공기업집단을 제외한 순위. 2) 농협중앙회 = 농업협동조합중앙회.

1. 그룹

1) 대규모기업집단 지정 연도: 2008, 2012-2021년.

2) 연도 수: 11년.

2. 소유지분도: 개관

1) 소유지분도 작성 연도: 2012-2021년.

연도 수: 10년.

2) 그룹 주요 지표: [동일인] 농협중앙회. [순위] 9-34위.
[계열회사] 32-81개. [자산총액] 8.6-63.6조 원.
[매출액] 7.3-59.3조 원. [당기순이익] 0.1-3.0조 원.

3) 소유구조

◆ 농협중앙회 → 농협금융지주, 농협경제지주 → 계열회사 ◆

① [주요 주주]
1개 민간단체.
농업협동조합중앙회 (= 농협중앙회; 동일인).
지분: 100%.

② [주요 지배 회사]
2개 (2개씩 관련).
농협금융지주, 농협경제지주.

③ [계열회사]
유형: 자회사 → 손자회사 (4년; 2013-2015, 2019년),
자회사 → 손자회사 → 증손회사 (6년; 2012, 2016-2018, 2020-2021년).
주요 회사: 4개 (3개씩 관련).
농협은행, NH농협증권 (= 농협증권; 상장), 농협사료, NH투자증권 (상장).

4) 우리투자증권: NH투자증권 (2014년 6월 농협그룹 편입, 12월 NH농협증권 합병 후 상호 변경).

3. 소유지분도: 연도별, 2012-2021년

1) 2012년 4월: [순위] 34위, [동일인] 농협중앙회, [계열회사] 41개
농협중앙회 (100, 100%) →
농협금융지주회사, 농협경제지주회사 → 농협은행, NH농협증권, 농협사료 등.

2) 2013년 4월: [순위] 9위, [동일인] 농협중앙회, [계열회사] 34개
농협중앙회 (100, 100%) →
농협금융지주, 농협경제지주 → 농협은행, 농협증권, 농협사료 등.

3) 2014년 4월: [순위] 9위, [동일인] 농협중앙회, [계열회사] 32개

농협중앙회 (100, 100%) →

농협금융지주, 농협경제지주 → 농협은행, 농협증권, 농협사료 등.

4) 2015년 4월: [순위] 9위, [동일인] 농협중앙회, [계열회사] 39개

농협중앙회 (100, 100%) →

농협금융지주, 농협경제지주 → 농협은행, NH투자증권, 농협사료 등.

5) 2016년 4월: [순위] 10위, [동일인] 농협중앙회, [계열회사] 45개

농협중앙회 (100, 100%) →

농협금융지주, 농협경제지주 → 농협은행, NH투자증권, 농협사료 등.

6) 2017년 5월: [순위] 10위, [동일인] 농협중앙회, [계열회사] 81개

농협중앙회 (100, 100%) →

농협금융지주, 농협경제지주 → 농협은행, NH투자증권, 농협사료 등.

7) 2018년 5월: [순위] 9위, [동일인] 농협중앙회, [계열회사] 49개

농협중앙회 (100, 100%) →

농협금융지주, 농협경제지주 → 농협은행, NH투자증권, 농협사료 등.

8) 2019년 5월: [순위] 9위, [동일인] 농협중앙회, [계열회사] 44개

농협중앙회 (100, 100%) →

농협금융지주, 농협경제지주 → 농협은행, NH투자증권, 농협사료 등.

9) 2020년 5월: [순위] 10위, [동일인] 농협중앙회, [계열회사] 58개

농협중앙회 (100, 100%) →

농협금융지주, 농협경제지주 → 농협은행, NH투자증권, 농협사료 등.

10) 2021년 5월: [순위] 10위, [동일인] 농협중앙회, [계열회사] 58개

농협중앙회 (100, 100%) →

농협금융지주, 농협경제지주 → 농협은행, NH투자증권, 농협사료 등.

1) 농협그룹, 2012년 4월: [순위] 34위, [동일인] 농협중앙회, [계열회사] 41개

농협중앙회 (100, 100%) → 농협금융지주회사, 농협경제지주회사 → 농협은행, NH농협증권, 농협사료 등

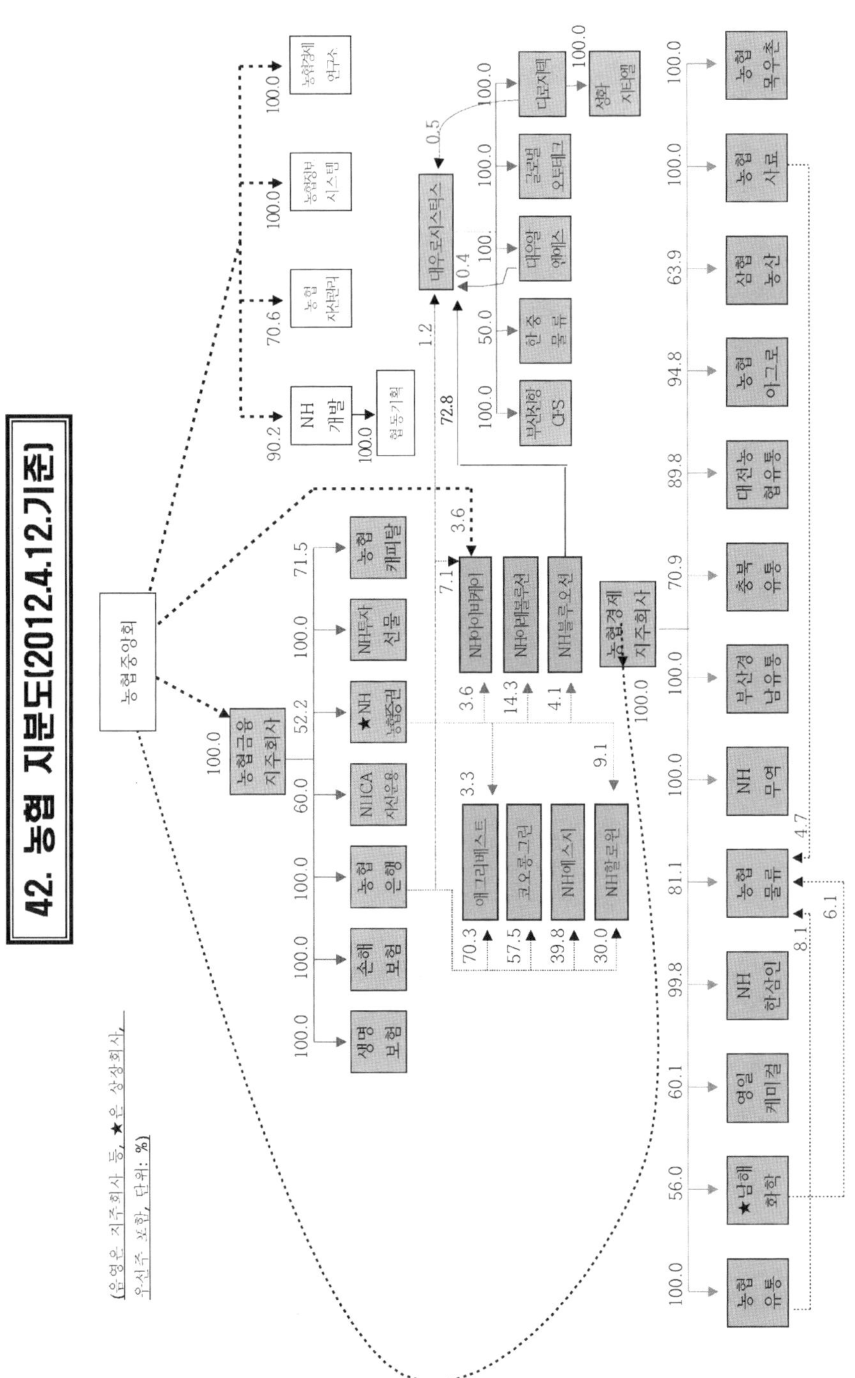

2) 농협그룹, 2013년 4월: [순위] 9위, [동일인] 농협중앙회, [계열회사] 34개

농협중앙회 (100, 100%) → 농협금융지주, 농협경제지주 → 농협은행, 농협증권, 농협사료 등

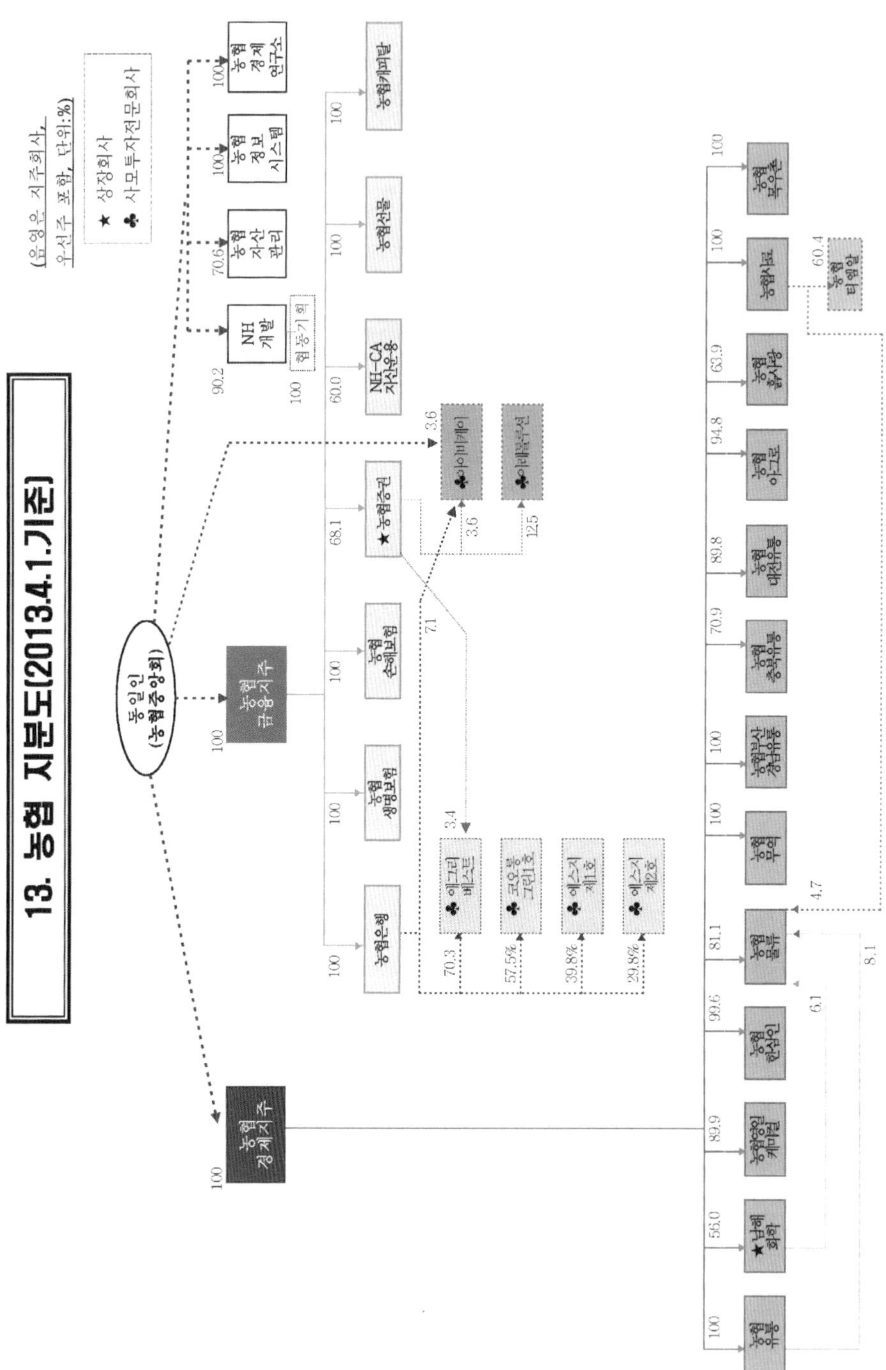

3) 농협그룹, 2014년 4월: [순위] 9위, [동일인] 농협중앙회, [계열회사] 32개

농협중앙회 (100, 100%) → 농협금융지주, 농협경제지주 → 농협은행, 농협증권, 농협사료 등

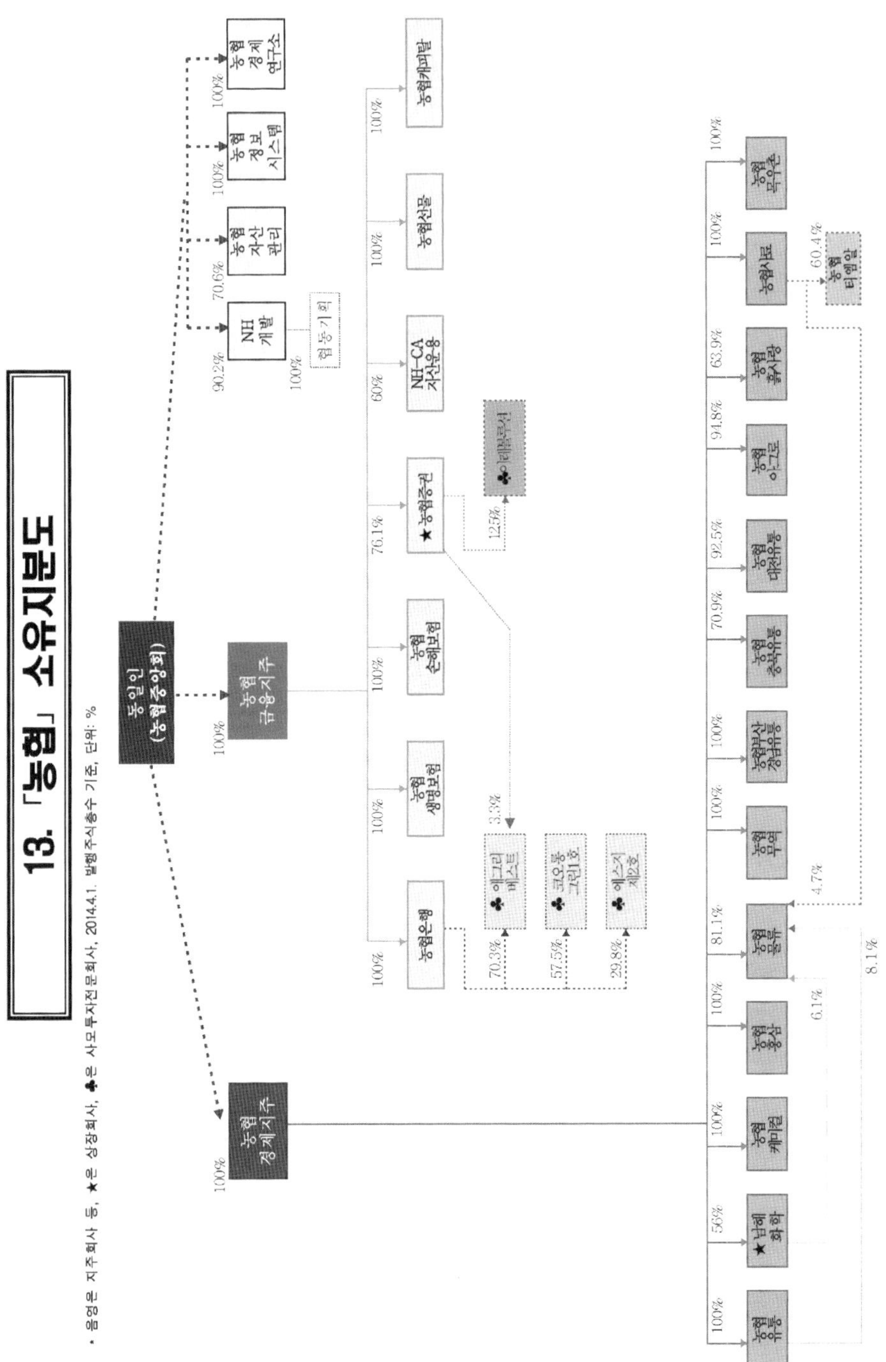

4) 농협그룹, 2015년 4월: [순위] 9위, [동일인] 농협중앙회, [계열회사] 39개

농협중앙회 (100, 100%) → 농협금융지주, 농협경제지주 → 농협은행, NH투자증권, 농협사료 등

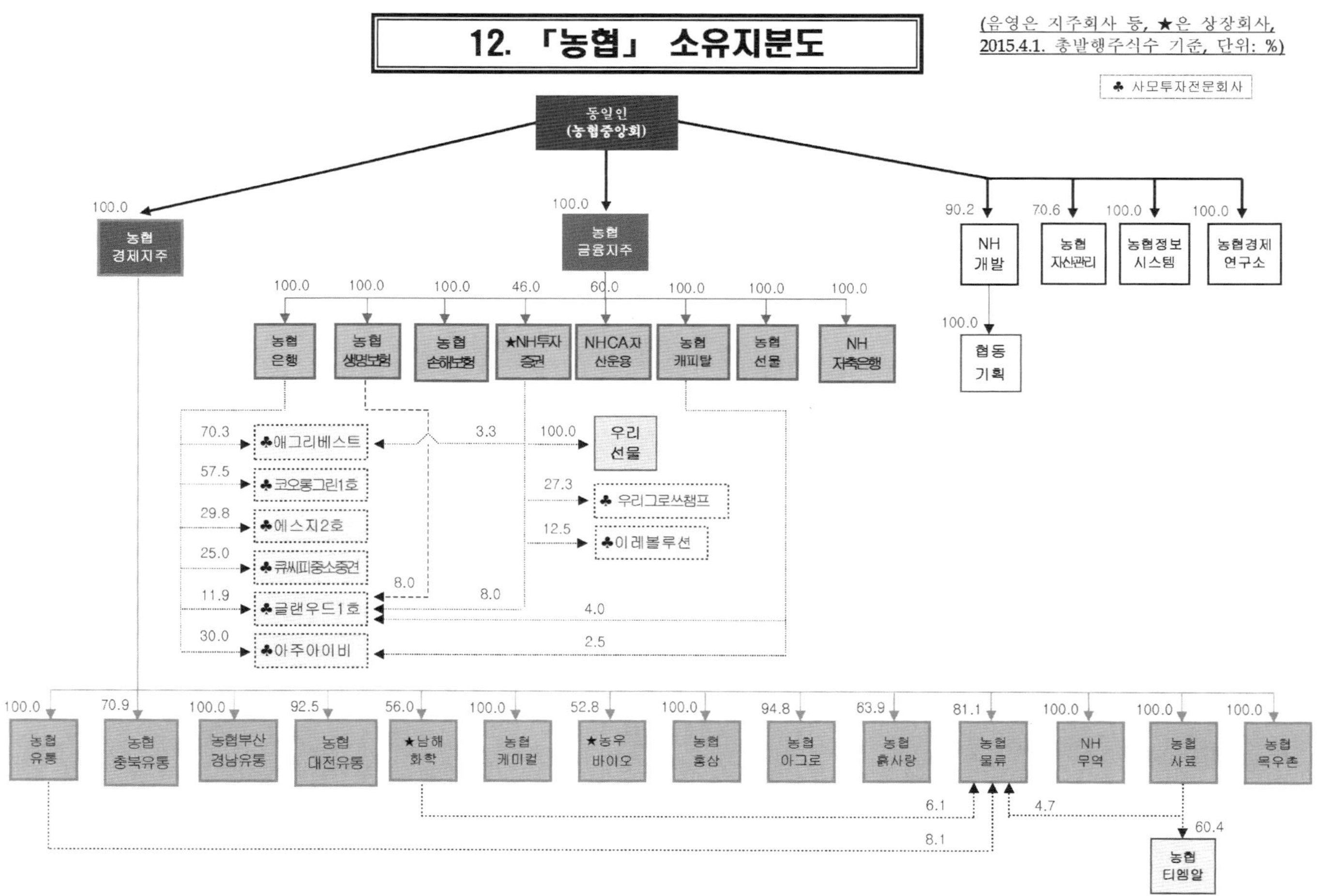

5) 농협그룹, 2016년 4월: [순위] 10위, [동일인] 농협중앙회, [계열회사] 45개

농협중앙회 (100, 100%) → 농협금융지주, 농협경제지주 → 농협은행, NH투자증권, 농협사료 등

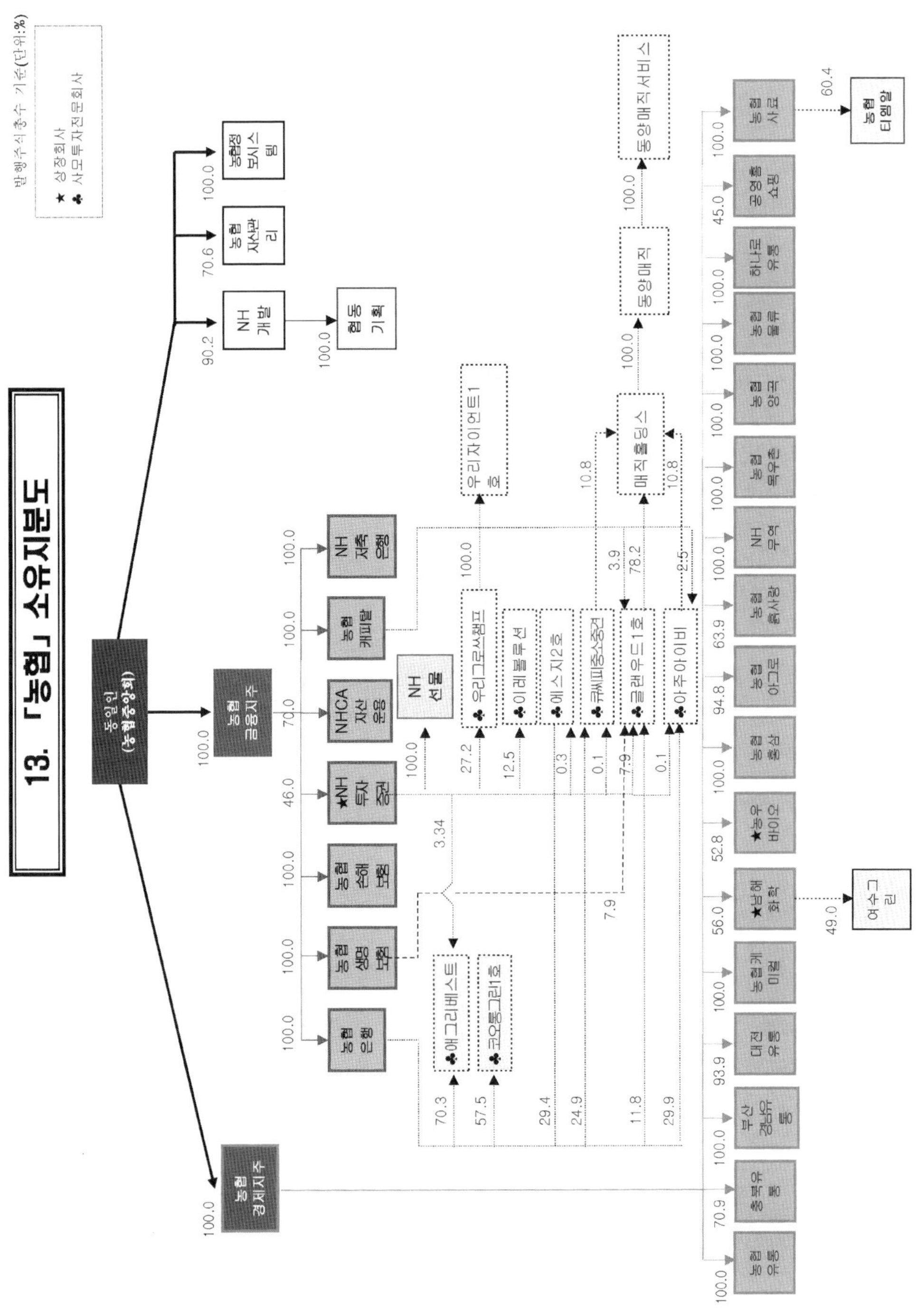

6) 농협그룹, 2017년 5월: [순위] 10위, [동일인] 농협중앙회, [계열회사] 81개

농협중앙회 (100, 100%) → 농협금융지주, 농협경제지주 → 농협은행, NH투자증권, 농협사료 등

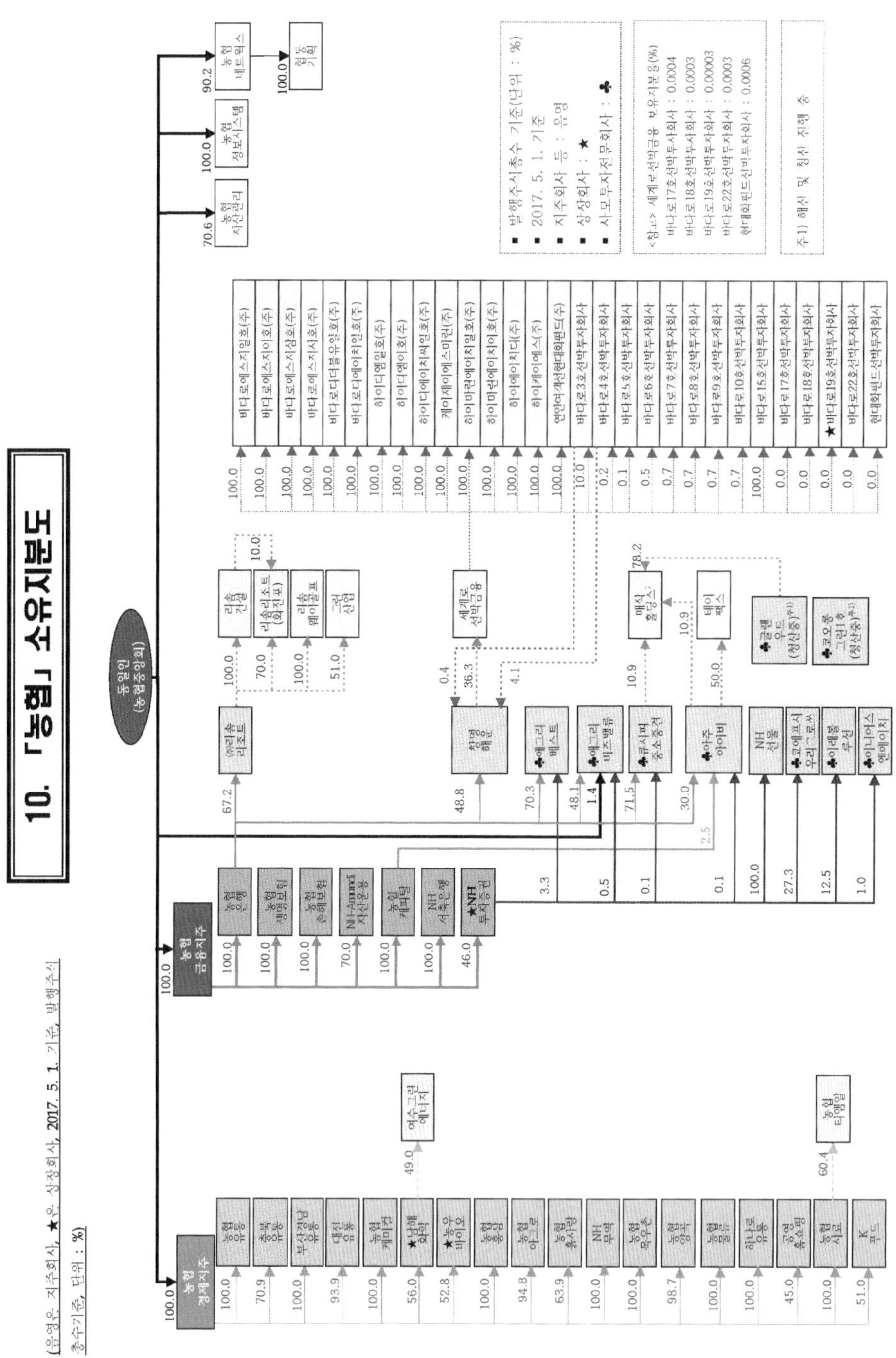

7) 농협그룹, 2018년 5월: [순위] 9위, [동일인] 농협중앙회, [계열회사] 49개

농협중앙회 (100, 100%) → 농협금융지주, 농협경제지주 → 농협은행, NH투자증권, 농협사료 등

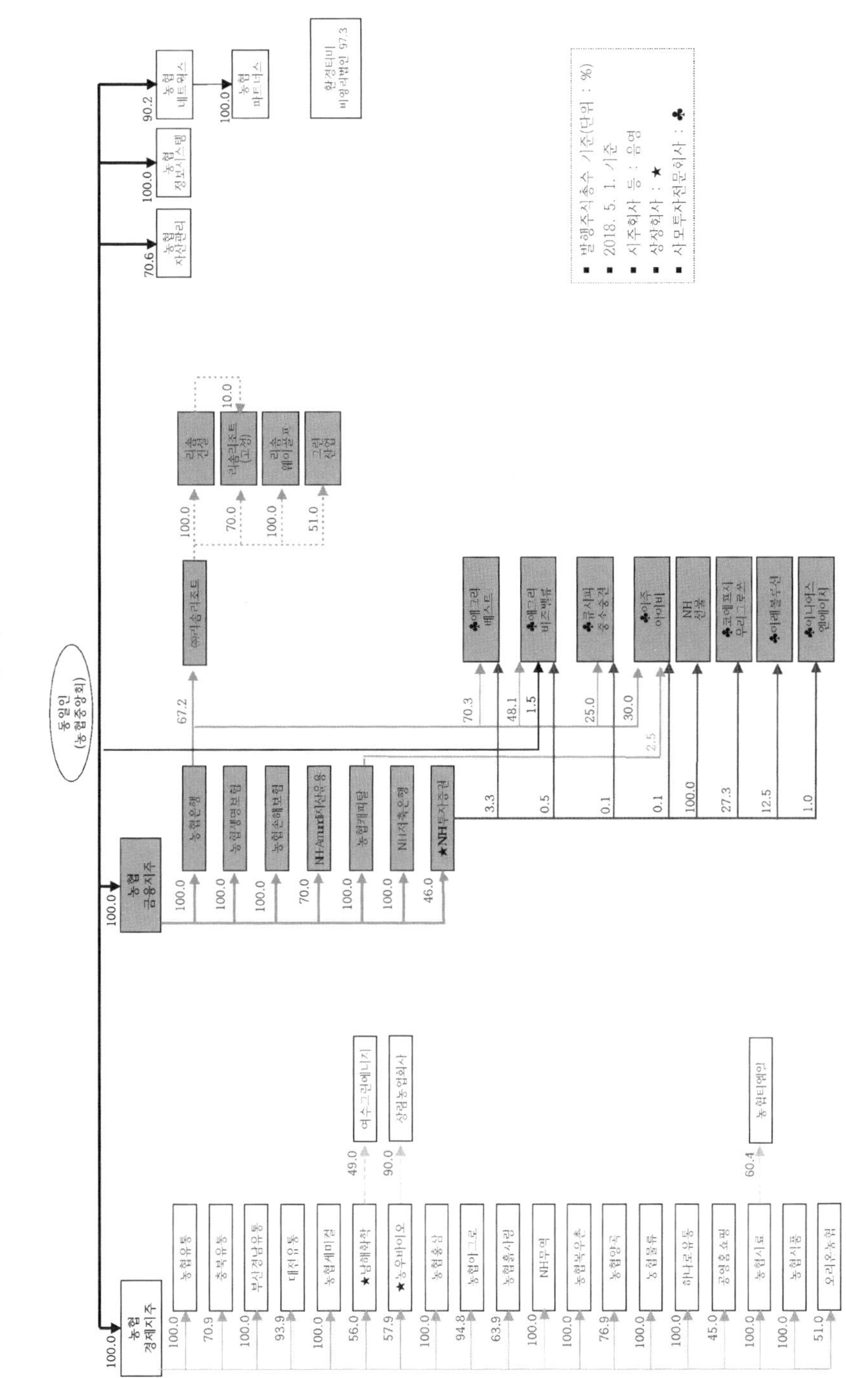

8) 농협그룹, 2019년 5월: [순위] 9위, [동일인] 농협중앙회, [계열회사] 44개

농협중앙회 (100, 100%) → 농협금융지주, 농협경제지주 → 농협은행, NH투자증권, 농협사료 등

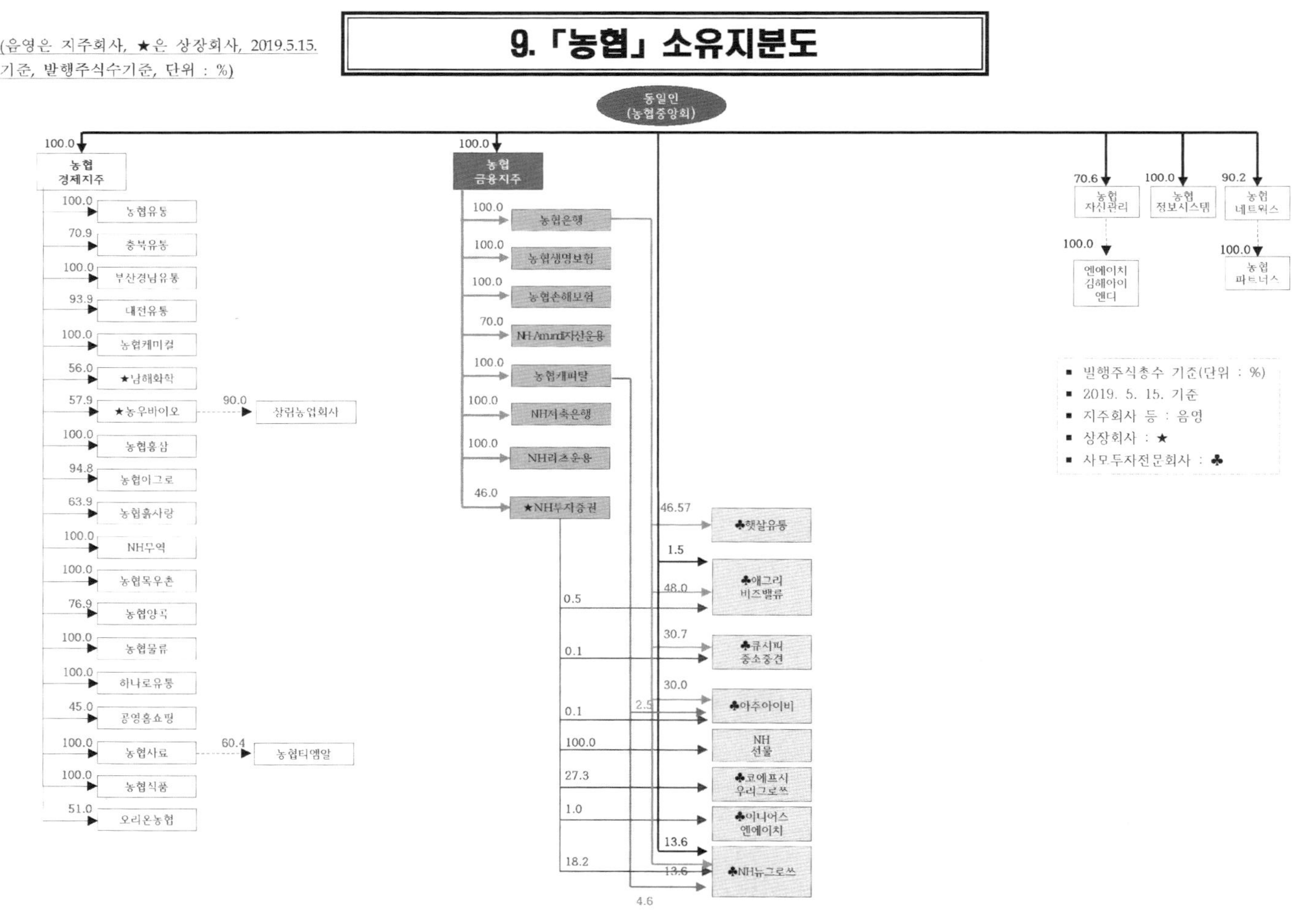

9) 농협그룹, 2020년 5월: [순위] 10위, [동일인] 농협중앙회, [계열회사] 58개

농협중앙회 (100, 100%) → 농협금융지주, 농협경제지주 → 농협은행, NH투자증권, 농협사료 등

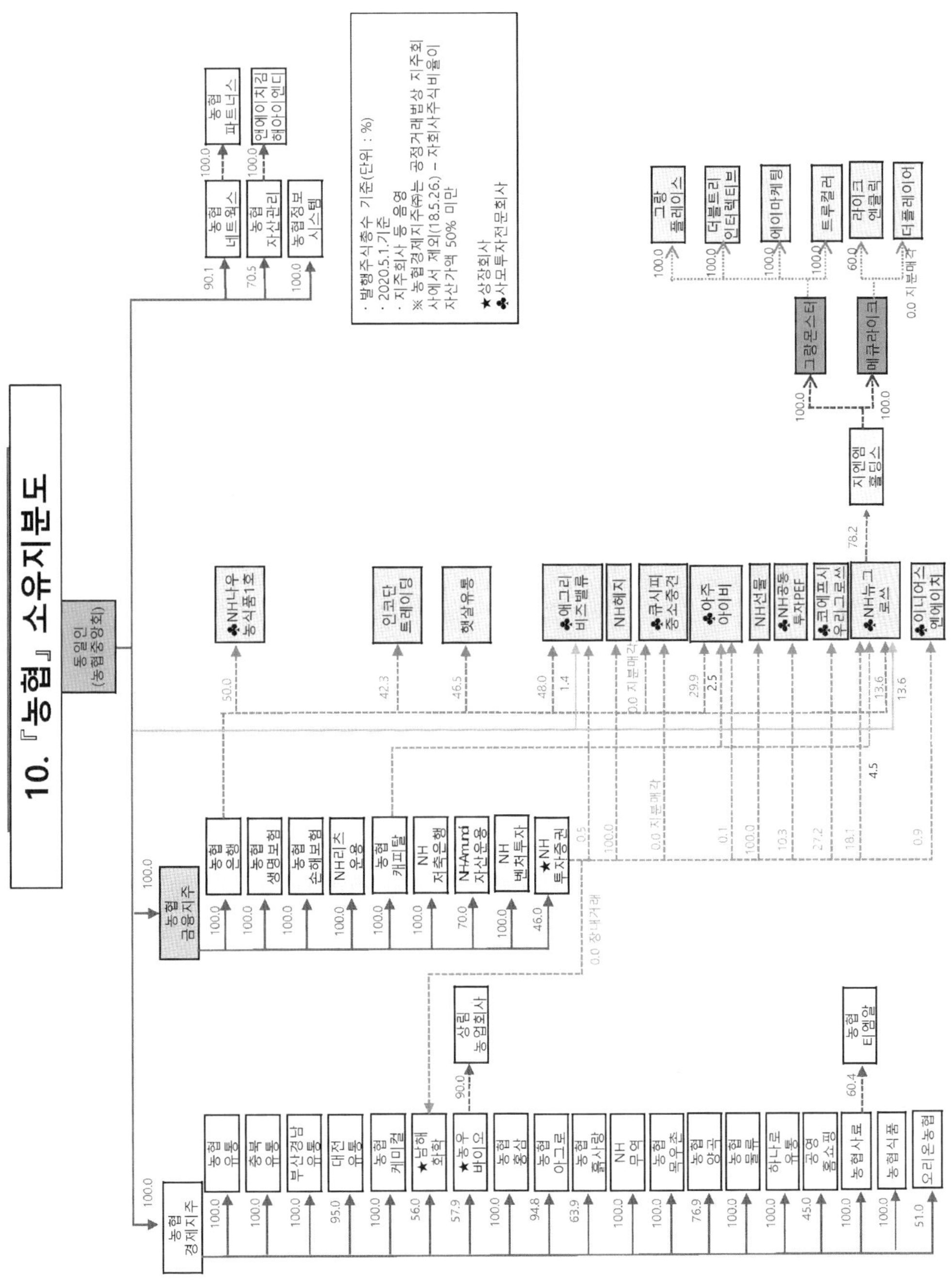

10) 농협그룹, 2021년 5월: [순위] 10위, [동일인] 농협중앙회, [계열회사] 58개

농협중앙회 (100, 100%) → 농협금융지주, 농협경제지주 → 농협은행, NH투자증권, 농협사료 등

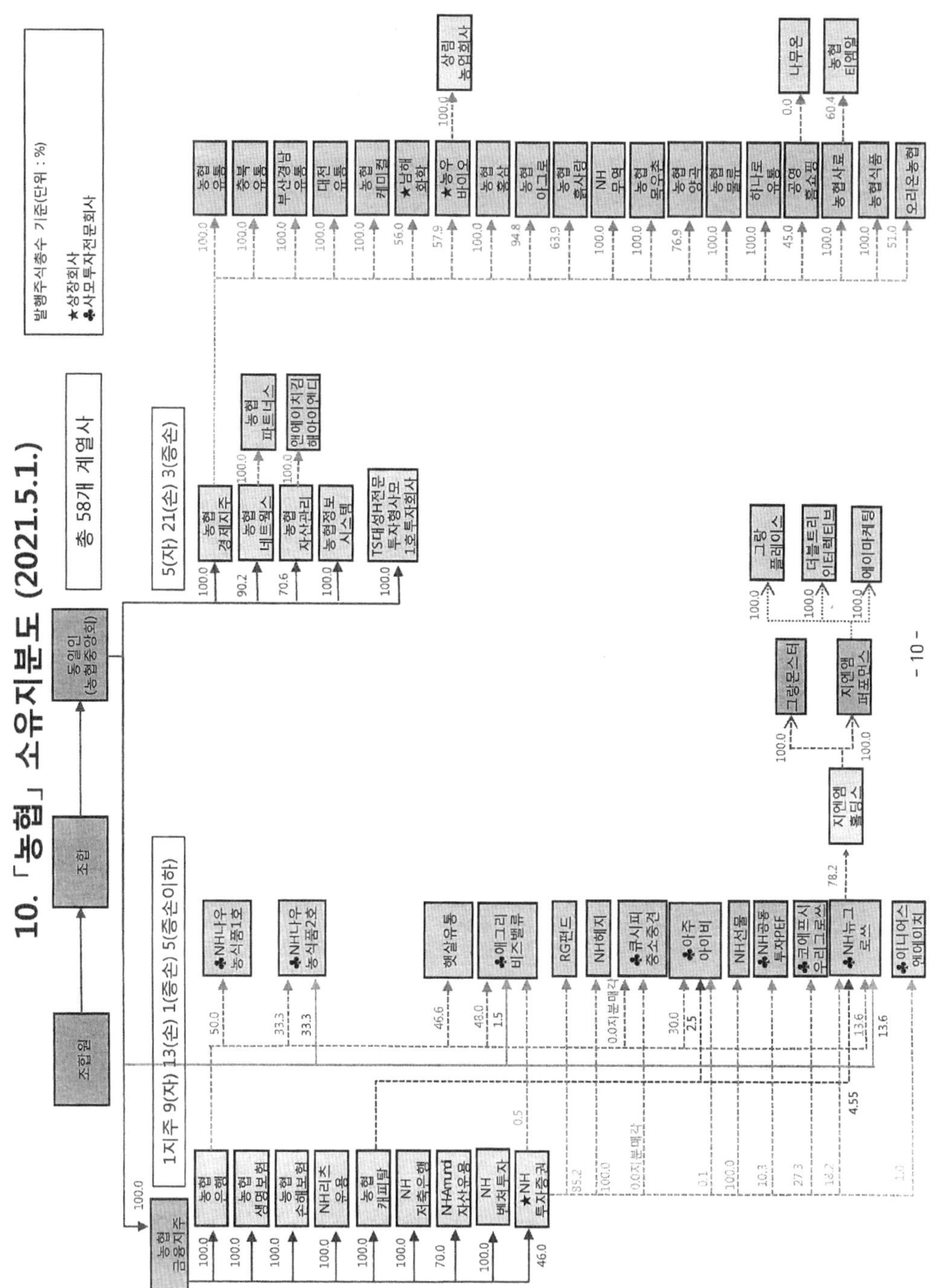

8. 다우키움그룹: 2019-2021년

연도	동일인	순위 (위)	계열회사 (개)	자산총액 (10억 원)	매출액 (10억 원)	당기순이익 (10억 원)
2019	김익래	59	57	5,042	2,835	324
2020	김익래	58	48	5,722	3,712	476
2021	김익래	56	45	6,593	5,116	851

	[소유구조]
주요 주주	김익래 (동일인)
주요 지배 회사	다우데이타
주요 계열회사	'다우기술 → 키움증권'

1. 그룹

1) 대규모기업집단 지정 연도: 2019-2021년.

2) 연도 수: 3년.

2. 소유지분도: 개관

1) 소유지분도 작성 연도: 2019-2021년.
연도 수: 3년.

2) 그룹 주요 지표: [동일인] 김익래. [순위] 56-59위.
[계열회사] 45-57개. [자산총액] 5.0-6.6조 원.
[매출액] 2.8-5.1조 원. [당기순이익] 0.3-0.9조 원.

3) 소유구조

◆ 김익래 → 다우데이타 → 계열회사 ◆

① [주요 주주]

1명.

김익래 (동일인).

지분: 31.8-40.6%.

② [주요 지배 회사]

1개.

다우데이타 (상장).

③ [계열회사]

유형: 자회사 → 손자회사 → 증손회사.

주요 회사: 2개 (2개씩 관련).

'다우기술 (상장) → 키움증권 (상장)'.

3. 소유지분도: 연도별, 2019-2021년

1) 2019년 5월: [순위] 59위, [동일인] 김익래, [계열회사] 57개

김익래 (40.6%) →

다우데이타 → '다우기술 → 키움증권 등'.

2) 2020년 5월: [순위] 58위, [동일인] 김익래, [계열회사] 48개

김익래 (34.8%) →

다우데이타 → '다우기술 → 키움증권 등'.

3) 2021년 5월: [순위] 56위, [동일인] 김익래, [계열회사] 45개

김익래 (31.8%) →

다우데이타 → '다우기술 → 키움증권 등'.

<u>1) 다우키움그룹, 2019년 5월: [순위] 59위, [동일인] 김익래, [계열회사] 57개</u>

김익래 (40.6%) → 다우데이타 → '다우기술 → 키움증권 등'

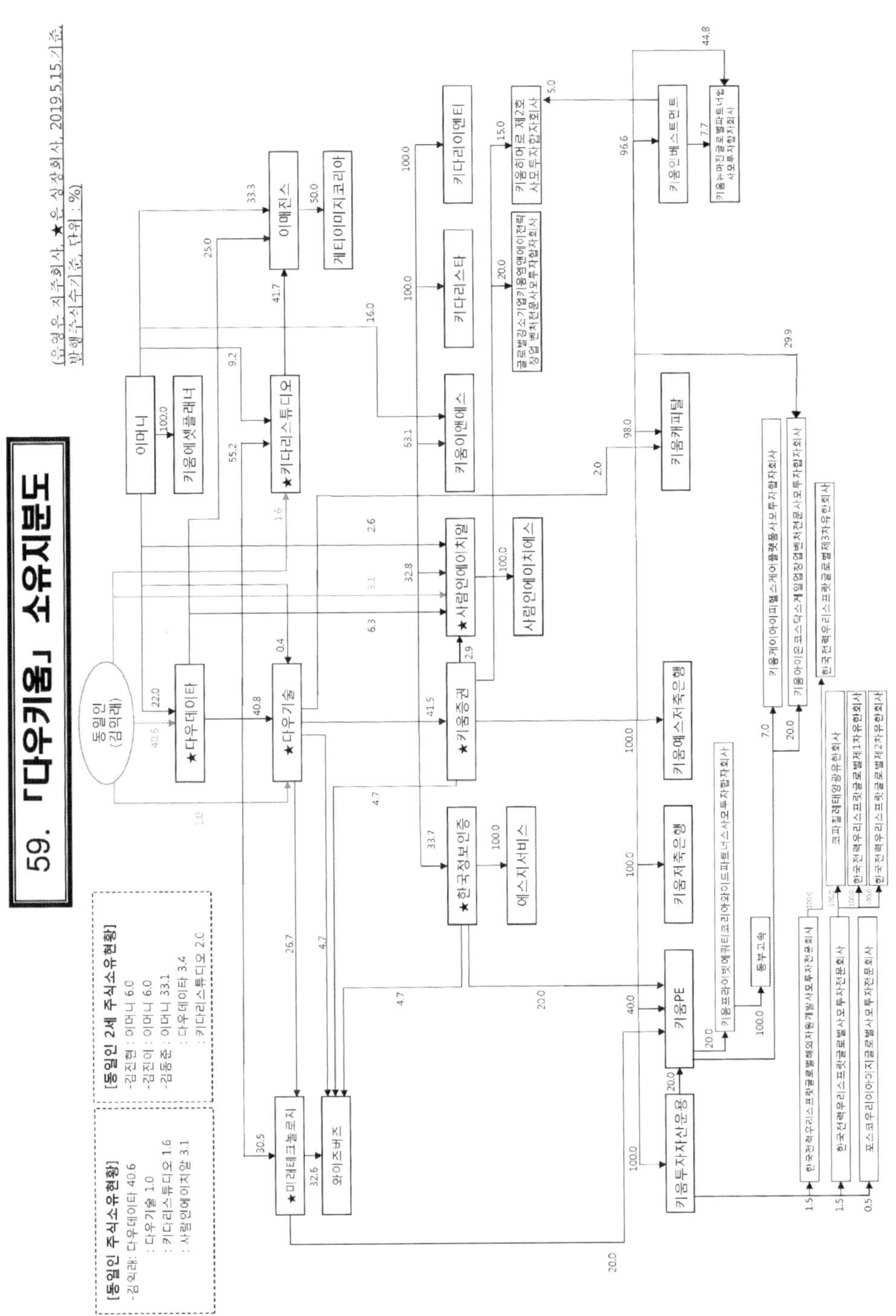

2) 다우키움그룹, 2020년 5월: [순위] 58위, [동일인] 김익래, [계열회사] 48개

김익래 (34.8%) → 다우데이타 → '다우기술 → 키움증권 등'

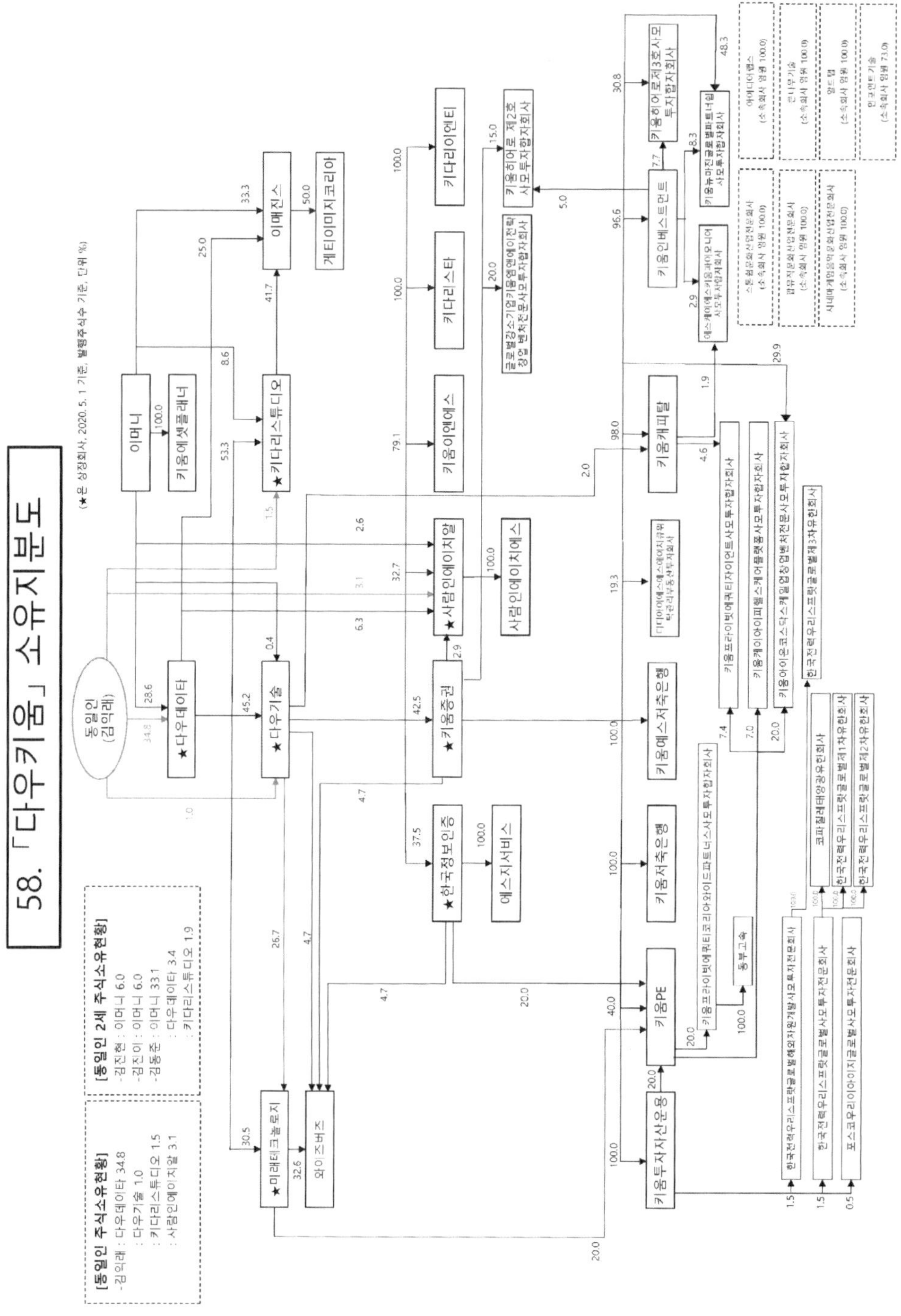

3) 다우키움그룹, 2021년 5월: [순위] 56위, [동일인] 김익래, [계열회사] 45개

김익래 (31.8%) → 다우데이타 → '다우기술 → 키움증권 등'

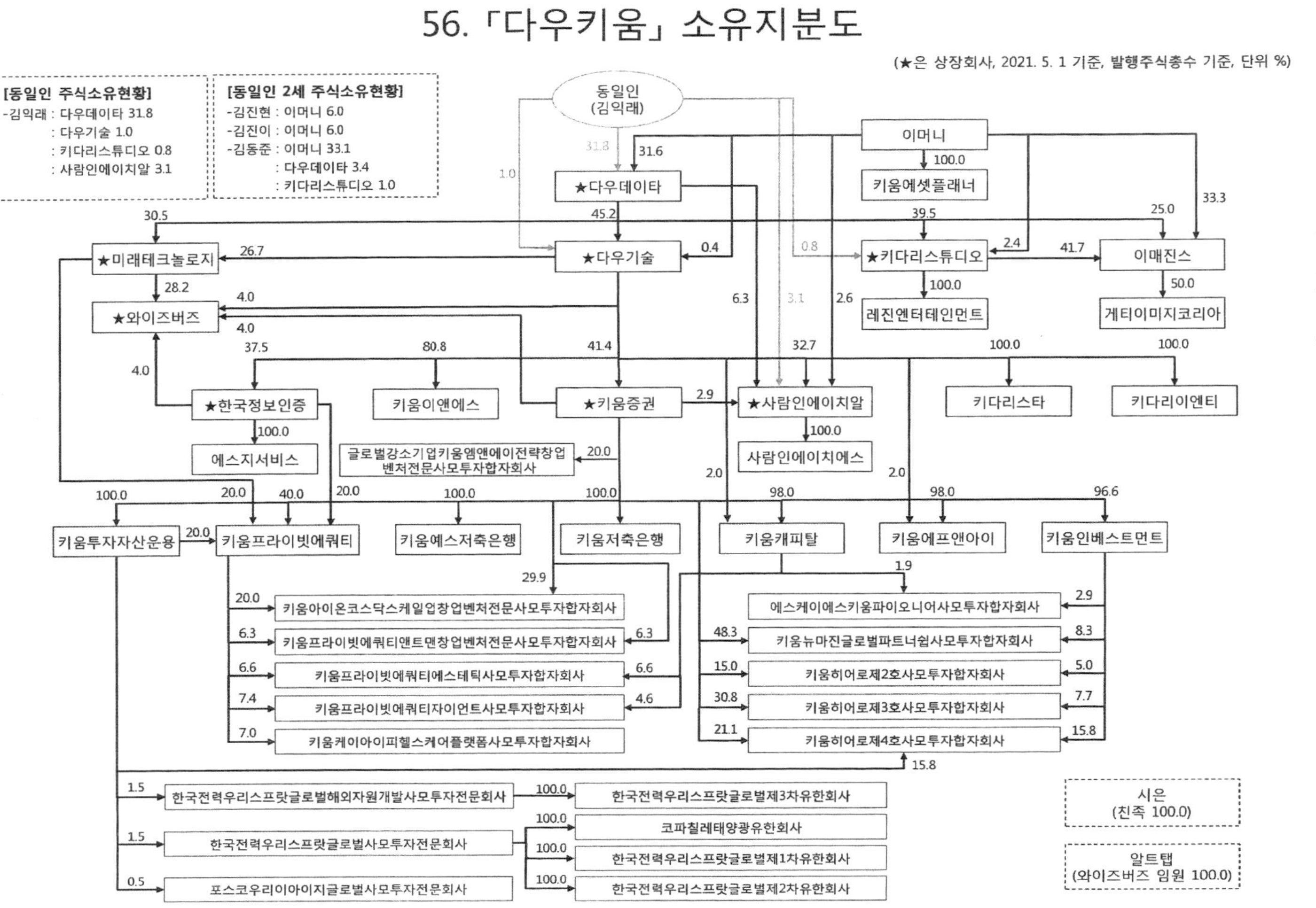

9. 대방건설그룹: 2021년

연도	동일인	순위 (위)	계열회사 (개)	자산총액 (10억 원)	매출액 (10억 원)	당기순이익 (10억 원)
2021	구교운	66	43	5,326	3,448	513

	[소유구조]	
주요 주주	구찬우 (동일인 2세)	구수진 (동일인 2세)
주요 지배 회사	대방건설	대상산업개발
주요 계열회사	대방주택	엘리움

1. 그룹

1) 대규모기업집단 지정 연도: 2021년.

2) 연도 수: 1년.

2. 소유지분도: 개관

1) 소유지분도 작성 연도: 2021년.
연도 수: 1년.

2) 그룹 주요 지표: [동일인] 구교운. [순위] 66위.
[계열회사] 43개. [자산총액] 5.3조 원.
[매출액] 3.4조 원. [당기순이익] 0.5조 원.

3) 소유구조

◆ {구찬우 → 대방건설 → 계열회사} +
{구수진 → 대방산업개발 → 계열회사} ◆

① [주요 주주]

2명 (1명씩 독립적으로 지분 보유).

구찬우 (동일인 2세; 아들, 오빠) ‖ 구수진 (동일인 2세; 딸, 동생).

지분: 71% ‖ 50%.

② [주요 지배 회사]

2개 (1개씩 독립적으로 관련).

대방건설, 대방산업개발.

③ [계열회사]

유형: 자회사.

주요 회사: 2개 (1개씩 독립적으로 관련).

대방주택, 엘리움.

3. 소유지분도: 연도별, 2021년

2021년 5월: [순위] 66위, [동일인] 구교운, [계열회사] 43개

{구찬우 (71%) →

대방건설 → 대방주택 등} +

{구수진 (50%) →

대방산업개발 → 엘리움 등}.

대방건설그룹, 2021년 5월: [순위] 66위, [동일인] 구교운, [계열회사] 43개

{구찬우 (71%) → 대방건설 → 대방주택 등} + {구수진 (50%) → 대방산업개발 → 엘리움 등}

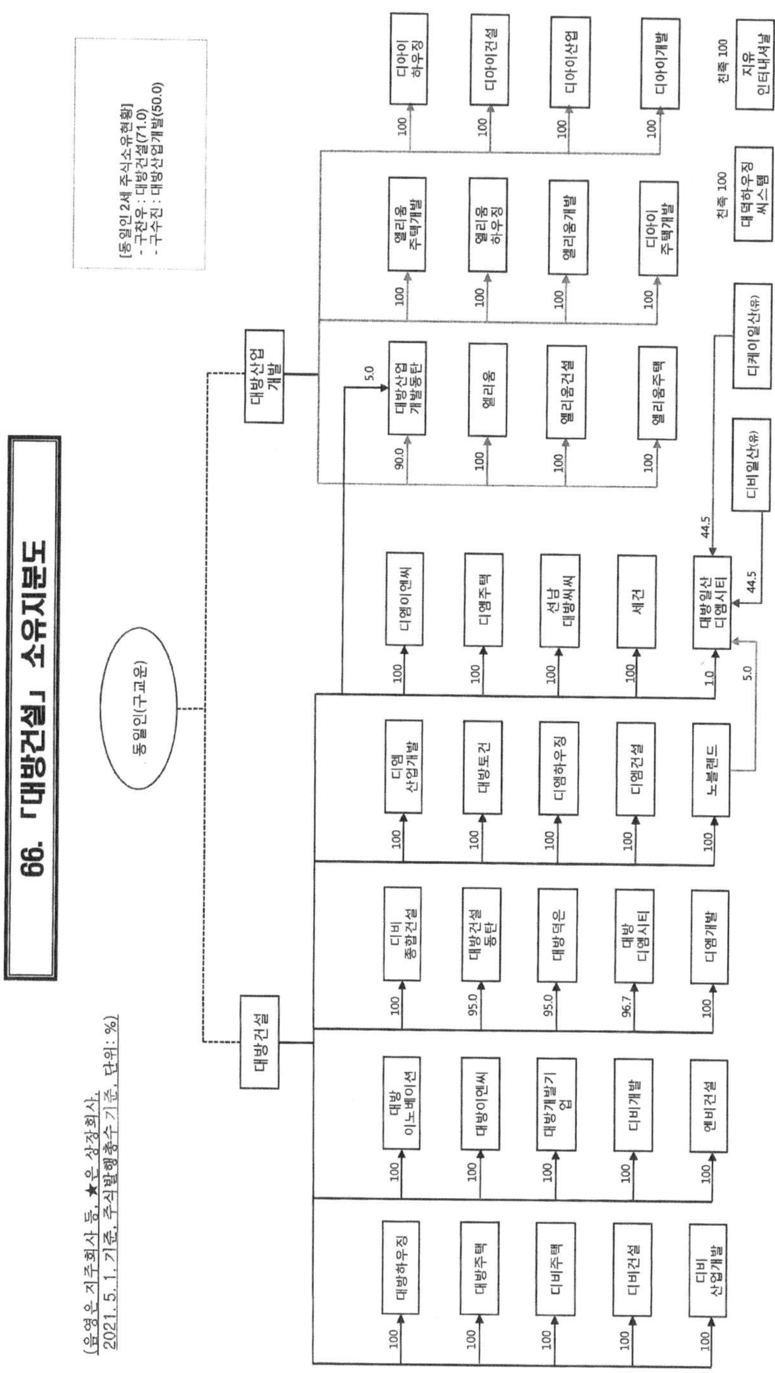

10. 대성그룹: 2012-2015년

연도	동일인	순위 (위)	계열회사 (개)	자산총액 (10억 원)	매출액 (10억 원)	당기순이익 (10억 원)
1990		(31)	21	(0)	430	7
1991		(31)	22	(0)	482	7
1992		(31)	21	(0)	521	10
2002		32	32	2,126	2,107	39
2003		38	32	2,121	2,053	65
2004		41	40	2,323	2,376	81
2005		41	41	2,579	2,366	102
2006		45	38	2,796	2,788	132
2007		47	40	2,854	3,082	151
2008		45	47	3,262	3,187	139
2011		43	73	5,758	3,919	172
2012	김영대	41	85	6,922	4,934	93
2013	김영대	37	83	7,830	5,441	31
2014	김영대	40	76	7,299	5,671	-267
2015	김영대	47	73	5,918	4,879	-331

	[소유구조]					
주요 주주	김영대 (동일인)	친족	김영민 (형제)	친족	김영훈 (형제)	김영훈
주요 지배 회사	대성 합동지주	-	서울 도시개발	-	대성홀딩스	-
주요 계열회사	대성산업	제이헨	서울 도시가스	서울 도시산업, 에스씨지 솔루션즈	대성에너지	알앤알

주: 1) 2002-2015년 순위: 공기업집단을 제외한 순위.
2) 1990-1992년: 31위 이하 순위 및 자산총액 정보 없음, (31)/(0)으로 표시함.

1. 그룹

1) 대규모기업집단 지정 연도: 1990-1992, 2002-2008, 2011-2015년.

2) 연도 수: 15년.

3) 그룹 이름: 대성산업 (1990-1992년), 대성 (2002-2008, 2011-2015년).

2. 소유지분도: 개관

1) 소유지분도 작성 연도: 2012-2015년.

   연도 수: 4년.

2) 그룹 주요 지표: [동일인] 김영대. [순위] 37-47위.

   [계열회사] 73-85개. [자산총액] 5.9-7.8조 원.

   [매출액] 4.9-5.7조 원. [당기순이익] (-0.3) - 0.1조 원.

3) 소유구조

◆ {<김영대 → 대성합동지주 → 계열회사> + <친족 → 계열회사2>} +
{<김영민 → 서울도시개발 → 계열회사> + <친족 → 계열회사2>} +
{<김영훈 → 대성홀딩스 → 계열회사> + <김영훈 → 계열회사2>} ◆

① [주요 주주]

3명 (1명씩 독립적으로 지분 보유).

김영대 (동일인) ‖ 김영민 (형제; 큰 동생) ‖ 김영훈 (형제; 작은 동생).

지분: 46.8% ‖ 97.8% ‖ 39.9%.

② [주요 지배 회사]

3개 (1개씩 독립적으로 관련).

대성합동지주 (상장), 서울도시개발, 대성홀딩스 (상장).

③ [계열회사]

유형: 자회사 → 손자회사 → 증손회사 (3년; 2012-2014년),

자회사 → 손자회사 (1년; 2015년).

주요 회사: 3개 (1개씩 독립적으로 관련).

대성산업 (상장), 서울도시가스 (상장), 대성에너지.

* 계열회사2: 4개 (1개씩 독립적으로 관련).

제이헨, 서울도시산업, 에스씨지솔루션즈, 알앤알.

4) 서울도시산업, 에스씨지솔루션즈: 2013년 8월 에스씨지솔루션즈가 서울도시산업 합병.

3. 소유지분도: 연도별, 2012-2015년

1) 2012년 4월: [순위] 41위, [동일인] 김영대, [계열회사] 85개

{<김영대 (46.8%) → 대성합동지주 → 대성산업 등> +
<친족 → 제이헨 등>} +
{<김영민 (97.8%) → 서울도시개발 → 서울도시가스 등> +
<친족 → 서울도시산업>} +
{<김영훈 (39.9%) → 대성홀딩스 → 대성에너지 등> +
<김영훈 → 알앤알 등>}.

2) 2013년 4월: [순위] 37위, [동일인] 김영대, [계열회사] 83개

{<김영대 (46.8%) → 대성합동지주 → 대성산업 등> +
<친족 → 제이헨 등>} +
{<김영민 (97.8%) → 서울도시개발 → 서울도시가스 등> +
<친족 → 서울도시산업>} +
{<김영훈 (39.9%) → 대성홀딩스 → 대성에너지 등> +
<김영훈 → 알앤알 등>}.

3) 2014년 4월: [순위] 40위, [동일인] 김영대, [계열회사] 76개

{<김영대 (46.8%) → 대성합동지주 → 대성산업 등> +
<친족 → 제이헨 등>} +
{<김영민 (97.8%) → 서울도시개발 → 서울도시가스 등> +
<친족 → 에스씨지솔루션즈 등>} +
{<김영훈 (39.9%) → 대성홀딩스 → 대성에너지 등> +
<김영훈 → 알앤알 등>}.

4) 2015년 4월: [순위] 47위, [동일인] 김영대, [계열회사] 73개

{<김영대 (46.8%) → 대성합동지주 → 대성산업 등> +
<친족 → 제이헨 등>} +
{<김영민 (97.8%) → 서울도시개발 → 서울도시가스 등> +
<친족 → 에스씨지솔루션즈 등>} +
{<김영훈 (39.9%) → 대성홀딩스 → 대성에너지 등> +
<김영훈 → 알앤알 등>}.

1) 대성그룹, 2012년 4월: [순위] 41위, [동일인] 김영대, [계열회사] 85개

{<김영대 (46.8%) → 대성합동지주 → 대성산업 등> + <친족 → 제이헨 등>} +
{<김영민 (97.8%) → 서울도시개발 → 서울도시가스 등> + <친족 → 서울도시산업>} +
{<김영훈 (39.9%) → 대성홀딩스 → 대성에너지 등> + <김영훈 → 알앤알 등>}

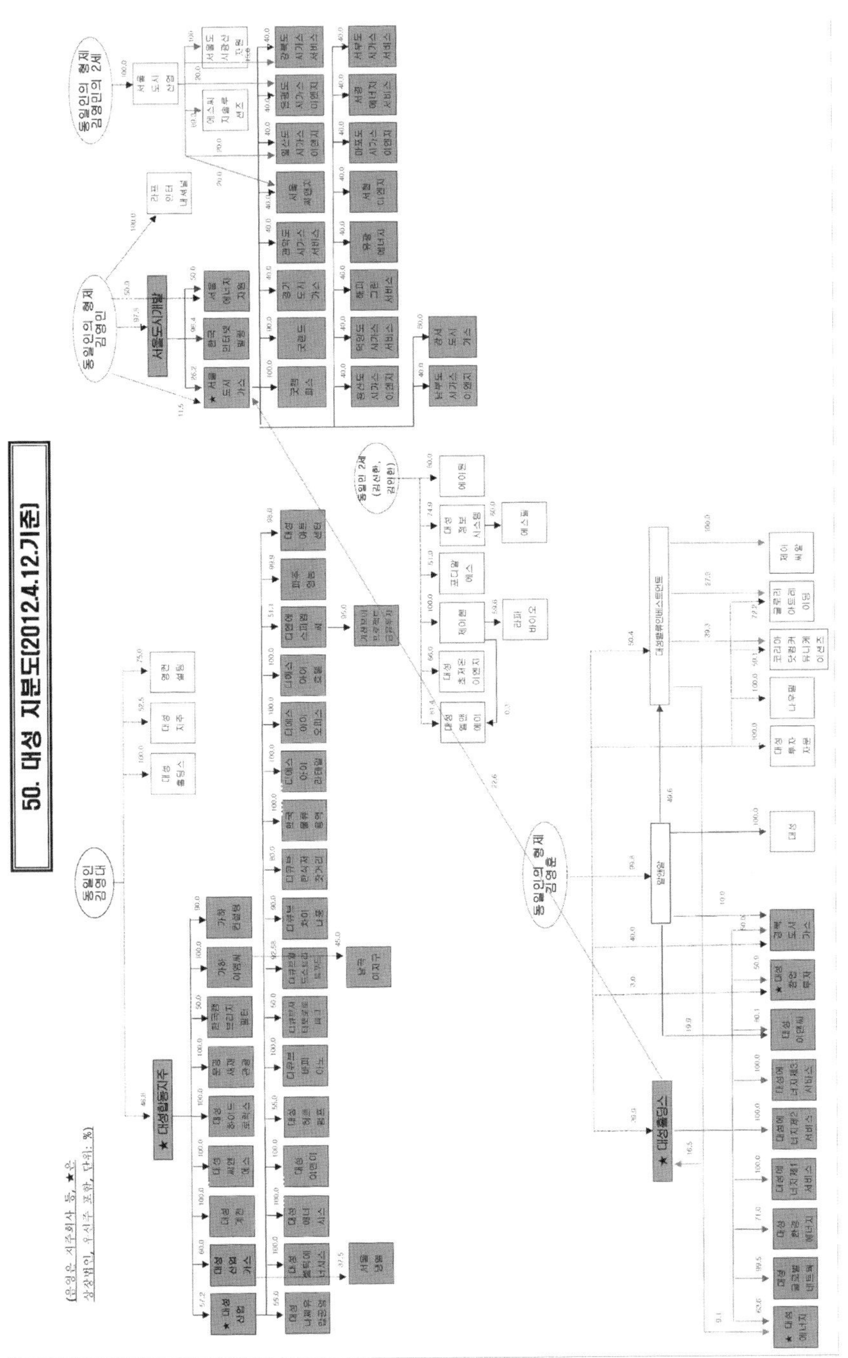

2) 대성그룹, 2013년 4월: [순위] 37위, [동일인] 김영대, [계열회사] 83개

{<김영대 (46.8%) → 대성합동지주 → 대성산업 등> + <친족 → 제이헨 등>} +
{<김영민 (97.8%) → 서울도시개발 → 서울도시가스 등> + <친족 → 서울도시산업>} +
{<김영훈 (39.9%) → 대성홀딩스 → 대성에너지 등> + <김영훈 → 알앤알 등>}

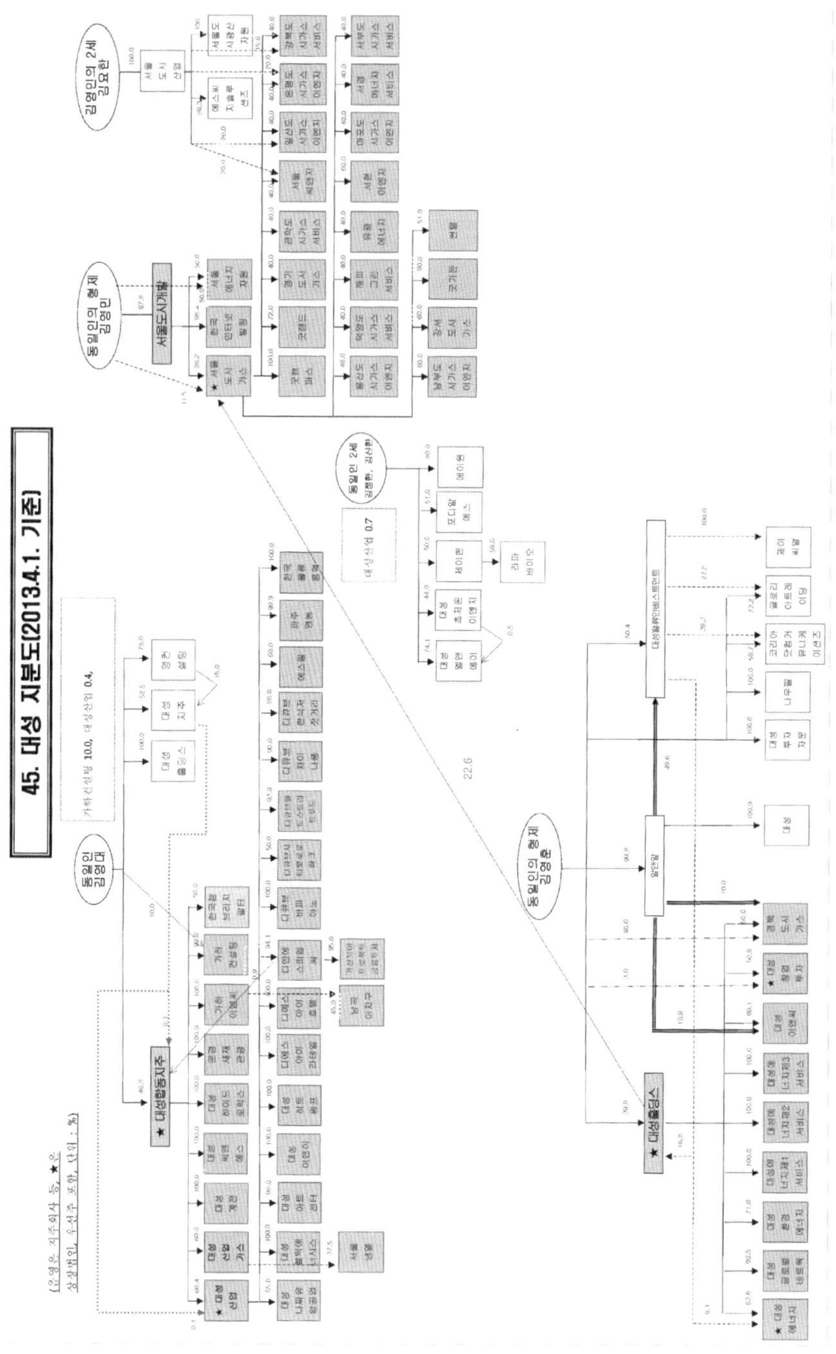

3) 대성그룹, 2014년 4월: [순위] 40위, [동일인] 김영대, [계열회사] 76개

{<김영대 (46.8%) → 대성합동지주 → 대성산업 등> + <친족 → 제이헨 등>} +
{<김영민 (97.8%) → 서울도시개발 → 서울도시가스 등> + <친족 → 에스씨지솔루션즈 등>} +
{<김영훈 (39.9%) → 대성홀딩스 → 대성에너지 등> + <김영훈 → 알앤알 등>}

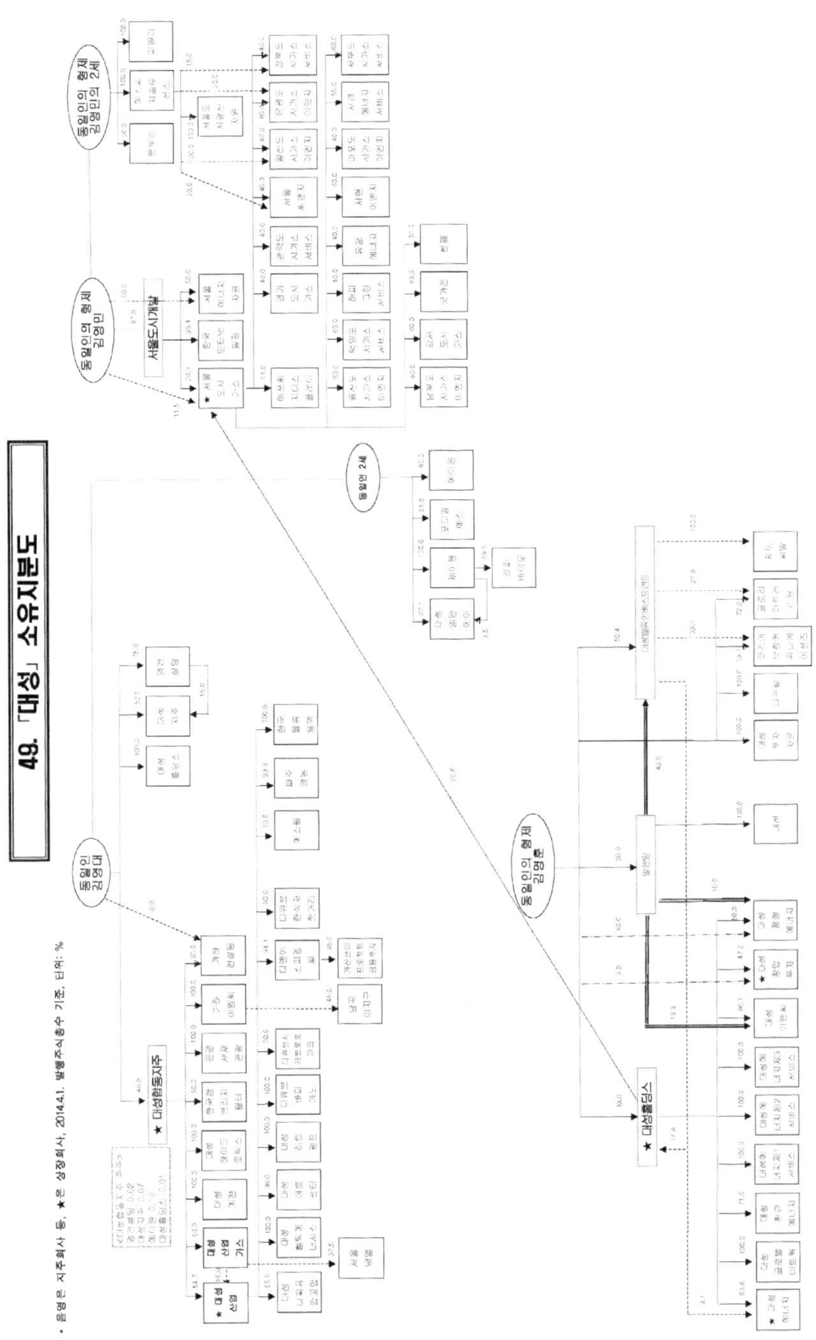

4) 대성그룹, 2015년 4월: [순위] 47위, [동일인] 김영대, [계열회사] 73개

{<김영대 (46.8%) → 대성합동지주 → 대성산업 등> + <친족 → 제이헨 등>} +
{<김영민 (97.8%) → 서울도시개발 → 서울도시가스 등> + <친족 → 에스씨지솔루션즈 등>} +
{<김영훈 (39.9%) → 대성홀딩스 → 대성에너지 등> + <김영훈 → 알앤알 등>}

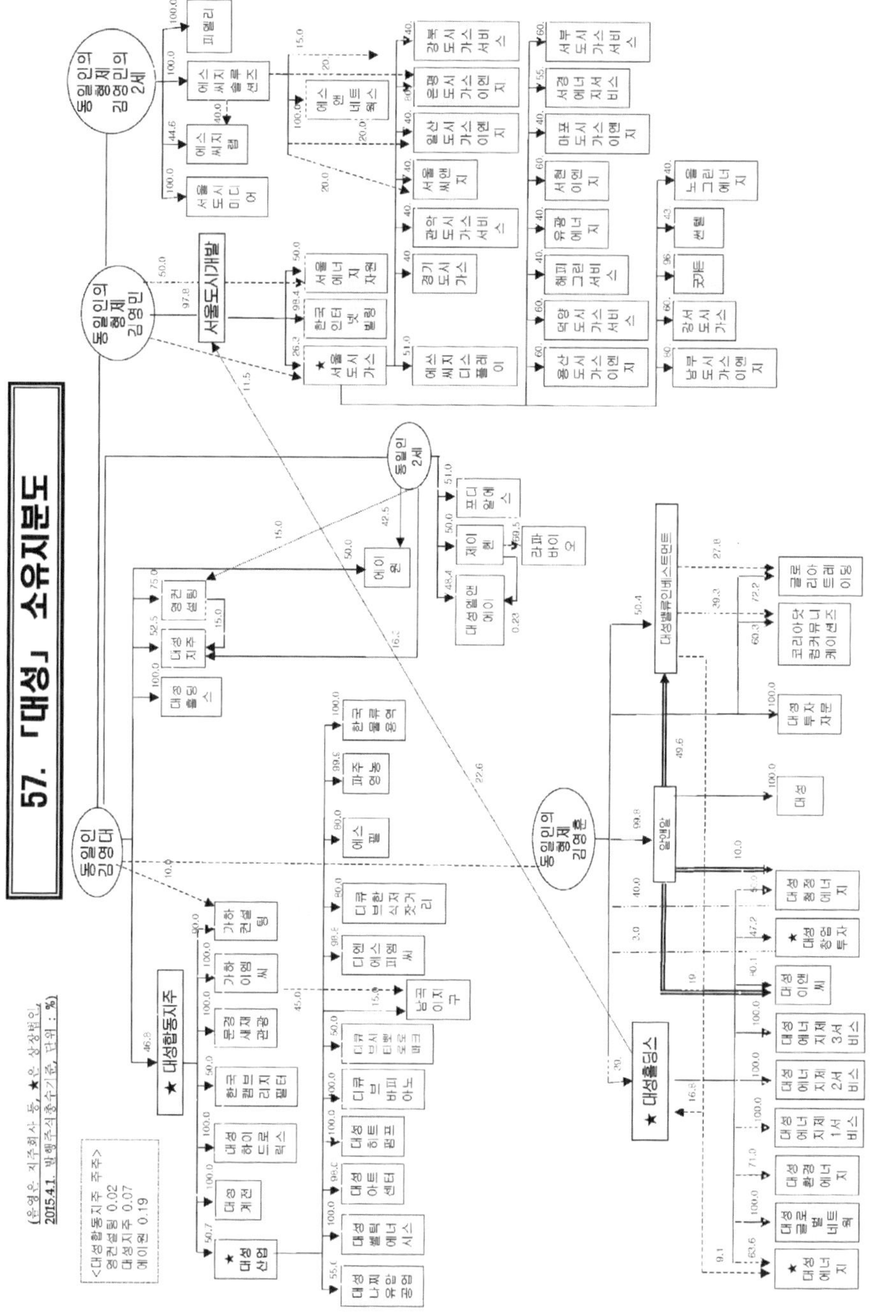

11. 대우건설그룹: 2012-2021년

연도	동일인	순위 (위)	계열회사 (개)	자산총액 (10억 원)	매출액 (10억 원)	당기순이익 (10억 원)
2004		15	14	5,511	4,319	160
2005		22	14	5,499	4,849	245
2006		23	11	5,978	5,140	400
2011		24	13	10,955	6,942	-760
2012	대우건설	26	15	10,853	7,303	170
2013	대우건설	28	16	11,400	8,563	151
2014	대우건설	27	16	10,348	8,953	-739
2015	대우건설	26	13	10,481	10,223	114
2016	대우건설	27	16	10,691	10,213	148
2017	대우건설	29	14	10,720	11,269	-756
2018	대우건설	33	15	9,671	11,661	205
2019	대우건설	36	14	9,629	11,126	225
2020	대우건설	34	16	19,217	8,905	-35
2021	대우건설	42	15	9,847	8,255	113

	[소유구조]
주요 주주	-
주요 지배 회사	대우건설 (동일인)
주요 계열회사	대우에스티

주: 2004-2016년 순위: 공기업집단을 제외한 순위.

1. 그룹

1) 대규모기업집단 지정 연도: 2004-2006, 2011-2021년.

2) 연도 수: 14년.

2. 소유지분도: 개관

1) 소유지분도 작성 연도: 2012-2021년.

연도 수: 10년.

2) 그룹 주요 지표: [동일인] 대우건설. [순위] 26-42위.

[계열회사] 13-16개. [자산총액] 9.6-19.2조 원.

[매출액] 7.3-11.7조 원. [당기순이익] (-0.8) - 0.2조 원.

3) 소유구조

◆ 대우건설 → 계열회사 ◆

① [주요 주주] -

② [주요 지배 회사]

1개.

대우건설 (동일인, 상장).

지분: 34-100%.

③ [계열회사]

유형: 자회사.

주요 회사: 1개.

대우에스티.

3. 소유지분도: 연도별, 2012-2021년

1) 2012년 4월: [순위] 26위, [동일인] 대우건설, [계열회사] 15개

대우건설 (43.45-100%) →

대우에스티 등.

2) 2013년 4월: [순위] 28위, [동일인] 대우건설, [계열회사] 16개

대우건설 (43.5-100%) →

대우에스티 등.

3) 2014년 4월: [순위] 27위, [동일인] 대우건설, [계열회사] 16개

대우건설 (46-100%) →

대우에스티 등.

4) 2015년 4월: [순위] 26위, [동일인] 대우건설, [계열회사] 13개

대우건설 (39.1-100%) →

대우에스티 등.

5) 2016년 4월: [순위] 27위, [동일인] 대우건설, [계열회사] 16개

대우건설 (34-100%) →

대우에스티 등.

6) 2017년 5월: [순위] 29위, [동일인] 대우건설, [계열회사] 14개

대우건설 (34-100%) →

대우에스티 등.

7) 2018년 5월: [순위] 33위, [동일인] 대우건설, [계열회사] 15개

대우건설 (34-100%) →

대우에스티 등.

8) 2019년 5월: [순위] 36위, [동일인] 대우건설, [계열회사] 14개

대우건설 (34-100%) →

대우에스티 등.

9) 2020년 5월: [순위] 34위, [동일인] 대우건설, [계열회사] 16개

대우건설 (34-100%) →

대우에스티 등.

10) 2021년 5월: [순위] 42위, [동일인] 대우건설, [계열회사] 15개

대우건설 (34-100%) →

대우에스티 등.

1) 대우건설그룹, 2012년 4월: [순위] 26위, [동일인] 대우건설, [계열회사] 15개

대우건설 (43.45-100%) → 대우에스티 등

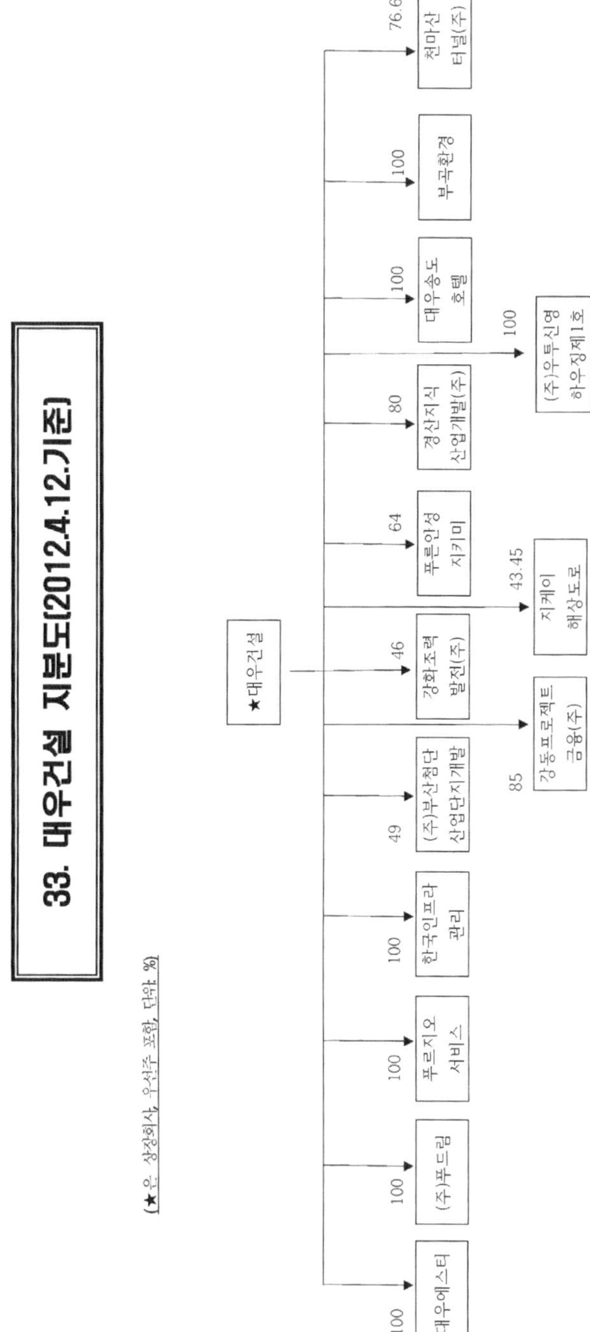

2) 대우건설그룹, 2013년 4월: [순위] 28위, [동일인] 대우건설, [계열회사] 16개

대우건설 (43.5-100%) → 대우에스티 등

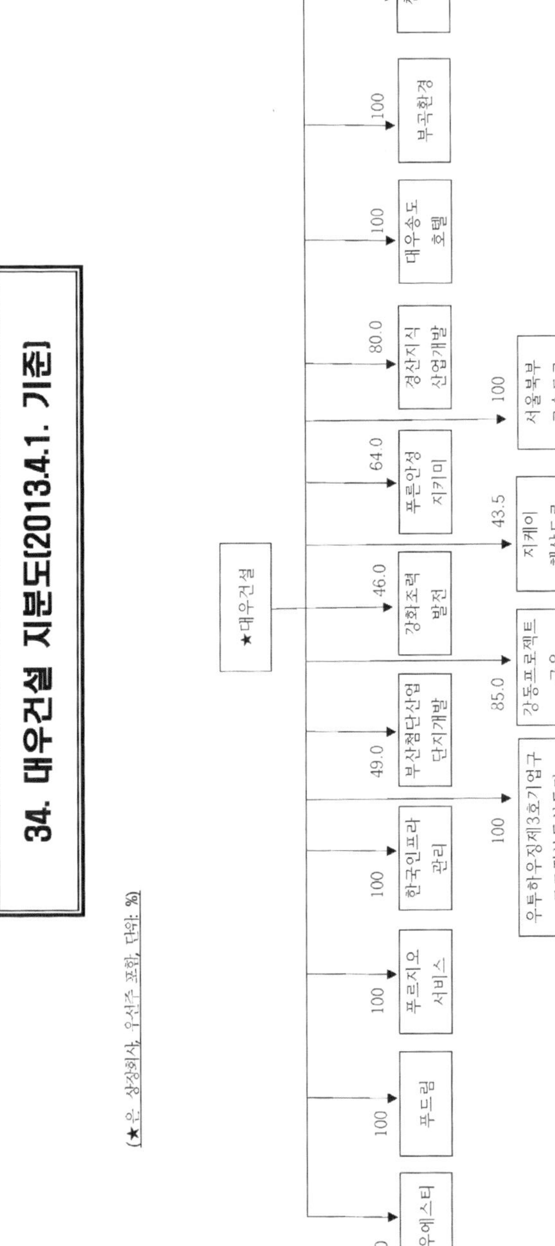

3) 대우건설그룹, 2014년 4월: [순위] 27위, [동일인] 대우건설, [계열회사] 16개

대우건설 (46-100%) → 대우에스티 등

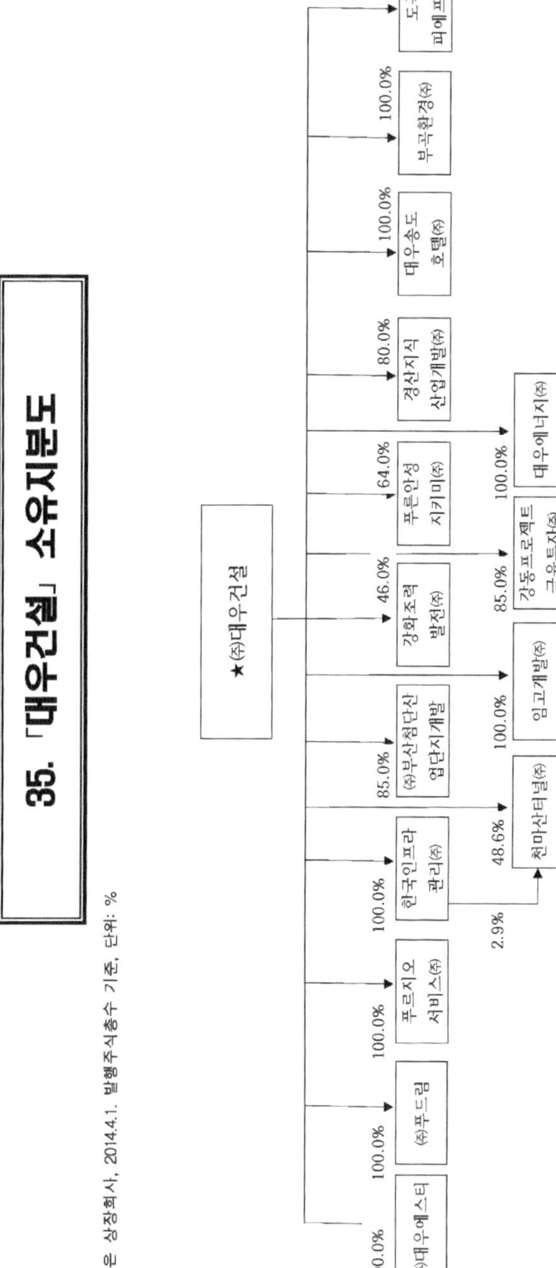

4) 대우건설그룹, 2015년 4월: [순위] 26위, [동일인] 대우건설, [계열회사] 13개

대우건설 (39.1-100%) → 대우에스티 등

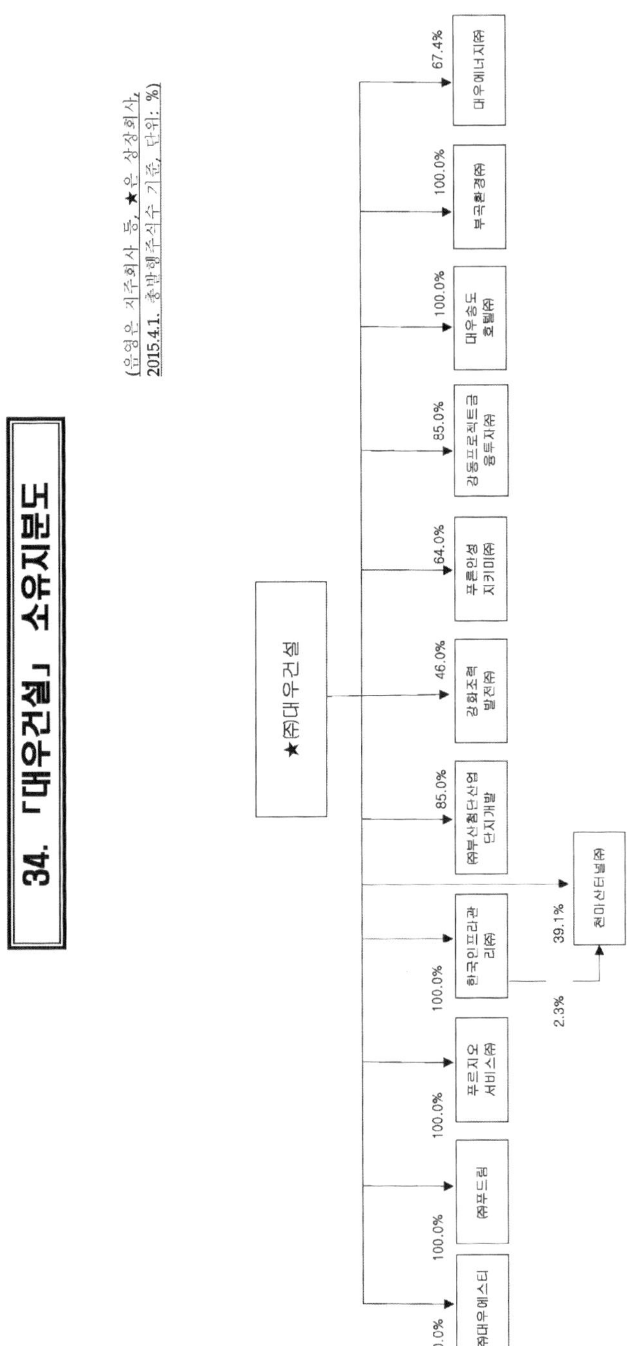

5) 대우건설그룹, 2016년 4월: [순위] 27위, [동일인] 대우건설, [계열회사] 16개

대우건설 (34-100%) → 대우에스티 등

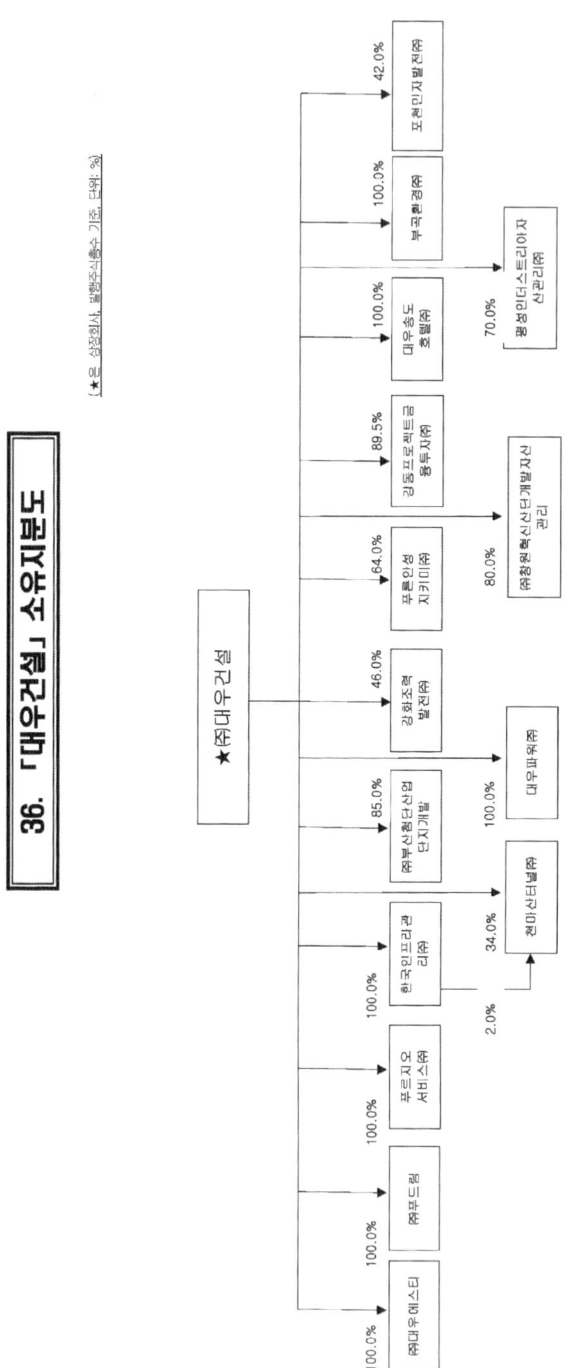

6) 대우건설그룹, 2017년 5월: [순위] 29위, [동일인] 대우건설, [계열회사] 14개

대우건설 (34-100%) → 대우에스티 등

29. 「대우건설」 소유지분도

(★은 상장회사, 2017. 5. 1. 발행주식총수 기준, 단위: %)

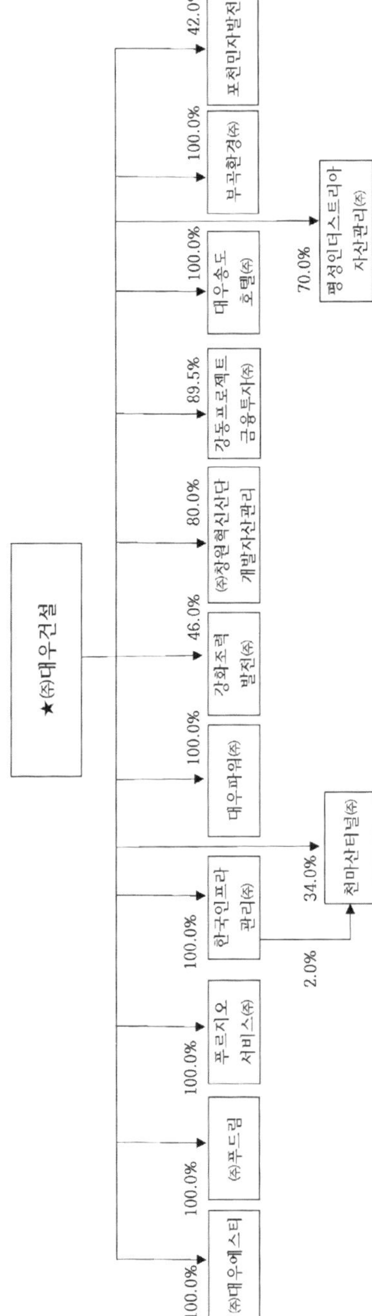

7) 대우건설그룹, 2018년 5월: [순위] 33위, [동일인] 대우건설, [계열회사] 15개

대우건설 (34-100%) → 대우에스티 등

33.「대우건설」소유지분도

(★은 상장법인, 2018. 5. 1. 기준, 발행주식총수 기준, 단위 : %)

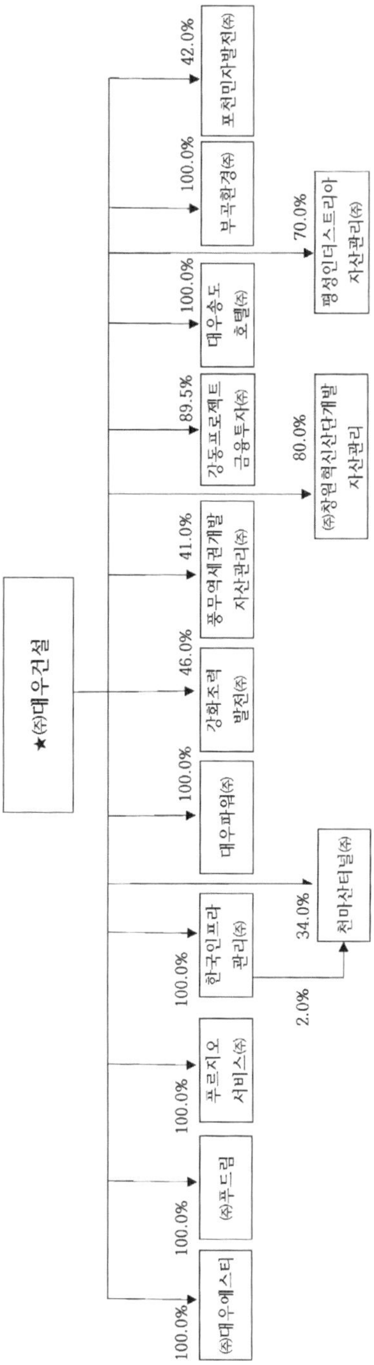

★㈜대우건설

- 100.0% → ㈜대우에스티
- 100.0% → ㈜푸드림
- 100.0% → 푸르지오 서비스㈜
- 100.0% → 한국인프라 관리㈜
  - 2.0% → 천마산터널㈜
- 34.0% → 천마산터널㈜
- 100.0% → 대우파워㈜
- 46.0% → 강화조력 발전㈜
- 41.0% → 풍무역세권개발 자산관리㈜
- 80.0% → ㈜창원혁신산단개발 자산관리
- 89.5% → 강동프로젝트 금융투자㈜
- 100.0% → 대우송도 호텔㈜
- 70.0% → 평성인더스트리아 자산관리㈜
- 100.0% → 부곡환경㈜
- 42.0% → 포천민자발전㈜

8) 대우건설그룹, 2019년 5월: [순위] 36위, [동일인] 대우건설, [계열회사] 14개

대우건설 (34-100%) → 대우에스티 등

36. 「대우건설」 소유지분도

(음영은 지주회사, ★은 상장회사, 2019.5.15.기준, 발행주식수기준, 단위 : %)

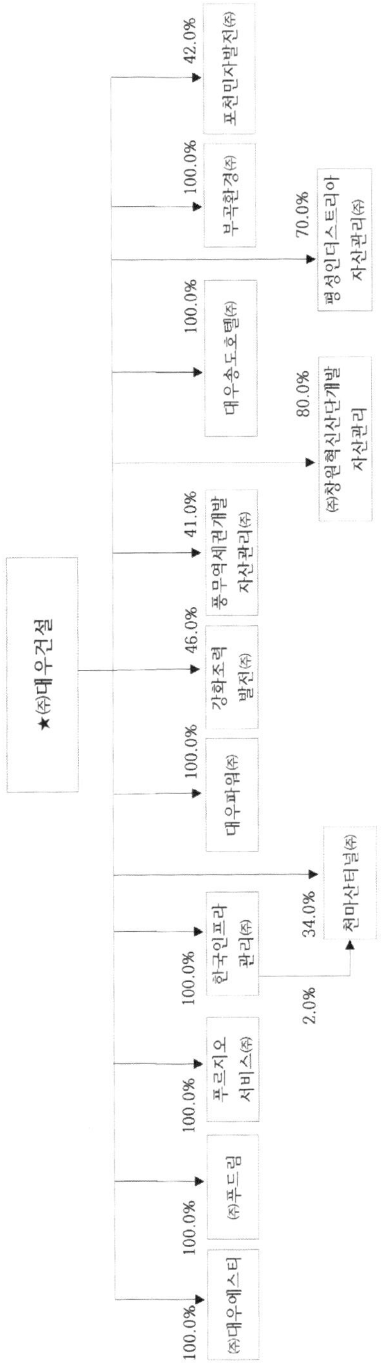

★㈜대우건설

100.0% ㈜대우에스티

100.0% ㈜푸드림

100.0% 푸르지오 서비스㈜

100.0% 한국인프라 관리㈜

2.0% 34.0% 천마산터널㈜

100.0% 대우파워㈜

46.0% 강화조력 발전㈜

41.0% 풍무역세권개발 자산관리㈜

80.0% ㈜창원혁신산단개발 자산관리

100.0% 대우송도호텔㈜

70.0% 평성인더스트리아 자산관리㈜

100.0% 부곡환경㈜

42.0% 포천민자발전㈜

9) 대우건설그룹, 2020년 5월: [순위] 34위, [동일인] 대우건설, [계열회사] 16개

대우건설 (34-100%) → 대우에스티 등

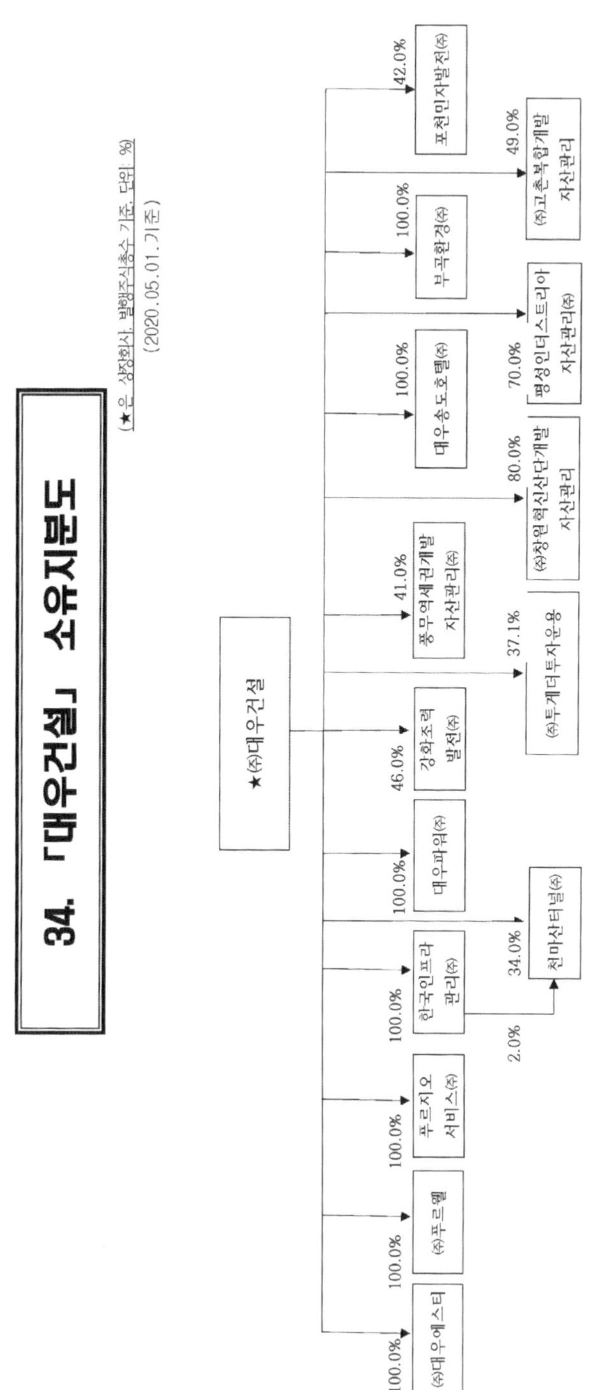

10) 대우건설그룹, 2021년 5월: [순위] 42위, [동일인] 대우건설, [계열회사] 15개

대우건설 (34-100%) → 대우에스티 등

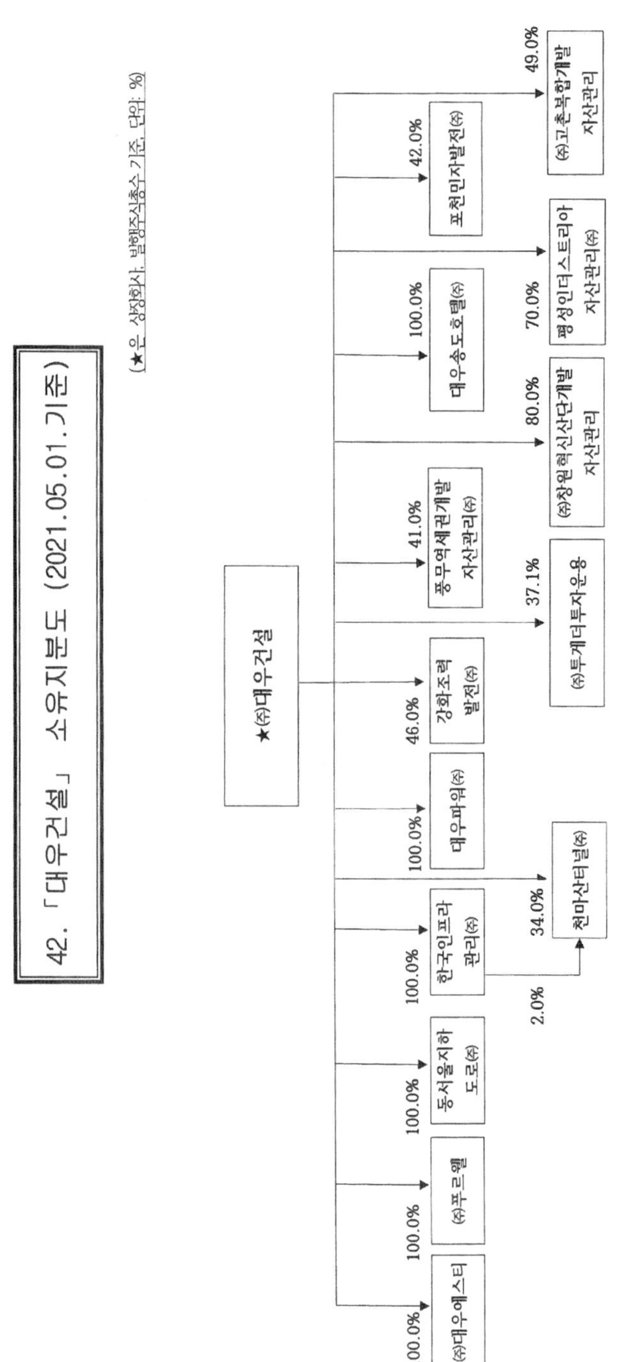

12. 대우조선해양그룹: 2012-2021년

연도	동일인	순위 (위)	계열회사 (개)	자산총액 (10억 원)	매출액 (10억 원)	당기순이익 (10억 원)
2003		26	2	3,559	3,370	259
2004		26	2	3,967	4,338	255
2005		23	3	5,411	4,821	243
2006		25	5	5,370	4,941	127
2007		22	5	6,137	5,721	68
2008		22	8	8,652	7,777	311
2009		15	10	16,666	12,072	420
2010		16	13	15,960	13,535	632
2011		19	16	15,540	13,526	804
2012	대우조선해양	18	19	16,665	14,954	740
2013	대우조선해양	20	20	16,189	14,439	105
2014	대우조선해양	17	19	18,497	15,725	202
2015	대우조선해양	17	18	19,964	17,110	112
2016	대우조선해양	18	14	19,227	15,736	-3,770
2017	대우조선해양	20	14	15,276	13,589	-2,947
2018	대우조선해양	23	5	12,194	11,453	739
2019	대우조선해양	24	5	12,969	10,487	882
2020	대우조선해양	29	5	12,320	9,371	-136
2021	대우조선해양	35	5	11,375	8,047	74

	[소유구조]
주요 주주	-
주요 지배 회사	대우조선해양 (동일인)
주요 계열회사	디섹, 대우조선해양건설, 한국선박금융, 대한조선

주: 2003-2016년 순위: 공기업집단을 제외한 순위.

1. 그룹

1) 대규모기업집단 지정 연도: 2003-2021년.

2) 연도 수: 19년.

2. 소유지분도: 개관

1) 소유지분도 작성 연도: 2012-2021년.

연도 수: 10년.

2) 그룹 주요 지표: [동일인] 대우조선해양. [순위] 17-35위.

[계열회사] 5-20개. [자산총액] 11.4-20.0조 원.

[매출액] 8.0-17.1조 원. [당기순이익] (-3.8) - 0.9조 원.

3) 소유구조

◆ 대우조선해양 → 계열회사 ◆

① [주요 주주] -

② [주요 지배 회사]

1개.

대우조선해양 (동일인, 상장).

지분: 0-100%.

③ [계열회사]

유형: 자회사 → 손자회사 → 증손회사 (2년; 2012-2013년),

자회사 → 손자회사 (4년; 2014-2017년),

자회사 (4년; 2018-2021년).

주요 회사: 4개 (1-4개씩 관련).

디섹, 대우조선해양건설, 한국선박금융, 대한조선.

3. 소유지분도: 연도별, 2012-2021년

1) 2012년 4월: [순위] 18위, [동일인] 대우조선해양, [계열회사] 19개

대우조선해양 (70.1-100%) →

디섹, 대우조선해양건설 등.

2) 2013년 4월: [순위] 20위, [동일인] 대우조선해양, [계열회사] 20개

대우조선해양 (35.3-100%) →

디섹, 대우조선해양건설, 한국선박금융 등.

3) 2014년 4월: [순위] 17위, [동일인] 대우조선해양, [계열회사] 19개

대우조선해양 (0-100%) →

디섹, 대우조선해양건설, 한국선박금융 등.

4) 2015년 4월: [순위] 17위, [동일인] 대우조선해양, [계열회사] 18개

대우조선해양 (35.3-100%) →

디섹, 대우조선해양건설, 한국선박금융 등.

5) 2016년 4월: [순위] 18위, [동일인] 대우조선해양, [계열회사] 14개

대우조선해양 (35.3-100%) →

디섹, 대우조선해양건설, 한국선박금융, 대한조선 등.

6) 2017년 5월: [순위] 20위, [동일인] 대우조선해양, [계열회사] 14개

대우조선해양 (0-100%) →

디섹, 대우조선해양건설, 한국선박금융, 대한조선 등.

7) 2018년 5월: [순위] 23위, [동일인] 대우조선해양, [계열회사] 5개

대우조선해양 (67.7-100%) →

대한조선 등.

8) 2019년 5월: [순위] 24위, [동일인] 대우조선해양, [계열회사] 5개

대우조선해양 (67.7-100%) →

대한조선 등.

9) 2020년 5월: [순위] 29위, [동일인] 대우조선해양, [계열회사] 5개

대우조선해양 (65.1-100%) →

대한조선 등.

10) 2021년 5월: [순위] 35위, [동일인] 대우조선해양, [계열회사] 5개

대우조선해양 (65.1-100%) →

대한조선 등.

1) 대우조선해양그룹, 2012년 4월: [순위] 18위, [동일인] 대우조선해양, [계열회사] 19개

대우조선해양 (70.1-100%) → 디섹, 대우조선해양건설 등

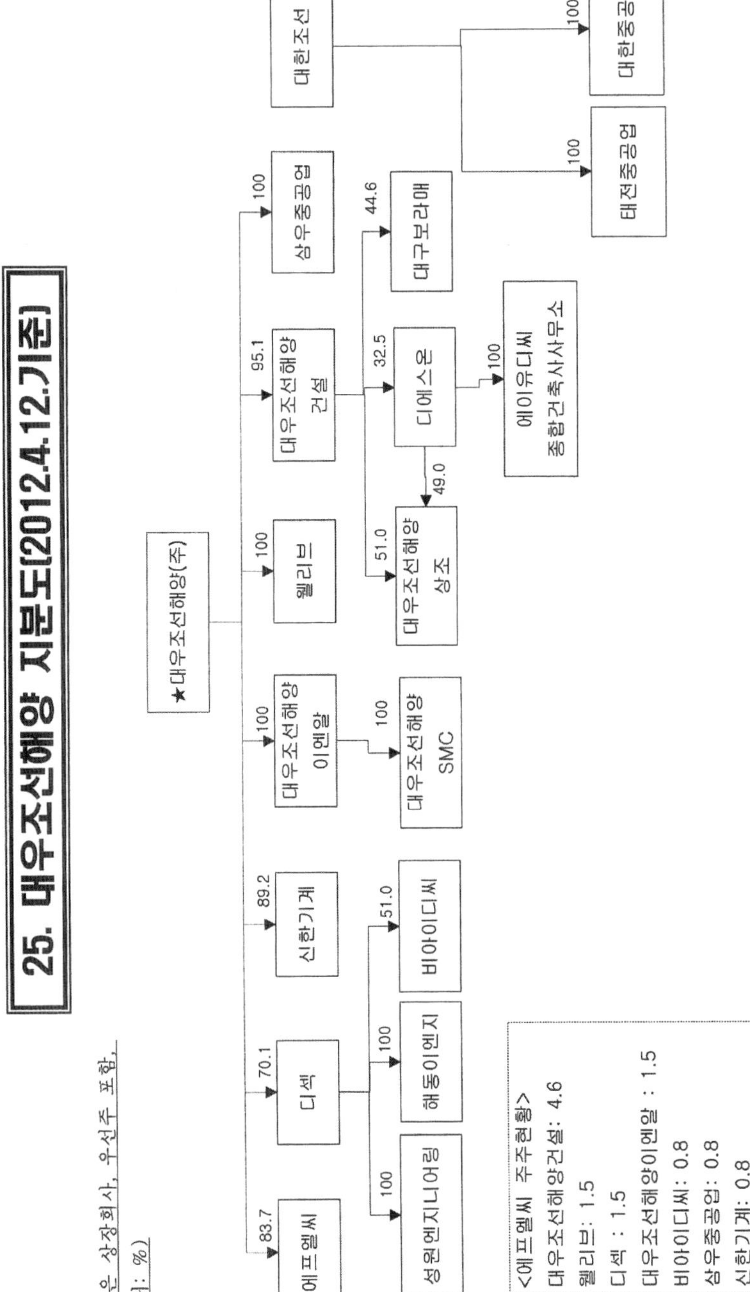

2) 대우조선해양그룹, 2013년 4월: [순위] 20위, [동일인] 대우조선해양, [계열회사] 20개

대우조선해양 (35.3-100%) → 디섹, 대우조선해양건설, 한국선박금융 등

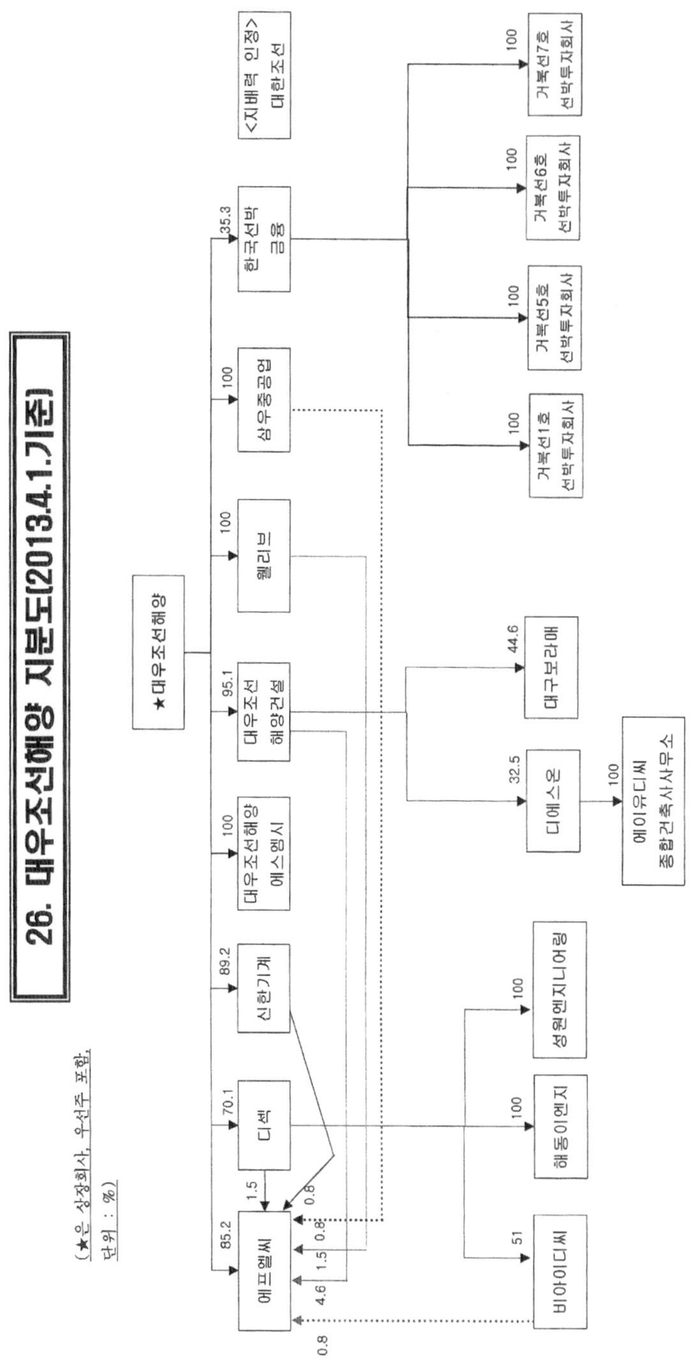

3) 대우조선해양그룹, 2014년 4월: [순위] 17위, [동일인] 대우조선해양, [계열회사] 19개

대우조선해양 (0-100%) → 디섹, 대우조선해양건설, 한국선박금융 등

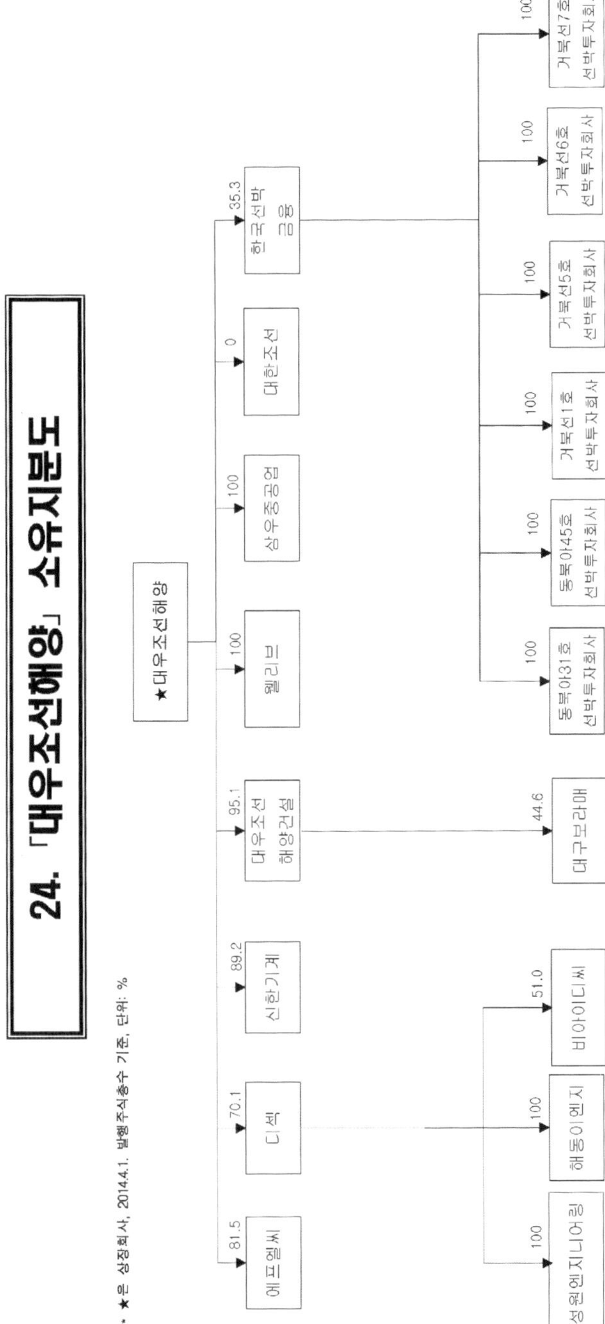

4) 대우조선해양그룹, 2015년 4월: [순위] 17위, [동일인] 대우조선해양, [계열회사] 18개

대우조선해양 (35.3-100%) → 디섹, 대우조선해양건설, 한국선박금융 등

(음영은 지주회사 등, ★은 상장회사, 2015.4.1. 총발행주식수 기준, 단위: %)

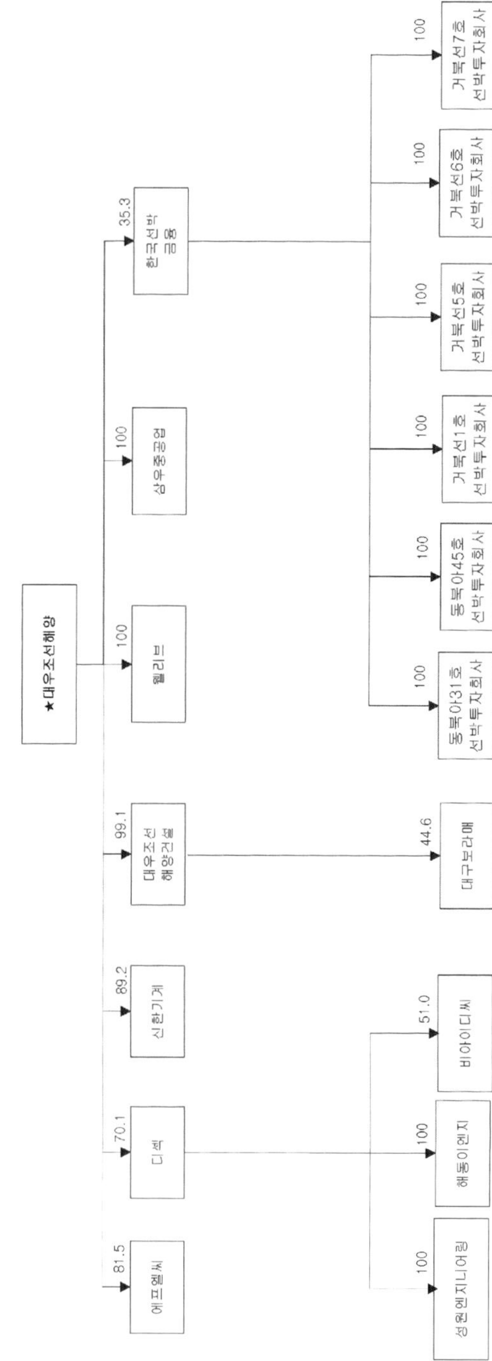

5) 대우조선해양그룹, 2016년 4월: [순위] 18위, [동일인] 대우조선해양, [계열회사] 14개

대우조선해양 (35.3-100%) → 디섹, 대우조선해양건설, 한국선박금융, 대한조선 등

24. 「대우조선해양」 소유지분도

1. ★ 상장사
2. 2016. 4. 1. 발행주식총수 기준

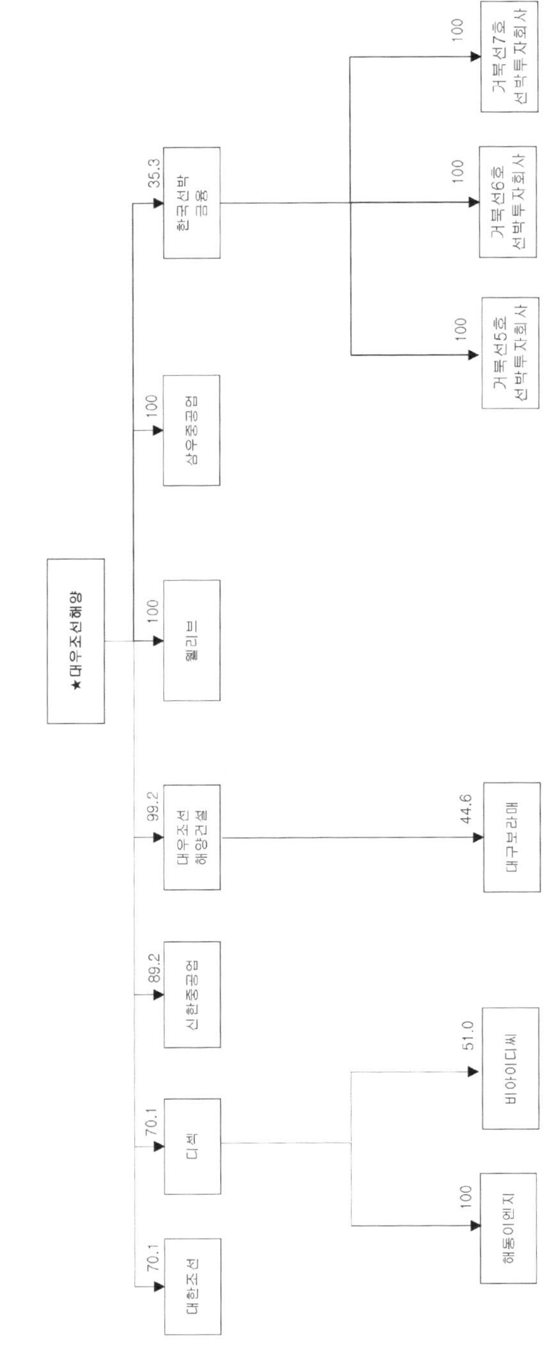

6) 대우조선해양그룹, 2017년 5월: [순위] 20위, [동일인] 대우조선해양, [계열회사] 14개

대우조선해양 (0-100%) → 디섹, 대우조선해양건설, 한국선박금융, 대한조선 등

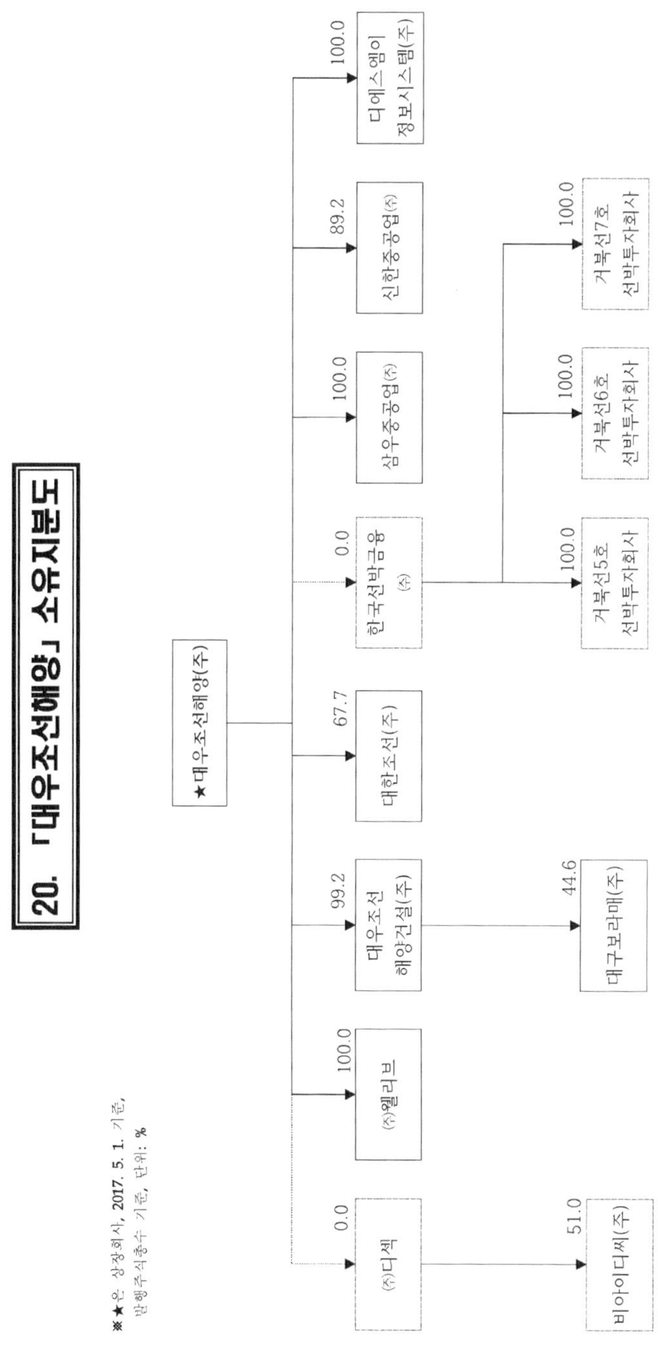

7) 대우조선해양그룹, 2018년 5월: [순위] 23위, [동일인] 대우조선해양, [계열회사] 5개

대우조선해양 (67.7-100%) → 대한조선 등

23. 「대우조선해양」 소유지분도

(★은 상장법인, 2018. 5. 1. 기준, 발행주식총수 기준, 단위 : %)

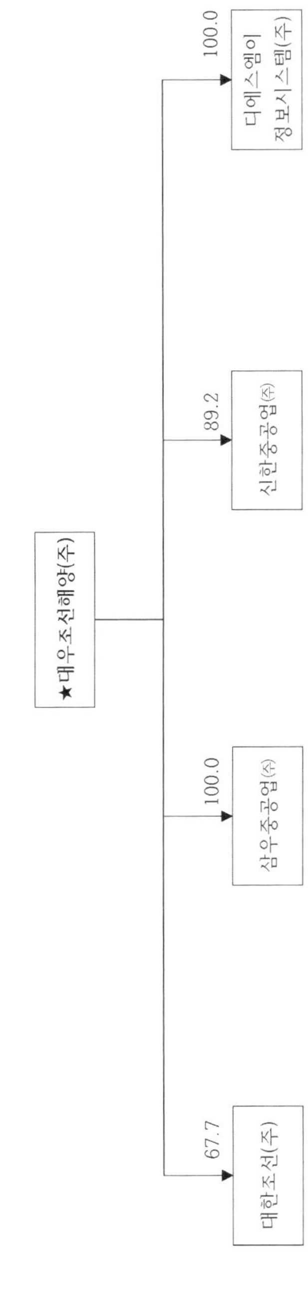

8) 대우조선해양그룹, 2019년 5월: [순위] 24위, [동일인] 대우조선해양, [계열회사] 5개

대우조선해양 (67.7-100%) → 대한조선 등

24. 「대우조선해양」 소유지분도

(음영은 지주회사, ★은 상장회사, 2019.5.15.기준, 발행주식수기준, 단위 : %)

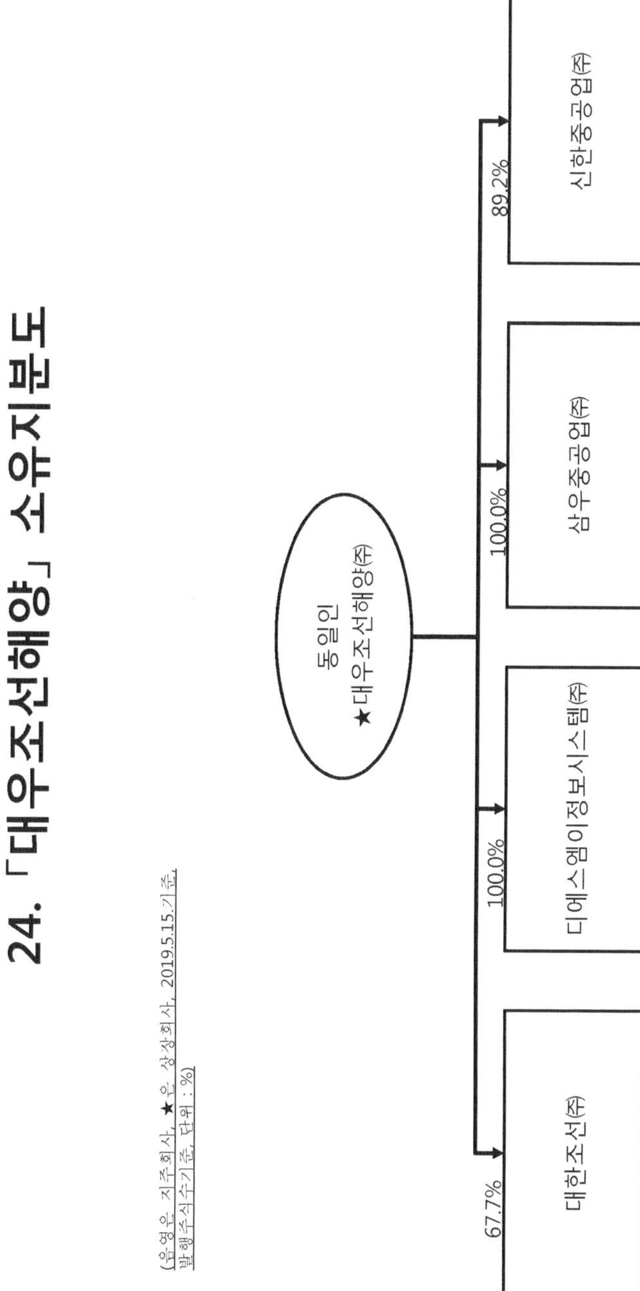

9) 대우조선해양그룹, 2020년 5월: [순위] 29위, [동일인] 대우조선해양, [계열회사] 5개

대우조선해양 (65.1-100%) → 대한조선 등

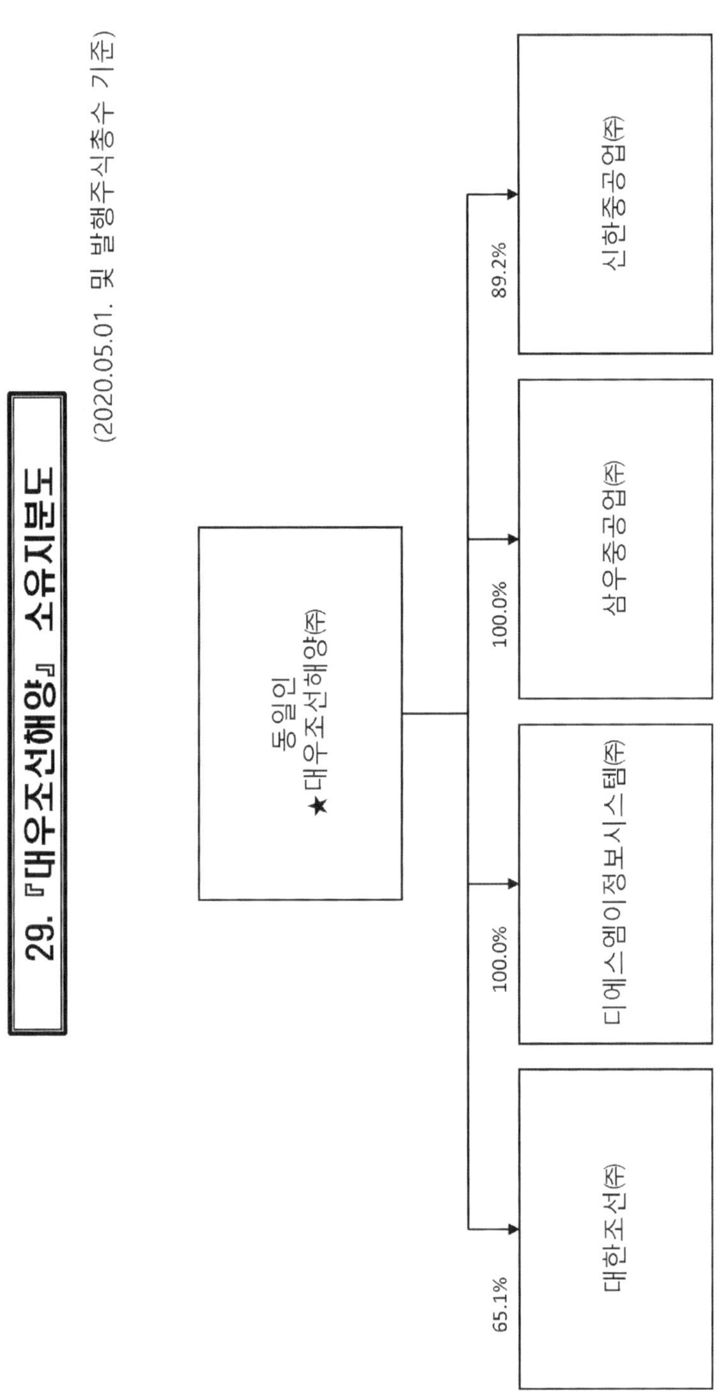

10) 대우조선해양그룹, 2021년 5월: [순위] 35위, [동일인] 대우조선해양, [계열회사] 5개

대우조선해양 (65.1-100%) → 대한조선 등

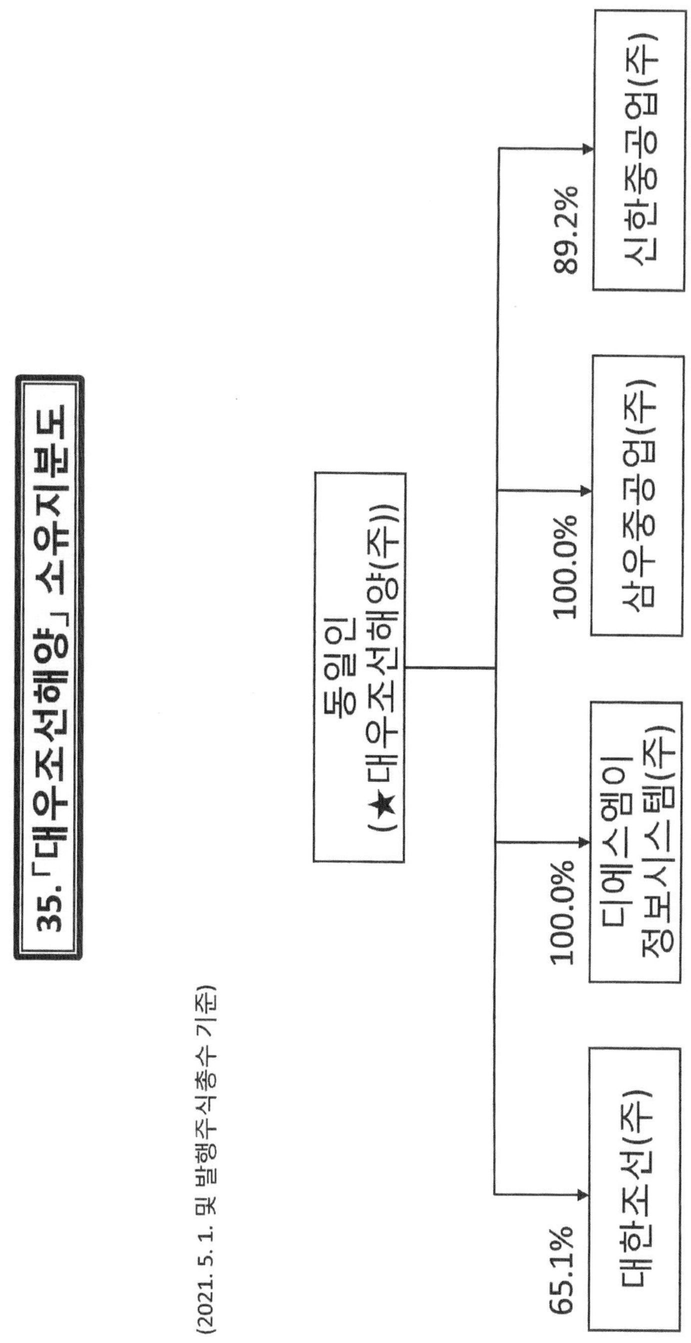

13. 대한전선그룹: 2012년

연도	동일인	순위 (위)	계열회사 (개)	자산총액 (10억 원)	매출액 (10억 원)	당기순이익 (10억 원)
1992		(31)	5	(0)	429	17
2003		31	9	2,501	1,396	61
2004		32	11	3,072	1,643	87
2005		38	12	2,905	1,948	40
2006		41	15	3,239	1,972	309
2007		40	18	3,732	2,593	170
2008		30	20	5,620	2,966	152
2009		25	32	8,577	4,828	-120
2010		31	26	7,954	4,300	-529
2011		39	23	6,764	4,215	-1,194
2012	설윤석	49	24	5,309	3,912	-753

	[소유구조]
주요 주주	설윤석 (동일인)
주요 지배 회사	티이씨리딩스
주요 계열회사	대한전선

주: 1) 2003-2012년 순위: 공기업집단을 제외한 순위.
2) 1992년: 31위 이하 순위 및 자산총액 정보 없음. (31)/(0)으로 표시함.

1. 그룹

1) 대규모기업집단 지정 연도: 1992, 2003-2012년.

2) 연도 수: 11년.

2. 소유지분도: 개관

1) 소유지분도 작성 연도: 2012년.
연도 수: 1년.

2) 그룹 주요 지표: [동일인] 설윤석. [순위] 49위.
[계열회사] 24개. [자산총액] 5.3조 원.
[매출액] 3.9조 원. [당기순이익] (-0.8)조 원.

3) 소유구조

◆ 설윤석 → 티이씨리딩스 → 계열회사 ◆

① [주요 주주]
1명.
설윤석 (동일인).
지분: 53.8%.

② [주요 지배 회사]
1개.
티이씨리딩스.

③ [계열회사]
유형: 자회사 → 손자회사 → 증손회사.
주요 회사: 1개.
대한전선 (상장).

3. 소유지분도: 연도별, 2012년

2012년 4월: [순위] 49위, [동일인] 설윤석, [계열회사] 24개

설윤석 (53.8%) →
티이씨리딩스 → 대한전선 등.

설윤석 (53.8%) → 티이씨리딩스 → 대한전선 등

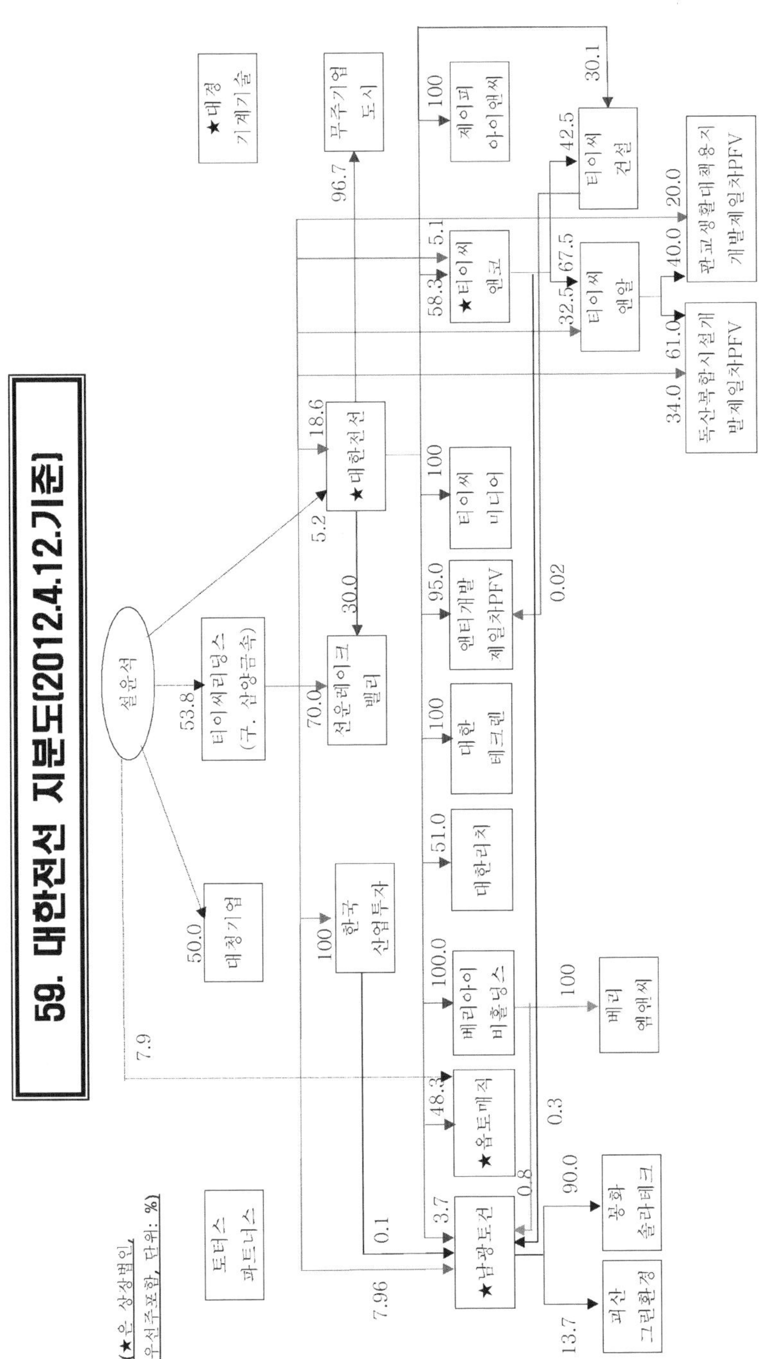

14. 동국제강그룹: 2012-2021년

연도	동일인	순위 (위)	계열회사 (개)	자산총액 (10억 원)	매출액 (10억 원)	당기순이익 (10억 원)
1987		17	13	916	1,152	1
1988		17	13	948	1,327	47
1989		18	13	1,185	1,201	38
1990		18	13	1,411	1,381	40
1991		18	14	1,609	1,723	71
1992		18	14	2,102	2,187	89
1993		17	14	2,345	-	-
1994		18	16	2,530	2,689	63
1995		16	16	3,237	3,052	83
1996		18	16	3,433	3,406	80
1997		18	17	3,956	3,487	119
1998		19	17	4,865	3,662	40
1999		15	16	5,764	4,479	-26
2000		15	14	5,903	4,129	-8
2001		21	8	4,342	2,691	-111
2002		19	6	4,267	2,837	43
2003		23	7	4,079	3,026	49
2004		22	8	4,736	3,576	156
2005		20	8	5,795	4,858	546
2006		24	12	5,702	5,212	336
2007		25	11	5,828	4,840	198
2008		26	12	6,523	5,551	253
2009		28	13	8,092	8,131	187
2010		27	12	9,107	6,486	-29
2011		26	13	10,128	8,023	129
2012	장세주	27	16	10,827	8,833	-10
2013	장세주	30	15	9,972	7,779	-280
2014	장세주	28	16	10,073	6,921	-100
2015	장세주	31	14	9,780	6,562	-339
2016	장세주	38	15	7,875	5,911	-4
2017	장세주	45	9	7,053	5,158	64
2018	장세주	50	10	6,963	6,137	82
2019	장세주	53	12	6,524	6,069	-464
2020	장세주	57	12	6,059	5,772	-160
2021	장세주	59	11	5,956	5,327	25

	[소유구조]
주요 주주	장세주 (동일인)
주요 지배 회사	동국제강
주요 계열회사	인터지스, 유니온스틸

주: 2002-2016년 순위: 공기업집단을 제외한 순위.

1. 그룹

1) 대규모기업집단 지정 연도: 1987-2021년.

2) 연도 수: 35년.

2. 소유지분도: 개관

1) 소유지분도 작성 연도: 2012-2021년.

연도 수: 10년.

2) 그룹 주요 지표: [동일인] 장세주. [순위] 27-59위.

[계열회사] 9-16개. [자산총액] 6.0-10.8조 원.

[매출액] 5.2-8.8조 원. [당기순이익] (-0.5) - 0.1조 원.

3) 소유구조

◆ 장세주 → 동국제강 → 계열회사 ◆

① [주요 주주]

1명.

장세주 (동일인).

지분: 13.7-15.4%.

② [주요 지배 회사]

1개.

동국제강 (상장).

③ [계열회사]

유형: 자회사 → 손자회사 → 증손회사 (2년; 2012-2013년),

자회사 → 손자회사 (8년; 2014-2021년).

주요 회사: 2개 (1-2개씩 관련).

인터지스 (상장), 유니온스틸 (상장).

3. 소유지분도: 연도별, 2012-2021년

1) 2012년 4월: [순위] 27위, [동일인] 장세주, [계열회사] 16개

장세주 (15.4%) →

동국제강 → 인터지스, 유니온스틸 등.

2) 2013년 4월: [순위] 30위, [동일인] 장세주, [계열회사] 15개

장세주 (14.9%) →

동국제강 → 인터지스, 유니온스틸 등.

3) 2014년 4월: [순위] 28위, [동일인] 장세주, [계열회사] 16개

장세주 (14.9%) →

동국제강 → 인터지스, 유니온스틸 등.

4) 2015년 4월: [순위] 31위, [동일인] 장세주, [계열회사] 14개

장세주 (13.8%) →

동국제강 → 인터지스 등.

5) 2016년 4월: [순위] 38위, [동일인] 장세주, [계열회사] 15개

장세주 (13.8%) →

동국제강 → 인터지스 등.

6) 2017년 9월: [순위] 45위, [동일인] 장세주, [계열회사] 9개

장세주 (13.8%) →

동국제강 → 인터지스 등.

7) 2018년 5월: [순위] 50위, [동일인] 장세주, [계열회사] 10개

장세주 (13.8%) →

동국제강 → 인터지스 등.

8) 2019년 5월: [순위] 53위, [동일인] 장세주, [계열회사] 12개

장세주 (13.8%) →

동국제강 → 인터지스 등.

9) 2020년 5월: [순위] 57위, [동일인] 장세주, [계열회사] 12개

장세주 (13.7%) →

동국제강 → 인터지스 등.

10) 2021년 5월: [순위] 59위, [동일인] 장세주, [계열회사] 11개

장세주 (13.9%) →

동국제강 → 인터지스 등.

1) 동국제강그룹, 2012년 4월: [순위] 27위, [동일인] 장세주, [계열회사] 16개

장세주 (15.4%) → 동국제강 → 인터지스, 유니온스틸 등

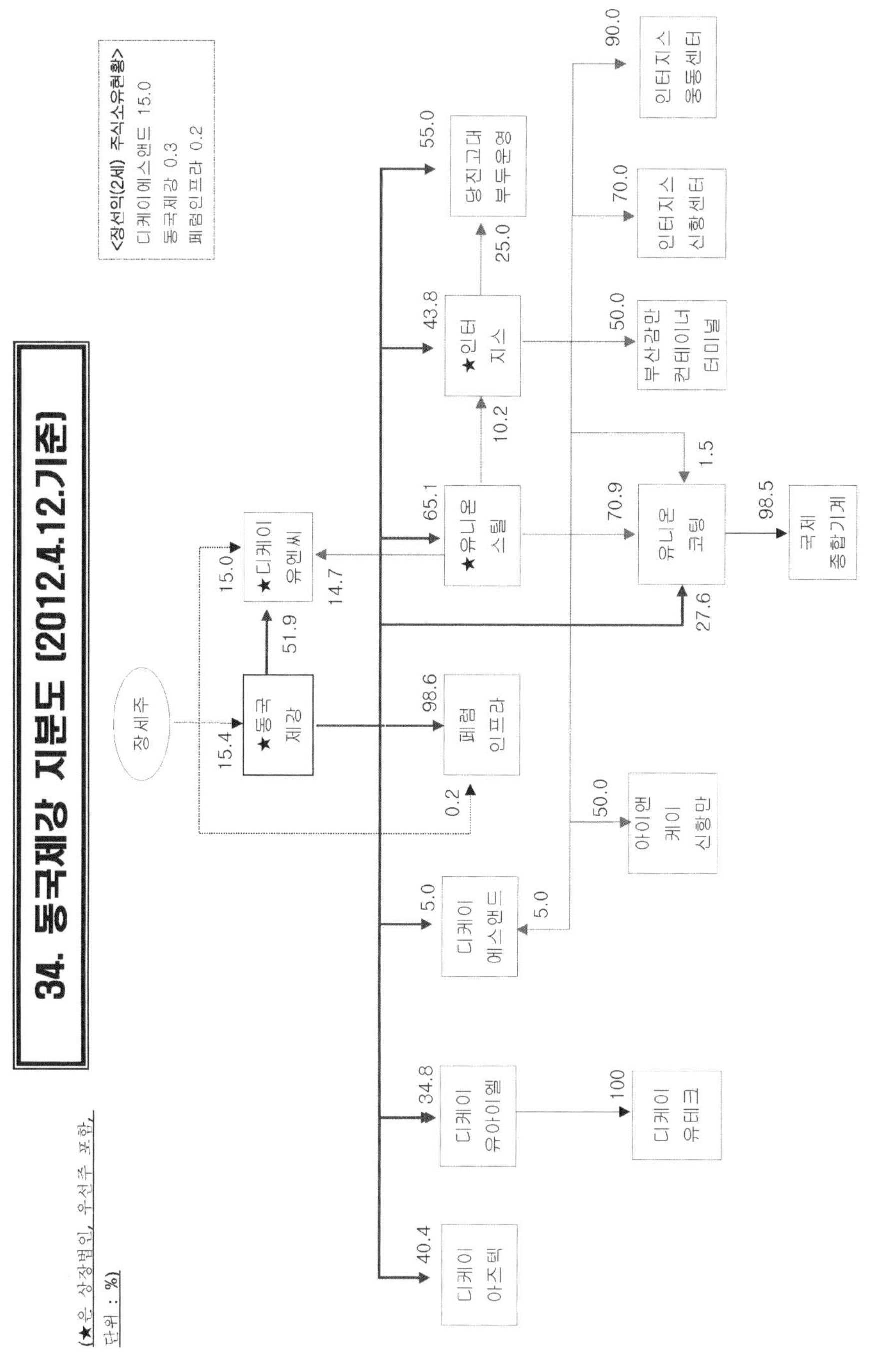

2) 동국제강그룹, 2013년 4월: [순위] 30위, [동일인] 장세주, [계열회사] 15개

장세주 (14.9%) → 동국제강 → 인터지스, 유니온스틸 등

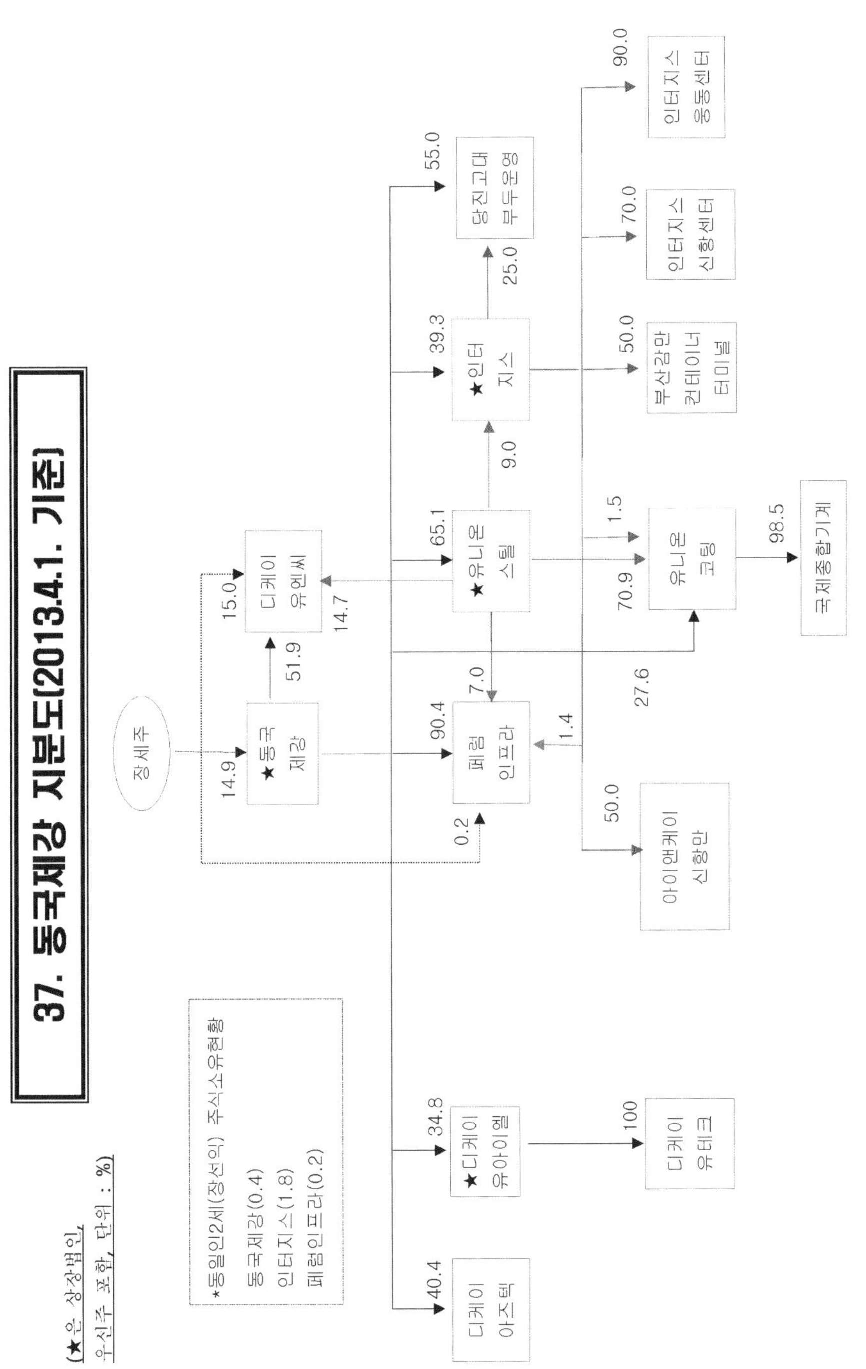

3) 동국제강그룹, 2014년 4월: [순위] 28위, [동일인] 장세주, [계열회사] 16개

장세주 (14.9%) → 동국제강 → 인터지스, 유니온스틸 등

36.「동국제강」 소유지분도

* ★은 상장회사, 2014.4.1. 발행주식총수 기준, 단위: %

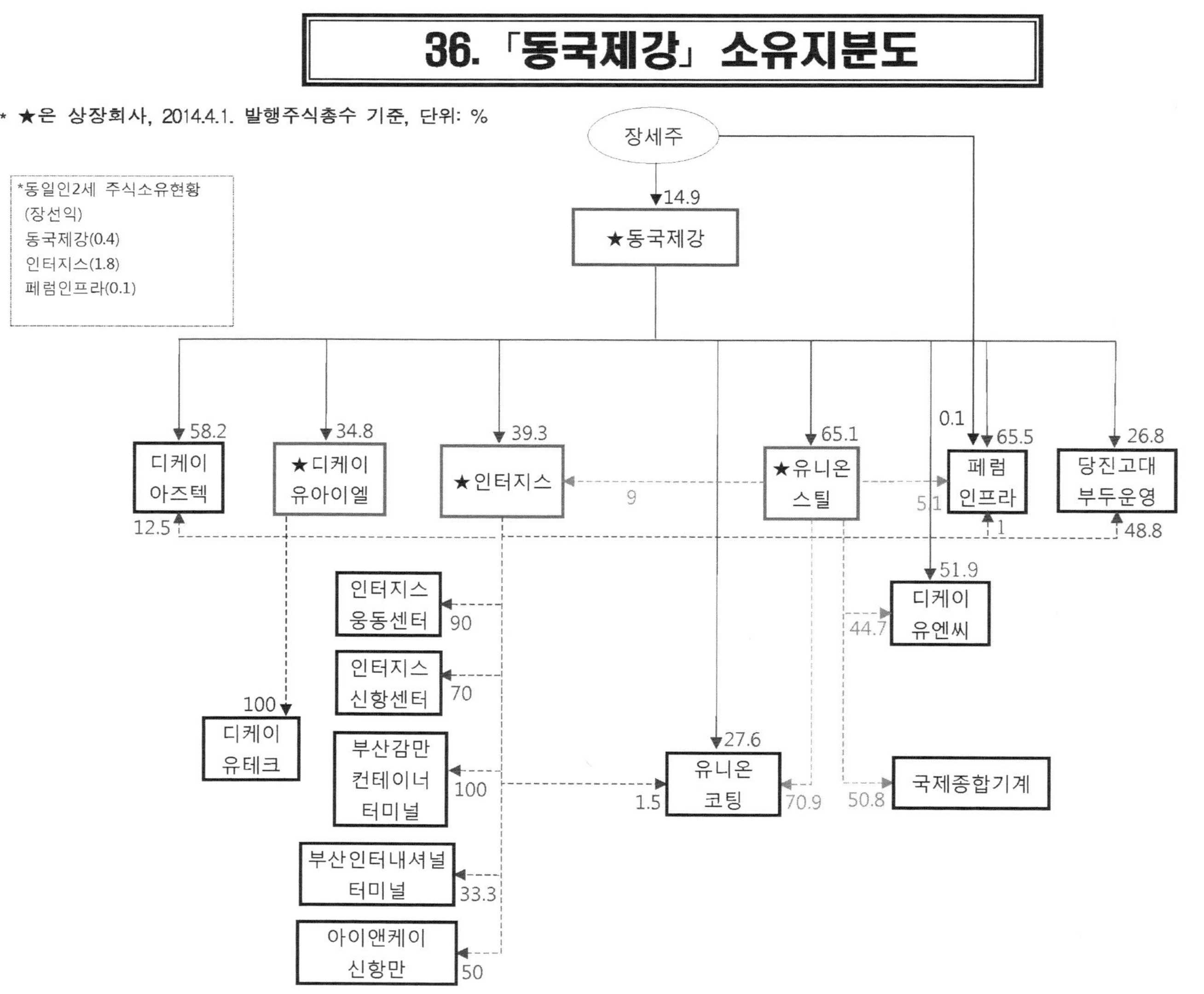

4) 동국제강그룹, 2015년 4월: [순위] 31위, [동일인] 장세주, [계열회사] 14개

장세주 (13.8%) → 동국제강 → 인터지스 등

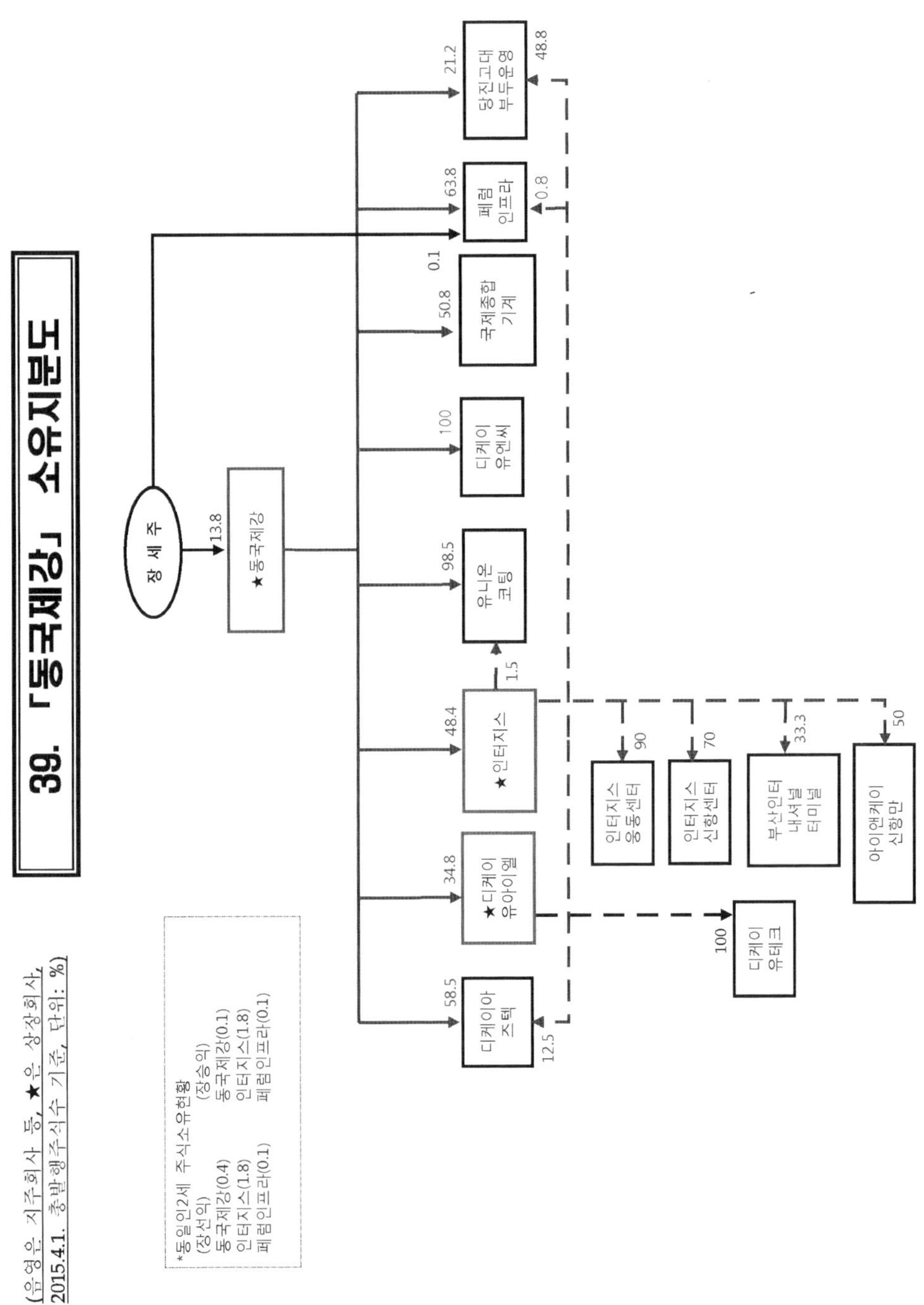

5) 동국제강그룹, 2016년 4월: [순위] 38위, [동일인] 장세주, [계열회사] 15개

장세주 (13.8%) → 동국제강 → 인터지스 등

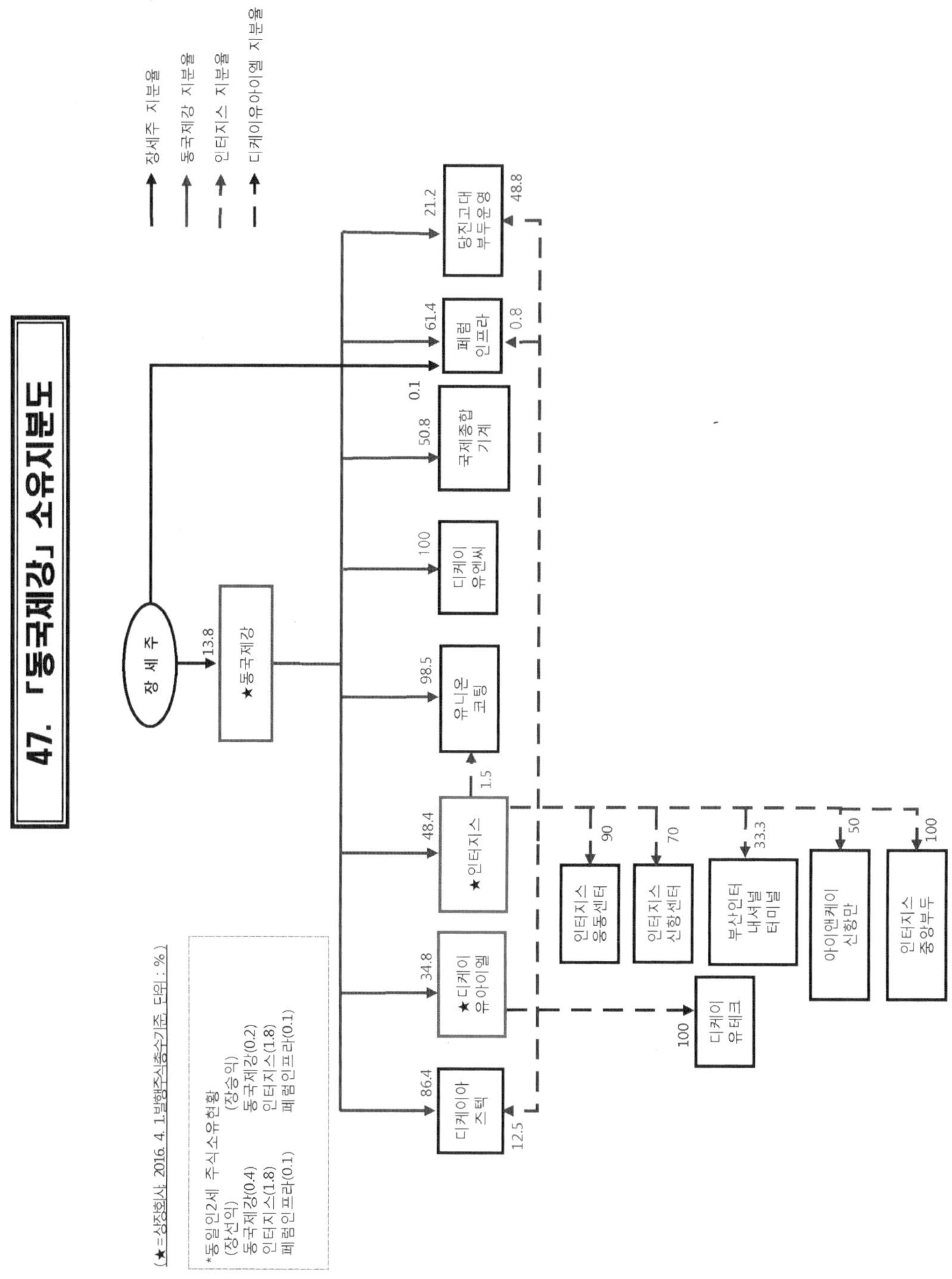

6) 동국제강그룹, 2017년 9월: [순위] 45위, [동일인] 장세주, [계열회사] 9개

장세주 (13.8%) → 동국제강 → 인터지스 등

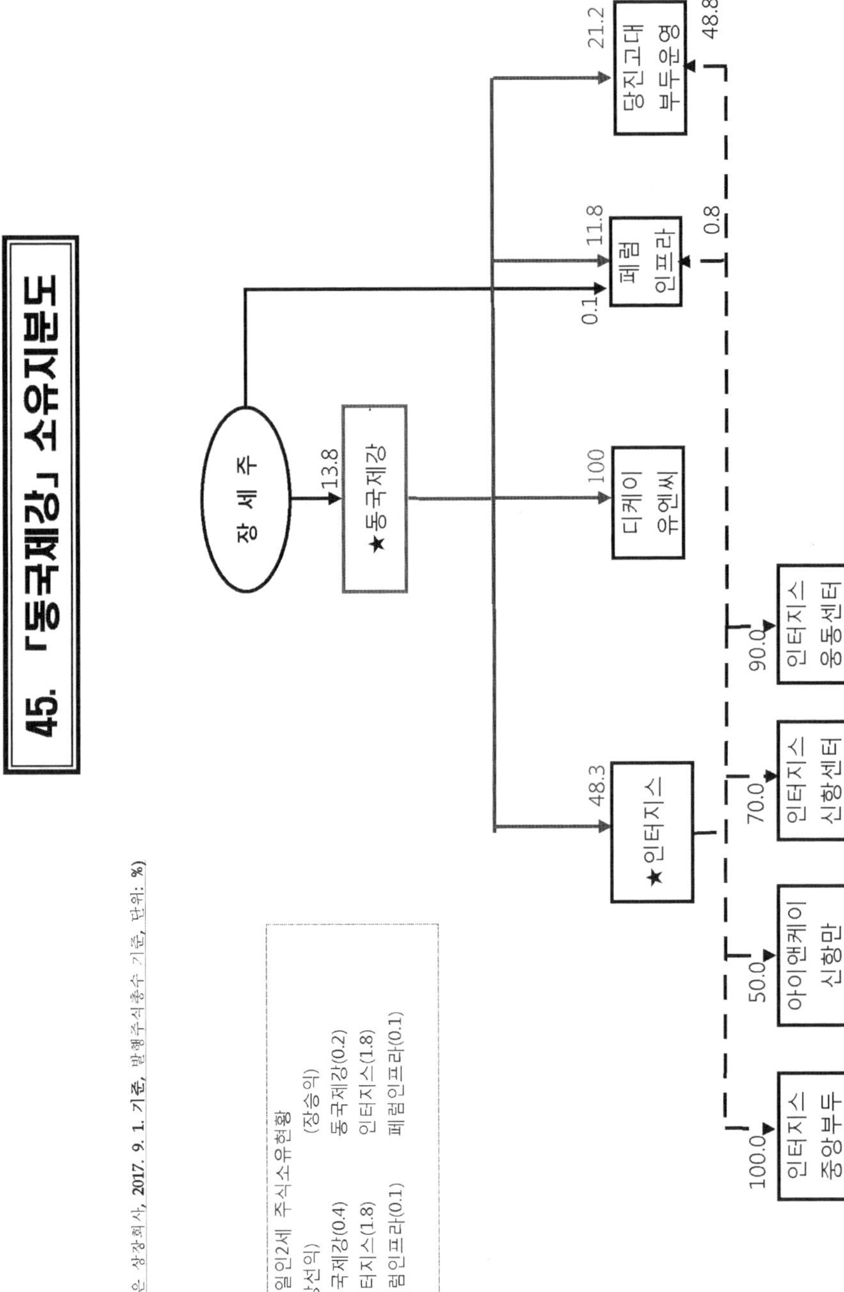

7) 동국제강그룹, 2018년 5월: [순위] 50위, [동일인] 장세주, [계열회사] 10개

장세주 (13.8%) → 동국제강 → 인터지스 등

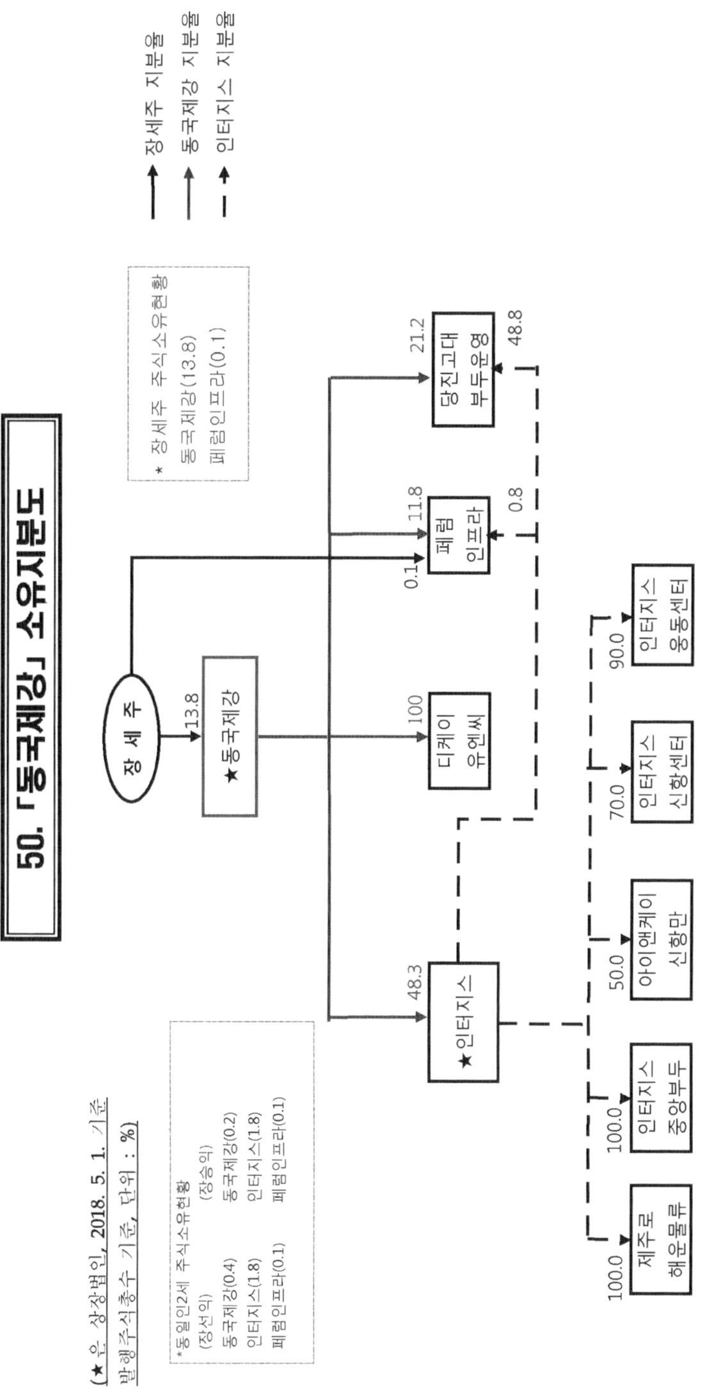

8) 동국제강그룹, 2019년 5월: [순위] 53위, [동일인] 장세주, [계열회사] 12개

장세주 (13.8%) → 동국제강 → 인터지스 등

53. 「동국제강」 소유지분도

(음영은 지주회사, ★은 상장회사, 2019.5.15.기준, 발행주식수기준, 단위 : %)

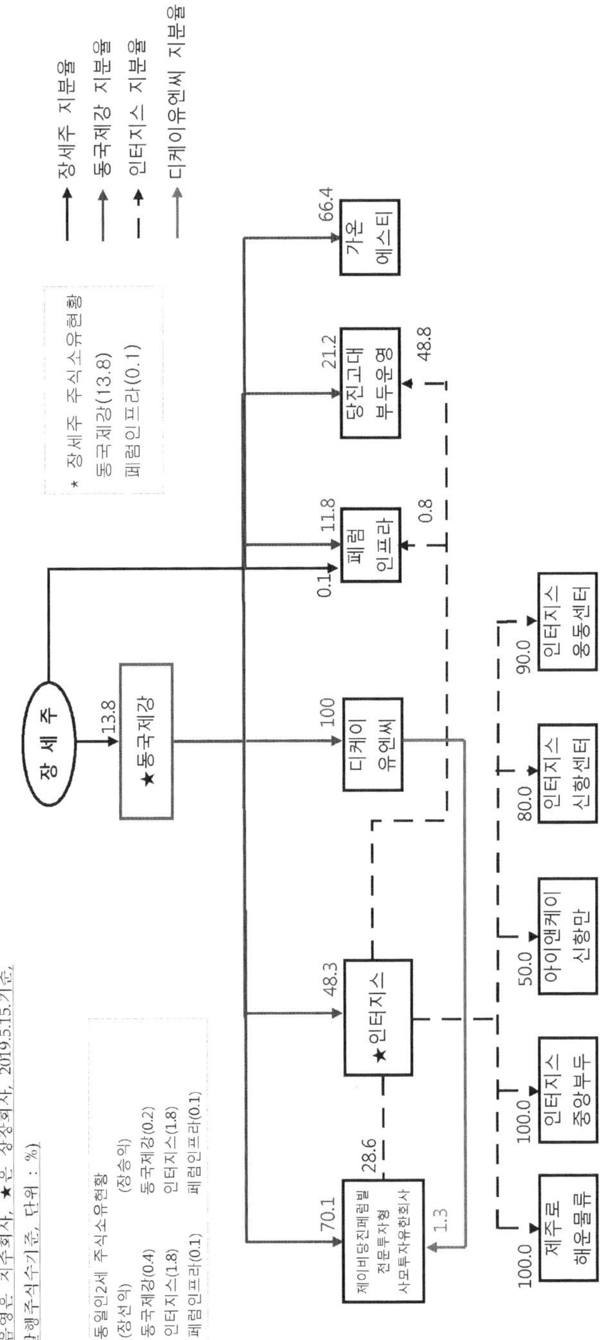

9) 동국제강그룹, 2020년 5월: [순위] 57위, [동일인] 장세주, [계열회사] 12개

장세주 (13.7%) → 동국제강 → 인터지스 등

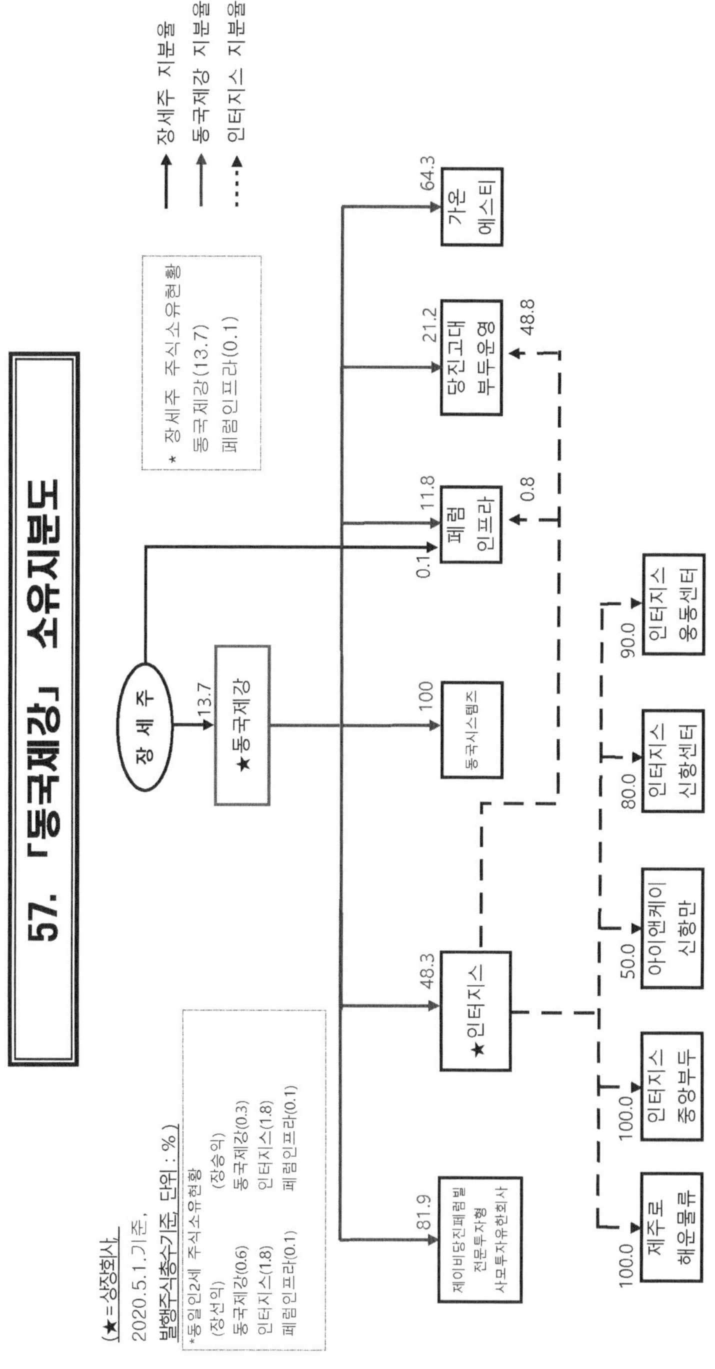

10) 동국제강그룹, 2021년 5월: [순위] 59위, [동일인] 장세주, [계열회사] 11개

장세주 (13.9%) → 동국제강 → 인터지스 등

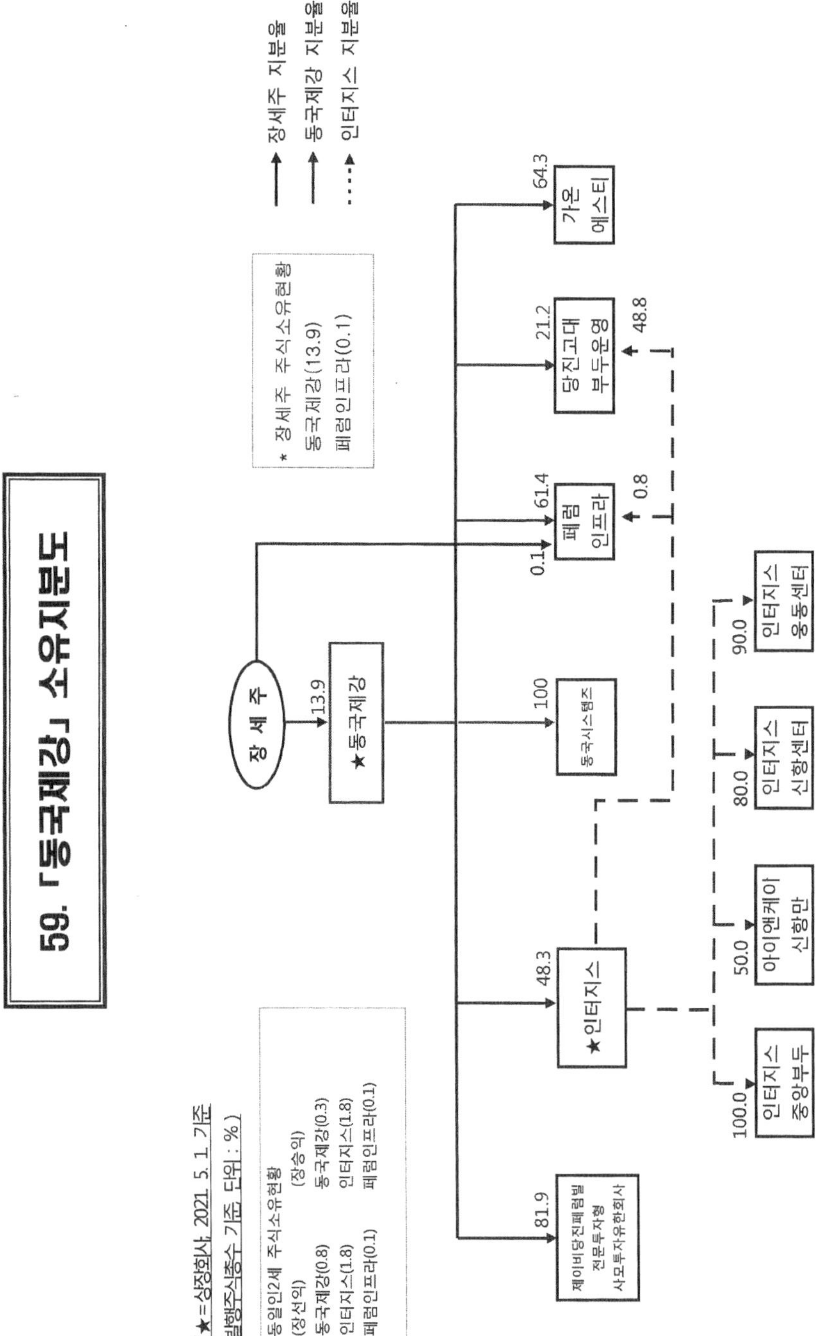

15. 동양그룹: 2012-2013년

연도	동일인	순위 (위)	계열회사 (개)	자산총액 (10억 원)	매출액 (10억 원)	당기순이익 (10억 원)
1989		(31)	7	(0)	459	33
1990		(31)	9	(0)	543	52
1991		21	13	1,524	831	62
1992		21	14	1,695	1,312	26
1993		21	16	2,137	-	-
1994		20	16	2,254	1,981	95
1995		19	19	2,592	2,321	66
1996		21	22	2,995	2,804	15
1997		23	24	3,445	3,602	-119
1998		23	23	3,885	4,137	-186
1999		21	21	4,228	4,965	-263
2000		21	25	4,564	4,139	57
2001		17	30	5,107	5,718	25
2002		23	16	3,845	4,517	-395
2003		19	15	4,515	3,809	-166
2004		19	16	4,823	3,784	-81
2005		24	16	4,856	3,924	154
2006		27	15	4,611	4,127	115
2007		29	21	4,803	4,376	177
2008		28	20	5,851	4,733	203
2009		36	22	5,641	5,755	-14
2010		39	24	5,951	7,072	-44
2011		38	31	6,906	7,087	-86
2012	현재현	37	34	7,776	9,478	264
2013	현재현	39	30	7,588	8,718	-258

	[소유구조]
주요 주주	현재현 (동일인), 현승담 (2세)
주요 지배 회사	동양레저
주요 계열회사	동양

주: 1) 2002-2013년 순위: 공기업집단을 제외한 순위.
2) 1989-1990년: 31위 이하 순위 및 자산총액 정보 없음. (31)/(0)으로 표시함.

1. 그룹

1) 대규모기업집단 지정 연도: 1989-2013년.

2) 연도 수: 25년.

2. 소유지분도: 개관

1) 소유지분도 작성 연도: 2012-2013년.

연도 수: 2년.

2) 그룹 주요 지표: [동일인] 현재현. [순위] 37-39위.

[계열회사] 30-34개. [자산총액] 7.6-7.8조 원.

[매출액] 8.7-9.5조 원. [당기순이익] (-0.3) - 0.3조 원.

3) 소유구조

◆ 현재현, 현승담 → 동양레저 → 계열회사 ◆

① [주요 주주]

2명 (2명씩 지분 보유).

현재현 (동일인) ‖ 현승담 (2세).

지분: 30% ‖ 20%.

② [주요 지배 회사]

1개.

동양레저 (상장).

③ [계열회사]

유형: 자회사 → 손자회사 → 증손회사.

주요 회사: 1개.

동양 (상장).

3. 소유지분도: 연도별, 2012-2013년

1) 2012년 4월: [순위] 37위, [동일인] 현재현, [계열회사] 34개

현재현 (30%), 현승담 (20%) →

동양레저 → 동양 등.

2) 2013년 4월: [순위] 39위, [동일인] 현재현, [계열회사] 30개

현재현 (30%), 현승담 (20%) →

동양레저 → 동양 등.

1) 동양그룹, 2012년 4월: [순위] 37위, [동일인] 현재현, [계열회사] 34개

현재현 (30%), 현승담 (20%) → 동양레저 → 동양 등

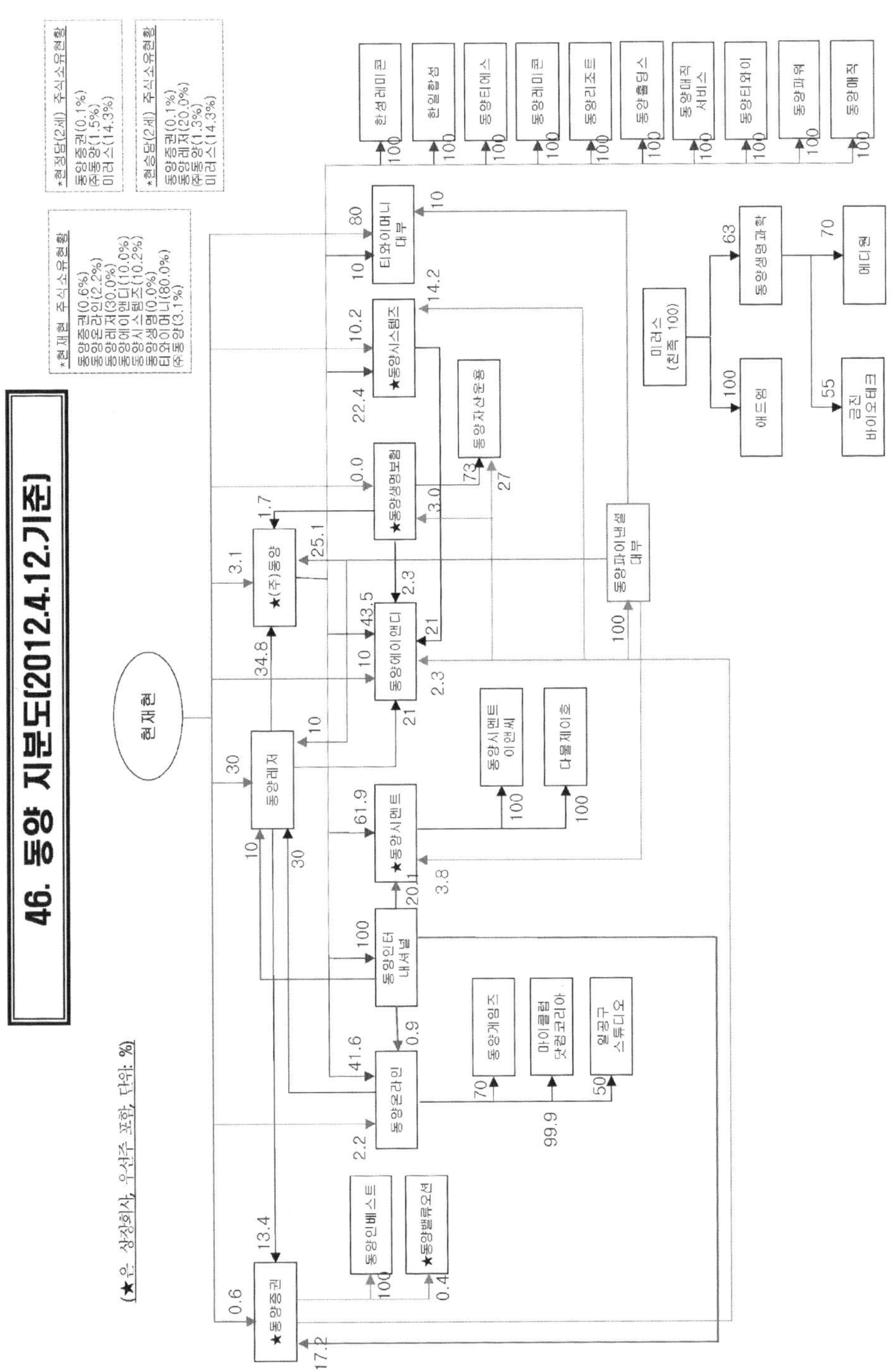

2) 동양그룹, 2013년 4월: [순위] 39위, [동일인] 현재현, [계열회사] 30개

현재현 (30%), 현승담 (20%) → 동양레저 → 동양 등

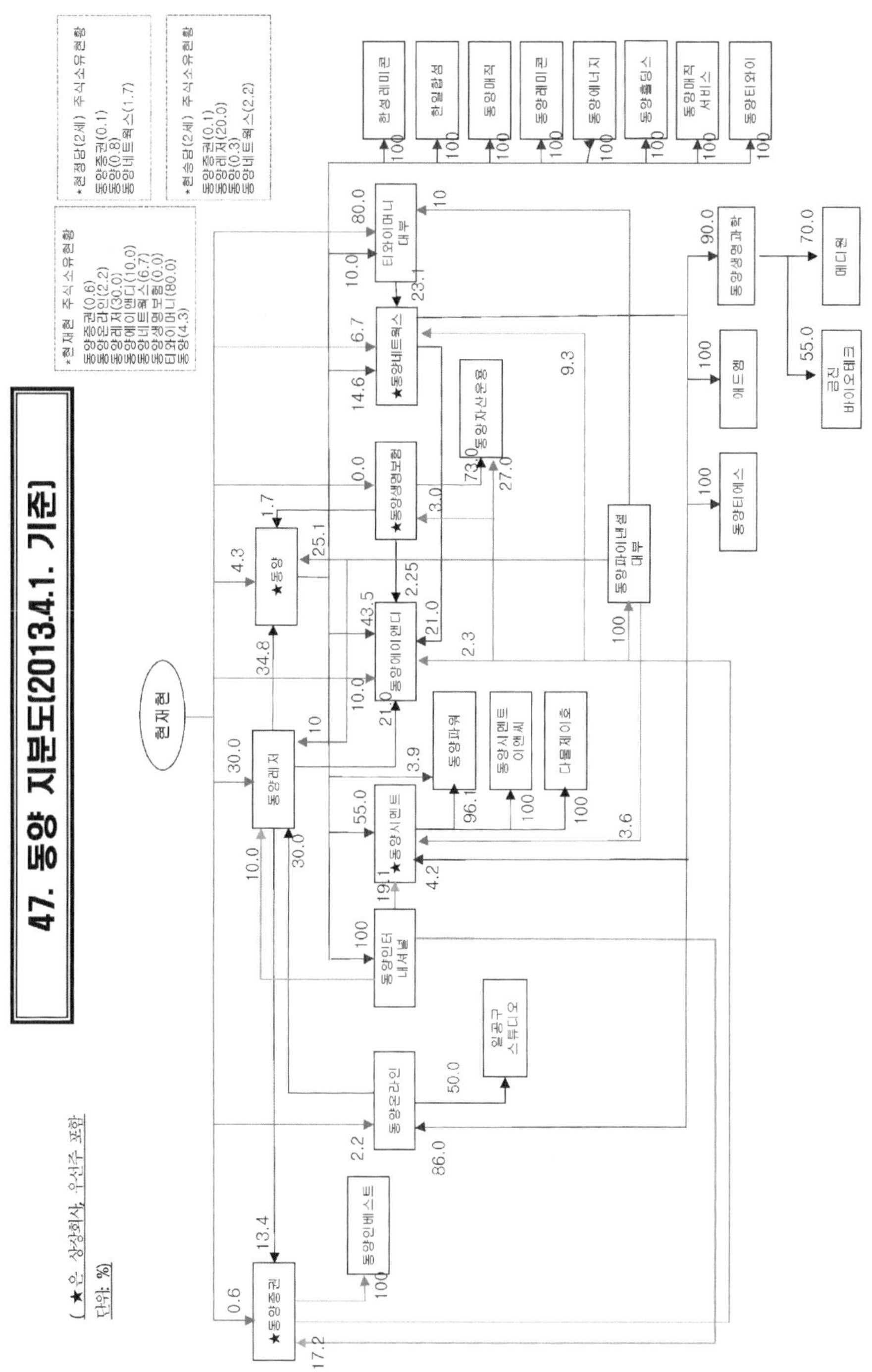

16. 동원그룹: 2017-2021년

연도	동일인	순위 (위)	계열회사 (개)	자산총액 (10억 원)	매출액 (10억 원)	당기순이익 (10억 원)
1990		(31)	9	(0)	342	26
1991		30	8	1,022	433	39
1992		(31)	7	(0)	482	10
2002		28	17	2,322	1,797	-106
2003		32	17	2,388	1,925	173
2004		31	17	3,106	1,747	123
2017	김재철	37	30	8,224	5,470	256
2018	김재철	45	22	7,982	5,455	289
2019	김재철	48	24	7,815	6,117	277
2020	김재철	50	25	7,874	6,105	216
2021	김재철	50	26	8,458	6,689	334

	[소유구조]
주요 주주	김재철 (동일인), 김남정 (2세)
주요 지배 회사	동원엔터프라이즈
주요 계열회사	동원산업, 동원에프앤비

주: 1) 2002-2004년 순위: 공기업집단을 제외한 순위.
2) 1990, 1992년: 31위 이하 순위 및 자산총액 정보 없음, (31)/(0)으로 표시함.

1. 그룹

1) 대규모기업집단 지정 연도: 1990-1992, 2002-2004, 2017-2021년.

2) 연도 수: 11년.

2. 소유지분도: 개관

1) 소유지분도 작성 연도: 2017-2021년.

연도 수: 5년.

2) 그룹 주요 지표: [동일인] 김재철. [순위] 37-50위.
[계열회사] 22-30개. [자산총액] 7.8-8.5조 원.
[매출액] 5.5-6.7조 원. [당기순이익] 0.2-0.3조 원.

3) 소유구조

◆ 김재철, 김남정 → 동원엔터프라이즈 → 계열회사 ◆

① [주요 주주]
2명 (2명씩 지분 보유).
김재철 (동일인) ‖ 김남정 (2세).
지분: 24.5% ‖ 68-68.3%.

② [주요 지배 회사]
1개.
동원엔터프라이즈.

③ [계열회사]
유형: 자회사 → 손자회사 → 증손회사.
주요 회사: 2개 (2개씩 관련).
동원산업 (상장), 동원에프앤비 (상장).

3. 소유지분도: 연도별, 2017-2021년

1) 2017년 9월: [순위] 37위, [동일인] 김재철, [계열회사] 30개
김재철 (24.5%), 김남정 (68%) →
동원엔터프라이즈 → 동원산업, 동원에프앤비 등.

2) 2018년 5월: [순위] 45위, [동일인] 김재철, [계열회사] 22개
김재철 (24.5%), 김남정 (68%) →
동원엔터프라이즈 → 동원산업, 동원에프앤비 등.

3) 2019년 5월: [순위] 48위, [동일인] 김재철, [계열회사] 24개

김재철 (24.5%), 김남정 (68%) →

동원엔터프라이즈 → 동원산업, 동원에프앤비 등.

4) 2020년 5월: [순위] 50위, [동일인] 김재철, [계열회사] 25개

김재철 (24.5%), 김남정 (68%) →

동원엔터프라이즈 → 동원산업, 동원에프앤비 등.

5) 2021년 5월: [순위] 50위, [동일인] 김재철, [계열회사] 26개

김재철 (24.5%), 김남정 (68.3%) →

동원엔터프라이즈 → 동원산업, 동원에프앤비 등.

1) 동원그룹, 2017년 9월: [순위] 37위, [동일인] 김재철, [계열회사] 30개

김재철 (24.5%), 김남정 (68%) → 동원엔터프라이즈 → 동원산업, 동원에프앤비 등

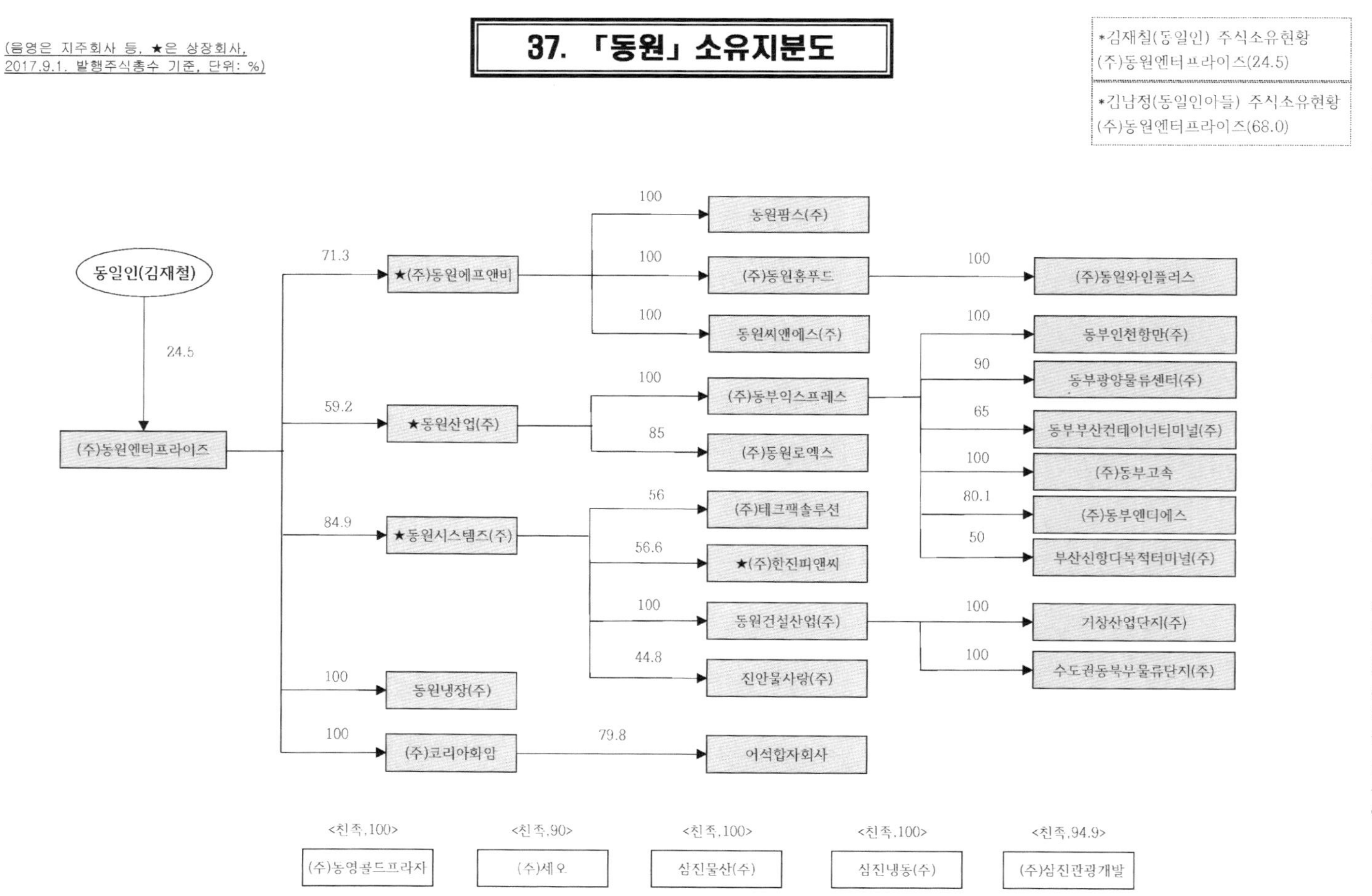

2) 동원그룹, 2018년 5월: [순위] 45위, [동일인] 김재철, [계열회사] 22개

김재철 (24.5%), 김남정 (68%) → 동원엔터프라이즈 → 동원산업, 동원에프앤비 등

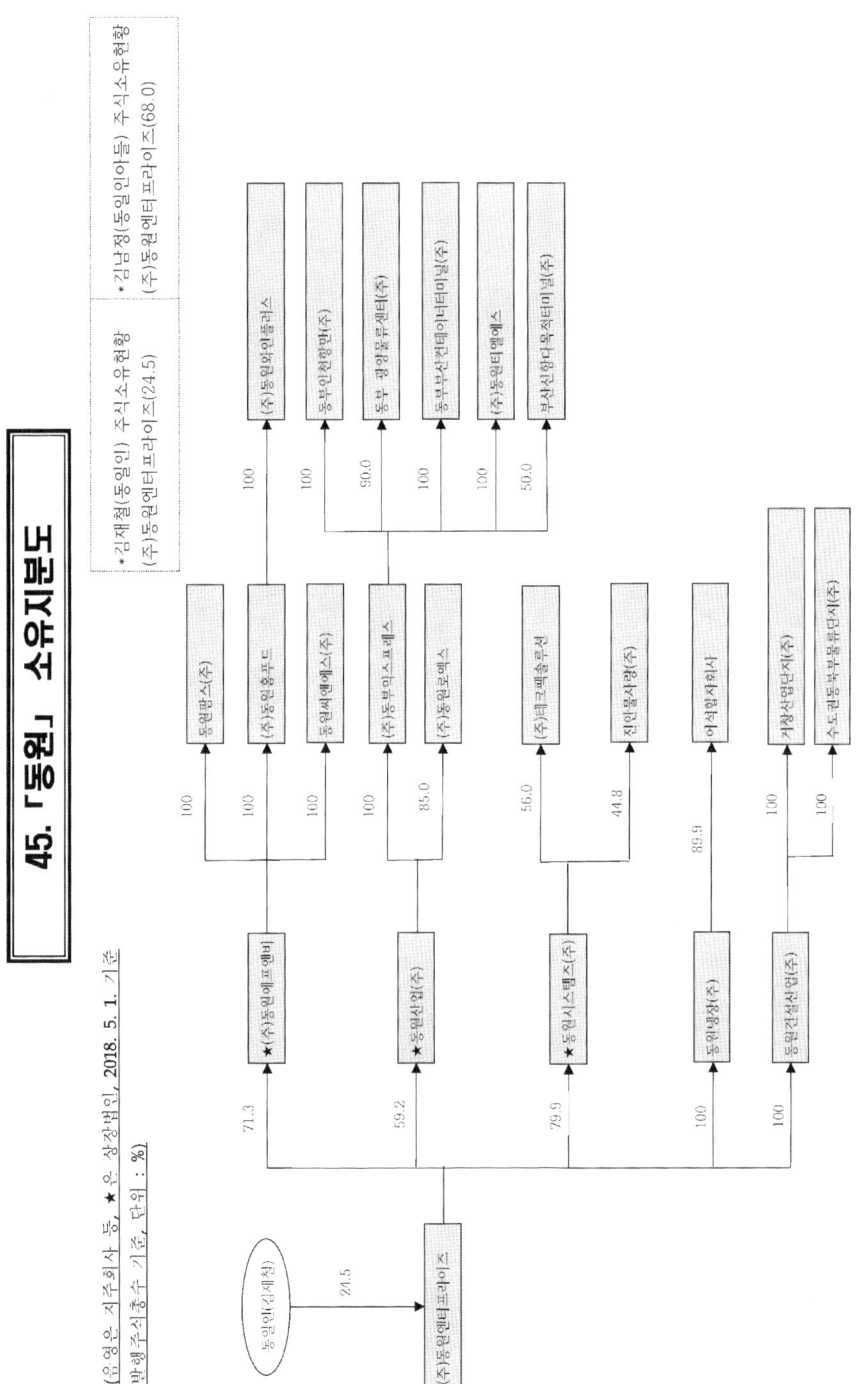

3) 동원그룹, 2019년 5월: [순위] 48위, [동일인] 김재철, [계열회사] 24개

김재철 (24.5%), 김남정 (68%) → 동원엔터프라이즈 → 동원산업, 동원에프앤비 등

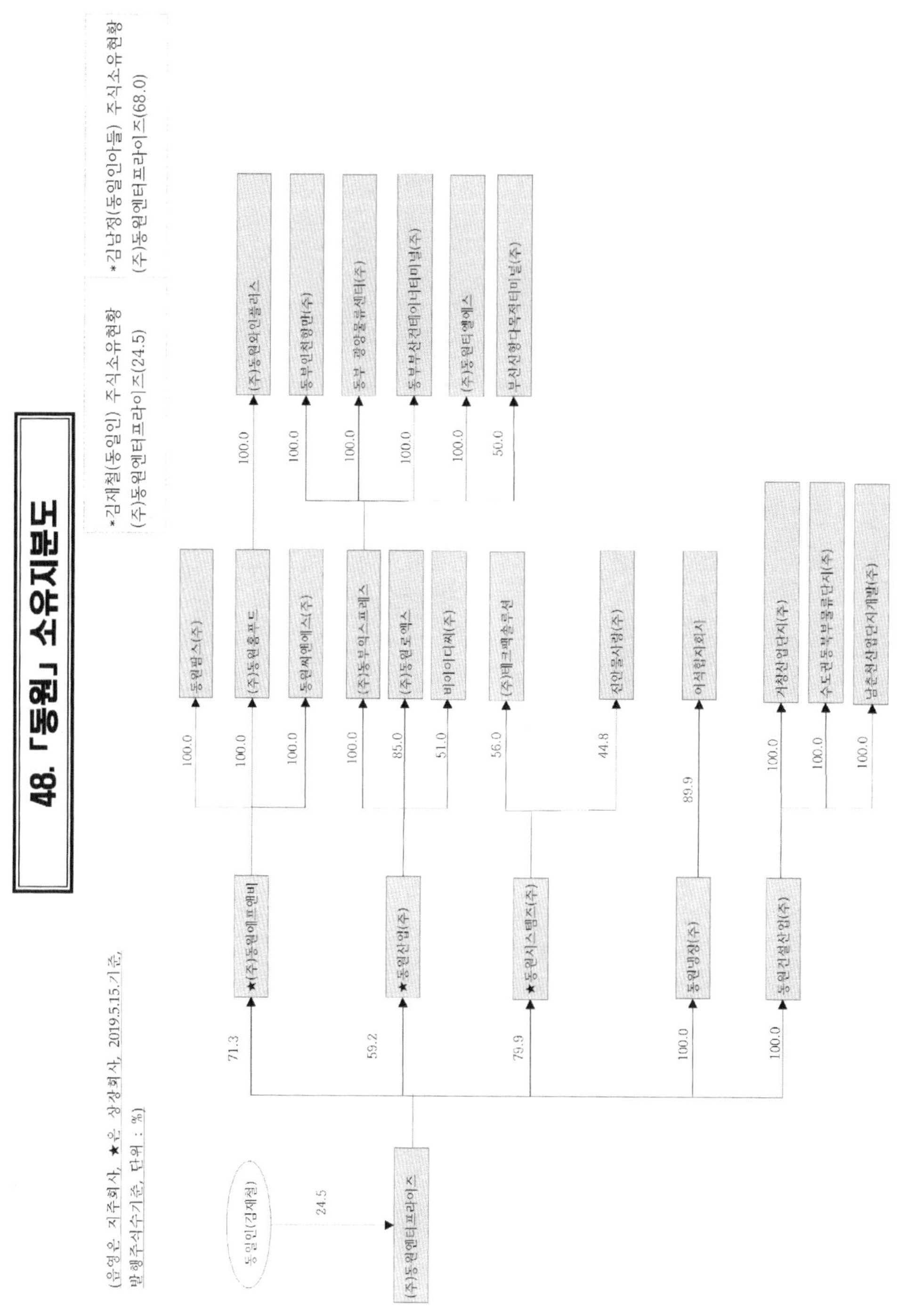

4) 동원그룹, 2020년 5월: [순위] 50위, [동일인] 김재철, [계열회사] 25개

김재철 (24.5%), 김남정 (68%) → 동원엔터프라이즈 → 동원산업, 동원에프앤비 등

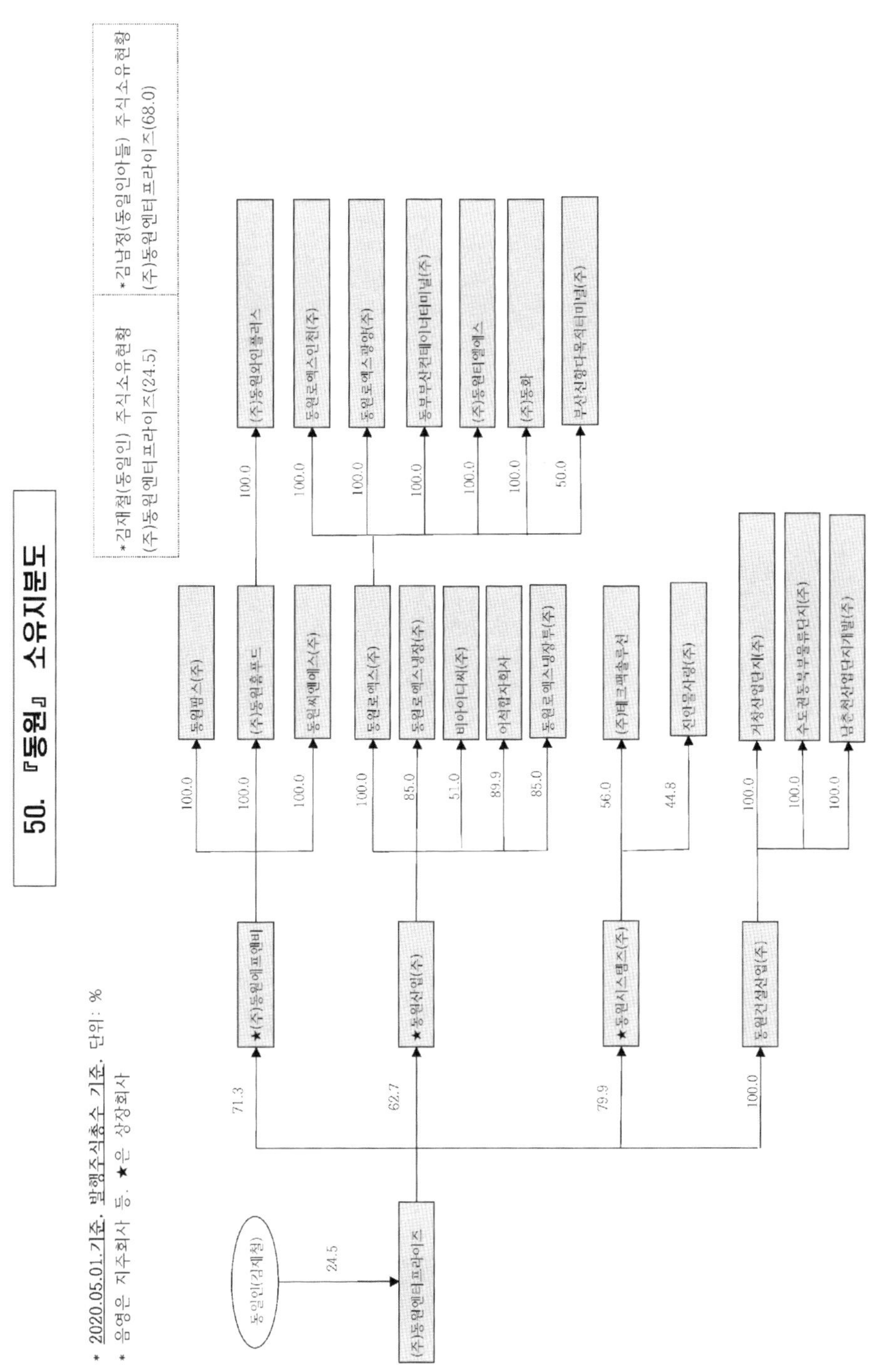

5) 동원그룹, 2021년 5월: [순위] 50위, [동일인] 김재철, [계열회사] 26개

김재철 (24.5%), 김남정 (68.3%) → 동원엔터프라이즈 → 동원산업, 동원에프앤비 등

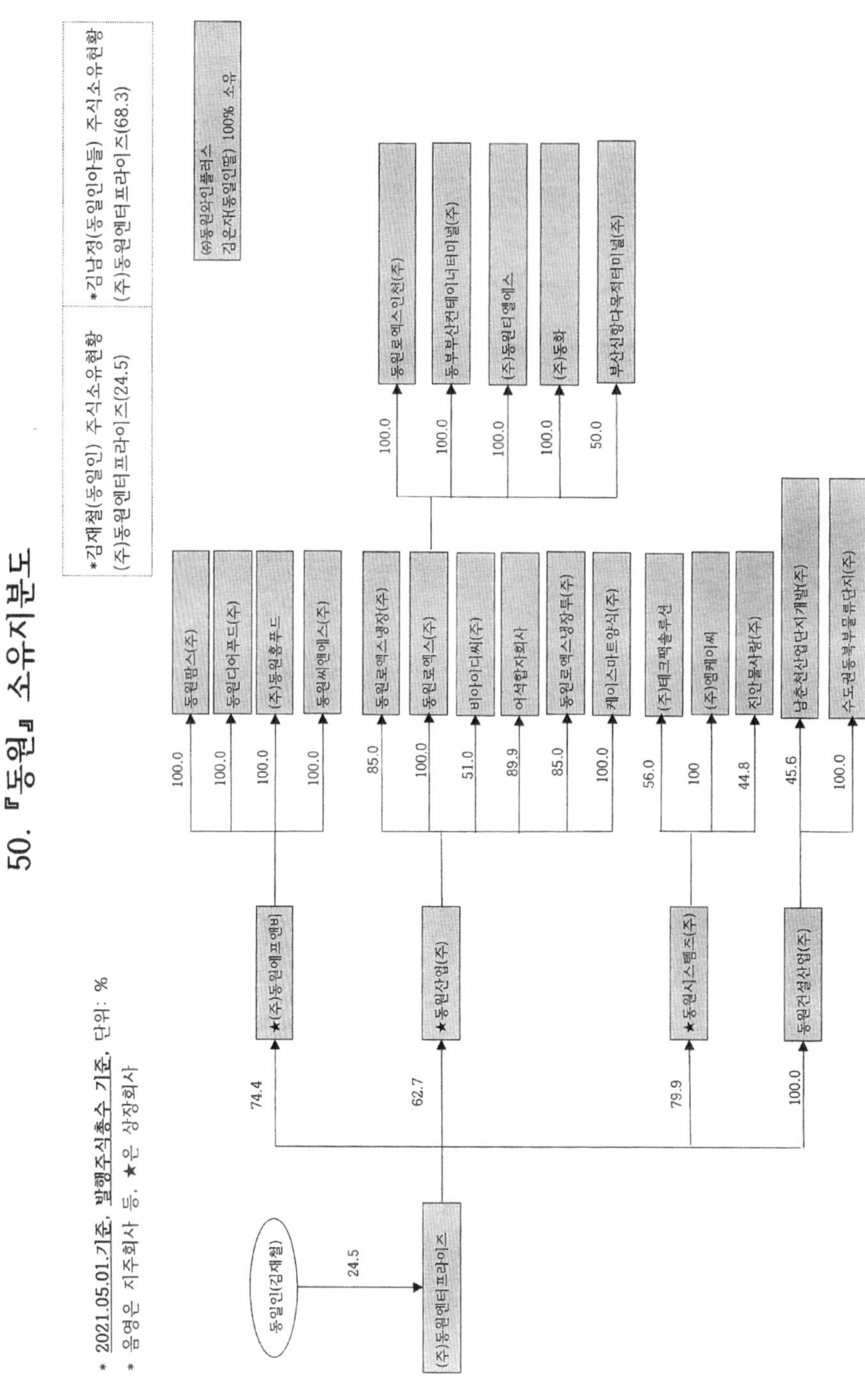

17. 두산그룹: 2012-2021년

연도	동일인	순위 (위)	계열회사 (개)	자산총액 (10억 원)	매출액 (10억 원)	당기순이익 (10억 원)
1987		14	21	1,073	1,401	16
1988		15	22	1,213	1,222	29
1989		15	21	1,432	1,443	23
1990		14	23	1,799	1,732	16
1991		14	23	2,253	2,120	22
1992		13	24	3,106	3,305	18
1993		13	25	3,622	-	-
1994		13	24	4,053	3,029	-35
1995		12	27	4,808	3,671	-74
1996		12	26	5,756	4,073	-174
1997		14	25	6,370	4,046	-108
1998		14	23	6,586	3,693	59
1999		13	14	6,704	2,434	-85
2000		12	16	7,646	3,656	591
2001		11	18	11,192	6,308	-55
2002		12	18	8,988	5,990	-11
2003		13	22	8,452	6,898	-439
2004		12	22	9,179	6,621	54
2005		13	18	9,734	7,179	163
2006		12	18	13,659	11,504	384
2007		13	20	14,442	12,993	346
2008		13	21	17,033	14,266	811
2009		12	26	27,302	17,188	-549
2010		12	29	26,788	17,208	-564
2011		12	25	26,966	18,742	749
2012	박용곤	12	24	29,915	20,599	753
2013	박용곤	13	25	29,425	20,011	-755
2014	박용곤	13	22	30,021	16,611	585
2015	박용곤	13	22	33,073	15,983	60
2016	박용곤	12	25	32,383	14,268	-1,607
2017	박용곤	13	26	30,442	11,961	-33
2018	박용곤	13	26	30,518	12,685	123
2019	박정원	15	23	28,456	12,578	-897
2020	박정원	15	25	29,251	12,003	100
2021	박정원	15	22	29,659	11,121	-1,777

	[소유구조]
주요 주주	박용곤 (동일인), 박정원 (동일인, 2세)
주요 지배 회사	두산
주요 계열회사	두산중공업, 디아이피홀딩스

주: 2002-2016년 순위: 공기업집단을 제외한 순위.

1. 그룹

1) 대규모기업집단 지정 연도: 1987-2021년.

2) 연도 수: 35년.

2. 소유지분도: 개관

1) 소유지분도 작성 연도: 2012-2021년.

연도 수: 10년.

2) 그룹 주요 지표: [동일인] 박용곤, 박정원. [순위] 12-15위.

[계열회사] 22-26개. [자산총액] 28.5-33.1조 원.

[매출액] 11.1-20.6조 원. [당기순이익] (-1.8) - 0.8조 원.

3) 소유구조

◆ 박용곤, 박정원 → 두산 → 계열회사 ◆

① [주요 주주]

2명 (1명씩 지분 보유).

박용곤 (동일인)(7년; 2012-2018년) ‖ 박정원 (동일인, 2세)(3년; 2019-2021년).

지분: 0.9-1.2% (7년; 2012-2018년) ‖ 5.7-5.8% (3년; 2019-2021년).

② [주요 지배 회사]

1개.

두산 (상장).

③ [계열회사]

유형: 자회사 → 손자회사 → 증손회사.

주요 회사: 2개 (1-2개씩 관련).

두산중공업 (상장), 디아이피홀딩스.

3. 소유지분도: 연도별, 2012-2021년

1) 2012년 4월: [순위] 12위, [동일인] 박용곤, [계열회사] 24개

박용곤 (0.9%) →

두산 → 두산중공업, 디아이피홀딩스 등.

2) 2013년 4월: [순위] 13위, [동일인] 박용곤, [계열회사] 25개

{박용곤 (1.1%) →

두산 → 두산중공업, 디아이피홀딩스 등} +

{친족 → 네오홀딩스}.

3) 2014년 4월: [순위] 13위, [동일인] 박용곤, [계열회사] 22개

{박용곤 (1.2%) →

두산 → 두산중공업, 디아이피홀딩스 등} +

{친족 → 네오홀딩스 등}.

4) 2015년 4월: [순위] 13위, [동일인] 박용곤, [계열회사] 22개

{박용곤 (1.1%) →

두산 → 두산중공업, 디아이피홀딩스 등} +

{친족 → 네오홀딩스 등}.

5) 2016년 4월: [순위] 12위, [동일인] 박용곤, [계열회사] 25개

{박용곤 (1.1%) →

두산 → 두산중공업, 디아이피홀딩스 등} +

{친족 → 네오홀딩스 등}.

6) 2017년 5월: [순위] 13위, [동일인] 박용곤, [계열회사] 26개

박용곤 (1.2%) →

두산 → 두산중공업, 디아이피홀딩스 등.

7) 2018년 5월: [순위] 13위, [동일인] 박용곤, [계열회사] 26개

박용곤 (1.2%) →

두산 → 두산중공업 등.

8) 2019년 5월: [순위] 15위, [동일인] 박정원, [계열회사] 23개

박정원 (5.7%) →

두산 → 두산중공업 등.

9) 2020년 5월: [순위] 15위, [동일인] 박정원, [계열회사] 25개

박정원 (5.8%) →

두산 → 두산중공업 등.

10) 2021년 5월: [순위] 15위, [동일인] 박정원, [계열회사] 22개

박정원 (5.8%) →

두산 → 두산중공업 등.

1) 두산그룹, 2012년 4월: [순위] 12위, [동일인] 박용곤, [계열회사] 24개

박용곤 (0.9%) → 두산 → 두산중공업, 디아이피홀딩스 등

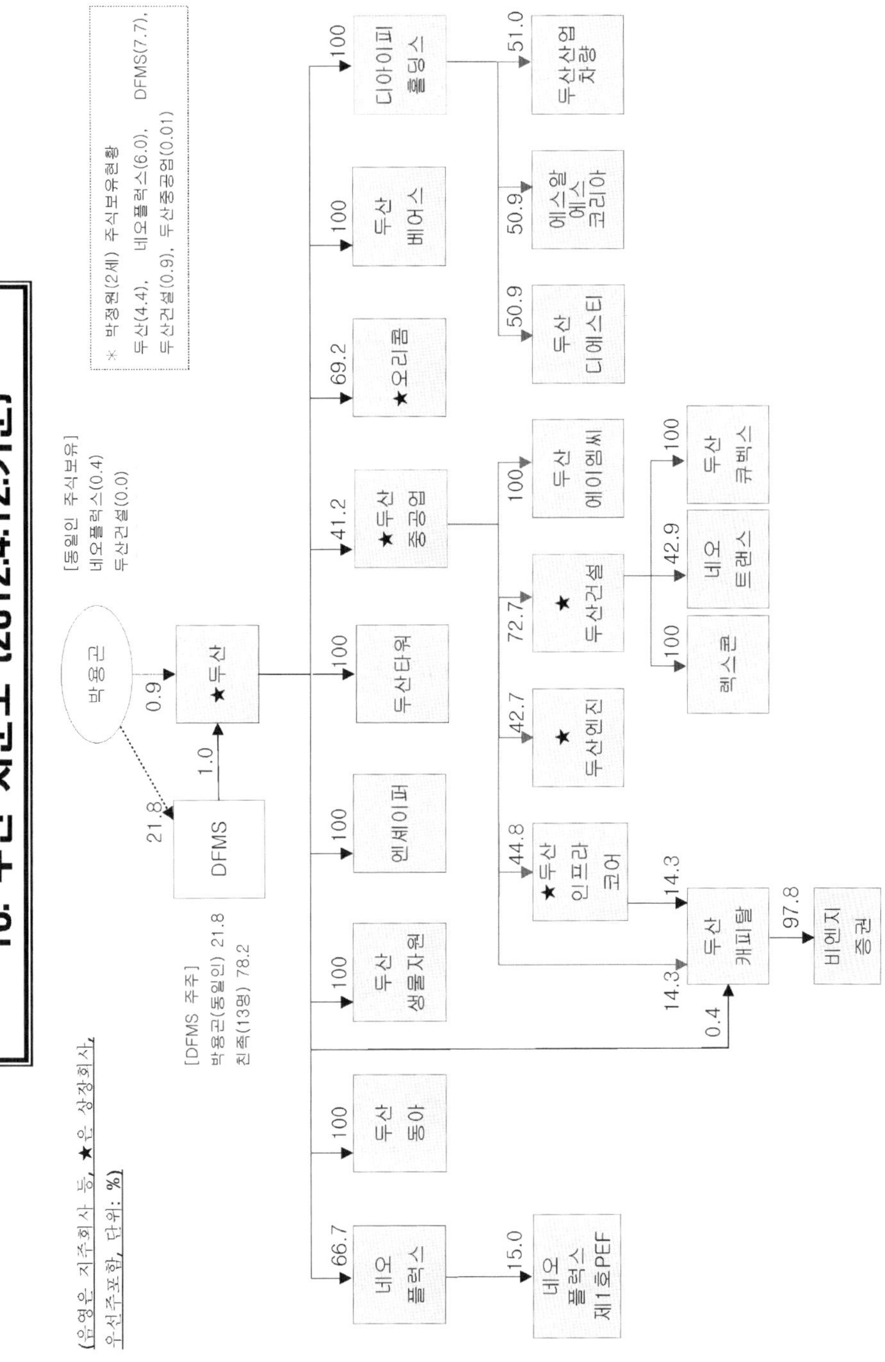

2) 두산그룹, 2013년 4월: [순위] 13위, [동일인] 박용곤, [계열회사] 25개

{박용곤 (1.1%) → 두산 → 두산중공업, 디아이피홀딩스 등} + {친족 → 네오홀딩스}

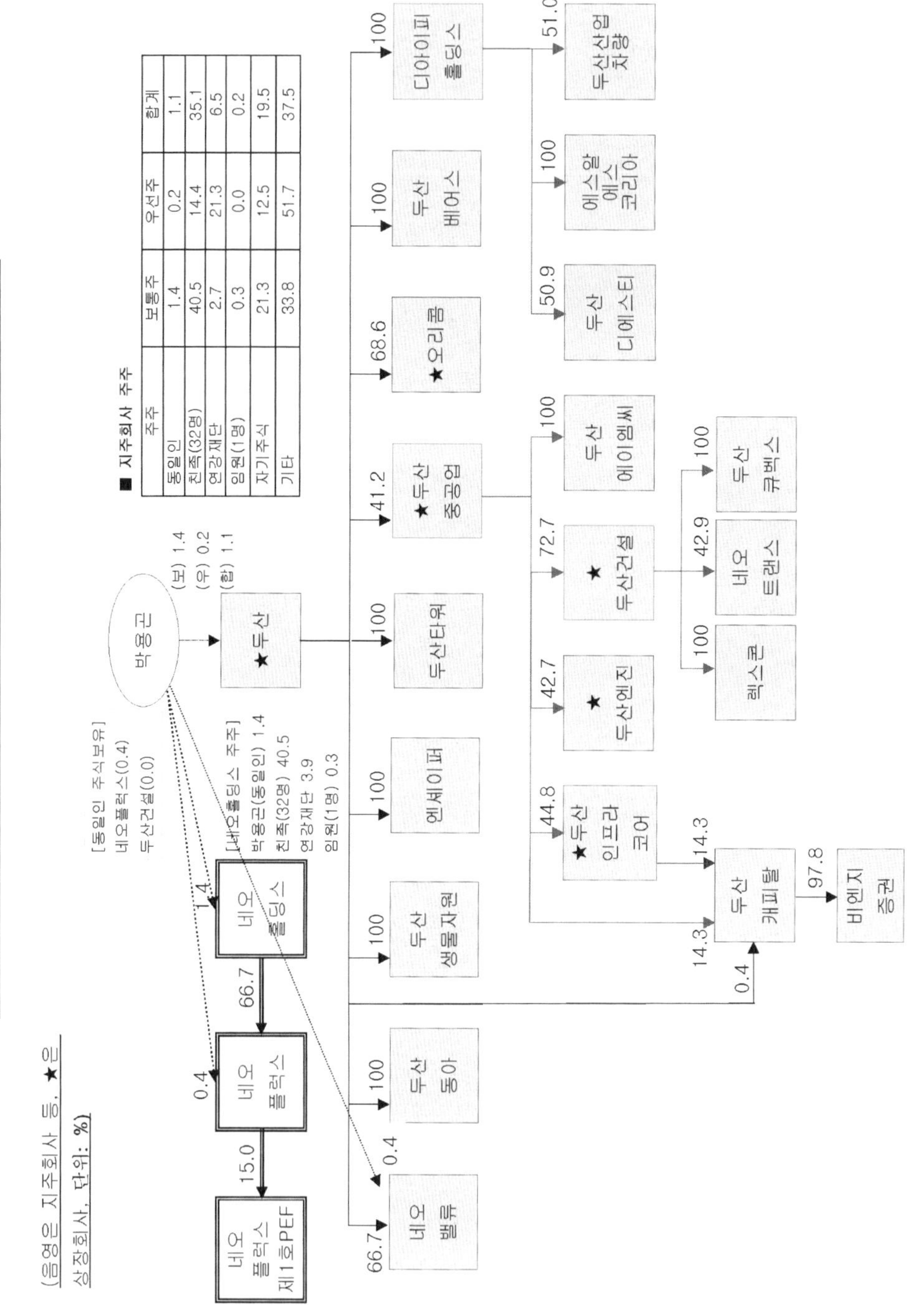

주주	보통주	우선주	합계
동일인	1.4	0.2	1.1
친족(32명)	40.5	14.4	35.1
연강재단	2.7	21.3	6.5
임원(1명)	0.3	0.0	0.2
자기주식	21.3	12.5	19.5
기타	33.8	51.7	37.5

3) 두산그룹, 2014년 4월: [순위] 13위, [동일인] 박용곤, [계열회사] 22개

{박용곤 (1.2%) → 두산 → 두산중공업, 디아이피홀딩스 등} + {친족 → 네오홀딩스 등}

17. 「두산」 소유지분도

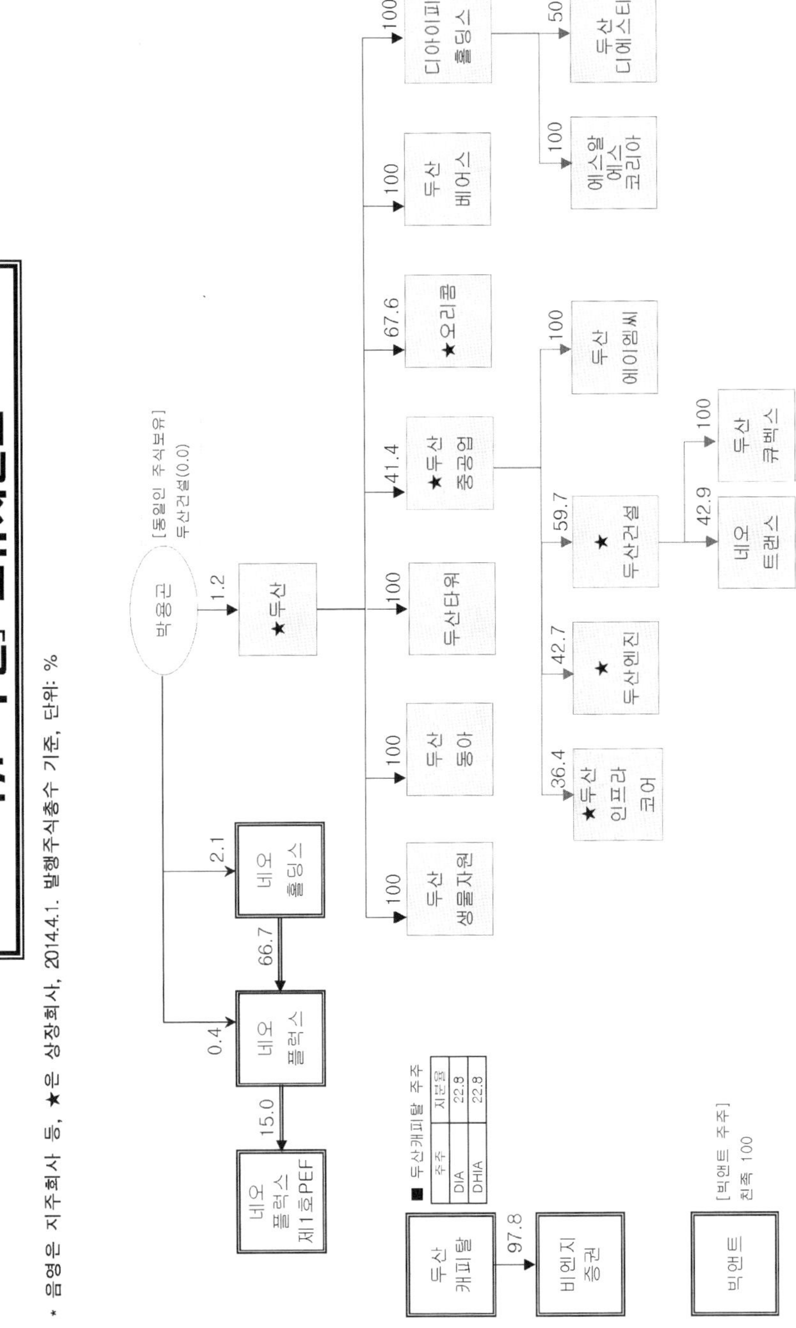

4) 두산그룹, 2015년 4월: [순위] 13위, [동일인] 박용곤, [계열회사] 22개

{박용곤 (1.1%) → 두산 → 두산중공업, 디아이피홀딩스 등} + {친족 → 네오홀딩스 등}

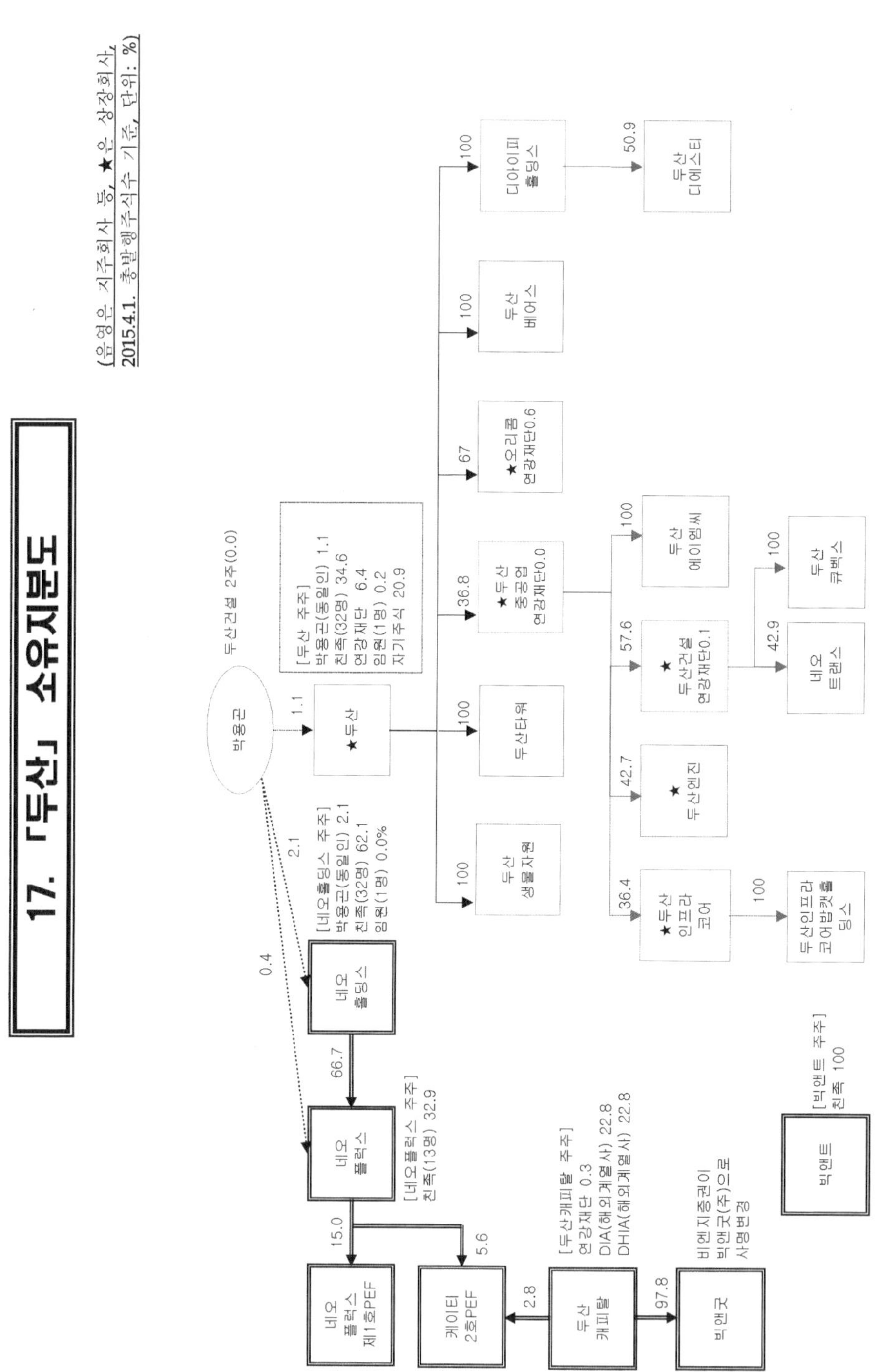

5) 두산그룹, 2016년 4월: [순위] 12위, [동일인] 박용곤, [계열회사] 25개

{박용곤 (1.1%) → 두산 → 두산중공업, 디아이피홀딩스 등} + {친족 → 네오홀딩스 등}

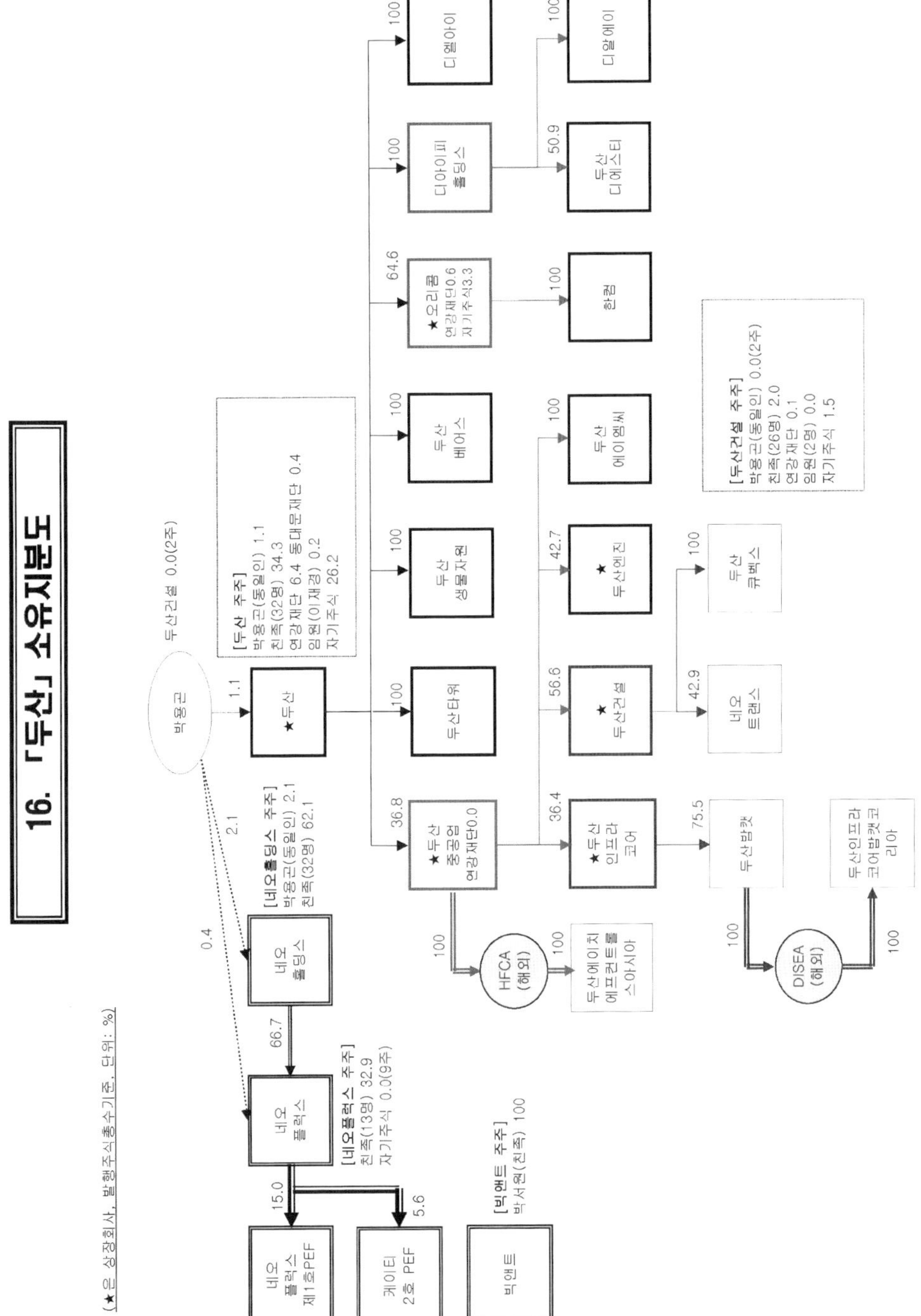

6) 두산그룹, 2017년 5월: [순위] 13위, [동일인] 박용곤, [계열회사] 26개

박용곤 (1.2%) → 두산 → 두산중공업, 디아이피홀딩스 등

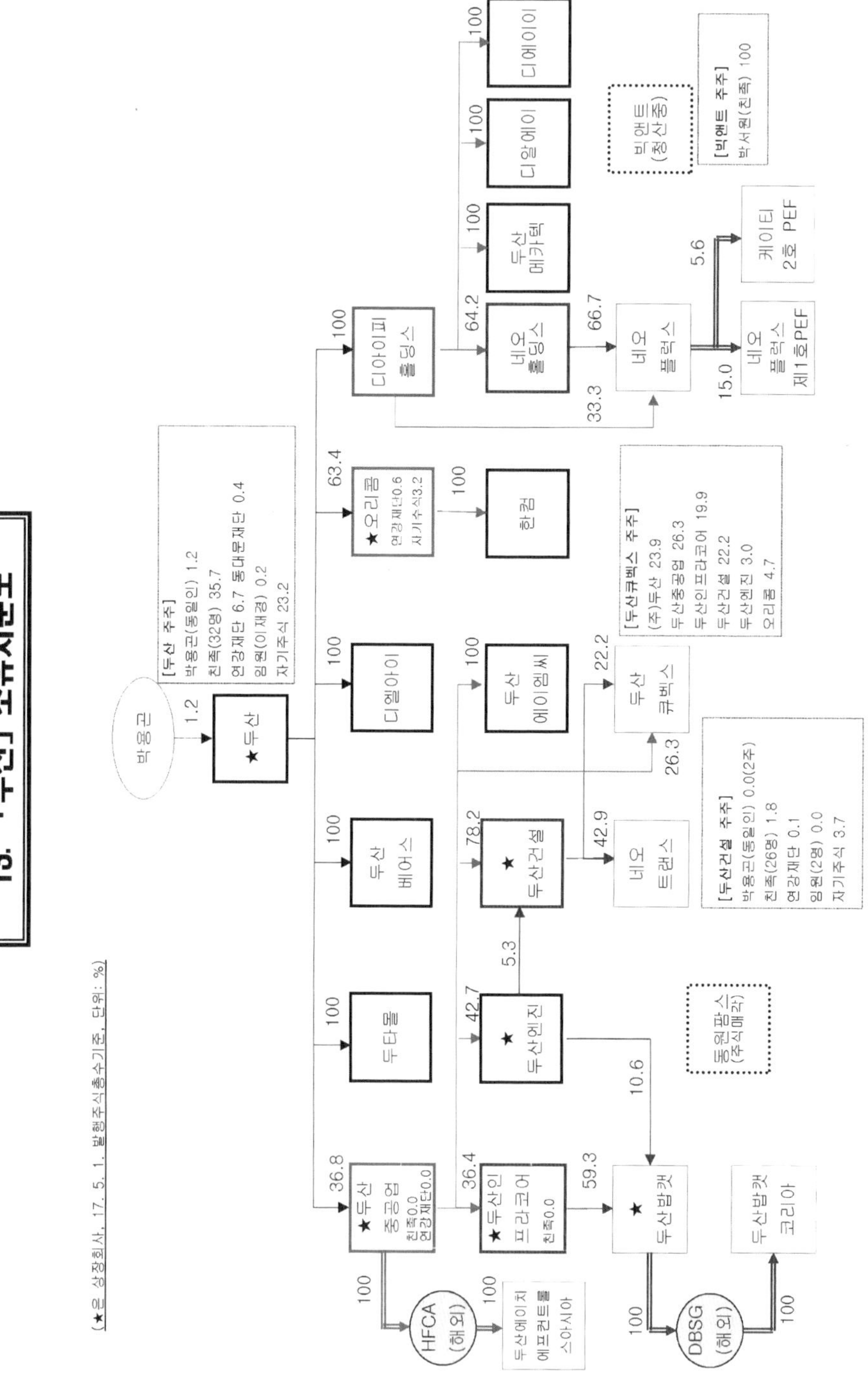

7) 두산그룹, 2018년 5월: [순위] 13위, [동일인] 박용곤, [계열회사] 26개

박용곤 (1.2%) → 두산 → 두산중공업 등

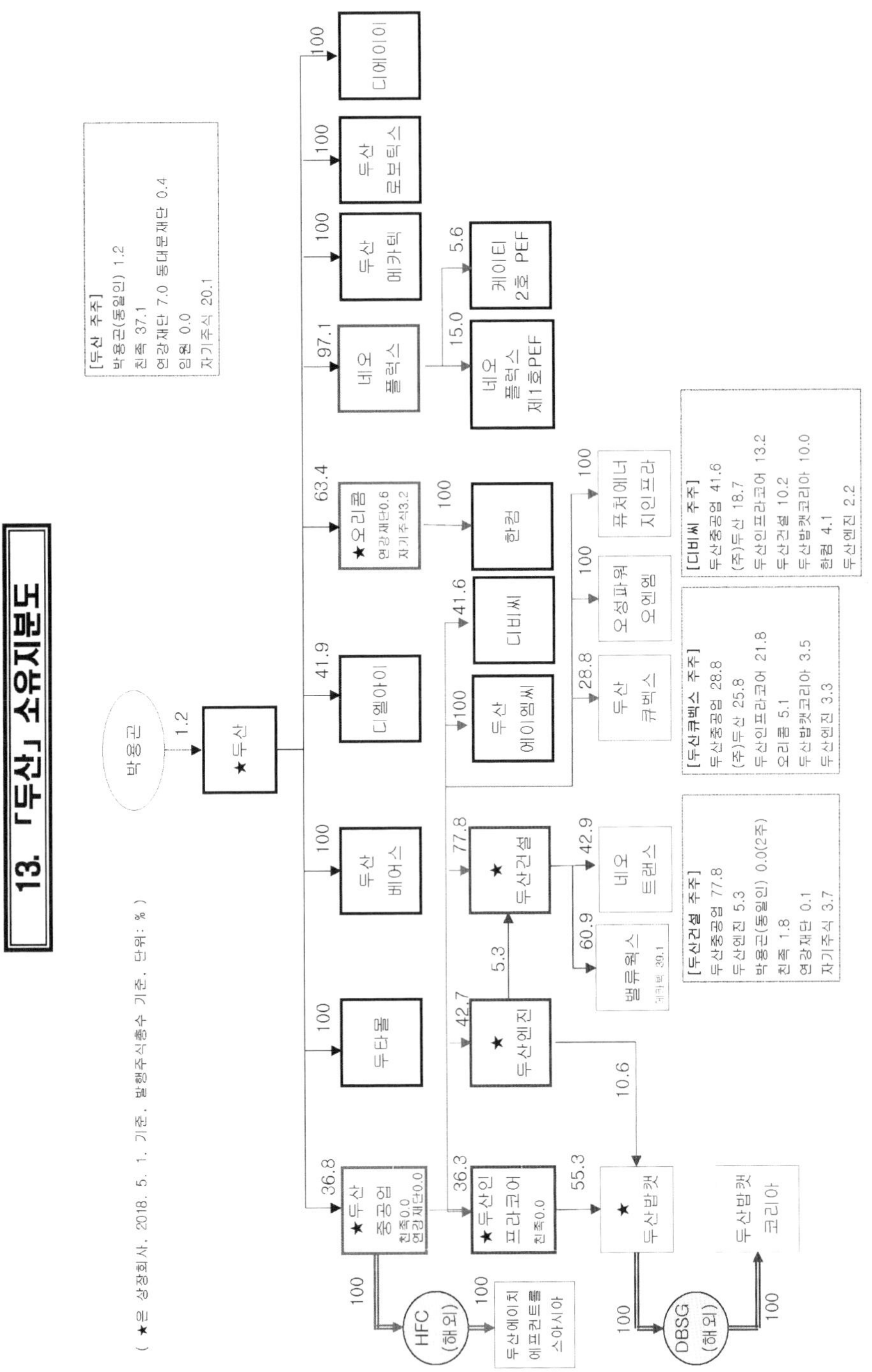

8) 두산그룹, 2019년 5월: [순위] 15위, [동일인] 박정원, [계열회사] 23개

박정원 (5.7%) → 두산 → 두산중공업 등

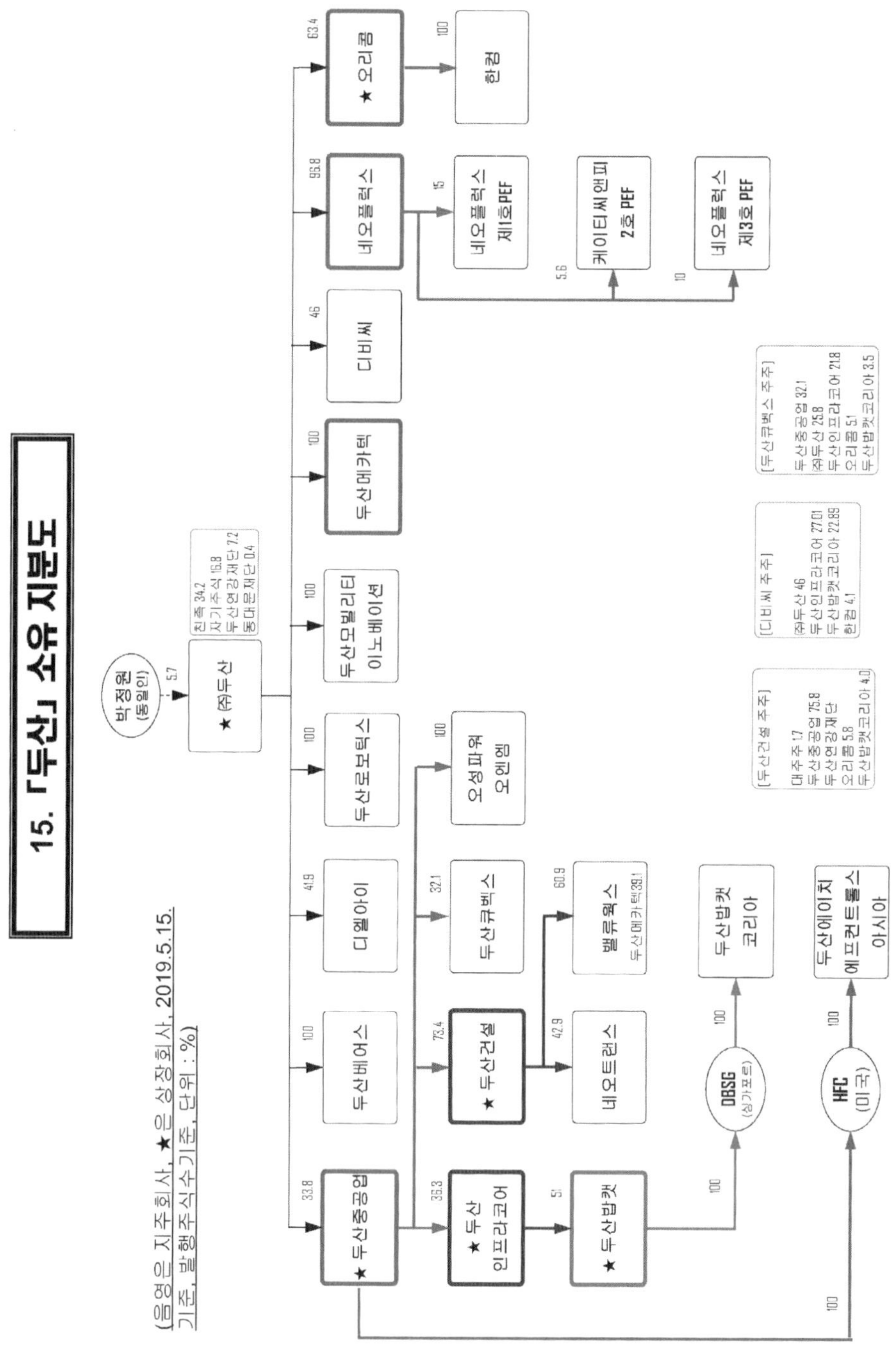

9) 두산그룹, 2020년 5월: [순위] 15위, [동일인] 박정원, [계열회사] 25개

박정원 (5.8%) → 두산 → 두산중공업 등

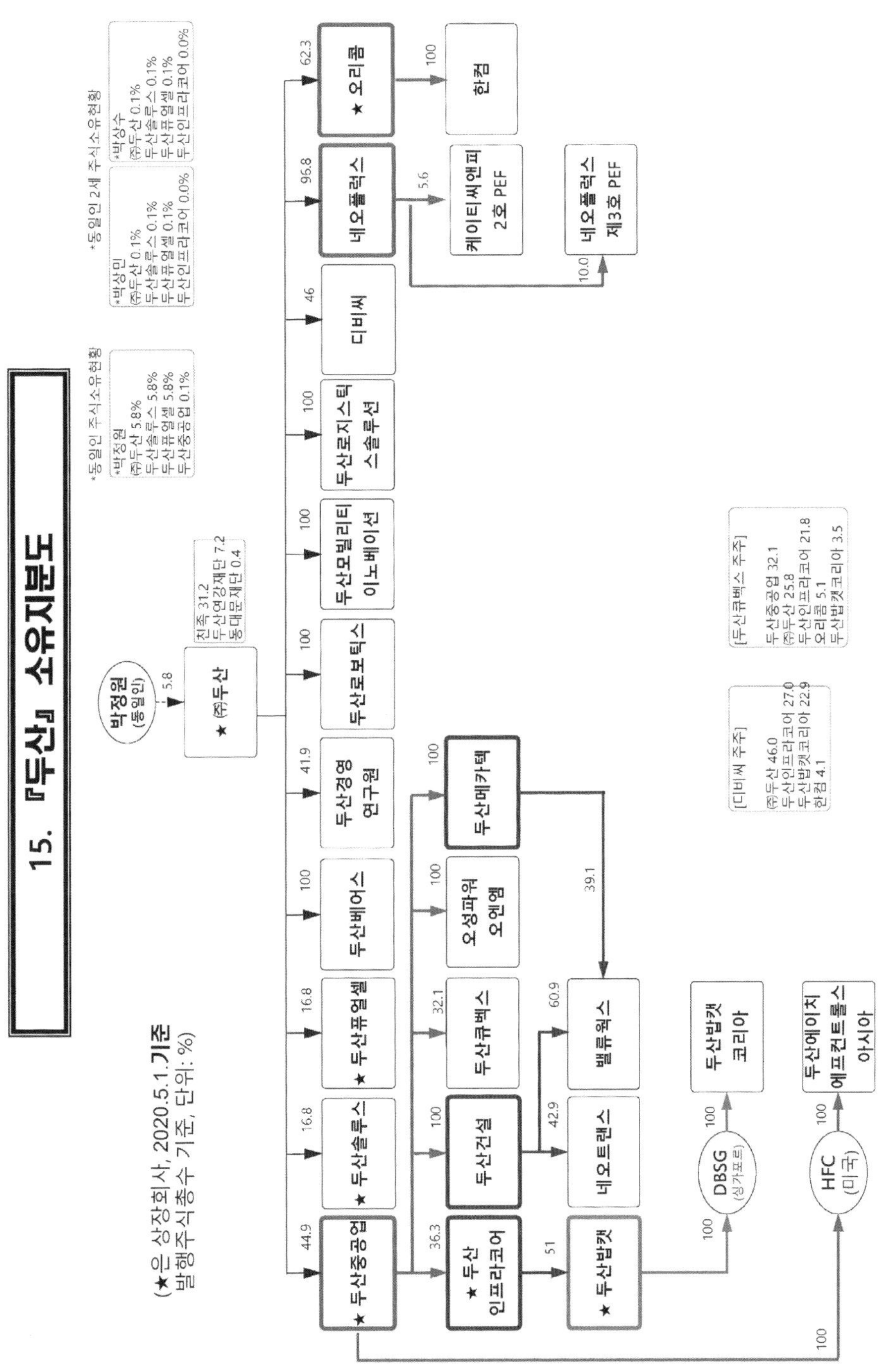

10) 두산그룹, 2021년 5월: [순위] 15위, [동일인] 박정원, [계열회사] 22개

박정원 (5.8%) → 두산 → 두산중공업 등

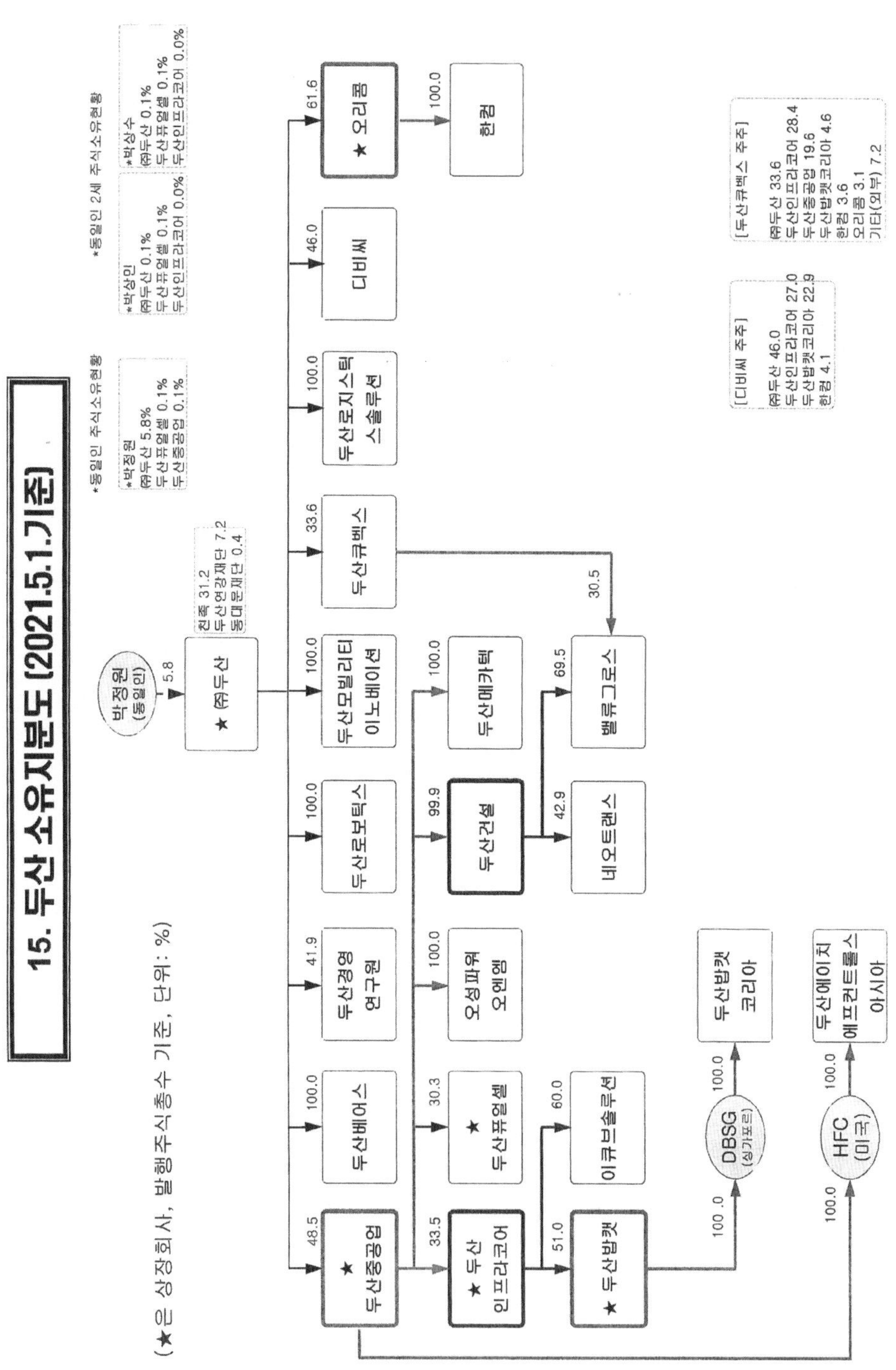

18. DB그룹: 2012-2021년

연도	동일인	순위 (위)	계열회사 (개)	자산총액 (10억 원)	매출액 (10억 원)	당기순이익 (10억 원)
1987		23	12	692	1,025	-22
1988		23	13	634	1,212	-5
1989		23	13	914	1,444	36
1990		22	13	1,191	1,673	26
1991		24	11	1,275	1,973	41
1992		23	11	1,593	2,428	25
1993		24	12	1,742	-	-
1994		25	13	1,848	2,948	-2
1995		26	13	2,128	3,377	-30
1996		23	24	2,935	4,141	27
1997		22	34	3,677	-	-
1998		20	34	4,626	5,658	47
1999		16	32	5,549	6,045	47
2000		19	19	5,331	5,530	101
2001		15	19	5,831	7,051	288
2002		13	21	6,083	6,862	9
2003		14	23	7,332	7,405	0
2004		13	22	7,469	7,846	-108
2005		14	21	8,171	9,054	78
2006		15	22	8,651	10,049	-97
2007		18	22	8,748	10,588	-141
2008		19	29	9,503	11,831	99
2009		20	32	12,271	15,495	78
2010		20	31	12,487	15,488	205
2011		20	38	14,263	17,234	271
2012	김준기	19	56	15,684	20,696	-189
2013	김준기	18	61	17,110	22,905	347
2014	김준기	19	64	17,789	24,143	-89
2015	김준기	21	53	14,627	23,319	-1,757
2016	김준기	36	25	8,194	19,897	582
2017	김준기	36	23	8,266	20,840	453
2018	김준기	43	20	8,010	20,054	806
2019	김준기	43	20	8,663	19,742	722
2020	김준기	39	20	9,628	21,050	588
2021	김준기	39	21	10,366	23,000	731

	[소유구조]
주요 주주	김준기 (동일인), 김남호 김주원 (2세)
주요 지배 회사	동부씨엔아이/동부/DB Inc., 동부화재해상보험/DB손해보험, 동부건설
주요 계열회사	동부하이텍/DB하이텍, 동부한농/동부팜한농, 동부증권/DB금융투자, 동부건설, 동부익스프레스

주: 2002-2016년 순위: 공기업집단을 제외한 순위.

1. 그룹

1) 대규모기업집단 지정 연도: 1987-2021년.

2) 연도 수: 35년.

3) 그룹 이름: 동부 (1987-2017년), DB (2018-2021년).

2. 소유지분도: 개관

1) 소유지분도 작성 연도: 2012-2021년.

연도 수: 10년.

2) 그룹 주요 지표: [동일인] 김준기. [순위] 18-43위.

[계열회사] 20-64개. [자산총액] 8.0-17.8조 원.

[매출액] 19.7-24.1조 원. [당기순이익] (-1.8) - 0.8조 원.

3) 소유구조

◆ 김준기, 김남호, 김주원 →

동부씨엔아이/동부/DB Inc., 동부화재해상보험/DB손해보험, 동부건설 → 계열회사 ◆

① [주요 주주]

3명 (2-3명씩 지분 보유).

김준기 (동일인) ‖ 김남호 (2세; 아들, 동생) ‖ 김주원 (2세; 딸, 누나).

지분: 3.6-31% (10년; 2012-2021년) ‖ 3.6-18.6% (10년; 2012-2021년) ‖
0.01-10.2% (7년; 2015-2021년).

② [주요 지배 회사]

3개 (2-3개씩 관련).

동부씨엔아이 (상장) / 동부 (상장) / DB Inc. (상장) (10년; 2012-2021년),
동부화재해상보험 (상장) / DB손해보험 (상장) (10년; 2012-2021년),
동부건설 (상장)(3년; 2013-2015년).

③ [계열회사]

유형: 자회사 → 손자회사 → 증손회사 (6년; 2012-2017년),
자회사 → 손자회사 (4년; 2018-2021년).

주요 회사: 5개 (2-4개씩 관련).

동부하이텍 (상장) / DB하이텍 (상장), 동부한농 / 동부팜한농,
동부증권 (상장) / DB금융투자 (상장), 동부건설, 동부익스프레스.

4) 동부씨엔아이: 동부 (2015년 3월 상호 변경), DB Inc. (2017년 10월 상호 변경).
동부화재해상보험: DB손해보험 (2017년 11월 상호 변경).
동부한농: 동부팜한농 (2012년 6월 상호 변경).
동부하이텍: DB하이텍 (2017년 11월 상호 변경).
동부증권: DB금융투자 (2017년 11월 상호 변경).

3. 소유지분도: 연도별, 2012-2021년

1) 2012년 4월: [순위] 19위, [동일인] 김준기, [계열회사] 56개

김준기 (13, 7.7%), 김남호 (18.6, 13.2%) →
동부씨엔아이, 동부화재해상보험 → 동부하이텍, 동부한농, 동부증권, 동부건설 등.

2) 2013년 4월: [순위] 18위, [동일인] 김준기, [계열회사] 61개

김준기 (12.4, 7.9, 27.7%), 김남호 (18.6, 14.1, 3.6%) →
동부씨엔아이, 동부화재해상보험, 동부건설 → 동부하이텍, 동부팜한농, 동부증권,
동부익스프레스 등.

3) 2014년 4월: [순위] 19위, [동일인] 김준기, [계열회사] 64개

김준기 (3.6, 6.9, 31%), 김남호 (18.6, 13.3, 5.2%) →

동부씨엔아이, 동부화재해상보험, 동부건설 → 동부하이텍, 동부팜한농, 동부증권,
동부익스프레스 등.

4) 2015년 4월: [순위] 21위, [동일인] 김준기, [계열회사] 53개

김준기 (12.4, 7.9, 22.5%), 김남호 (18.6, 14.1, 3.8%), 김주원 (10.2, 4.1, 0.01%) →

동부씨엔아이, 동부화재해상보험, 동부건설 → 동부하이텍, 동부팜한농, 동부증권 등.

5) 2016년 4월: [순위] 36위, [동일인] 김준기, [계열회사] 25개

김준기 (12.4, 5.9%), 김남호 (18.6, 9%), 김주원 (10.2, 3.2%) →

동부, 동부화재해상보험 → 동부하이텍, 동부증권 등.

6) 2017년 9월: [순위] 36위, [동일인] 김준기, [계열회사] 23개

김준기 (12.4, 5.9%), 김남호 (18.6, 9%), 김주원 (10.2, 3.2%) →

동부, 동부화재해상보험 → 동부하이텍, 동부증권 등.

7) 2018년 5월: [순위] 43위, [동일인] 김준기, [계열회사] 20개

김준기 (11.4, 5.9%), 김남호 (17.1, 9%), 김주원 (9.3, 3.2%) →

DB Inc., DB손해보험 → DB하이텍, DB금융투자 등.

8) 2019년 5월: [순위] 43위, [동일인] 김준기, [계열회사] 20개

김준기 (11.2, 6.7%), 김남호 (16.8, 8.3%), 김주원 (9.2, 3.2%) →

DB Inc., DB손해보험 → DB하이텍, DB금융투자 등.

9) 2020년 5월: [순위] 39위, [동일인] 김준기, [계열회사] 20개

김준기 (11.2, 5.9%), 김남호 (16.8, 9%), 김주원 (9.2, 3.2%) →

DB Inc., DB손해보험 → DB하이텍, DB금융투자 등.

10) 2021년 5월: [순위] 39위, [동일인] 김준기, [계열회사] 21개

김준기 (11.2, 5.9%), 김남호 (16.8, 9%), 김주원 (9.2, 3.2%) →

DB Inc., DB손해보험 → DB하이텍, DB금융투자 등.

1) 동부그룹, 2012년 4월: [순위] 19위, [동일인] 김준기, [계열회사] 56개

김준기 (13, 7.7%), 김남호 (18.6, 13.2%) →
동부씨엔아이, 동부화재해상보험 → 동부하이텍, 동부한농, 동부증권, 동부건설 등

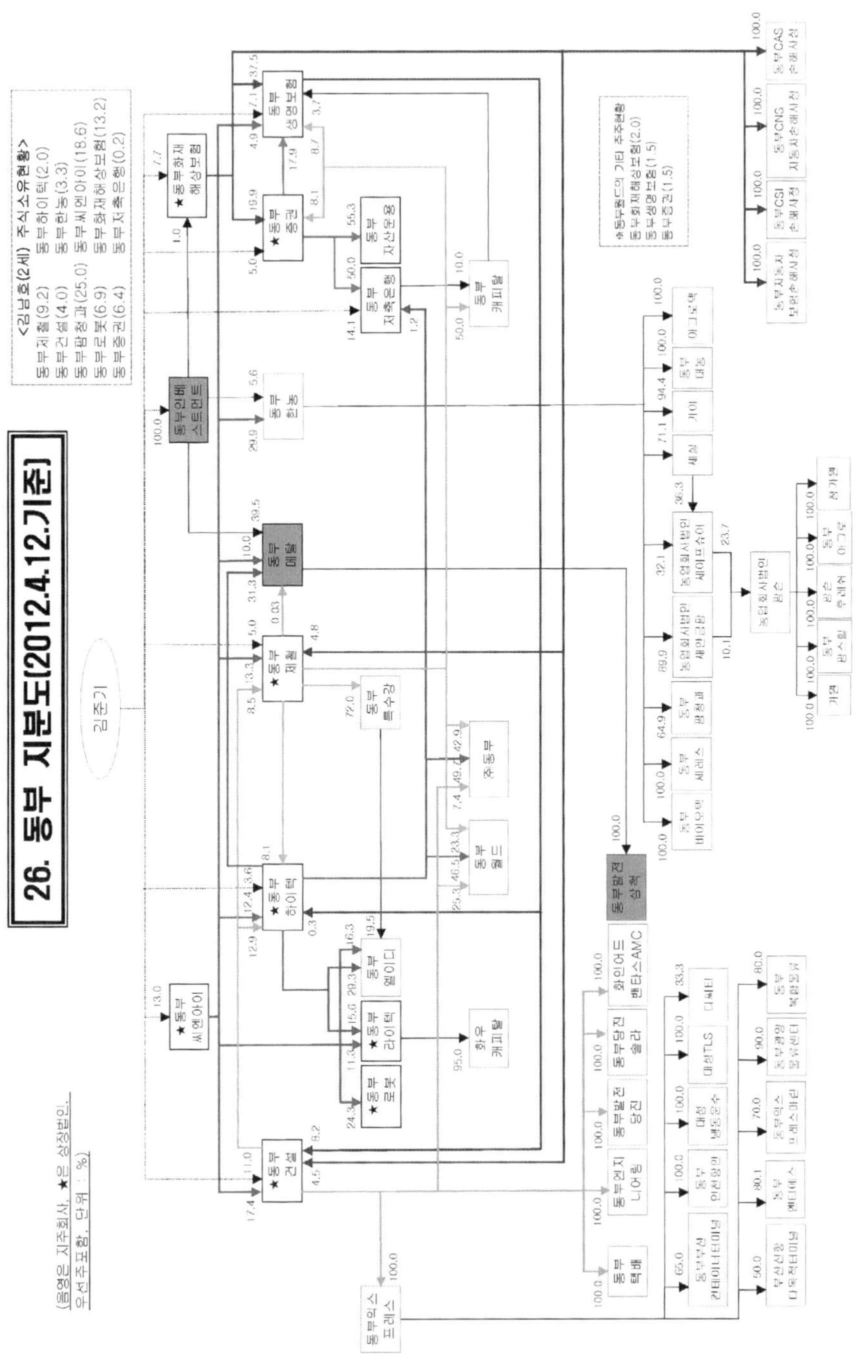

2) 동부그룹, 2013년 4월: [순위] 18위, [동일인] 김준기, [계열회사] 61개

김준기 (12.4, 7.9, 27.7%), 김남호 (18.6, 14.1, 3.6%) →
동부씨엔아이, 동부화재해상보험, 동부건설 → 동부하이텍, 동부팜한농, 동부증권, 동부익스프레스 등

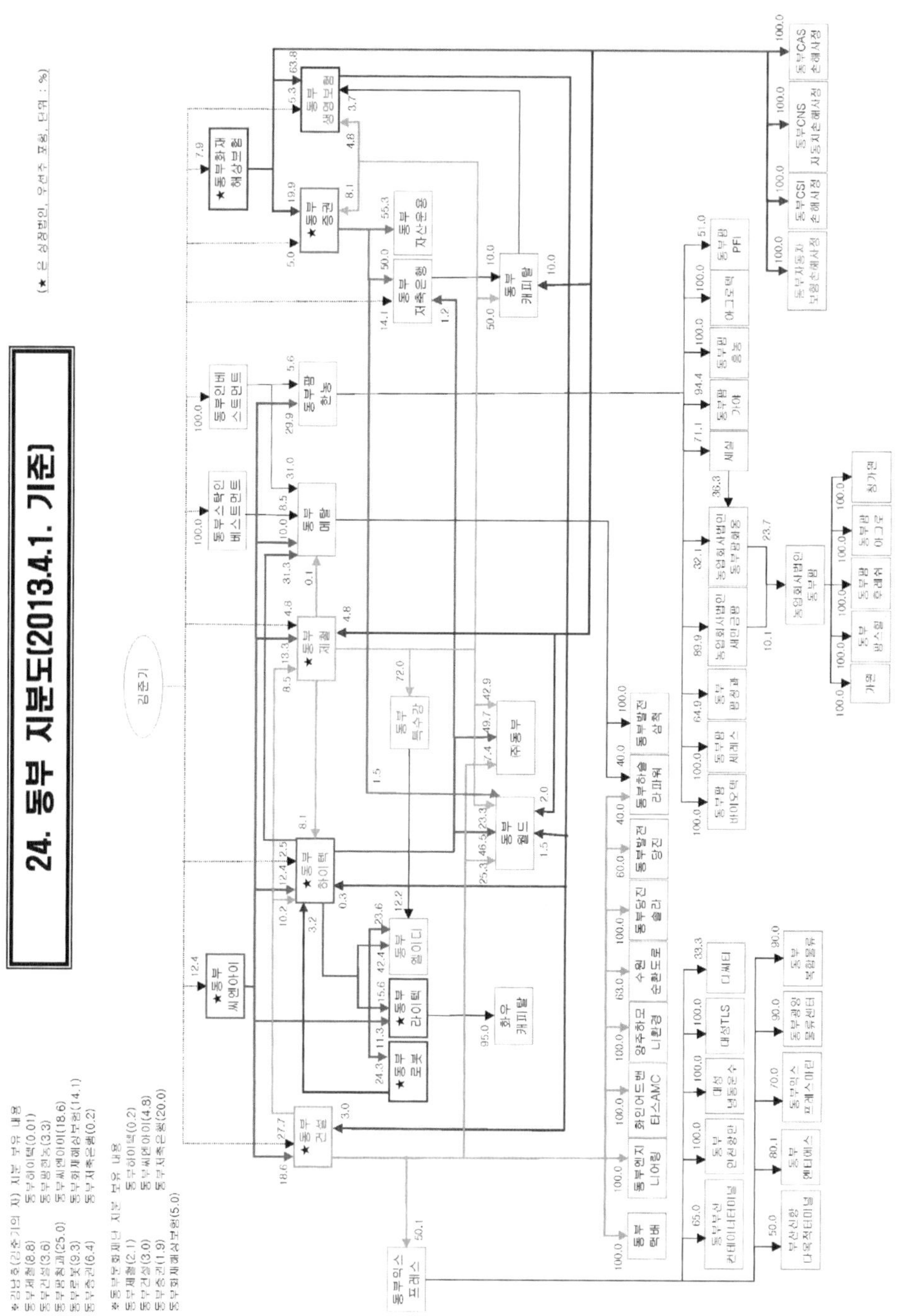

3) 동부그룹, 2014년 4월: [순위] 19위, [동일인] 김준기, [계열회사] 64개

김준기 (3.6, 6.9, 31%), 김남호 (18.6, 13.3, 5.2%) →
동부씨엔아이, 동부화재해상보험, 동부건설 → 동부하이텍, 동부팜한농, 동부증권, 동부익스프레스 등

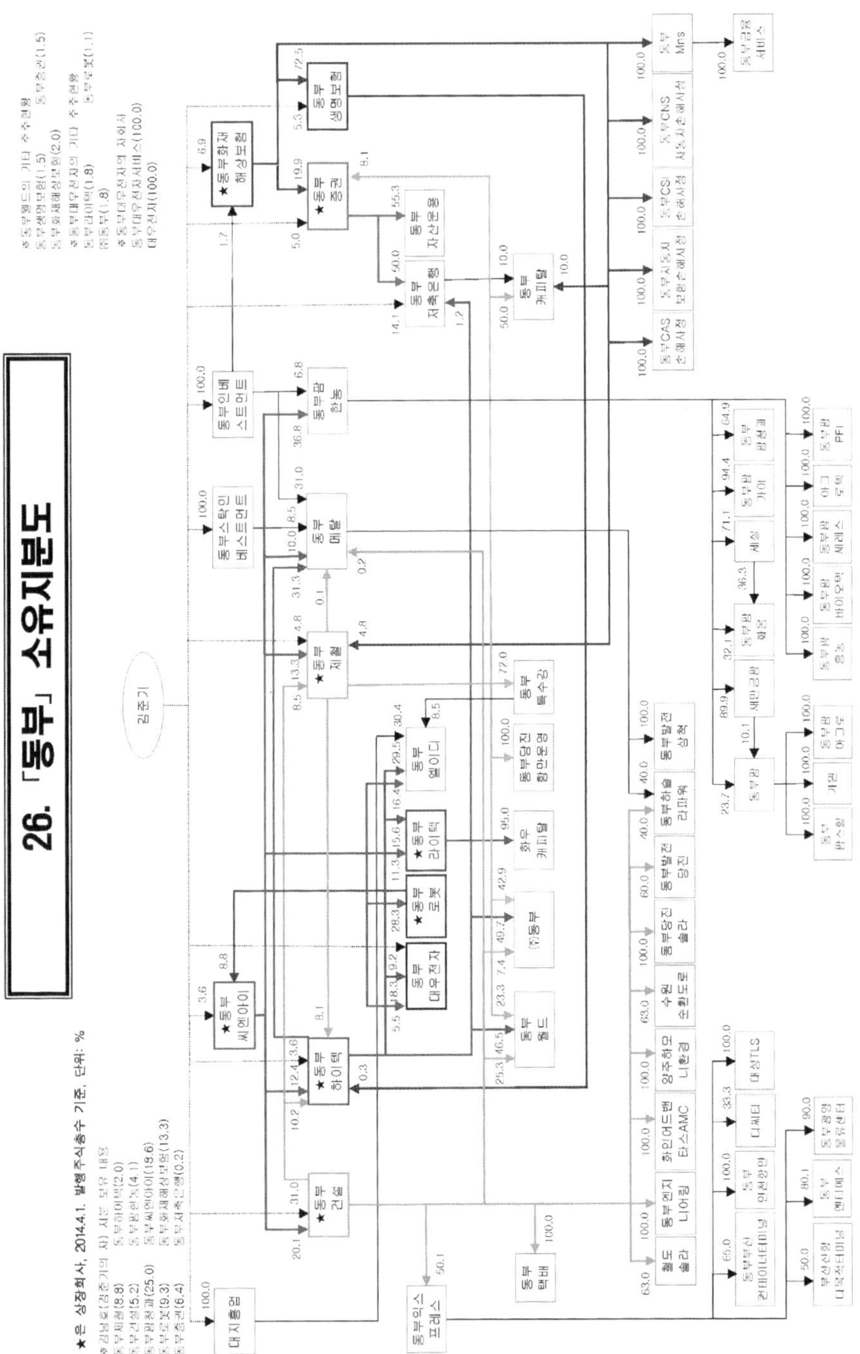

4) 동부그룹, 2015년 4월: [순위] 21위, [동일인] 김준기, [계열회사] 53개

김준기 (12.4, 7.9, 22.5%), 김남호 (18.6, 14.1, 3.8%), 김주원 (10.2, 4.1, 0.01%) →
동부씨엔아이, 동부화재해상보험, 동부건설 → 동부하이텍, 동부팜한농, 동부증권 등

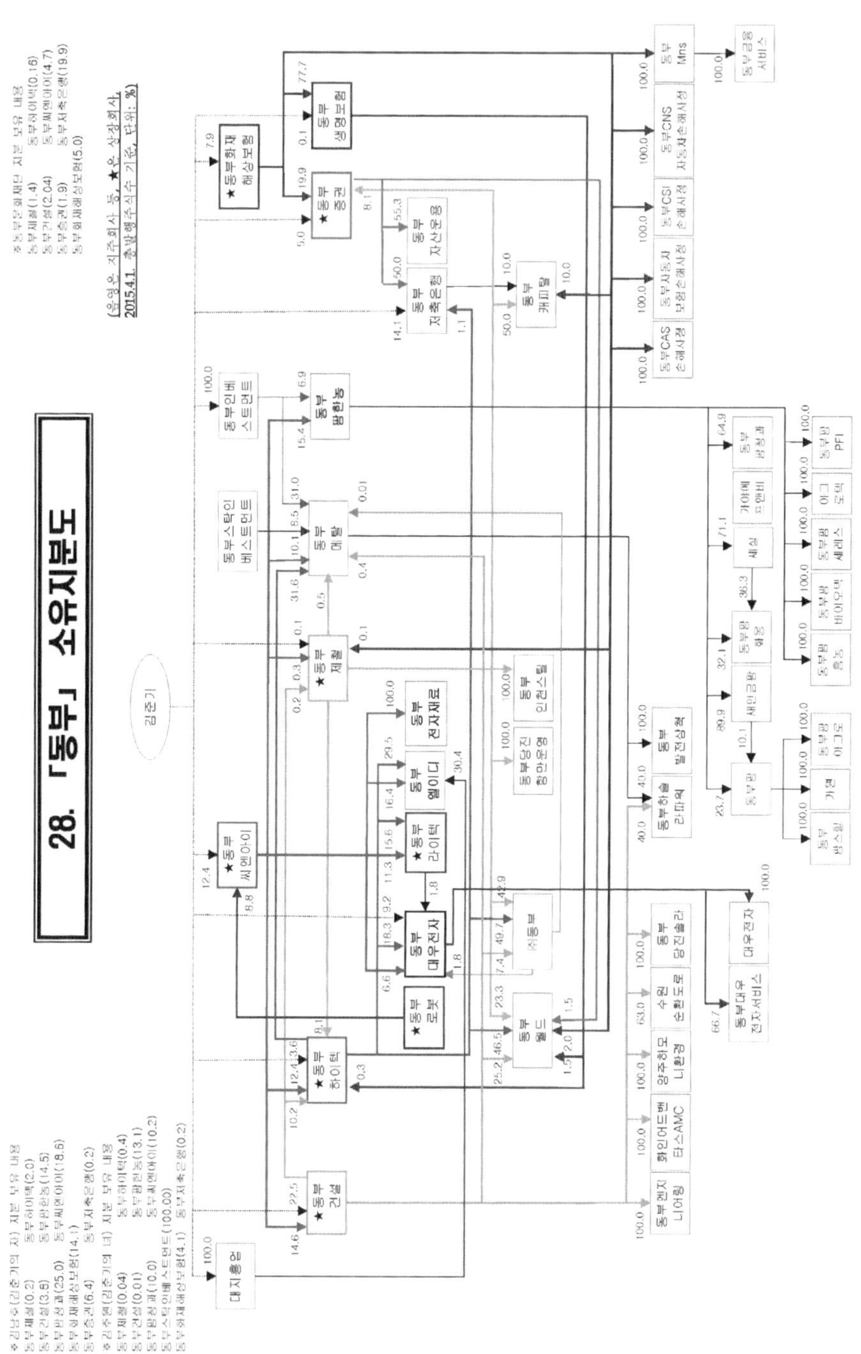

5) 동부그룹, 2016년 4월: [순위] 36위, [동일인] 김준기, [계열회사] 25개

김준기 (12.4, 5.9%), 김남호 (18.6, 9%), 김주원 (10.2, 3.2%) → 동부, 동부화재해상보험 → 동부하이텍, 동부증권 등

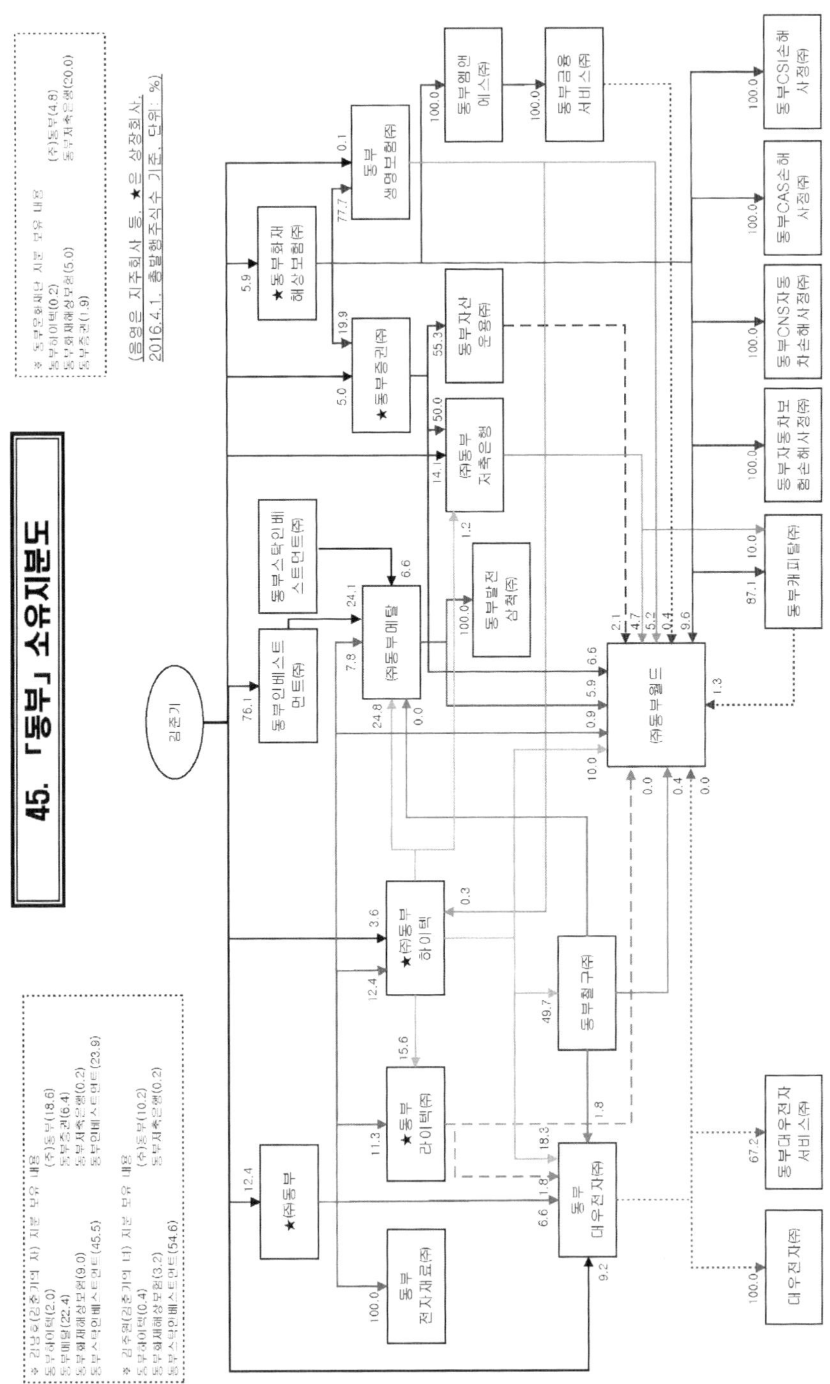

6) 동부그룹, 2017년 9월: [순위] 36위, [동일인] 김준기, [계열회사] 23개

김준기 (12.4, 5.9%), 김남호 (18.6, 9%), 김주원 (10.2, 3.2%) → 동부, 동부화재해상보험 → 동부하이텍, 동부증권 등

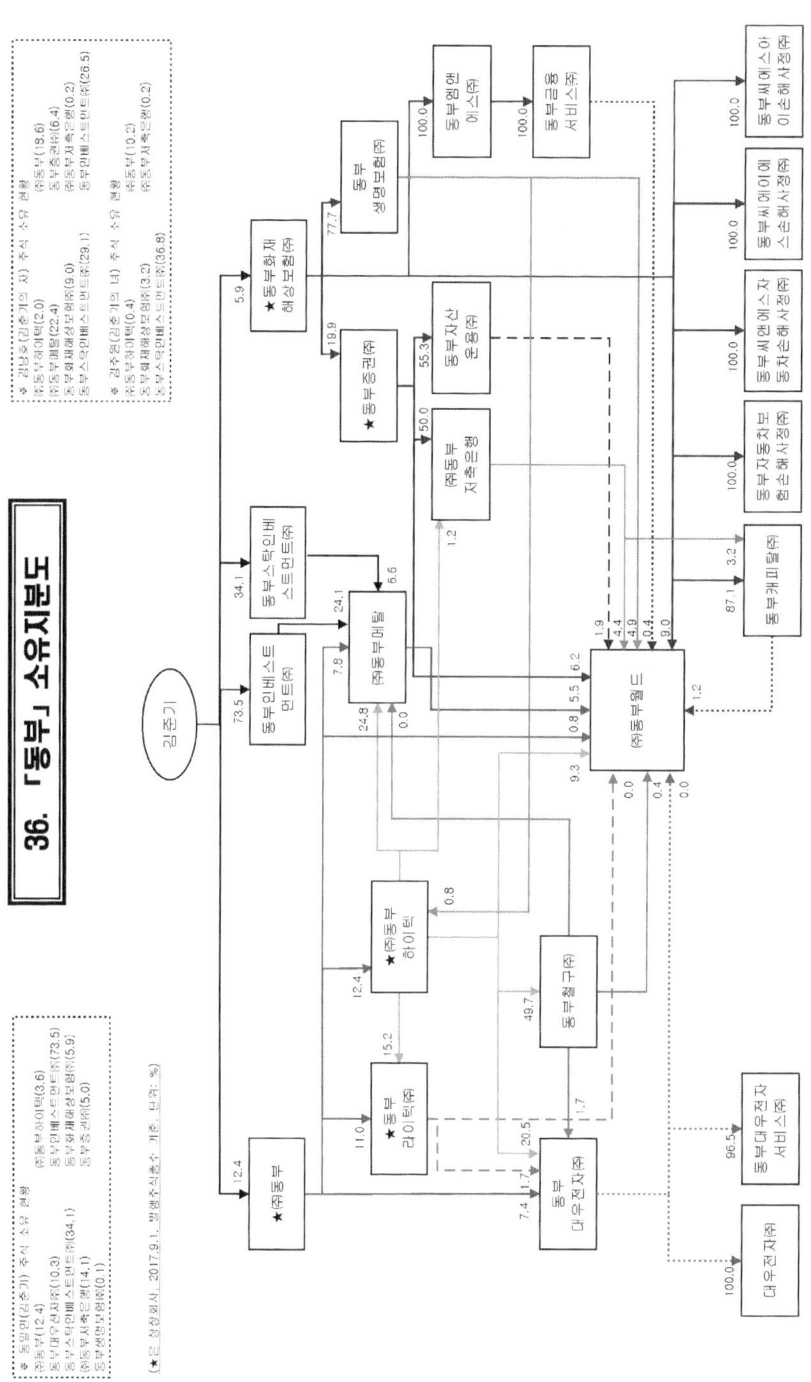

7) DB그룹, 2018년 5월: [순위] 43위, [동일인] 김준기, [계열회사] 20개

김준기 (11.4, 5.9%), 김남호 (17.1, 9%), 김주원 (9.3, 3.2%) → DB Inc., DB손해보험 → DB하이텍, DB금융투자 등

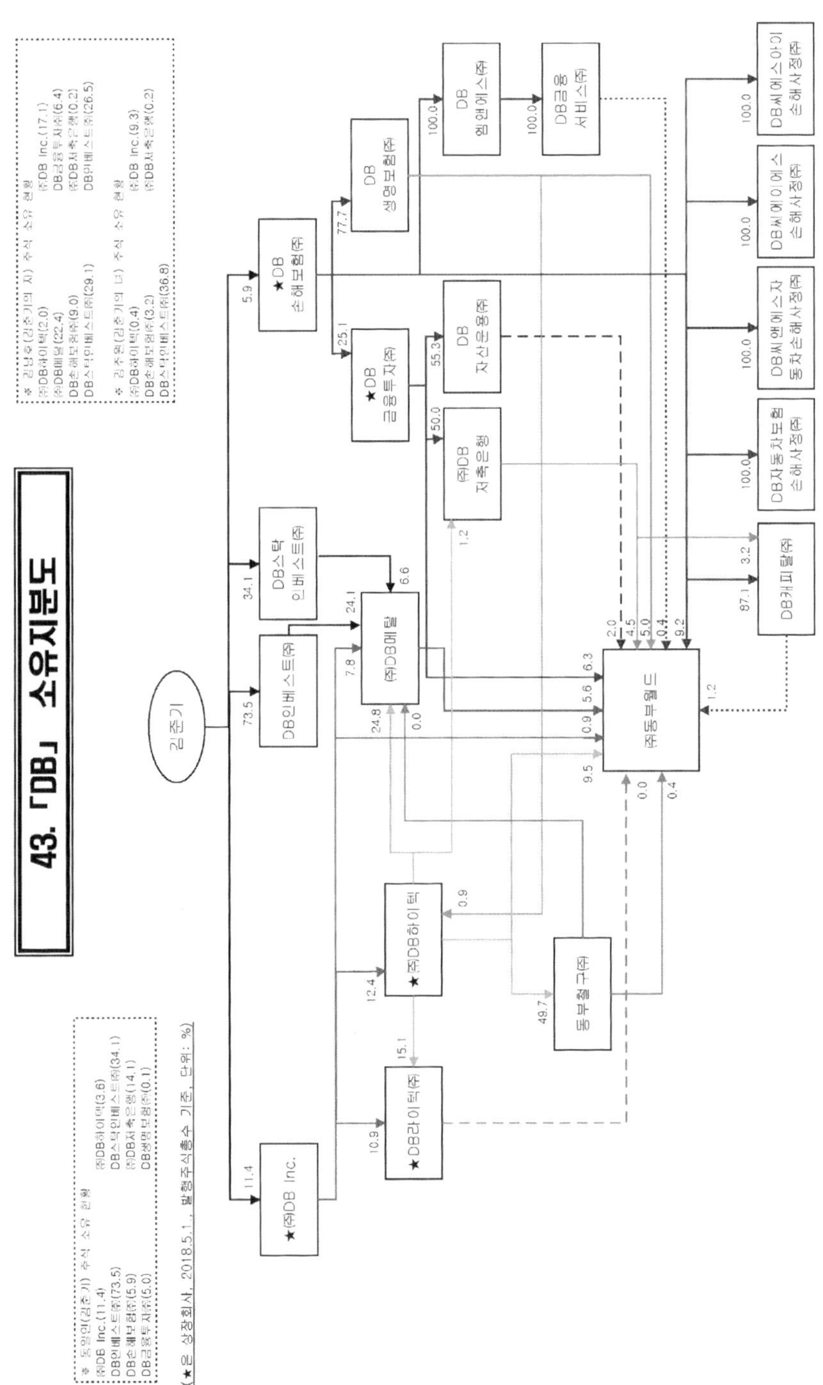

8) DB그룹, 2019년 5월: [순위] 43위, [동일인] 김준기, [계열회사] 20개

김준기 (11.2, 6.7%), 김남호 (16.8, 8.3%), 김주원 (9.2, 3.2%) → DB Inc., DB손해보험 → DB하이텍, DB금융투자 등

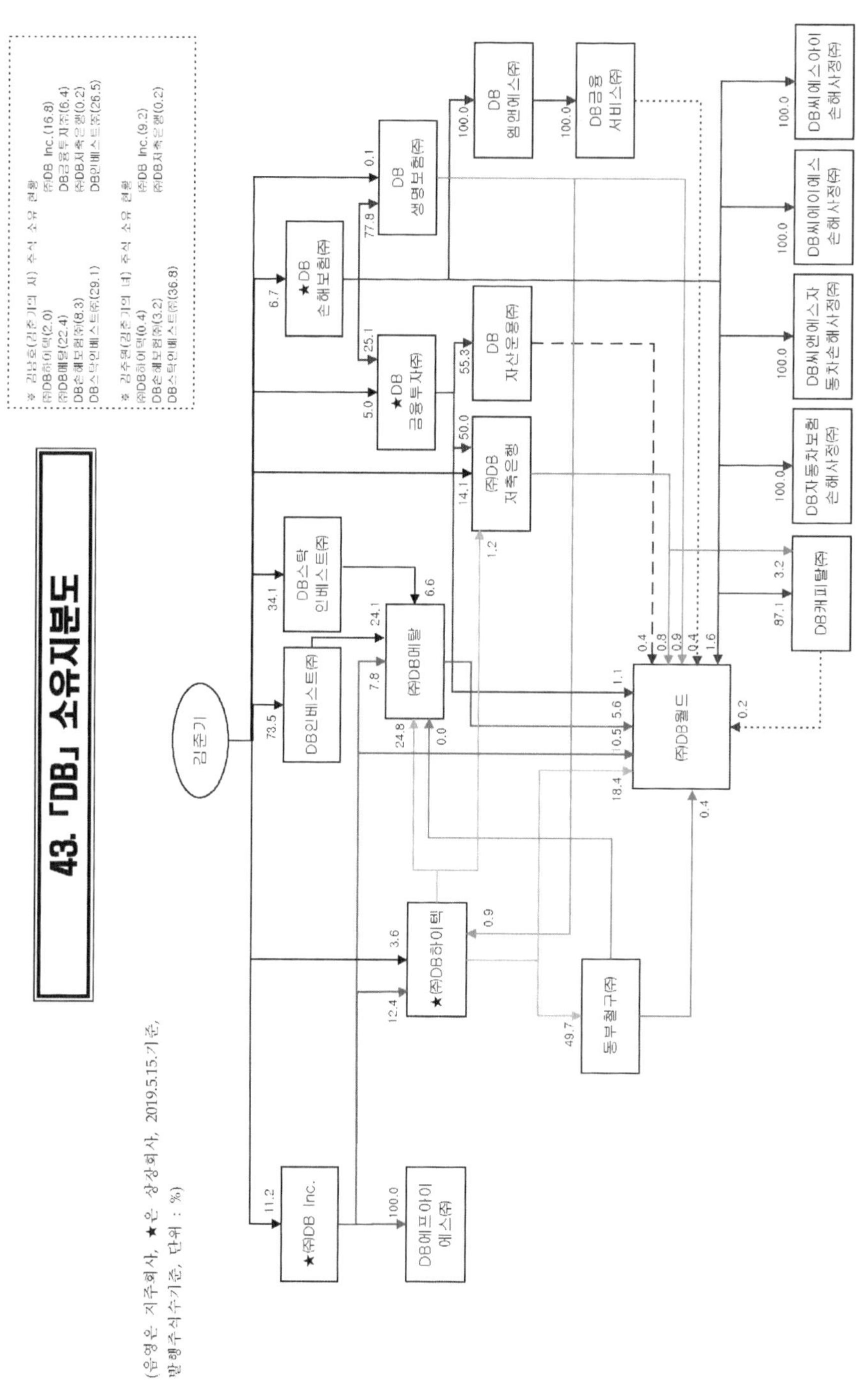

9) DB그룹, 2020년 5월: [순위] 39위, [동일인] 김준기, [계열회사] 20개

김준기 (11.2, 5.9%), 김남호 (16.8, 9%), 김주원 (9.2, 3.2%) → DB Inc., DB손해보험 → DB하이텍, DB금융투자 등

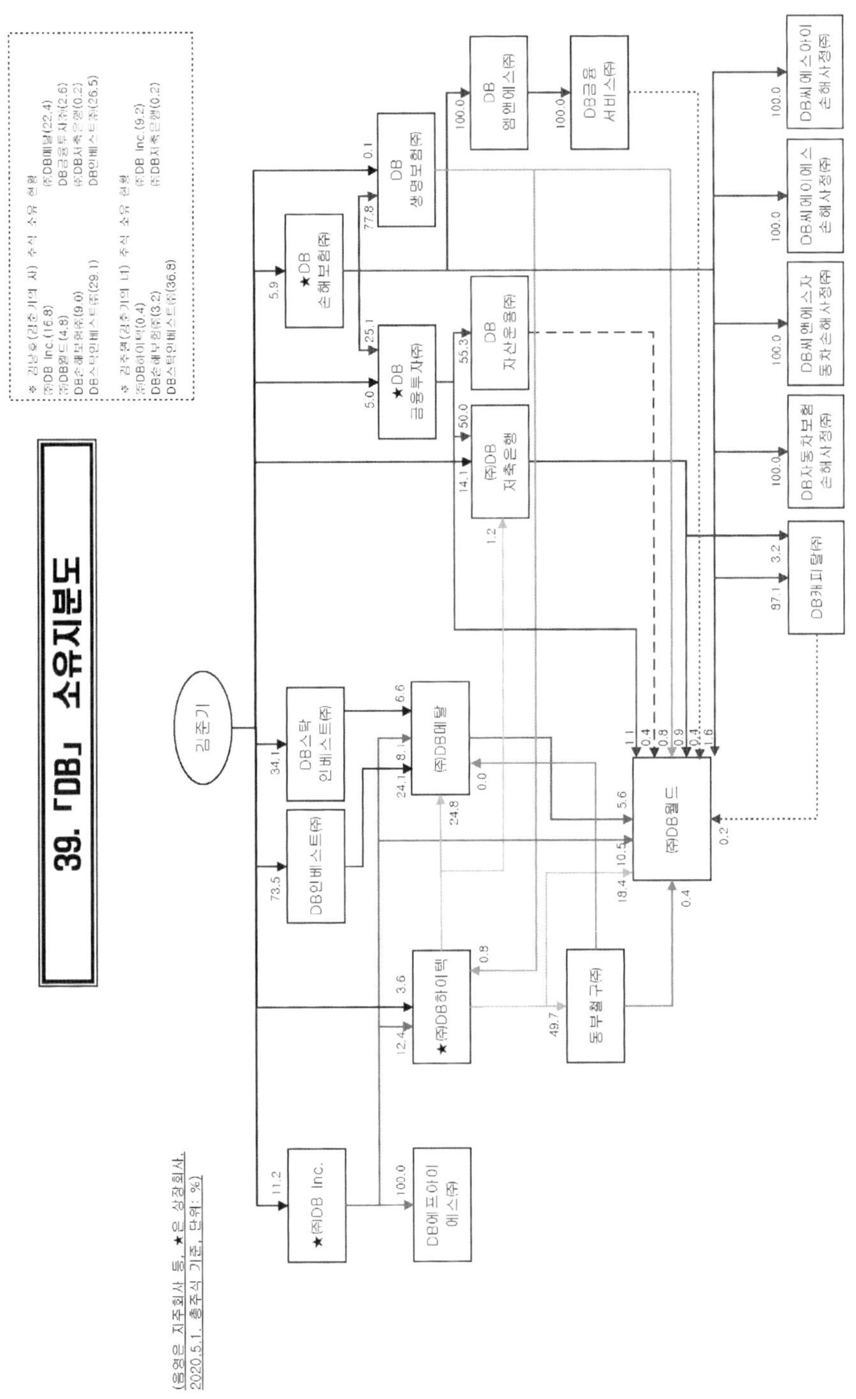

10) DB그룹, 2021년 5월: [순위] 39위, [동일인] 김준기, [계열회사] 21개

김준기 (11.2, 5.9%), 김남호 (16.8, 9%), 김주원 (9.2, 3.2%) → DB Inc., DB손해보험 → DB하이텍, DB금융투자 등

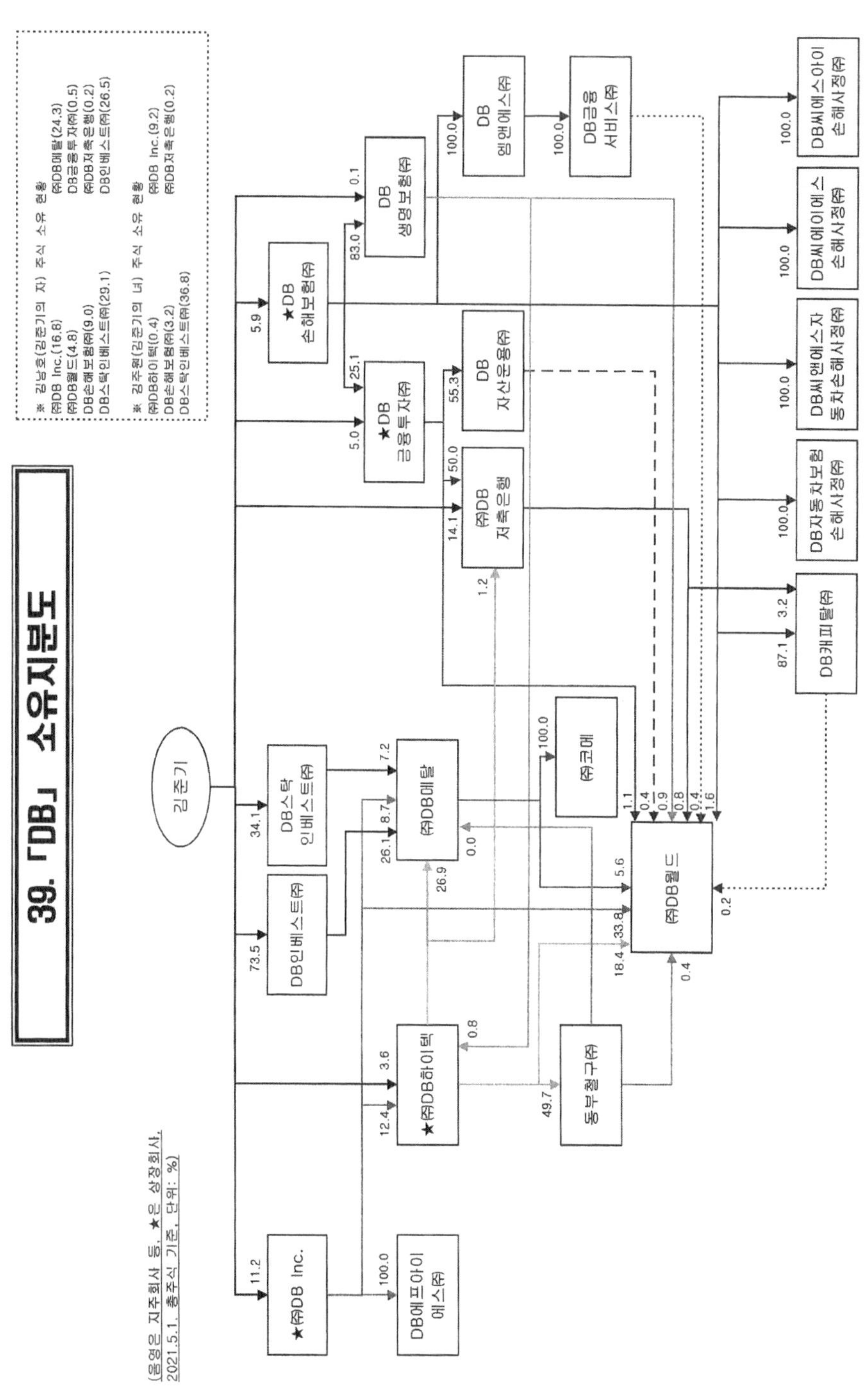

19. DL그룹: 2012-2021년

연도	동일인	순위 (위)	계열회사 (개)	자산총액 (10억 원)	매출액 (10억 원)	당기순이익 (10억 원)
1987		9	14	1,777	1,440	27
1988		11	13	1,746	1,259	35
1989		12	13	2,050	1,178	-2
1990		11	13	2,408	1,376	34
1991		11	14	2,764	1,835	49
1992		12	13	3,326	2,497	45
1993		12	12	3,704	-	-
1994		12	17	4,062	2,565	39
1995		13	17	4,638	3,074	69
1996		13	18	5,364	4,127	55
1997		15	21	6,177	4,970	-6
1998		13	21	7,001	6,728	-43
1999		14	17	5,825	6,259	-92
2000		17	18	5,674	5,675	156
2001		16	17	5,395	5,086	336
2002		16	15	4,985	5,234	62
2003		17	15	4,603	5,363	210
2004		20	12	4,811	5,682	299
2005		21	12	5,686	7,354	593
2006		20	13	6,527	7,683	449
2007		20	14	7,515	7,885	391
2008		20	14	9,014	9,142	638
2009		22	16	11,060	10,525	142
2010		19	16	12,992	10,627	411
2011		22	19	13,465	11,386	390
2012	이준용	20	17	14,761	13,597	153
2013	이준용	21	19	16,112	15,521	553
2014	이준용	20	22	16,258	15,038	290
2015	이준용	19	24	17,293	14,803	-475
2016	이준용	19	28	18,829	13,874	57
2017	이준용	18	26	18,401	14,331	139
2018	이준용	18	27	18,644	17,333	252
2019	이준용	18	26	17,991	15,258	923
2020	이준용	18	32	18,695	13,804	663
2021	이준용	19	36	19,627	12,326	682

	[소유구조]
주요 주주	이준용 (동일인), 이해욱 (2세)
주요 지배 회사	대림코퍼레이션/대림
주요 계열회사	대림산업/DL

주: 2002-2016년 순위: 공기업집단을 제외한 순위.

1. 그룹

1) 대규모기업집단 지정 연도: 1987-2021년.

2) 연도 수: 35년.

3) 그룹 이름: 대림 (1987-2020년), DL (2021년).

2. 소유지분도: 개관

1) 소유지분도 작성 연도: 2012-2021년.

연도 수: 10년.

2) 그룹 주요 지표: [동일인] 이준용. [순위] 18-21위.

[계열회사] 17-36개. [자산총액] 14.8-19.6조 원.

[매출액] 12.3-17.3조 원. [당기순이익] (-0.5) - 0.9조 원.

3) 소유구조

◆ 이준용, 이해욱 → 대림코퍼레이션/대림 → 계열회사 ◆

① [주요 주주]

2명 (1-2명씩 지분 보유).

이준용 (동일인) ‖ 이해욱 (2세).

지분: 37.7-61% (5년; 2012-2016년) ‖ 32.1-52.3% (10년; 2012-2021년).

② [주요 지배 회사]

1개.

대림코퍼레이션 / 대림.

③ [계열회사]

유형: 자회사 → 손자회사 → 증손회사.

주요 회사: 1개.

대림산업 (상장) / DL (상장).

4) 대림코퍼레이션: 대림 (2020년 12월 상호 변경).

대림산업: DL (2021년 1월 인적·물적 분할 후 상호 변경, DL이앤씨·DL케미칼 신설).

3. 소유지분도: 연도별, 2012-2021년

1) 2012년 4월: [순위] 20위, [동일인] 이준용, [계열회사] 17개

이준용 (61%), 이해욱 (32.1%) →

대림코퍼레이션 → 대림산업 등.

2) 2013년 4월: [순위] 21위, [동일인] 이준용, [계열회사] 19개

이준용 (61%), 이해욱 (32.1%) →

대림코퍼레이션 → 대림산업 등.

3) 2014년 4월: [순위] 20위, [동일인] 이준용, [계열회사] 22개

이준용 (61%), 이해욱 (32.1%) →

대림코퍼레이션 → 대림산업 등.

4) 2015년 4월: [순위] 19위, [동일인] 이준용, [계열회사] 24개

이준용 (61%), 이해욱 (32.1%) →

대림코퍼레이션 → 대림산업 등.

5) 2016년 4월: [순위] 19위, [동일인] 이준용, [계열회사] 28개

이준용 (37.7%), 이해욱 (52.3%) →

대림코퍼레이션 → 대림산업 등.

6) 2017년 5월: [순위] 18위, [동일인] 이준용, [계열회사] 26개

이해욱 (52.3%) →

대림코퍼레이션 → 대림산업 등.

7) 2018년 5월: [순위] 18위, [동일인] 이준용, [계열회사] 27개

이해욱 (52.3%) →

대림코퍼레이션 → 대림산업 등.

8) 2019년 5월: [순위] 18위, [동일인] 이준용, [계열회사] 26개

이해욱 (52.3%) →

대림코퍼레이션 → 대림산업 등.

9) 2020년 5월: [순위] 18위, [동일인] 이준용, [계열회사] 32개

이해욱 (52.3%) →

대림코퍼레이션 → 대림산업 등.

10) 2021년 5월: [순위] 19위, [동일인] 이준용, [계열회사] 36개

이해욱 (52.3%) →

대림 → DL 등.

1) 대림그룹, 2012년 4월: [순위] 20위, [동일인] 이준용, [계열회사] 17개

이준용 (61%), 이해욱 (32.1%) → 대림코퍼레이션 → 대림산업 등

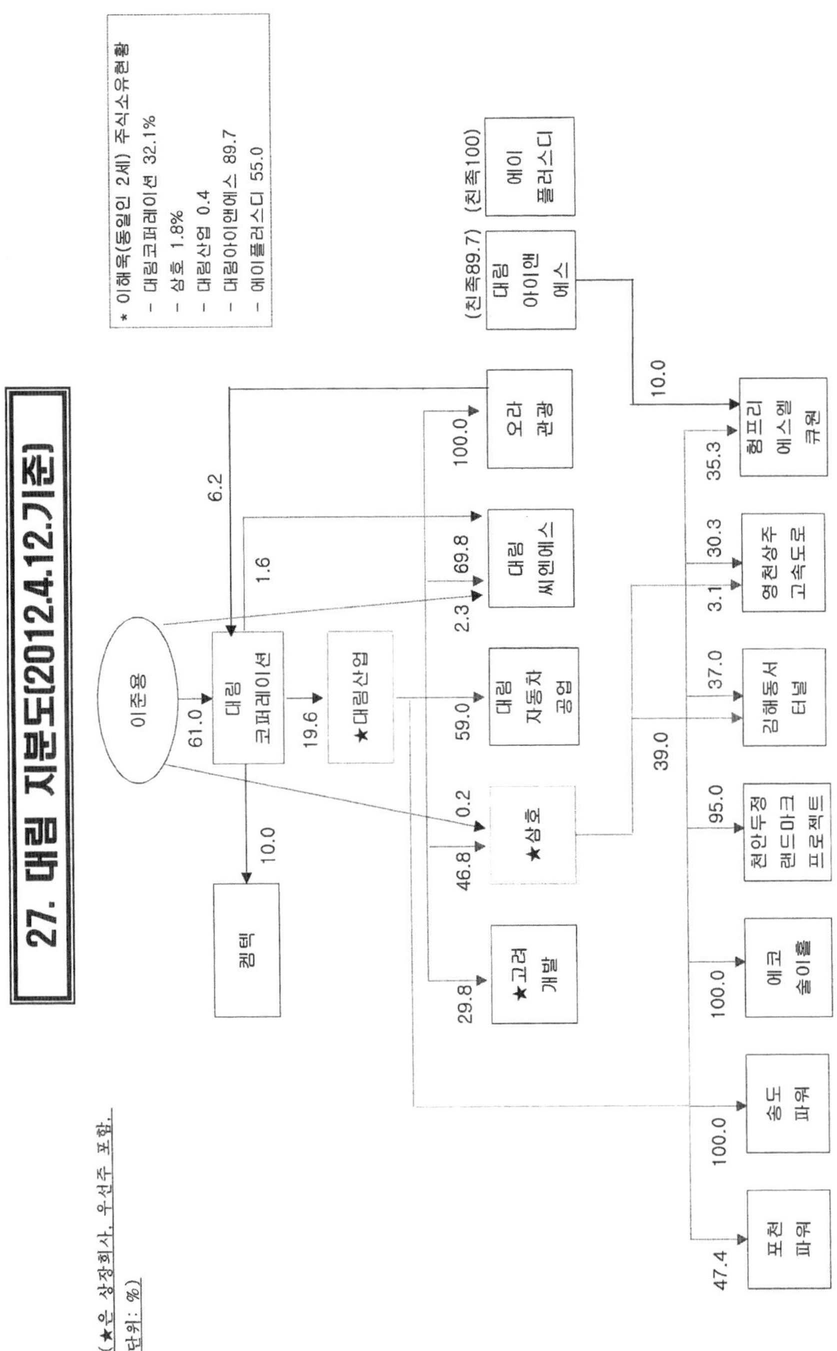

2) 대림그룹, 2013년 4월: [순위] 21위, [동일인] 이준용, [계열회사] 19개

이준용 (61%), 이해욱 (32.1%) → 대림코퍼레이션 → 대림산업 등

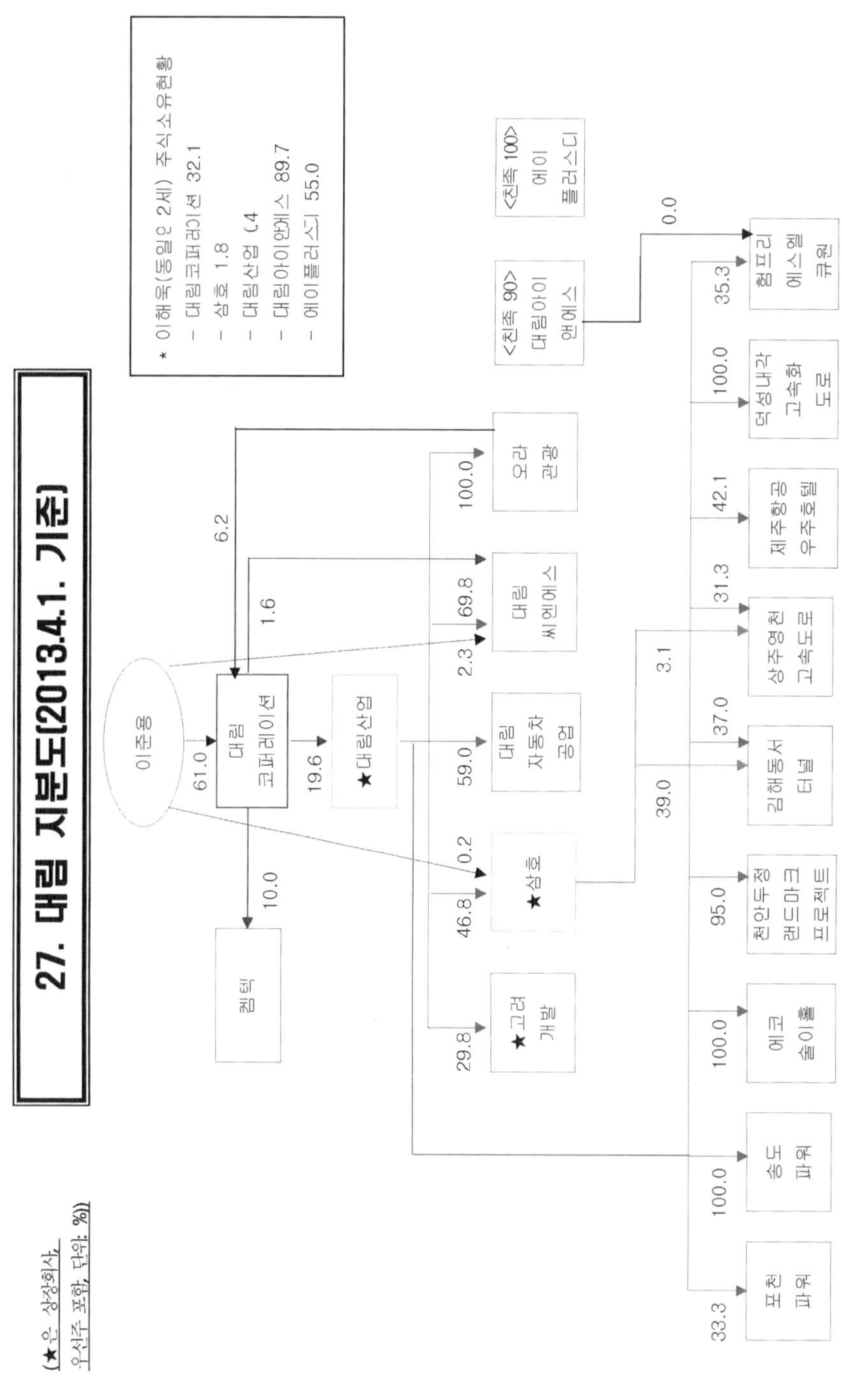

3) 대림그룹, 2014년 4월: [순위] 20위, [동일인] 이준용, [계열회사] 22개

이준용 (61%), 이해욱 (32.1%) → 대림코퍼레이션 → 대림산업 등

27. 「대림」 소유지분도

* ★은 상장회사, 2014.4.1. 발행주식총수 기준, 단위: %

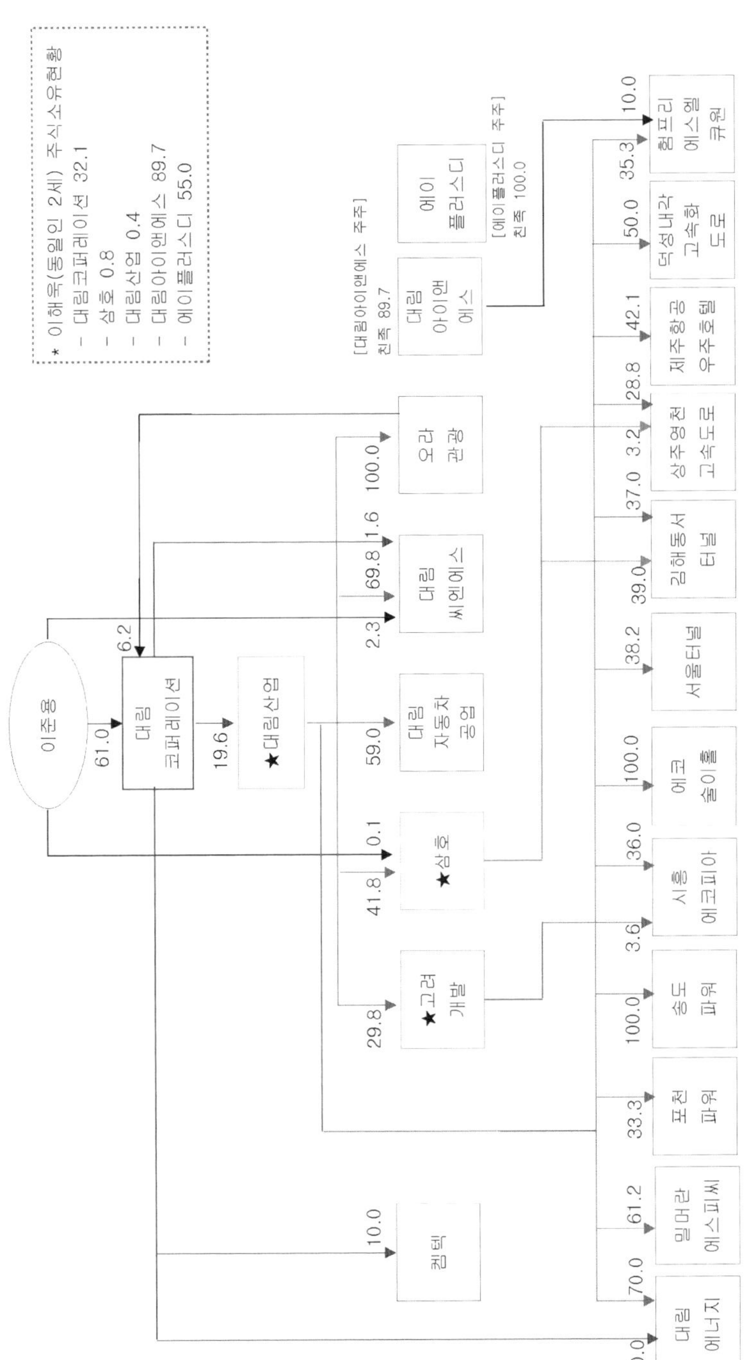

4) 대림그룹, 2015년 4월: [순위] 19위, [동일인] 이준용, [계열회사] 24개

이준용 (61%), 이해욱 (32.1%) → 대림코퍼레이션 → 대림산업 등

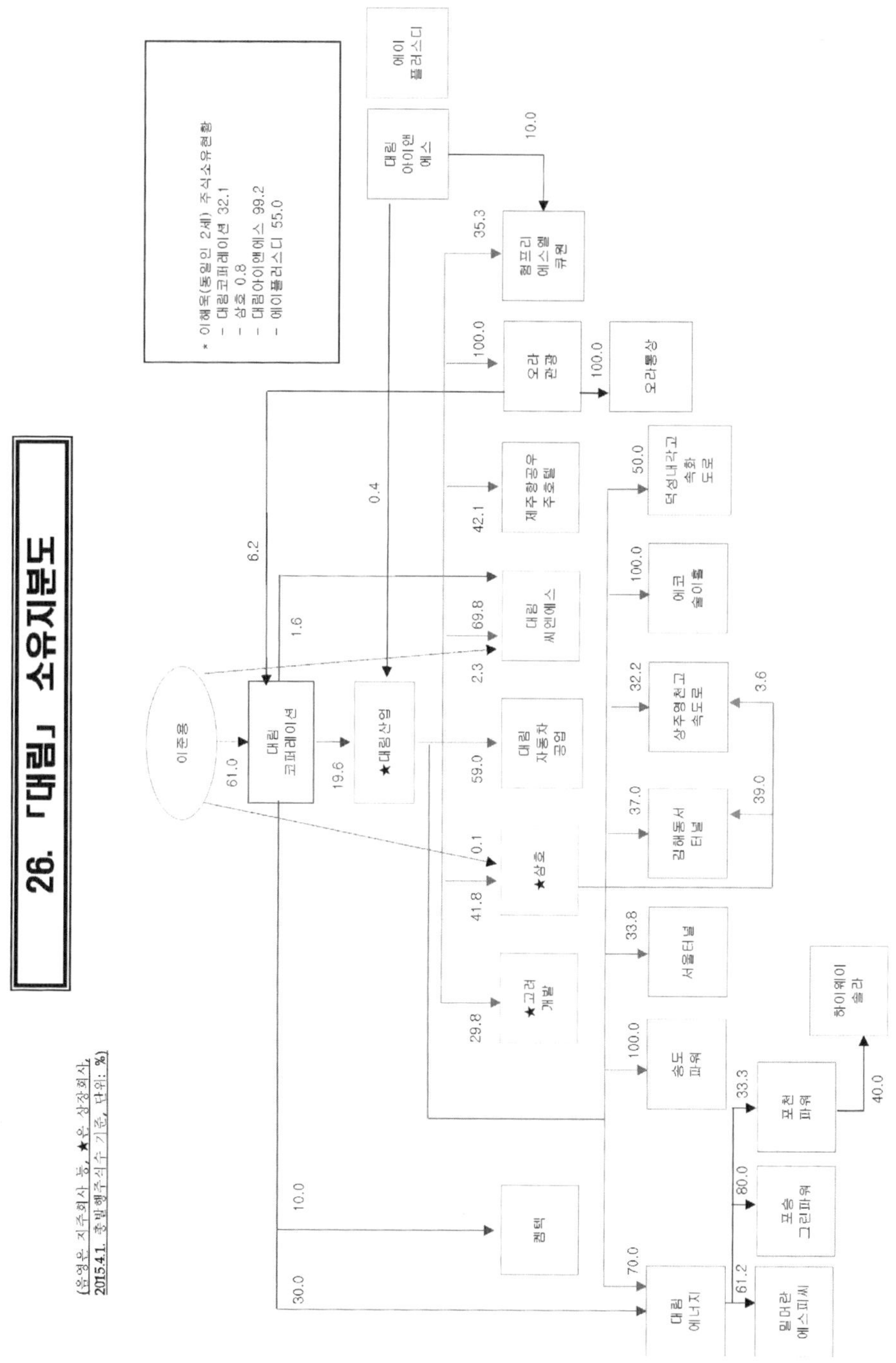

5) 대림그룹, 2016년 4월: [순위] 19위, [동일인] 이준용, [계열회사] 28개

이준용 (37.7%), 이해욱 (52.3%) → 대림코퍼레이션 → 대림산업 등

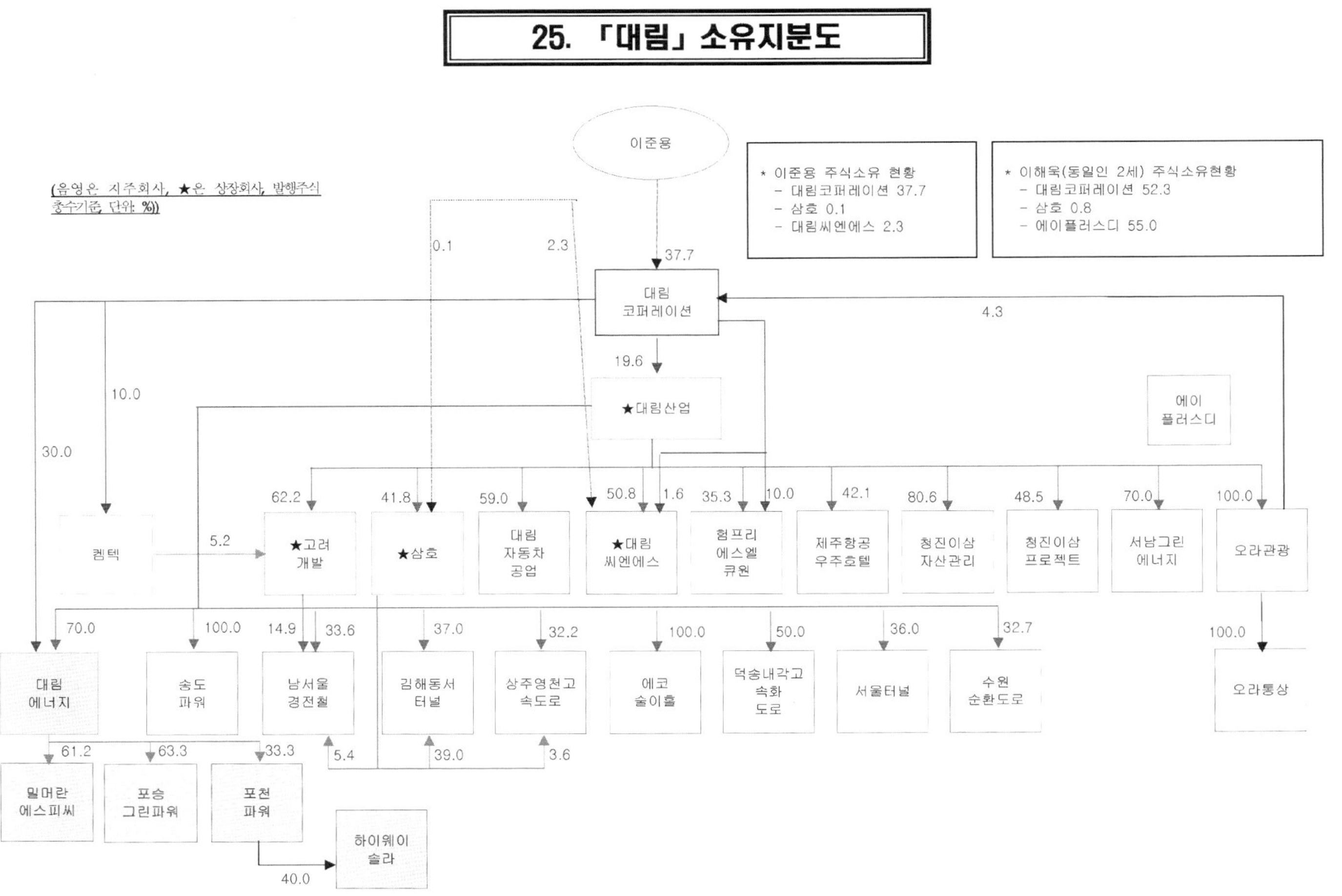

6) 대림그룹, 2017년 5월: [순위] 18위, [동일인] 이준용, [계열회사] 26개

이해욱 (52.3%) → 대림코퍼레이션 → 대림산업 등

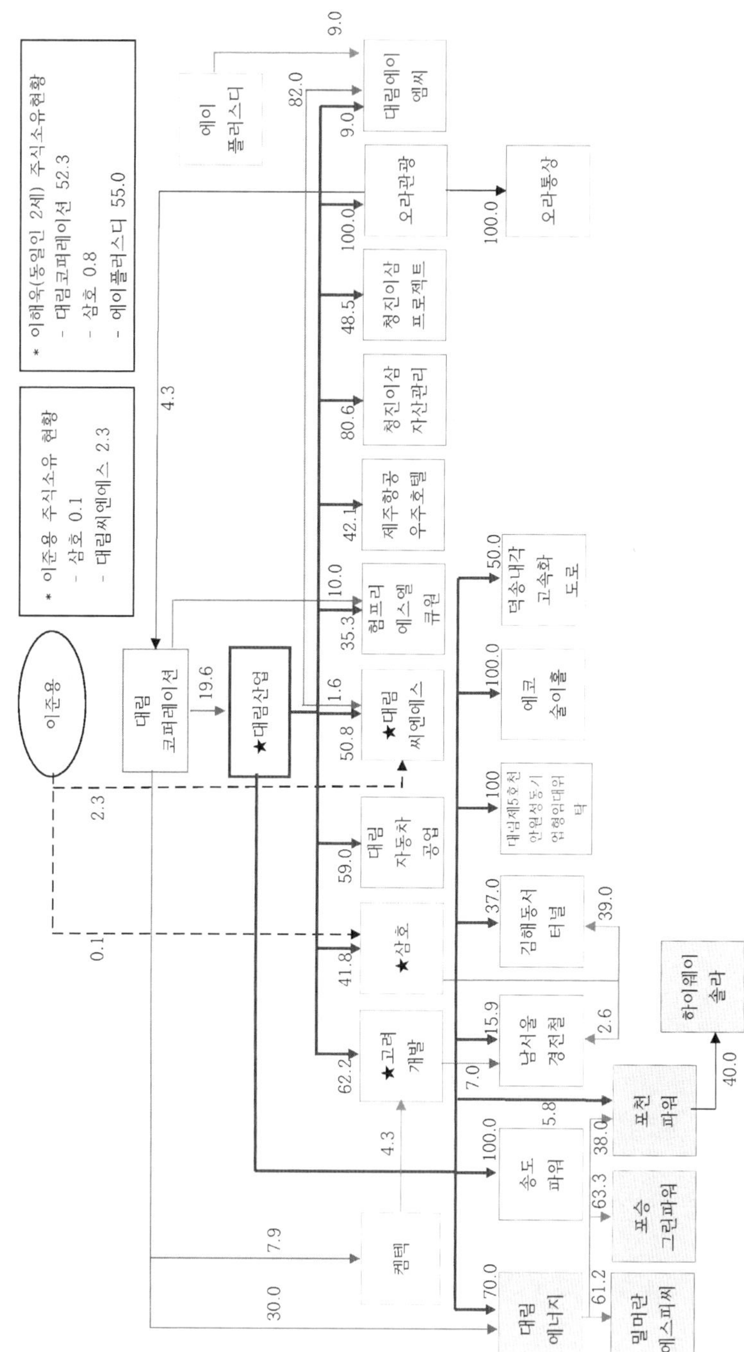

7) 대림그룹, 2018년 5월: [순위] 18위, [동일인] 이준용, [계열회사] 27개

이해욱 (52.3%) → 대림코퍼레이션 → 대림산업 등

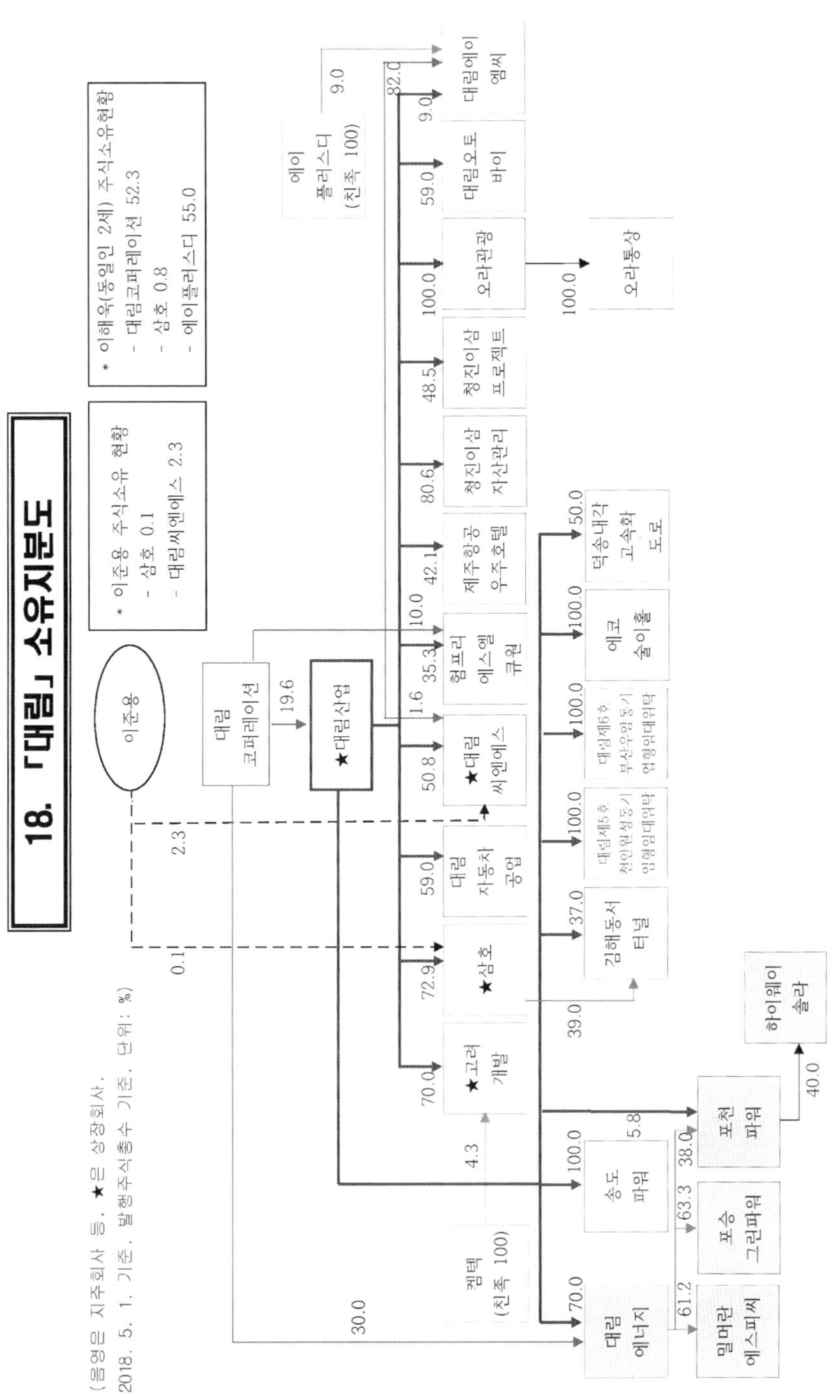

8) 대림그룹, 2019년 5월: [순위] 18위, [동일인] 이준용, [계열회사] 26개

이해욱 (52.3%) → 대림코퍼레이션 → 대림산업 등

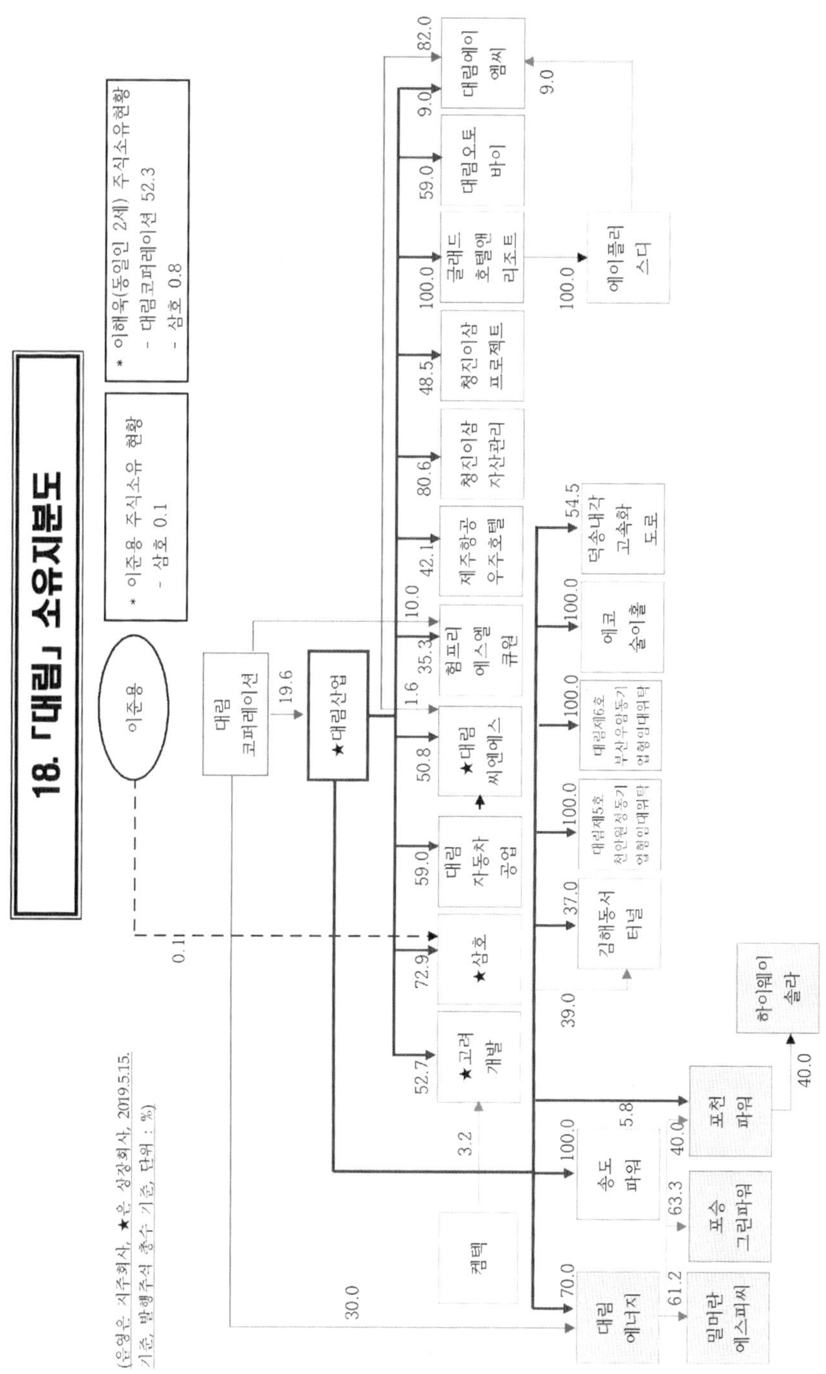

9) 대림그룹, 2020년 5월: [순위] 18위, [동일인] 이준용, [계열회사] 32개

이해욱 (52.3%) → 대림코퍼레이션 → 대림산업 등

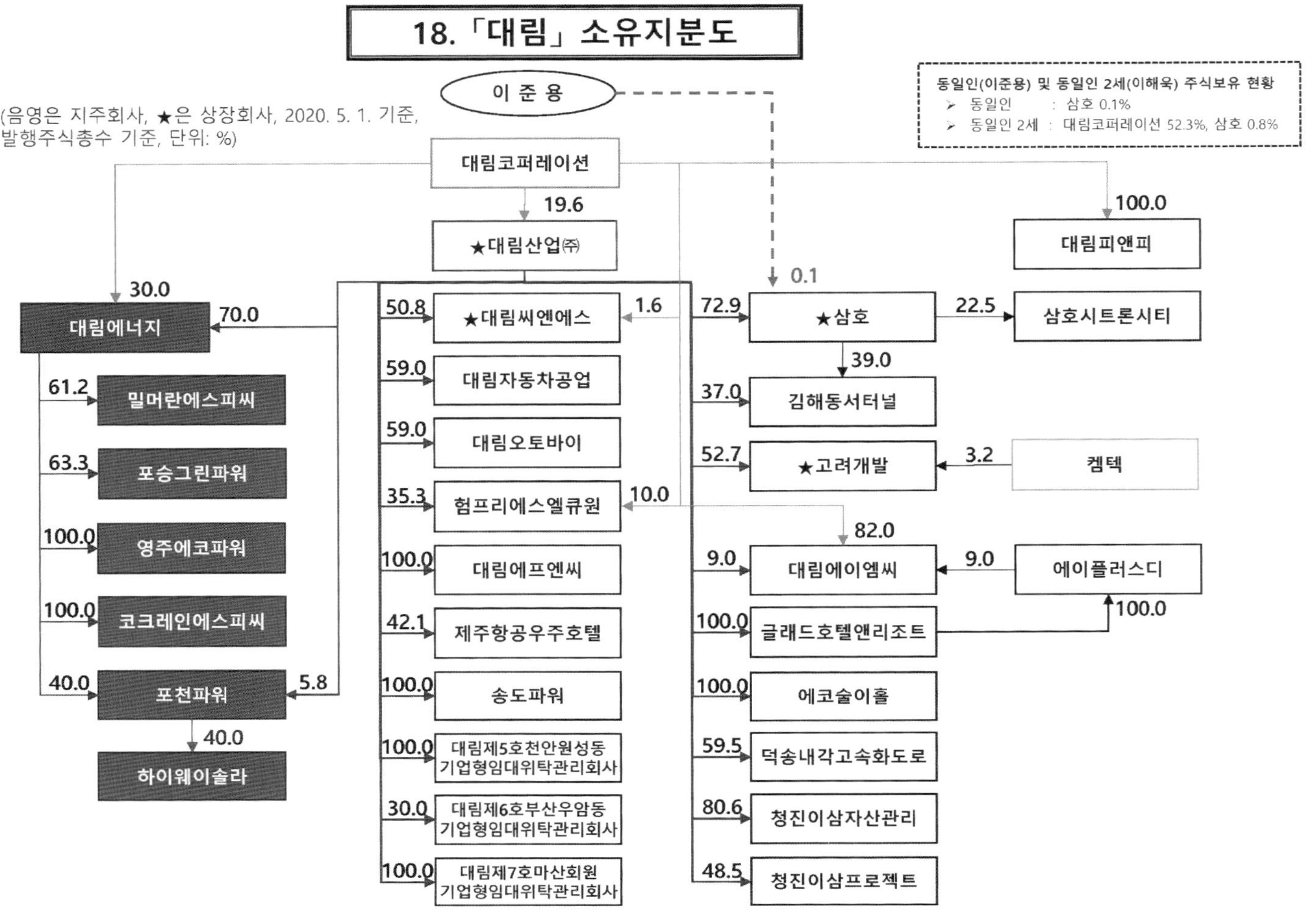

10) DL그룹, 2021년 5월: [순위] 19위, [동일인] 이준용, [계열회사] 36개

이해욱 (52.3%) → 대림 → DL 등

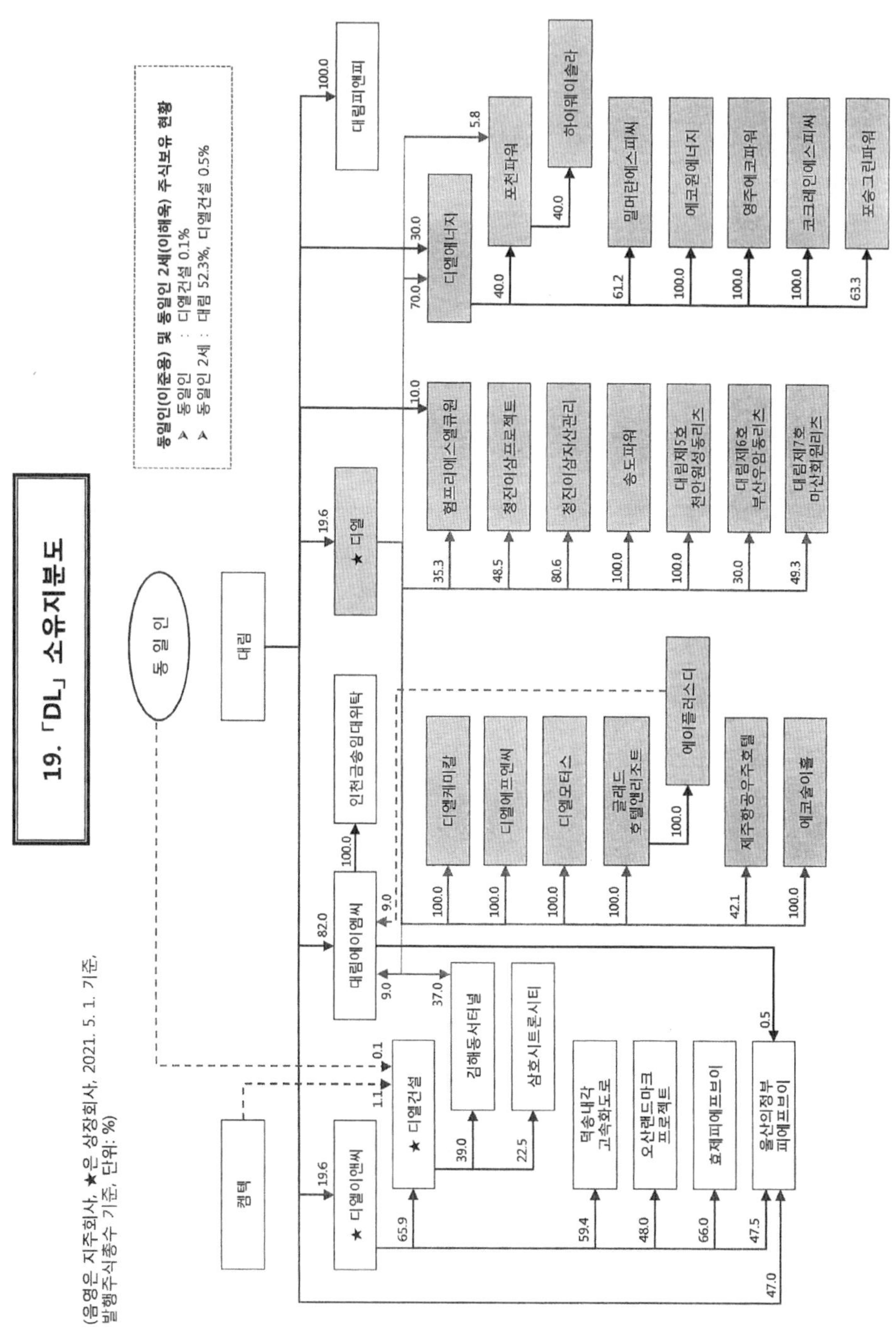

제4장

97개 기업집단: 소유지분도 – (2) 12개 사기업집단

[ㄹ – ㅅ]

20. 롯데그룹: 2012-2021년

연도	동일인	순위 (위)	계열회사 (개)	자산총액 (10억 원)	매출액 (10억 원)	당기순이익 (10억 원)
1987		10	31	1,648	1,627	52
1988		9	32	2,125	1,922	94
1989		9	32	2,664	2,444	81
1990		8	31	3,215	2,833	89
1991		10	32	3,962	3,562	108
1992		10	32	4,887	4,384	107
1993		10	32	5,274	-	-
1994		10	30	5,595	5,575	126
1995		10	29	6,628	6,303	230
1996		10	28	7,090	6,416	132
1997		10	30	7,774	7,209	53
1998		11	28	8,862	7,896	148
1999		10	28	10,446	8,102	217
2000		6	28	15,791	10,191	319
2001		8	31	16,694	12,937	517
2002		7	32	17,964	15,316	710
2003		7	35	20,741	18,914	879
2004		7	36	24,620	17,417	1,219
2005		5	41	30,302	26,615	2,022
2006		5	43	32,961	27,651	2,423
2007		5	44	40,208	28,895	3,352
2008		5	46	43,679	31,824	2,695
2009		6	54	48,890	36,599	2,173
2010		5	60	67,265	39,570	3,069
2011		5	78	77,349	47,537	3,393
2012	신격호	5	79	83,305	55,193	3,034
2013	신격호	5	77	87,523	59,491	2,606
2014	신격호	5	74	91,666	64,825	1,914
2015	신격호	5	80	93,407	66,723	1,580
2016	신격호	5	93	103,284	68,283	1,713
2017	신격호	5	90	110,820	73,973	3,042
2018	신동빈	5	107	116,188	72,181	3,202
2019	신동빈	5	95	115,339	73,430	552
2020	신동빈	5	86	121,524	65,271	466
2021	신동빈	5	86	117,781	56,404	-2,773

	[소유구조]	
주요 주주	신격호 (동일인), 신동빈 (동일인, 2세)	-
주요 지배 회사	롯데제과/롯데지주	호텔롯데
주요 계열회사	롯데쇼핑, 롯데케미칼	롯데쇼핑, 롯데물산

주: 2002-2016년 순위: 공기업집단을 제외한 순위.

1. 그룹

1) 대규모기업집단 지정 연도: 1987-2021년.

2) 연도 수: 35년.

2. 소유지분도: 개관

1) 소유지분도 작성 연도: 2012-2021년.

연도 수: 10년.

2) 그룹 주요 지표: [동일인] 신격호, 신동빈. [순위] 5위.

[계열회사] 74-107개. [자산총액] 83.3-121.5조 원.

[매출액] 55.2-74.0조 원. [당기순이익] (-2.8) - 3.2조 원.

3) 소유구조

◆ {신격호, 신동빈 → 롯데제과/롯데지주 → 계열회사} +
{호텔롯데 등 계열회사 → 계열회사2} ◆

① [주요 주주]

2명 (1-2명씩 지분 보유).

신격호 (동일인)(6년; 2012-2017년) ‖ 신동빈 (동일인, 2세)(4년; 2018-2021년).

지분: 6.8% (6년; 2012-2017년) ‖ 4.9-13% (10년; 2012-2021년).

② [주요 지배 회사]

1개.

롯데제과 (상장) / 롯데지주 (상장).

* 기타: 1개.

호텔롯데.

③ [계열회사]

유형: 자회사 → 손자회사 → 증손회사 (4년; 2018-2021년)

(2012-2017년, 확인 어려움).

주요 회사: 2개 (0-2개씩 관련).

롯데쇼핑 (상장), 롯데케미칼 (상장).

* 계열회사2: 2개 (1-2개씩 관련).

롯데쇼핑, 롯데물산.

4) 롯데제과: 롯데지주 (2017년 10월 인적분할 후 상호 변경, 롯데제과 신설).

5) 롯데그룹의 소유구조는 파악하기가 쉽지 않으며, 지주회사체제가 도입된 2018년 이후의 지주회사 '롯데지주'를 기준으로 잠정적으로 논의함.

3. 소유지분도: 연도별, 2012-2021년

1) 2012년 4월: [순위] 5위, [동일인] 신격호, [계열회사] 79개

{신격호 (6.8%), 신동빈 (4.9%) →
롯데제과} +
{호텔롯데 등 계열회사 → 롯데쇼핑, 롯데물산 등}.

2) 2013년 4월: [순위] 5위, [동일인] 신격호, [계열회사] 77개

{신격호 (6.8%), 신동빈 (4.9%) →
롯데제과} +
{호텔롯데 등 계열회사 → 롯데쇼핑, 롯데물산 등}.

3) 2014년 4월: [순위] 5위, [동일인] 신격호, [계열회사] 74개

{신격호 (6.8%), 신동빈 (5.3%) →
롯데제과} +
{호텔롯데 등 계열회사 → 롯데쇼핑, 롯데물산 등}.

4) 2015년 4월: [순위] 5위, [동일인] 신격호, [계열회사] 80개

{신격호 (6.8%), 신동빈 (5.3%) →
롯데제과} +
{호텔롯데 등 계열회사 → 롯데쇼핑, 롯데물산 등}.

5) 2016년 4월: [순위] 5위, [동일인] 신격호, [계열회사] 93개

{신격호 (6.8%), 신동빈 (8.8%) →
롯데제과} +
{호텔롯데 등 계열회사 → 롯데쇼핑, 롯데물산 등}.

6) 2017년 5월: [순위] 5위, [동일인] 신격호, [계열회사] 90개

{신격호 (6.8%), 신동빈 (9.1%) →
롯데제과} +
{호텔롯데 등 계열회사 → 롯데쇼핑, 롯데물산 등}.

7) 2018년 5월: [순위] 5위, [동일인] 신동빈, [계열회사] 107개

{신동빈 (8.6%) →
롯데지주 → 롯데쇼핑 등} +
{호텔롯데 등 계열회사 → 롯데물산 등}.

8) 2019년 5월: [순위] 5위, [동일인] 신동빈, [계열회사] 95개

{신동빈 (11.6%) →
롯데지주 → 롯데쇼핑, 롯데케미칼 등} +
{호텔롯데 등 계열회사 → 롯데물산 등}.

9) 2020년 5월: [순위] 5위, [동일인] 신동빈, [계열회사] 86개

{신동빈 (11.7%) →
롯데지주 → 롯데쇼핑, 롯데케미칼 등} +
{호텔롯데 등 계열회사 → 롯데물산 등}.

10) 2021년 5월: [순위] 5위, [동일인] 신동빈, [계열회사] 86개

{신동빈 (13%) →
롯데지주 → 롯데쇼핑, 롯데케미칼 등} +
{호텔롯데 등 계열회사 → 롯데물산 등}.

1) 롯데그룹, 2012년 4월: [순위] 5위, [동일인] 신격호, [계열회사] 79개

{신격호 (6.8%), 신동빈 (4.9%) → 롯데제과} + {호텔롯데 등 계열회사 → 롯데쇼핑, 롯데물산 등}

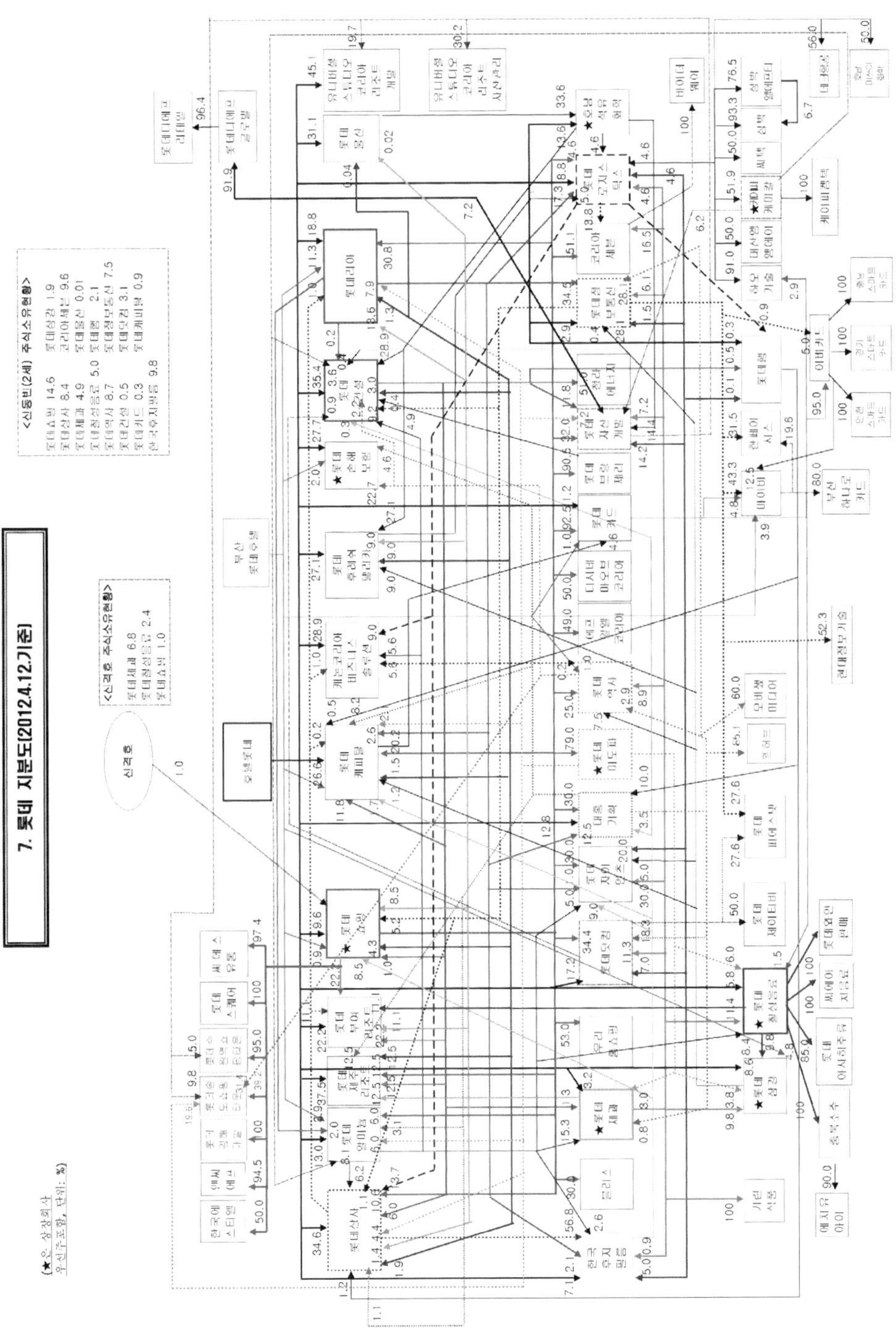

2) 롯데그룹, 2013년 4월: [순위] 5위, [동일인] 신격호, [계열회사] 77개

{신격호 (6.8%), 신동빈 (4.9%) → 롯데제과} + {호텔롯데 등 계열회사 → 롯데쇼핑, 롯데물산 등}

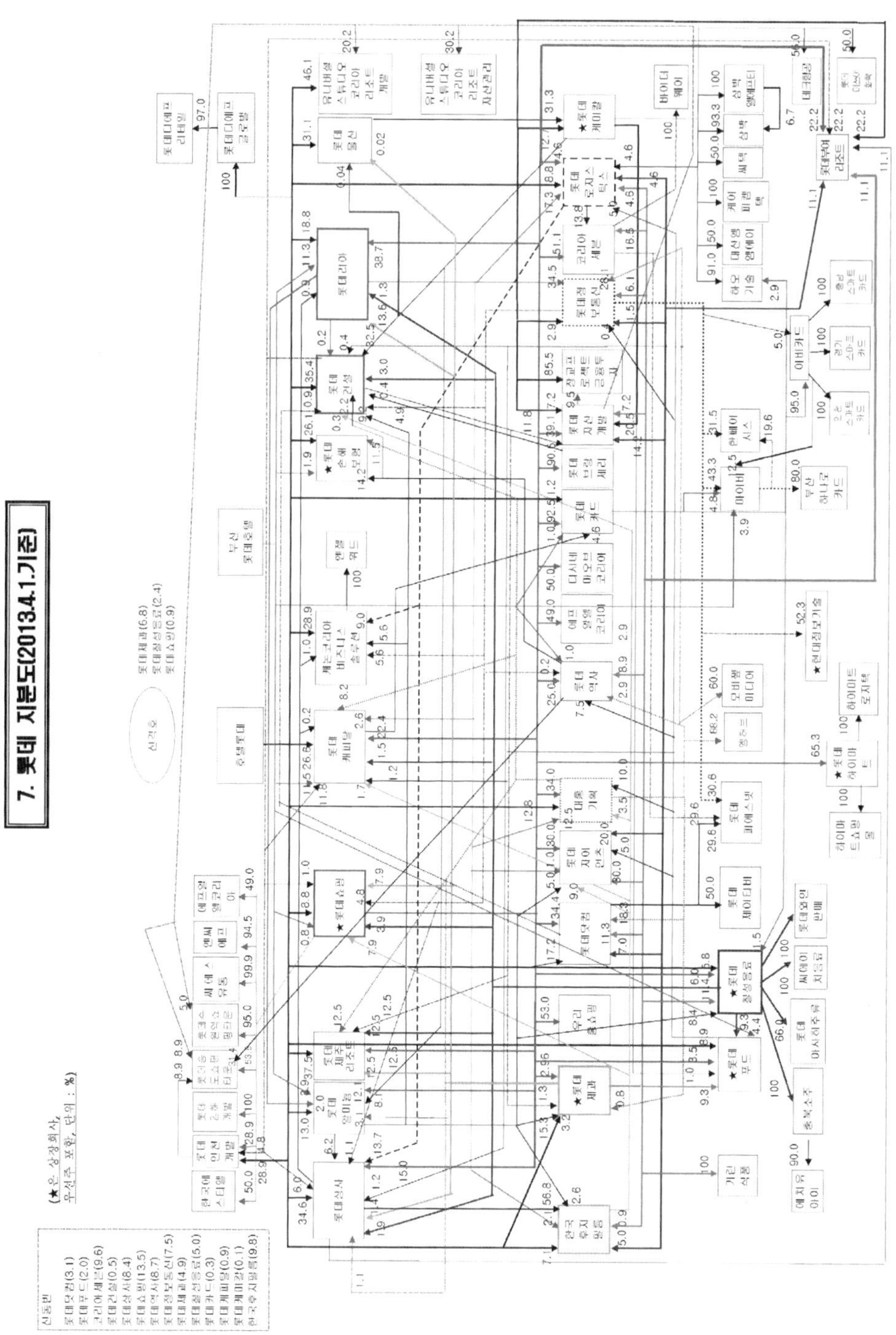

3) 롯데그룹, 2014년 4월: [순위] 5위, [동일인] 신격호, [계열회사] 74개

{신격호 (6.8%), 신동빈 (5.3%) → 롯데제과} + {호텔롯데 등 계열회사 → 롯데쇼핑, 롯데물산 등}

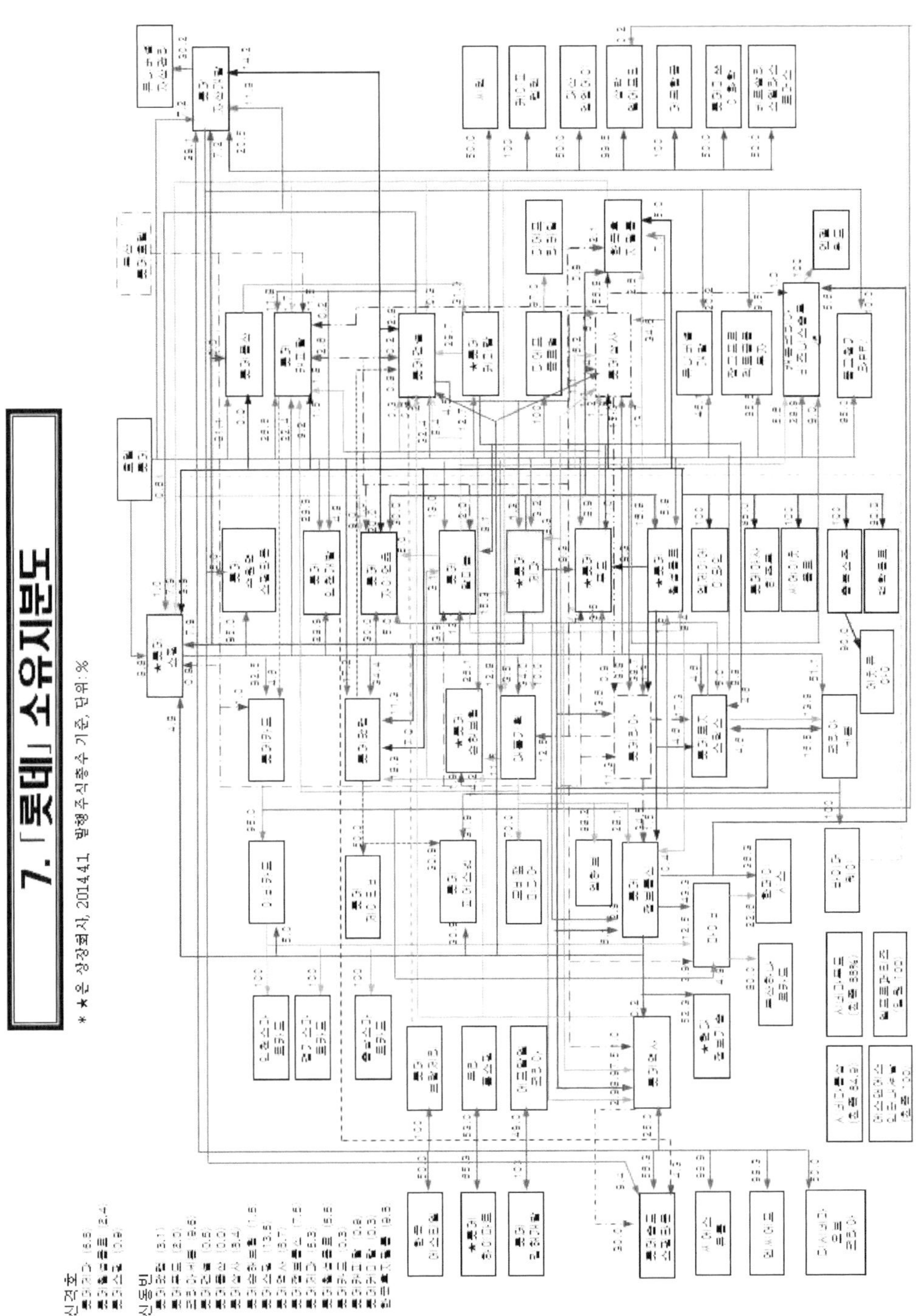

4) 롯데그룹, 2015년 4월: [순위] 5위, [동일인] 신격호, [계열회사] 80개

{신격호 (6.8%), 신동빈 (5.3%) → 롯데제과} + {호텔롯데 등 계열회사 → 롯데쇼핑, 롯데물산 등}

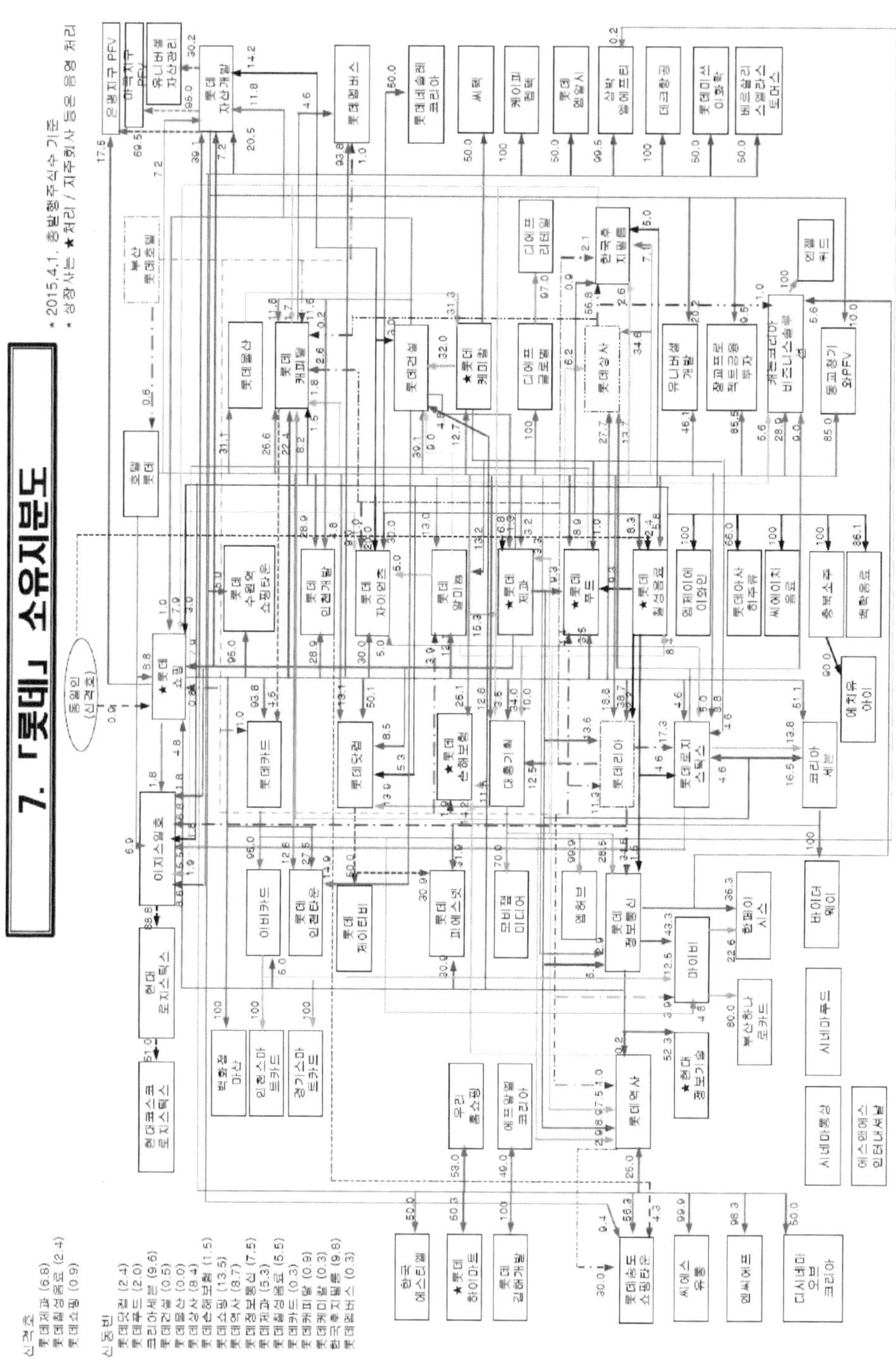

5) 롯데그룹, 2016년 4월: [순위] 5위, [동일인] 신격호, [계열회사] 93개

{신격호 (6.8%), 신동빈 (8.8%) → 롯데제과} + {호텔롯데 등 계열회사 → 롯데쇼핑, 롯데물산 등}

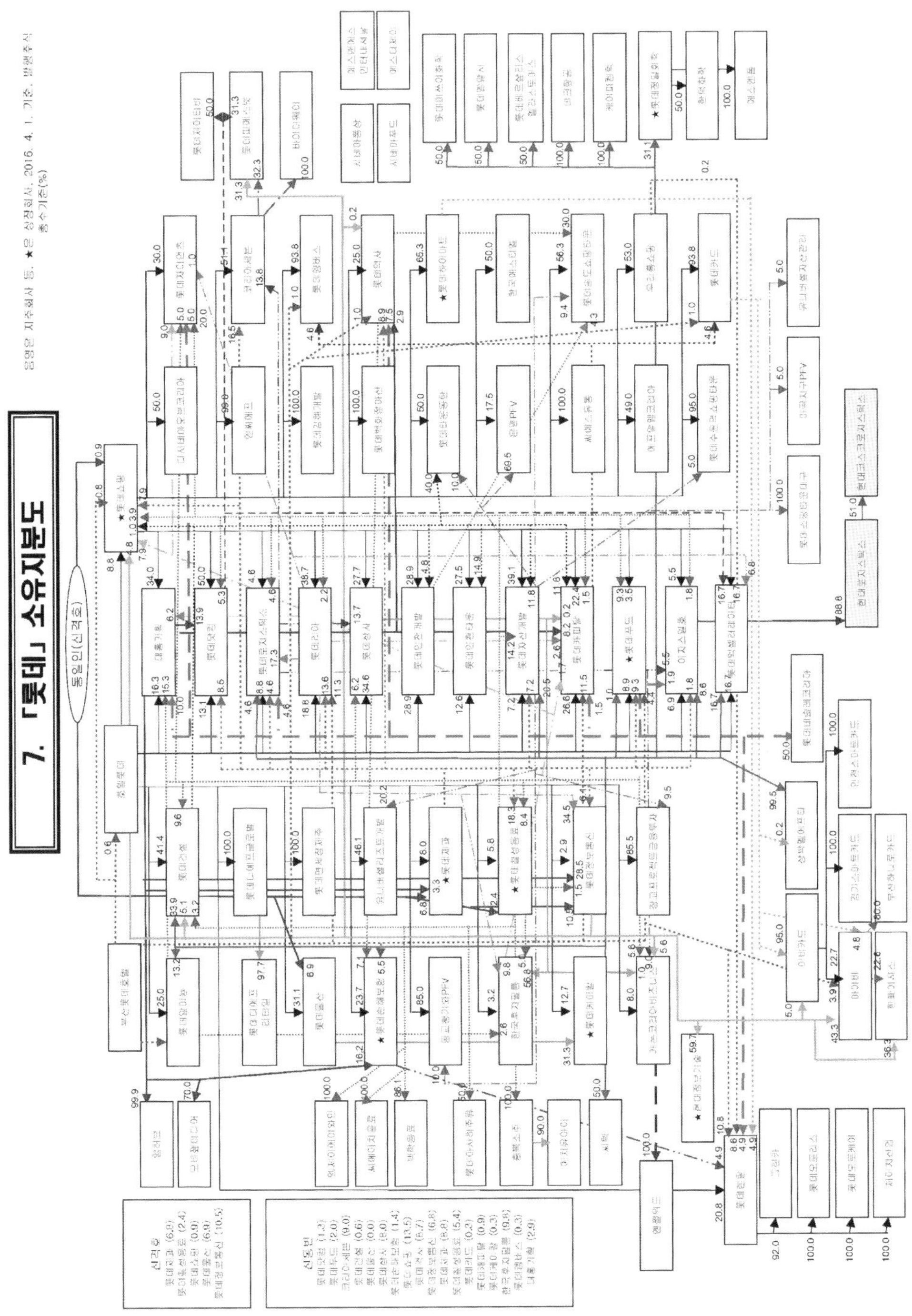

6) 롯데그룹, 2017년 5월: [순위] 5위, [동일인] 신격호, [계열회사] 90개

{신격호 (6.8%), 신동빈 (9.1%) → 롯데제과} + {호텔롯데 등 계열회사 → 롯데쇼핑, 롯데물산 등}

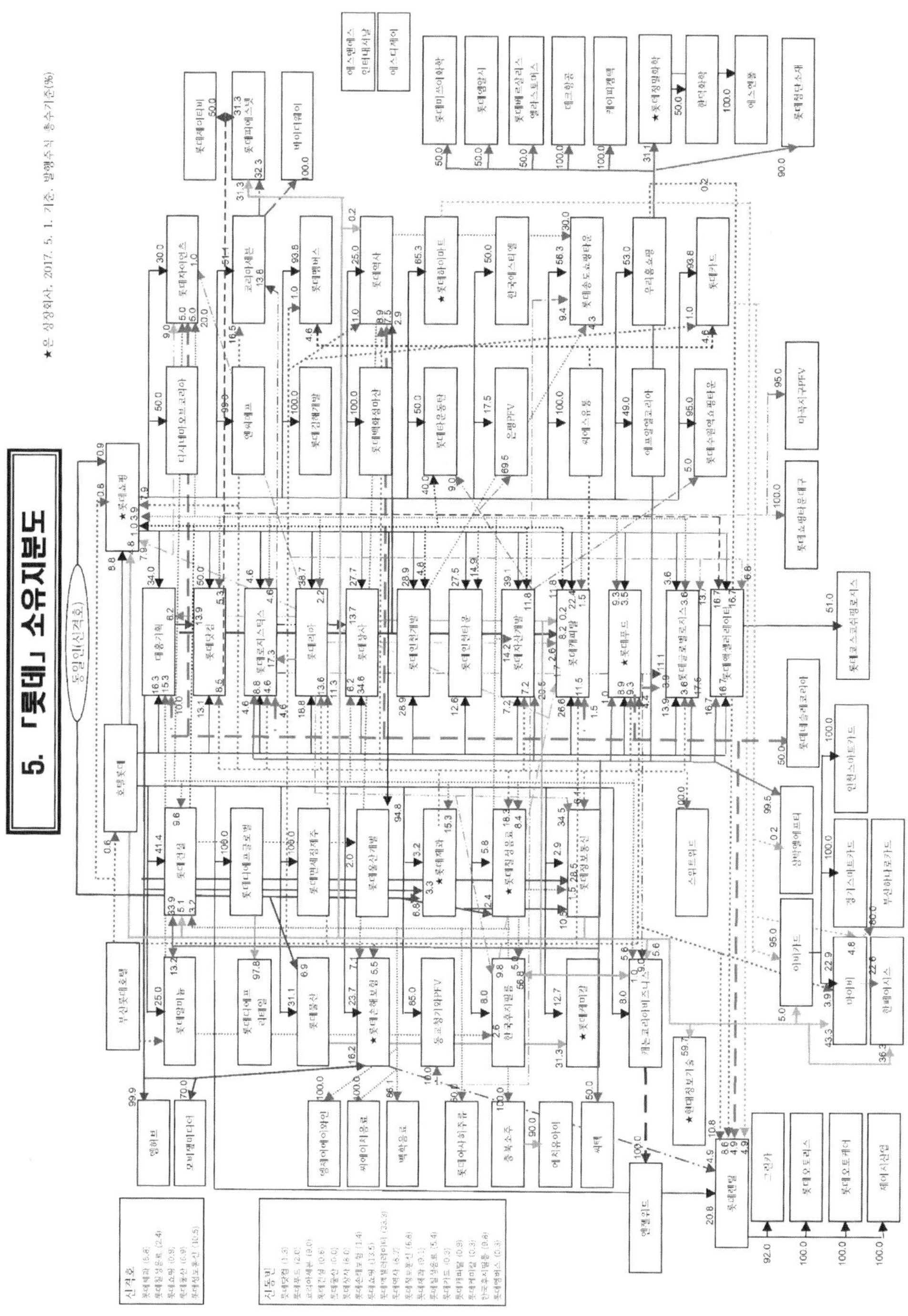

7) 롯데그룹, 2018년 5월: [순위] 5위, [동일인] 신동빈, [계열회사] 107개

{신동빈 (8.6%) → 롯데지주 → 롯데쇼핑 등} + {호텔롯데 등 계열회사 → 롯데물산 등}

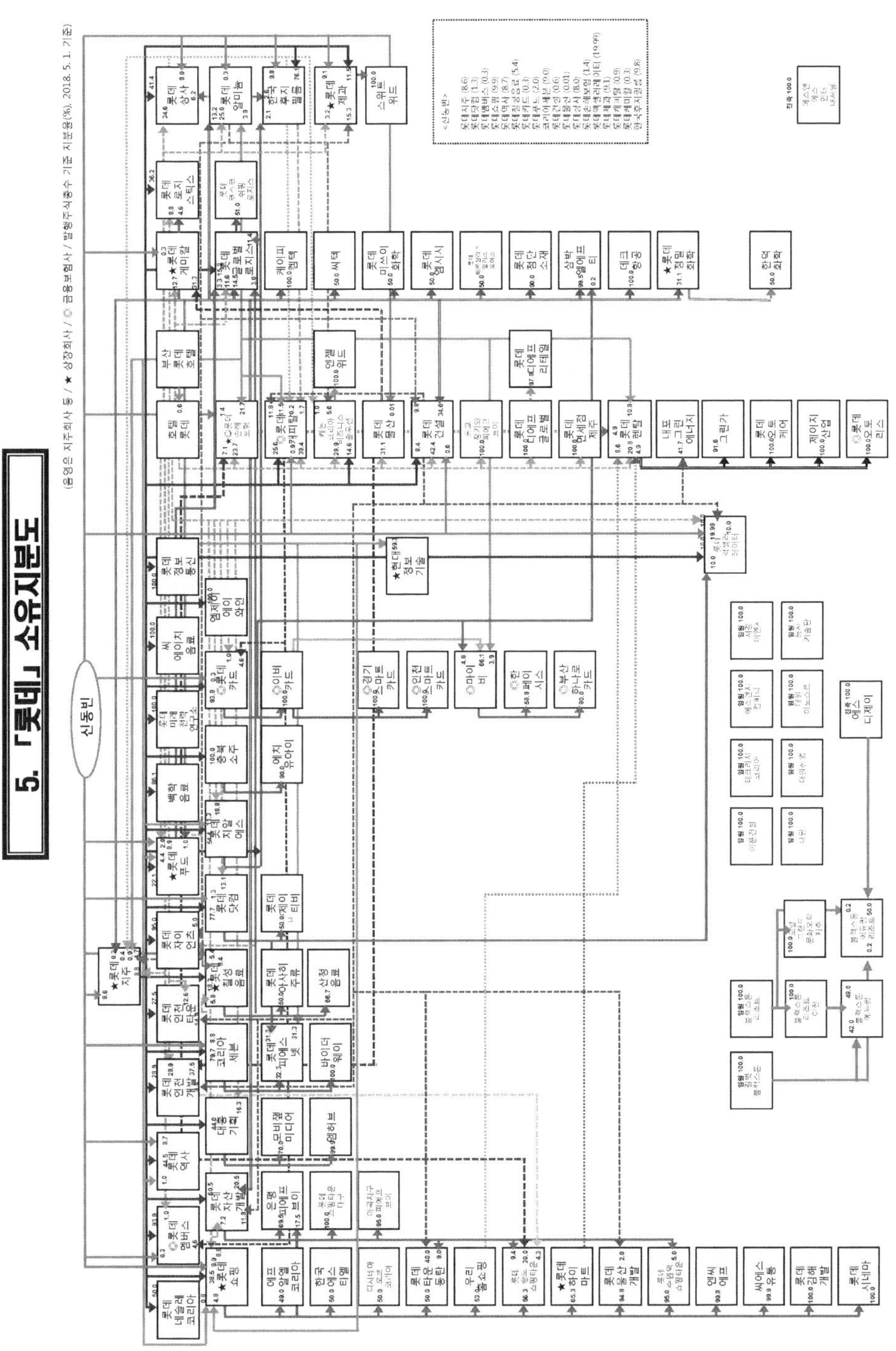

8) 롯데그룹, 2019년 5월: [순위] 5위, [동일인] 신동빈, [계열회사] 95개

{신동빈 (11.6%) → 롯데지주 → 롯데쇼핑, 롯데케미칼 등} + {호텔롯데 등 계열회사 → 롯데물산 등}

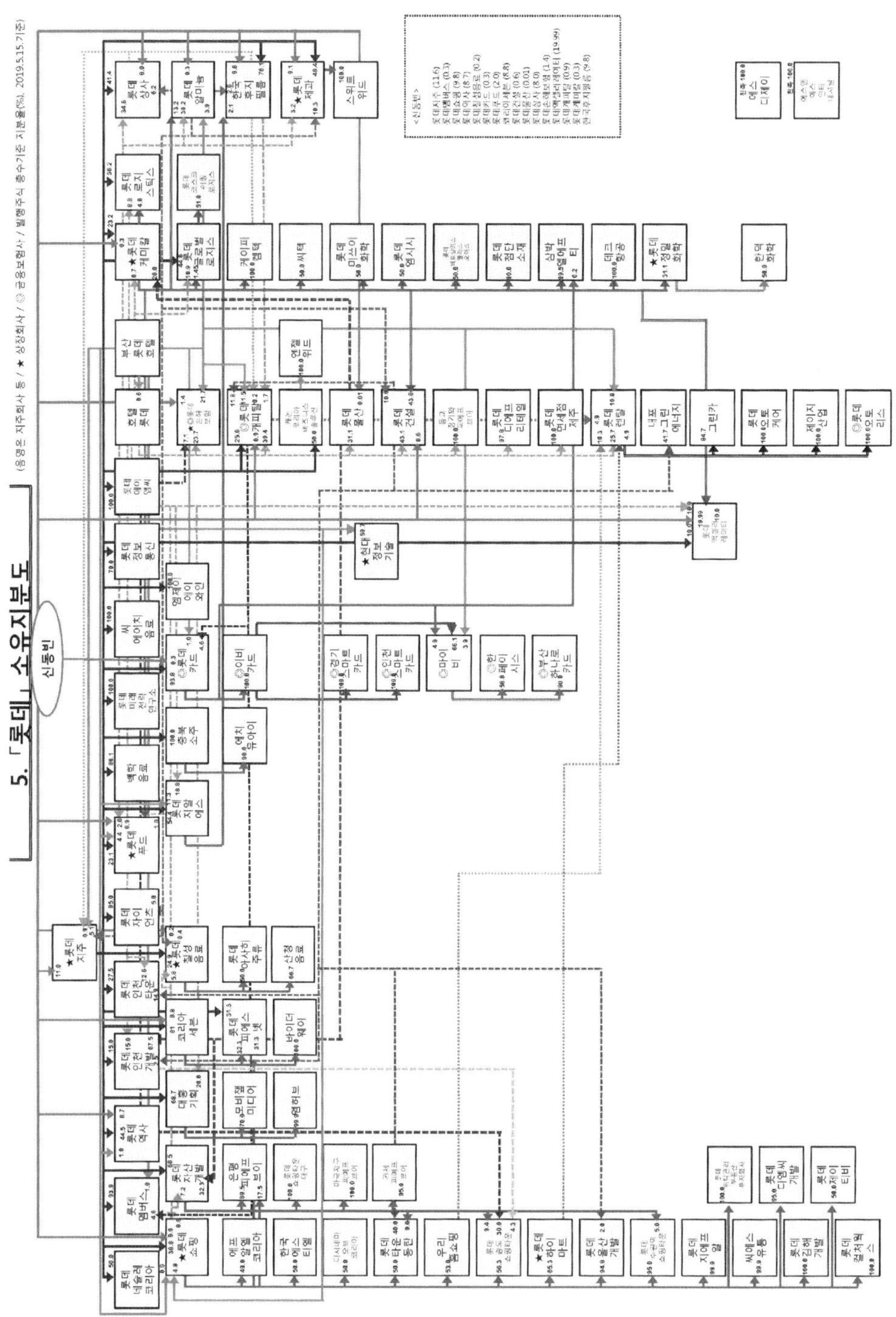

9) 롯데그룹, 2020년 5월: [순위] 5위, [동일인] 신동빈, [계열회사] 86개

{신동빈 (11.7%) → 롯데지주 → 롯데쇼핑, 롯데케미칼 등} + {호텔롯데 등 계열회사 → 롯데물산 등}

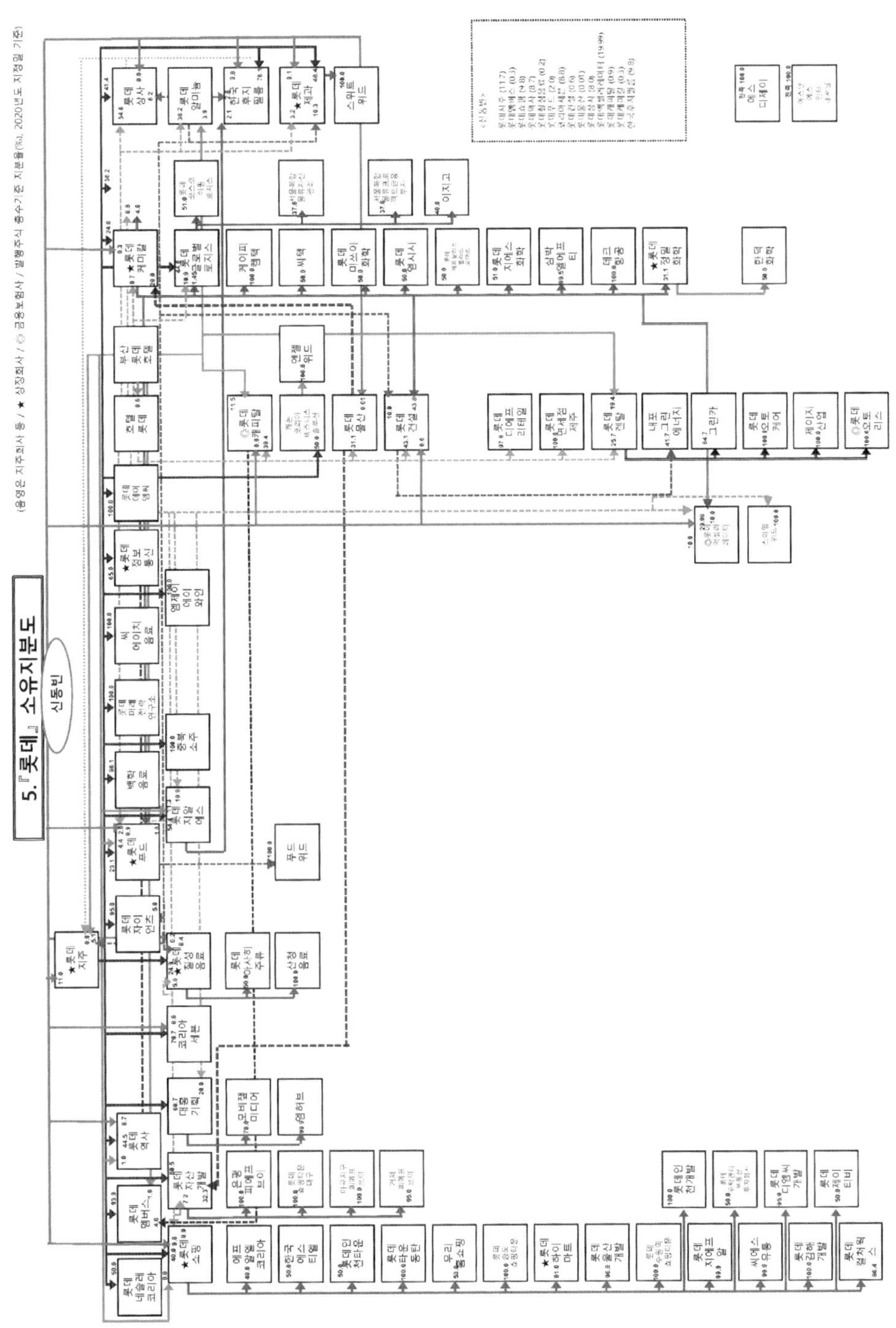

10) 롯데그룹, 2021년 5월: [순위] 5위, [동일인] 신동빈, [계열회사] 86개

{신동빈 (13%) → 롯데지주 → 롯데쇼핑, 롯데케미칼 등} + {호텔롯데 등 계열회사 → 롯데물산 등}

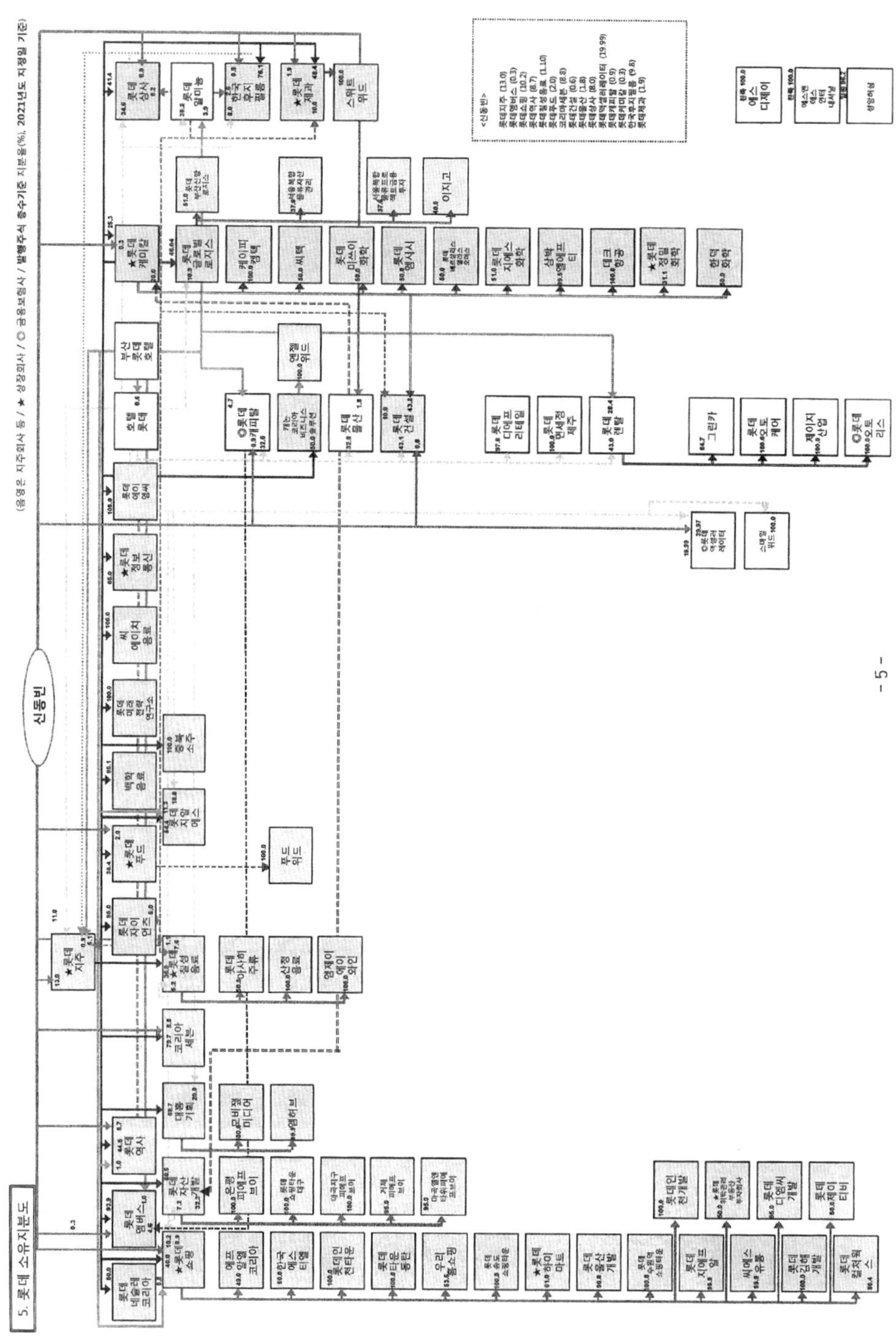

21. 메리츠금융그룹: 2018년

연도	동일인	순위 (위)	계열회사 (개)	자산총액 (10억 원)	매출액 (10억 원)	당기순이익 (10억 원)
2018	조정호	51	8	6,932	13,366	1,018

	[소유구조]
주요 주주	조정호 (동일인)
주요 지배 회사	메리츠금융지주
주요 계열회사	메리츠종합금융증권

1. 그룹

1) 대규모기업집단 지정 연도: 2018년.

2) 연도 수: 1년.

2. 소유지분도: 개관

1) 소유지분도 작성 연도: 2018년.
연도 수: 1년.

2) 그룹 주요 지표: [동일인] 조정호. [순위] 51위.
[계열회사] 8개. [자산총액] 6.9조 원.
[매출액] 13.4조 원. [당기순이익] 1.0조 원.

3) 소유구조

◆ 조정호 → 메리츠금융지주 → 계열회사 ◆

① [주요 주주]

1명.

조정호 (동일인).

지분: 68.9%.

② [주요 지배 회사]

1개.

메리츠금융지주 (상장).

③ [계열회사]

유형: 자회사 → 손자회사.

주요 회사: 1개.

메리츠종합금융증권 (상장).

3. 소유지분도: 연도별, 2018년

2018년 5월: [순위] 51위, [동일인] 조정호, [계열회사] 8개

조정호 (68.9%) →

메리츠금융지주 → 메리츠종합금융증권 등.

메리츠금융그룹, 2018년 5월: [순위] 51위, [동일인] 조정호, [계열회사] 8개

조정호 (68.9%) → 메리츠금융지주 → 메리츠종합금융증권 등

51. 「메리츠금융」 소유지분도

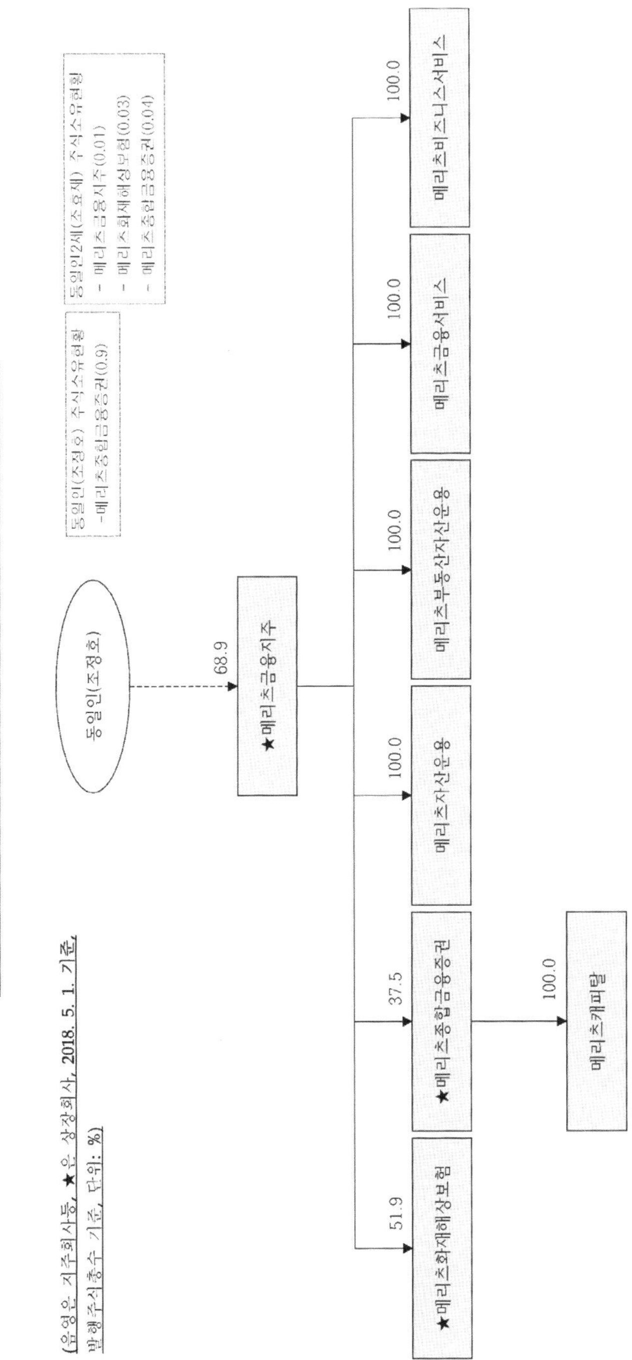

22. 미래에셋그룹: 2012-2021년

연도	동일인	순위 (위)	계열회사 (개)	자산총액 (10억 원)	매출액 (10억 원)	당기순이익 (10억 원)
2008		44	21	3,391	2,817	403
2010		42	26	5,753	5,239	449
2011		40	29	6,620	5,344	564
2012	박현주	35	30	8,364	5,388	553
2013	박현주	34	28	8,632	6,545	459
2014	박현주	30	30	9,718	6,813	342
2015	박현주	30	31	9,991	7,772	621
2016	박현주	25	28	10,944	8,752	367
2017	박현주	21	41	15,182	8,135	-407
2018	박현주	20	38	14,996	13,988	604
2019	박현주	19	38	16,890	15,621	659
2020	박현주	19	38	18,554	17,003	720
2021	박현주	20	38	19,333	19,558	1,125

	[소유구조]
주요 주주	박현주 (동일인)
주요 지배 회사	미래에셋자산운용, 미래에셋캐피탈
주요 계열회사	미래에셋증권, 미래에셋대우/미래에셋증권

주: 2008-2016년 순위: 공기업집단을 제외한 순위.

1. 그룹

1) 대규모기업집단 지정 연도: 2008, 2010-2021년.

2) 연도 수: 13년.

2. 소유지분도: 개관

1) 소유지분도 작성 연도: 2012-2021년.

연도 수: 10년.

2) 그룹 주요 지표: [동일인] 박현주. [순위] 19-35위.
[계열회사] 28-41개. [자산총액] 8.4-19.3조 원.
[매출액] 5.4-19.6조 원. [당기순이익] (-0.4) - 1.1조 원.

3) 소유구조

◆ 박현주 → 미래에셋자산운용, 미래에셋캐피탈 → 계열회사 ◆

① [주요 주주]
1명.
박현주 (동일인).
지분: 34.3-60.2%.

② [주요 지배 회사]
2개 (2개씩 관련).
미래에셋자산운용, 미래에셋캐피탈.

③ [계열회사]
유형: 자회사 → 손자회사 → 증손회사.
주요 회사: 2개 (1개씩 관련).
미래에셋증권 (상장), 미래에셋대우 (상장) / 미래에셋증권 (상장).

4) 대우증권: 미래에셋대우 (2016년 5월 미래에셋그룹 편입 후 상호 변경, 2016년 12월 미래에셋증권 합병),
미래에셋증권 (2021년 3월 상호 변경).

3. 소유지분도: 연도별, 2012-2021년

1) 2012년 4월: [순위] 35위, [동일인] 박현주, [계열회사] 30개
박현주 (59.8, 46.2%) →
미래에셋자산운용, 미래에셋캐피탈 → 미래에셋증권 등.

2) 2013년 4월: [순위] 34위, [동일인] 박현주, [계열회사] 28개
박현주 (60.2, 48.7%) →
미래에셋자산운용, 미래에셋캐피탈 → 미래에셋증권 등.

3) 2014년 4월: [순위] 30위, [동일인] 박현주, [계열회사] 30개

박현주 (60.2, 48.7%) →

미래에셋자산운용, 미래에셋캐피탈 → 미래에셋증권 등.

4) 2015년 4월: [순위] 30위, [동일인] 박현주, [계열회사] 31개

박현주 (60.2, 48.7%) →

미래에셋자산운용, 미래에셋캐피탈 → 미래에셋증권 등.

5) 2016년 4월: [순위] 25위, [동일인] 박현주, [계열회사] 28개

박현주 (60.2, 48.7%) →

미래에셋자산운용, 미래에셋캐피탈 → 미래에셋증권 등.

6) 2017년 5월: [순위] 21위, [동일인] 박현주, [계열회사] 41개

박현주 (60.2, 34.3%) →

미래에셋자산운용, 미래에셋캐피탈 → 미래에셋대우 등.

7) 2018년 5월: [순위] 20위, [동일인] 박현주, [계열회사] 38개

박현주 (60.2, 34.3%) →

미래에셋자산운용, 미래에셋캐피탈 → 미래에셋대우 등.

8) 2019년 5월: [순위] 19위, [동일인] 박현주, [계열회사] 38개

박현주 (60.2, 34.3%) →

미래에셋자산운용, 미래에셋캐피탈 → 미래에셋대우 등.

9) 2020년 5월: [순위] 19위, [동일인] 박현주, [계열회사] 38개

박현주 (60.2, 34.3%) →

미래에셋자산운용, 미래에셋캐피탈 → 미래에셋대우 등.

10) 2021년 5월: [순위] 20위, [동일인] 박현주, [계열회사] 38개

박현주 (60.2, 34.3%) →

미래에셋자산운용, 미래에셋캐피탈 → 미래에셋증권 등.

1) 미래에셋그룹, 2012년 4월: [순위] 35위, [동일인] 박현주, [계열회사] 30개

박현주 (59.8, 46.2%) → 미래에셋자산운용, 미래에셋캐피탈 → 미래에셋증권 등

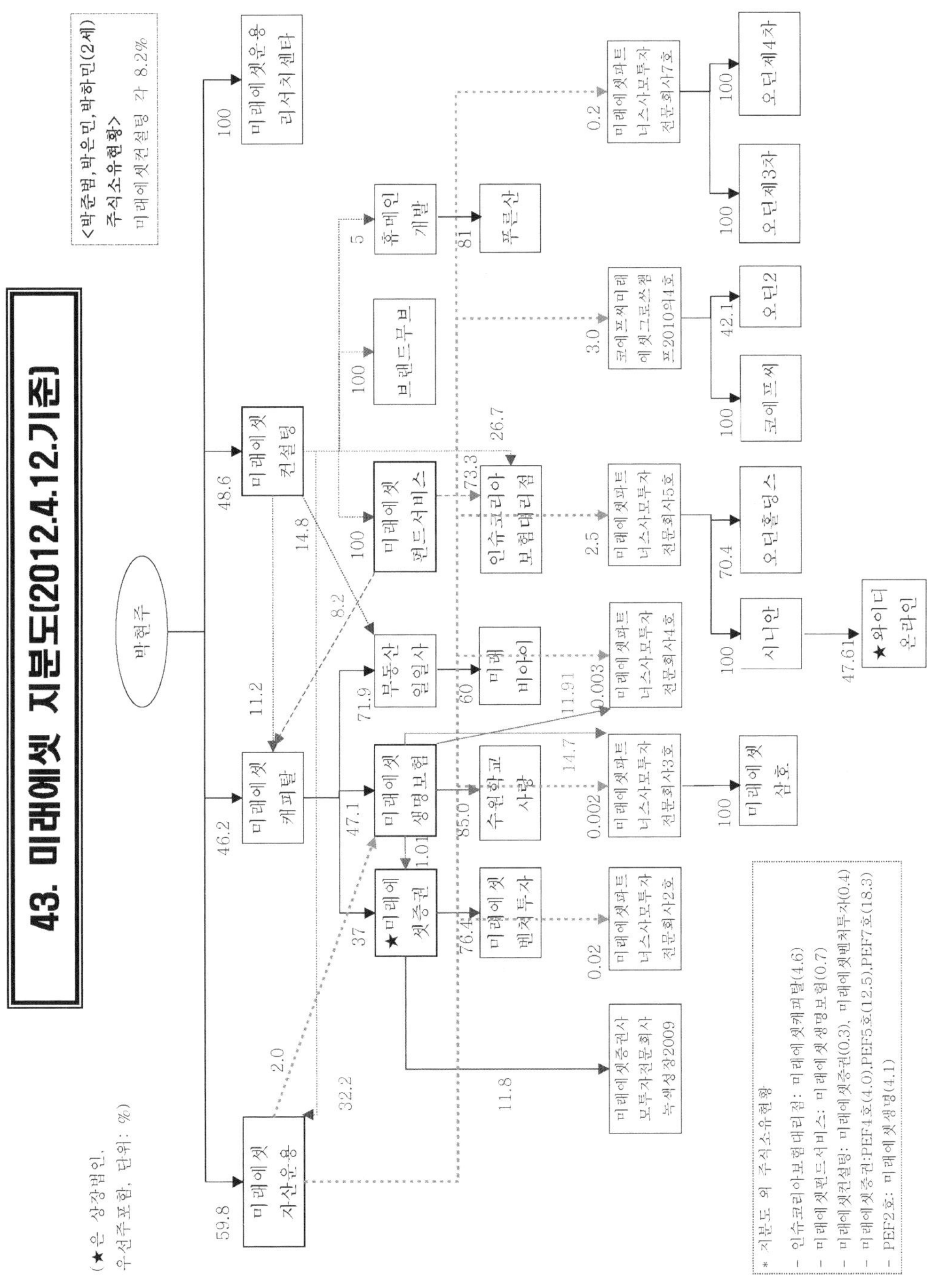

2) 미래에셋그룹, 2013년 4월: [순위] 34위, [동일인] 박현주, [계열회사] 28개

박현주 (60.2, 48.7%) → 미래에셋자산운용, 미래에셋캐피탈 → 미래에셋증권 등

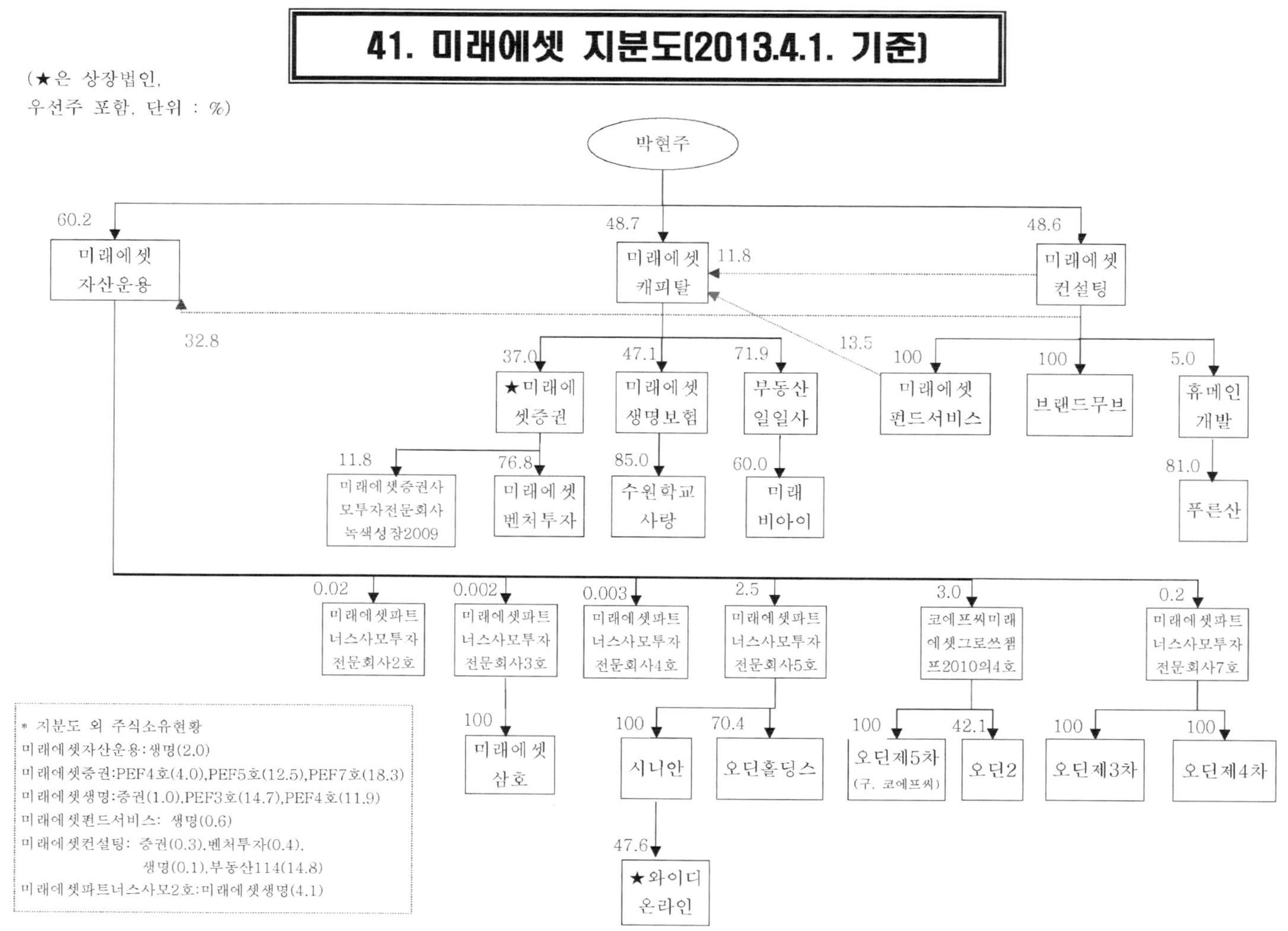

3) 미래에셋그룹, 2014년 4월: [순위] 30위, [동일인] 박현주, [계열회사] 30개

박현주 (60.2, 48.7%) → 미래에셋자산운용, 미래에셋캐피탈 → 미래에셋증권 등

38. 「미래에셋」 소유지분도

* ★은 상장회사, 2014.4.1. 발행주식총수 기준, 단위: %

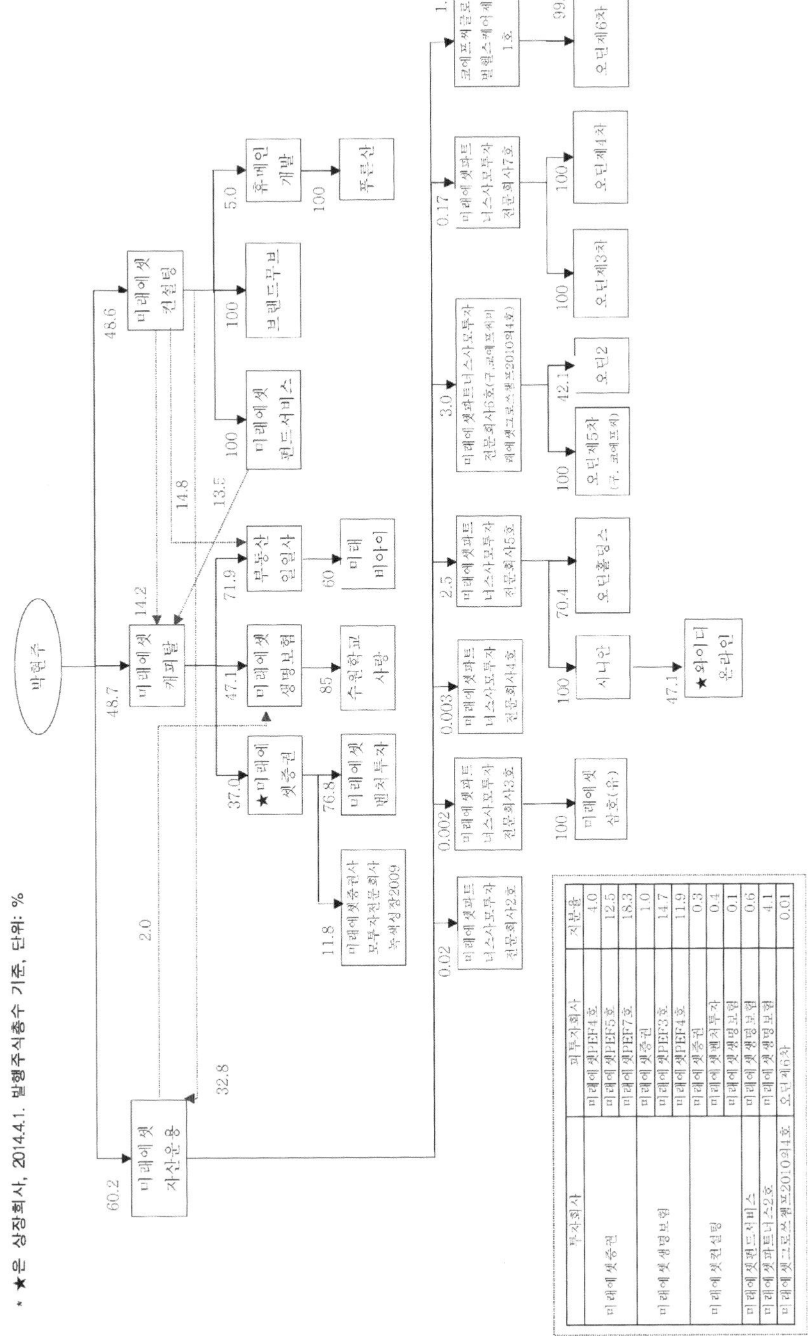

투자회사	피투자회사	지분율
미래에셋증권	미래에셋PEF4호	4.0
	미래에셋PEF5호	12.5
	미래에셋PEF7호	18.3
미래에셋생명보험	미래에셋증권	1.0
	미래에셋PEF3호	14.7
	미래에셋PEF4호	11.9
미래에셋컨설팅	미래에셋증권	0.3
	미래에셋벤처투자	0.4
	미래에셋생명보험	0.1
미래에셋펀드서비스	미래에셋생명보험	0.6
미래에셋파트너스2호	미래에셋생명보험	4.1
미래에셋그로쓰챔프2010의4호	오딘제6차	0.01

4) 미래에셋그룹, 2015년 4월: [순위] 30위, [동일인] 박현주, [계열회사] 31개

박현주 (60.2, 48.7%) → 미래에셋자산운용, 미래에셋캐피탈 → 미래에셋증권 등

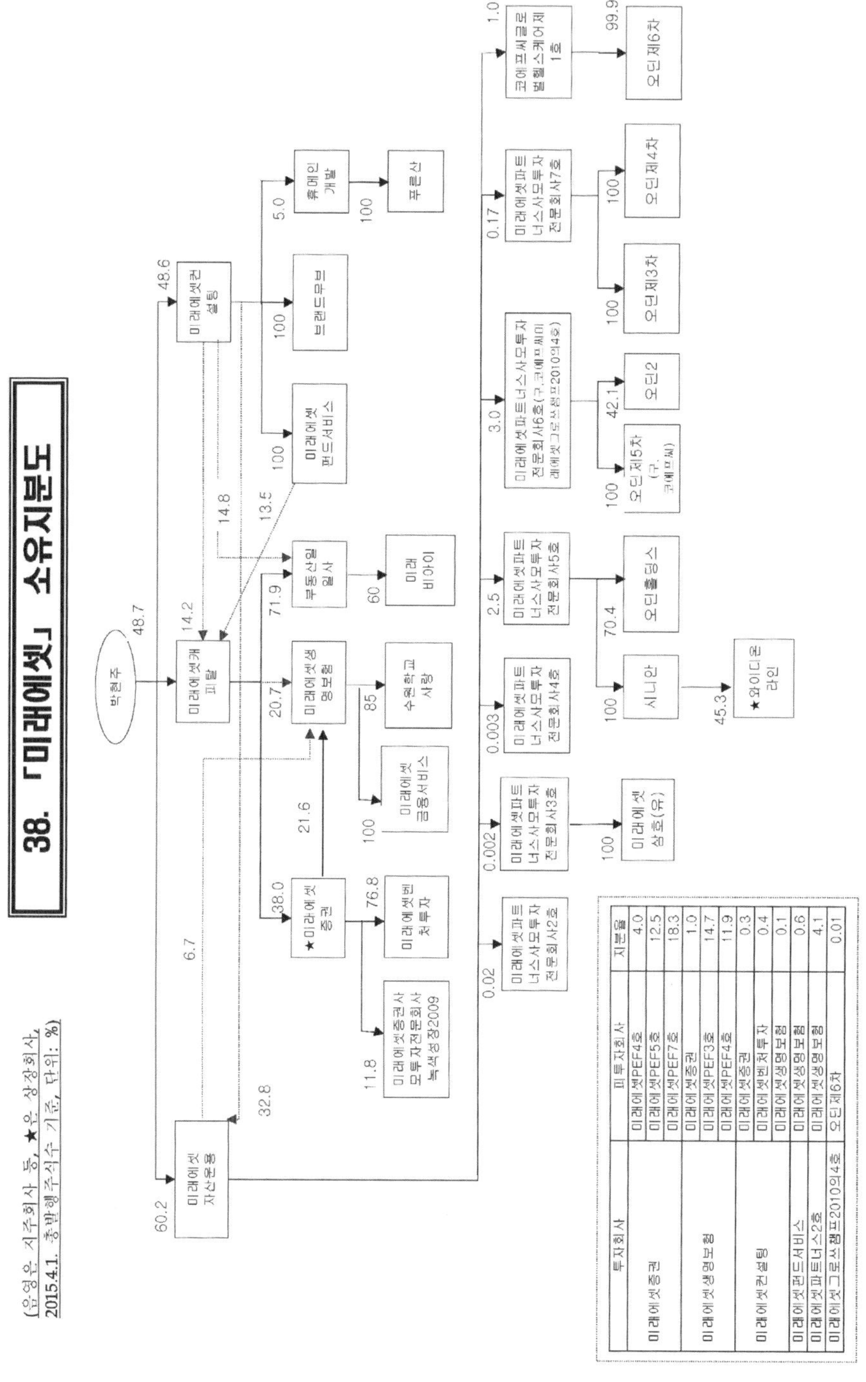

투자회사	피투자회사	지분율
미래에셋증권	미래에셋PEF4호	4.0
	미래에셋PEF5호	12.5
	미래에셋PEF7호	18.3
미래에셋생명보험	미래에셋증권	1.0
	미래에셋PEF3호	14.7
	미래에셋PEF4호	11.9
미래에셋컨설팅	미래에셋증권	0.3
	미래에셋벤처투자	0.4
	미래에셋생명보험	0.1
미래에셋펀드서비스	미래에셋생명보험	0.6
미래에셋파트너스2호	미래에셋생명보험	4.1
미래에셋그로쓰챔프2010의4호	오딘제6차	0.01

5) 미래에셋그룹, 2016년 4월: [순위] 25위, [동일인] 박현주, [계열회사] 28개

박현주 (60.2, 48.7%) → 미래에셋자산운용, 미래에셋캐피탈 → 미래에셋증권 등

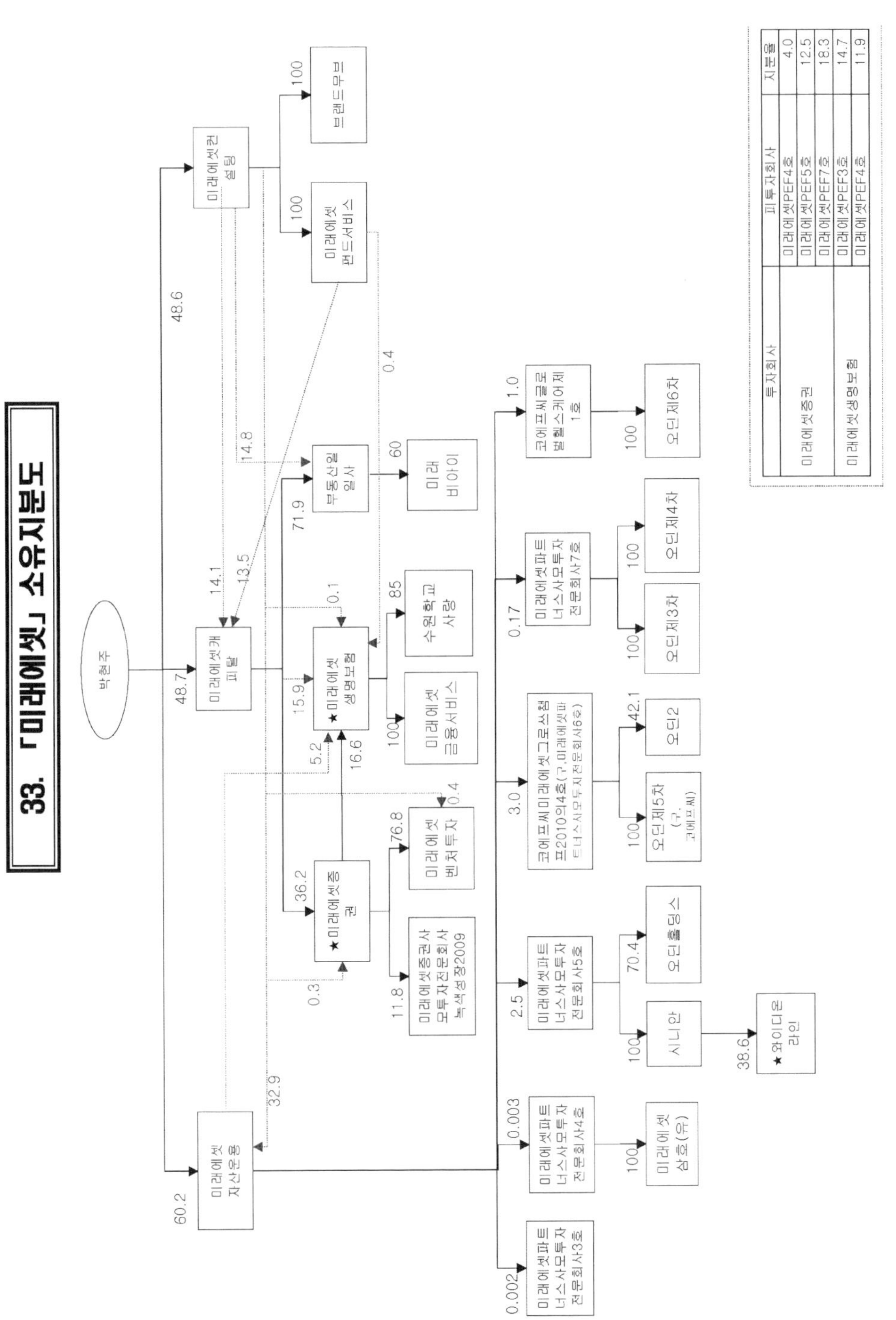

투자회사	피투자회사	지분율
미래에셋증권	미래에셋PEF4호	4.0
	미래에셋PEF5호	12.5
	미래에셋PEF7호	18.3
미래에셋생명보험	미래에셋PEF3호	14.7
	미래에셋PEF4호	11.9

6) 미래에셋그룹, 2017년 5월: [순위] 21위, [동일인] 박현주, [계열회사] 41개

박현주 (60.2, 34.3%) → 미래에셋자산운용, 미래에셋캐피탈 → 미래에셋대우 등

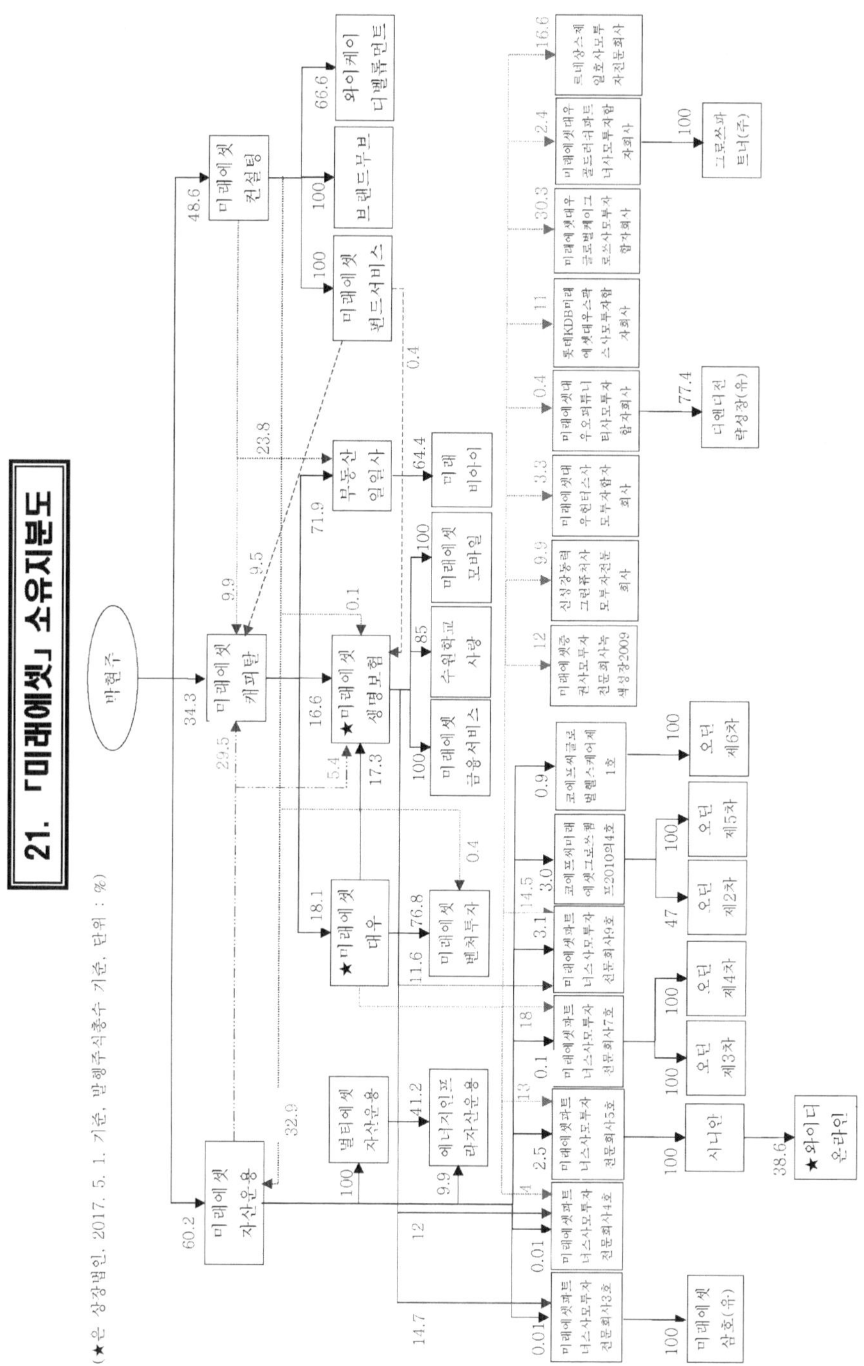

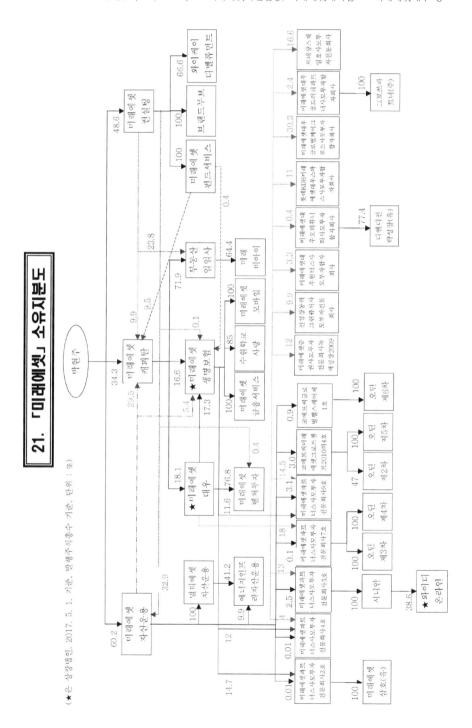

7) 미래에셋그룹, 2018년 5월: [순위] 20위, [동일인] 박현주, [계열회사] 38개

박현주 (60.2, 34.3%) → 미래에셋자산운용, 미래에셋캐피탈 → 미래에셋대우 등

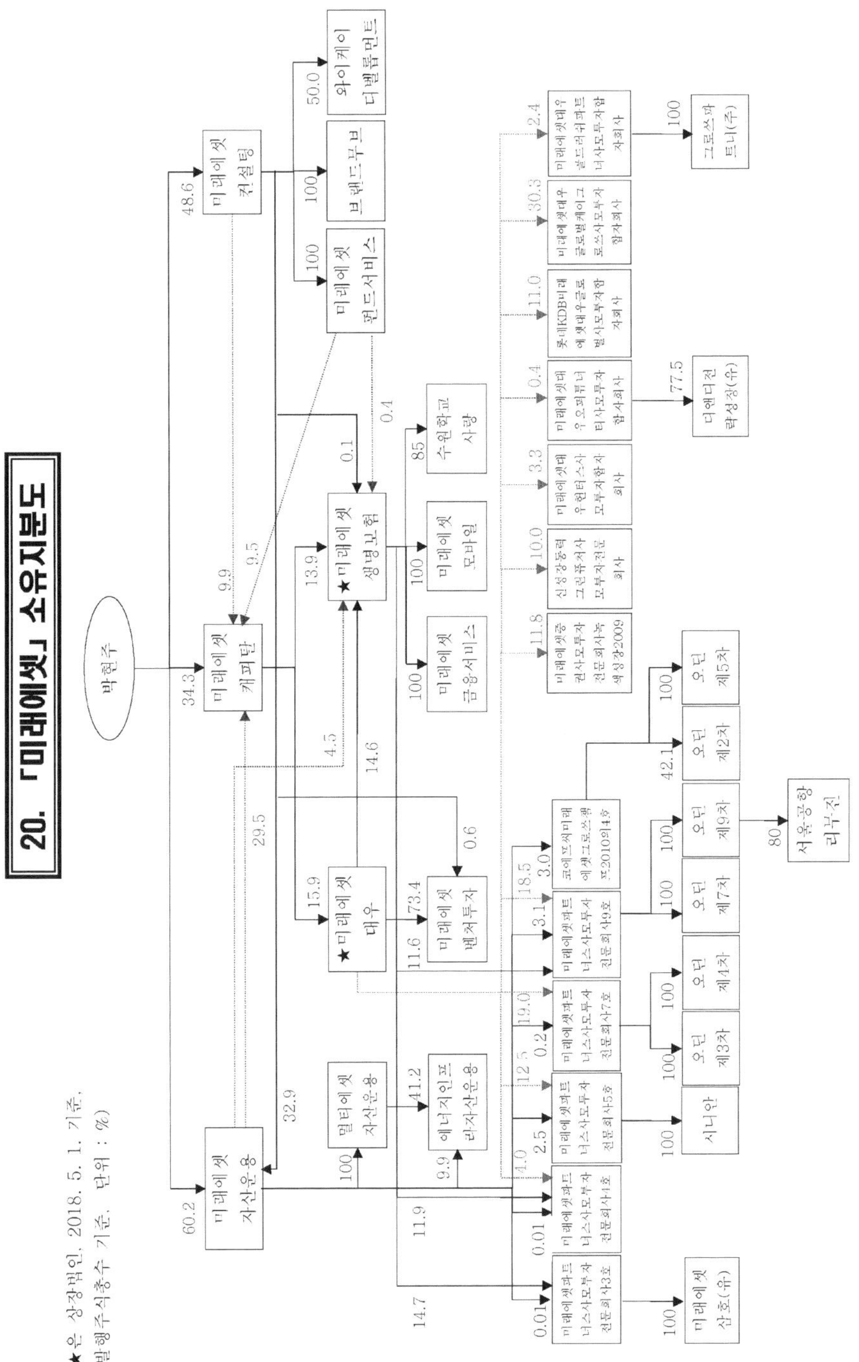

8) 미래에셋그룹, 2019년 5월: [순위] 19위, [동일인] 박현주, [계열회사] 38개

박현주 (60.2, 34.3%) → 미래에셋자산운용, 미래에셋캐피탈 → 미래에셋대우 등

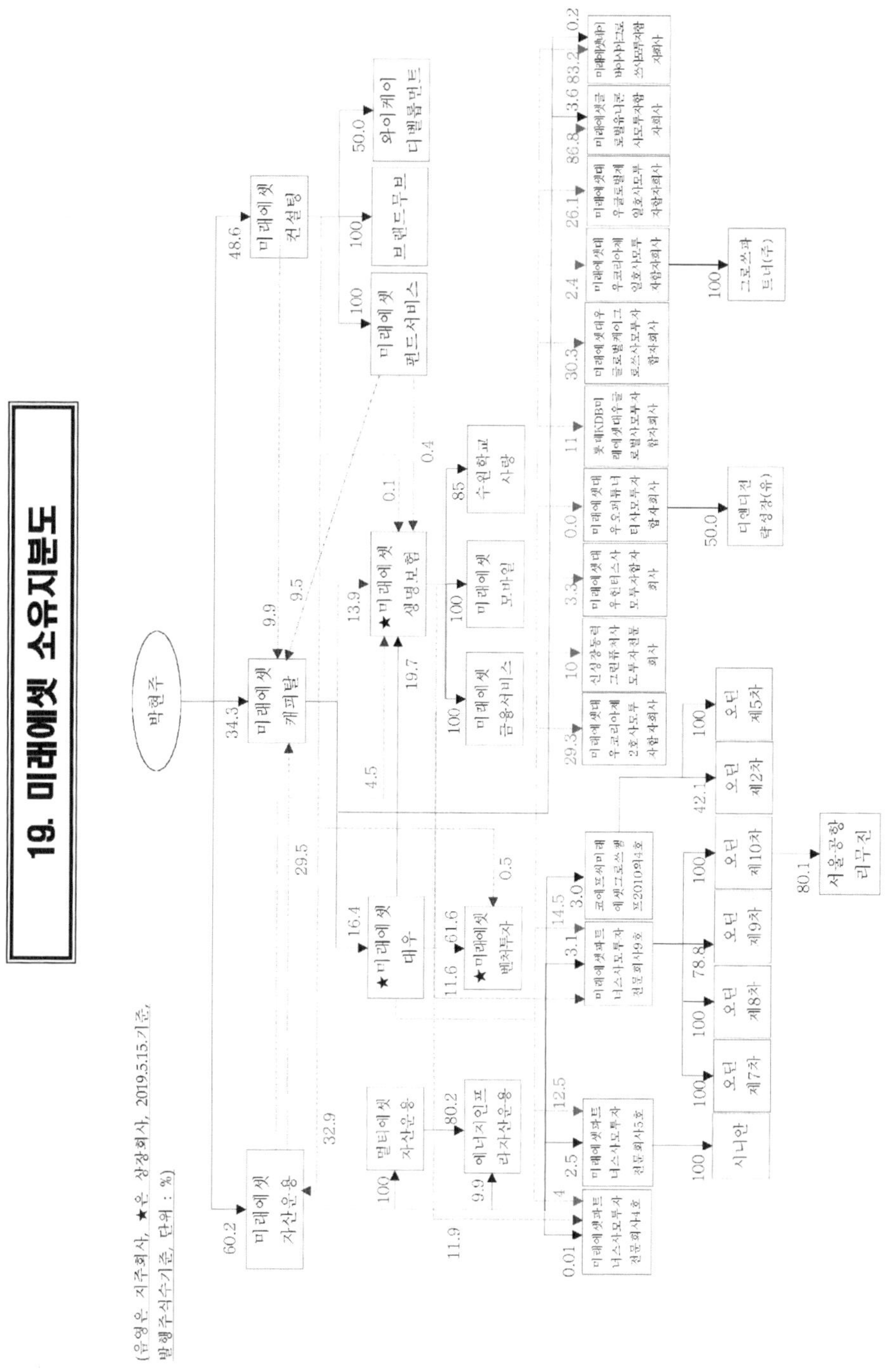

9) 미래에셋그룹, 2020년 5월: [순위] 19위, [동일인] 박현주, [계열회사] 38개

박현주 (60.2, 34.3%) → 미래에셋자산운용, 미래에셋캐피탈 → 미래에셋대우 등

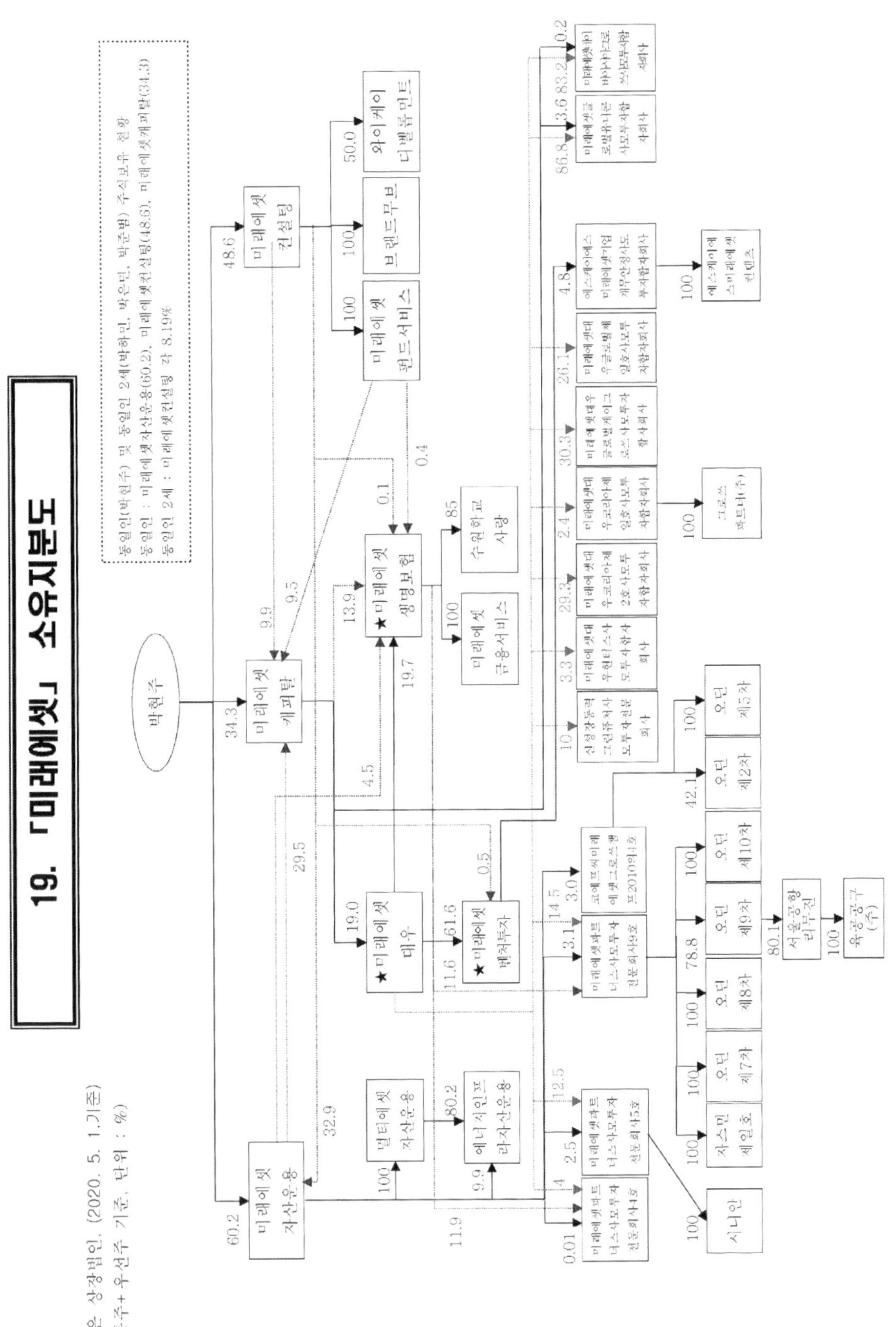

10) 미래에셋그룹, 2021년 5월: [순위] 20위, [동일인] 박현주, [계열회사] 38개

박현주 (60.2, 34.3%) → 미래에셋자산운용, 미래에셋캐피탈 → 미래에셋증권 등

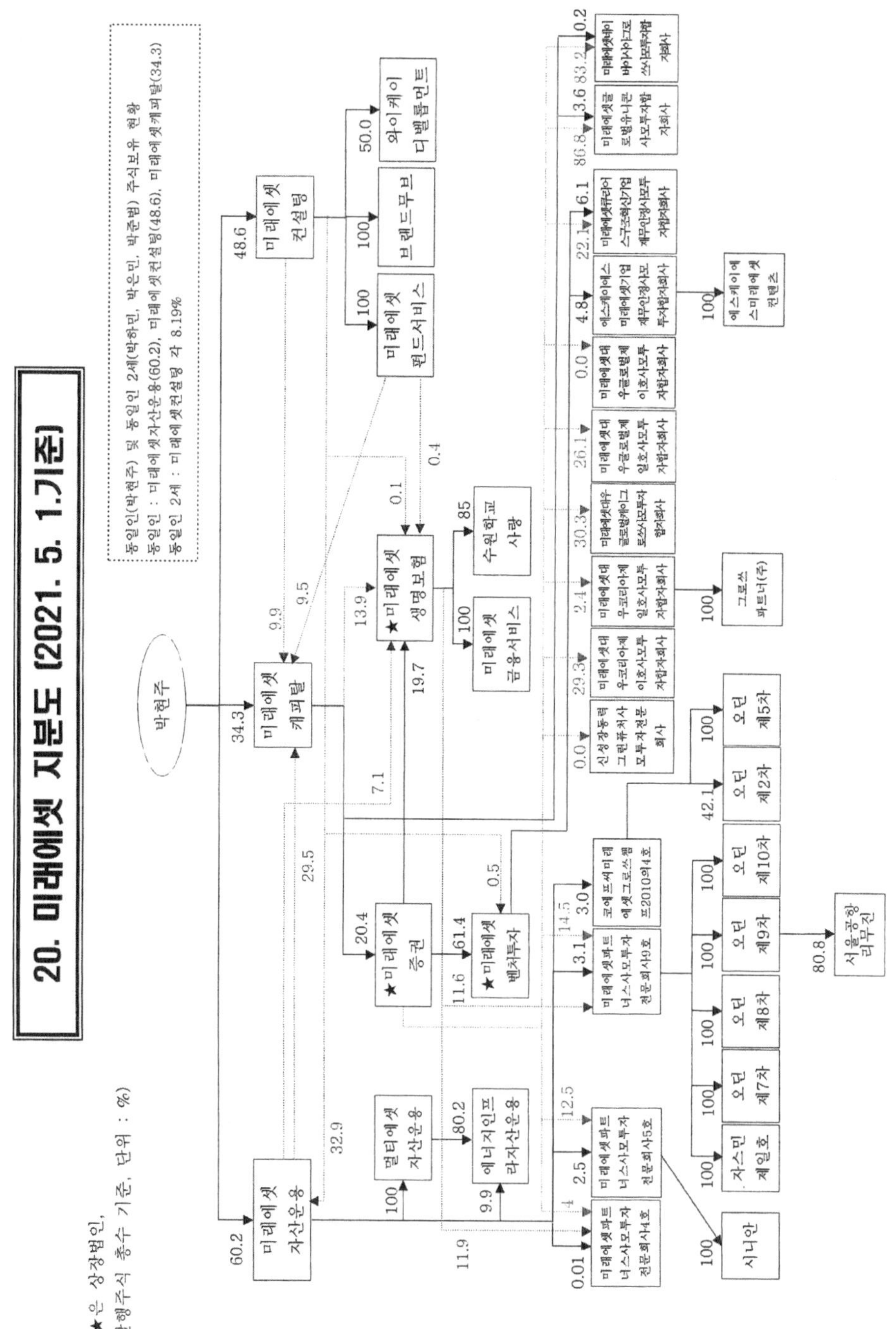

23. 반도홀딩스그룹: 2021년

연도	동일인	순위 (위)	계열회사 (개)	자산총액 (10억 원)	매출액 (10억 원)	당기순이익 (10억 원)
2021	권홍사	62	28	5,585	823	-9

	[소유구조]	
주요 주주	권홍사 (동일인), 권재현 (2세)	친족
주요 지배 회사	반도홀딩스	-
주요 계열회사	반도종합건설, 반도건설	반도개발

1. 그룹

1) 대규모기업집단 지정 연도: 2021년.

2) 연도 수: 1년.

2. 소유지분도: 개관

1) 연도: 2021년.
   연도 수: 1년.

2) 그룹 주요 지표: [동일인] 권홍사. [순위] 62위.
   [계열회사] 28개. [자산총액] 5.6조 원.
   [매출액] 0.8조 원. [당기순이익] (-0.01)조 원.

3) 소유구조

◆ {권홍사, 권재현 → 반도홀딩스 → 계열회사} +
{친족 → 계열회사2} ◆

① [주요 주주]

2명 (2명씩 지분 보유).

권홍사 (동일인) ‖ 권재현 (2세).

지분: 69.6% ‖ 30.1%.

② [주요 지배 회사]

1개.

반도홀딩스.

③ [계열회사]

유형: 자회사 → 손자회사.

주요 회사: 2개 (2개씩 관련).

반도종합건설 (상장), 반도건설 (상장).

* 계열회사2: 1개.

반도개발.

3. 소유지분도: 연도별, 2021년

2021년 5월: [순위] 62위, [동일인] 권홍사, [계열회사] 28개

{권홍사 (69.6%), 권재현 (30.1%) →

반도홀딩스 → 반도종합건설, 반도건설} +

{친족 → 반도개발 등}.

반도홀딩스그룹, 2021년 5월: [순위] 62위, [동일인] 권홍사, [계열회사] 28개

{권홍사 (69.6%), 권재현 (30.1%) → 반도홀딩스 → 반도종합건설, 반도건설} + {친족 → 반도개발 등}

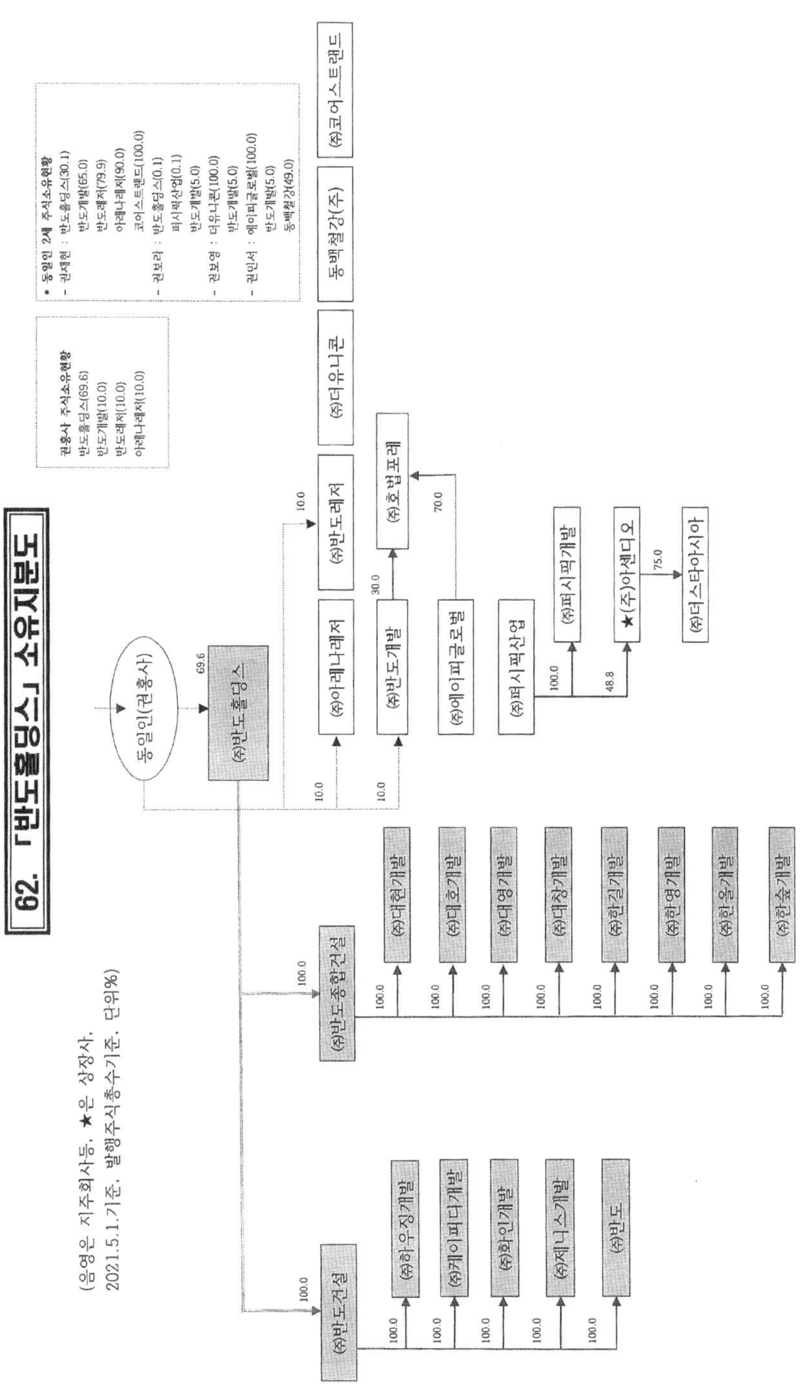

24. 부영그룹: 2012-2021년

연도	동일인	순위 (위)	계열회사 (개)	자산총액 (10억 원)	매출액 (10억 원)	당기순이익 (10억 원)
2002		34	4	2,102	743	33
2003		33	11	2,360	848	52
2004		38	4	2,449	595	11
2005		36	6	3,053	414	-28
2006		39	6	3,462	616	17
2007		39	6	3,807	935	40
2008		38	6	4,755	771	55
2010		24	15	9,161	1,322	108
2011		23	16	11,428	1,355	-103
2012	이중근	23	17	12,533	2,664	371
2013	이중근	23	16	14,131	2,818	552
2014	이중근	21	14	15,665	2,153	421
2015	이중근	20	15	16,805	2,483	353
2016	이중근	16	18	20,434	2,020	267
2017	이중근	16	22	21,713	2,388	94
2018	이중근	16	24	22,440	1,299	-486
2019	이중근	16	24	22,848	2,053	154
2020	이중근	17	23	23,284	1,369	-252
2021	이중근	17	23	23,321	2,976	193

	[소유구조]	
주요 주주	이중근 (동일인)	이중근
주요 지배 회사	부영	-
주요 계열회사	부영주택	동광주택산업

주: 2002-2016년 순위: 공기업집단을 제외한 순위.

1. 그룹

1) 대규모기업집단 지정 연도: 2002-2008, 2010-2021년.

2) 연도 수: 19년.

2. 소유지분도: 개관

1) 소유지분도 작성 연도: 2012-2021년.

   연도 수: 10년.

2) 그룹 주요 지표: [동일인] 이중근. [순위] 16-23위.

   [계열회사] 14-24개. [자산총액] 12.5-23.3조 원.

   [매출액] 1.3-3.0조 원. [당기순이익] (-0.5) - 0.6조 원.

<u>3) 소유구조</u>

◆ {이중근 → 부영 → 계열회사} +

{이중근 → 계열회사2} ◆

① [주요 주주]

1명.

이중근 (동일인).

지분: 74.18-93.8%.

② [주요 지배 회사]

1개.

부영.

③ [계열회사]

유형: 자회사 → 손자회사 (5년; 2012-2016년),

자회사 → 손자회사 → 증손회사 (5년; 2017-2021년).

주요 회사: 1개.

부영주택.

* 계열회사2: 1개.

동광주택산업.

3. 소유지분도: 연도별, 2012-2021년

1) 2012년 4월: [순위] 23위, [동일인] 이중근, [계열회사] 17개

{이중근 (74.18%) →

부영 → 부영주택} +

{이중근 → 동광주택산업 등} + {친족, 임원 → 계열회사}.

2) 2013년 4월: [순위] 23위, [동일인] 이중근, [계열회사] 16개

{이중근 (74.2%) →

부영 → 부영주택} +

{이중근 → 동광주택산업 등} + {친족, 임원 → 계열회사}.

3) 2014년 4월: [순위] 21위, [동일인] 이중근, [계열회사] 14개

{이중근 (93.8%) →

부영 → 부영주택} +

{이중근 → 동광주택산업 등}.

4) 2015년 4월: [순위] 20위, [동일인] 이중근, [계열회사] 15개

{이중근 (93.79%) →

부영 → 부영주택} +

{이중근 → 동광주택산업 등}.

5) 2016년 4월: [순위] 16위, [동일인] 이중근, [계열회사] 18개

{이중근 (93.79%) →

부영 → 부영주택} +

{이중근 → 동광주택산업 등}.

6) 2017년 5월: [순위] 16위, [동일인] 이중근, [계열회사] 22개

{이중근 (93.79%) →

부영 → 부영주택} +

{이중근 → 동광주택산업 등}.

7) 2018년 5월: [순위] 16위, [동일인] 이중근, [계열회사] 24개

{이중근 (93.8%) →

부영 → 부영주택} +

{이중근 → 동광주택산업 등}.

8) 2019년 5월: [순위] 16위, [동일인] 이중근, [계열회사] 24개

{이중근 (93.79%) →

부영 → 부영주택} +

{이중근 → 동광주택산업 등}.

9) 2020년 5월: [순위] 17위, [동일인] 이중근, [계열회사] 23개

{이중근 (93.79%) →

부영 → 부영주택} +

{이중근 → 동광주택산업 등}.

10) 2021년 5월: [순위] 17위, [동일인] 이중근, [계열회사] 23개

{이중근 (93.79%) →

부영 → 부영주택} +

{이중근 → 동광주택산업 등}.

1) 부영그룹, 2012년 4월: [순위] 23위, [동일인] 이중근, [계열회사] 17개

{이중근 (74.18%) → 부영 → 부영주택} + {이중근 → 동광주택산업 등} + {친족, 임원 → 계열회사}

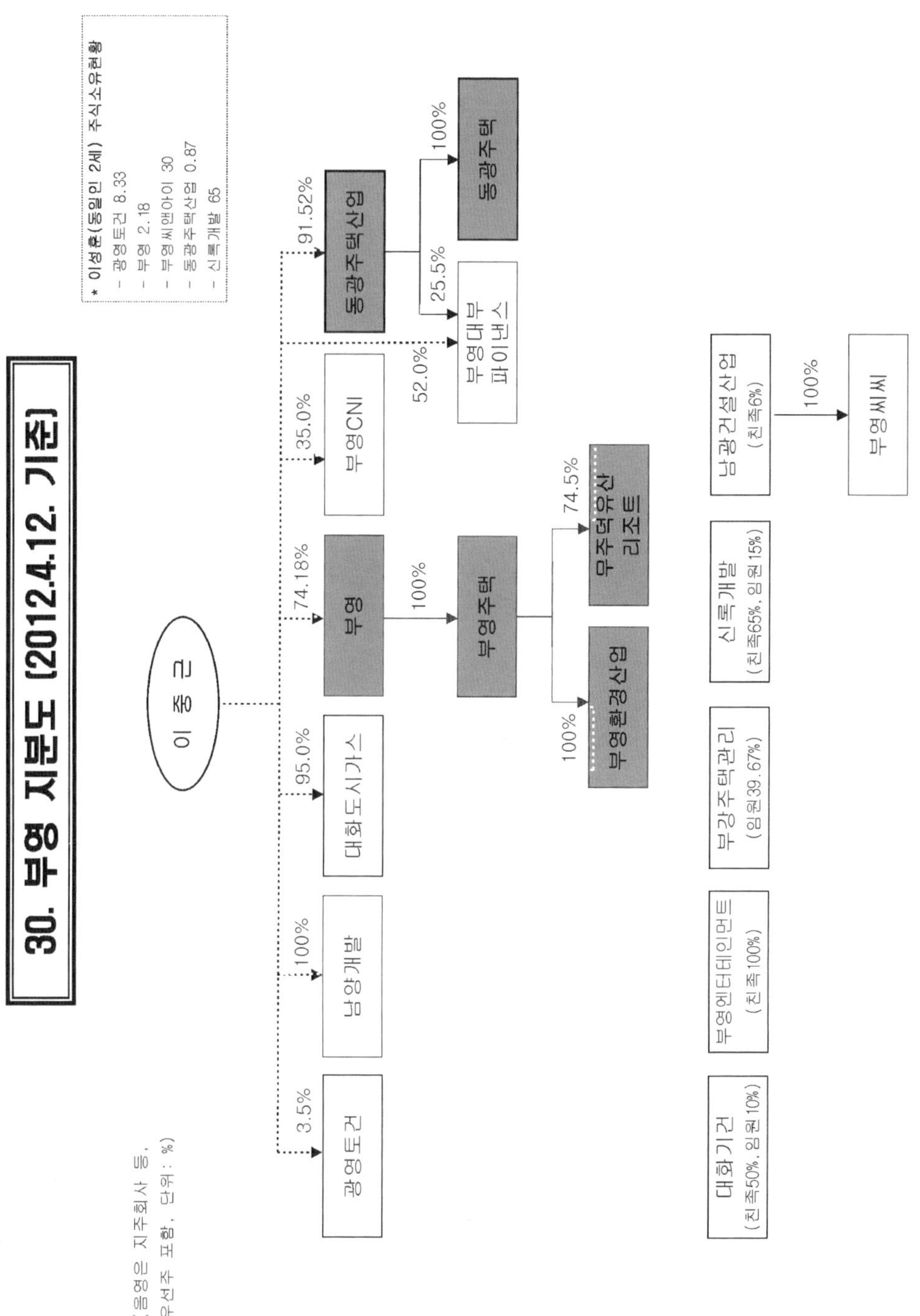

2) 부영그룹, 2013년 4월: [순위] 23위, [동일인] 이중근, [계열회사] 16개

{이중근 (74.2%) → 부영 → 부영주택} + {이중근 → 동광주택산업 등} + {친족, 임원 → 계열회사}

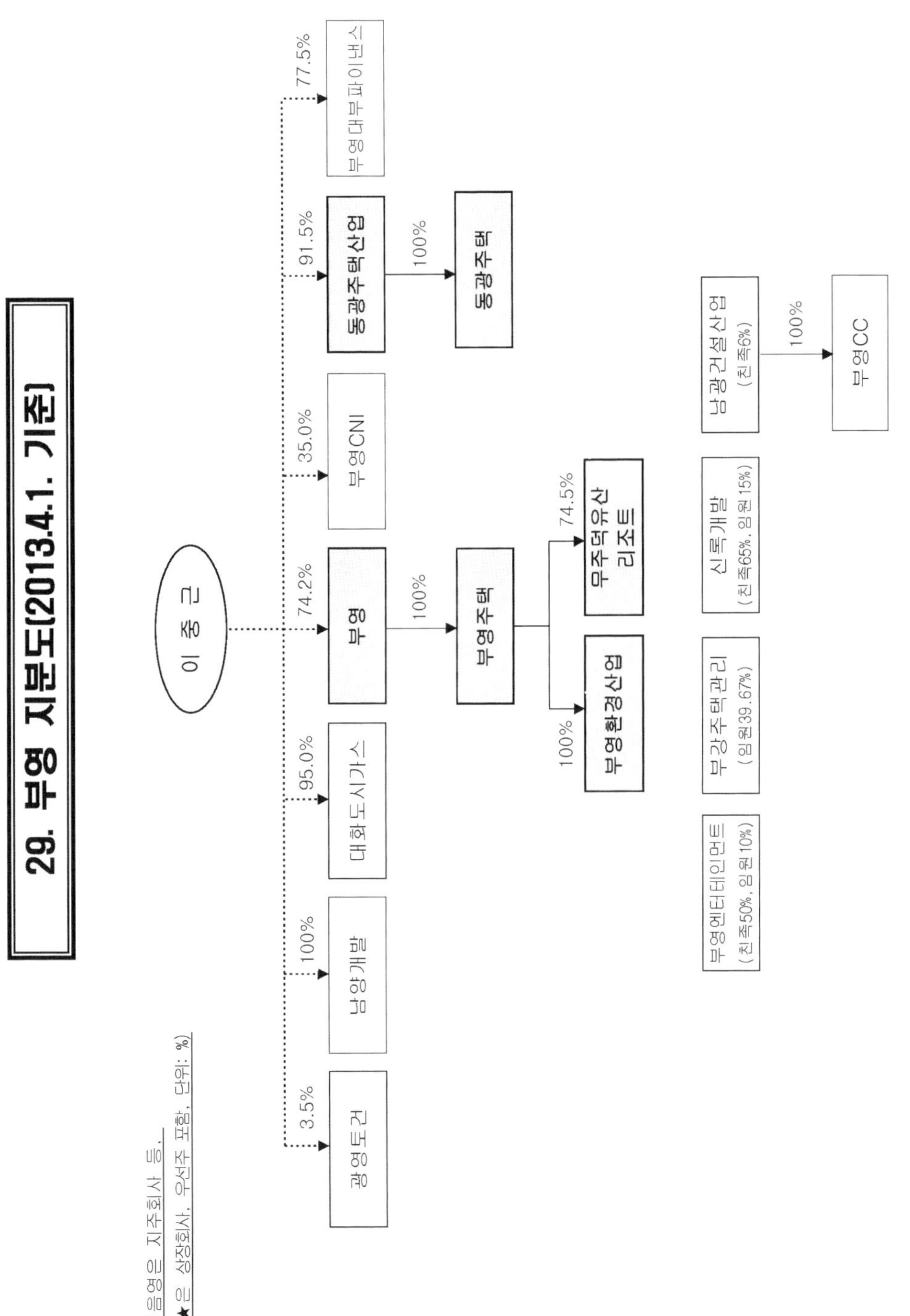

3) 부영그룹, 2014년 4월: [순위] 21위, [동일인] 이중근, [계열회사] 14개

{이중근 (93.8%) → 부영 → 부영주택} + {이중근 → 동광주택산업 등}

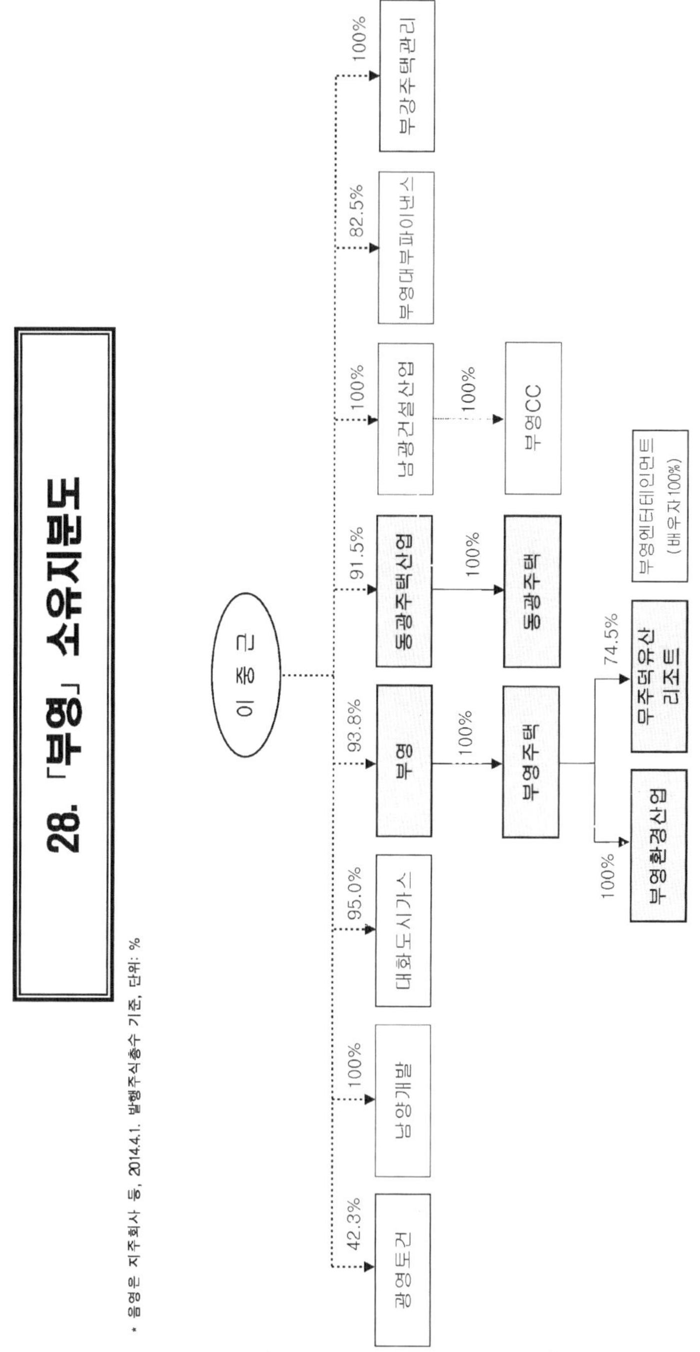

4) 부영그룹, 2015년 4월: [순위] 20위, [동일인] 이중근, [계열회사] 15개

{이중근 (93.79%) → 부영 → 부영주택} + {이중근 → 동광주택산업 등}

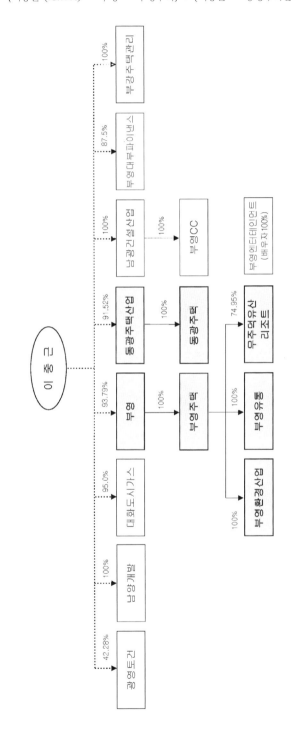

27. 「부영」 소유지분도

(음영은 지주회사 등, ★은 상장회사, 2015.4.1. 총발행주식수 기준, 단위: %)

이 중 근
- 42.28% → 광영토건
- 100% → 남양개발
- 95.0% → 대화도시가스
- 93.79% → 부영
  - 100% → 부영주택
    - 100% → 부영환경산업
    - 100% → 부영유통
    - 74.95% → 무주덕유산 리조트
- 91.52% → 동광주택산업
  - 100% → 동광주택
- 100% → 남광건설산업
  - 100% → 부영CC
- 87.5% → 부영대부파이낸스
- 100% → 부강주택관리

부영엔터테인먼트 (배우자100%)

5) 부영그룹, 2016년 4월: [순위] 16위, [동일인] 이중근, [계열회사] 18개

{이중근 (93.79%) → 부영 → 부영주택} + {이중근 → 동광주택산업 등}

21. 「부영」 소유지분도

(부영은 지주회사 등, 발행주식총수기준(우선주 없음), 단위: %)

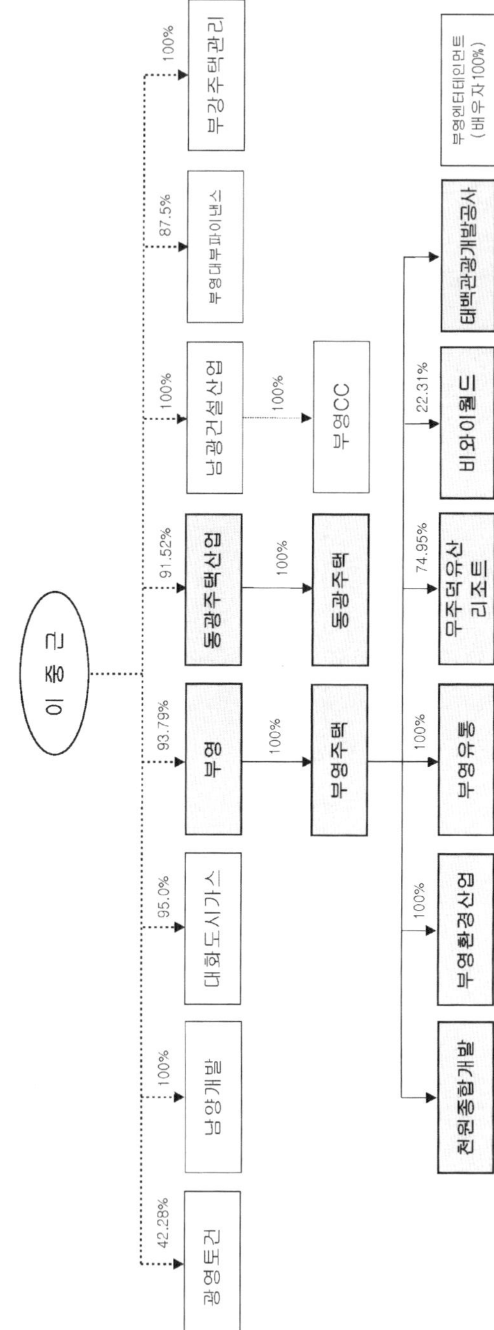

16. 「부영」 소유지분도

(음영은 지주회사 등, ★은 상장회사, 2017.5.1. 기준 발행주식총수 기준, 단위 : %)

○ 점선 화살표 : 동일인 직접 지분율
○ 실선 화살표 : 계열회사 지분율

6) 부영그룹, 2017년 5월: [순위] 16위, [동일인] 이중근, [계열회사] 22개

{이중근 (93.79%) → 부영 → 부영주택} + {이중근 → 동광주택산업 등}

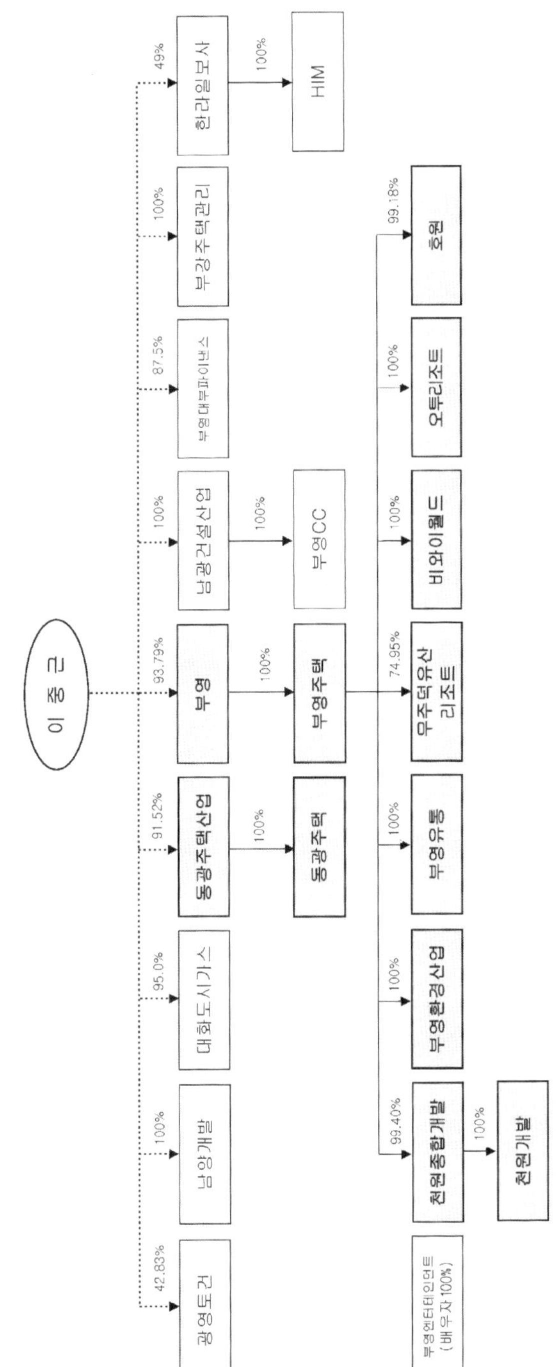

7) 부영그룹, 2018년 5월: [순위] 16위, [동일인] 이중근, [계열회사] 24개

{이중근 (93.8%) → 부영 → 부영주택} + {이중근 → 동광주택산업 등}

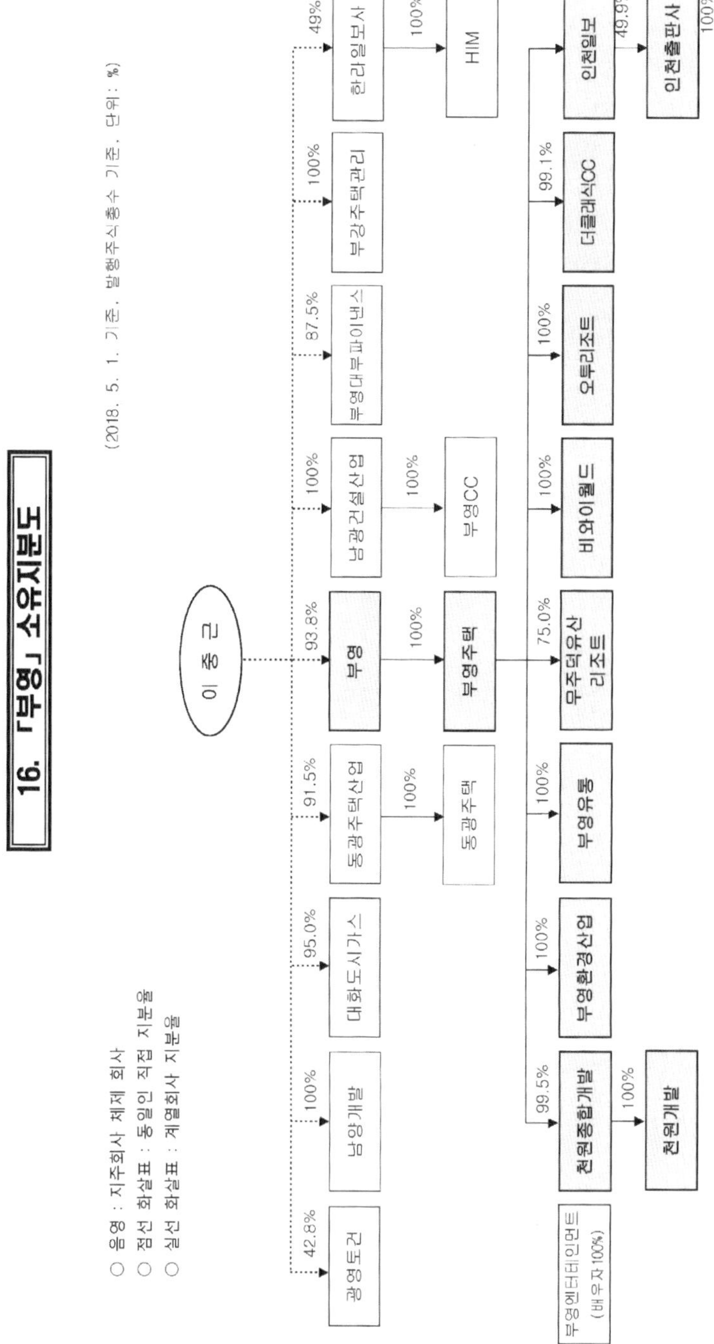

8) 부영그룹, 2019년 5월: [순위] 16위, [동일인] 이중근, [계열회사] 24개

{이중근 (93.79%) → 부영 → 부영주택} + {이중근 → 동광주택산업 등}

16. 「부영」 소유지분도

(음영은: 지주회사, ★은: 상장회사, 2019.5.15.기준, 발행주식수기준, 단위 : %)

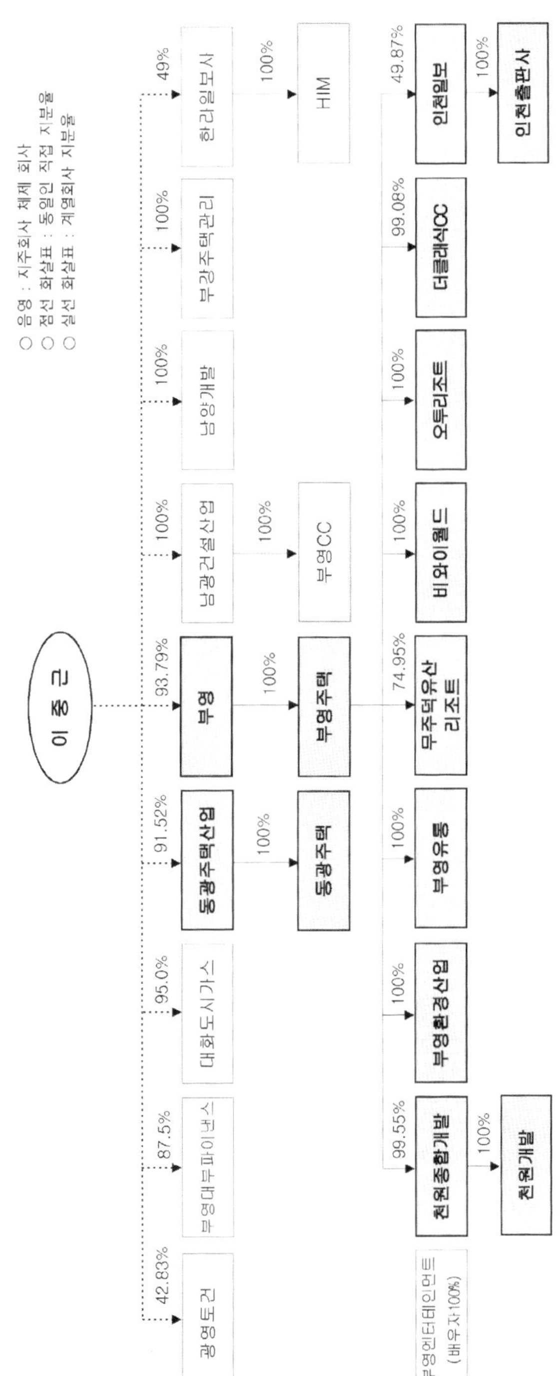

9) 부영그룹, 2020년 5월: [순위] 17위, [동일인] 이중근, [계열회사] 23개

{이중근 (93.79%) → 부영 → 부영주택} + {이중근 → 동광주택산업 등}

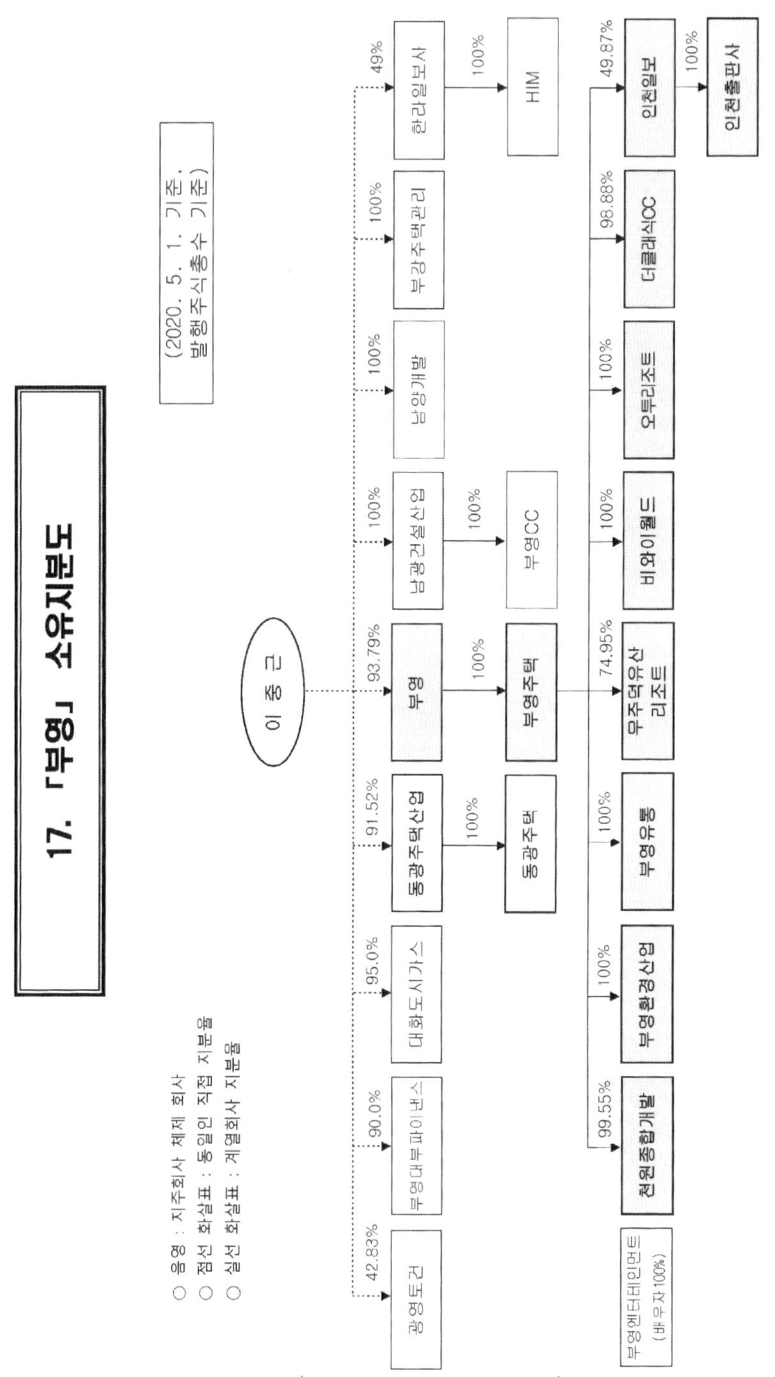

10) 부영그룹, 2021년 5월: [순위] 17위, [동일인] 이중근, [계열회사] 23개

{이중근 (93.79%) → 부영 → 부영주택} + {이중근 → 동광주택산업 등}

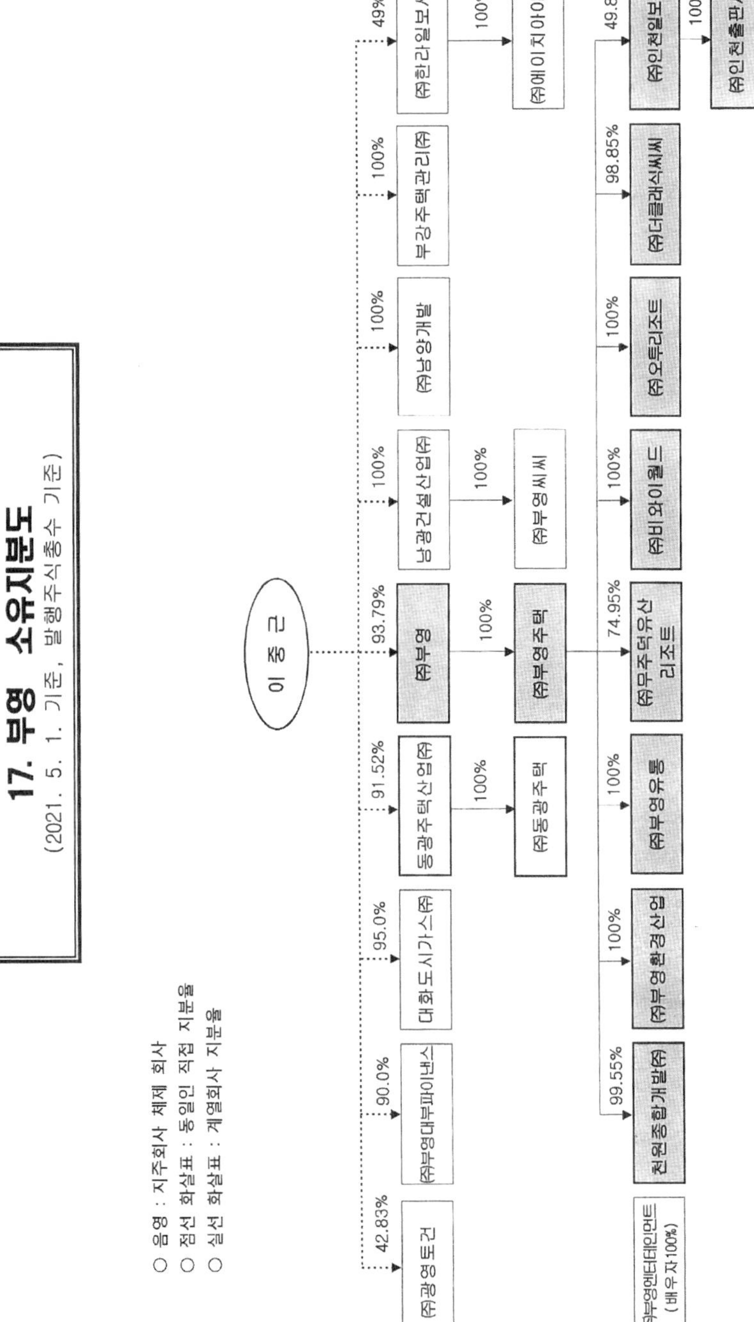

25. 삼성그룹: 2012-2021년

연도	동일인	순위 (위)	계열회사 (개)	자산총액 (10억 원)	매출액 (10억 원)	당기순이익 (10억 원)
1987		3	36	5,588	13,565	79
1988		4	37	6,766	17,676	123
1989		4	42	8,108	18,356	247
1990		4	45	10,438	22,165	335
1991		4	51	13,844	25,260	245
1992		2	52	18,713	31,200	255
1993		2	55	21,285	-	-
1994		3	50	22,650	43,088	420
1995		2	55	29,414	51,830	1,387
1996		2	55	40,761	66,283	2,995
1997		2	80	51,651	75,605	174
1998		2	61	64,536	84,718	204
1999		3	49	61,606	98,957	31
2000		2	45	67,384	108,827	2,450
2001		1	64	69,873	130,337	8,327
2002		1	63	72,351	128,739	5,320
2003		1	63	83,492	144,410	10,744
2004		1	63	91,946	120,998	7,418
2005		1	62	107,617	139,175	13,274
2006		1	59	115,924	142,570	9,449
2007		1	59	129,078	150,455	12,356
2008		1	59	144,449	160,658	12,363
2009		1	63	174,886	188,960	11,774
2010		1	67	192,847	220,120	17,664
2011		1	78	230,928	254,562	24,498
2012	이건희	1	81	255,704	273,001	20,243
2013	이건희	1	76	306,092	302,940	29,537
2014	이건희	1	74	331,444	333,892	24,150
2015	이건희	1	67	351,533	302,897	20,999
2016	이건희	1	59	348,226	271,880	18,779
2017	이건희	1	62	363,218	279,652	15,575
2018	이재용	1	62	399,479	315,852	35,538
2019	이재용	1	62	414,547	326,655	40,633
2020	이재용	1	59	424,848	314,512	19,616
2021	이재용	1	59	457,305	333,831	20,697

	[소유구조]
주요 주주	이건희 (동일인), 이재용 (동일인, 2세)
주요 지배 회사	삼성에버랜드/제일모직/삼성물산
주요 계열회사	'삼성생명보험 → 삼성전자'

주: 2002-2016년 순위: 공기업집단을 제외한 순위.

1. 그룹

1) 대규모기업집단 지정 연도: 1987-2021년.

2) 연도 수: 35년.

2. 소유지분도: 개관

1) 소유지분도 작성 연도: 2012-2021년.

연도 수: 10년.

2) 그룹 주요 지표: [동일인] 이건희, 이재용. [순위] 1위.

[계열회사] 59-81개. [자산총액] 255.7-457.3조 원.

[매출액] 271.9-333.9조 원. [당기순이익] 15.6-40.6조 원.

3) 소유구조

◆ 이건희, 이재용 → 삼성에버랜드/제일모직/삼성물산 → 계열회사 ◆

① [주요 주주]

2명 (1-2명씩 지분 보유).

이건희 (동일인)(6년; 2012-2017년) ‖ 이재용 (동일인, 2세)(4년; 2018-2021년).

지분: 2.8-3.7% (6년; 2012-2017년) ‖ 17.1-25.1% (10년; 2012-2021년).

② [주요 지배 회사]

1개.

삼성에버랜드 / 제일모직 (상장) / 삼성물산 (상장).

③ [계열회사]

유형: 자회사 → 손자회사 → 증손회사.

주요 회사: 2개 (2개씩 관련).

'삼성생명보험 (상장) → 삼성전자 (상장)'.

4) 삼성에버랜드: 제일모직 (2013년 12월 제일모직 패션사업 양수, 2014년 7월 상호 변경), 삼성물산 (2015년 9월 삼성물산 합병 후 상호 변경).

3. 소유지분도: 연도별, 2012-2021년

1) 2012년 4월: [순위] 1위, [동일인] 이건희, [계열회사] 81개

이건희 (3.7%), 이재용 (25.1%) →

삼성에버랜드 → '삼성생명보험 → 삼성전자 등'.

2) 2013년 4월: [순위] 1위, [동일인] 이건희, [계열회사] 76개

이건희 (3.7%), 이재용 (25.1%) →

삼성에버랜드 → '삼성생명보험 → 삼성전자 등'.

3) 2014년 4월: [순위] 1위, [동일인] 이건희, [계열회사] 74개

이건희 (3.7%), 이재용 (25.1%) →

삼성에버랜드 → '삼성생명보험 → 삼성전자 등'.

4) 2015년 4월: [순위] 1위, [동일인] 이건희, [계열회사] 67개

이건희 (3.5%), 이재용 (23.2%) →

제일모직 → '삼성생명보험 → 삼성전자 등'.

5) 2016년 4월: [순위] 1위, [동일인] 이건희, [계열회사] 59개

이건희 (2.8%), 이재용 (17.1%) →

삼성물산 → '삼성생명보험 → 삼성전자 등'.

6) 2017년 5월: [순위] 1위, [동일인] 이건희, [계열회사] 62개

이건희 (2.8%), 이재용 (17.1%) →

삼성물산 → '삼성생명보험 → 삼성전자 등'.

7) 2018년 5월: [순위] 1위, [동일인] 이재용, [계열회사] 62개

이재용 (17.1%) →

삼성물산 → '삼성생명보험 → 삼성전자 등'.

8) 2019년 5월: [순위] 1위, [동일인] 이재용, [계열회사] 62개

이재용 (17.1%) →

삼성물산 → '삼성생명보험 → 삼성전자 등'.

9) 2020년 5월: [순위] 1위, [동일인] 이재용, [계열회사] 59개

이재용 (17.3%) →

삼성물산 → '삼성생명보험 → 삼성전자 등'.

10) 2021년 5월: [순위] 1위, [동일인] 이재용, [계열회사] 59개

이재용 (18%) →

삼성물산 → '삼성생명보험 → 삼성전자 등'.

1) 삼성그룹, 2012년 4월: [순위] 1위, [동일인] 이건희, [계열회사] 81개

이건희 (3.7%), 이재용 (25.1%) → 삼성에버랜드 → '삼성생명보험 → 삼성전자 등'

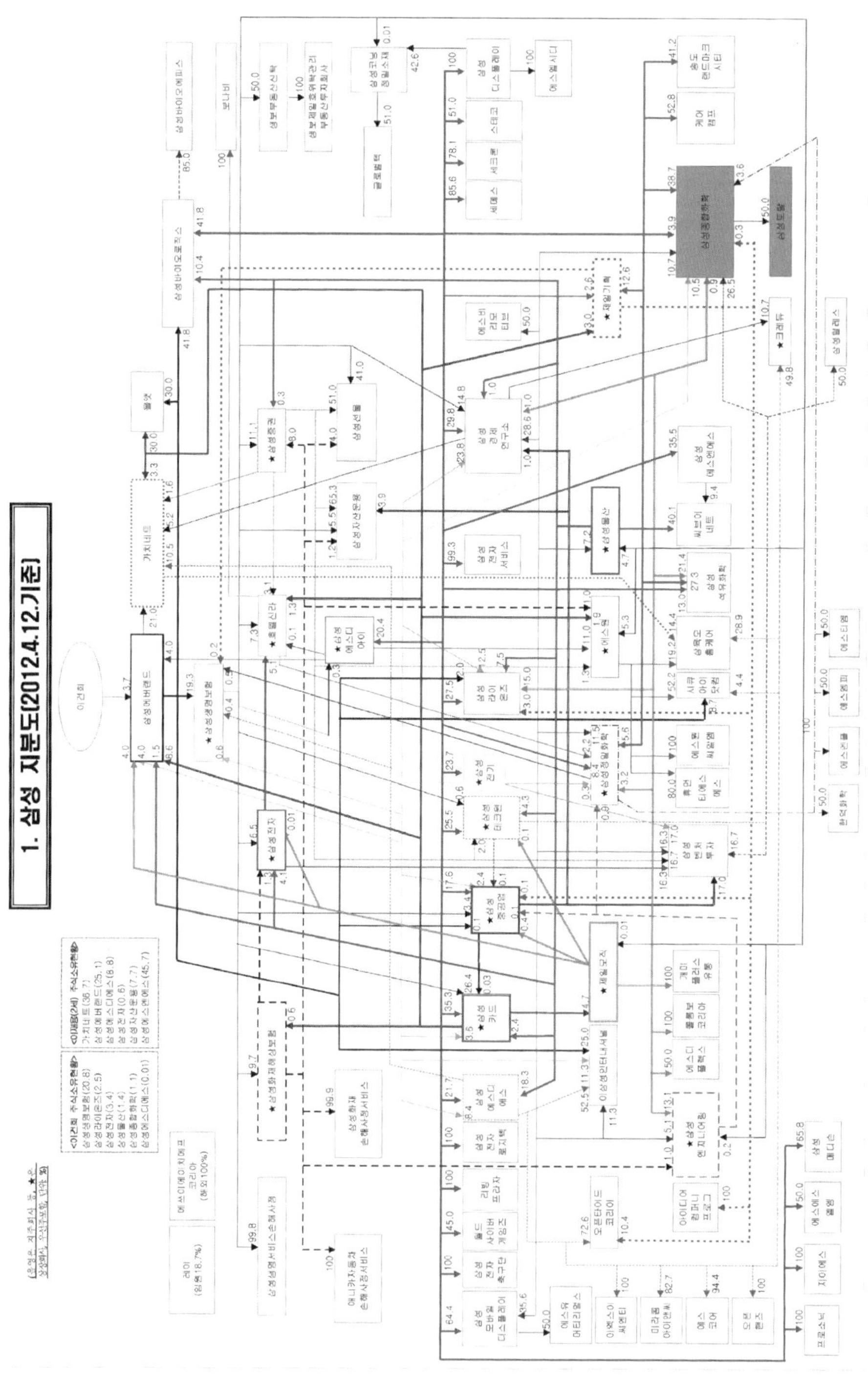

2) 삼성그룹, 2013년 4월: [순위] 1위, [동일인] 이건희, [계열회사] 76개

이건희 (3.7%), 이재용 (25.1%) → 삼성에버랜드 → '삼성생명보험 → 삼성전자 등'

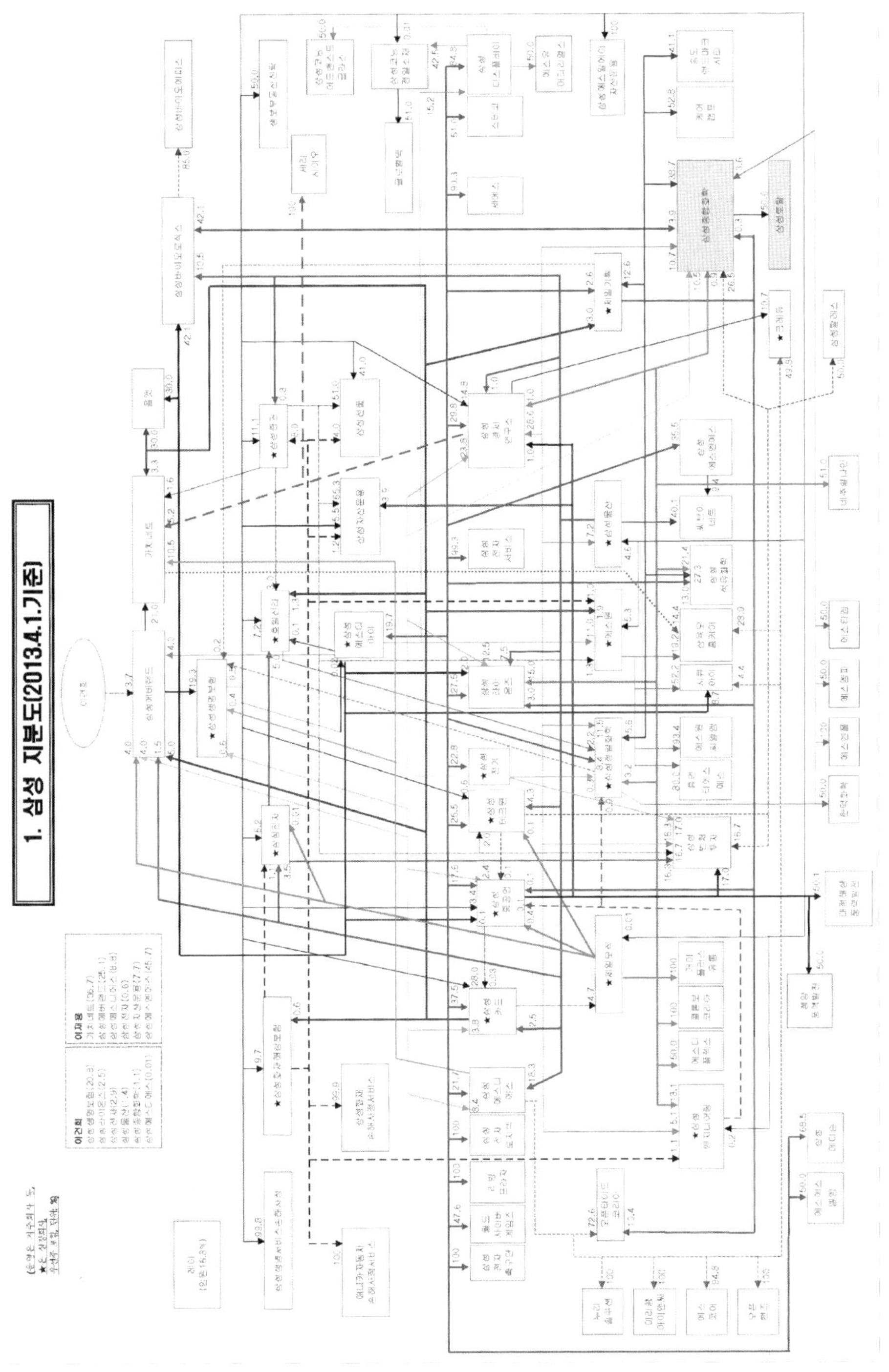

3) 삼성그룹, 2014년 4월: [순위] 1위, [동일인] 이건희, [계열회사] 74개

이건희 (3.7%), 이재용 (25.1%) → 삼성에버랜드 → '삼성생명보험 → 삼성전자 등'

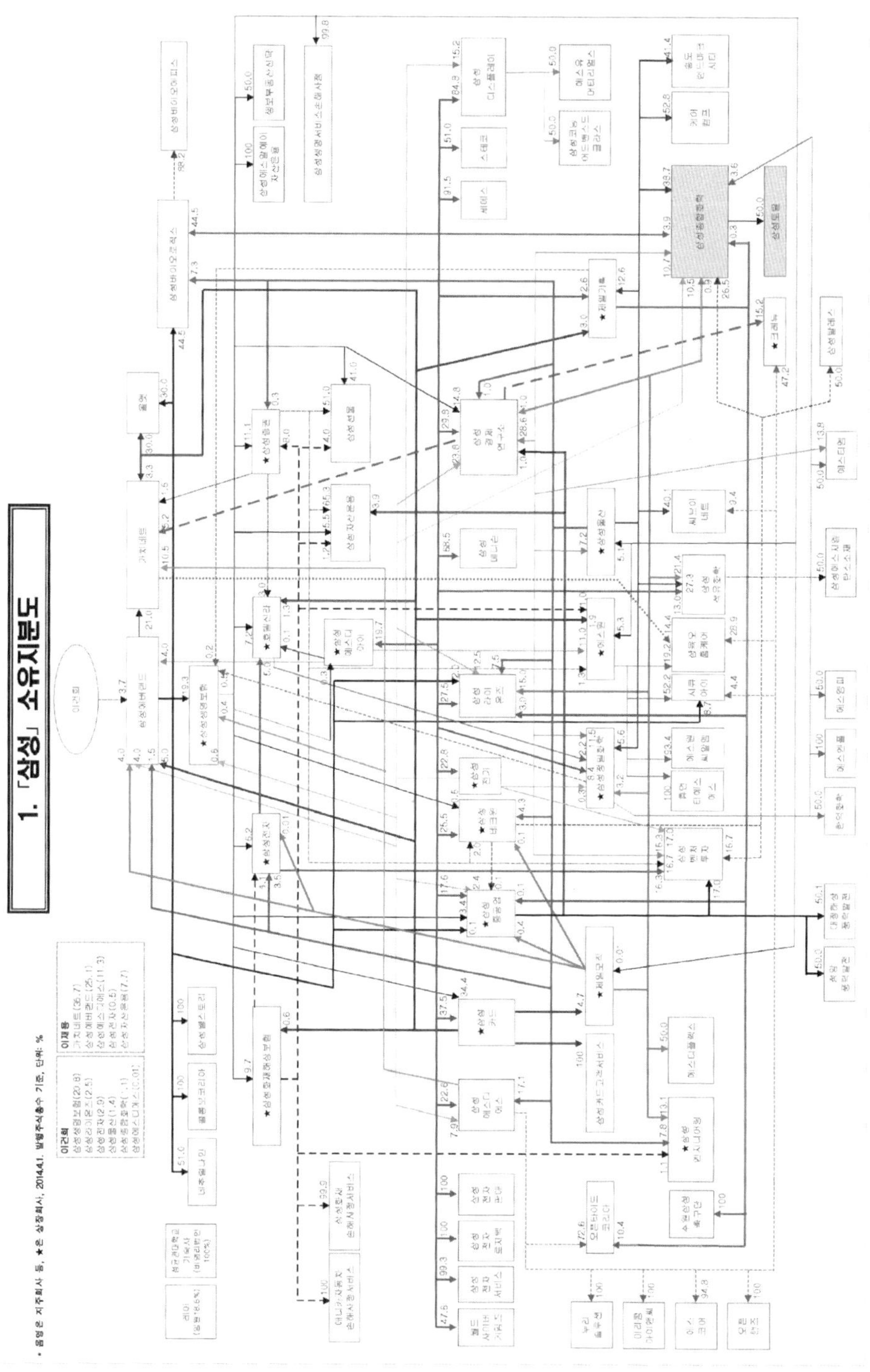

4) 삼성그룹, 2015년 4월: [순위] 1위, [동일인] 이건희, [계열회사] 67개

이건희 (3.5%), 이재용 (23.2%) → 제일모직 → '삼성생명보험 → 삼성전자 등'

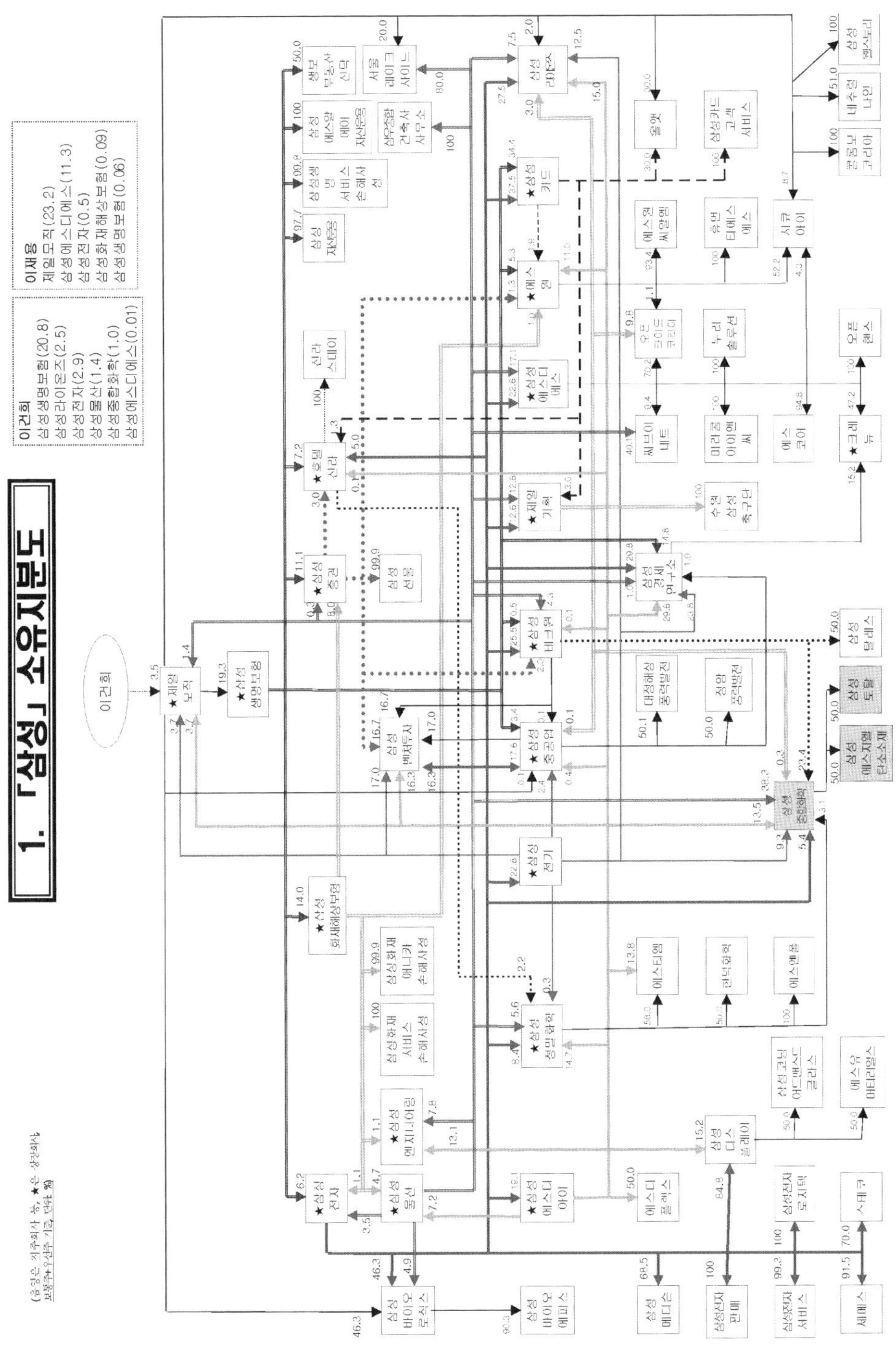

5) 삼성그룹, 2016년 4월: [순위] 1위, [동일인] 이건희, [계열회사] 59개

이건희 (2.8%), 이재용 (17.1%) → 삼성물산 → '삼성생명보험 → 삼성전자 등'

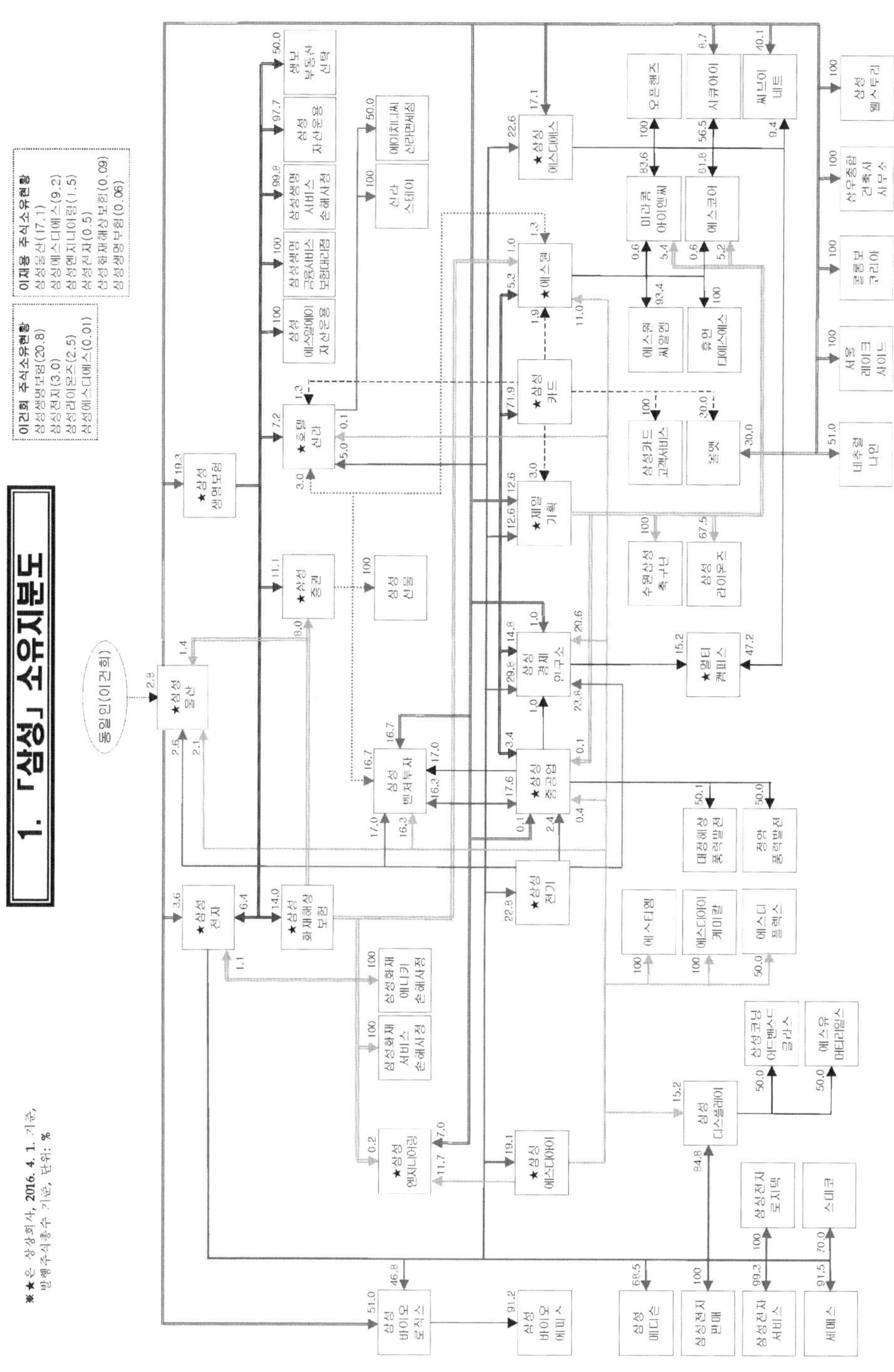

6) 삼성그룹, 2017년 5월: [순위] 1위, [동일인] 이건희, [계열회사] 62개

이건희 (2.8%), 이재용 (17.1%) → 삼성물산 → '삼성생명보험 → 삼성전자 등'

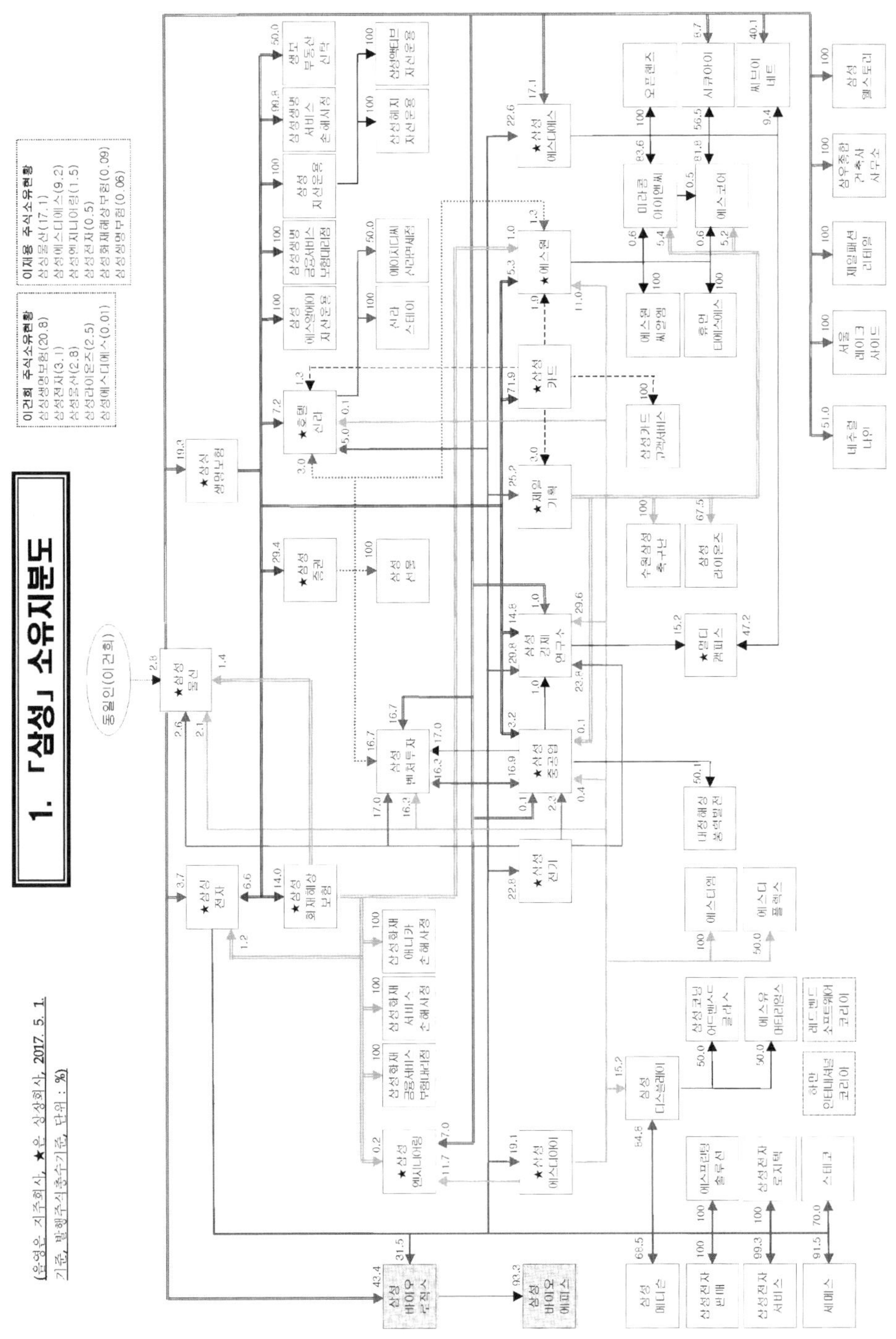

7) 삼성그룹, 2018년 5월: [순위] 1위, [동일인] 이재용, [계열회사] 62개

이재용 (17.1%) → 삼성물산 → '삼성생명보험 → 삼성전자 등'

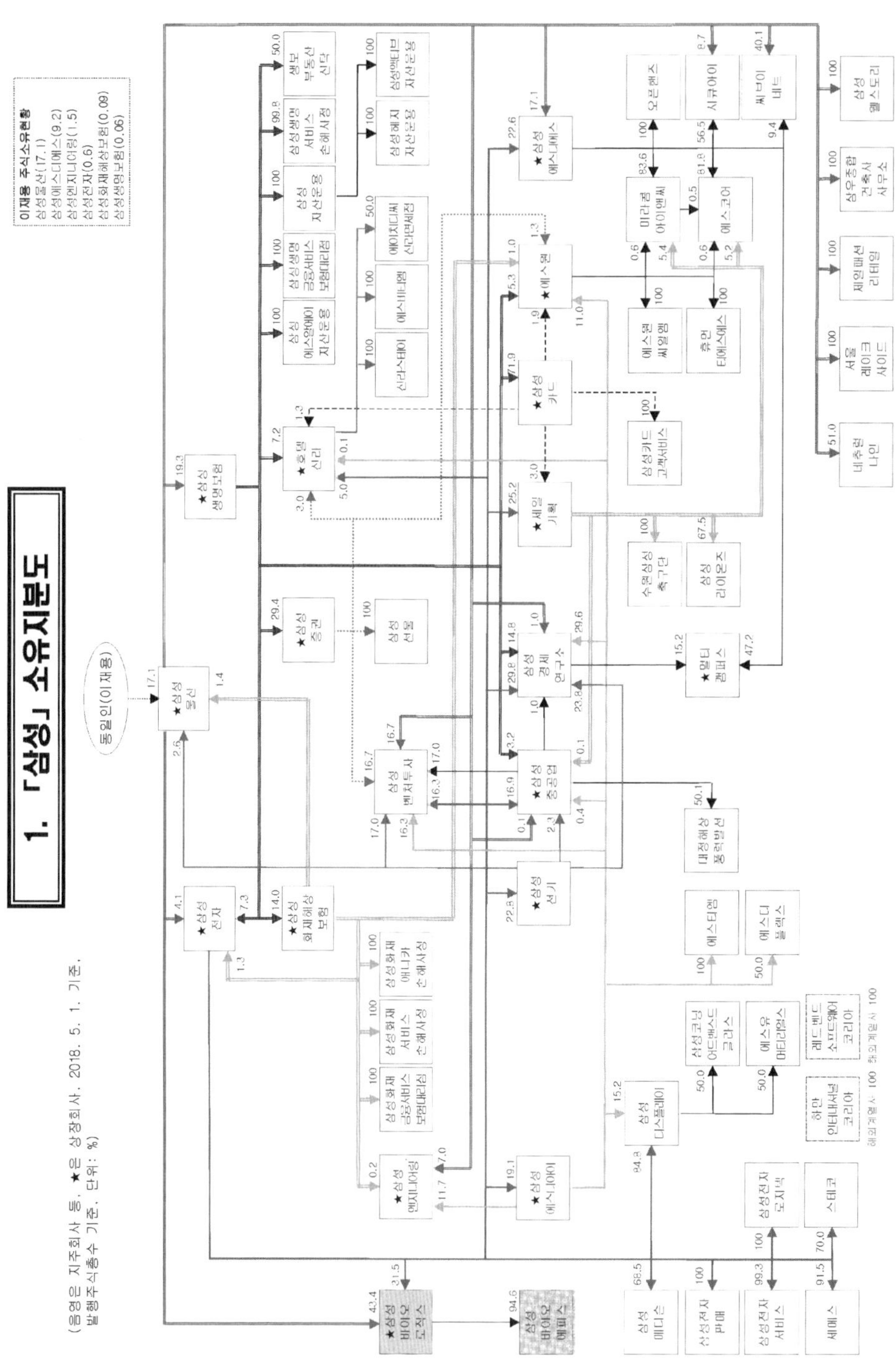

8) 삼성그룹, 2019년 5월: [순위] 1위, [동일인] 이재용, [계열회사] 62개

이재용 (17.1%) → 삼성물산 →'삼성생명보험 → 삼성전자 등'

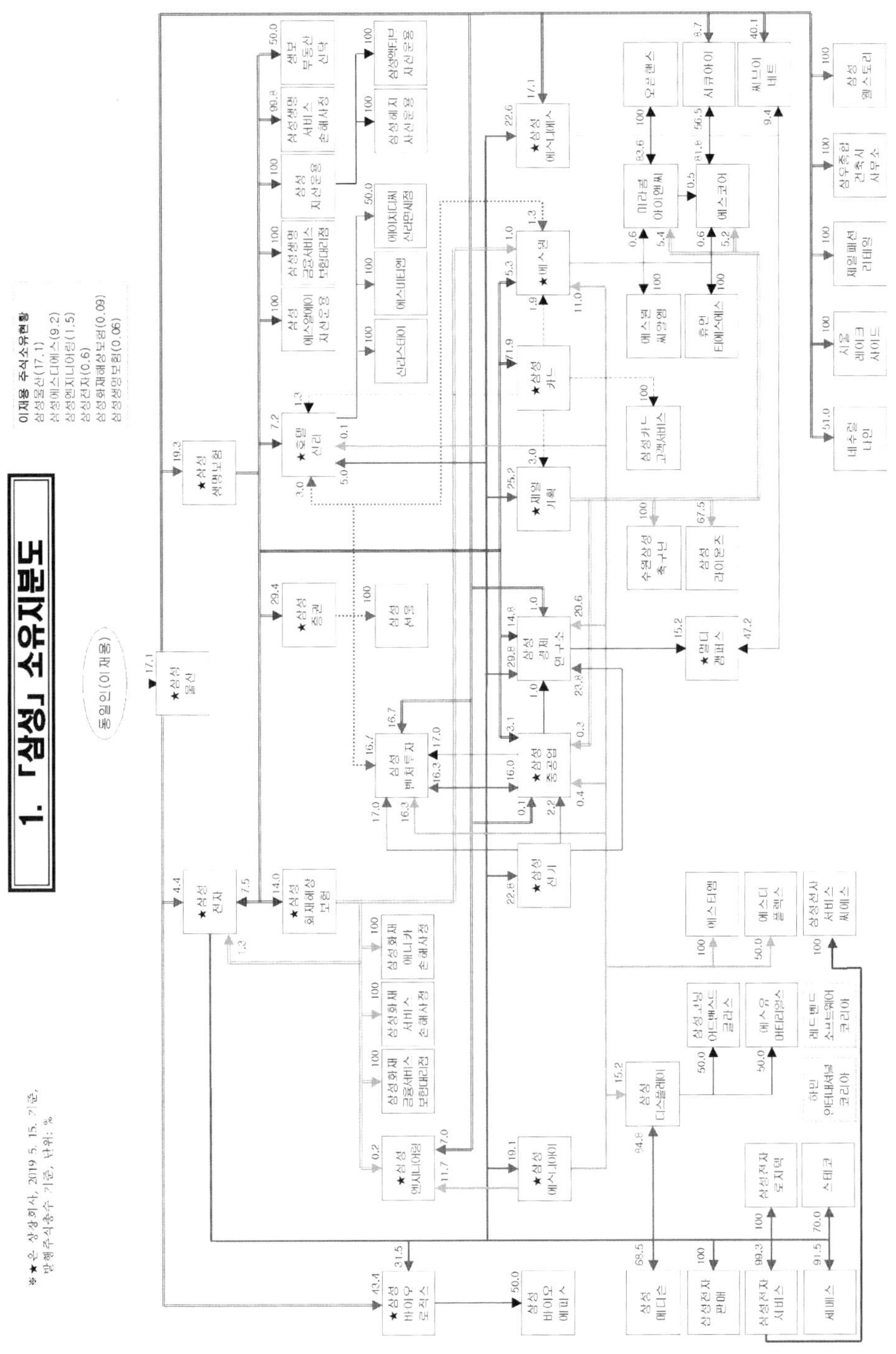

9) 삼성그룹, 2020년 5월: [순위] 1위, [동일인] 이재용, [계열회사] 59개

이재용 (17.3%) → 삼성물산 → '삼성생명보험 → 삼성전자 등'

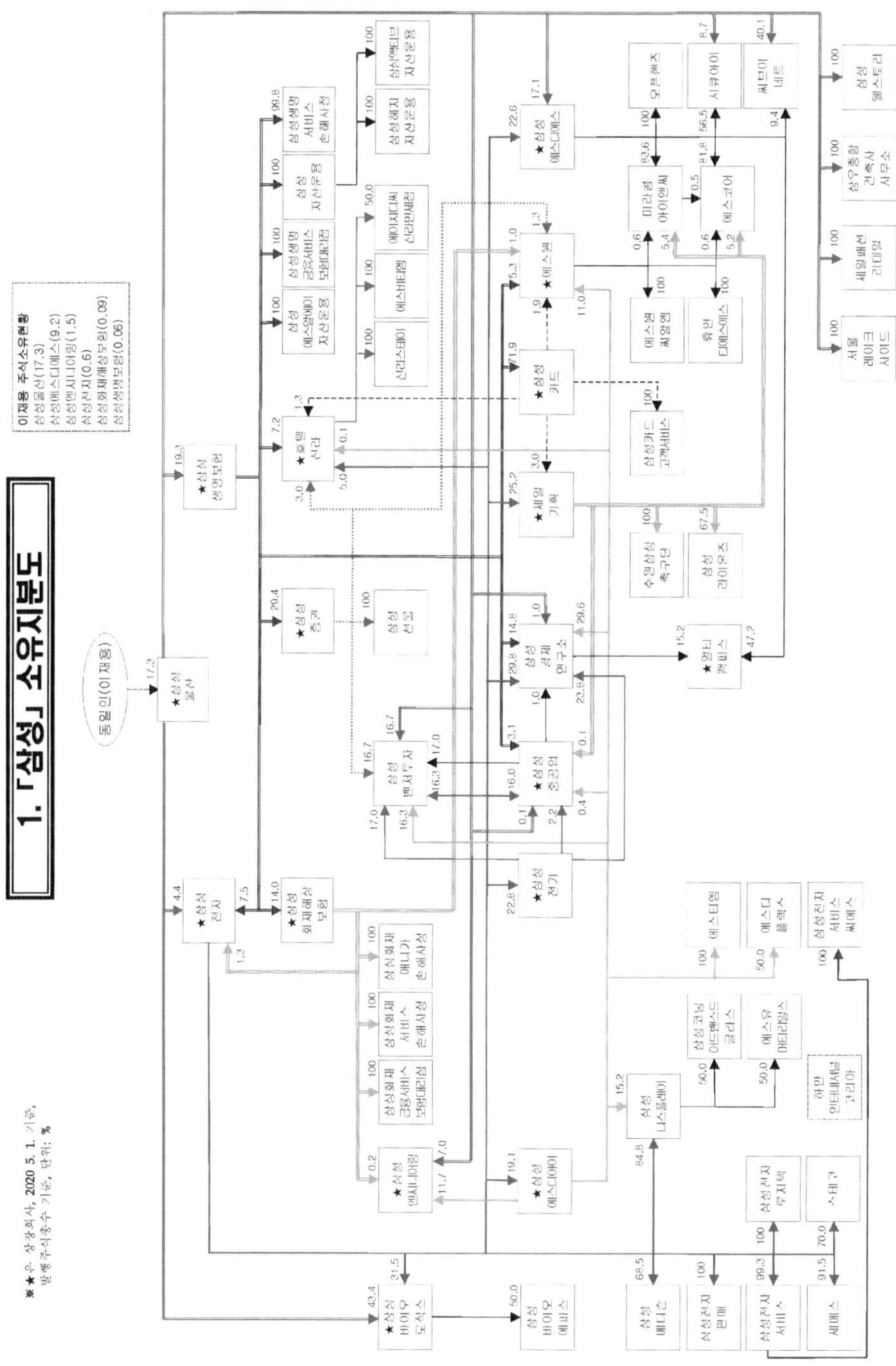

10) 삼성그룹, 2021년 5월: [순위] 1위, [동일인] 이재용, [계열회사] 59개

이재용 (18%) → 삼성물산 → '삼성생명보험 → 삼성전자 등'

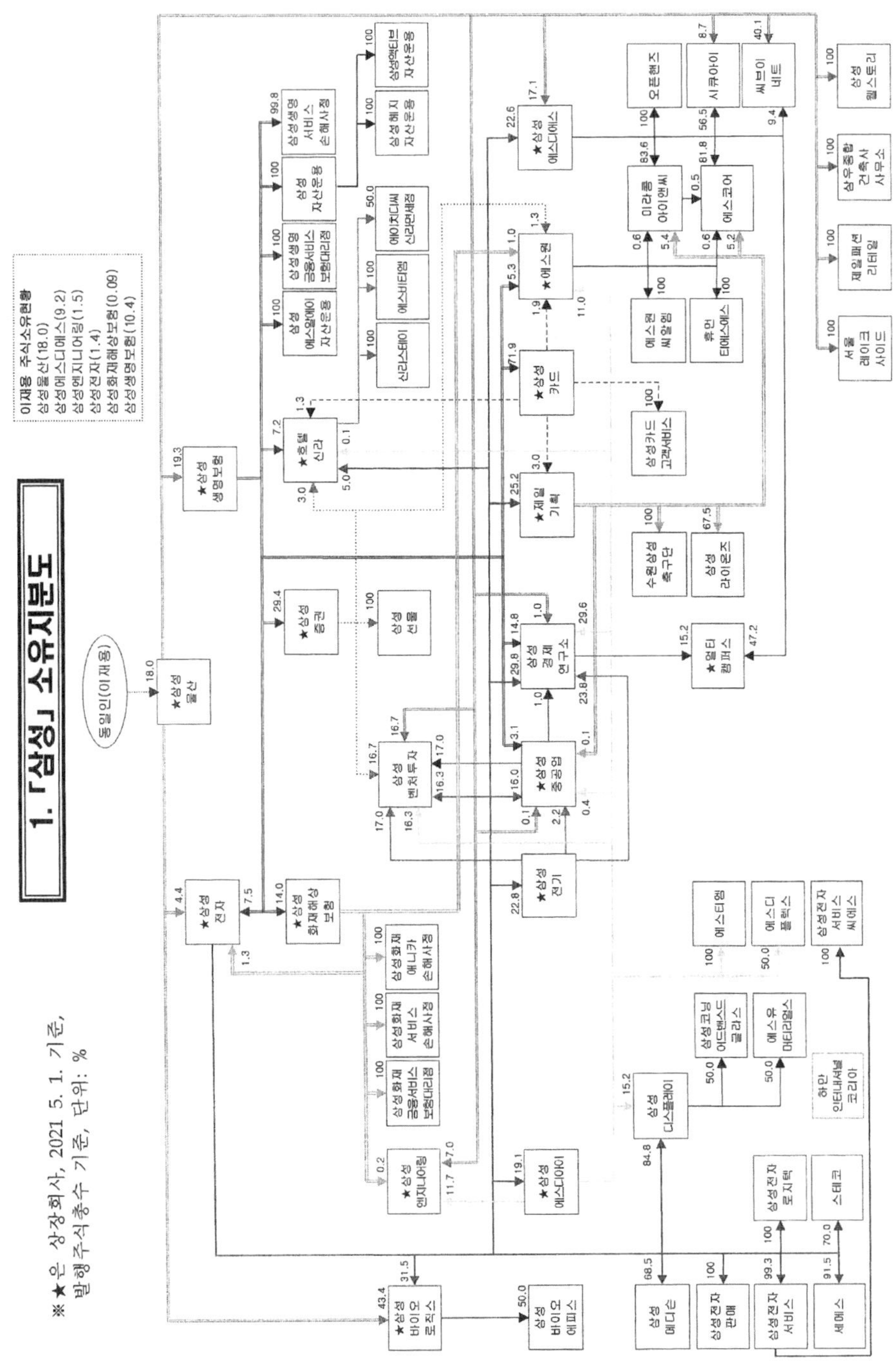

26. 삼양그룹: 2020-2021년

연도	동일인	순위 (위)	계열회사 (개)	자산총액 (10억 원)	매출액 (10억 원)	당기순이익 (10억 원)
1989		(31)	7	(0)	568	17
1990		(31)	6	(0)	644	10
1991		(31)	6	(0)	721	-4
1992		(31)	7	(0)	884	43
1999		30	10	2,342	2,175	0
2004		45	7	2,033	2,140	96
2005		47	10	2,288	2,720	181
2006		48	11	2,418	2,914	177
2007		51	13	2,474	3,101	97
2008		60	13	2,511	3,204	16
2020	김윤	64	13	5,125	3,647	126
2021	김윤	65	11	5,412	3,368	222

	[소유구조]
주요 주주	김윤 (동일인)
주요 지배 회사	삼양홀딩스
주요 계열회사	삼양사

주: 1) 2004-2008년 순위: 공기업집단을 제외한 순위.
2) 1989-1992년: 31위 이하 순위 및 자산총액 정보 없음, (31)/(0)으로 표시함.

1. 그룹

1) 대규모기업집단 지정 연도: 1989-1992, 1999, 2004-2008, 2020-2021년.

2) 연도 수: 12년.

3) 그룹 이름: 삼양사 (1989-1992년), 삼양 (1999, 2004-2008, 2020-2021년).

2. 소유지분도: 개관

1) 소유지분도 작성 연도: 2020-2021년.

연도 수: 2년.

2) 그룹 주요 지표: [동일인] 김윤. [순위] 64-65위.

[계열회사] 11-13개. [자산총액] 5.1-5.4조 원.

[매출액] 3.4-3.6조 원. [당기순이익] 0.1-0.2조 원.

3) 소유구조

◆ 김윤 → 삼양홀딩스 → 계열회사 ◆

① [주요 주주]

1명.

김윤 (동일인).

지분: 4.7%.

② [주요 지배 회사]

1개.

삼양홀딩스 (상장).

③ [계열회사]

유형: 자회사 → 손자회사.

주요 회사: 1개.

삼양사 (상장).

3. 소유지분도: 연도별, 2020-2021년

1) 2020년 5월: [순위] 64위, [동일인] 김윤, [계열회사] 13개

김윤 (4.7%) →

삼양홀딩스 → 삼양사 등.

2) 2021년 5월: [순위] 65위, [동일인] 김윤, [계열회사] 11개

김윤 (4.7%) →

삼양홀딩스 → 삼양사 등.

1) 삼양그룹, 2020년 5월: [순위] 64위, [동일인] 김윤, [계열회사] 13개

김윤 (4.7%) → 삼양홀딩스 → 삼양사 등

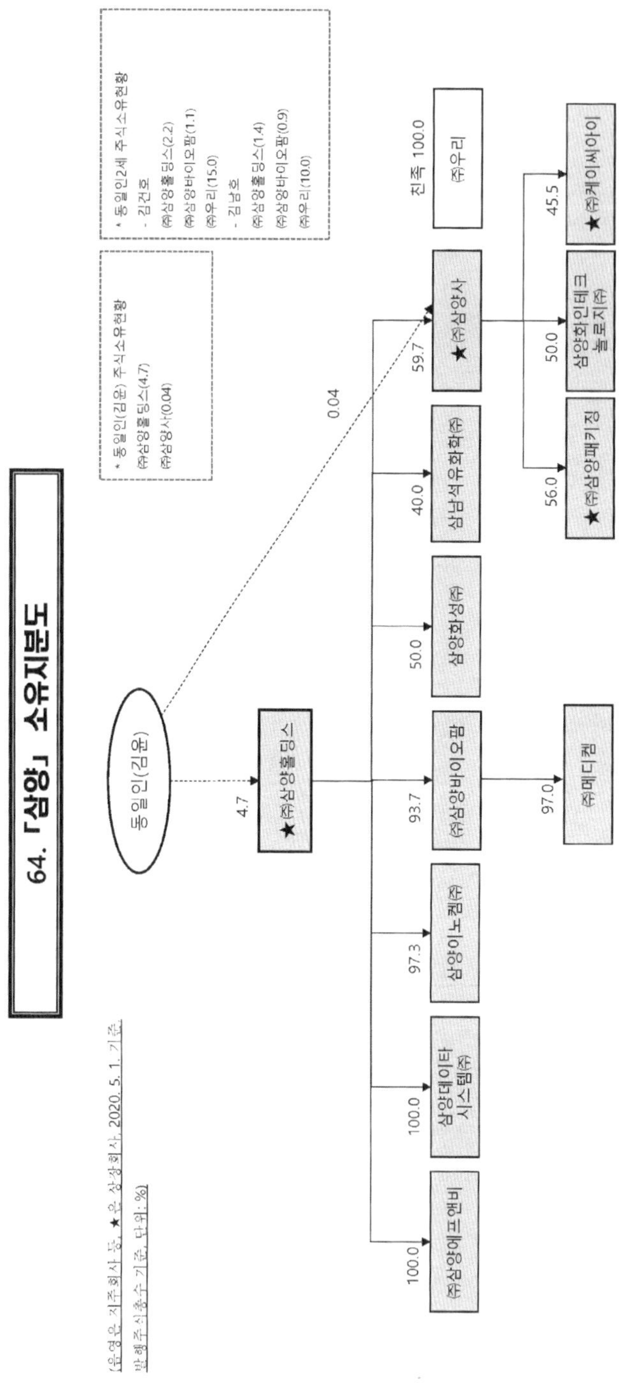

2) 삼양그룹, 2021년 5월: [순위] 65위, [동일인] 김윤, [계열회사] 11개

김윤 (4.7%) → 삼양홀딩스 → 삼양사 등

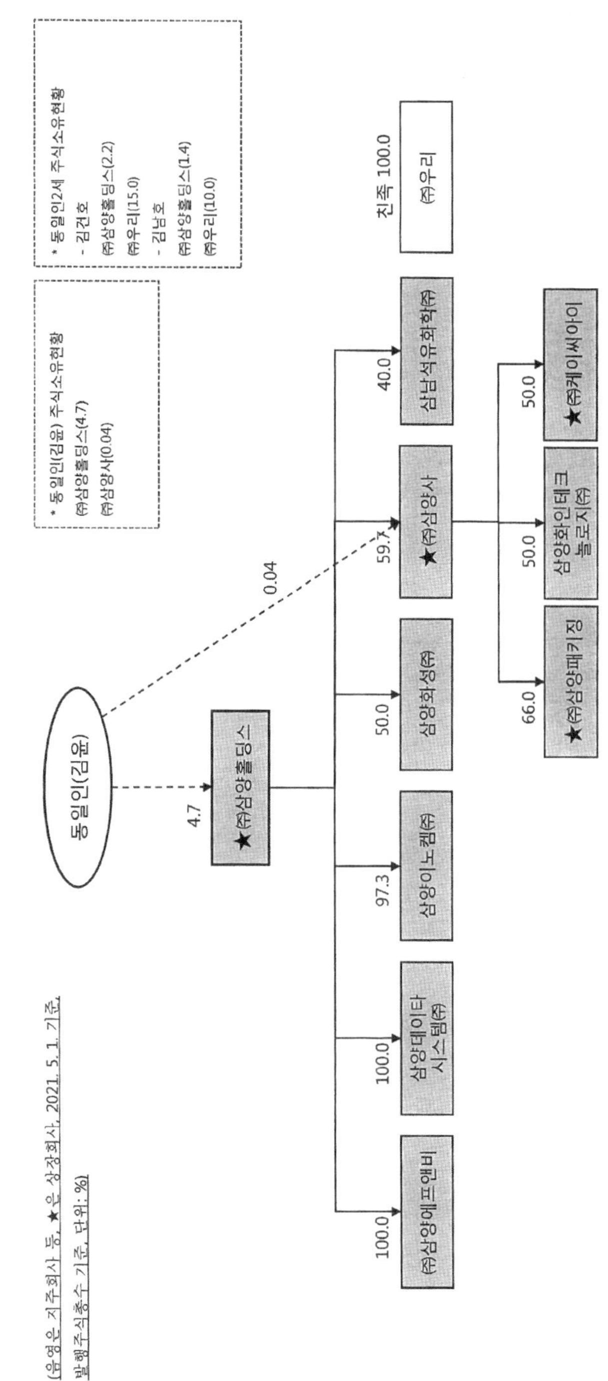

27. 삼천리그룹: 2014-2021년

연도	동일인	순위 (위)	계열회사 (개)	자산총액 (10억 원)	매출액 (10억 원)	당기순이익 (10억 원)
1992		(31)	13	(0)	288	3
2014	이만득	49	14	5,440	4,617	255
2015	이만득	45	15	6,014	4,569	143
2016	이만득	50	16	5,707	4,470	229
2017	이만득	53	17	5,999	3,641	154
2018	이만득	53	17	6,471	3,946	509
2019	이만득	51	20	6,785	4,261	179
2020	이만득	52	27	7,143	4,021	187
2021	이만득	54	42	7,841	4,004	243

	[소유구조]
주요 주주	이만득 (동일인), 이은백 (조카)
주요 지배 회사	삼천리, 삼탄/에스티인터내셔널코퍼레이션
주요 계열회사	삼천리이에스, 삼천리자산운용, 동해임산

주: 1) 2014-2016년 순위: 공기업집단을 제외한 순위.
2) 1992년: 31위 이하 순위 및 자산총액 정보 없음. (31)/(0)으로 표시함.

1. 그룹

1) 대규모기업집단 지정 연도: 1992, 2014-2021년.

2) 연도 수: 9년.

2. 소유지분도: 개관

1) 소유지분도 작성 연도: 2014-2021년.
연도 수: 8년.

2) 그룹 주요 지표: [동일인] 이만득. [순위] 45-54위.
[계열회사] 14-42개. [자산총액] 5.4-7.8조 원.
[매출액] 3.6-4.6조 원. [당기순이익] 0.1-0.5조 원.

3) 소유구조

◆ 이만득, 이은백 → 삼천리, 삼탄/에스티인터내셔널코퍼레이션 → 계열회사 ◆

① [주요 주주]

2명 (2명씩 지분 보유).

이만득 (동일인) ‖ 이은백 (조카; 동일인 형 이천득의 아들).

지분: 8.3-23.4% ‖ 7.8-23.4%.

② [주요 지배 회사]

2개 (2개씩 관련).

삼천리 (상장), 삼탄 / 에스티인터내셔널코퍼레이션.

③ [계열회사]

유형: 자회사 (1년; 2014년),

자회사 → 손자회사 (5년; 2015-2019년),

자회사 → 손자회사 → 증손회사 (2년; 2020-2021년).

주요 회사: 3개 (3개씩 관련).

삼천리이에스, 삼천리자산운용, 동해임산.

4) 삼탄: 에스티인터내셔널코퍼레이션 (2019년 12월 상호 변경).

3. 소유지분도: 연도별, 2014-2021년

1) 2014년 4월: [순위] 49위, [동일인] 이만득, [계열회사] 14개

이만득 (8.3, 17.4%), 이은백 (7.8, 17.4%) →

삼천리, 삼탄 → 삼천리이에스, 삼천리자산운용, 동해임산 등.

2) 2015년 4월: [순위] 45위, [동일인] 이만득, [계열회사] 15개

이만득 (8.3, 17.4%), 이은백 (7.8, 17.4%) →

삼천리, 삼탄 → 삼천리이에스, 삼천리자산운용, 동해임산 등.

3) 2016년 4월: [순위] 50위, [동일인] 이만득, [계열회사] 16개

이만득 (8.3, 23.4%), 이은백 (7.8, 23.4%) →

삼천리, 삼탄 → 삼천리이에스, 삼천리자산운용, 동해임산 등.

4) 2017년 9월: [순위] 53위, [동일인] 이만득, [계열회사] 17개

이만득 (8.3, 23.4%), 이은백 (7.8, 23.4%) →

삼천리, 삼탄 → 삼천리이에스, 삼천리자산운용, 동해임산 등.

5) 2018년 5월: [순위] 53위, [동일인] 이만득, [계열회사] 17개

이만득 (8.3, 23.4%), 이은백 (7.8, 23.4%) →

삼천리, 삼탄 → 삼천리이에스, 삼천리자산운용, 동해임산 등.

6) 2019년 5월: [순위] 51위, [동일인] 이만득, [계열회사] 20개

이만득 (8.3, 23.4%), 이은백 (7.8, 23.4%) →

삼천리, 삼탄 → 삼천리이에스, 삼천리자산운용, 동해임산 등.

7) 2020년 5월: [순위] 52위, [동일인] 이만득, [계열회사] 27개

이만득 (8.3, 23.4%), 이은백 (7.8, 23.4%) →

삼천리, 에스티인터내셔널코퍼레이션 → 삼천리이에스, 삼천리자산운용, 동해임산 등.

8) 2021년 5월: [순위] 54위, [동일인] 이만득, [계열회사] 42개

이만득 (8.3, 23.4%), 이은백 (9.2, 23.4%) →

삼천리, 에스티인터내셔널코퍼레이션 → 삼천리이에스, 삼천리자산운용, 동해임산 등.

60. 「삼천리」 소유지분도

1) 삼천리그룹, 2014년 4월: [순위] 49위, [동일인] 이만득, [계열회사] 14개

이만득 (8.3, 17.4%), 이은백 (7.8, 17.4%) → 삼천리, 삼탄 → 삼천리이에스, 삼천리자산운용, 동해임산 등

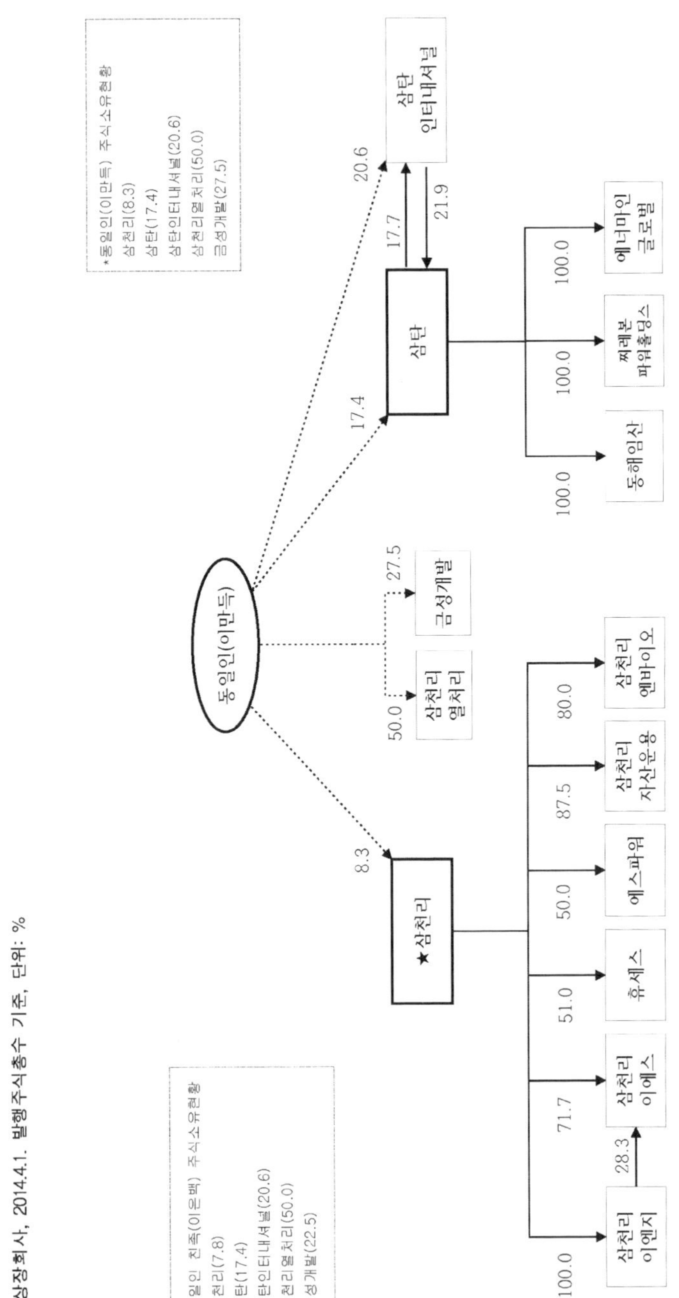

* ★은 상장회사, 2014.4.1. 발행주식총수 기준, 단위: %

2) 삼천리그룹, 2015년 4월: [순위] 45위, [동일인] 이만득, [계열회사] 15개

이만득 (8.3, 17.4%), 이은백 (7.8, 17.4%) → 삼천리, 삼탄 → 삼천리이에스, 삼천리자산운용, 동해임산 등

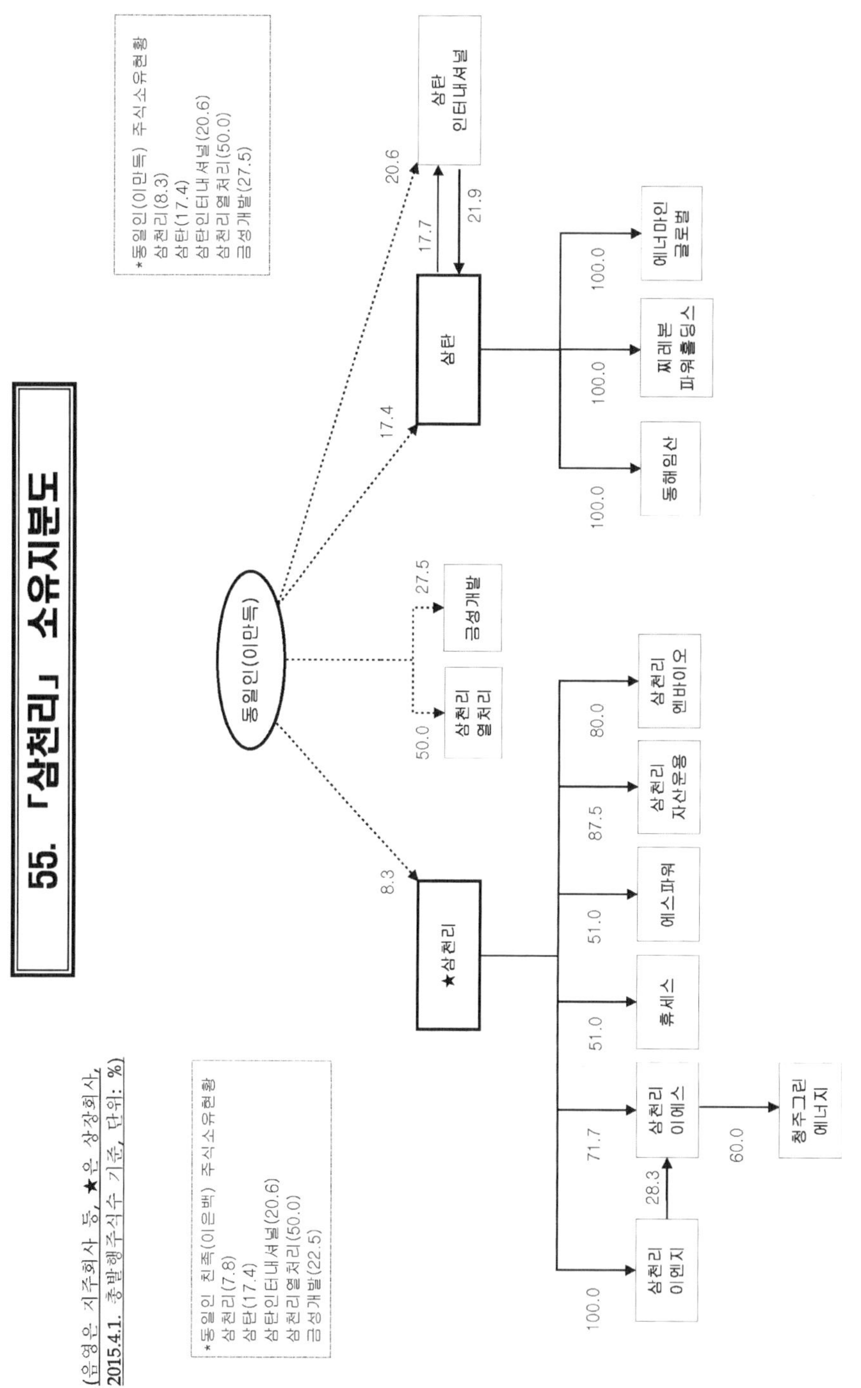

3) 삼천리그룹, 2016년 4월: [순위] 50위, [동일인] 이만득, [계열회사] 16개

이만득 (8.3, 23.4%), 이은백 (7.8, 23.4%) → 삼천리, 삼탄 → 삼천리이에스, 삼천리자산운용, 동해임산 등

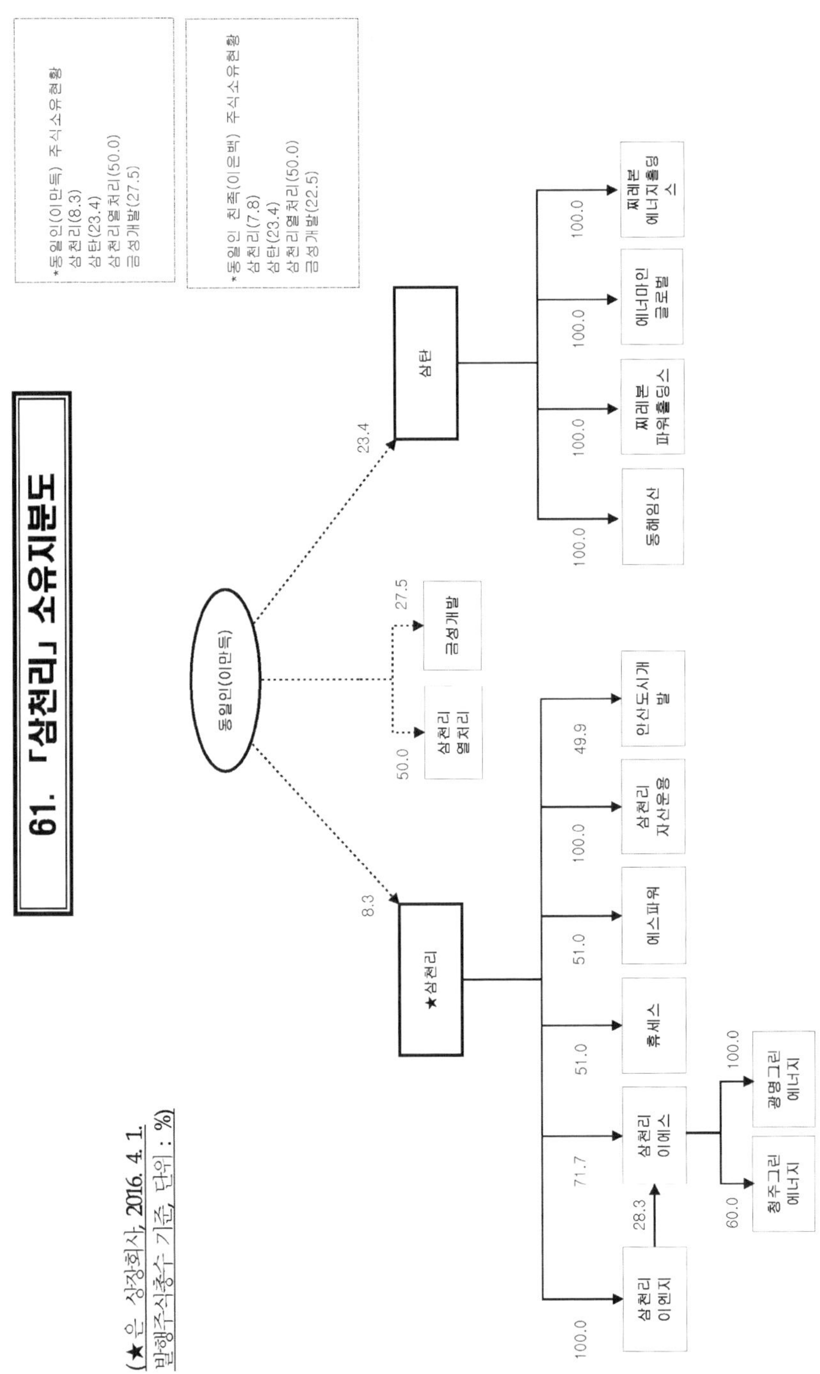

4) 삼천리그룹, 2017년 9월: [순위] 53위, [동일인] 이만득, [계열회사] 17개

이만득 (8.3, 23.4%), 이은백 (7.8, 23.4%) → 삼천리, 삼탄 → 삼천리이에스, 삼천리자산운용, 동해임산 등

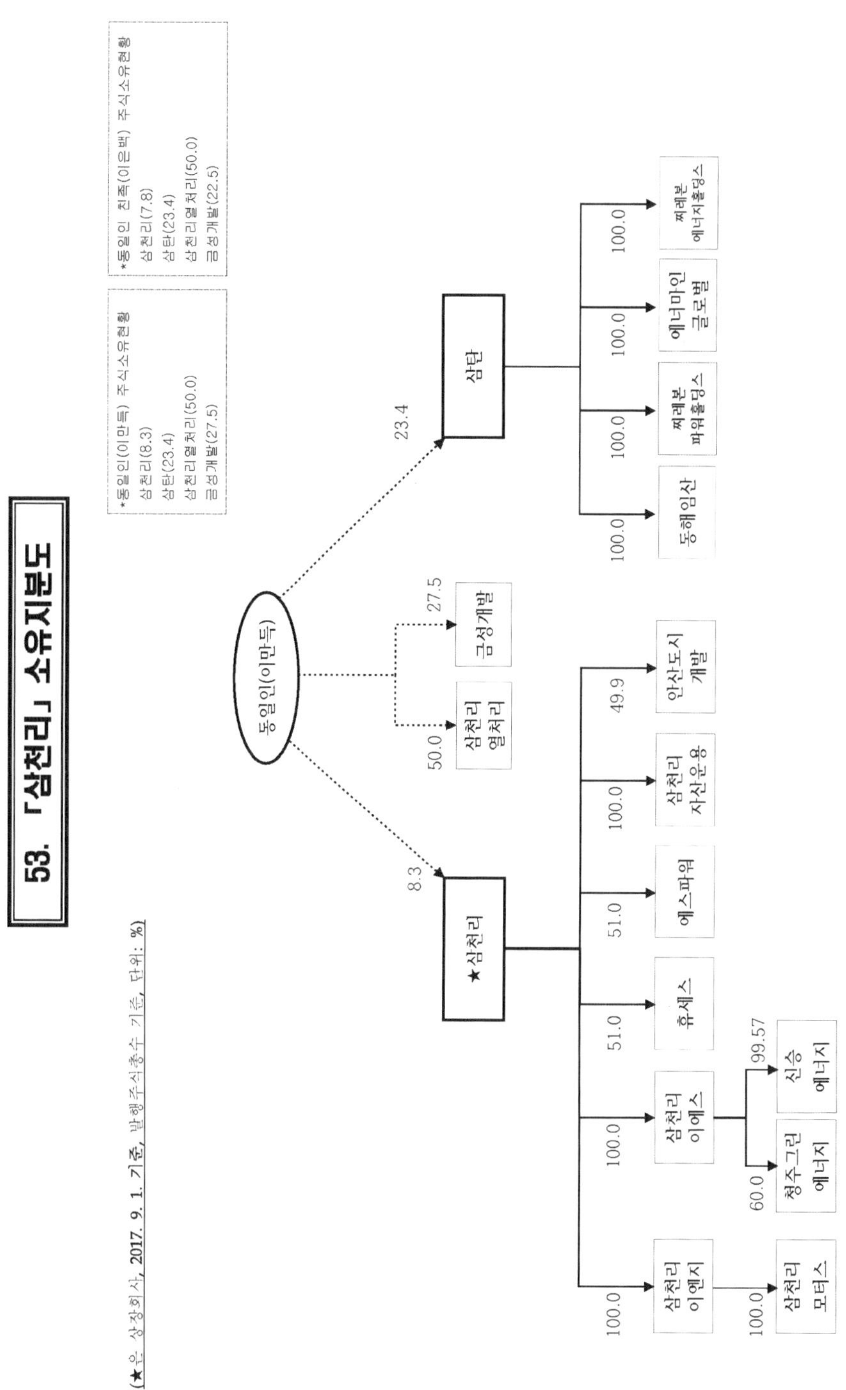

5) 삼천리그룹, 2018년 5월: [순위] 53위, [동일인] 이만득, [계열회사] 17개

이만득 (8.3, 23.4%), 이은백 (7.8, 23.4%) → 삼천리, 삼탄 → 삼천리이에스, 삼천리자산운용, 동해임산 등

53. 「삼천리」 소유지분도

(★은 상장회사, 2018. 5. 1. 기준, 발행주식총수 기준, 단위 : %)

*동일인(이만득) 주식소유현황
삼천리(8.3)
삼탄(23.4)
삼천리열처리(50.0)
금성개발(27.5)

*동일인 친족(이은백) 주식소유현황
삼천리(7.8)
삼탄(23.4)
삼천리열처리(50.0)
금성개발(22.5)

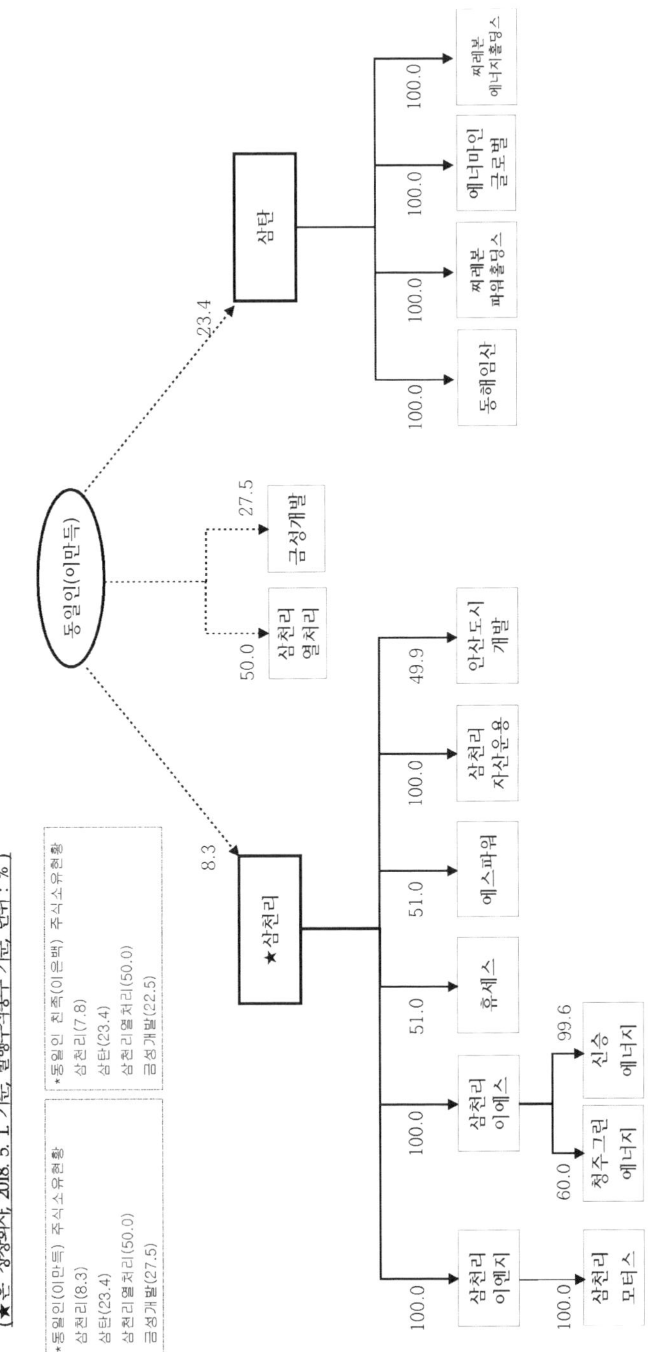

6) 삼천리그룹, 2019년 5월: [순위] 51위, [동일인] 이만득, [계열회사] 20개

이만득 (8.3, 23.4%), 이은백 (7.8, 23.4%) → 삼천리, 삼탄 → 삼천리이에스, 삼천리자산운용, 동해임산 등

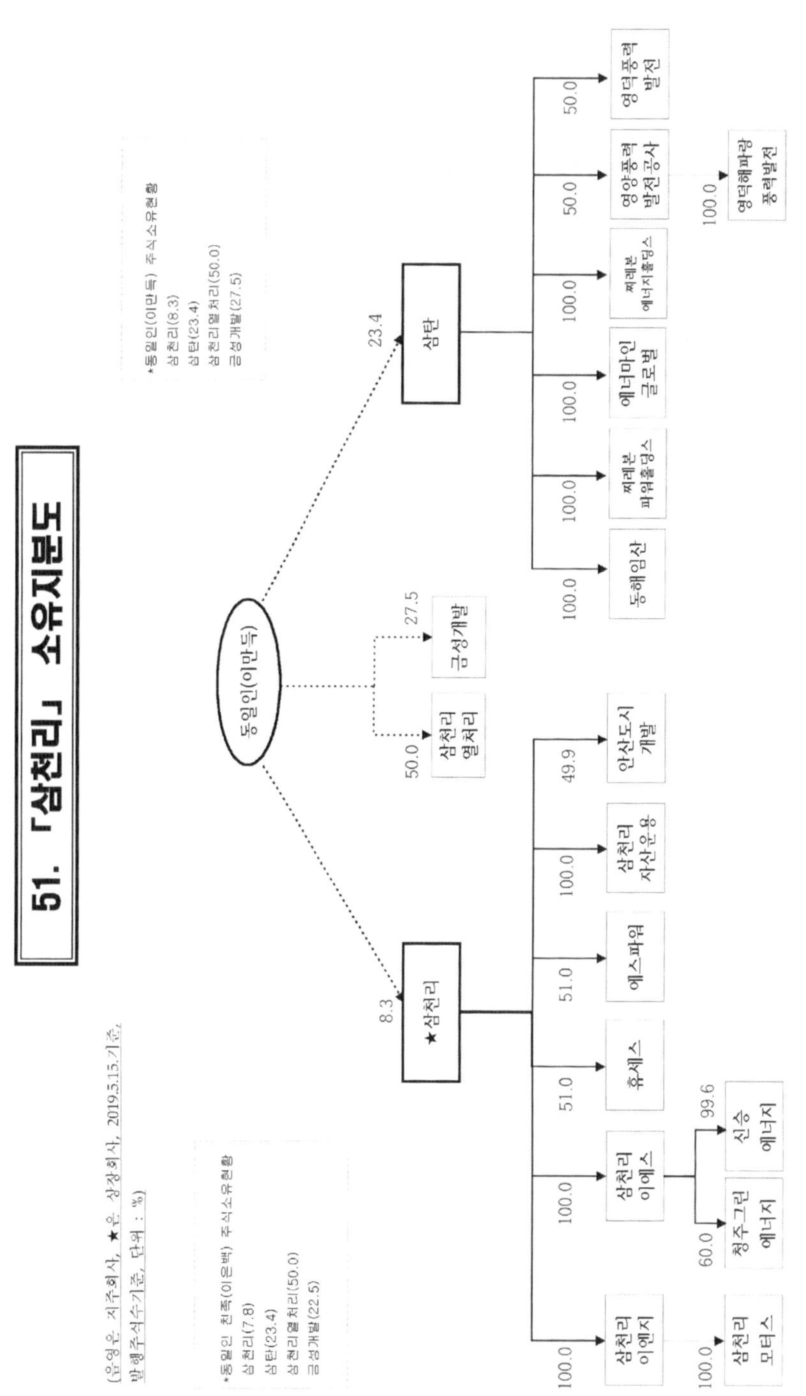

7) 삼천리그룹, 2020년 5월: [순위] 52위, [동일인] 이만득, [계열회사] 27개

이만득 (8.3, 23.4%), 이은백 (7.8, 23.4%) →
삼천리, 에스티인터내셔널코퍼레이션 → 삼천리이에스, 삼천리자산운용, 동해임산 등

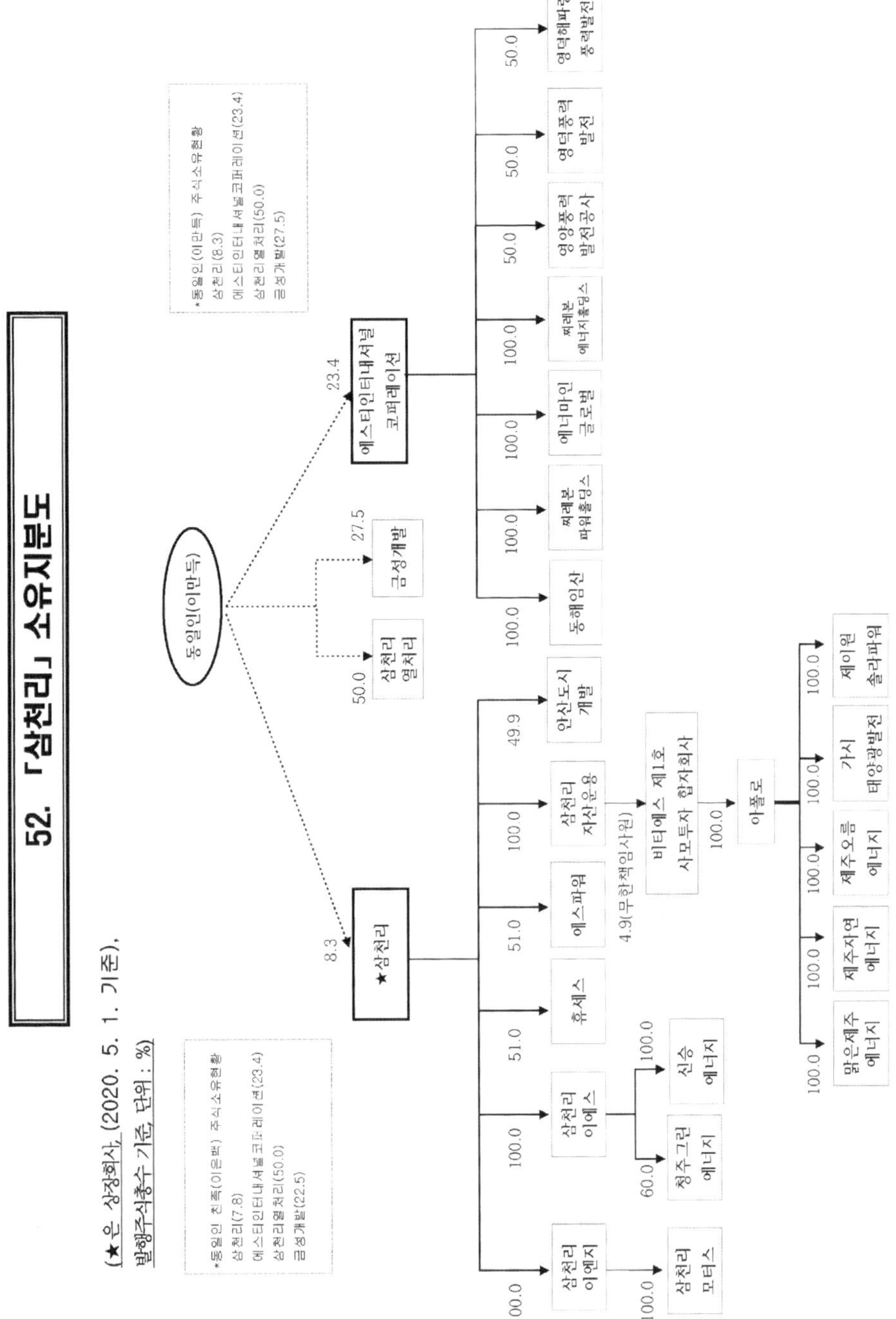

8) 삼천리그룹, 2021년 5월: [순위] 54위, [동일인] 이만득, [계열회사] 42개

이만득 (8.3, 23.4%), 이은백 (9.2, 23.4%) →
삼천리, 에스티인터내셔널코퍼레이션 → 삼천리이에스, 삼천리자산운용, 동해임산 등

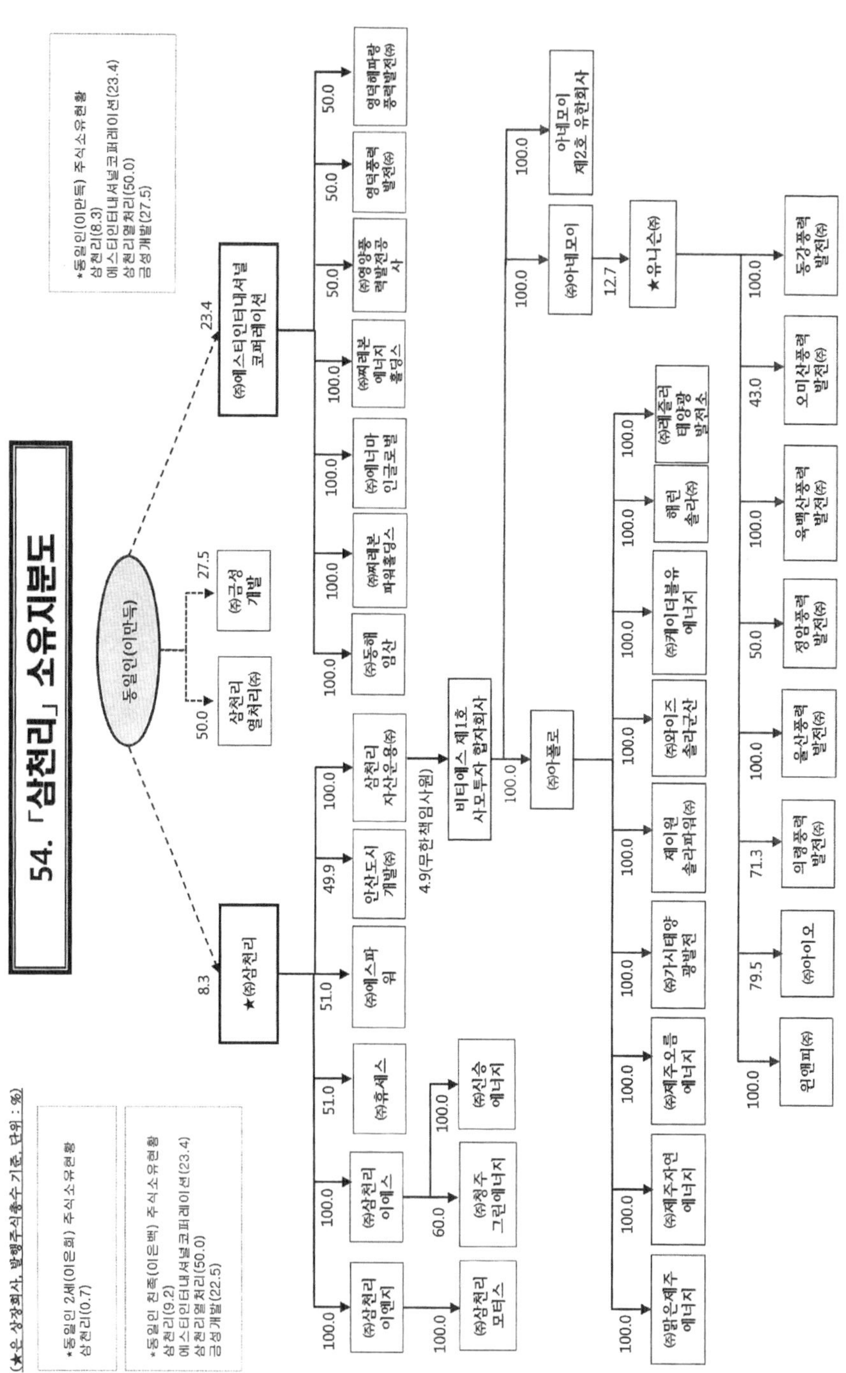

28. 세아그룹: 2012-2021년

연도	동일인	순위 (위)	계열회사 (개)	자산총액 (10억 원)	매출액 (10억 원)	당기순이익 (10억 원)
2004		33	28	2,955	2,260	159
2005		32	28	3,366	2,959	246
2006		36	23	3,670	3,228	282
2007		38	22	4,007	3,319	269
2008		40	23	4,420	3,886	197
2009		38	23	5,400	5,429	375
2010		44	19	5,147	4,056	16
2011		44	21	5,733	5,468	410
2012	이운형	42	24	6,914	6,522	364
2013	이순형	42	23	7,061	6,224	181
2014	이순형	44	22	6,661	5,728	-79
2015	이순형	41	21	6,801	6,037	289
2016	이순형	40	22	7,785	5,970	255
2017	이순형	39	21	8,109	5,578	199
2018	이순형	40	21	8,469	7,600	279
2019	이순형	39	24	9,418	6,268	368
2020	이순형	40	29	9,590	6,851	153
2021	이순형	46	29	9,470	6,132	-93

	[소유구조]
주요 주주	이운형 (동일인), 이순형 (동일인, 형제), 이주성 (이순형 2세)
주요 지배 회사	세아홀딩스, 에이팩인베스터스
주요 계열회사	한국번디/세아에프에스, 세아베스틸, 세아제강/세아제강지주

주: 2014-2016년 순위: 공기업집단을 제외한 순위.

1. 그룹

1) 대규모기업집단 지정 연도: 2004-2021년.

2) 연도 수: 18년.

2. 소유지분도: 개관

1) 소유지분도 작성 연도: 2012-2021년.

연도 수: 10년.

2) 그룹 주요 지표: [동일인] 이운형, 이순형. [순위] 39-46위.

[계열회사] 21-29개. [자산총액] 6.7-9.6조 원.

[매출액] 5.6-7.6조 원. [당기순이익] (-0.1) - 0.4조 원.

3) 소유구조

◆ 이운형, 이순형, 이주성 → 세아홀딩스, 에이팩인베스터스 → 계열회사 ◆

① [주요 주주]

3명 (1-2명씩 지분 보유).

이운형 (동일인)(1년; 2012년) ‖ 이순형 (동일인, 형제·동생)(9년; 2013-2021년) ‖ 이주성 (이순형 2세).

지분: 18% (1년; 2012년) ‖ 8.7-78% (9년; 2013-2021년) ‖ 17.9-20.1% (2년; 2020-2021년).

② [주요 지배 회사]

2개 (1-2개씩 관련).

세아홀딩스 (상장)(10년; 2012-2021년), 에이팩인베스터스 (4년; 2018-2021년).

③ [계열회사]

유형: 자회사 → 손자회사 (7년; 2012-2018년),

자회사 → 손자회사 → 증손회사 (3년; 2019-2021년).

주요 회사: 3개 (2-3개씩 관련).

한국번디 / 세아에프에스, 세아베스틸 (상장),

세아제강 (상장) / 세아제강지주 (상장).

4) 한국번디: 세아에프에스 (2014년 5월 상호 변경).

해덕기업: 에이팩인베스터스 (2017년 12월 상호 변경).

세아제강: 세아제강지주 (2018년 9월 인적분할 후 상호 변경, 세아제강 신설).

3. 소유지분도: 연도별, 2012-2021년

1) 2012년 4월: [순위] 42위, [동일인] 이운형, [계열회사] 24개

이운형 (18%) →

세아홀딩스 → 한국번디, 세아베스틸 등.

2) 2013년 4월: [순위] 42위, [동일인] 이순형, [계열회사] 23개

이순형 (17.7%) →

세아홀딩스 → 한국번디, 세아베스틸 등.

3) 2014년 4월: [순위] 44위, [동일인] 이순형, [계열회사] 22개

이순형 (17.7%) →

세아홀딩스 → 한국번디, 세아베스틸 등.

4) 2015년 4월: [순위] 41위, [동일인] 이순형, [계열회사] 21개

이순형 (17.7%) →

세아홀딩스 → 세아에프에스, 세아베스틸 등.

5) 2016년 4월: [순위] 40위, [동일인] 이순형, [계열회사] 22개

이순형 (17.7%) →

세아홀딩스 → 세아에프에스, 세아베스틸 등.

6) 2017년 9월: [순위] 39위, [동일인] 이순형, [계열회사] 21개

이순형 (17.6%) →

세아홀딩스 → 세아에프에스, 세아베스틸 등.

7) 2018년 5월: [순위] 40위, [동일인] 이순형, [계열회사] 21개

이순형 (12.7, 78%) →

세아홀딩스, 에이팩인베스터스 → 세아에프에스, 세아베스틸, 세아제강 등.

8) 2019년 5월: [순위] 39위, [동일인] 이순형, [계열회사] 24개

이순형 (12.7, 78%) →

세아홀딩스, 에이팩인베스터스 → 세아에프에스, 세아베스틸, 세아제강지주 등.

9) 2020년 5월: [순위] 40위, [동일인] 이순형, [계열회사] 29개

이순형 (8.7, 78%), 이주성 (17.9, 20.1%) →

세아홀딩스, 에이팩인베스터스 → 세아에프에스, 세아베스틸, 세아제강지주 등.

10) 2021년 5월: [순위] 46위, [동일인] 이순형, [계열회사] 29개

이순형 (8.7, 78%), 이주성 (17.9, 20.1%) →

세아홀딩스, 에이팩인베스터스 → 세아에프에스, 세아베스틸, 세아제강지주 등.

1) 세아그룹, 2012년 4월: [순위] 42위, [동일인] 이운형, [계열회사] 24개

이운형 (18%) → 세아홀딩스 → 한국번디, 세아베스틸 등

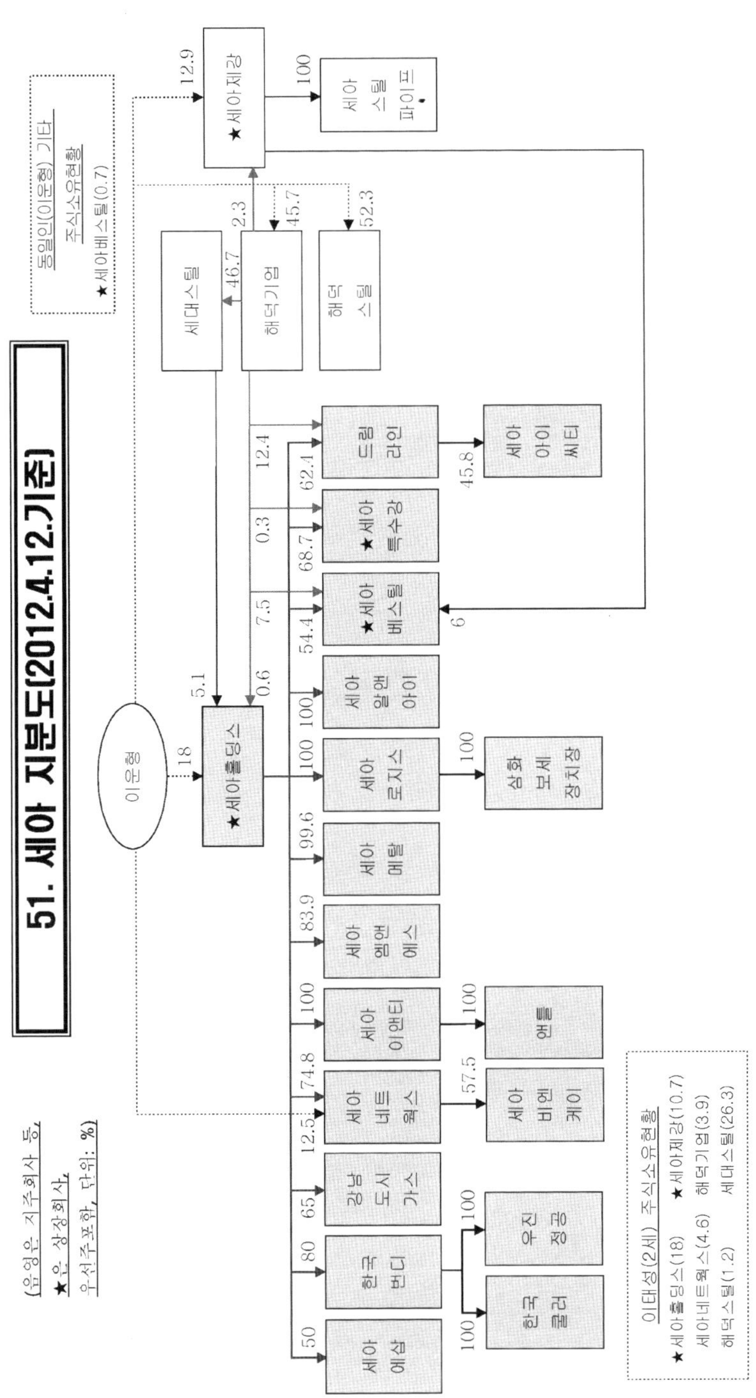

2) 세아그룹, 2013년 4월: [순위] 42위, [동일인] 이순형, [계열회사] 23개

이순형 (17.7%) → 세아홀딩스 → 한국번디, 세아베스틸 등

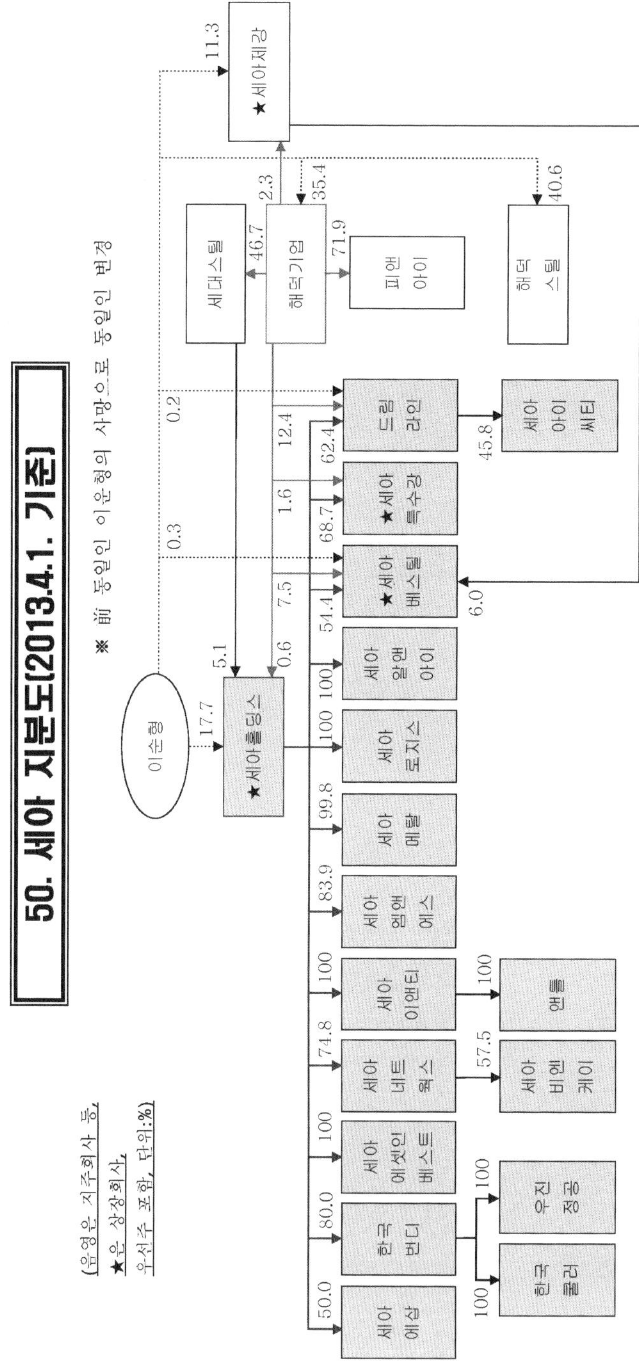

3) 세아그룹, 2014년 4월: [순위] 44위, [동일인] 이순형, [계열회사] 22개

이순형 (17.7%) → 세아홀딩스 → 한국번디, 세아베스틸 등

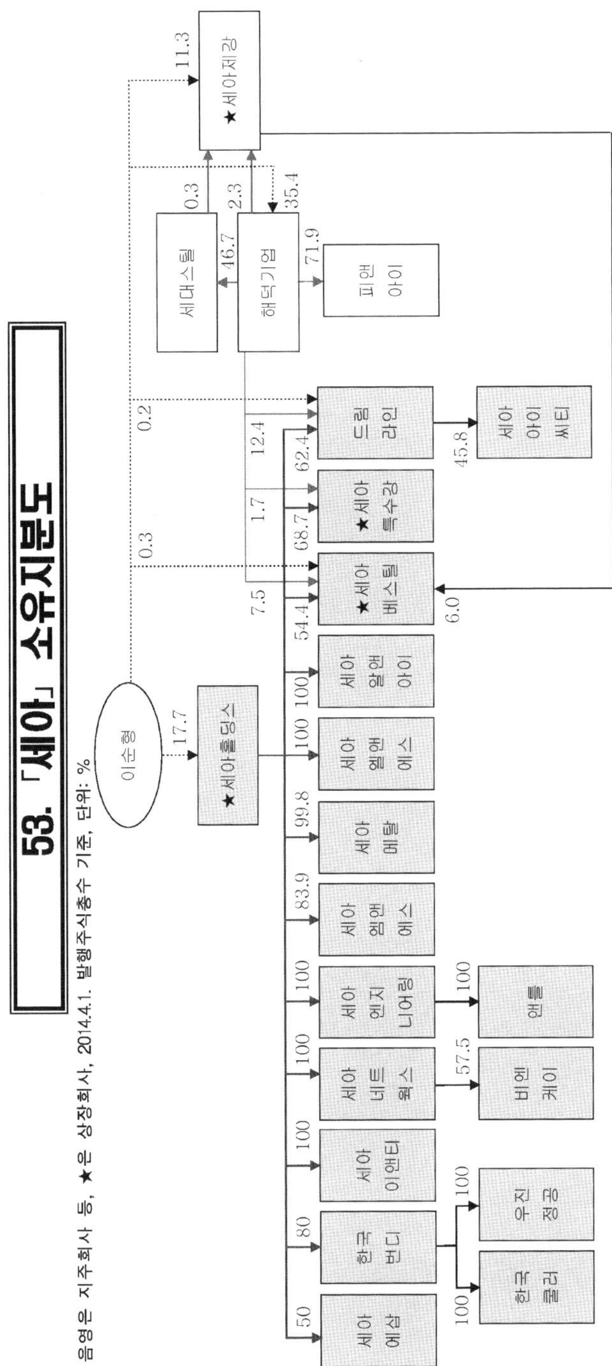

4) 세아그룹, 2015년 4월: [순위] 41위, [동일인] 이순형, [계열회사] 21개

이순형 (17.7%) → 세아홀딩스 → 세아에프에스, 세아베스틸 등

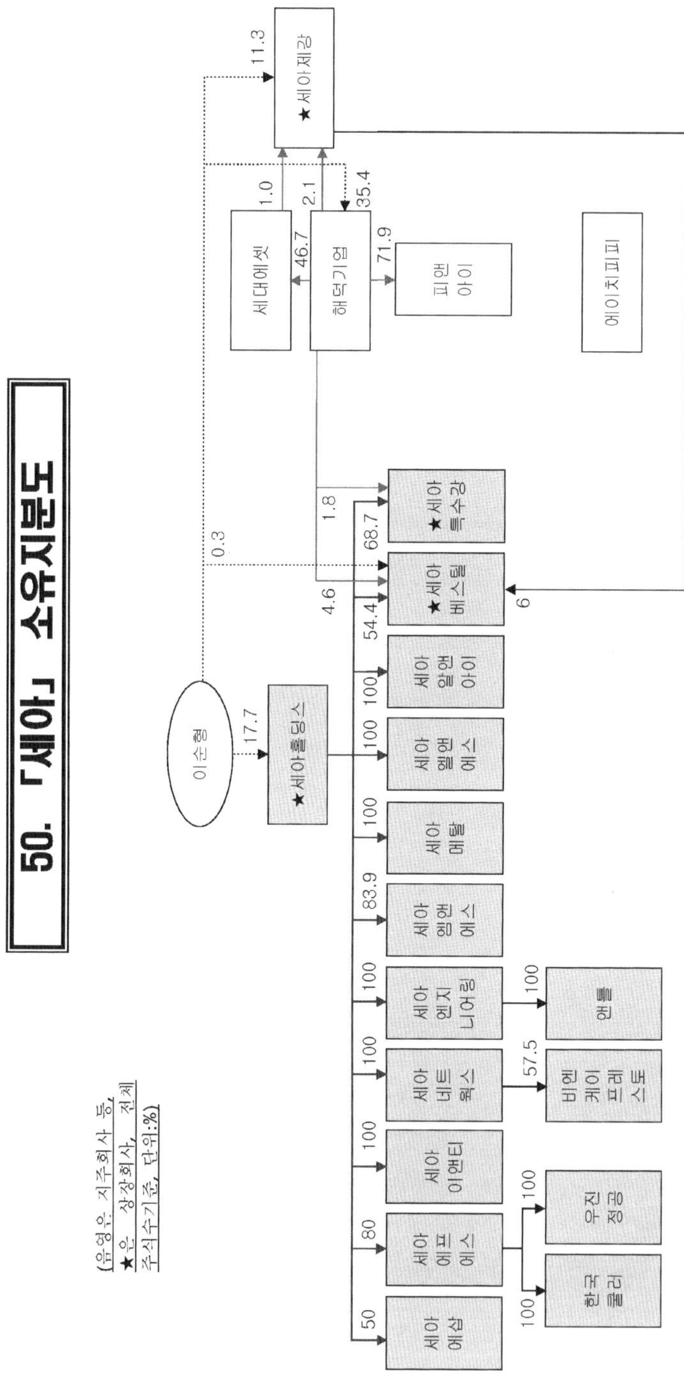

5) 세아그룹, 2016년 4월: [순위] 40위, [동일인] 이순형, [계열회사] 22개

이순형 (17.7%) → 세아홀딩스 → 세아에프에스, 세아베스틸 등

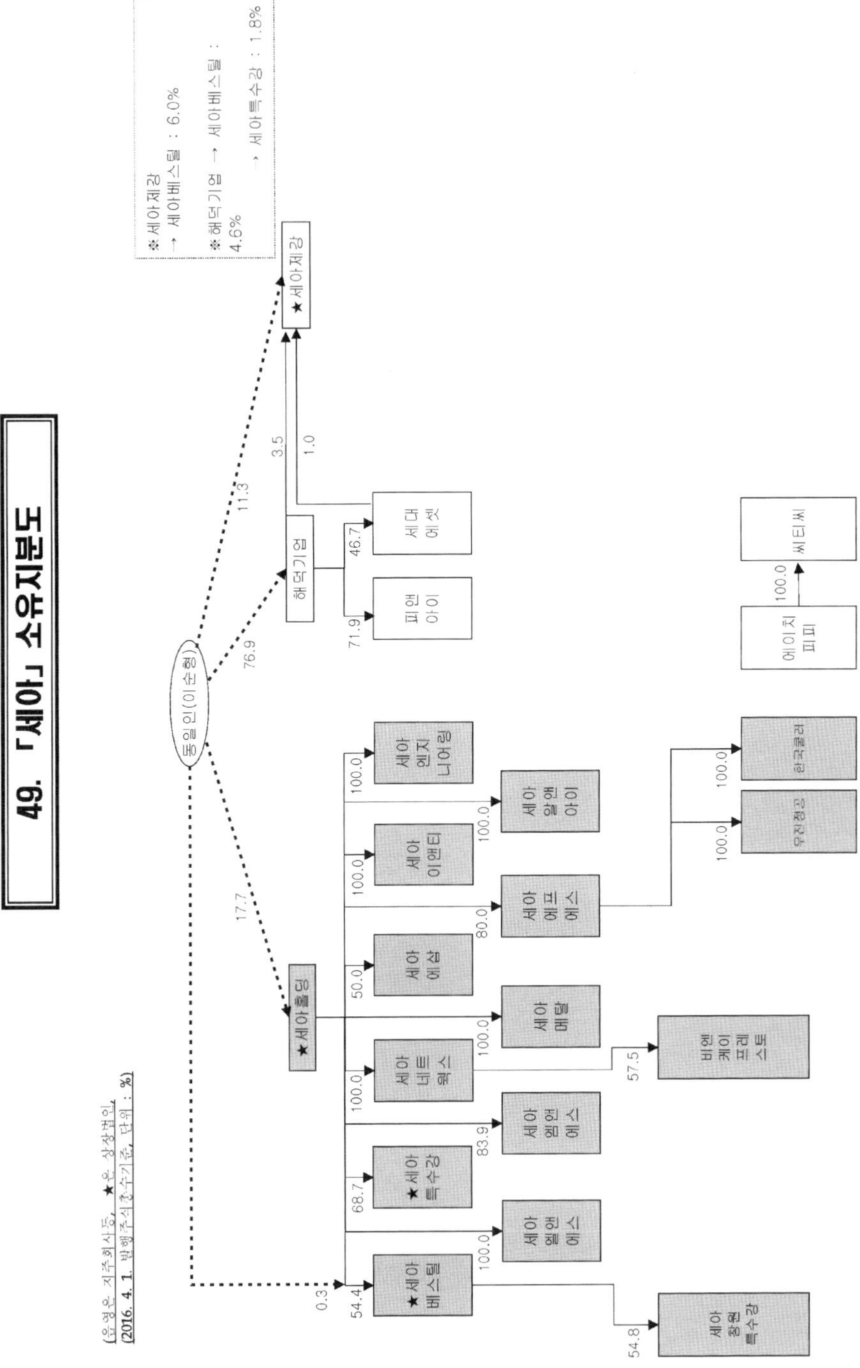

6) 세아그룹, 2017년 9월: [순위] 39위, [동일인] 이순형, [계열회사] 21개

이순형 (17.6%) → 세아홀딩스 → 세아에프에스, 세아베스틸 등

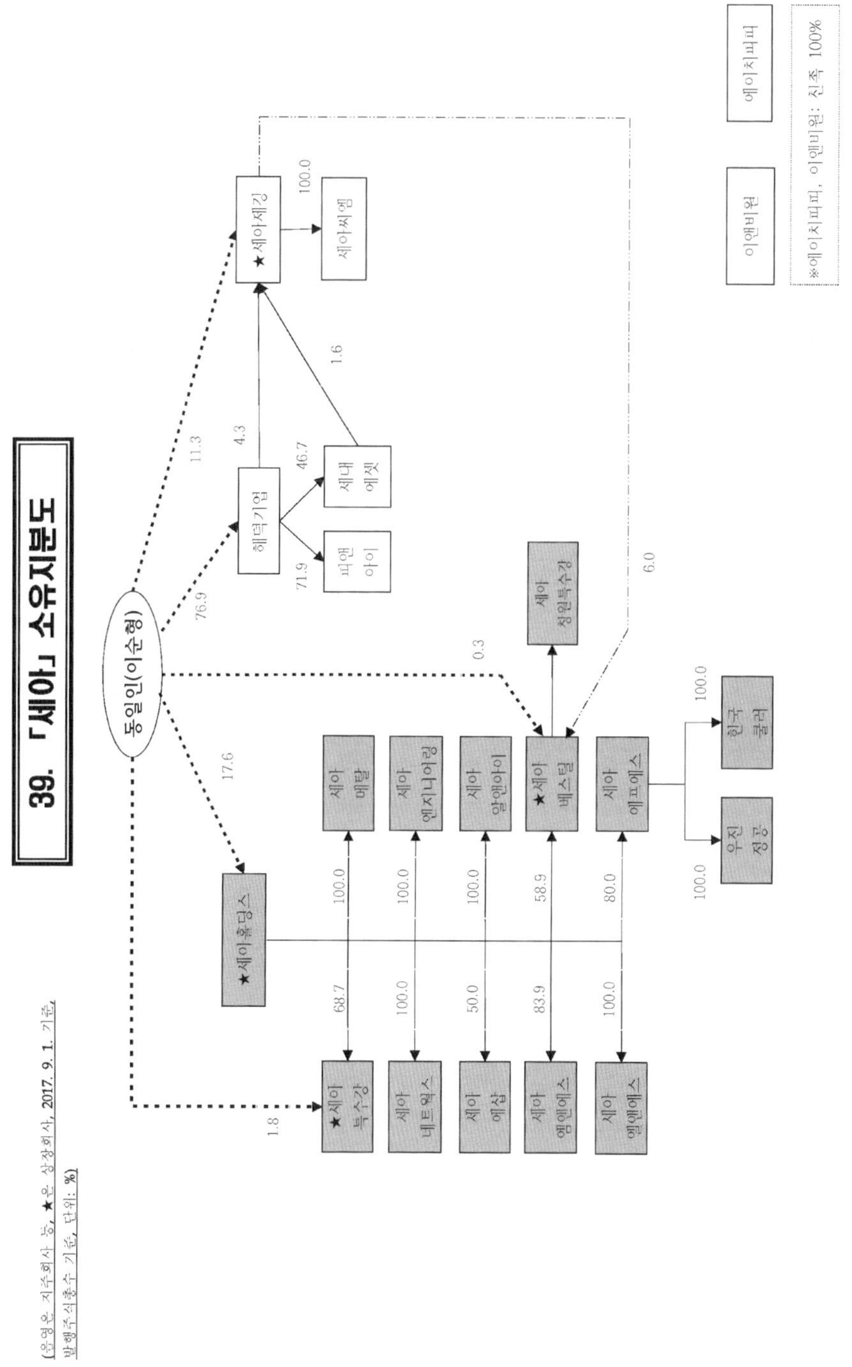

7) 세아그룹, 2018년 5월: [순위] 40위, [동일인] 이순형, [계열회사] 21개

이순형 (12.7, 78%) → 세아홀딩스, 에이팩인베스터스 → 세아에프에스, 세아베스틸, 세아제강 등

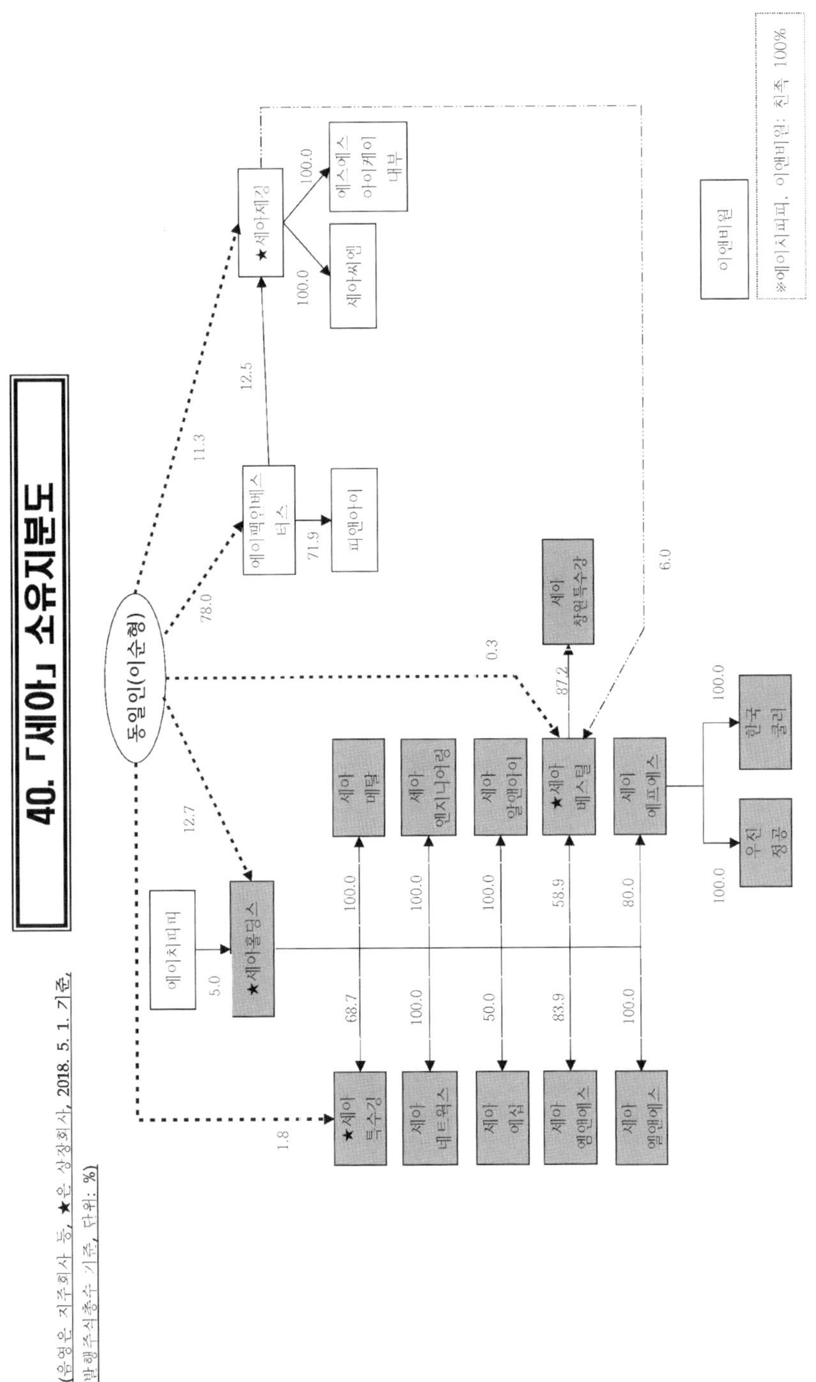

8) 세아그룹, 2019년 5월: [순위] 39위, [동일인] 이순형, [계열회사] 24개

이순형 (12.7, 78%) → 세아홀딩스, 에이팩인베스터스 → 세아에프에스, 세아베스틸, 세아제강지주 등

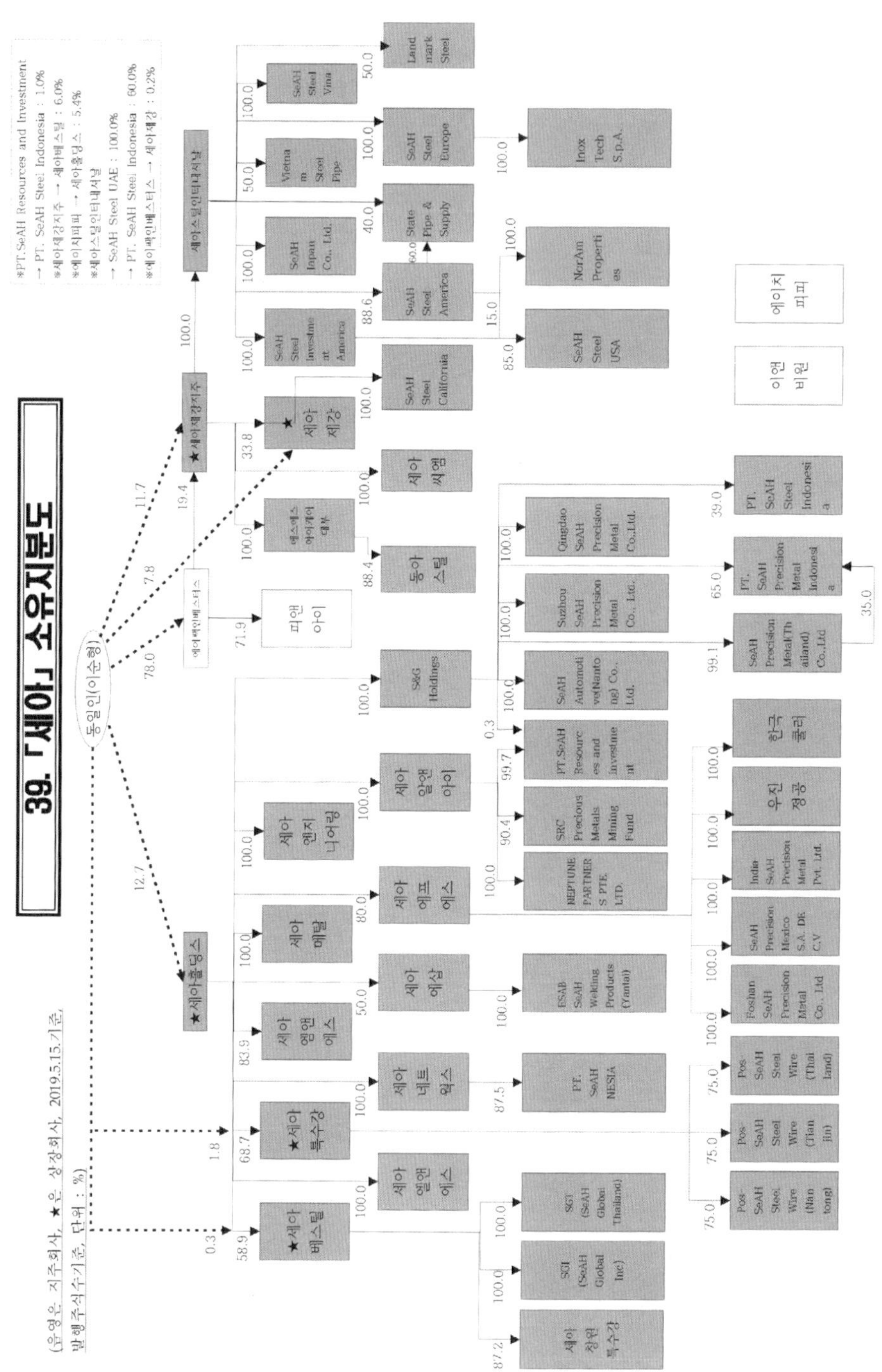

9) 세아그룹, 2020년 5월: [순위] 40위, [동일인] 이순형, [계열회사] 29개

이순형 (8.7, 78%), 이주성 (17.9, 20.1%) → 세아홀딩스, 에이팩인베스터스 → 세아에프에스, 세아베스틸, 세아제강지주 등

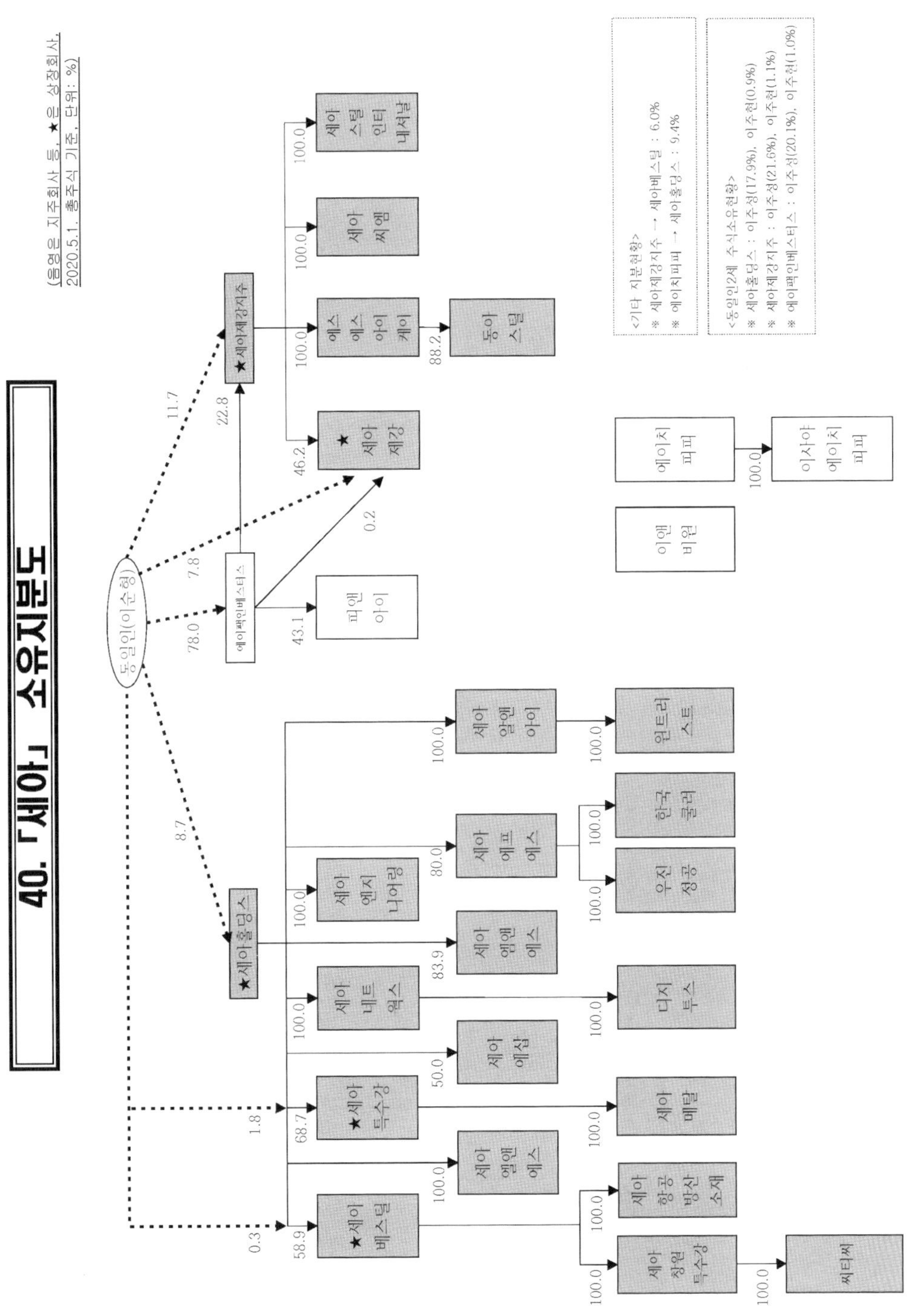

10) 세아그룹, 2021년 5월: [순위] 46위, [동일인] 이순형, [계열회사] 29개

이순형 (8.7, 78%), 이주성 (17.9, 20.1%) → 세아홀딩스, 에이팩인베스터스 → 세아에프에스, 세아베스틸, 세아제강지주 등

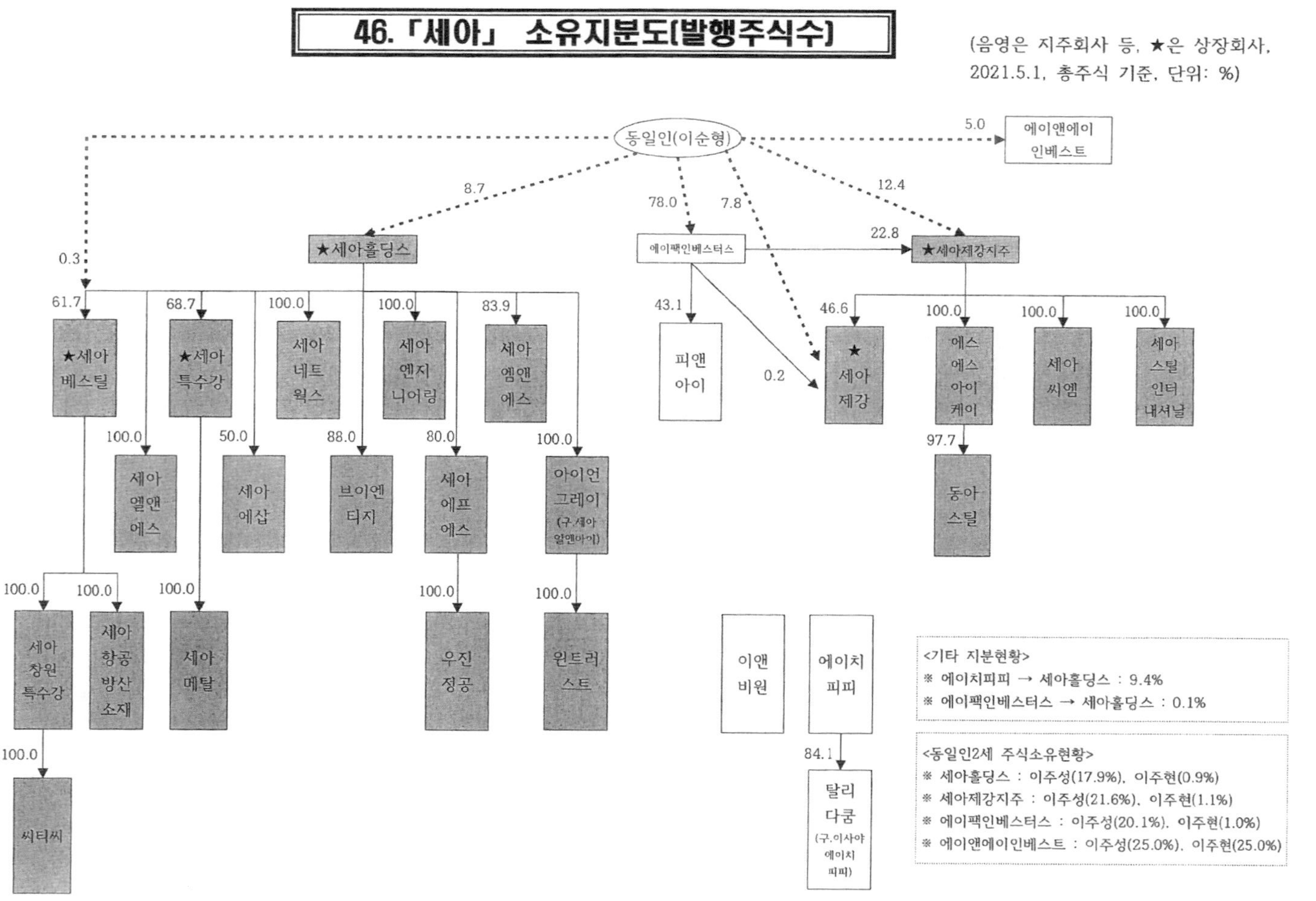

29. 셀트리온그룹: 2016-2021년

연도	동일인	순위 (위)	계열회사 (개)	자산총액 (10억 원)	매출액 (10억 원)	당기순이익 (10억 원)
2016	서정진	48	8	5,855	897	158
2017	서정진	49	11	6,764	1,459	278
2018	서정진	38	9	8,572	1,982	588
2019	서정진	42	10	8,833	2,005	279
2020	서정진	45	9	8,838	2,409	280
2021	서정진	24	8	14,855	4,131	784

	[소유구조]	
주요 주주	서정진 (동일인)	서정진, 친족
주요 지배 회사	셀트리온홀딩스	-
주요 계열회사	셀트리온	셀트리온헬스케어, 셀트리온헬스케어홀딩스

주: 2016년 순위: 공기업집단을 제외한 순위.

1. 그룹

1) 대규모기업집단 지정 연도: 2016-2021년.

2) 연도 수: 6년.

2. 소유지분도: 개관

1) 소유지분도 작성 연도: 2016-2021년.
연도 수: 6년.

2) 그룹 주요 지표: [동일인] 서정진. [순위] 24-49위.
[계열회사] 8-11개. [자산총액] 5.9-14.9조 원.
[매출액] 0.9-4.1조 원. [당기순이익] 0.2-0.8조 원.

3) 소유구조

◆ {서정진 → 셀트리온홀딩스 → 계열회사} +
{서정진, 친족 → 계열회사2} ◆

① [주요 주주]
1명.
서정진 (동일인).
지분: 93.86-95.5%.
② [주요 지배 회사]
1개.
셀트리온홀딩스.
③ [계열회사]
유형: 자회사 → 손자회사 → 증손회사 (3년; 2016-2018년),
자회사 → 손자회사 (3년; 2019-2021년).
주요 회사: 1개.
셀트리온 (상장).
* 계열회사2: 2개 (1개씩 관련).
셀트리온헬스케어 (2016년 비상장, 2017-2020년 상장),
셀트리온헬스케어홀딩스.

4) 셀트리온헬스케어홀딩스: 2020년 9월경 설립.

3. 소유지분도: 연도별, 2016-2021년

1) 2016년 4월: [순위] 48위, [동일인] 서정진, [계열회사] 8개

{서정진 (93.86%) →
셀트리온홀딩스 → 셀트리온 등} +
{서정진 → 셀트리온헬스케어 등}.

2) 2017년 9월: [순위] 49위, [동일인] 서정진, [계열회사] 11개

{서정진 (94.9%) →

셀트리온홀딩스 → 셀트리온 등} +

{서정진, 친족 → 셀트리온헬스케어 등}.

3) 2018년 5월: [순위] 38위, [동일인] 서정진, [계열회사] 9개

{서정진 (95.5%) →

셀트리온홀딩스 → 셀트리온 등} +

{서정진, 친족 → 셀트리온헬스케어 등}.

4) 2019년 5월: [순위] 42위, [동일인] 서정진, [계열회사] 10개

{서정진 (95.5%) →

셀트리온홀딩스 → 셀트리온 등} +

{서정진, 친족 → 셀트리온헬스케어 등}.

5) 2020년 5월: [순위] 45위, [동일인] 서정진, [계열회사] 9개

{서정진 (95.5%) →

셀트리온홀딩스 → 셀트리온 등} +

{서정진, 친족 → 셀트리온헬스케어 등}.

6) 2021년 5월: [순위] 24위, [동일인] 서정진, [계열회사] 8개

{서정진 (95.5%) →

셀트리온홀딩스 → 셀트리온 등} +

{서정진, 친족 → 셀트리온헬스케어홀딩스 등}.

1) 셀트리온그룹, 2016년 4월: [순위] 48위, [동일인] 서정진, [계열회사] 8개

{서정진 (93.86%) → 셀트리온홀딩스 → 셀트리온 등} + {서정진 → 셀트리온헬스케어 등}

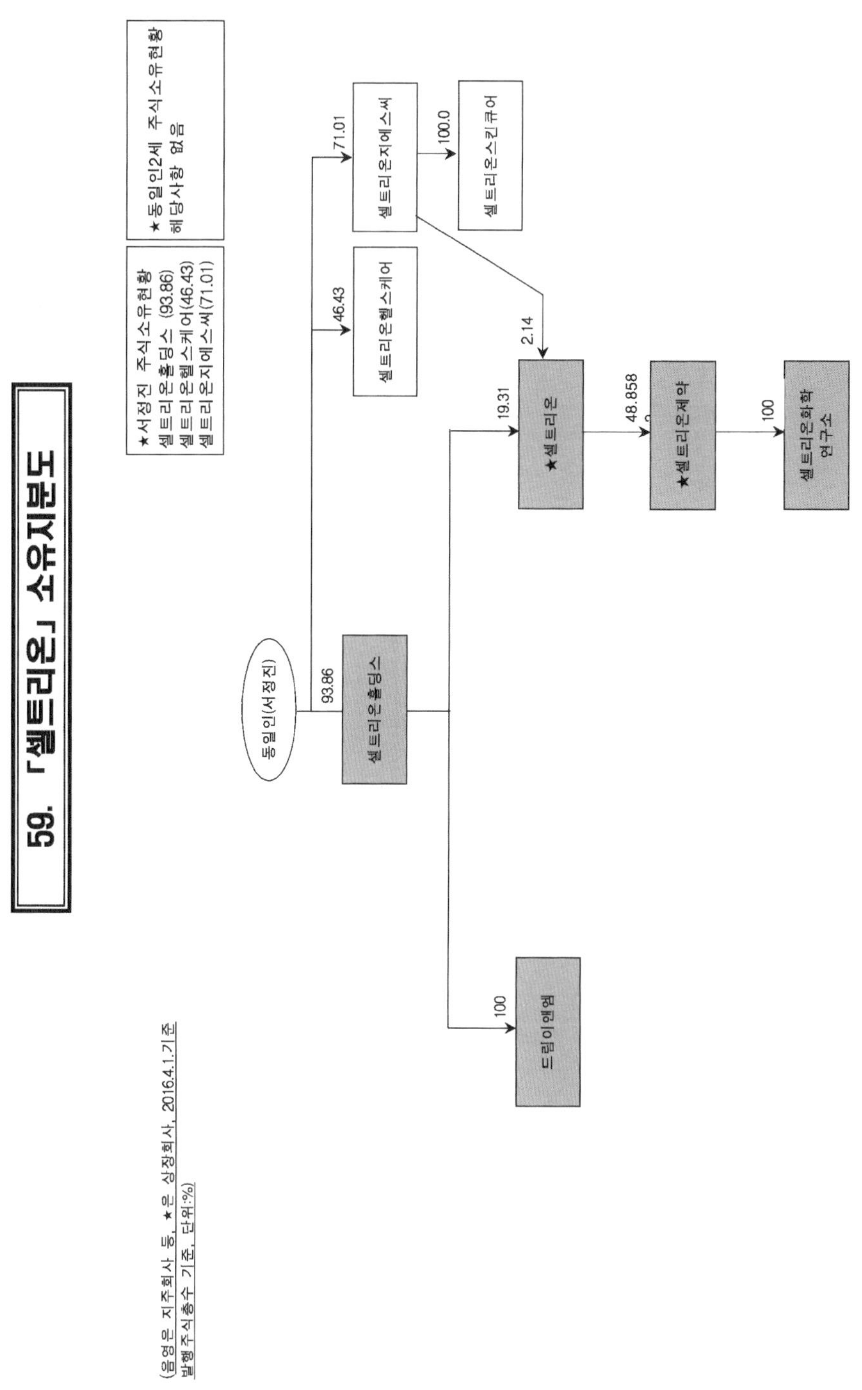

2) 셀트리온그룹, 2017년 9월: [순위] 49위, [동일인] 서정진, [계열회사] 11개

{서정진 (94.9%) → 셀트리온홀딩스 → 셀트리온 등} + {서정진, 친족 → 셀트리온헬스케어 등}

49. 「셀트리온」 소유지분도

(음영은 지주회사 등, ★은 상장회사, 2017. 9. 1. 기준, 발행주식총수 기준, 단위: %)

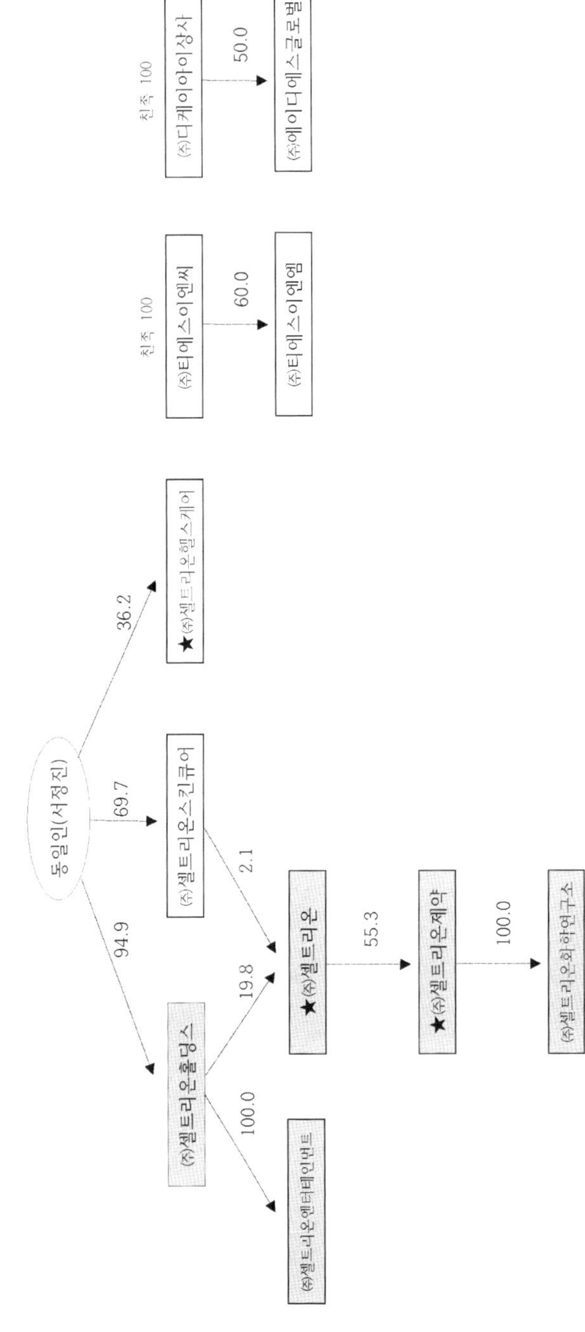

3) 셀트리온그룹, 2018년 5월: [순위] 38위, [동일인] 서정진, [계열회사] 9개

{서정진 (95.5%) → 셀트리온홀딩스 → 셀트리온 등} + {서정진, 친족 → 셀트리온헬스케어 등}

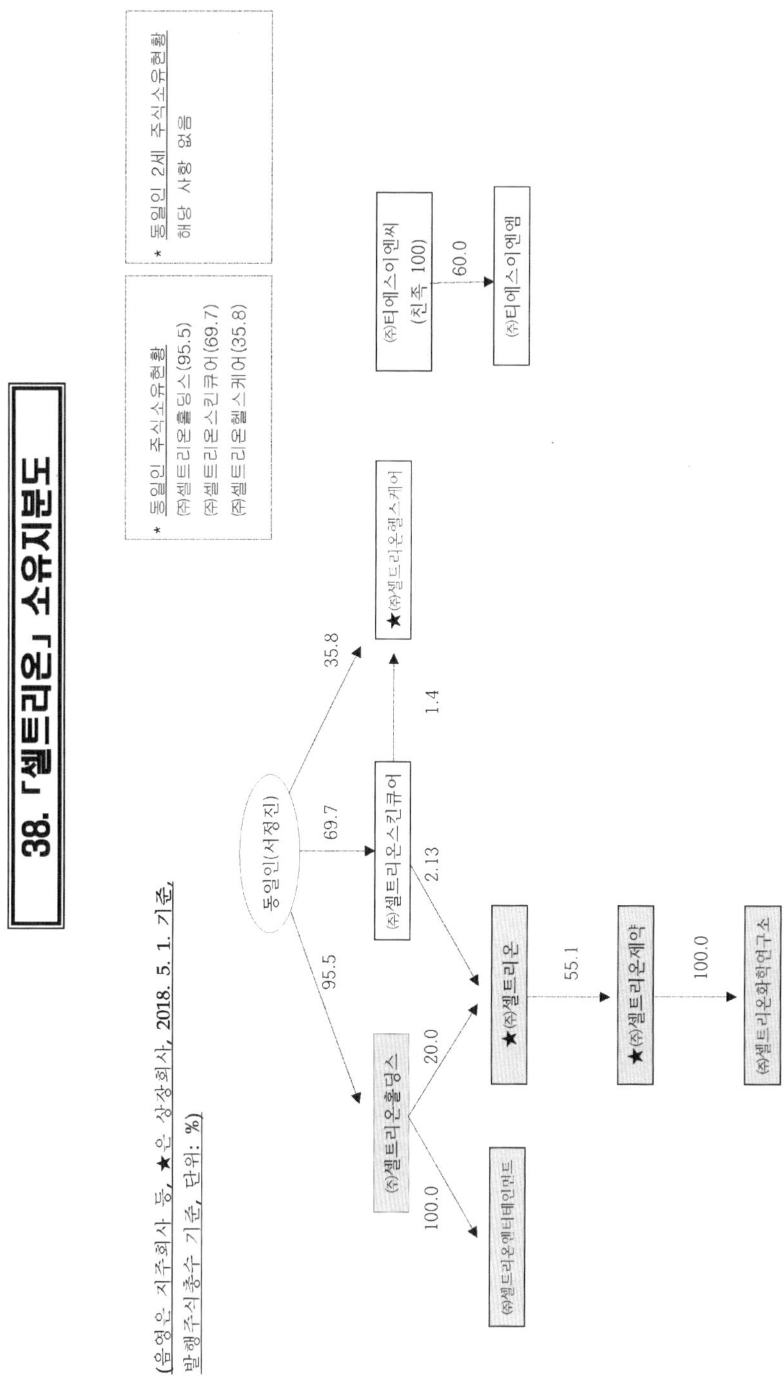

4) 셀트리온그룹, 2019년 5월: [순위] 42위, [동일인] 서정진, [계열회사] 10개

{서정진 (95.5%) → 셀트리온홀딩스 → 셀트리온 등} + {서정진, 친족 → 셀트리온헬스케어 등}

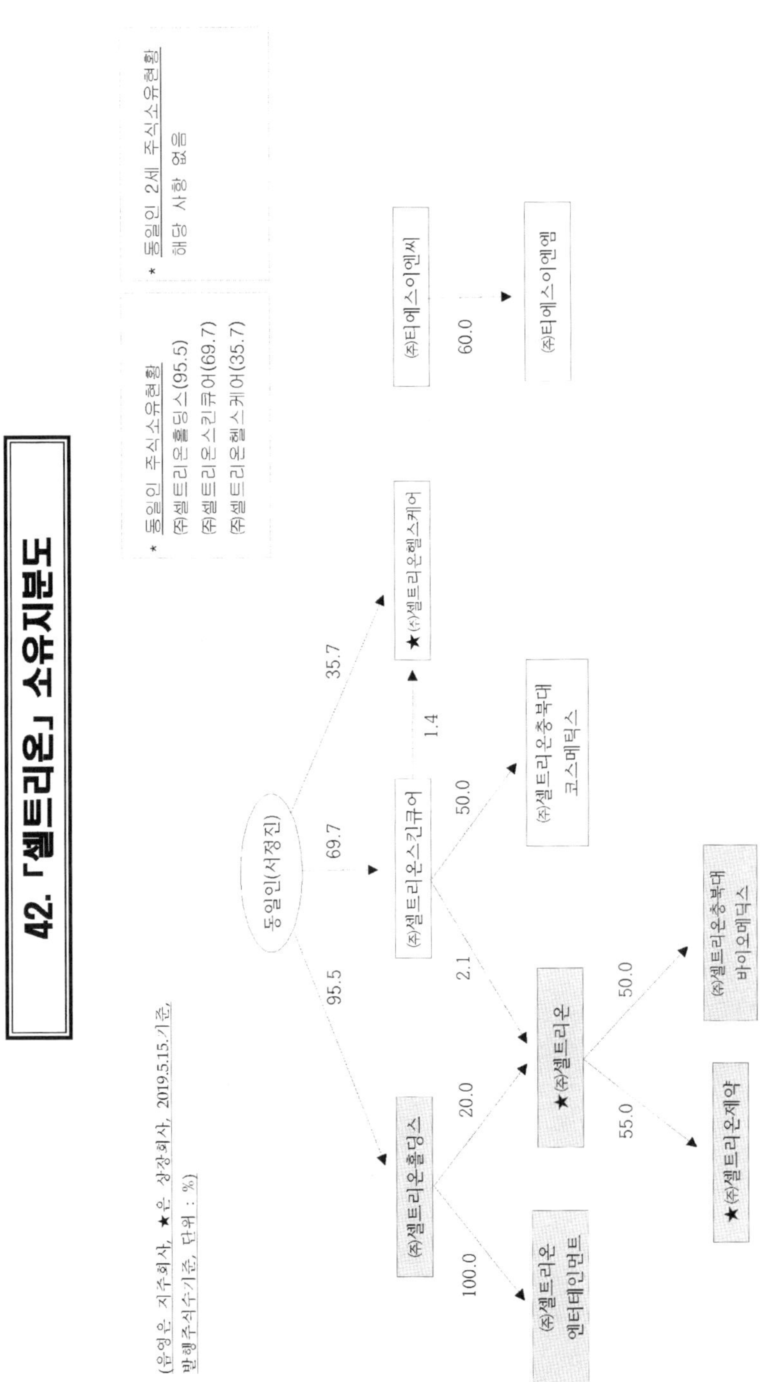

5) 셀트리온그룹, 2020년 5월: [순위] 45위, [동일인] 서정진, [계열회사] 9개

{서정진 (95.5%) → 셀트리온홀딩스 → 셀트리온 등} + {서정진, 친족 → 셀트리온헬스케어 등}

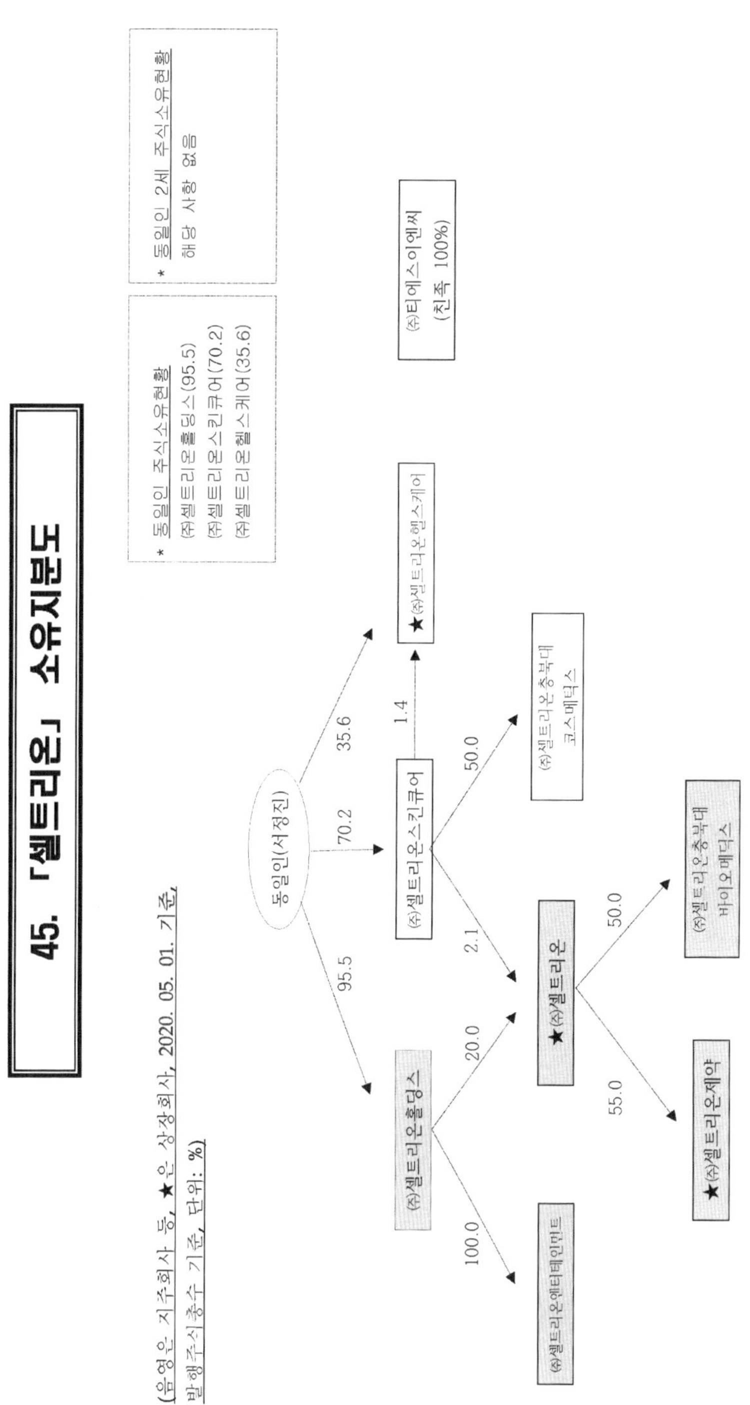

6) 셀트리온그룹, 2021년 5월: [순위] 24위, [동일인] 서정진, [계열회사] 8개

{서정진 (95.5%) → 셀트리온홀딩스 → 셀트리온 등} + {서정진, 친족 → 셀트리온헬스케어홀딩스 등}

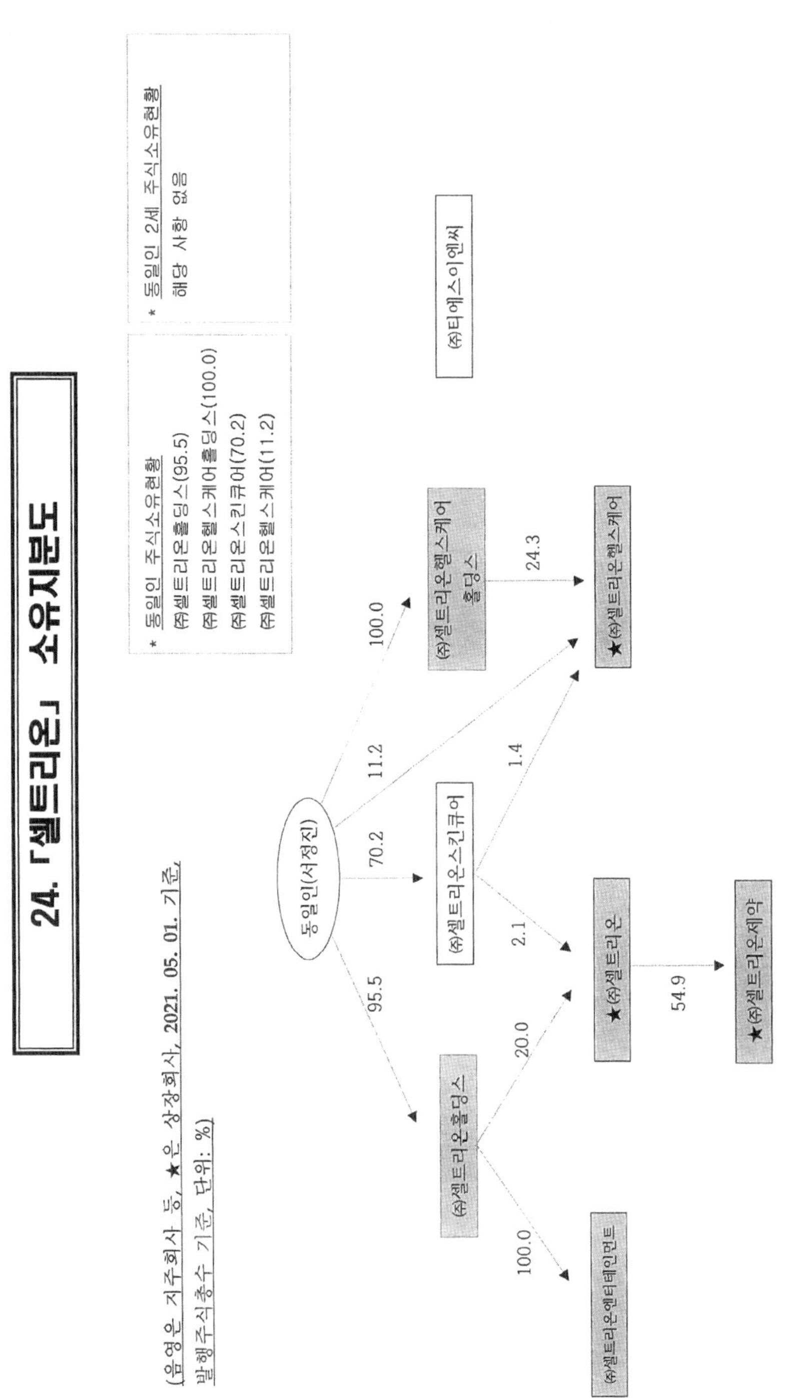

30. CJ그룹: 2012-2021년

연도	동일인	순위 (위)	계열회사 (개)	자산총액 (10억 원)	매출액 (10억 원)	당기순이익 (10억 원)
1999		28	15	2,728	3,016	-30
2000		23	18	3,538	3,161	51
2001		19	30	4,763	3,916	-34
2002		18	28	4,316	4,900	130
2003		18	33	4,538	5,999	227
2004		18	41	4,935	5,634	224
2005		18	48	5,905	6,078	258
2006		18	56	6,797	6,030	213
2007		19	64	8,423	6,870	123
2008		17	66	10,257	7,803	-9
2009		19	61	12,324	8,769	278
2010		18	54	13,023	9,630	699
2011		16	65	16,323	10,984	1,020
2012	이재현	14	84	22,922	15,188	934
2013	이재현	15	82	24,143	17,327	609
2014	이재현	15	73	24,121	17,703	278
2015	이재현	15	65	24,608	18,527	533
2016	이재현	15	62	24,763	19,985	464
2017	이재현	15	70	27,794	21,830	552
2018	이재현	15	80	28,310	23,103	648
2019	이재현	14	75	31,136	24,765	630
2020	이재현	13	77	34,537	24,038	335
2021	이재현	13	79	34,676	24,032	118

	[소유구조]
주요 주주	이재현 (동일인)
주요 지배 회사	CJ
주요 계열회사	CJ ENM, CJ제일제당, CJ프레시웨이

주: 2002-2016년 순위: 공기업집단을 제외한 순위.

1. 그룹

1) 대규모기업집단 지정 연도: 1999-2021년.

2) 연도 수: 23년.

3) 그룹 이름: 제일제당 (1999-2002년), CJ (2003-2021년).

2. 소유지분도: 개관

1) 소유지분도 작성 연도: 2012-2021년.

연도 수: 10년.

2) 그룹 주요 지표: [동일인] 이재현. [순위] 13-15위.

[계열회사] 62-84개. [자산총액] 22.9-34.7조 원.

[매출액] 15.2-24.8조 원. [당기순이익] 0.1-0.9조 원.

3) 소유구조

◆ 이재현 → CJ → 계열회사 ◆

① [주요 주주]

1명.

이재현 (동일인).

지분: 34.4-40.9%.

② [주요 지배 회사]

1개.

CJ (상장).

③ [계열회사]

유형: 자회사 → 손자회사 → 증손회사.

주요 회사: 3개 (3개씩 관련).

CJ ENM (상장), CJ제일제당 (상장), CJ프레시웨이 (상장).

3. 소유지분도: 연도별, 2012-2021년

1) 2012년 4월: [순위] 14위, [동일인] 이재현, [계열회사] 84개

이재현 (39.3%) →

CJ → CJ ENM, CJ제일제당, CJ프레시웨이 등.

2) 2013년 4월: [순위] 15위, [동일인] 이재현, [계열회사] 82개

이재현 (39.2%) →

CJ → CJ ENM, CJ제일제당, CJ프레시웨이 등.

3) 2014년 4월: [순위] 15위, [동일인] 이재현, [계열회사] 73개

이재현 (39.2%) →

CJ → CJ ENM, CJ제일제당, CJ프레시웨이 등.

4) 2015년 4월: [순위] 15위, [동일인] 이재현, [계열회사] 65개

이재현 (39.1%) →

CJ → CJ ENM, CJ제일제당, CJ프레시웨이 등.

5) 2016년 4월: [순위] 15위, [동일인] 이재현, [계열회사] 62개

이재현 (39.1%) →

CJ → CJ ENM, CJ제일제당, CJ프레시웨이 등.

6) 2017년 5월: [순위] 15위, [동일인] 이재현, [계열회사] 70개

이재현 (39.1%) →

CJ → CJ ENM, CJ제일제당, CJ프레시웨이 등.

7) 2018년 5월: [순위] 15위, [동일인] 이재현, [계열회사] 80개

이재현 (40.9%) →

CJ → CJ ENM, CJ제일제당, CJ프레시웨이 등.

8) 2019년 5월: [순위] 14위, [동일인] 이재현, [계열회사] 75개

이재현 (39.6%) →

CJ → CJ ENM, CJ제일제당, CJ프레시웨이 등.

9) 2020년 5월: [순위] 13위, [동일인] 이재현, [계열회사] 77개

이재현 (34.4%) →

CJ → CJ ENM, CJ제일제당, CJ프레시웨이 등.

10) 2021년 5월: [순위] 13위, [동일인] 이재현, [계열회사] 79개

이재현 (34.4%) →

CJ → CJ ENM, CJ제일제당, CJ프레시웨이 등.

1) CJ그룹, 2012년 4월: [순위] 14위, [동일인] 이재현, [계열회사] 84개

이재현 (39.3%) → CJ → CJ ENM, CJ제일제당, CJ프레시웨이 등

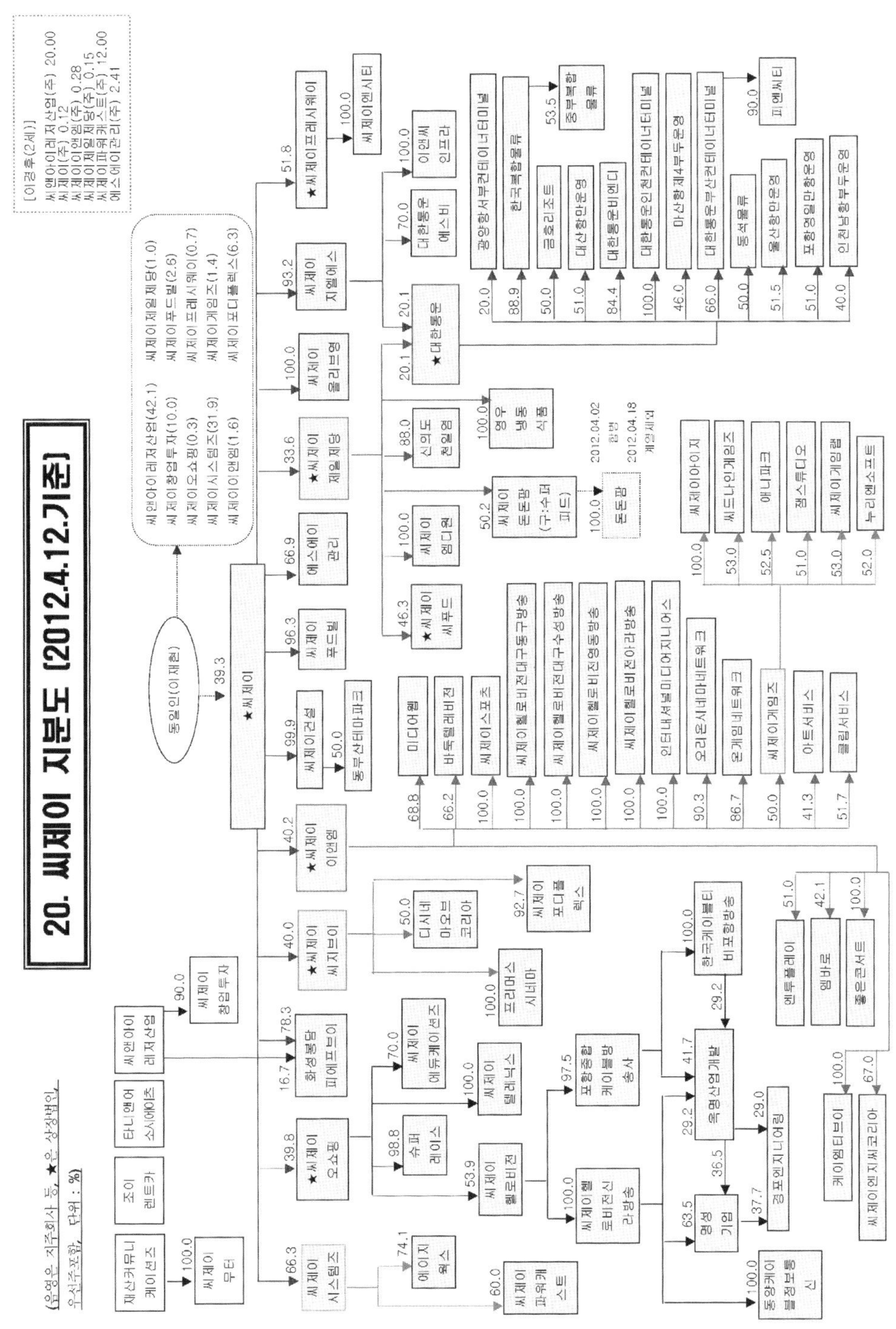

2) CJ그룹, 2013년 4월: [순위] 15위, [동일인] 이재현, [계열회사] 82개

이재현 (39.2%) → CJ → CJ ENM, CJ제일제당, CJ프레시웨이 등

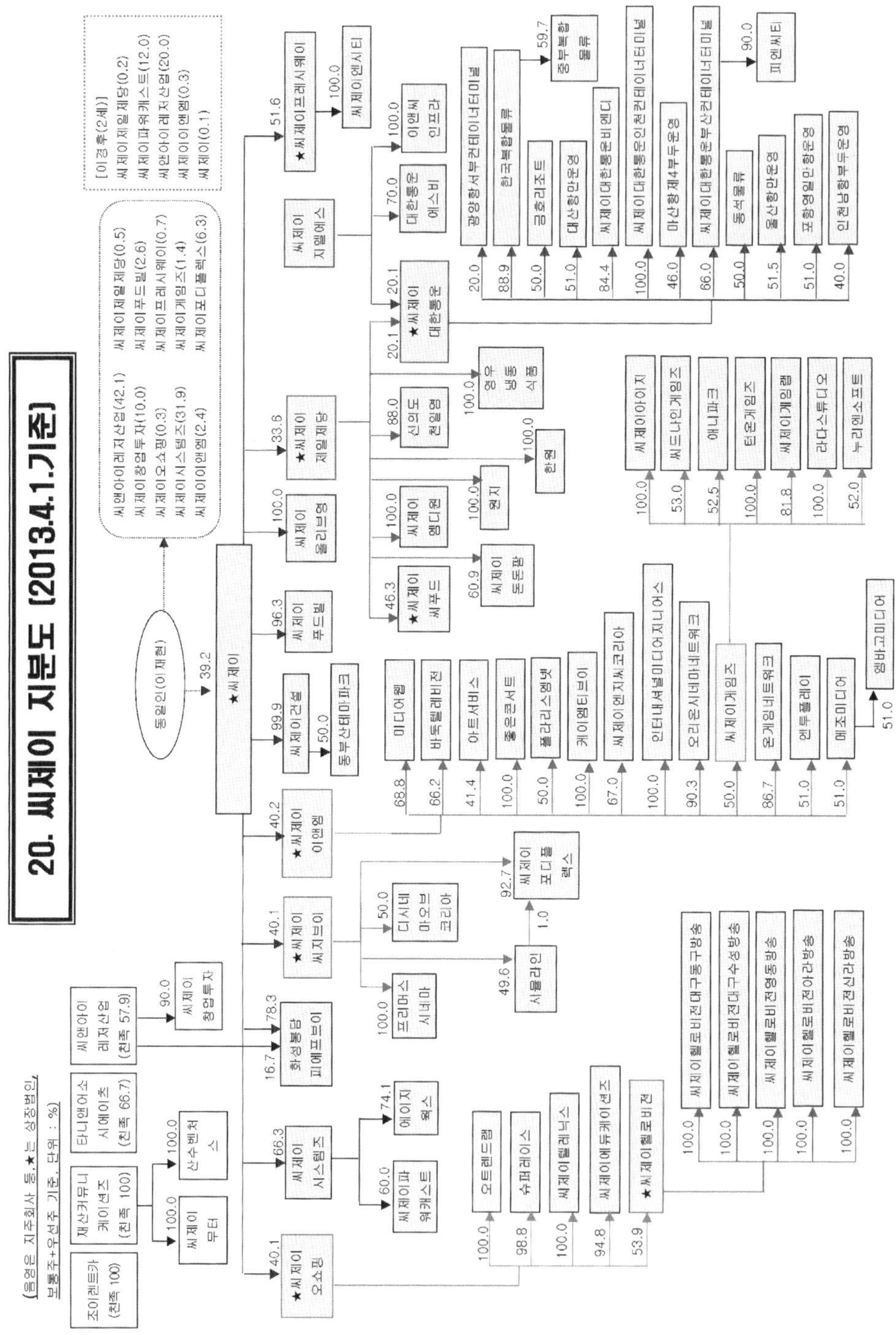

3) CJ그룹, 2014년 4월: [순위] 15위, [동일인] 이재현, [계열회사] 73개

이재현 (39.2%) → CJ → CJ ENM, CJ제일제당, CJ프레시웨이 등

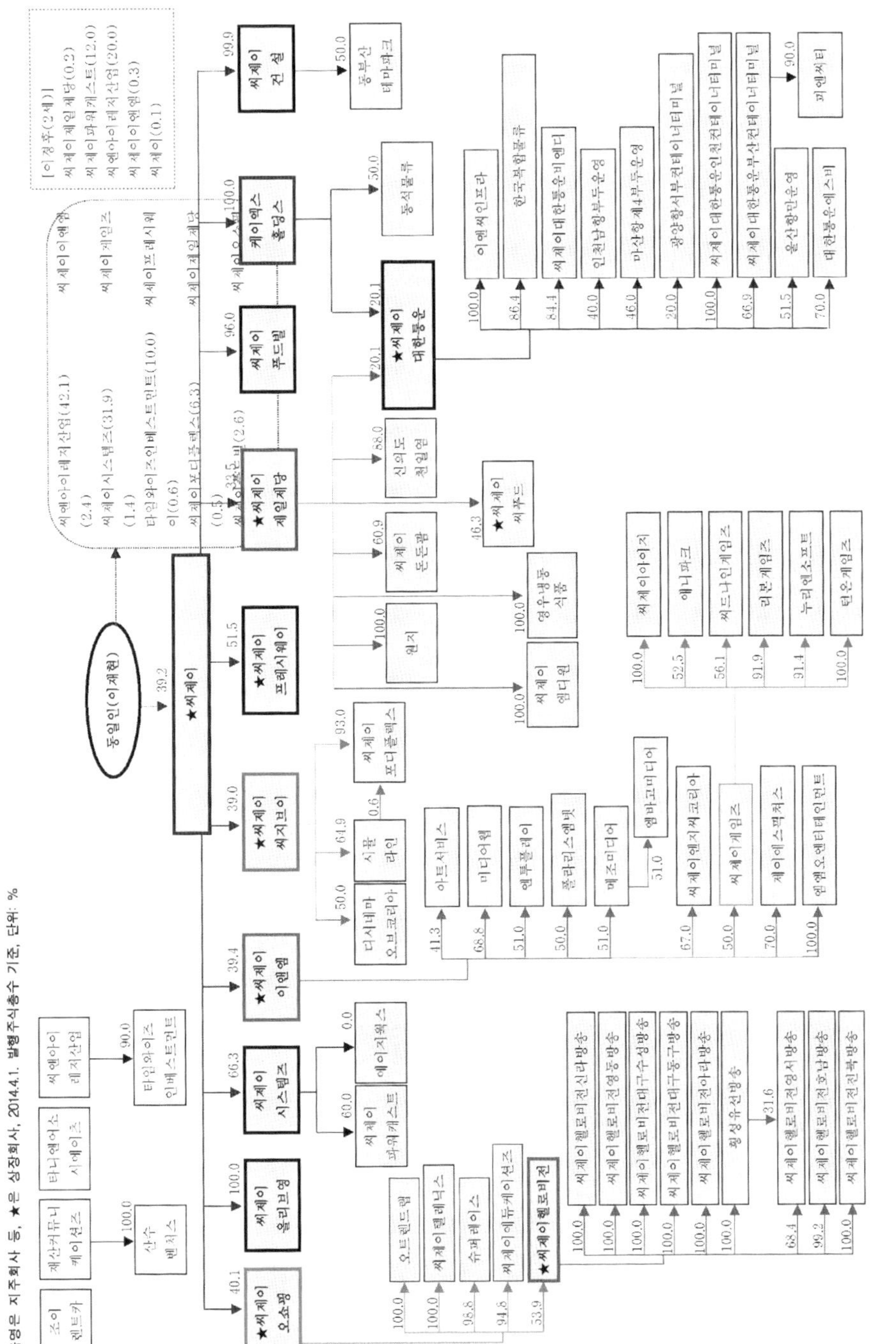

4) CJ그룹, 2015년 4월: [순위] 15위, [동일인] 이재현, [계열회사] 65개

이재현 (39.1%) → CJ → CJ ENM, CJ제일제당, CJ프레시웨이 등

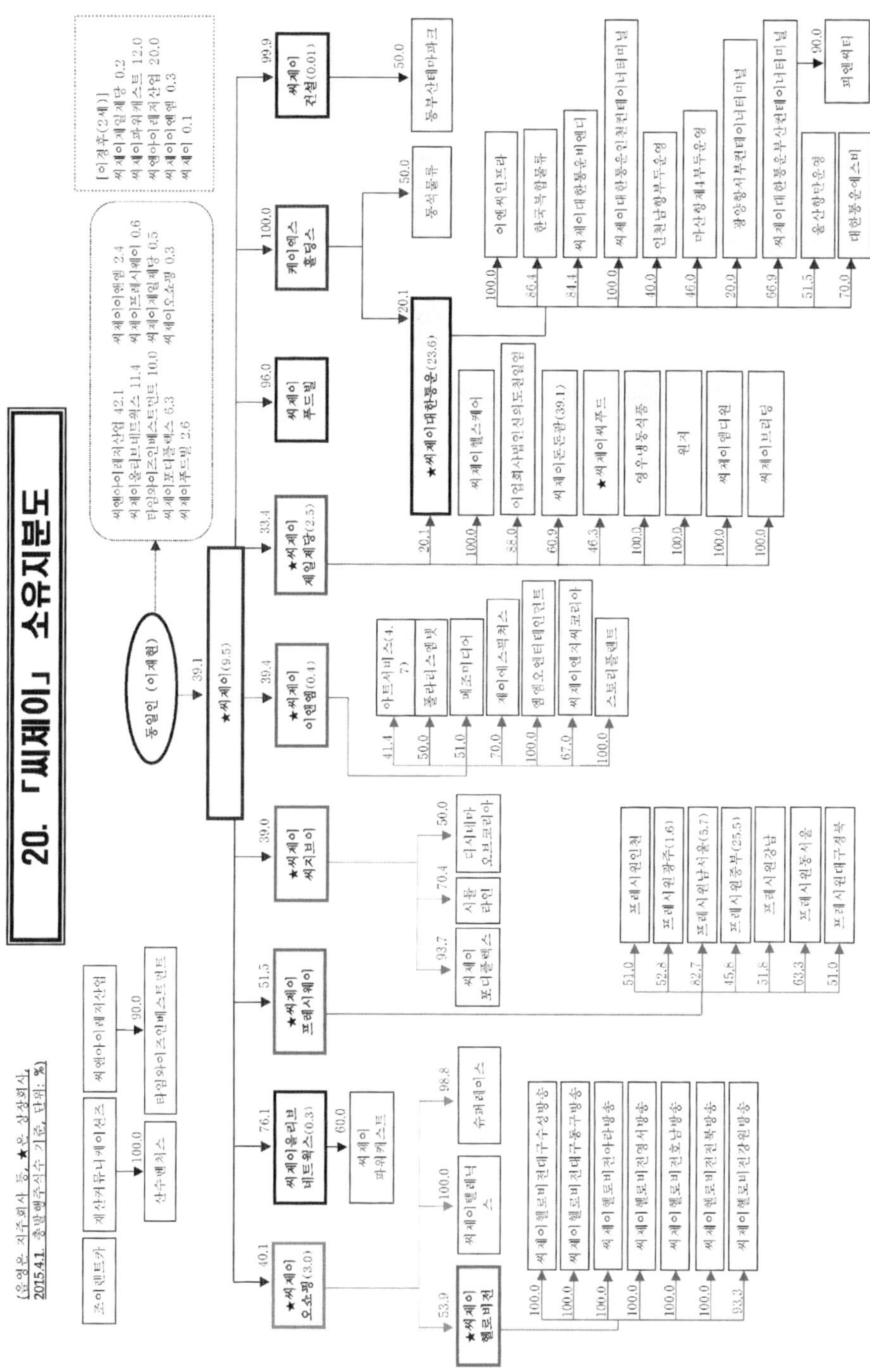

5) CJ그룹, 2016년 4월: [순위] 15위, [동일인] 이재현, [계열회사] 62개

이재현 (39.1%) → CJ → CJ ENM, CJ제일제당, CJ프레시웨이 등

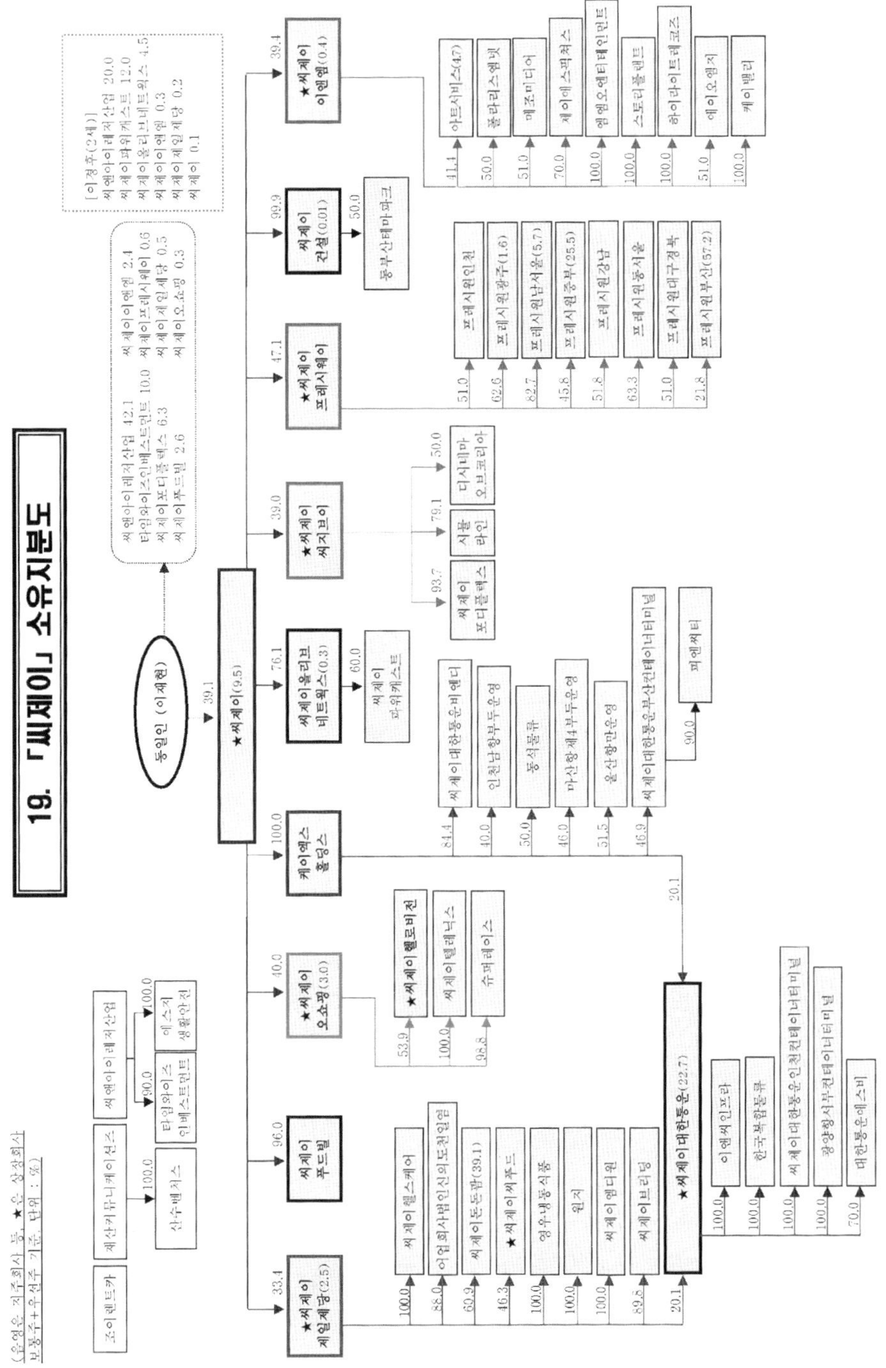

6) CJ그룹, 2017년 5월: [순위] 15위, [동일인] 이재현, [계열회사] 70개

이재현 (39.1%) → CJ → CJ ENM, CJ제일제당, CJ프레시웨이 등

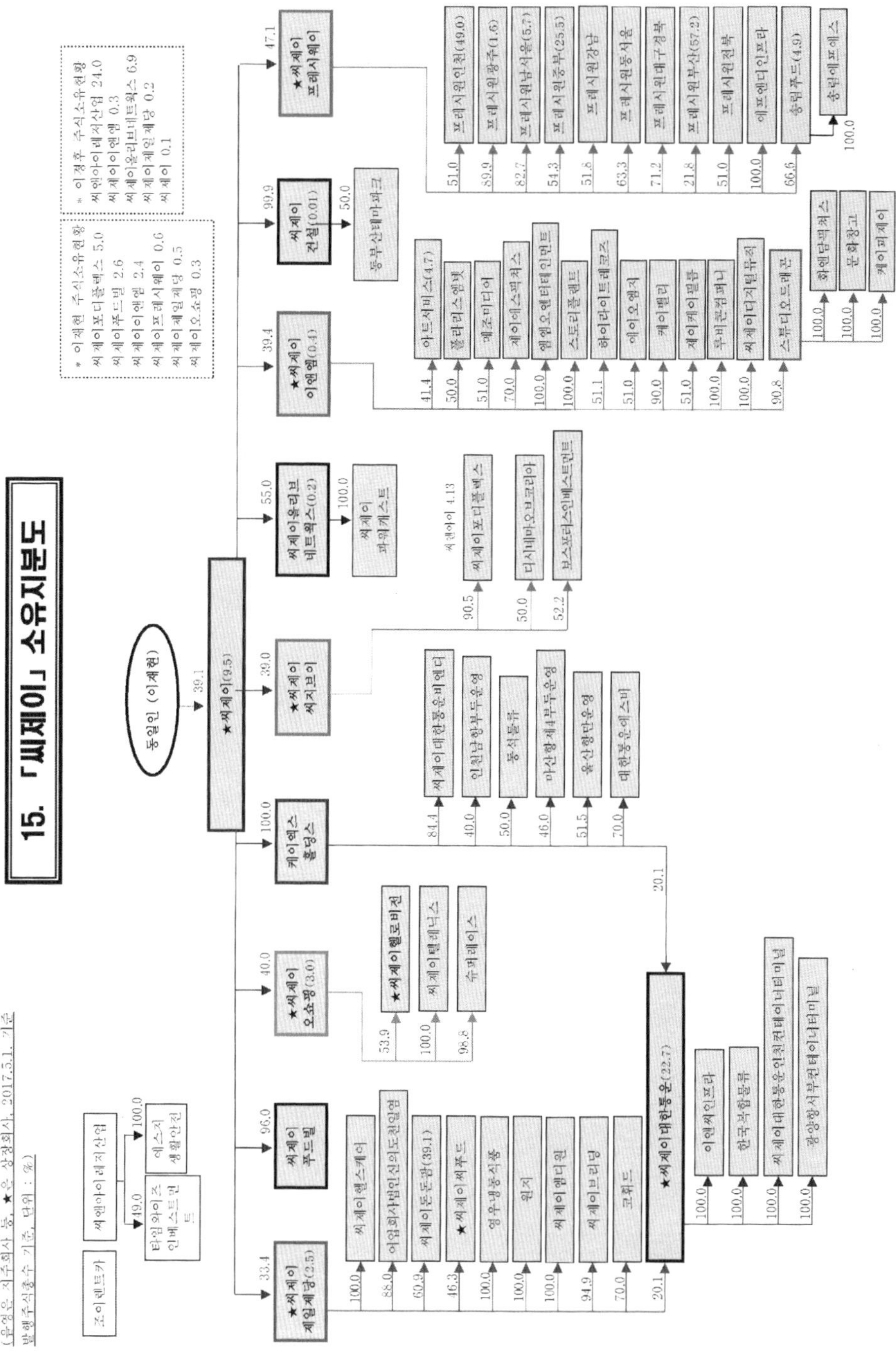

7) CJ그룹, 2018년 5월: [순위] 15위, [동일인] 이재현, [계열회사] 80개

이재현 (40.9%) → CJ → CJ ENM, CJ제일제당, CJ프레시웨이 등

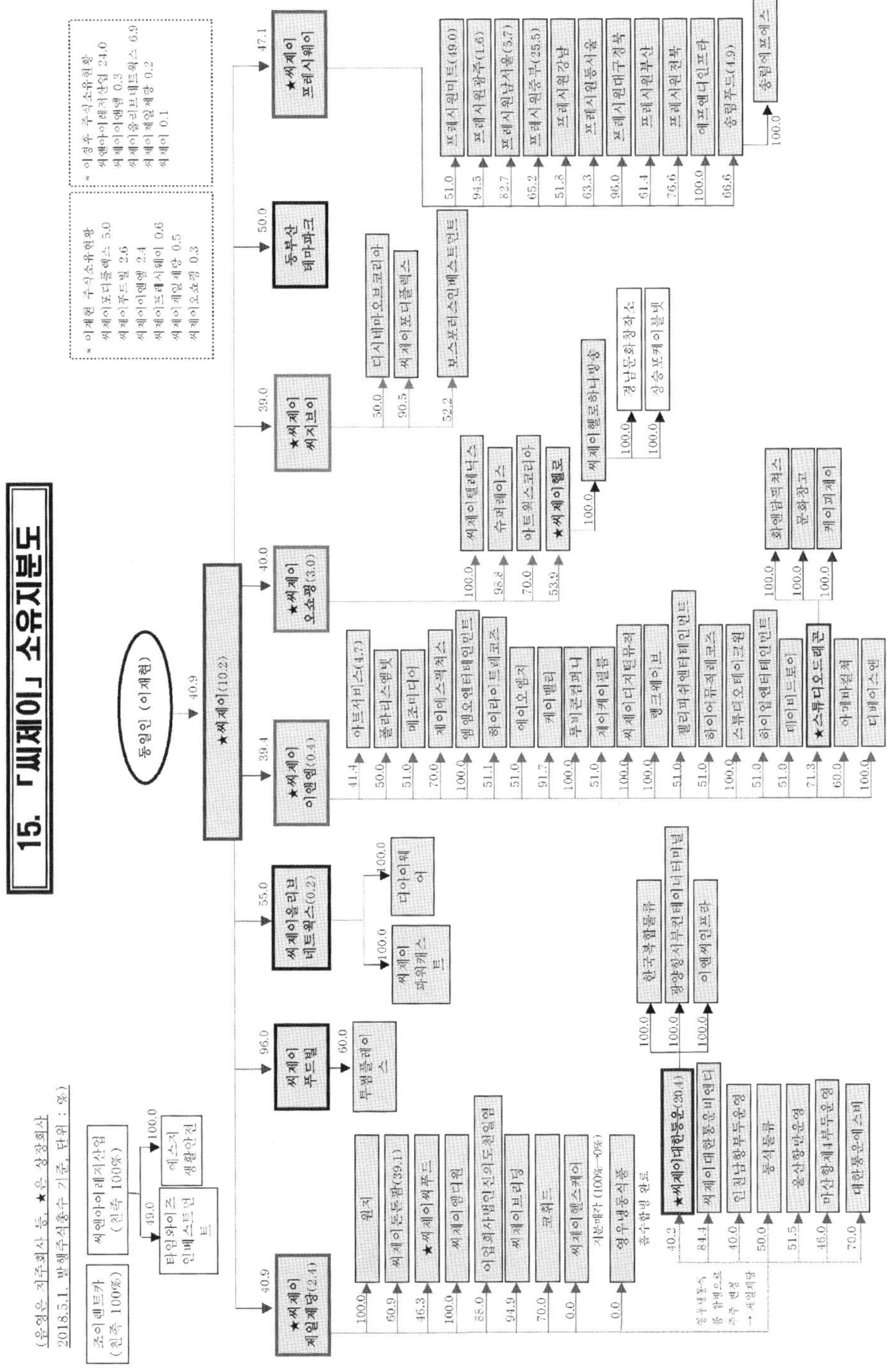

8) CJ그룹, 2019년 5월: [순위] 14위, [동일인] 이재현, [계열회사] 75개

이재현 (39.6%) → CJ → CJ ENM, CJ제일제당, CJ프레시웨이 등

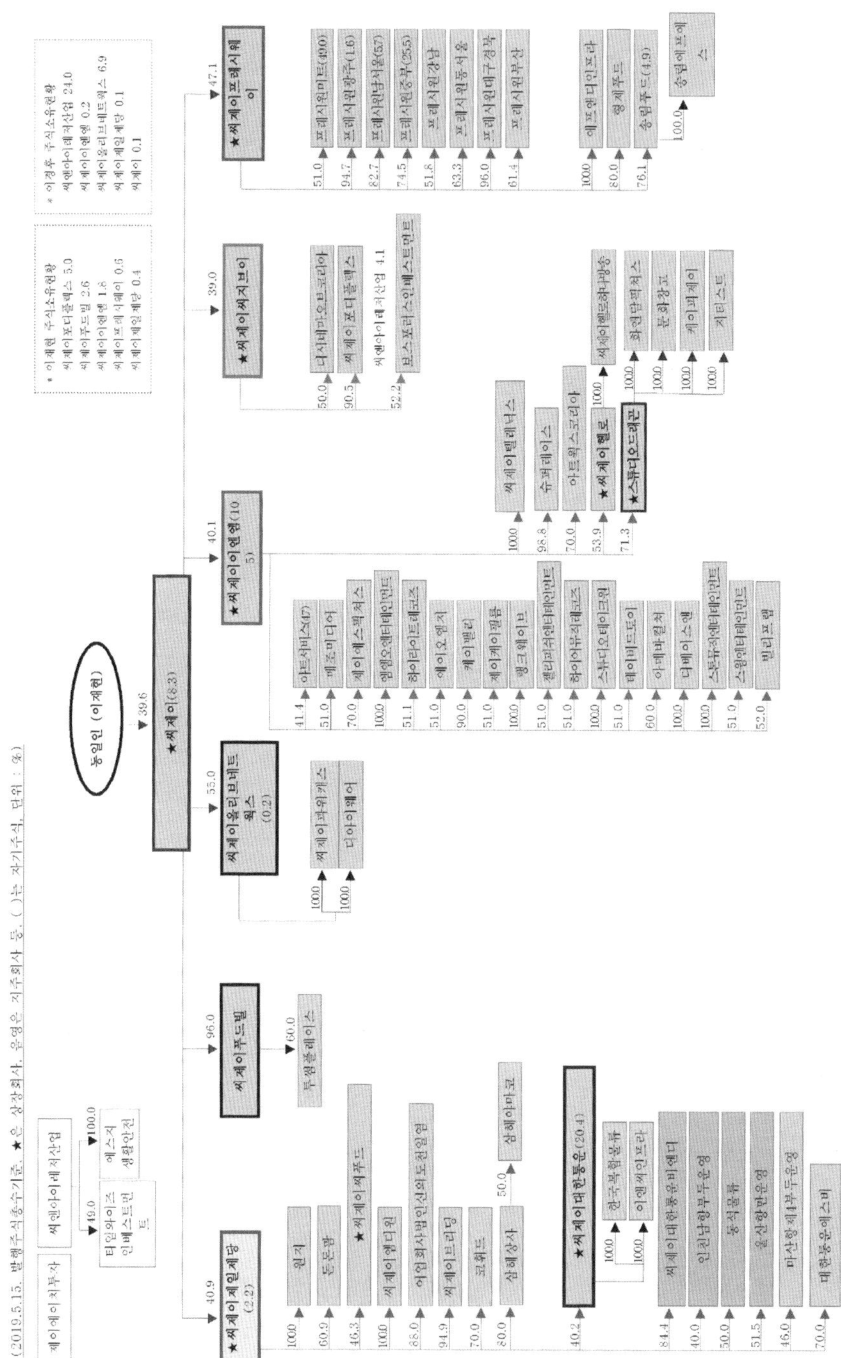

9) CJ그룹, 2020년 5월: [순위] 13위, [동일인] 이재현, [계열회사] 77개

이재현 (34.4%) → CJ → CJ ENM, CJ제일제당, CJ프레시웨이 등

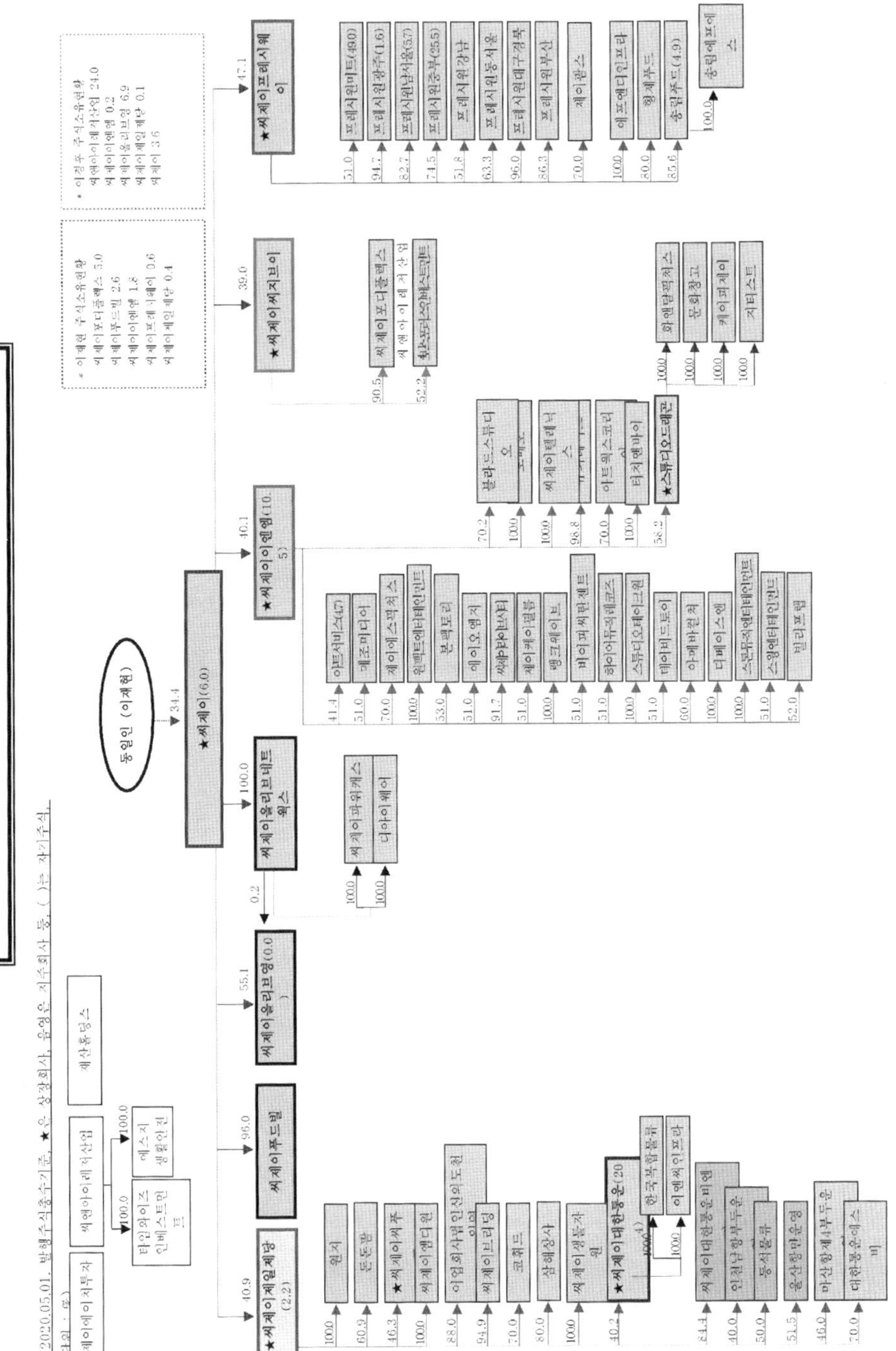

10) CJ그룹, 2021년 5월: [순위] 13위, [동일인] 이재현, [계열회사] 79개

이재현 (34.4%) → CJ → CJ ENM, CJ제일제당, CJ프레시웨이 등

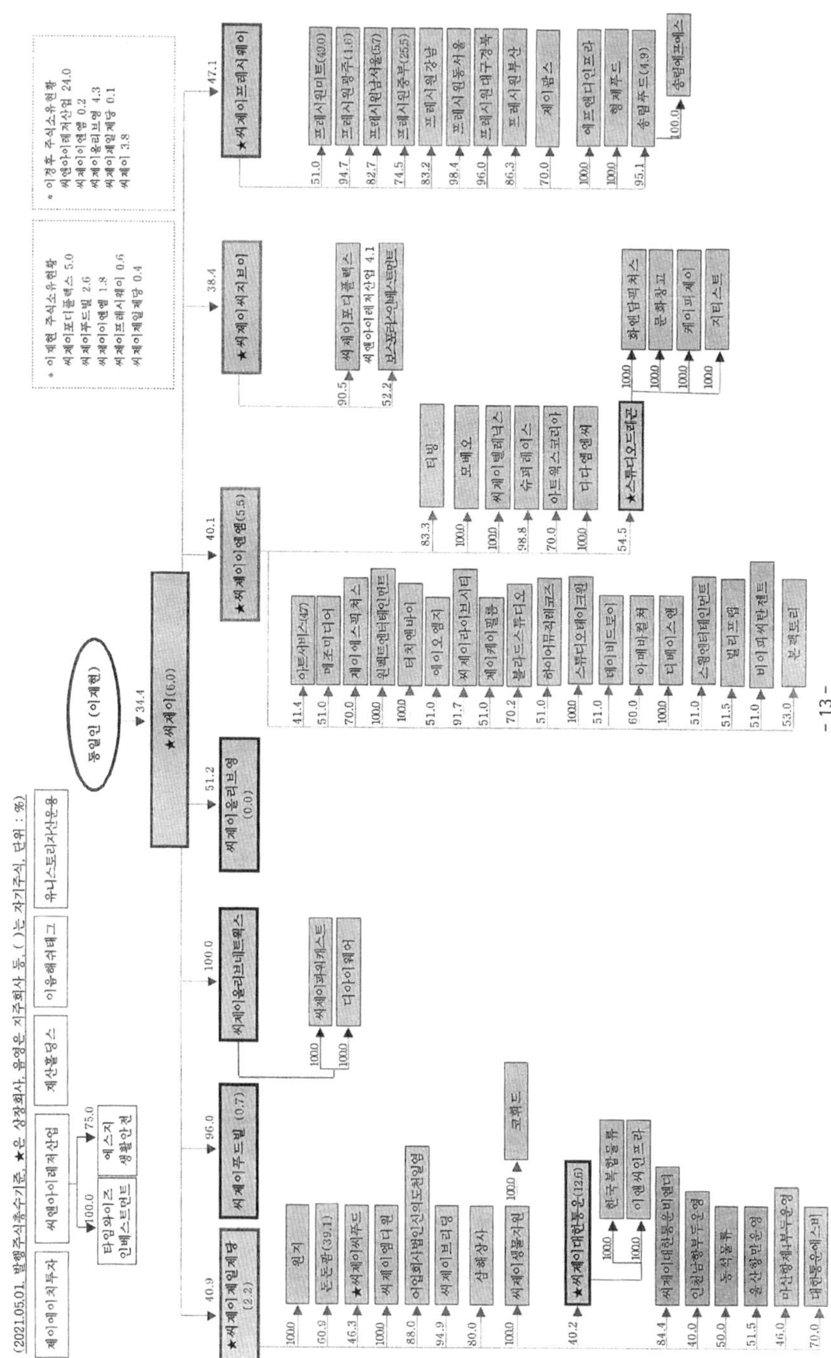

31. 신세계그룹: 2012-2021년

연도	동일인	순위 (위)	계열회사 (개)	자산총액 (10억 원)	매출액 (10억 원)	당기순이익 (10억 원)
2000		29	10	2,723	2,983	28
2001		24	9	3,221	4,442	96
2002		22	10	3,935	6,106	242
2003		16	12	4,689	7,637	316
2004		16	12	5,220	7,191	373
2005		16	13	6,014	8,004	401
2006		17	14	7,030	8,995	531
2007		15	15	9,863	10,885	549
2008		16	15	10,707	11,558	629
2009		21	14	11,956	11,151	679
2010		22	12	12,438	12,368	699
2011		18	13	16,040	13,837	1,253
2012	이명희	17	19	17,532	12,432	3,805
2013	이명희	16	27	22,881	16,887	674
2014	이명희	14	29	25,243	17,048	688
2015	이명희	14	29	27,010	17,612	575
2016	이명희	14	34	29,165	19,001	959
2017	이명희	11	37	32,294	21,377	646
2018	이명희	11	39	34,090	24,041	962
2019	이명희	11	40	36,374	26,722	886
2020	이명희	11	41	44,088	29,243	1,026
2021	이명희	11	45	46,409	29,391	638

	[소유구조]	
주요 주주	이명희 (동일인), 정용진 (2세)	이명희, 정유경 (2세)
주요 지배 회사	이마트	신세계
주요 계열회사	신세계프라퍼티	신세계인터내셔날

주: 2002-2016년 순위: 공기업집단을 제외한 순위.

1. 그룹

1) 대규모기업집단 지정 연도: 2000-2021년.

2) 연도 수: 22년.

2. 소유지분도: 개관

1) 소유지분도 작성 연도: 2012-2021년.

연도 수: 10년.

2) 그룹 주요 지표: [동일인] 이명희. [순위] 11-17위.

[계열회사] 19-45개. [자산총액] 17.5-46.4조 원.

[매출액] 12.4-29.4조 원. [당기순이익] 0.6-3.8조 원.

3) 소유구조

◆ {이명희, 정용진 → 이마트 → 계열회사} +

{이명희, 정유경 → 신세계 → 계열회사} ◆

① [주요 주주]

3명 ('2012-2016년' 2-3명씩 지분 보유;

'2017-2021년' 2명씩 독립적으로 지분 보유).

이명희 (동일인) ‖ 정용진 (2세; 아들, 오빠) ‖ 정유경 (2세; 딸, 동생).

지분: 10-18.2% (10년; 2012-2021년) ‖ 7.3-18.6% (10년; 2012-2021년) ‖

2.5-18.6% (9년; 2013-2021년).

② [주요 지배 회사]

2개 ('2012-2016년' 2개씩 관련;

'2017-2021년' 1개씩 독립적으로 관련).

이마트 (상장), 신세계 (상장).

③ [계열회사]

유형: 자회사 → 손자회사 → 증손회사 (4년; 2012-2014, 2018년),

자회사 → 손자회사 (6년; 2015-2017, 2019-2021년).

주요 회사: 2개 ('2012-2016년' 1-2개씩 관련;

'2017-2021년' 1개씩 독립적으로 관련).

신세계프라퍼티, 신세계인터내셔날 (상장).

3. 소유지분도: 연도별, 2012-2021년

1) 2012년 4월: [순위] 17위, [동일인] 이명희, [계열회사] 19개

이명희 (17.3, 17.3%), 정용진 (7.3, 7.3%) →

이마트, 신세계 → 신세계인터내셔날 등.

2) 2013년 4월: [순위] 16위, [동일인] 이명희, [계열회사] 27개

이명희 (17.3, 17.3%), 정용진 (7.3, 7.3%), 정유경 (2.5, 2.5%) →

이마트, 신세계 → 신세계인터내셔날 등.

3) 2014년 4월: [순위] 14위, [동일인] 이명희, [계열회사] 29개

이명희 (17.3, 17.3%), 정용진 (7.3, 7.3%), 정유경 (2.5. 2.5%) →

이마트, 신세계 → 신세계프라퍼티, 신세계인터내셔날 등.

4) 2015년 4월: [순위] 14위, [동일인] 이명희, [계열회사] 29개

이명희 (17.3, 17.3%), 정용진 (7.3, 7.3%), 정유경 (2.5, 2.5%) →

이마트, 신세계 → 신세계프라퍼티, 신세계인터내셔날 등.

5) 2016년 4월: [순위] 14위, [동일인] 이명희, [계열회사] 34개

이명희 (18.2, 18.2%), 정용진 (7.3, 7.3%), 정유경 (2.5, 2.5%) →

이마트, 신세계 → 신세계프라퍼티, 신세계인터내셔날 등.

6) 2017년 5월: [순위] 11위, [동일인] 이명희, [계열회사] 37개

{이명희 (18.2%), 정용진 (9.8%) →

이마트 → 신세계프라퍼티 등} +

{이명희 (18.2%), 정유경 (9.8%) →

신세계 → 신세계인터내셔날 등}.

7) 2018년 5월: [순위] 11위, [동일인] 이명희, [계열회사] 39개

{이명희 (18.2%), 정용진 (9.8%) →
이마트 → 신세계프라퍼티 등} +
{이명희 (18.2%), 정유경 (9.8%) →
신세계 → 신세계인터내셔날 등}.

8) 2019년 5월: [순위] 11위, [동일인] 이명희, [계열회사] 40개

{이명희 (18.2%), 정용진 (10.3%) →
이마트 → 신세계프라퍼티 등} +
{이명희 (18.2%), 정유경 (9.8%) →
신세계 → 신세계인터내셔날 등}.

9) 2020년 5월: [순위] 11위, [동일인] 이명희, [계열회사] 41개

{이명희 (18.2%), 정용진 (10.3%) →
이마트 → 신세계프라퍼티 등} +
{이명희 (18.2%), 정유경 (10.3%) →
신세계 → 신세계인터내셔날 등}.

10) 2021년 5월: [순위] 11위, [동일인] 이명희, [계열회사] 45개

{이명희 (10%), 정용진 (18.6%) →
이마트 → 신세계프라퍼티 등} +
{이명희 (10%), 정유경 (18.6%) →
신세계 → 신세계인터내셔날 등}.

1) 신세계그룹, 2012년 4월: [순위] 17위, [동일인] 이명희, [계열회사] 19개

이명희 (17.3, 17.3%), 정용진 (7.3, 7.3%) → 이마트, 신세계 → 신세계인터내셔날 등

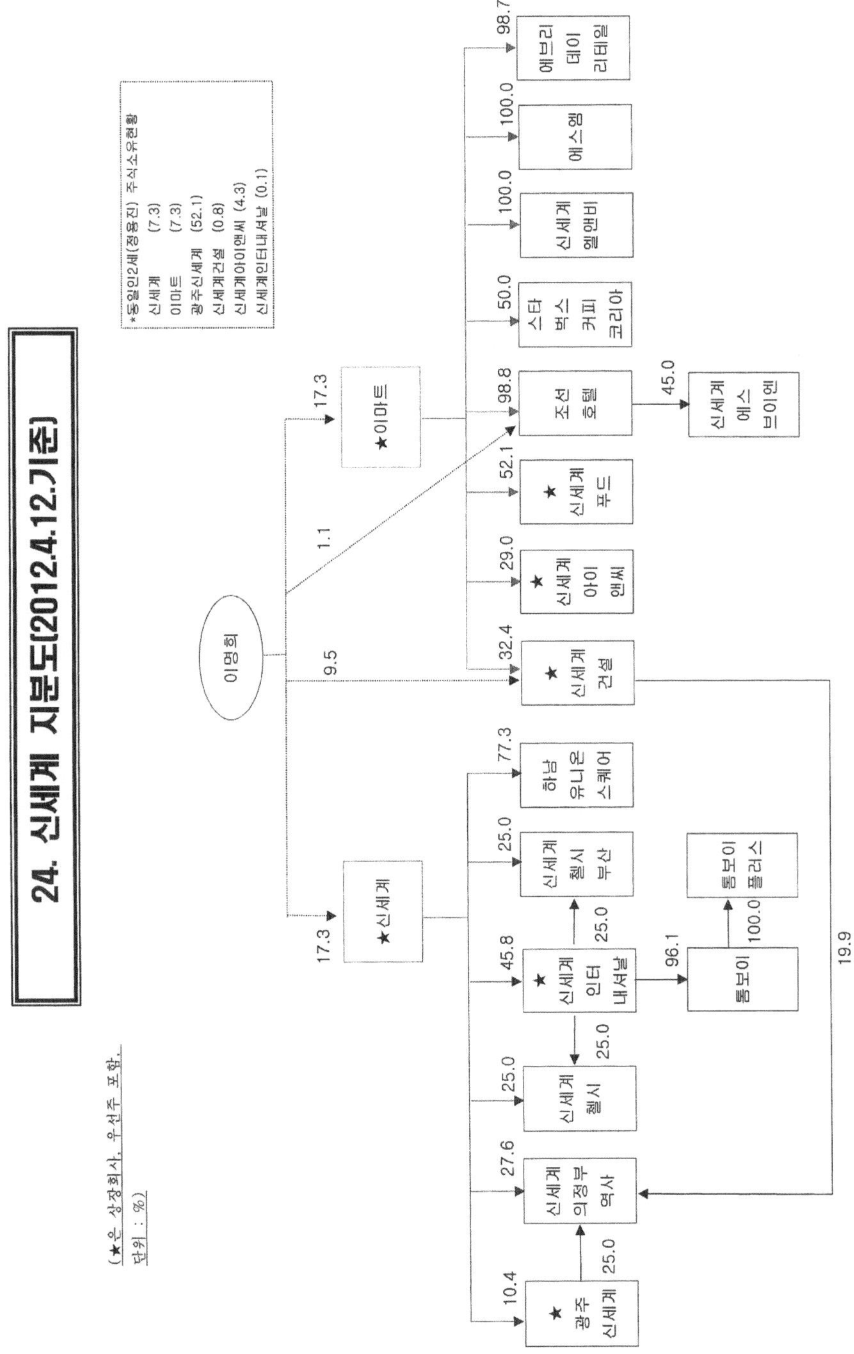

2) 신세계그룹, 2013년 4월: [순위] 16위, [동일인] 이명희, [계열회사] 27개

이명희 (17.3, 17.3%), 정용진 (7.3, 7.3%), 정유경 (2.5, 2.5%) → 이마트, 신세계 → 신세계인터내셔날 등

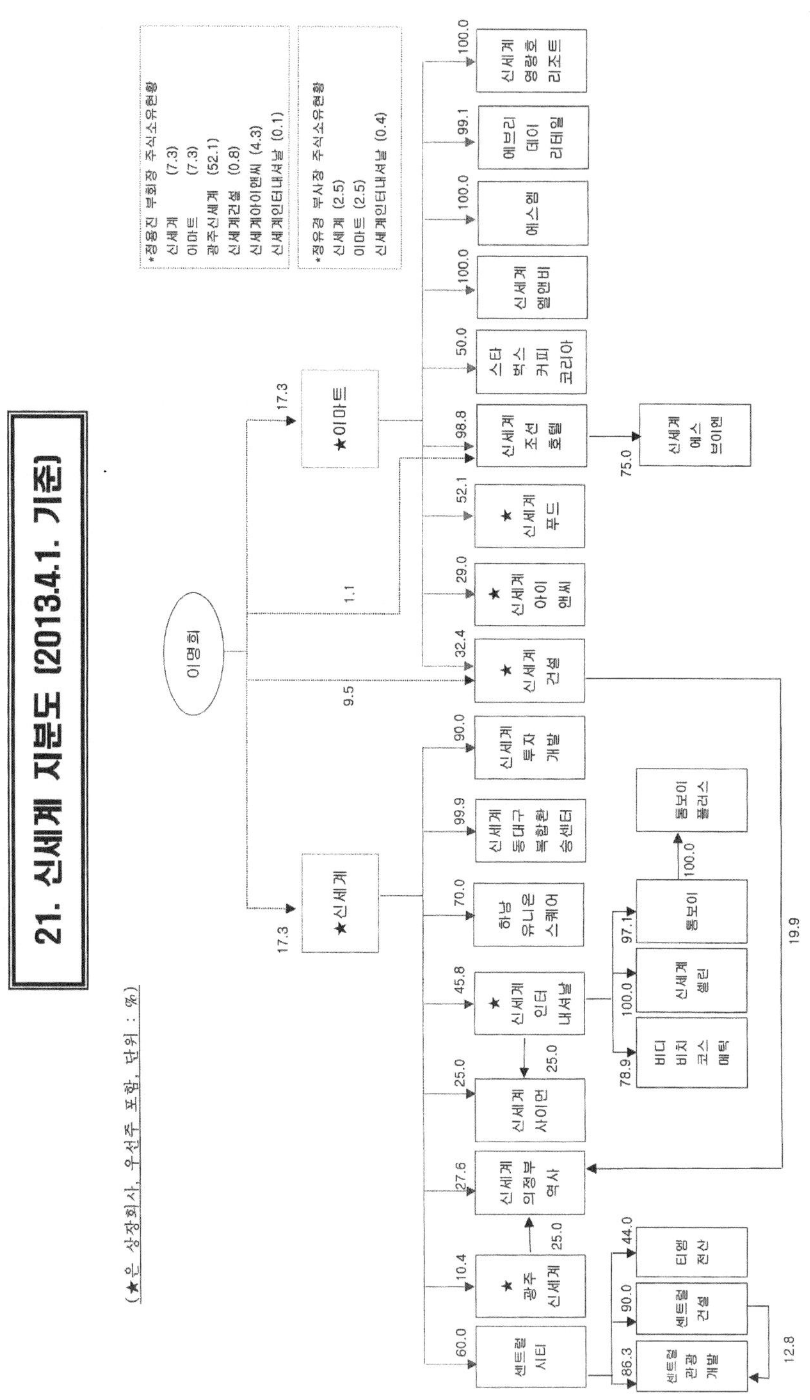

3) 신세계그룹, 2014년 4월: [순위] 14위, [동일인] 이명희, [계열회사] 29개

이명희 (17.3, 17.3%), 정용진 (7.3, 7.3%), 정유경 (2.5. 2.5%) → 이마트, 신세계 → 신세계프라퍼티, 신세계인터내셔날 등

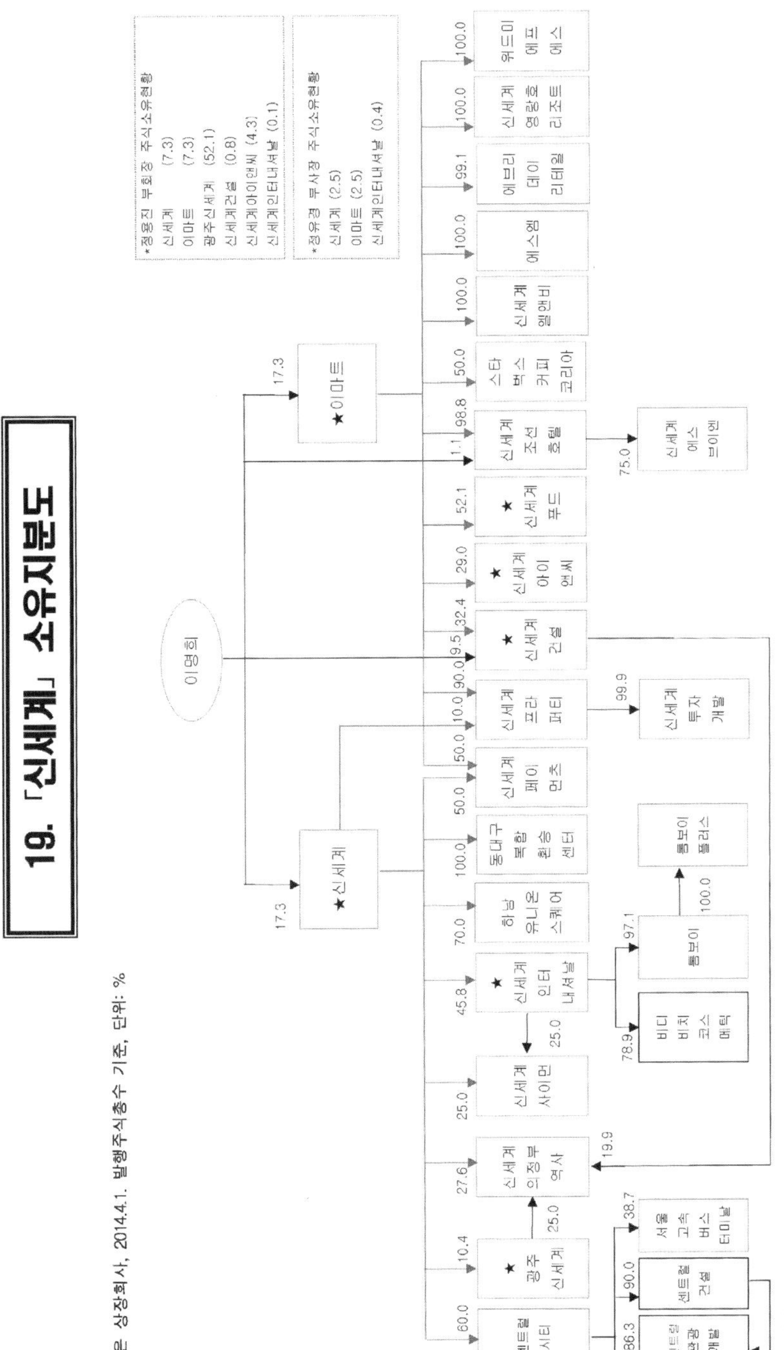

4) 신세계그룹, 2015년 4월: [순위] 14위, [동일인] 이명희, [계열회사] 29개

이명희 (17.3, 17.3%), 정용진 (7.3, 7.3%), 정유경 (2.5, 2.5%) → 이마트, 신세계 → 신세계프라퍼티, 신세계인터내셔날 등

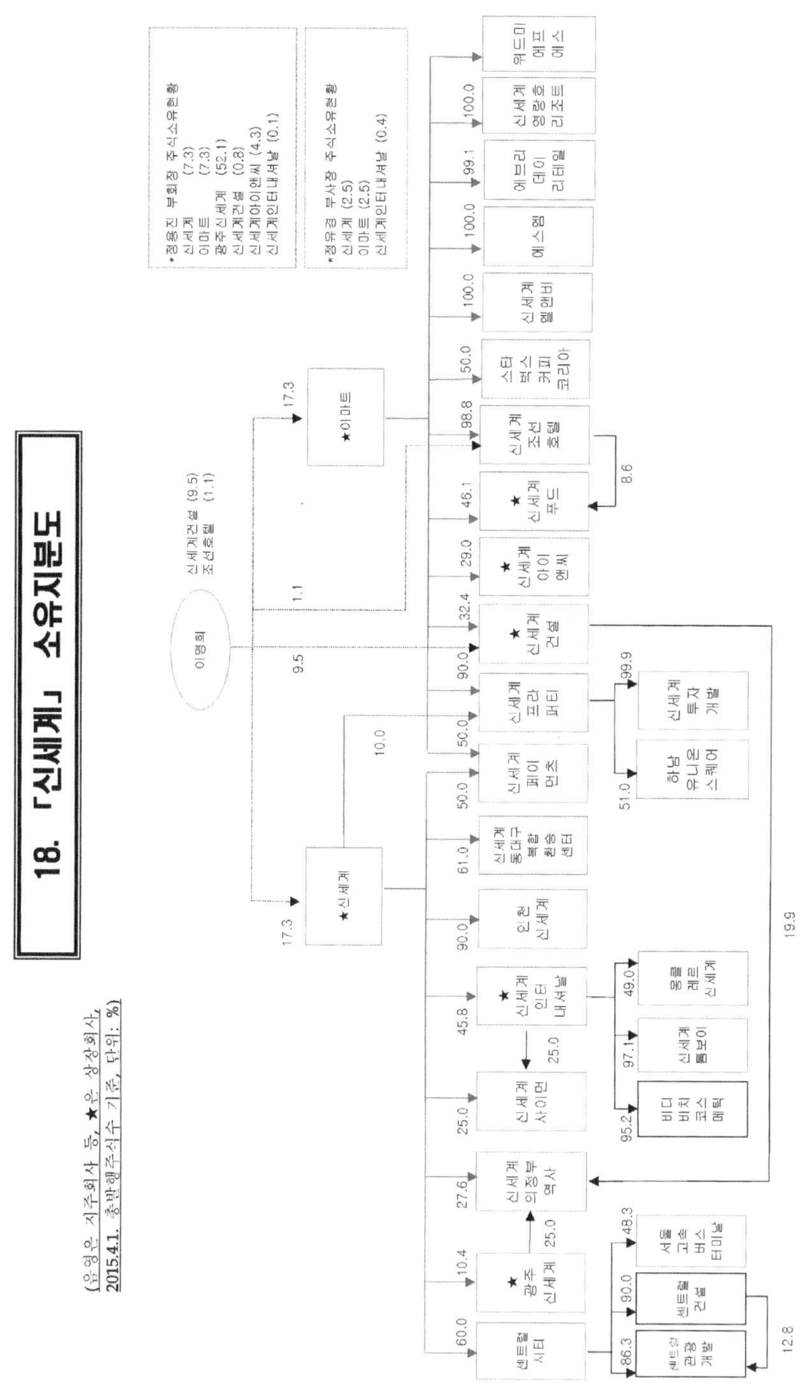

5) 신세계그룹, 2016년 4월: [순위] 14위, [동일인] 이명희, [계열회사] 34개

이명희 (18.2, 18.2%), 정용진 (7.3, 7.3%), 정유경 (2.5, 2.5%) → 이마트, 신세계 → 신세계프라퍼티, 신세계인터내셔날 등

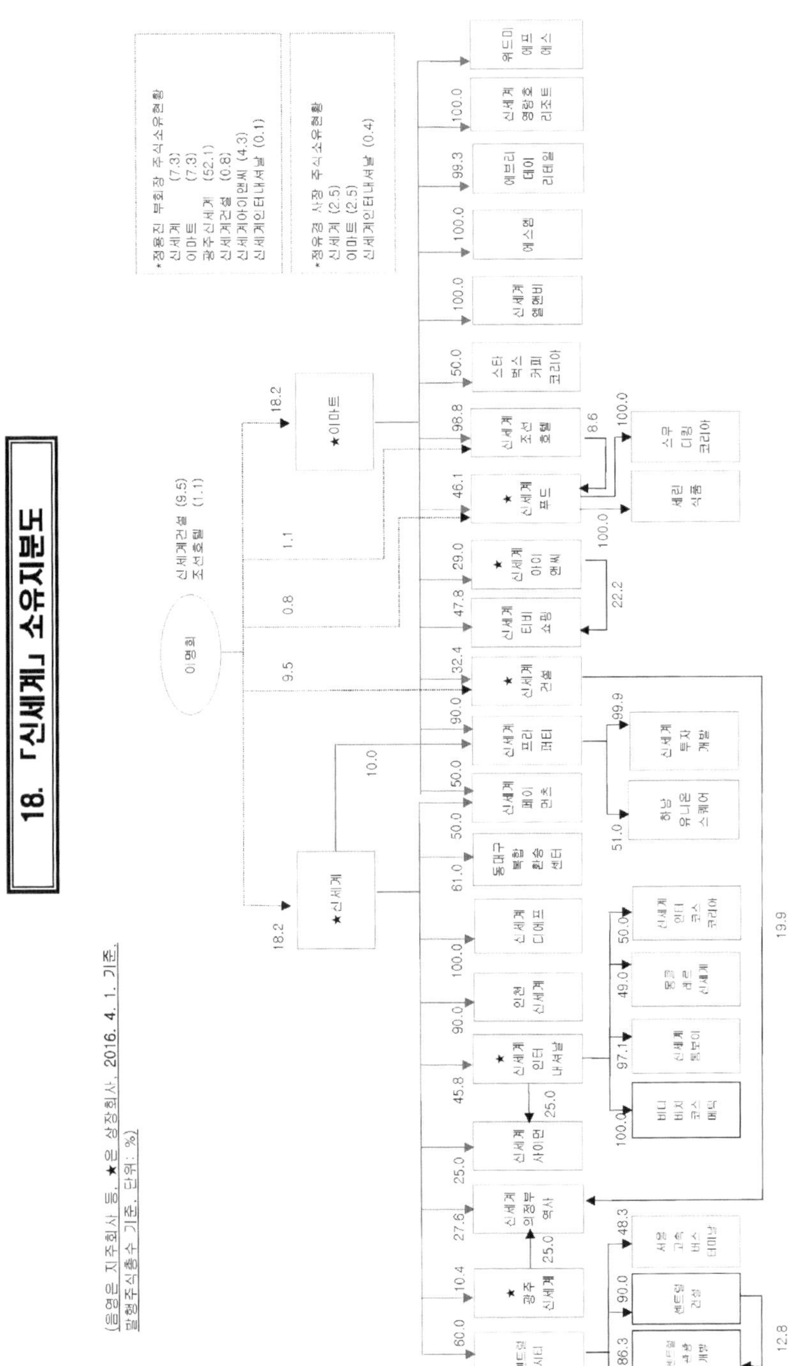

6) 신세계그룹, 2017년 5월: [순위] 11위, [동일인] 이명희, [계열회사] 37개

{이명희 (18.2%), 정용진 (9.8%) → 이마트 → 신세계프라퍼티 등} +
{이명희 (18.2%), 정유경 (9.8%) → 신세계 → 신세계인터내셔날 등}

11. 「신세계」 소유지분도

(유형은 지주회사 등, ★은 상장회사, 2017.5.1. 기준, 발행주식총수 기준, 단위 : %)

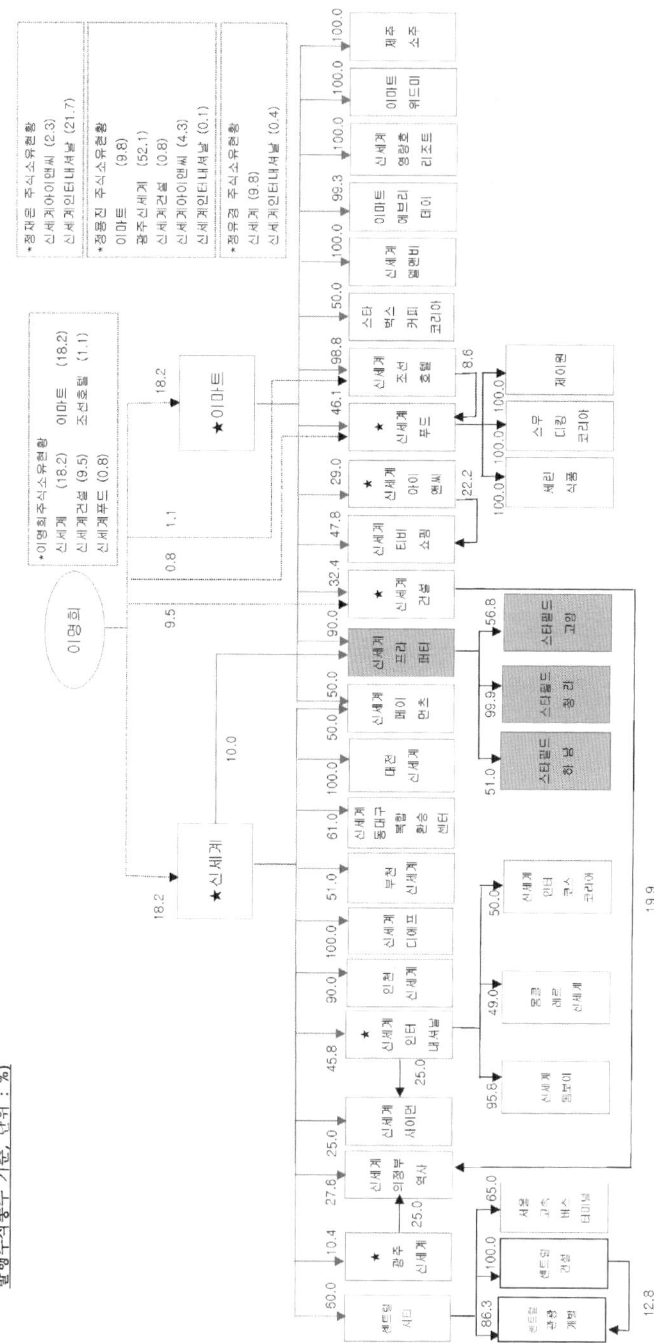

7) 신세계그룹, 2018년 5월: [순위] 11위, [동일인] 이명희, [계열회사] 39개

{이명희 (18.2%), 정용진 (9.8%) → 이마트 → 신세계프라퍼티 등} +
{이명희 (18.2%), 정유경 (9.8%) → 신세계 → 신세계인터내셔날 등}

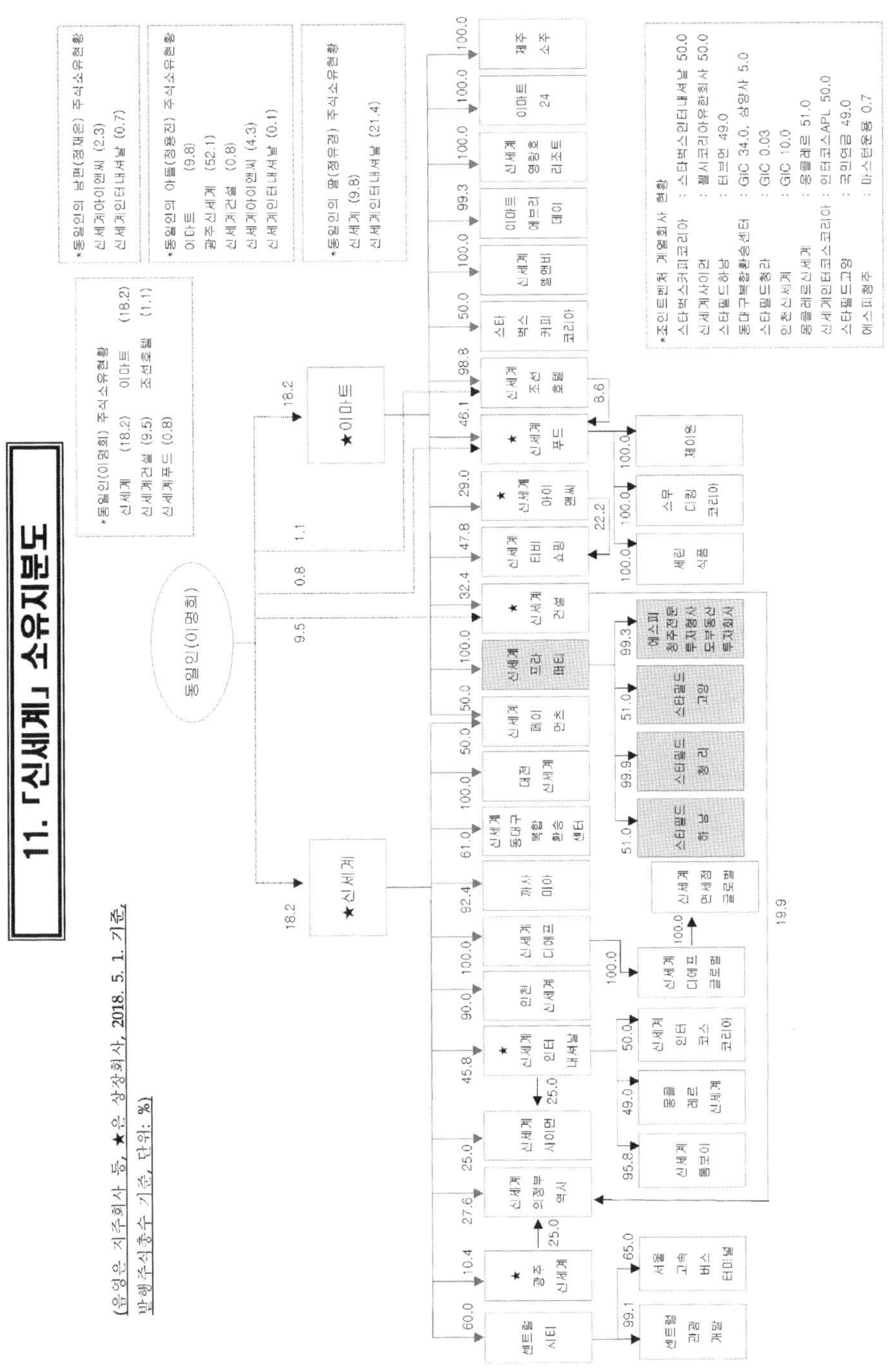

8) 신세계그룹, 2019년 5월: [순위] 11위, [동일인] 이명희, [계열회사] 40개

{이명희 (18.2%), 정용진 (10.3%) → 이마트 → 신세계프라퍼티 등} +
{이명희 (18.2%), 정유경 (9.8%) → 신세계 → 신세계인터내셔날 등}

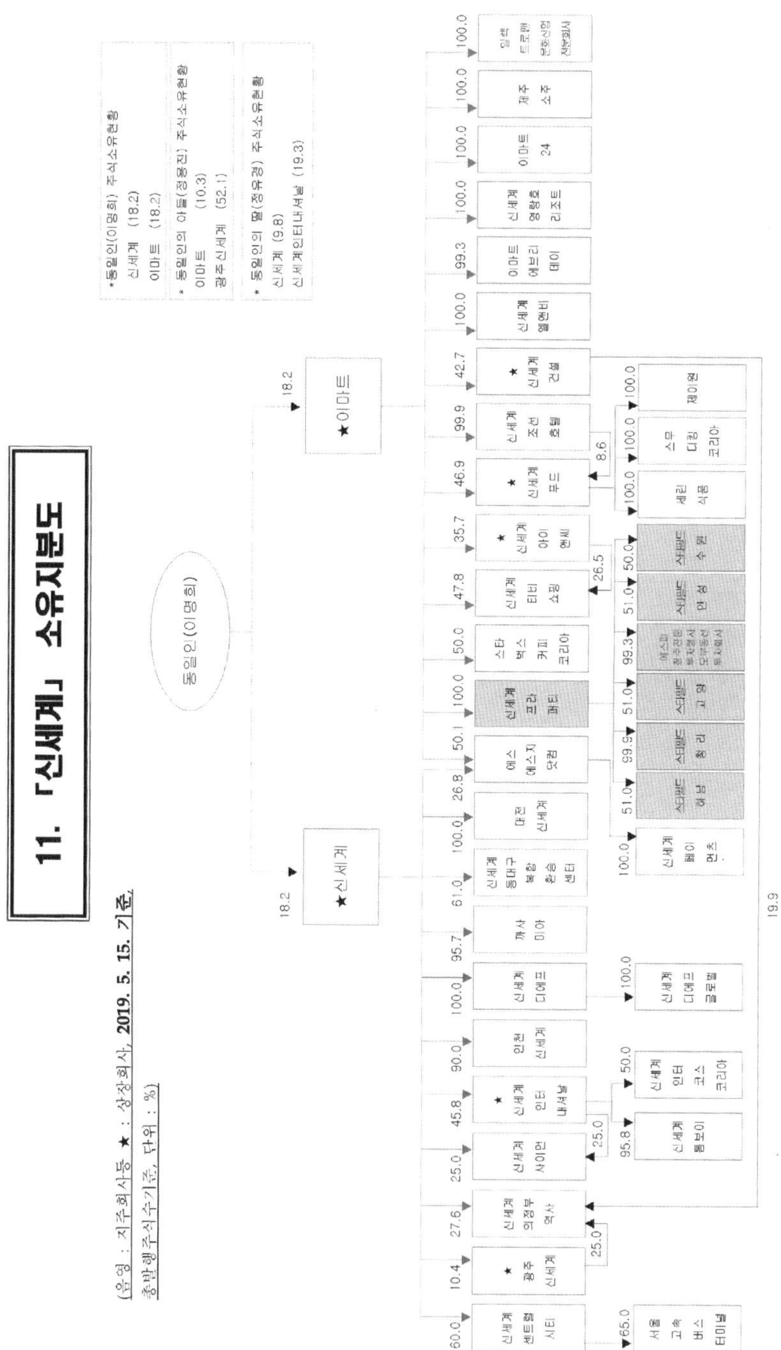

9) 신세계그룹, 2020년 5월: [순위] 11위, [동일인] 이명희, [계열회사] 41개

{이명희 (18.2%), 정용진 (10.3%) → 이마트 → 신세계프라퍼티 등} +
{이명희 (18.2%), 정유경 (10.3%) → 신세계 → 신세계인터내셔날 등}

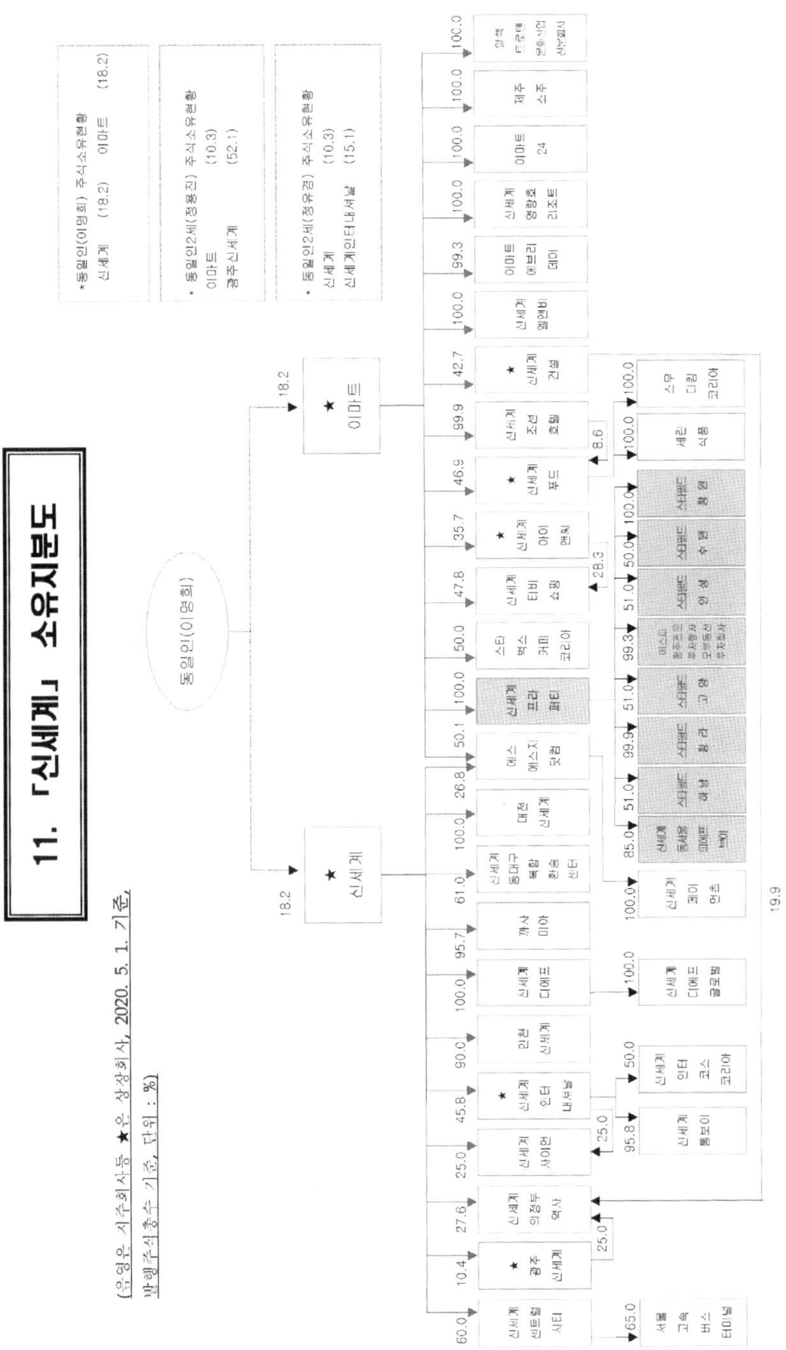

10) 신세계그룹, 2021년 5월: [순위] 11위, [동일인] 이명희, [계열회사] 45개

{이명희 (10%), 정용진 (18.6%) → 이마트 → 신세계프라퍼티 등} +
{이명희 (10%), 정유경 (18.6%) → 신세계 → 신세계인터내셔날 등}

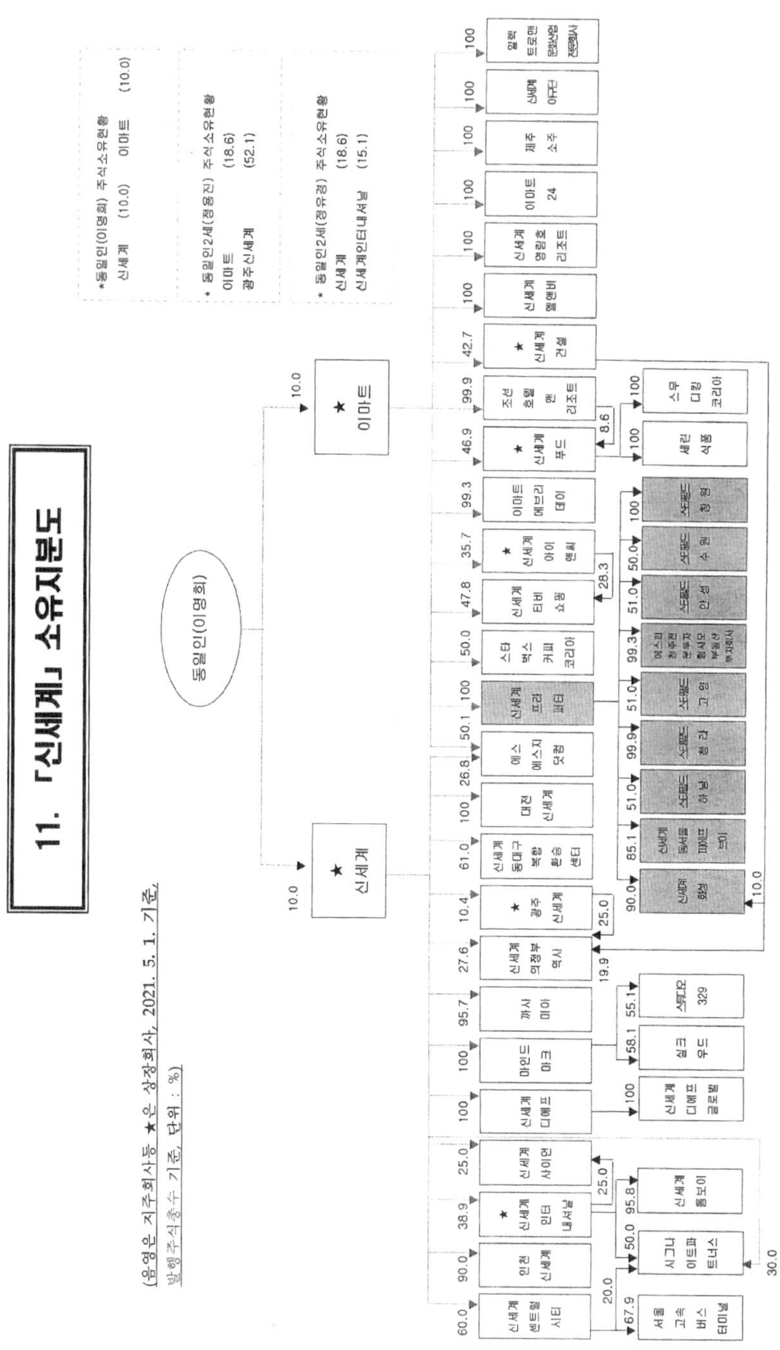

제5장

97개 기업집단: 소유지분도 – (3) 18개 사기업집단

[ㅇ]

32. 아모레퍼시픽그룹: 2013-2021년

연도	동일인	순위 (위)	계열회사 (개)	자산총액 (10억 원)	매출액 (10억 원)	당기순이익 (10억 원)
1988		(31)	16	(0)	445	16
1989		(31)	19	(0)	572	25
1990		29	22	789	633	30
1991		(31)	23	(0)	727	16
1992		(31)	17	(0)	937	5
2007		48	7	2,690	1,650	193
2008		50	9	2,993	1,842	255
2013	서경배	52	10	5,105	3,437	375
2014	서경배	48	10	5,458	3,786	388
2015	서경배	46	12	5,959	4,401	518
2016	서경배	46	12	6,567	5,160	675
2017	서경배	43	12	7,460	6,001	831
2018	서경배	48	12	7,725	5,171	487
2019	서경배	50	13	7,647	5,100	365
2020	서경배	48	15	8,289	5,386	483
2021	서경배	52	14	8,009	3,995	51

	[소유구조]
주요 주주	서경배 (동일인)
주요 지배 회사	아모레퍼시픽그룹
주요 계열회사	아모레퍼시픽

주: 1) 2007-2016년 순위: 공기업집단을 제외한 순위.
2) 1988-1989, 1991-1992년: 31위 이하 순위 및 자산총액 정보 없음, (31)/(0)으로 표시함.

1. 그룹

1) 대규모기업집단 지정 연도: 1988-1992, 2007-2008, 2013-2021년.

2) 연도 수: 16년.

3) 그룹 이름: 태평양화학 (1988-1992년), 태평양 (2007-2008년), 아모레퍼시픽 (2013-2021년).

2. 소유지분도: 개관

1) 소유지분도 작성 연도: 2013-2021년.

연도 수: 9년.

2) 그룹 주요 지표: [동일인] 서경배. [순위] 43-52위.

[계열회사] 10-15개. [자산총액] 5.1-8.3조 원.

[매출액] 3.4-6.0조 원. [당기순이익] 0.1-0.8조 원.

3) 소유구조

◆ 서경배 → 아모레퍼시픽그룹 → 계열회사 ◆

① [주요 주주]

1명.

서경배 (동일인).

지분: 49.8-51.4%.

② [주요 지배 회사]

1개.

아모레퍼시픽그룹 (상장).

③ [계열회사]

유형: 자회사 (2년; 2013-2014년),

자회사 → 손자회사 (7년; 2015-2021년).

주요 회사: 1개.

아모레퍼시픽 (상장).

3. 소유지분도: 연도별, 2013-2021년

1) 2013년 4월: [순위] 52위, [동일인] 서경배, [계열회사] 10개

서경배 (51.4%) →

아모레퍼시픽그룹 → 아모레퍼시픽 등.

2) 2014년 4월: [순위] 48위, [동일인] 서경배, [계열회사] 10개

서경배 (51.4%) →

아모레퍼시픽그룹 → 아모레퍼시픽 등.

3) 2015년 4월: [순위] 46위, [동일인] 서경배, [계열회사] 12개

서경배 (51.4%) →

아모레퍼시픽그룹 → 아모레퍼시픽 등.

4) 2016년 4월: [순위] 46위, [동일인] 서경배, [계열회사] 12개

서경배 (51.4%) →

아모레퍼시픽그룹 → 아모레퍼시픽 등.

5) 2017년 9월: [순위] 43위, [동일인] 서경배, [계열회사] 12개

서경배 (51.3%) →

아모레퍼시픽그룹 → 아모레퍼시픽 등.

6) 2018년 5월: [순위] 48위, [동일인] 서경배, [계열회사] 12개

서경배 (51.1%) →

아모레퍼시픽그룹 → 아모레퍼시픽 등.

7) 2019년 5월: [순위] 50위, [동일인] 서경배, [계열회사] 13개

서경배 (51.1%) →

아모레퍼시픽그룹 → 아모레퍼시픽 등.

8) 2020년 5월: [순위] 48위, [동일인] 서경배, [계열회사] 15개

서경배 (50.2%) →

아모레퍼시픽그룹 → 아모레퍼시픽 등.

9) 2021년 5월: [순위] 52위, [동일인] 서경배, [계열회사] 14개

서경배 (49.8%) →

아모레퍼시픽그룹 → 아모레퍼시픽 등.

1) 아모레퍼시픽그룹, 2013년 4월: [순위] 52위, [동일인] 서경배, [계열회사] 10개

서경배 (51.4%) → 아모레퍼시픽그룹 → 아모레퍼시픽 등

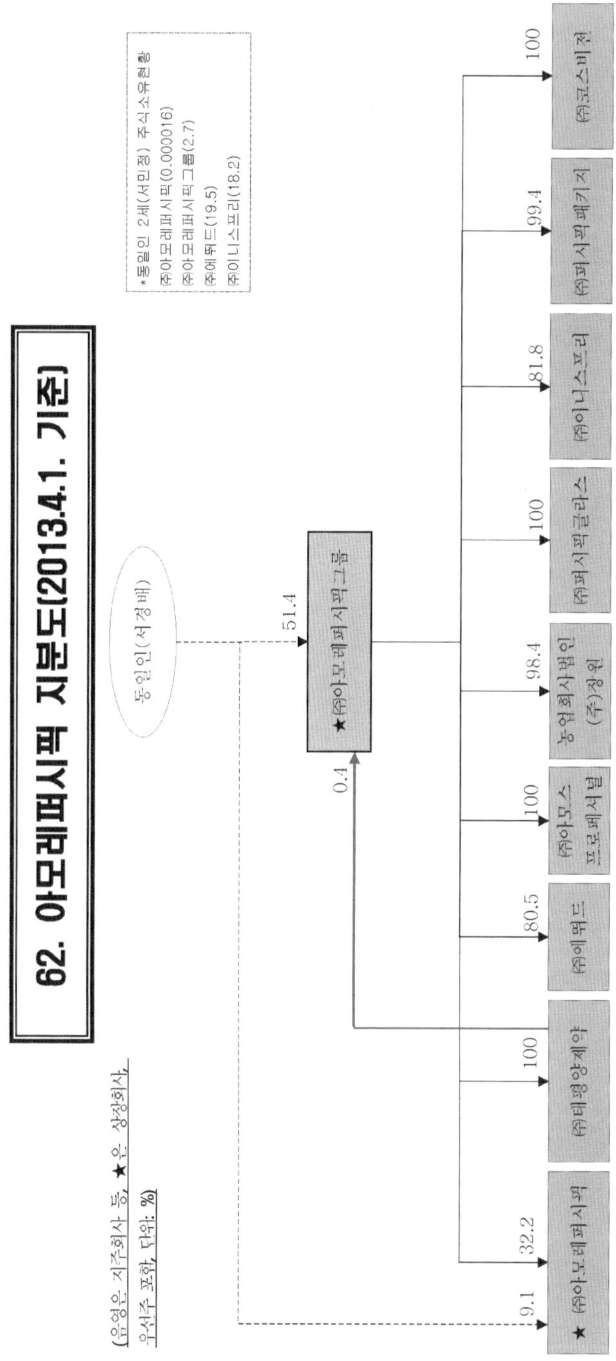

2) 아모레퍼시픽그룹, 2014년 4월: [순위] 48위, [동일인] 서경배, [계열회사] 10개

서경배 (51.4%) → 아모레퍼시픽그룹 → 아모레퍼시픽 등

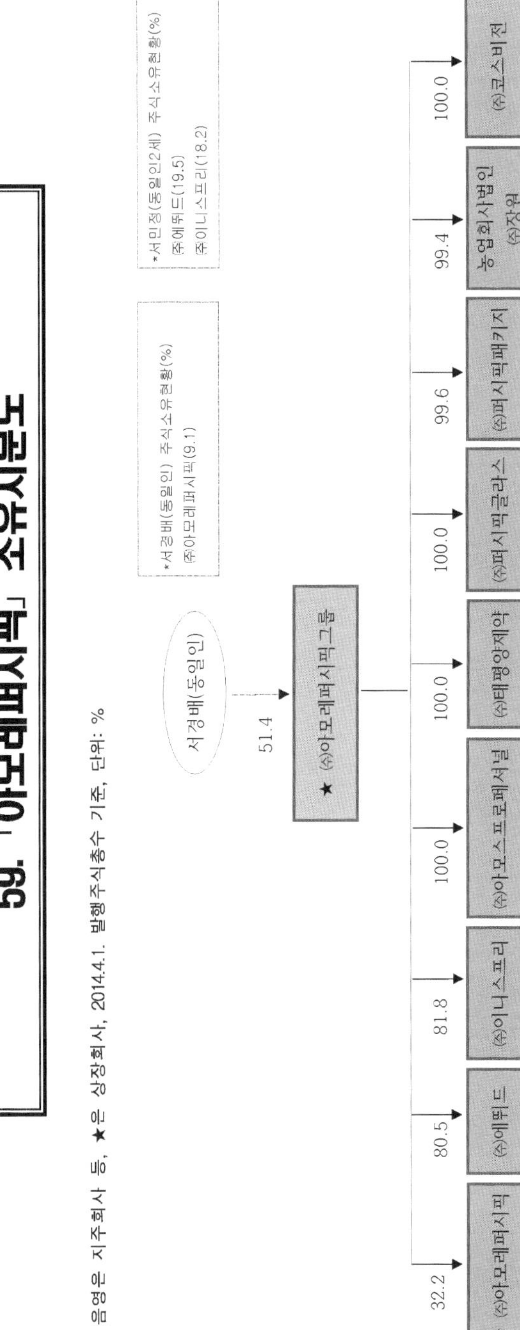

3) 아모레퍼시픽그룹, 2015년 4월: [순위] 46위, [동일인] 서경배, [계열회사] 12개

서경배 (51.4%) → 아모레퍼시픽그룹 → 아모레퍼시픽 등

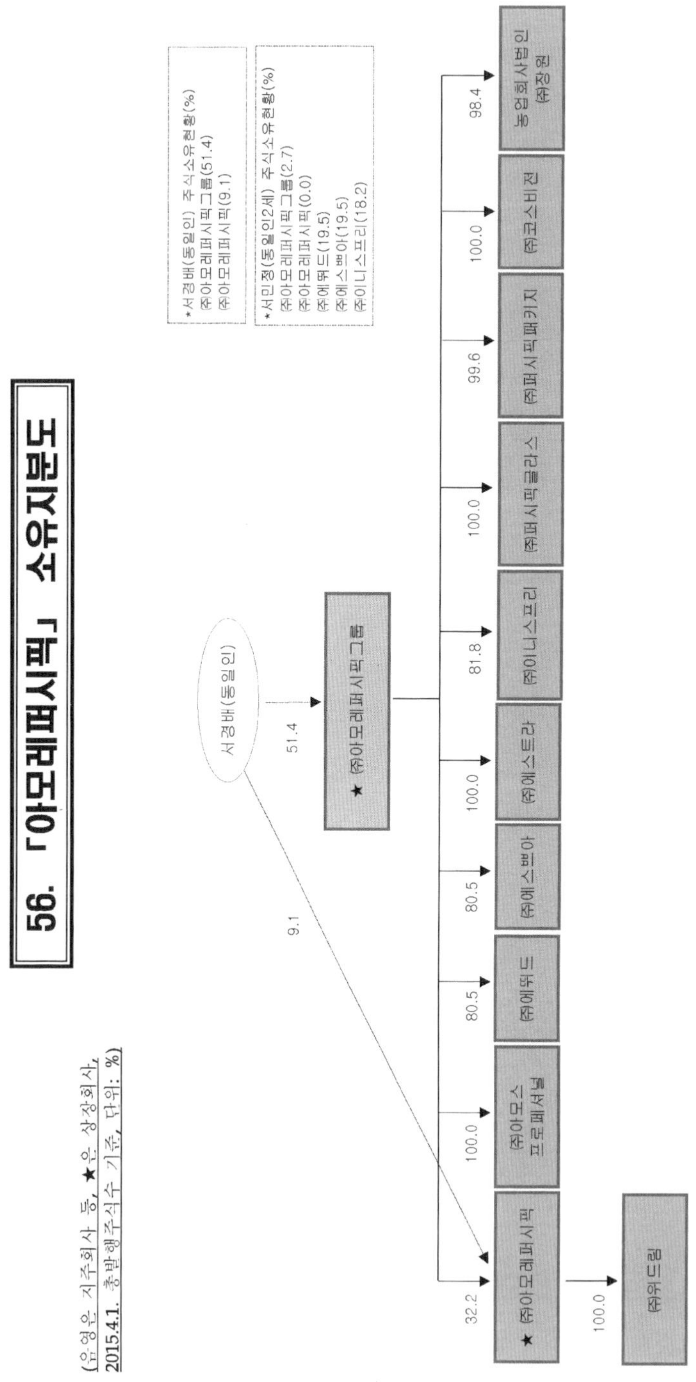

4) 아모레퍼시픽그룹, 2016년 4월: [순위] 46위, [동일인] 서경배, [계열회사] 12개

서경배 (51.4%) → 아모레퍼시픽그룹 → 아모레퍼시픽 등

55. 「아모레퍼시픽」 소유지분도

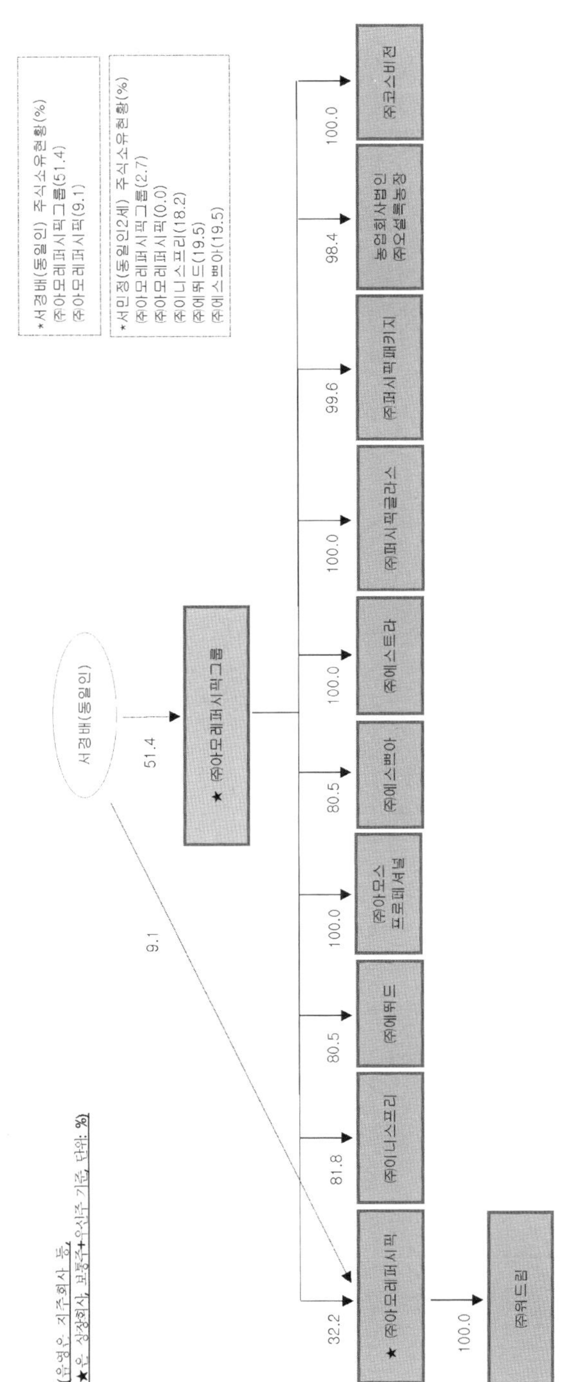

보통주+우선주 기준, 단위: %, ★: 상장기업, 음영: 지주회사 및 (손)자회사

5) 아모레퍼시픽그룹, 2017년 9월: [순위] 43위, [동일인] 서경배, [계열회사] 12개

서경배 (51.3%) → 아모레퍼시픽그룹 → 아모레퍼시픽 등

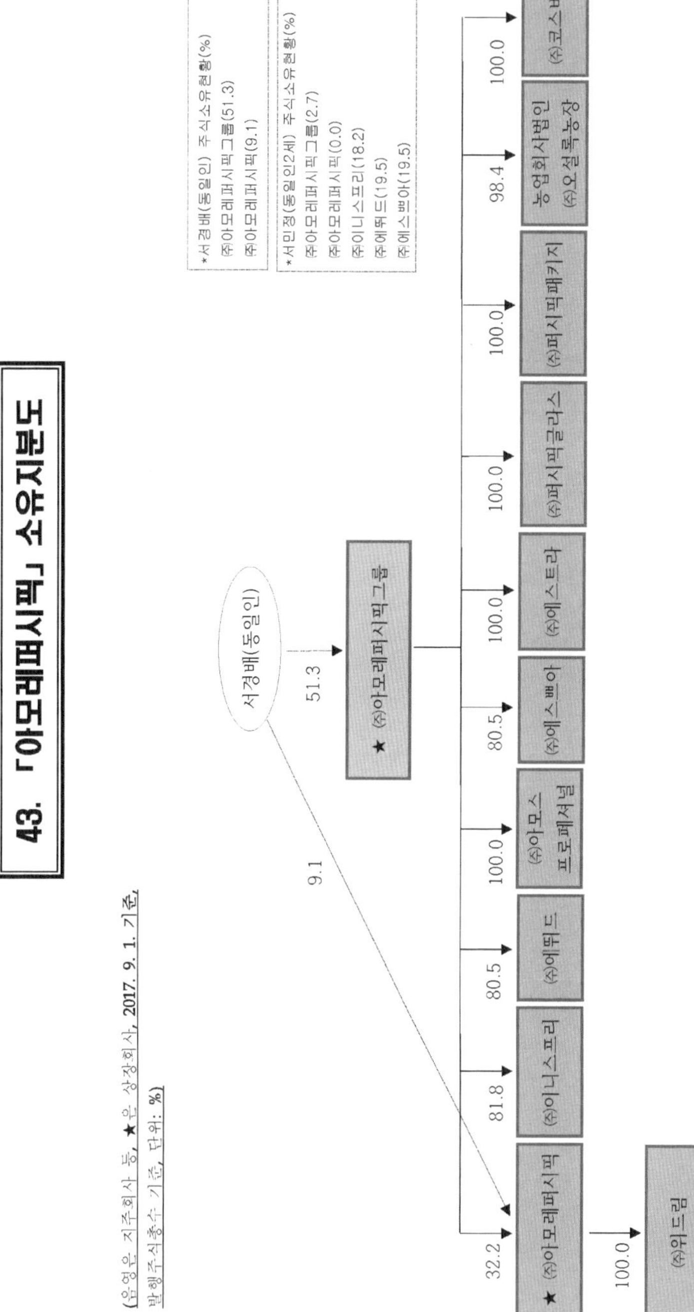

6) 아모레퍼시픽그룹, 2018년 5월: [순위] 48위, [동일인] 서경배, [계열회사] 12개

서경배 (51.1%) → 아모레퍼시픽그룹 → 아모레퍼시픽 등

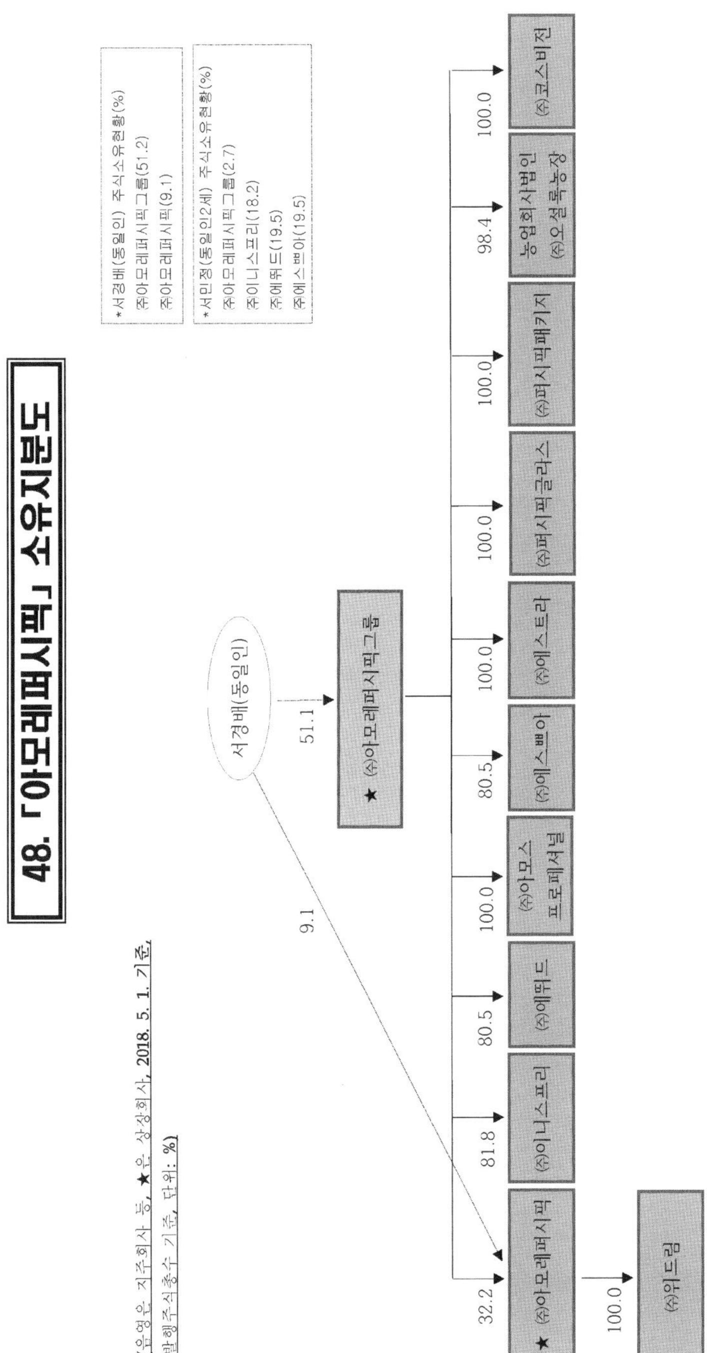

50. 「아모레퍼시픽」 소유지분도

7) 아모레퍼시픽그룹, 2019년 5월: [순위] 50위, [동일인] 서경배, [계열회사] 13개

서경배 (51.1%) → 아모레퍼시픽그룹 → 아모레퍼시픽 등

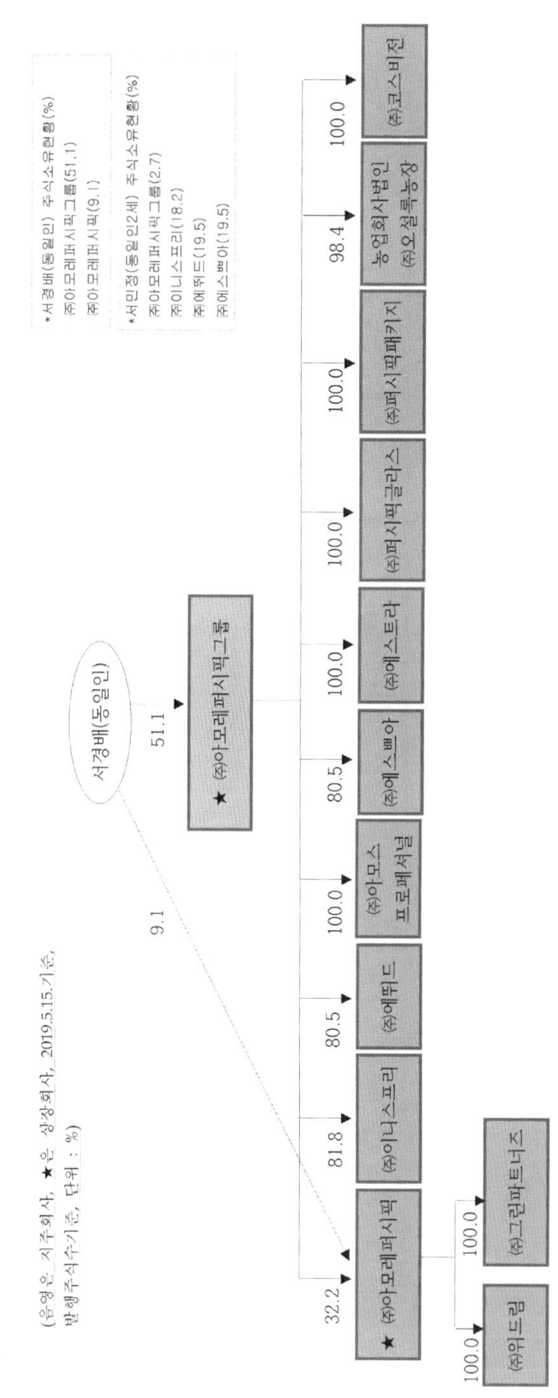

(음영은 지주회사, ★은 상장회사, 2019.5.15.기준, 발행주식수기준, 단위 : %)

8) 아모레퍼시픽그룹, 2020년 5월: [순위] 48위, [동일인] 서경배, [계열회사] 15개

서경배 (50.2%) → 아모레퍼시픽그룹 → 아모레퍼시픽 등

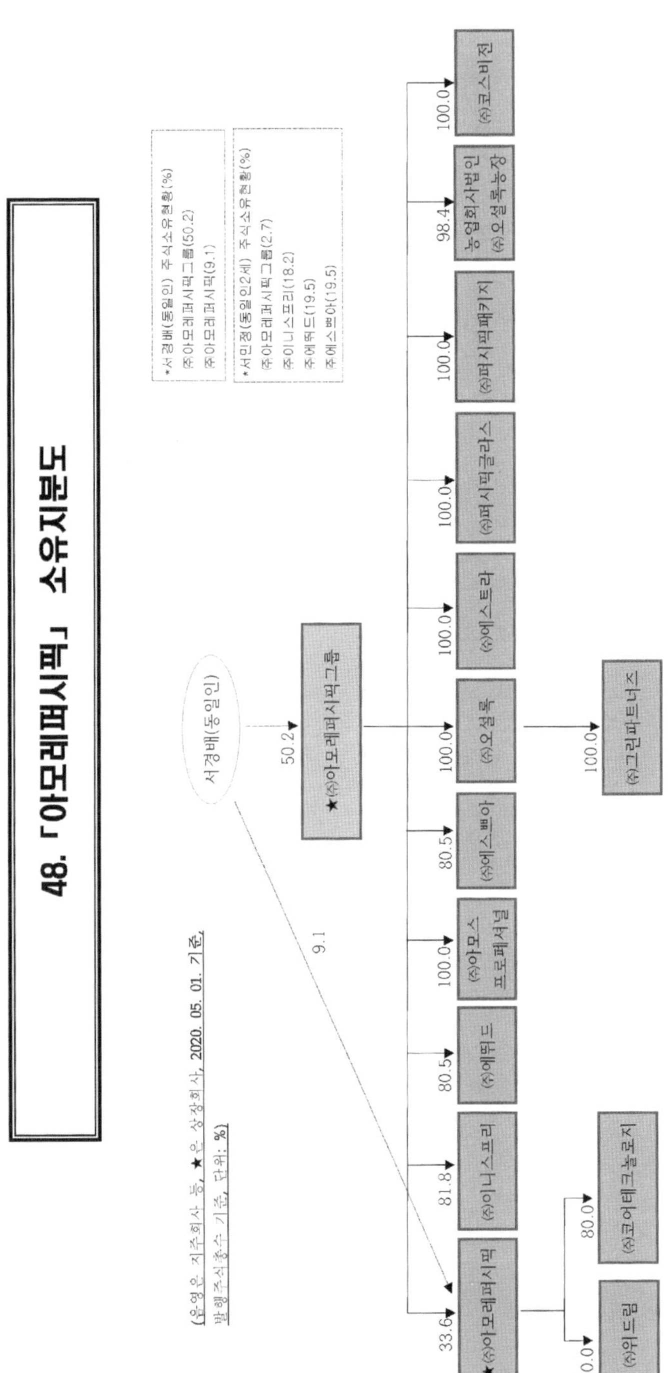

9) 아모레퍼시픽그룹, 2021년 5월: [순위] 52위, [동일인] 서경배, [계열회사] 14개

서경배 (49.8%) → 아모레퍼시픽그룹 → 아모레퍼시픽 등

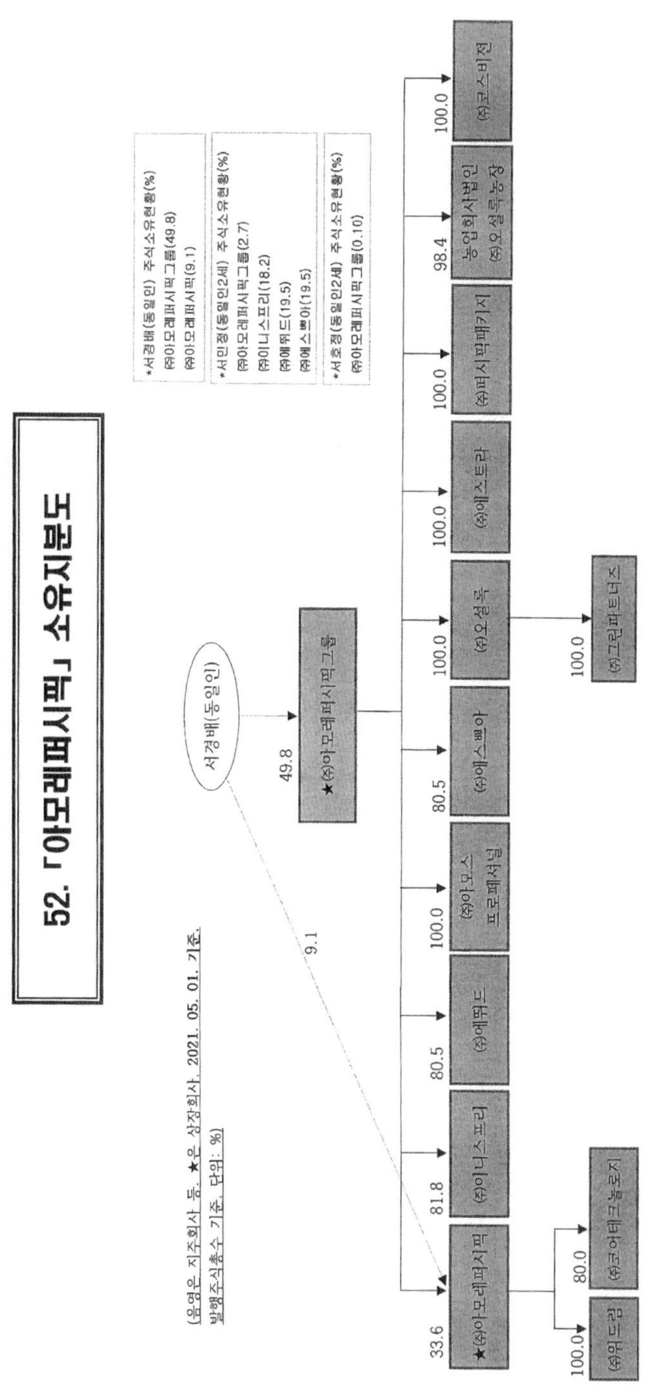

33. IS지주그룹: 2021년

연도	동일인	순위 (위)	계열회사 (개)	자산총액 (10억 원)	매출액 (10억 원)	당기순이익 (10억 원)
2021	권혁운	70	46	5,190	1,440	118

	[소유구조]
주요 주주	권혁운 (동일인), 권민석 권지혜 (2세)
주요 지배 회사	IS지주
주요 계열회사	IS동서

1. 그룹

1) 대규모기업집단 지정 연도: 2021년.

2) 연도 수: 1년.

2. 소유지분도: 개관

1) 소유지분도 작성 연도: 2021년.
연도 수: 1년.

2) 그룹 주요 지표: [동일인] 권혁운. [순위] 70위.
[계열회사] 46개. [자산총액] 5.2조 원.
[매출액] 1.4조 원. [당기순이익] 0.1조 원.

3) 소유구조

◆ 권혁운, 권민석, 권지혜 → IS지주 → 계열회사 ◆

① [주요 주주]

3명 (3명씩 지분 보유).

권혁운 (동일인) ‖ 권민석 (2세; 아들, 동생) ‖ 권지혜 (2세; 딸, 누나).

지분: 56.3% ‖ 30.5% ‖ 13.1%.

② [주요 지배 회사]

1개.

IS지주.

③ [계열회사]

유형: 자회사 → 손자회사 → 증손회사.

주요 회사: 1개.

IS동서 (상장).

3. 소유지분도: 연도별, 2021년

2021년 5월: [순위] 70위, [동일인] 권혁운, [계열회사] 46개

권혁운 (56.3%), 권민석 (30.5%), 권지혜 (13.1%) →

IS지주 → IS동서 등.

IS지주그룹, 2021년 5월: [순위] 70위, [동일인] 권혁운, [계열회사] 46개

권혁운 (56.3%), 권민석 (30.5%), 권지혜 (13.1%) → IS지주 → IS동서 등

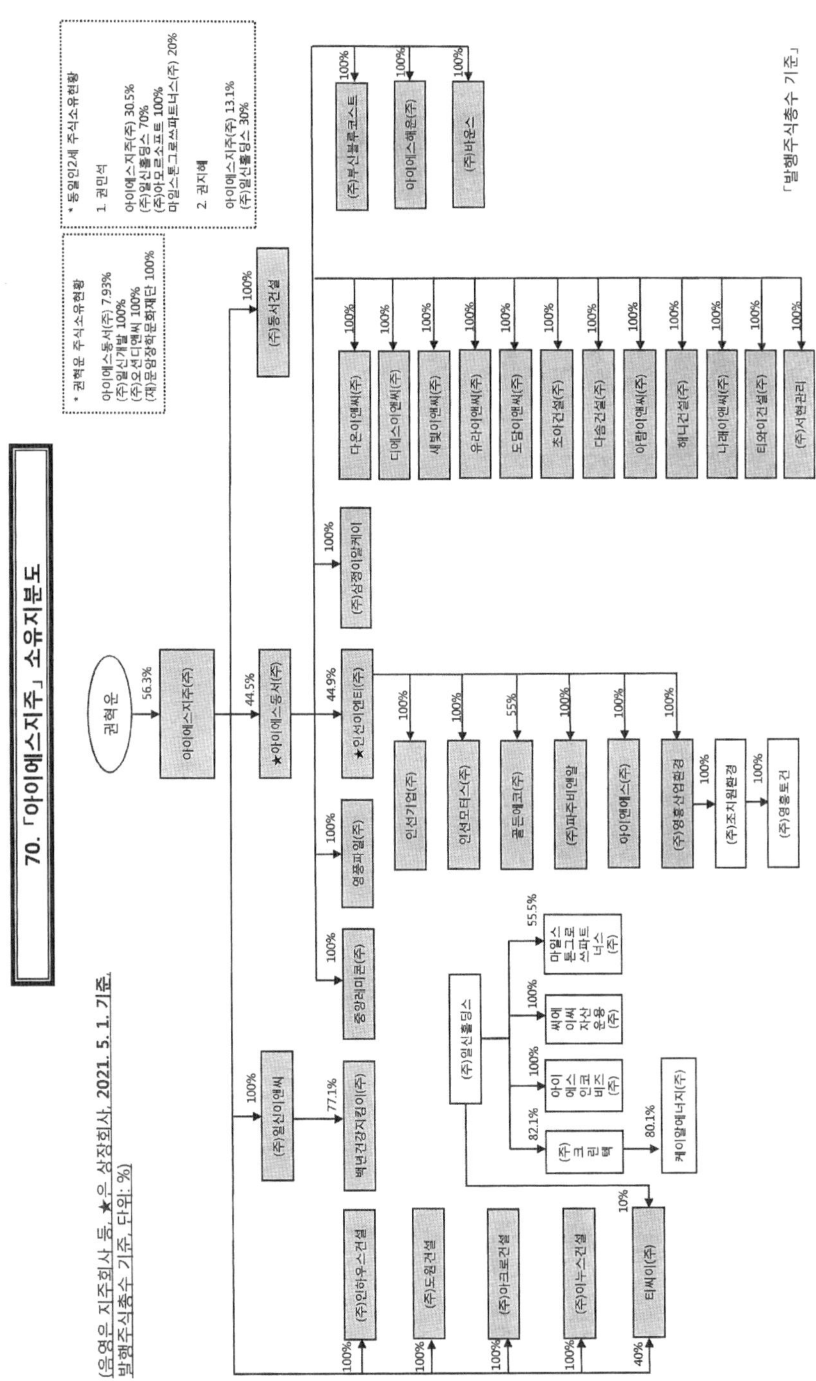

34. IMM인베스트먼트그룹: 2020-2021년

연도	동일인	순위 (위)	계열회사 (개)	자산총액 (10억 원)	매출액 (10억 원)	당기순이익 (10억 원)
2020	지성배	55	79	6,313	557	65
2021	지성배	53	94	7,895	770	161

	[소유구조]
주요 주주	지성배 (동일인)
주요 지배 회사	IMM
주요 계열회사	IMM인베스트먼트

1. 그룹

1) 대규모기업집단 지정 연도: 2020-2021년.

2) 연도 수: 2년.

2. 소유지분도: 개관

1) 소유지분도 작성 연도: 2020-2021년.

연도 수: 2년.

2) 그룹 주요 지표: [동일인] 지성배. [순위] 53-55위.

[계열회사] 79-94개. [자산총액] 6.3-7.9조 원.

[매출액] 0.6-0.8조 원. [당기순이익] 0.1-0.2조 원.

3) 소유구조

◆ 지성배 → IMM → 계열회사 ◆

① [주요 주주]

1명.

지성배 (동일인).

지분: 33%.

② [주요 지배 회사]

1개.

IMM.

③ [계열회사]

유형: 자회사 → 손자회사 → 증손회사.

주요 회사: 1개.

IMM인베스트먼트.

3. 소유지분도: 연도별, 2020-2021년

1) 2020년 5월: [순위] 55위, [동일인] 지성배, [계열회사] 79개

지성배 (33%) →

IMM → IMM인베스트먼트 등.

2) 2021년 5월: [순위] 53위, [동일인] 지성배, [계열회사] 94개

지성배 (33%) →

IMM → IMM인베스트먼트 등.

1) IMM인베스트먼트그룹, 2020년 5월: [순위] 55위, [동일인] 지성배, [계열회사] 79개

지성배 (33%) → IMM → IMM인베스트먼트 등

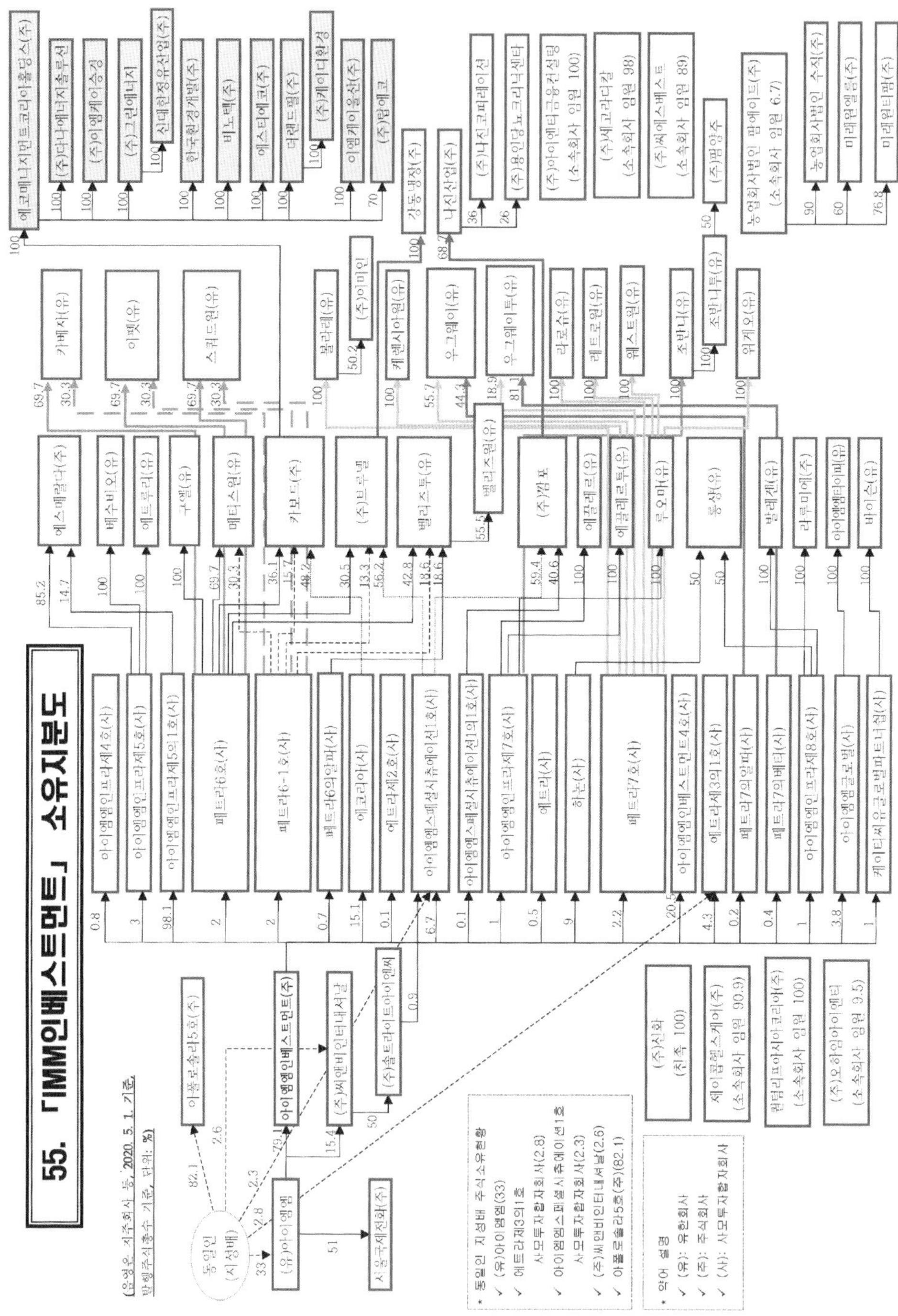

2) IMM인베스트먼트그룹, 2021년 5월: [순위] 53위, [동일인] 지성배, [계열회사] 94개

지성배 (33%) → IMM → IMM인베스트먼트 등

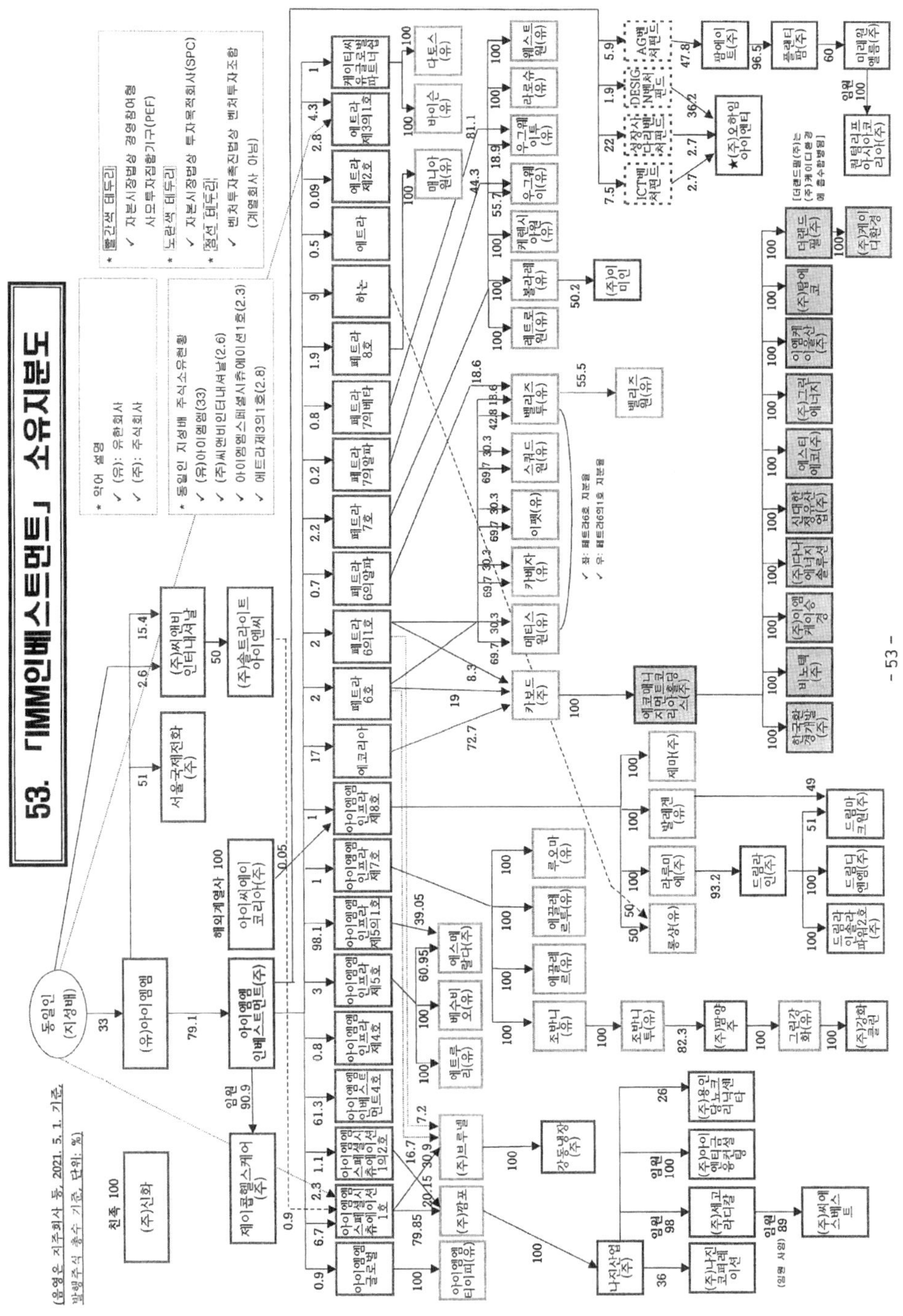

- 53 -

35. 애경그룹: 2019-2021년

연도	동일인	순위 (위)	계열회사 (개)	자산총액 (10억 원)	매출액 (10억 원)	당기순이익 (10억 원)
2008		51	29	2,968	1,941	86
2019	장영신	58	40	5,160	4,527	317
2020	장영신	60	38	5,631	4,291	176
2021	장영신	61	37	5,589	2,829	-267

	[소유구조]	
주요 주주	장영신 (동일인), 채형석 (2세)	친족
주요 지배 회사	AK홀딩스	-
주요 계열회사	애경산업, 에이엠플러스자산개발	AK아이에스

주: 2008년 순위: 공기업집단을 제외한 순위.

1. 그룹

1) 대규모기업집단 지정 연도: 2008, 2019-2021년.

2) 연도 수: 4년.

2. 소유지분도: 개관

1) 소유지분도 작성 연도: 2019-2021년.
연도 수: 3년.

2) 그룹 주요 지표: [동일인] 장영신. [순위] 58-61위.
[계열회사] 37-40개. [자산총액] 5.2-5.6조 원.
[매출액] 2.8-4.5조 원. [당기순이익] (-0.3) - 0.3조 원.

3) 소유구조

◆ {장영신, 채형석 → AK홀딩스 → 계열회사} +
{친족 → 계열회사2} ◆

① [주요 주주]

2명 (2명씩 지분 보유).

장영신 (동일인) ‖ 채형석 (2세).

지분: 7.4% ‖ 14.25-16.14%.

② [주요 지배 회사]

1개.

AK홀딩스 (상장).

③ [계열회사]

유형: 자회사 → 손자회사.

주요 회사: 2개 (2개씩 관련).

애경산업 (상장), 에이엠플러스자산개발.

* 계열회사2: 1개.

AK아이에스.

3. 소유지분도: 연도별, 2019-2021년

1) 2019년 5월: [순위] 58위, [동일인] 장영신, [계열회사] 40개

{장영신 (7.4%), 채형석 (16.14%) →
AK홀딩스 → 애경산업, 에이엠플러스자산개발 등} +
{친족 → AK아이에스 등}.

2) 2020년 5월: [순위] 60위, [동일인] 장영신, [계열회사] 38개

{장영신 (7.4%), 채형석 (16.14%) →
AK홀딩스 → 애경산업, 에이엠플러스자산개발 등} +
{친족 → AK아이에스 등}.

3) 2021년 5월: [순위] 61위, [동일인] 장영신, [계열회사] 37개

{장영신 (7.4%), 채형석 (14.25%) →
AK홀딩스 → 애경산업, 에이엠플러스자산개발 등} +
{친족 → AK아이에스 등}.

1) 애경그룹, 2019년 5월: [순위] 58위, [동일인] 장영신, [계열회사] 40개

{장영신 (7.4%), 채형석 (16.14%) → AK홀딩스 → 애경산업, 에이엠플러스자산개발 등} + {친족 → AK아이에스 등}

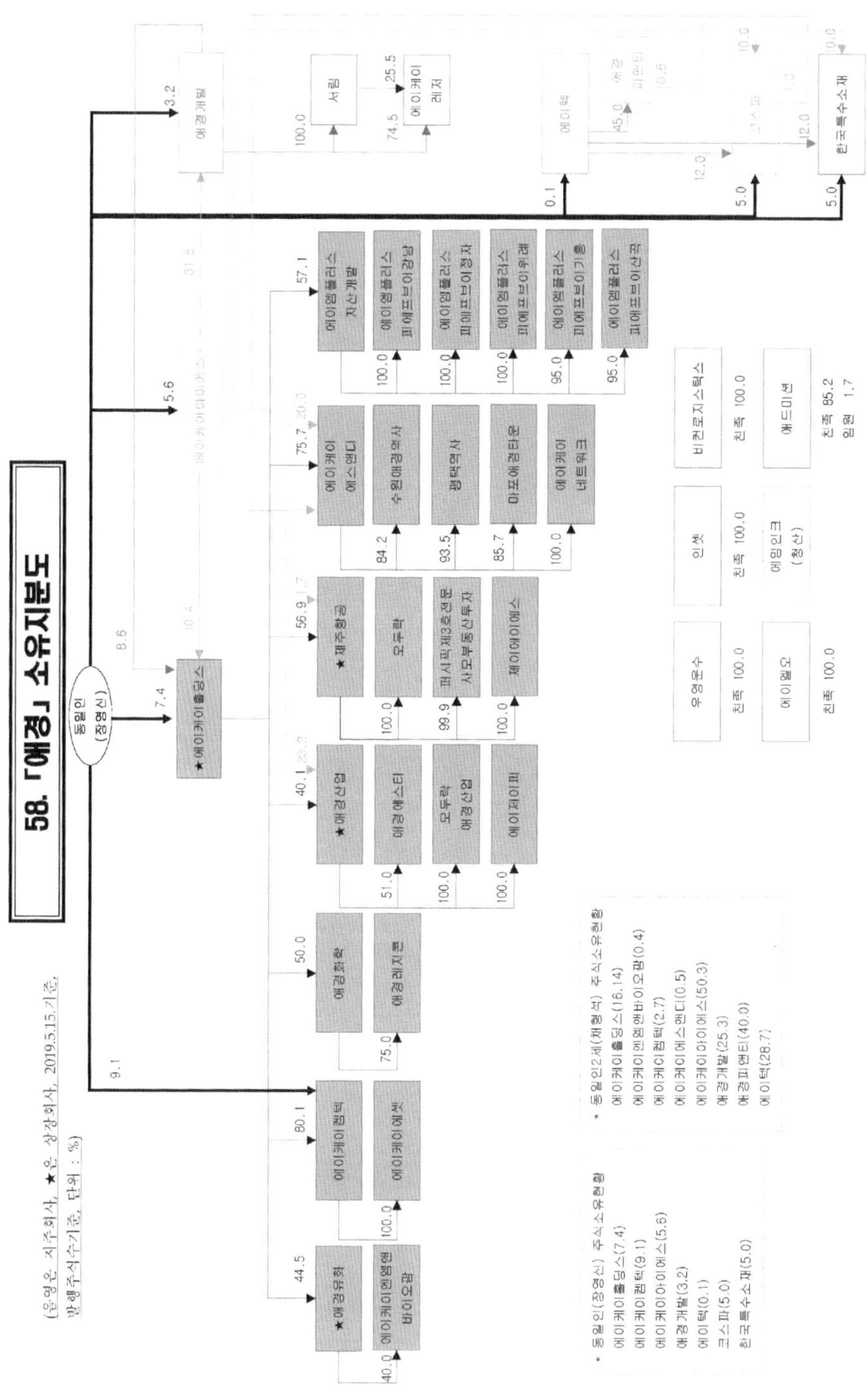

2) 애경그룹, 2020년 5월: [순위] 60위, [동일인] 장영신, [계열회사] 38개

{장영신 (7.4%), 채형석 (16.14%) → AK홀딩스 → 애경산업, 에이엠플러스자산개발 등} + {친족 → AK아이에스 등}

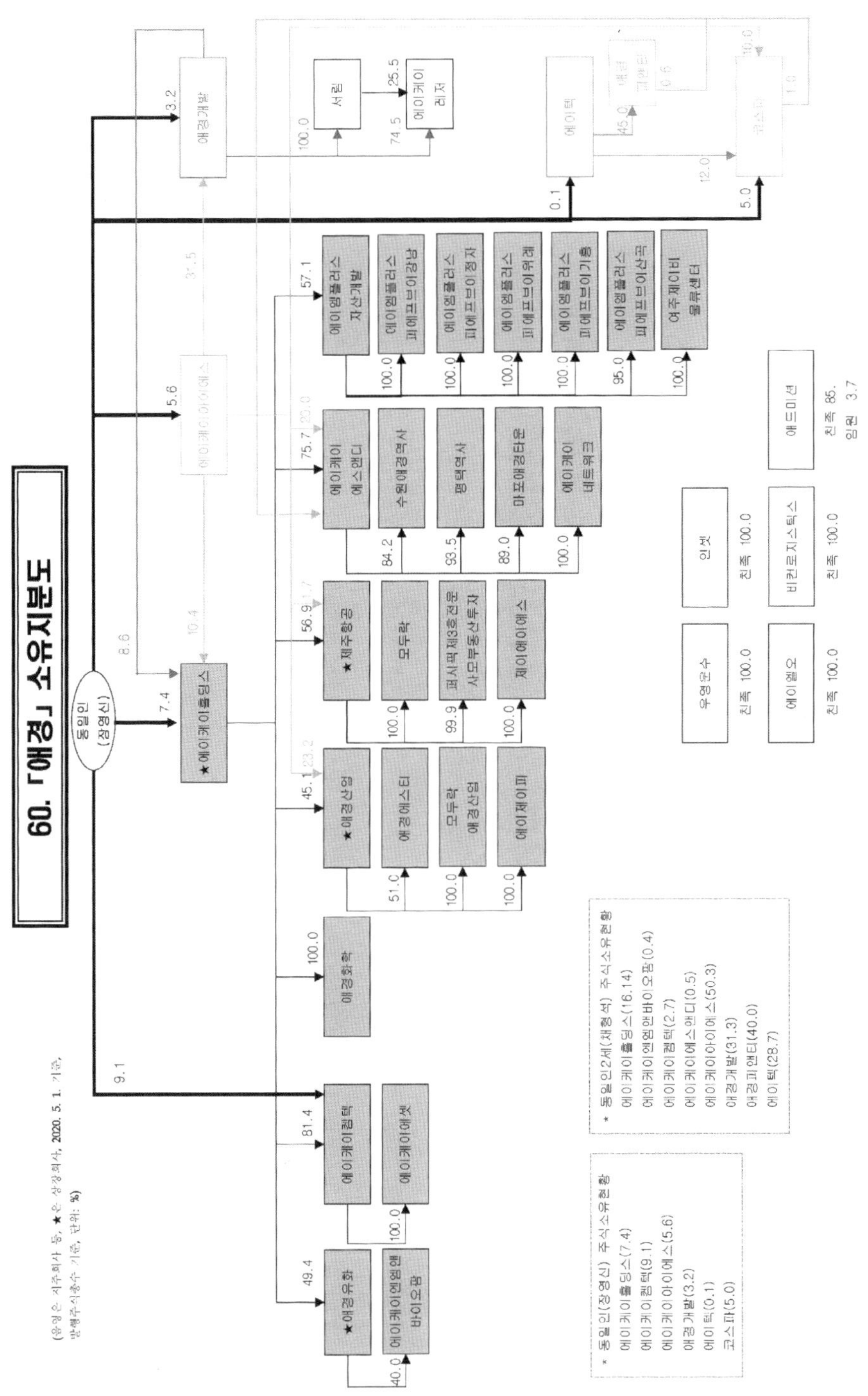

3) 애경그룹, 2021년 5월: [순위] 61위, [동일인] 장영신, [계열회사] 37개

{장영신 (7.4%), 채형석 (14.25%) → AK홀딩스 → 애경산업, 에이엠플러스자산개발 등} + {친족 → AK아이에스 등}

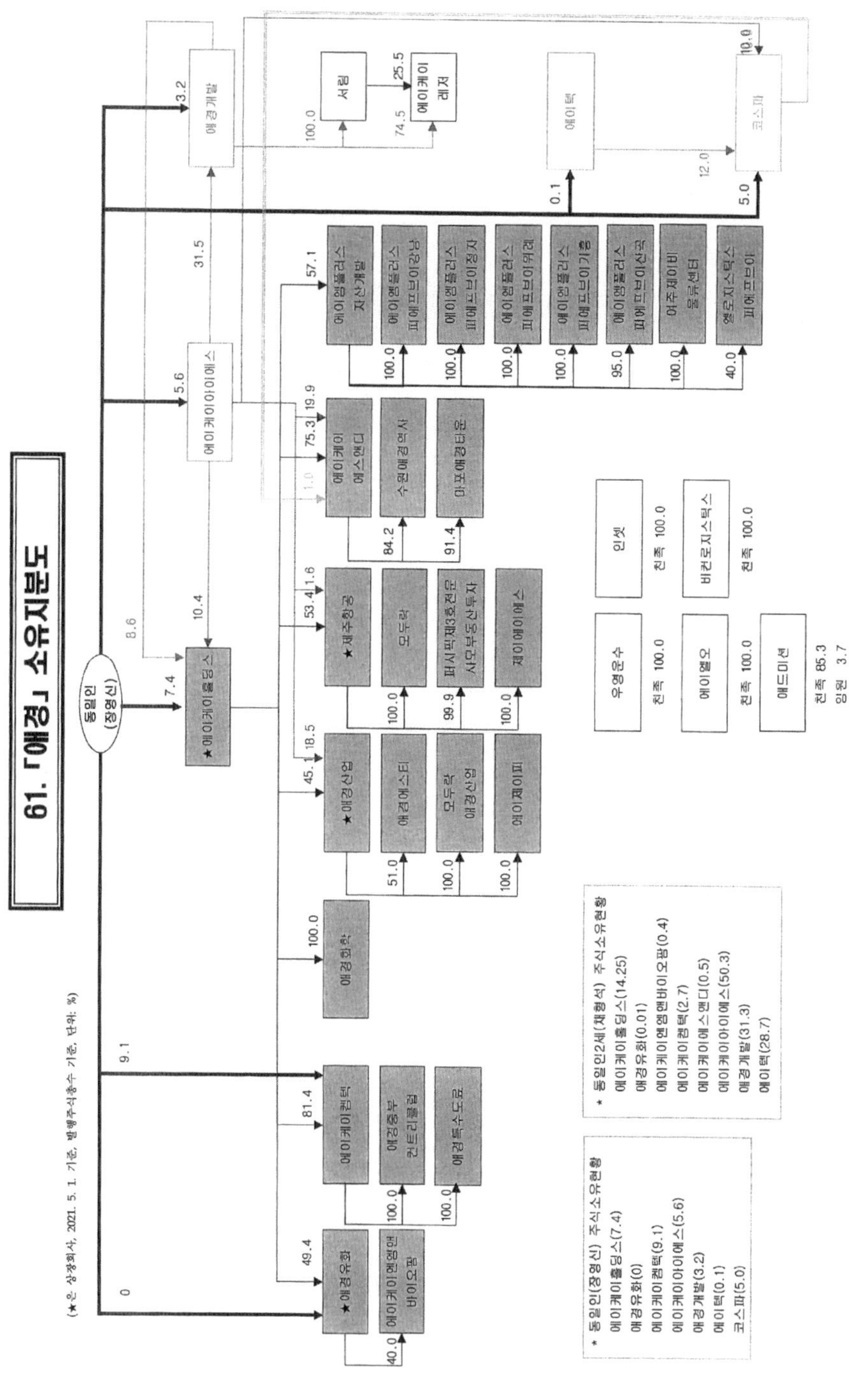

36. SM그룹: 2017-2021년

연도	동일인	순위 (위)	계열회사 (개)	자산총액 (10억 원)	매출액 (10억 원)	당기순이익 (10억 원)
2017	우오현	46	61	7,032	3,615	223
2018	우오현	37	65	8,616	4,730	202
2019	우오현	35	65	9,829	5,386	331
2020	우오현	38	53	9,695	4,516	349
2021	우오현	38	58	10,450	5,035	551

	[소유구조]
주요 주주	우오현 (동일인)
주요 지배 회사	삼라
주요 계열회사	우방산업, 신광, SM스틸, SM인더스트리

1. 그룹

1) 대규모기업집단 지정 연도: 2017-2021년.

2) 연도 수: 5년.

2. 소유지분도: 개관

1) 소유지분도 작성 연도: 2017-2021년.
연도 수: 5년.

2) 그룹 주요 지표: [동일인] 우오현. [순위] 35-46위.
[계열회사] 53-65개. [자산총액] 7.0-10.5조 원.
[매출액] 3.6-5.4조 원. [당기순이익] 0.2-0.6조 원.

3) 소유구조

◆ 우오현 → 삼라 → 계열회사 ◆

① [주요 주주]

1명.

우오현 (동일인).

지분: 61-68.8%.

② [주요 지배 회사]

1개.

삼라.

③ [계열회사]

유형: 자회사 → 손자회사 → 증손회사.

주요 회사: 4개 (2개씩 관련).

우방산업, 신광, SM스틸, SM인더스트리.

3. 소유지분도: 연도별, 2017-2021년

1) 2017년 9월: [순위] 46위, [동일인] 우오현, [계열회사] 61개

우오현 (61%) →

삼라 → 우방산업, 신광 등.

2) 2018년 5월: [순위] 37위, [동일인] 우오현, [계열회사] 65개

우오현 (61%) →

삼라 → 우방산업, 신광 등.

3) 2019년 5월: [순위] 35위, [동일인] 우오현, [계열회사] 65개

우오현 (61%) →

삼라 → 우방산업, 신광 등.

4) 2020년 5월: [순위] 38위, [동일인] 우오현, [계열회사] 53개

우오현 (68.8%) →

삼라 → SM스틸, SM인더스트리 등.

5) 2021년 5월: [순위] 38위, [동일인] 우오현, [계열회사] 58개

우오현 (68.8%) →

삼라 → SM스틸, SM인더스트리 등.

1) SM그룹, 2017년 9월: [순위] 46위, [동일인] 우오현, [계열회사] 61개

우오현 (61%) → 삼라 → 우방산업, 신광 등

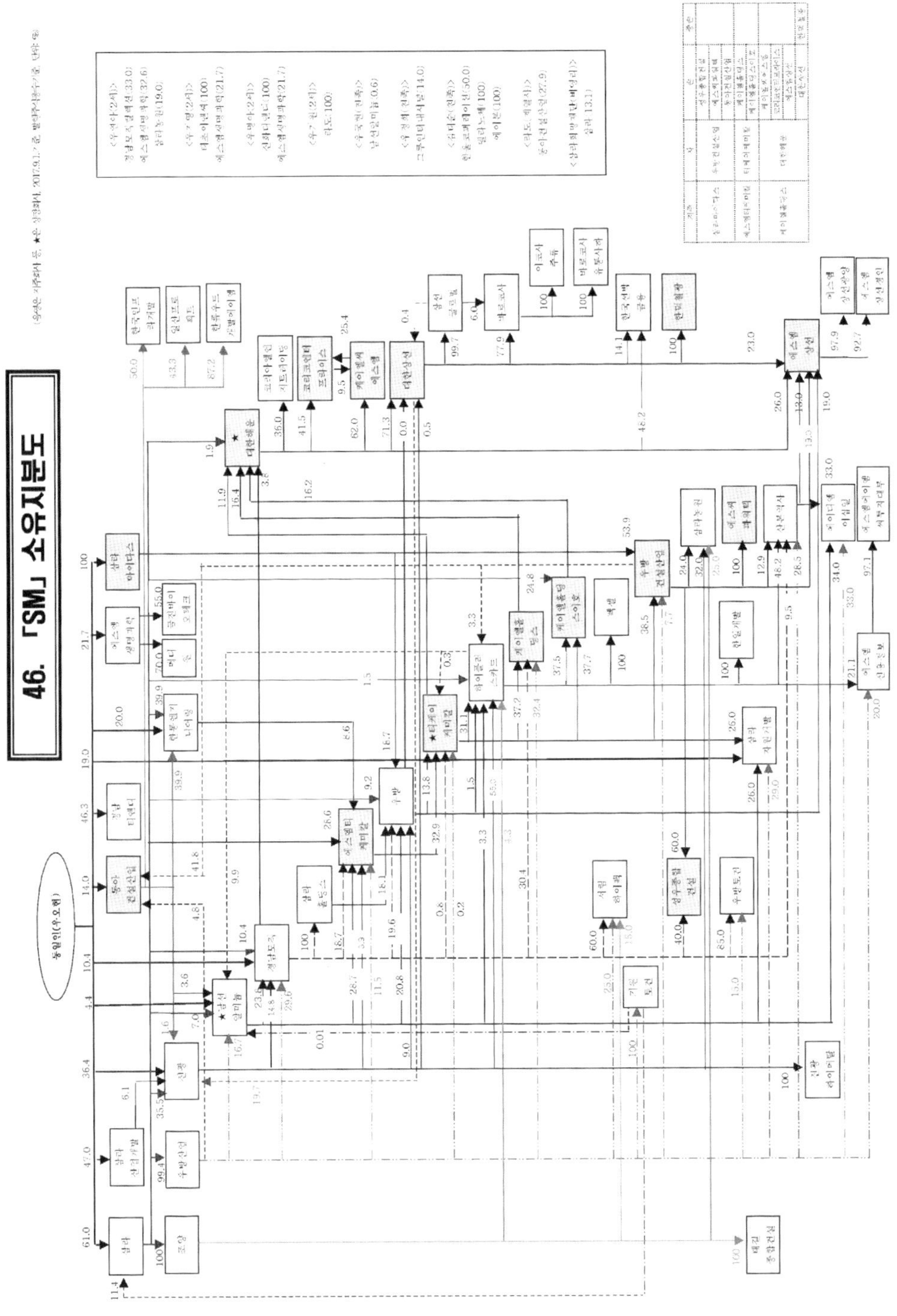

2) SM그룹, 2018년 5월: [순위] 37위, [동일인] 우오현, [계열회사] 65개

우오현 (61%) → 삼라 → 우방산업, 신광 등

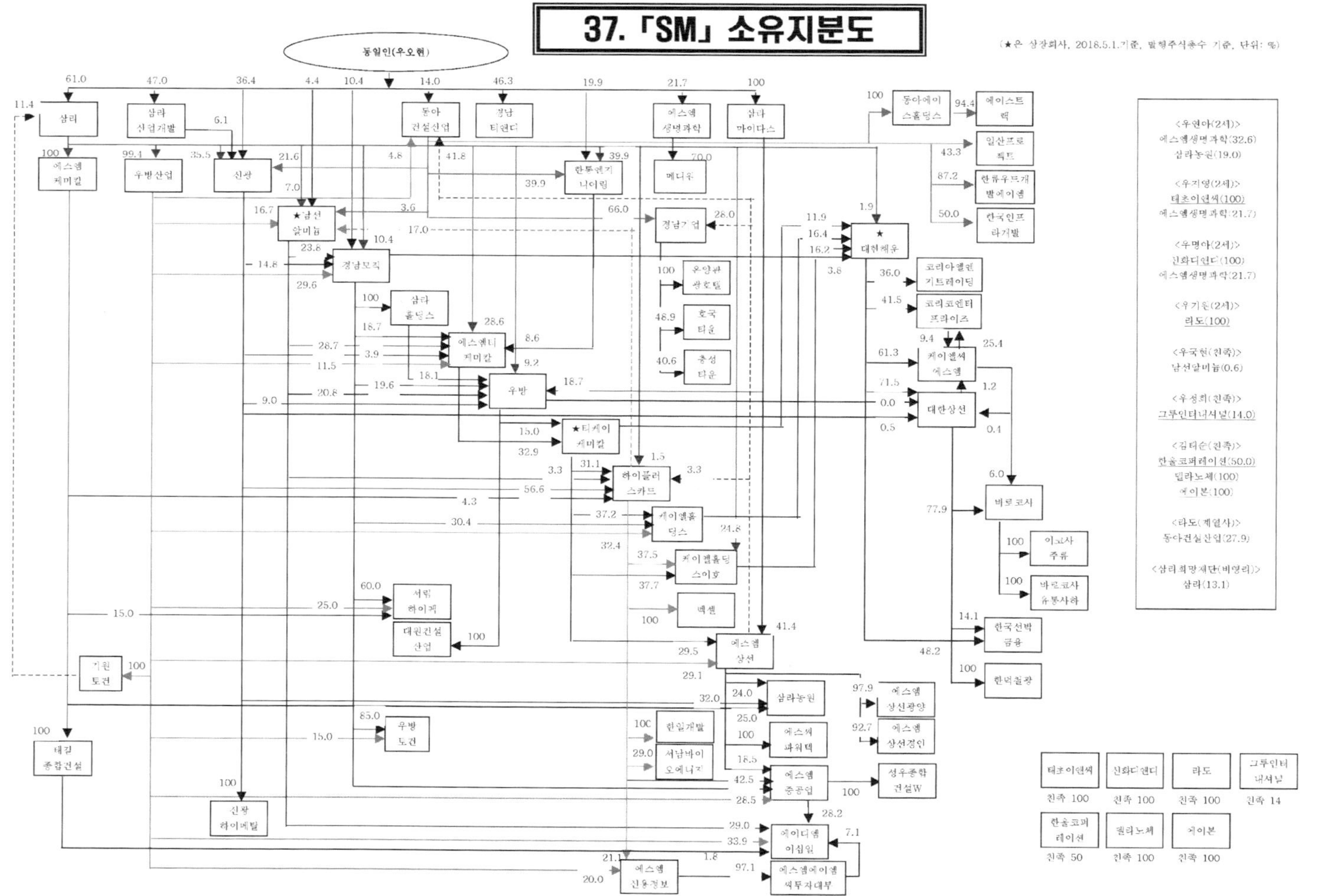

3) SM그룹, 2019년 5월: [순위] 35위, [동일인] 우오현, [계열회사] 65개

우오현 (61%) → 삼라 → 우방산업, 신광 등

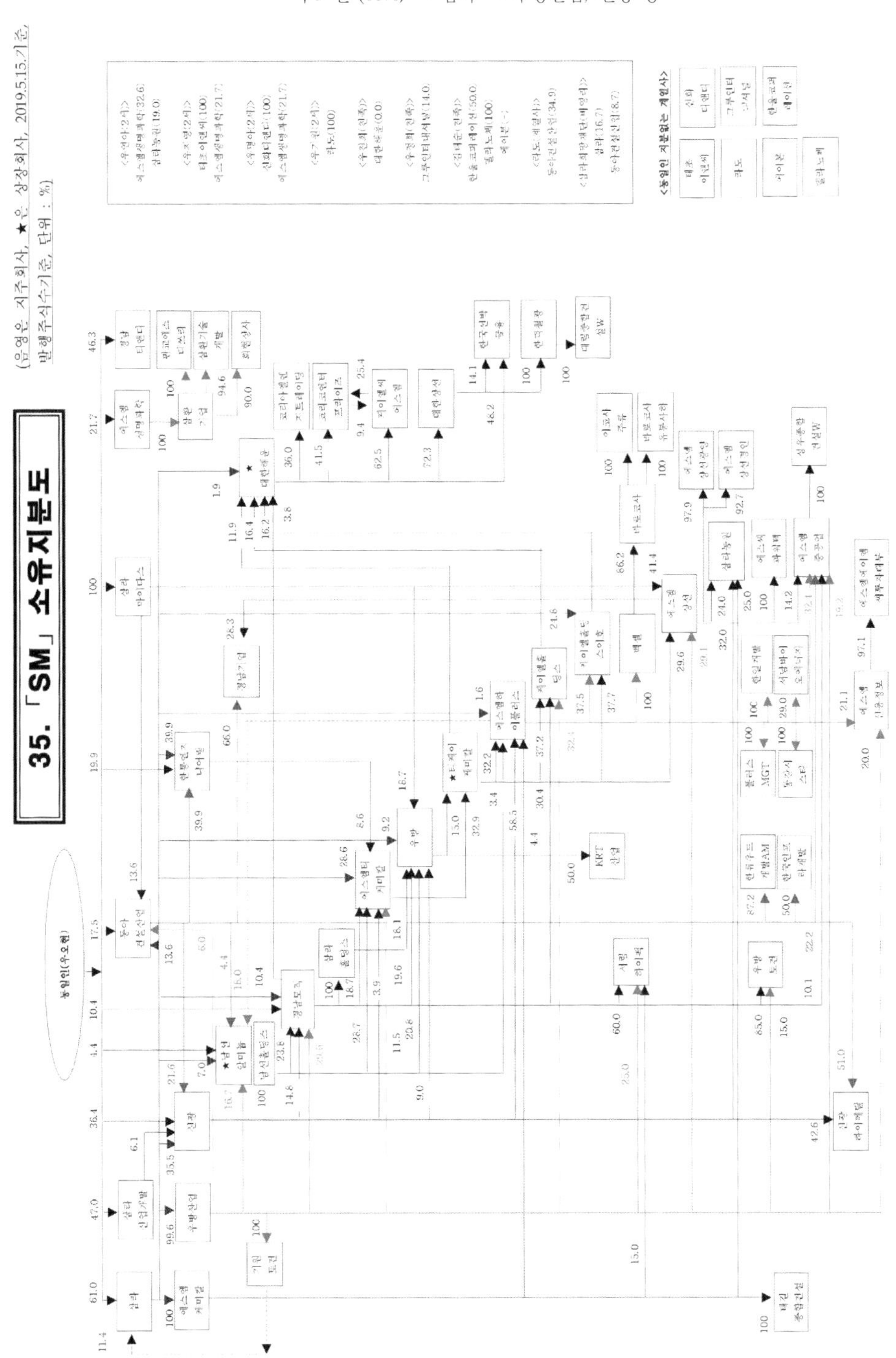

4) SM그룹, 2020년 5월: [순위] 38위, [동일인] 우오현, [계열회사] 53개

우오현 (68.8%) → 삼라 → SM스틸, SM인더스트리 등

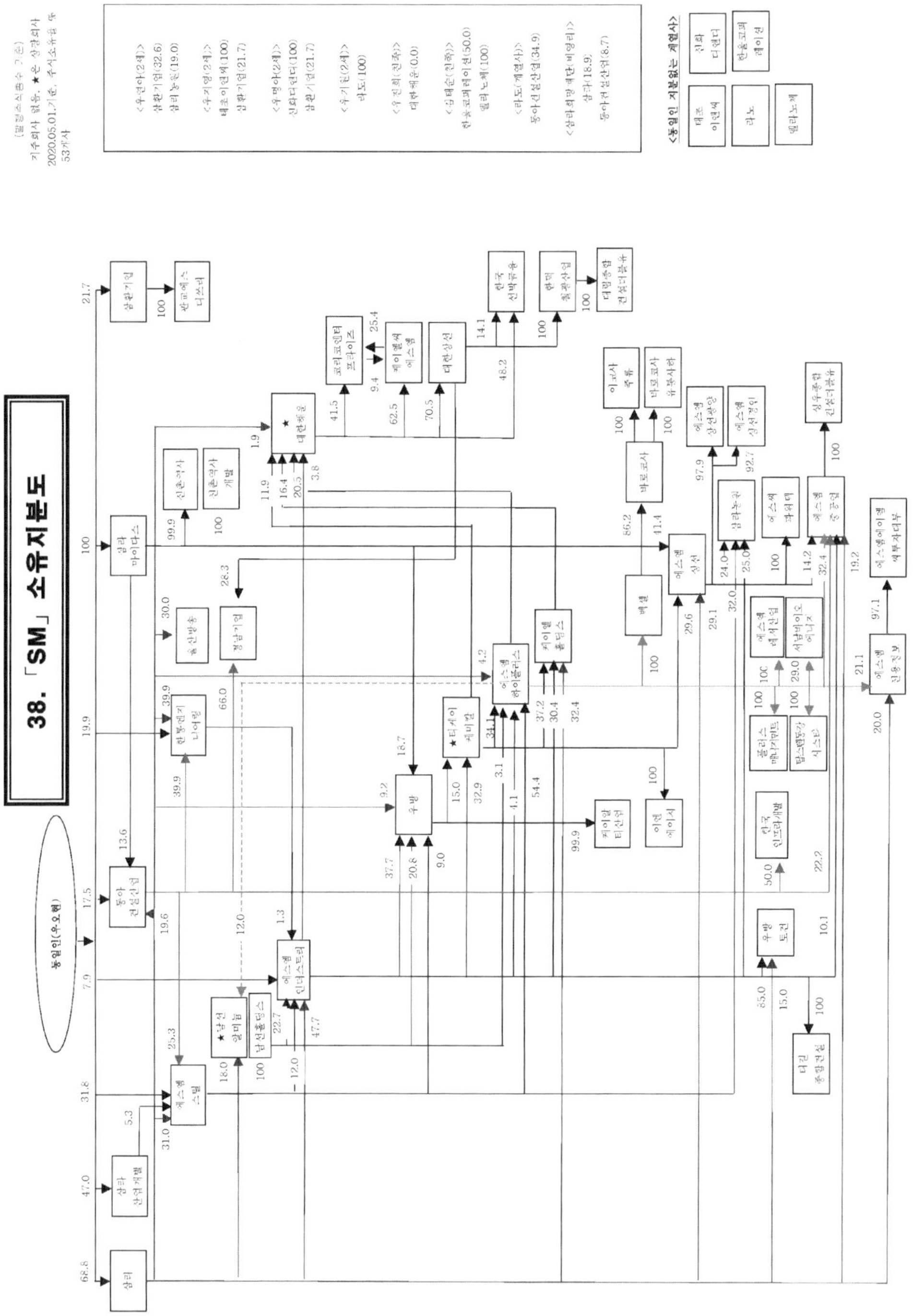

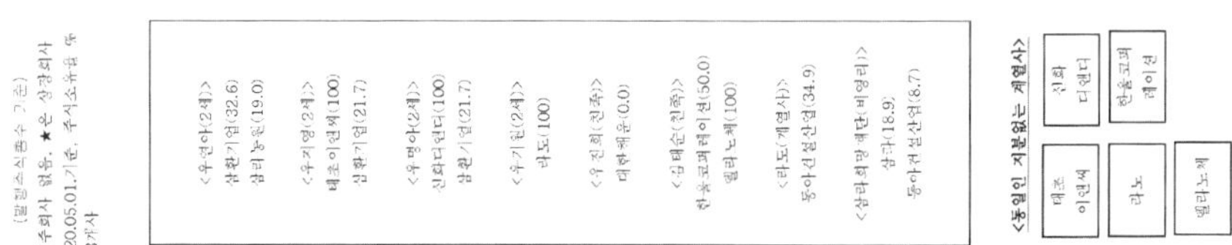

5) SM그룹, 2021년 5월: [순위] 38위, [동일인] 우오현, [계열회사] 58개

우오현 (68.8%) → 삼라 → SM스틸, SM인더스트리 등

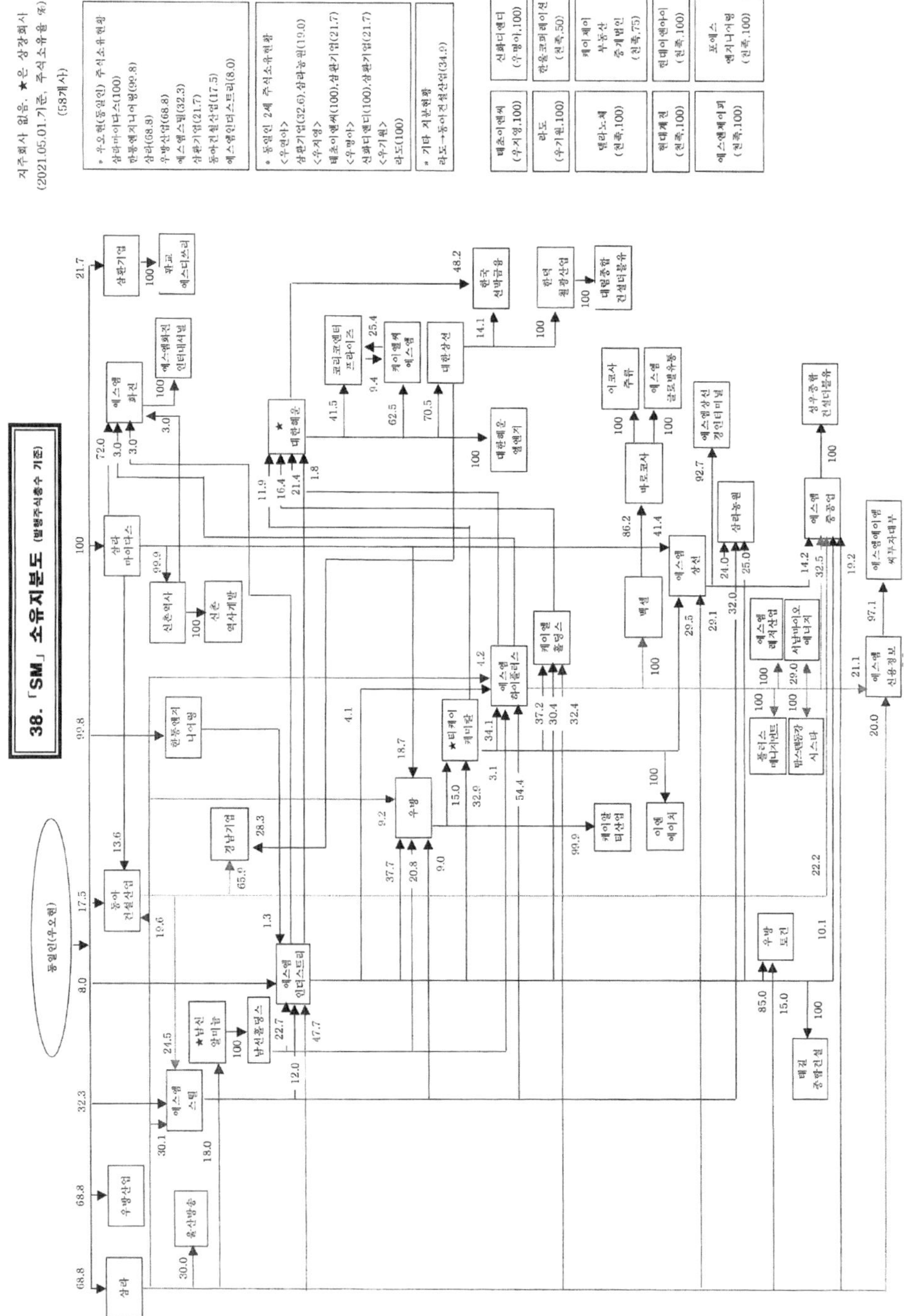

37. S-Oil그룹: 2012-2021년

연도	동일인	순위 (위)	계열회사 (개)	자산총액 (10억 원)	매출액 (10억 원)	당기순이익 (10억 원)
2000		18	2	5,495	5,752	288
2009		30	2	7,728	23,187	444
2010		26	2	9,119	17,639	243
2011		27	2	10,078	20,771	717
2012	S-Oil	22	2	13,294	32,197	1,203
2013	S-Oil	24	2	12,580	35,017	596
2014	S-Oil	24	2	12,003	31,415	304
2015	S-Oil	27	2	10,338	28,830	-276
2016	S-Oil	26	2	10,893	18,163	651
2017	S-Oil	22	2	14,048	16,591	1,221
2018	S-Oil	19	3	15,240	21,179	1,259
2019	S-Oil	20	3	16,332	25,739	284
2020	S-Oil	21	3	16,727	24,677	70
2021	S-Oil	23	2	15,795	16,991	-792

	[소유구조]
주요 주주	-
주요 지배 회사	S-Oil (동일인)
주요 계열회사	S-Oil토탈윤활유

주: 2009-2016년 순위: 공기업집단을 제외한 순위.

1. 그룹

1) 대규모기업집단 지정 연도: 2000, 2009-2021년.

2) 연도 수: 14년.

2. 소유지분도: 개관

1) 소유지분도 작성 연도: 2012-2021년.

연도 수: 10년.

2) 그룹 주요 지표: [동일인] S-Oil. [순위] 19-27위.

[계열회사] 2-3개. [자산총액] 10.3-16.7조 원.

[매출액] 16.6-35.0조 원. [당기순이익] (-0.8) - 1.3조 원.

3) 소유구조

◆ S-Oil → 계열회사 ◆

① [주요 주주] -

② [주요 지배 회사]

1개.

S-Oil (동일인, 상장).

지분: 50-100%.

③ [계열회사]

유형: 자회사.

주요 회사: 1개.

S-Oil토탈윤활유.

3. 소유지분도: 연도별, 2012-2021년

1) 2012년 4월: [순위] 22위, [동일인] S-Oil, [계열회사] 2개

S-Oil (50%) →

S-Oil토탈윤활유.

2) 2013년 4월: [순위] 24위, [동일인] S-Oil, [계열회사] 2개

S-Oil (50%) →

S-Oil토탈윤활유.

3) 2014년 4월: [순위] 24위, [동일인] S-Oil, [계열회사] 2개

S-Oil (50%) →

S-Oil토탈윤활유.

4) 2015년 4월: [순위] 27위, [동일인] S-Oil, [계열회사] 2개

S-Oil (50%) →

S-Oil토탈윤활유.

5) 2016년 4월: [순위] 26위, [동일인] S-Oil, [계열회사] 2개

S-Oil (50%) →

S-Oil토탈윤활유.

6) 2017년 5월: [순위] 22위, [동일인] S-Oil, [계열회사] 2개

S-Oil (50%) →

S-Oil토탈윤활유.

7) 2018년 5월: [순위] 19위, [동일인] S-Oil, [계열회사] 3개

S-Oil (50-100%) →

S-Oil토탈윤활유 등.

8) 2019년 5월: [순위] 20위, [동일인] S-Oil, [계열회사] 3개

S-Oil (50-100%) →

S-Oil토탈윤활유 등.

9) 2020년 5월: [순위] 21위, [동일인] S-Oil, [계열회사] 3개

S-Oil (50-100%) →

S-Oil토탈윤활유 등.

10) 2021년 5월: [순위] 23위, [동일인] S-Oil, [계열회사] 2개

S-Oil (50%) →

S-Oil토탈윤활유.

1) S-Oil그룹, 2012년 4월: [순위] 22위, [동일인] S-Oil, [계열회사] 2개

S-Oil (50%) → S-Oil토탈윤활유

29. 에쓰오일 지분도(2012.4.12.기준)

(★은 상장회사, 우선주 포함, 단위: %)

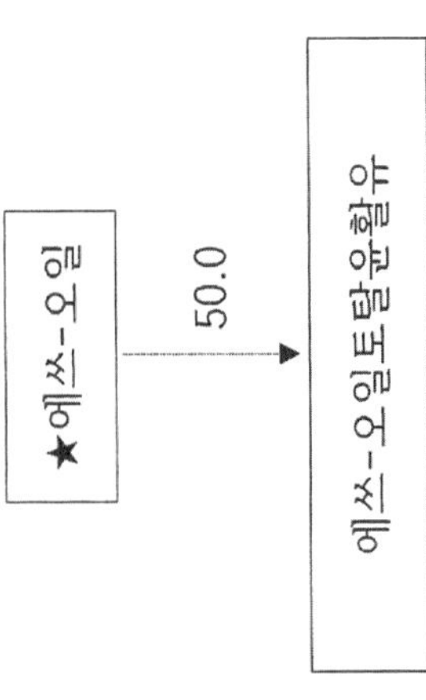

2) S-Oil그룹, 2013년 4월: [순위] 24위, [동일인] S-Oil, [계열회사] 2개

S-Oil (50%) → S-Oil토탈윤활유

30. 에쓰-오일 지분도(2013.4.1. 기준)

(★은 상장회사, 우선주 포함, 단위: %)

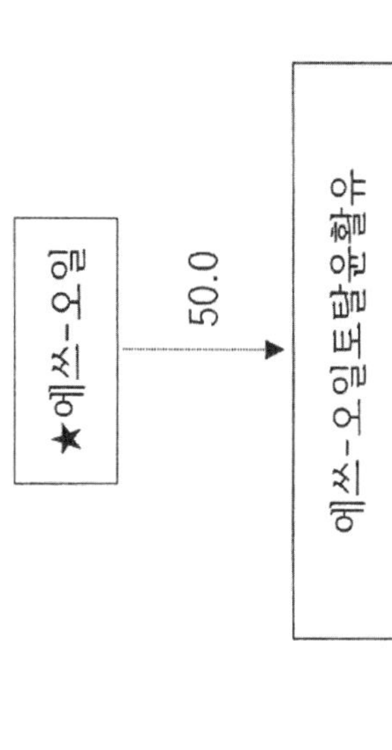

3) S-Oil그룹, 2014년 4월: [순위] 24위, [동일인] S-Oil, [계열회사] 2개

S-Oil (50%) → S-Oil토탈윤활유

31. 「에쓰-오일」 소유지분도

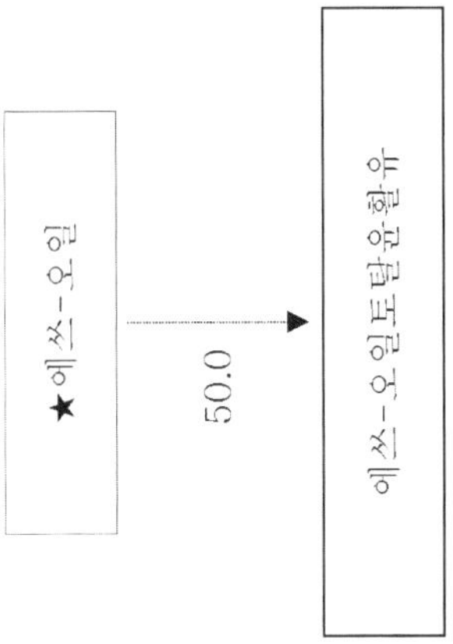

* ★은 상장회사, 2014.4.1. 발행주식총수 기준, 단위: %

★에쓰-오일 → (50.0) → 에쓰-오일토탈윤활유

35. 「에쓰-오일」 소유지분도

(음영은 지주회사 등, ★은 상장회사, 2015.4.1. 총발행주식수 기준, 단위: %)

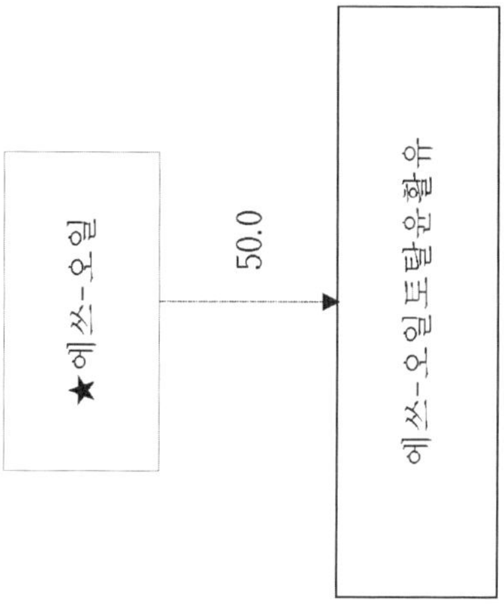

★에쓰-오일

50.0

에쓰-오일토탈윤활유

4) S-Oil그룹, 2015년 4월: [순위] 27위, [동일인] S-Oil, [계열회사] 2개

S-Oil (50%) → S-Oil토탈윤활유

5) S-Oil그룹, 2016년 4월: [순위] 26위, [동일인] S-Oil, [계열회사] 2개

S-Oil (50%) → S-Oil토탈윤활유

34. 「에쓰오일」 소유지분도

(2016. 4. 1. 발행주식총수 기준, %)

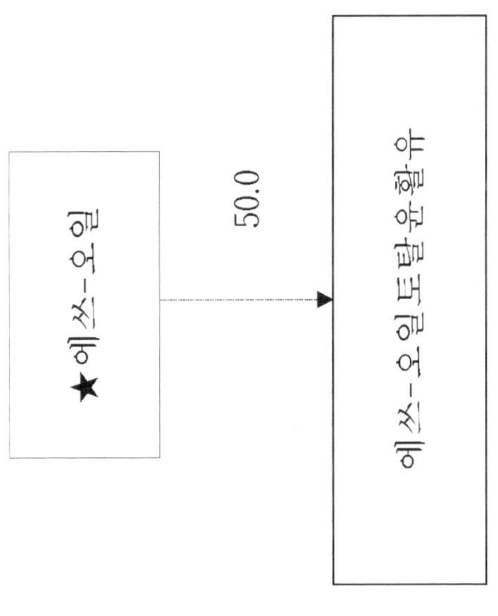

6) S-Oil그룹, 2017년 5월: [순위] 22위, [동일인] S-Oil, [계열회사] 2개

S-Oil (50%) → S-Oil토탈윤활유

22. 「에쓰-오일」 소유지분도

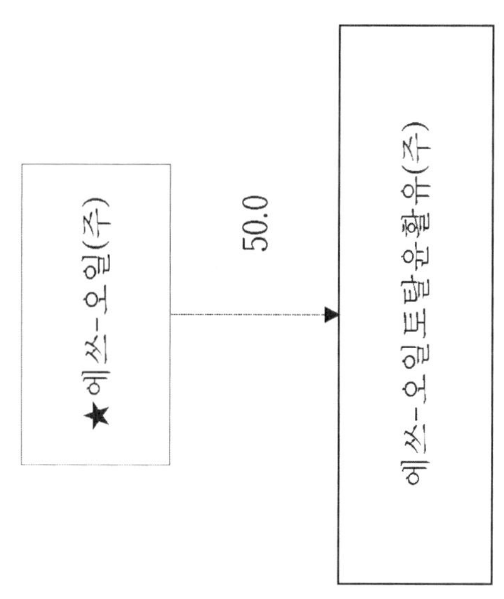

※★은 상장회사, 2017. 5. 1. 기준, 발행주식총수 기준, 단위: %

7) S-Oil그룹, 2018년 5월: [순위] 19위, [동일인] S-Oil, [계열회사] 3개

S-Oil (50-100%) → S-Oil토탈윤활유 등

19. 「에쓰-오일」 소유지분도

(★은 상장회사, 2018. 5. 1. 기준, 발행주식총수 기준, 단위: %)

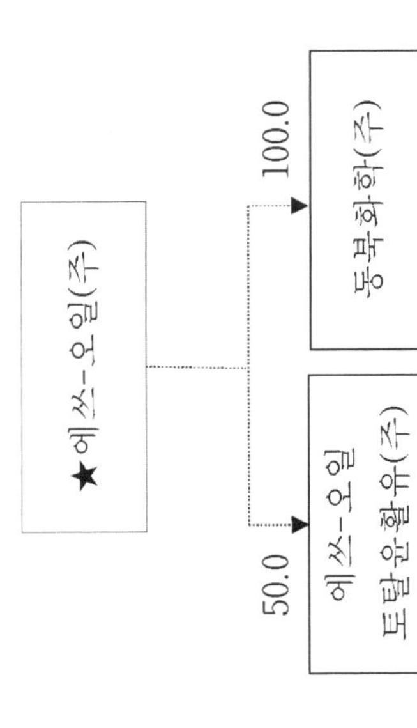

8) S-Oil그룹, 2019년 5월: [순위] 20위, [동일인] S-Oil, [계열회사] 3개

S-Oil (50-100%) → S-Oil토탈윤활유 등

20. 「에쓰-오일」 소유지분도

(음영은 지주회사, ★은 상장회사, 2019.5.15.기준, 발행주식수기준, 단위 : %)

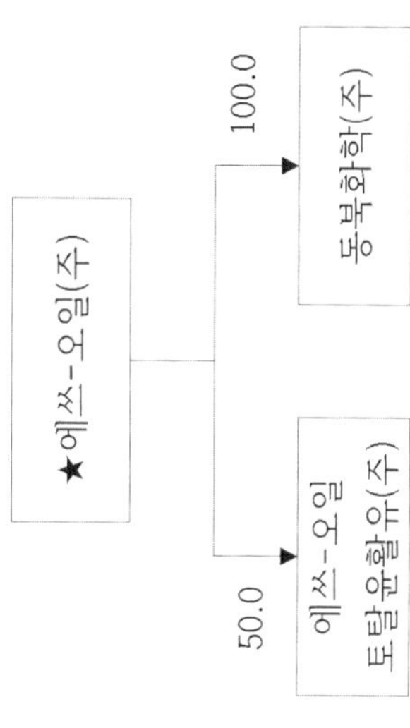

21. 「에쓰-오일」 소유지분도

(음영은 지주회사 등, ★은 상장회사, 2020. 5. 1. 기준,
발행주식총수 기준, 단위: %)

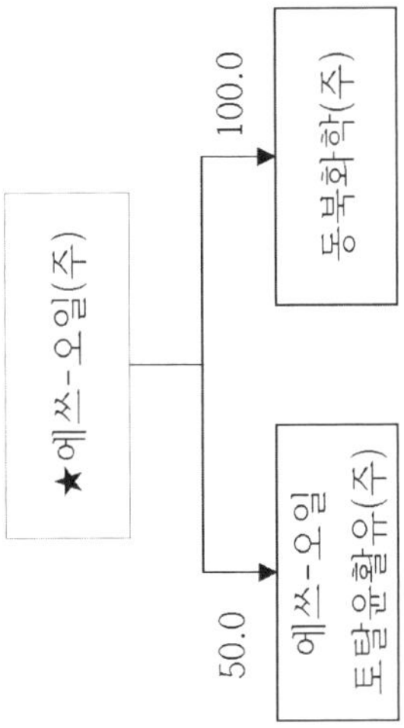

★에쓰-오일(주)
→ 50.0 → 에쓰-오일 토탈윤활유(주)
→ 100.0 → 동북화학(주)

9) S-Oil그룹, 2020년 5월: [순위] 21위, [동일인] S-Oil, [계열회사] 3개

S-Oil (50-100%) → S-Oil토탈윤활유 등

10) S-Oil그룹, 2021년 5월: [순위] 23위, [동일인] S-Oil, [계열회사] 2개

S-Oil (50%) → S-Oil토탈윤활유

23. 「에쓰-오일」 소유지분도

(음영은 지주회사 등, ★은 상장회사, 2021. 5. 1. 기준, 발행주식총수 기준, 단위: %)

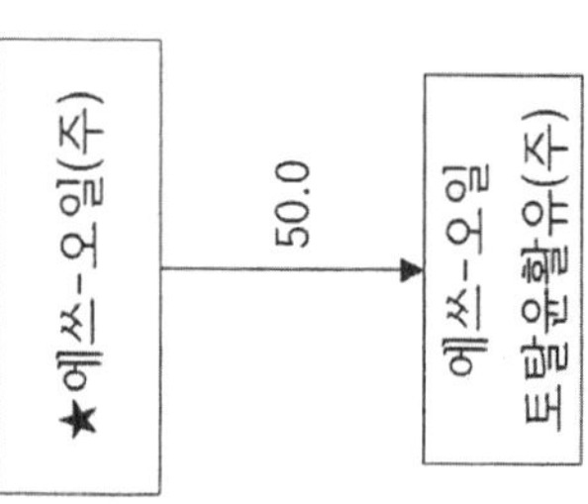

38. SK그룹: 2012-2021년

연도	동일인	순위 (위)	계열회사 (개)	자산총액 (10억 원)	매출액 (10억 원)	당기순이익 (10억 원)
1987		7	16	2,499	5,323	59
1988		7	18	2,816	5,603	73
1989		7	22	3,442	5,726	99
1990		6	24	4,610	6,087	95
1991		5	27	6,504	7,611	51
1992		5	31	8,651	9,407	-9
1993		5	32	9,965	-	-
1994		5	33	10,690	12,792	34
1995		5	32	12,806	14,657	90
1996		5	32	14,501	17,402	183
1997		5	46	22,927	26,797	255
1998		5	45	29,267	30,691	103
1999		5	41	32,766	37,449	68
2000		4	39	40,147	38,039	727
2001		4	54	47,379	47,596	969
2002		3	62	46,754	50,319	1,157
2003		3	60	47,463	53,415	1,862
2004		4	59	47,180	49,847	3,845
2005		4	50	47,961	56,137	4,564
2006		3	56	54,808	64,520	4,562
2007		3	57	60,376	70,479	4,278
2008		3	64	71,998	69,067	4,897
2009		3	77	85,889	105,171	2,904
2010		3	75	87,522	95,118	2,625
2011		3	86	97,042	112,003	4,969
2012	최태원	3	94	136,474	155,252	6,431
2013	최태원	3	81	140,621	158,530	3,765
2014	최태원	3	80	145,171	156,868	4,547
2015	최태원	3	82	152,388	165,469	5,757
2016	최태원	3	86	160,848	137,798	13,626
2017	최태원	3	96	170,697	125,920	6,838
2018	최태원	3	101	189,531	158,080	17,355
2019	최태원	3	111	218,013	183,738	22,668
2020	최태원	3	125	225,526	161,353	7,965
2021	최태원	3	148	239,530	139,602	9,827

	[소유구조]	
주요 주주	최태원 (동일인)	친족
주요 지배 회사	SKC&C/SK	SK케미칼/SK디스커버리
주요 계열회사	'SK → SK이노베이션, SK텔레콤, SKC, SKE&S', SK이노베이션, SK텔레콤, SKC, SKE&S	SK가스

주: 2002-2016년 순위: 공기업집단을 제외한 순위.

1. 그룹

1) 대규모기업집단 지정 연도: 1987-2021년.

2) 연도 수: 35년.

3) 그룹 이름: 선경 (1987-1997년), SK (1998-2021년).

2. 소유지분도: 개관

1) 소유지분도 작성 연도: 2012-2021년.
연도 수: 10년.

2) 그룹 주요 지표: [동일인] 최태원. [순위] 3위.
[계열회사] 80-148개. [자산총액] 136.5-239.5조 원.
[매출액] 125.9-183.7조 원. [당기순이익] 3.8-22.7조 원.

3) 소유구조

◆ {최태원 → SKC&C/SK → 계열회사} +
{친족 → SK케미칼/SK디스커버리 → 계열회사2} ◆

① [주요 주주]

1명.

최태원 (동일인).

지분: 18.3-38%.

② [주요 지배 회사]

1개.

SKC&C (상장) / SK (상장).

* 기타: 1개.

SK케미칼 (상장) / SK디스커버리 (상장).

③ [계열회사]

유형: 자회사 → 손자회사 → 증손회사.

주요 회사: 5개 (4-5개씩 관련).

'SK → SK이노베이션 (상장), SK텔레콤 (상장), SKC (상장), SKE&S',

SK이노베이션, SK텔레콤, SKC, SKE&S.

* 계열회사2: 1개.

SK가스.

4) SKC&C: SK (2015년 8월 SK 합병 후 상호 변경).

SK케미칼: SK디스커버리 (2017년 12월 인적분할 후 상호 변경, SK케미칼 신설).

3. 소유지분도: 연도별, 2012-2021년

1) 2012년 4월: [순위] 3위, [동일인] 최태원, [계열회사] 94개

{최태원 (38%) →

SKC&C → 'SK → SK이노베이션, SK텔레콤, SKC, SKE&S 등'} +

{친족 → SK케미칼 → SK가스 등}.

2) 2013년 4월: [순위] 3위, [동일인] 최태원, [계열회사] 81개

{최태원 (38%) →

SKC&C → 'SK → SK이노베이션, SK텔레콤, SKC, SKE&S 등'} +

{친족 → SK케미칼 → SK가스 등}.

3) 2014년 4월: [순위] 3위, [동일인] 최태원, [계열회사] 80개

{최태원 (38%) →

SKC&C → 'SK → SK이노베이션, SK텔레콤, SKC, SKE&S 등'} +

{친족 → SK케미칼 → SK가스 등}.

4) 2015년 4월: [순위] 3위, [동일인] 최태원, [계열회사] 82개

{최태원 (32.9%) →
SKC&C → 'SK → SK이노베이션, SK텔레콤, SKC, SKE&S 등'} +
{친족 → SK케미칼 → SK가스 등}.

5) 2016년 4월: [순위] 3위, [동일인] 최태원, [계열회사] 86개

{최태원 (23.2%) →
SK → SK이노베이션, SK텔레콤, SKC, SKE&S 등} +
{친족 → SK케미칼 → SK가스 등}.

6) 2017년 5월: [순위] 3위, [동일인] 최태원, [계열회사] 96개

{최태원 (23.2%) →
SK → SK이노베이션, SK텔레콤, SKC, SKE&S 등} +
{친족 → SK케미칼 → SK가스 등}.

7) 2018년 5월: [순위] 3위, [동일인] 최태원, [계열회사] 101개

{최태원 (23.2%) →
SK → SK이노베이션, SK텔레콤, SKC, SKE&S 등} +
{친족 → SK디스커버리 → SK가스 등}.

8) 2019년 5월: [순위] 3위, [동일인] 최태원, [계열회사] 111개

{최태원 (18.3%) →
SK → SK이노베이션, SK텔레콤, SKC, SKE&S 등} +
{친족 → SK디스커버리 → SK가스 등}.

9) 2020년 5월: [순위] 3위, [동일인] 최태원, [계열회사] 125개

{최태원 (18.3%) →
SK → SK이노베이션, SK텔레콤, SKC, SKE&S 등} +
{친족 → SK디스커버리 → SK가스 등}.

10) 2021년 5월: [순위] 3위, [동일인] 최태원, [계열회사] 148개

{최태원 (18.3%) →
SK → SK이노베이션, SK텔레콤, SKC, SKE&S 등} +
{친족 → SK디스커버리 → SK가스 등}.

1) SK그룹, 2012년 4월: [순위] 3위, [동일인] 최태원, [계열회사] 94개

{최태원 (38%) → SKC&C → 'SK → SK이노베이션, SK텔레콤, SKC, SKE&S 등'} + {친족 → SK케미칼 → SK가스 등}

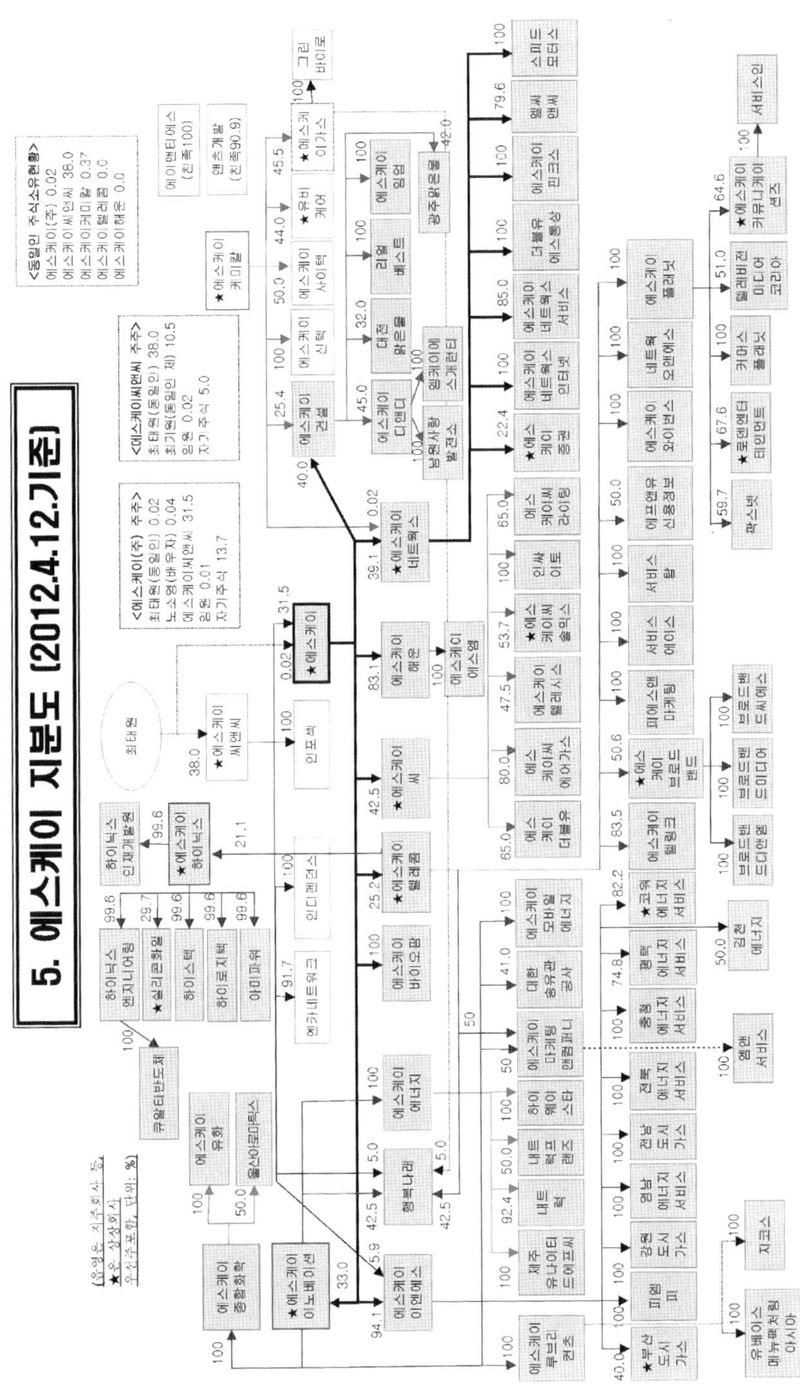

2) SK그룹, 2013년 4월: [순위] 3위, [동일인] 최태원, [계열회사] 81개

{최태원 (38%) → SKC&C → 'SK → SK이노베이션, SK텔레콤, SKC, SKE&S 등'} + {친족 → SK케미칼 → SK가스 등}

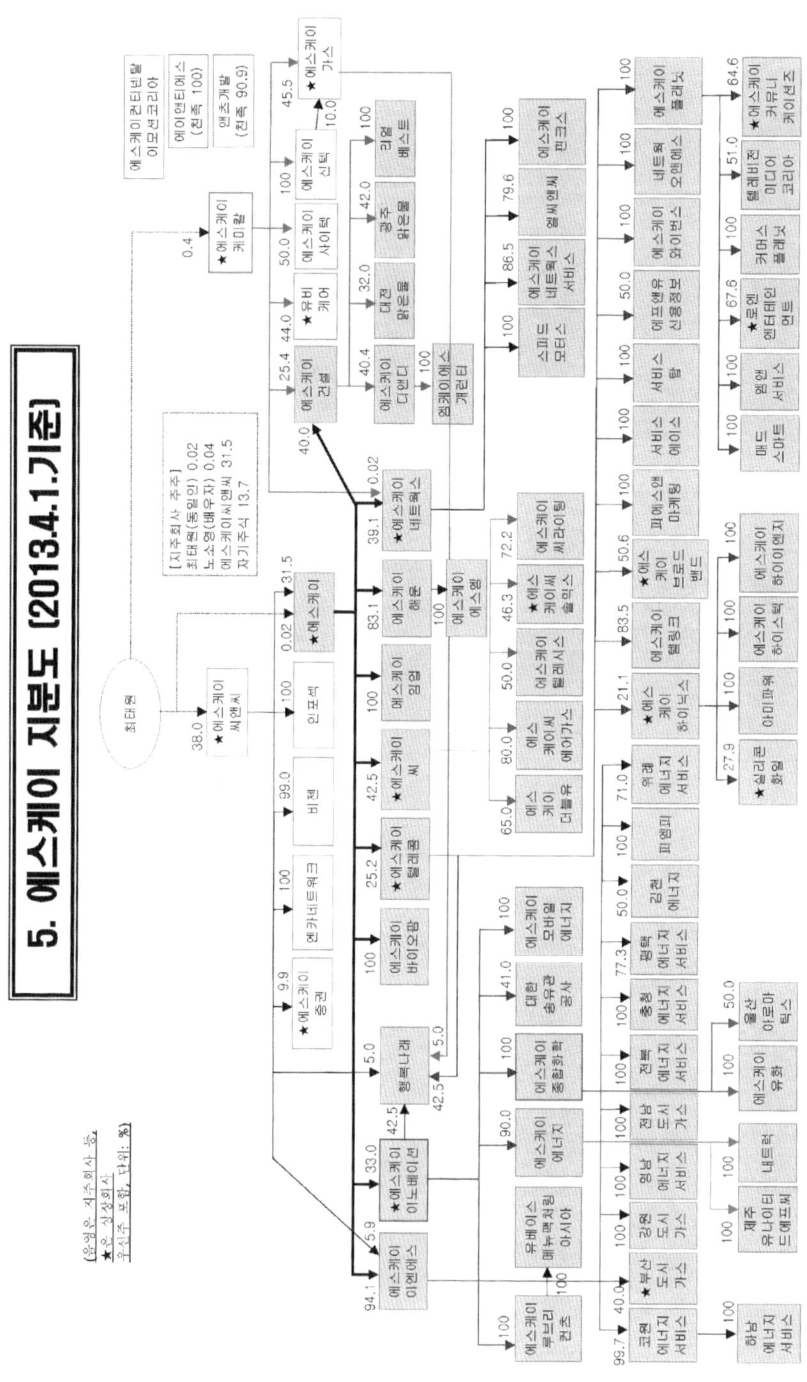

3) SK그룹, 2014년 4월: [순위] 3위, [동일인] 최태원, [계열회사] 80개

{최태원 (38%) → SKC&C → 'SK → SK이노베이션, SK텔레콤, SKC, SKE&S 등'} + {친족 → SK케미칼 → SK가스 등}

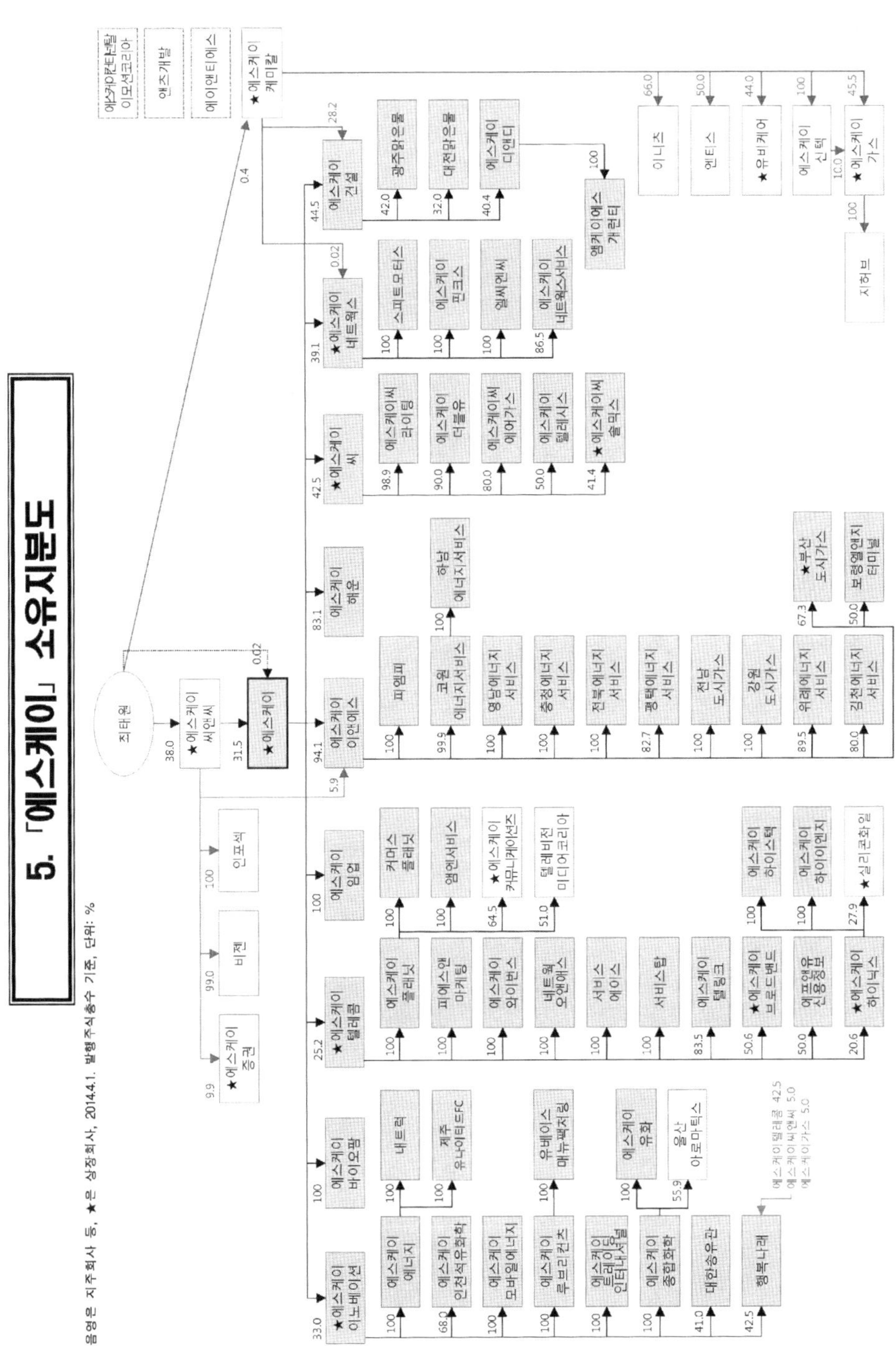

4) SK그룹, 2015년 4월: [순위] 3위, [동일인] 최태원, [계열회사] 82개

{최태원 (32.9%) → SKC&C → 'SK → SK이노베이션, SK텔레콤, SKC, SKE&S 등'} + {친족 → SK케미칼 → SK가스 등}

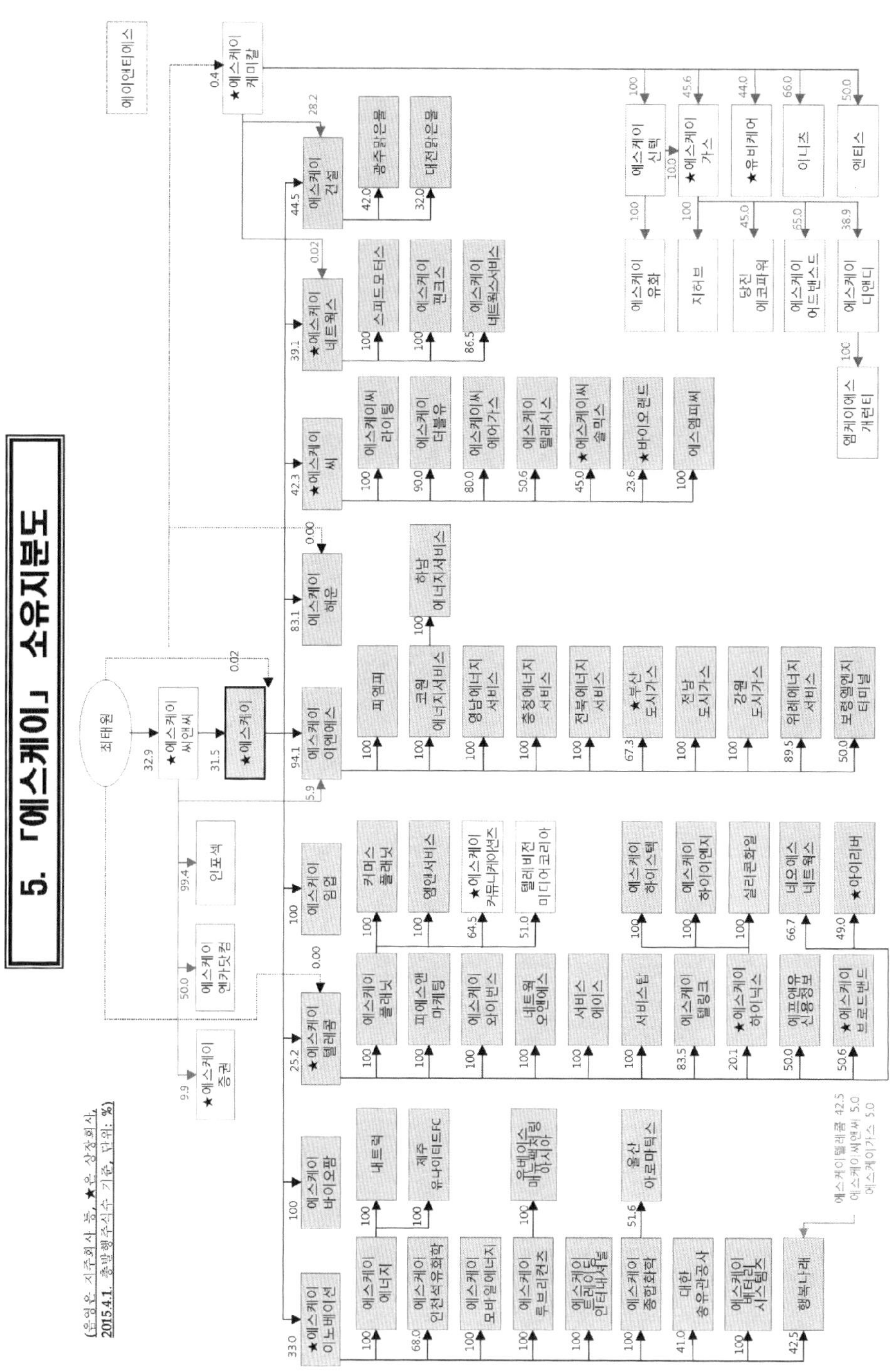

5) SK그룹, 2016년 4월: [순위] 3위, [동일인] 최태원, [계열회사] 86개

{최태원 (23.2%) → SK → SK이노베이션, SK텔레콤, SKC, SKE&S 등} + {친족 → SK케미칼 → SK가스 등}

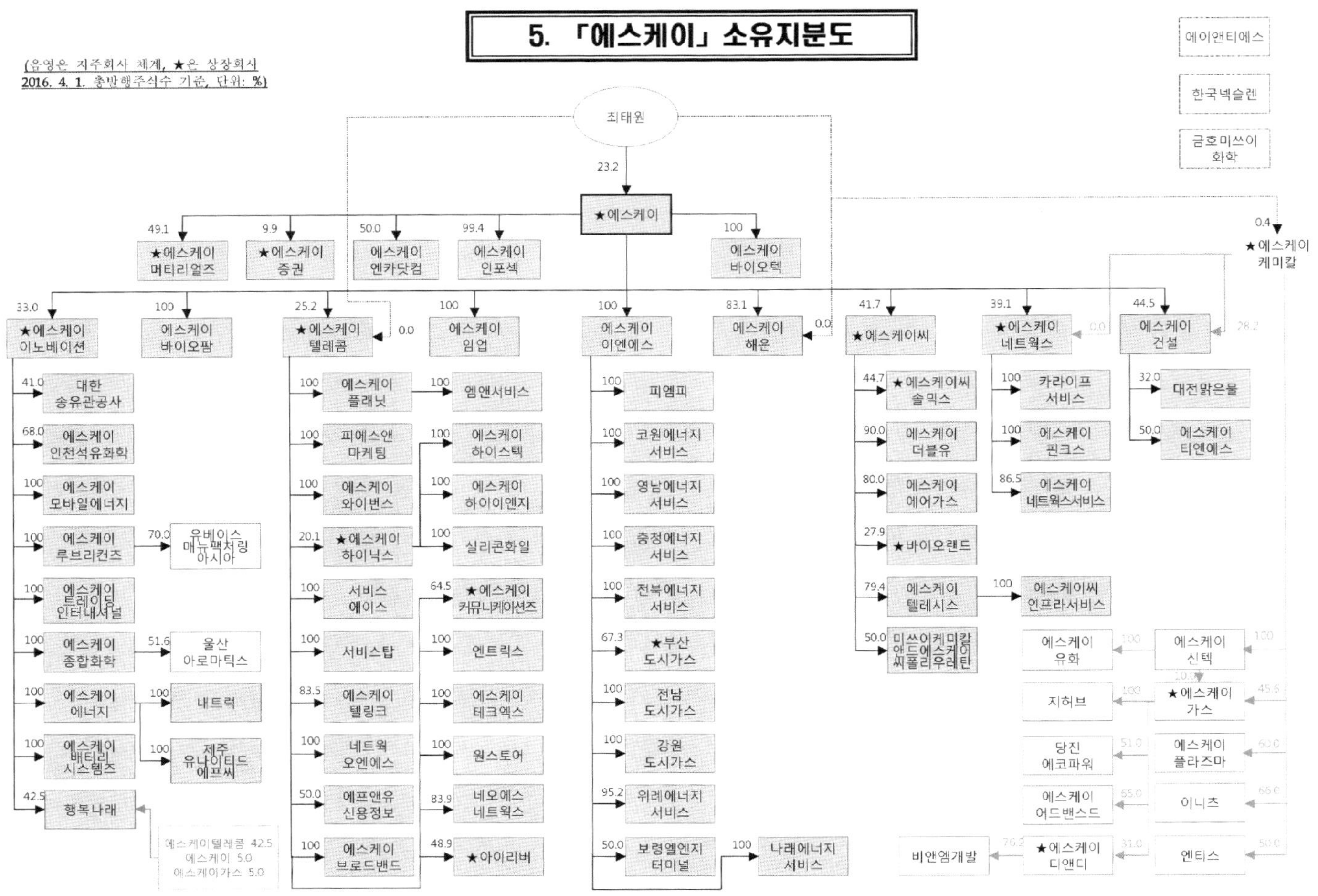

6) SK그룹, 2017년 5월: [순위] 3위, [동일인] 최태원, [계열회사] 96개

{최태원 (23.2%) → SK → SK이노베이션, SK텔레콤, SKC, SKE&S 등} + {친족 → SK케미칼 → SK가스 등}

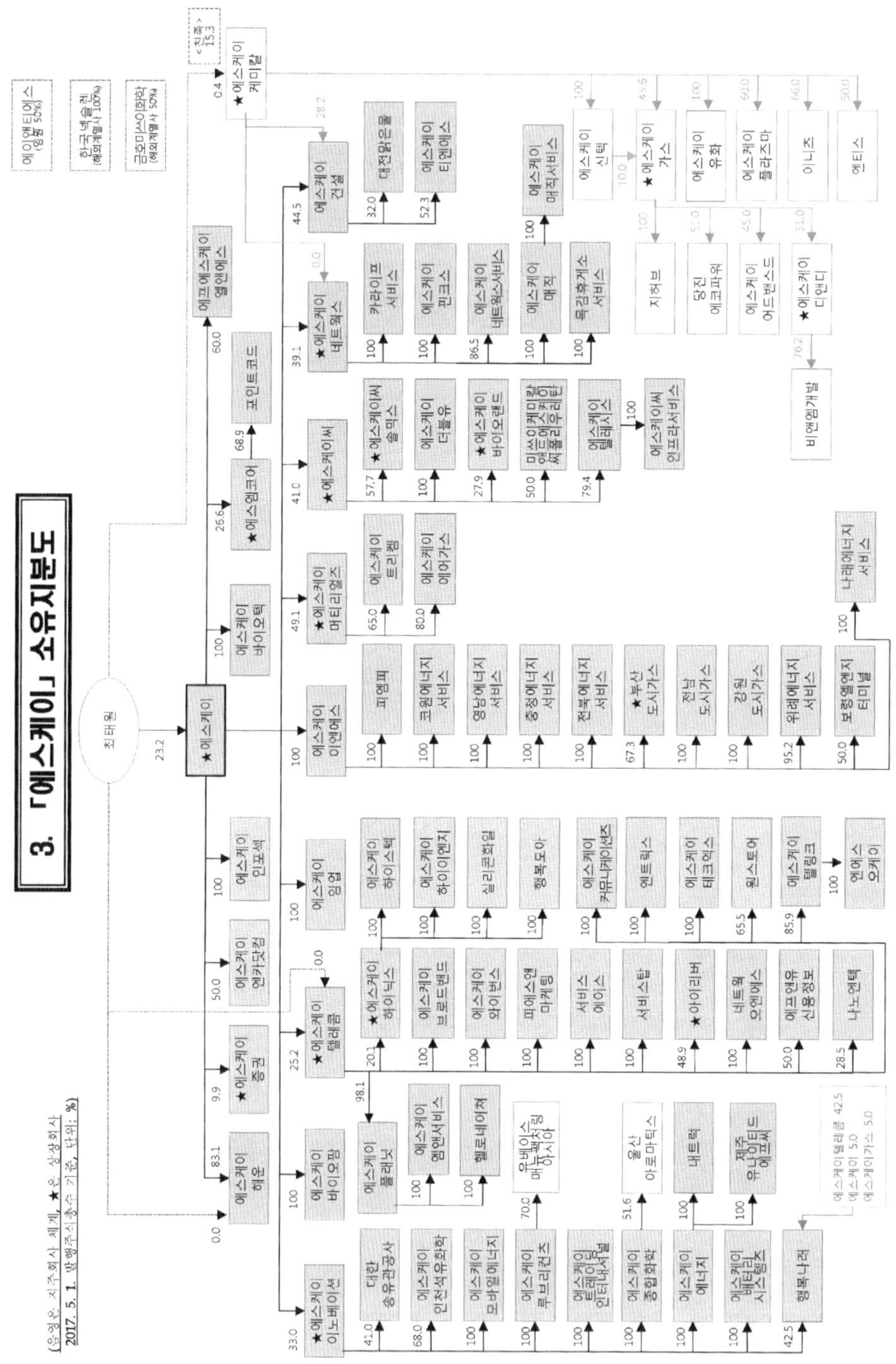

7) SK그룹, 2018년 5월: [순위] 3위, [동일인] 최태원, [계열회사] 101개

{최태원 (23.2%) → SK → SK이노베이션, SK텔레콤, SKC, SKE&S 등} + {친족 → SK디스커버리 → SK가스 등}

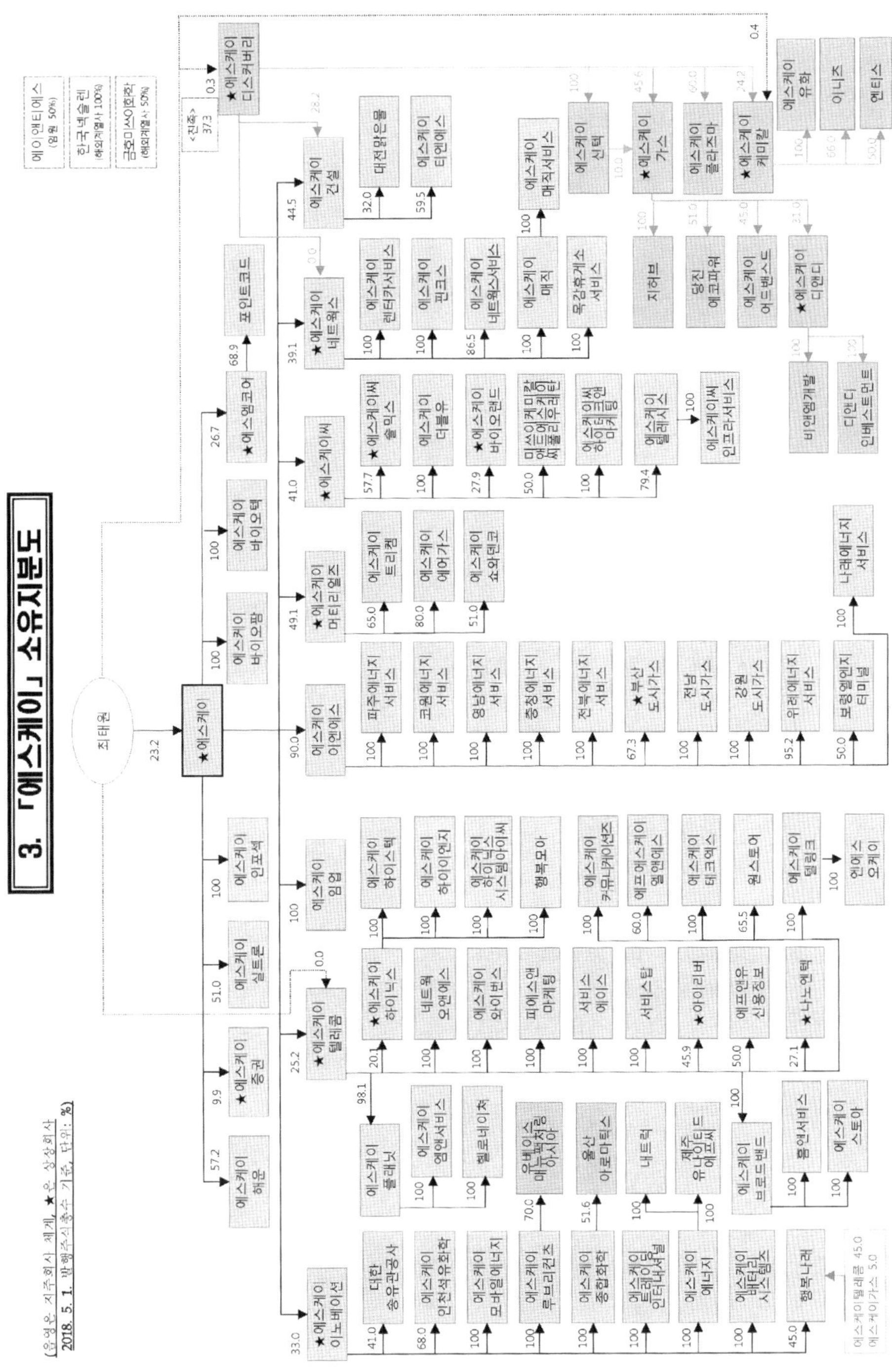

8) SK그룹, 2019년 5월: [순위] 3위, [동일인] 최태원, [계열회사] 111개

{최태원 (18.3%) → SK → SK이노베이션, SK텔레콤, SKC, SKE&S 등} + {친족 → SK디스커버리 → SK가스 등}

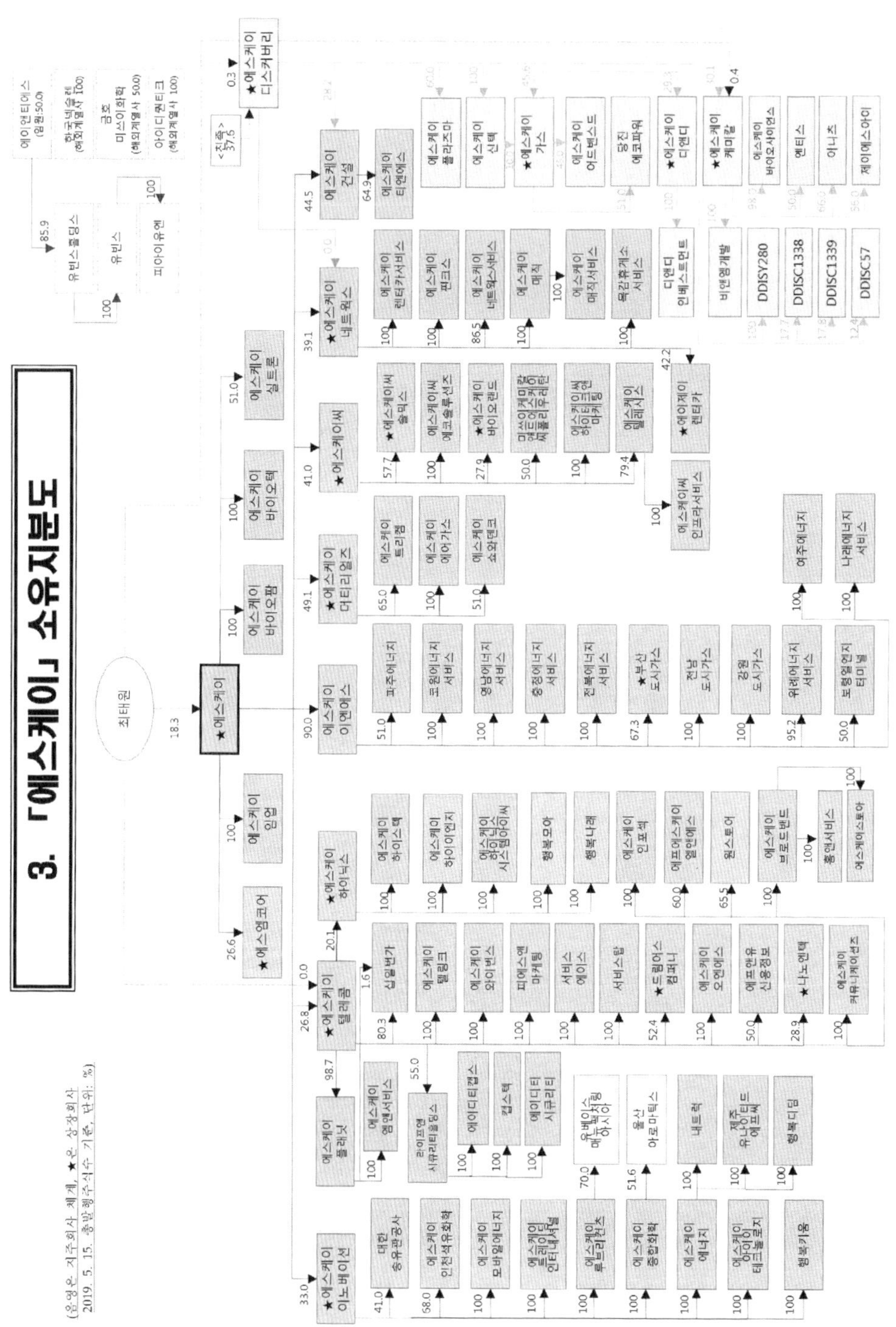

9) SK그룹, 2020년 5월: [순위] 3위, [동일인] 최태원, [계열회사] 125개

{최태원 (18.3%) → SK → SK이노베이션, SK텔레콤, SKC, SKE&S 등} + {친족 → SK디스커버리 → SK가스 등}

10) SK그룹, 2021년 5월: [순위] 3위, [동일인] 최태원, [계열회사] 148개

{최태원 (18.3%) → SK → SK이노베이션, SK텔레콤, SKC, SKE&S 등} + {친족 → SK디스커버리 → SK가스 등}

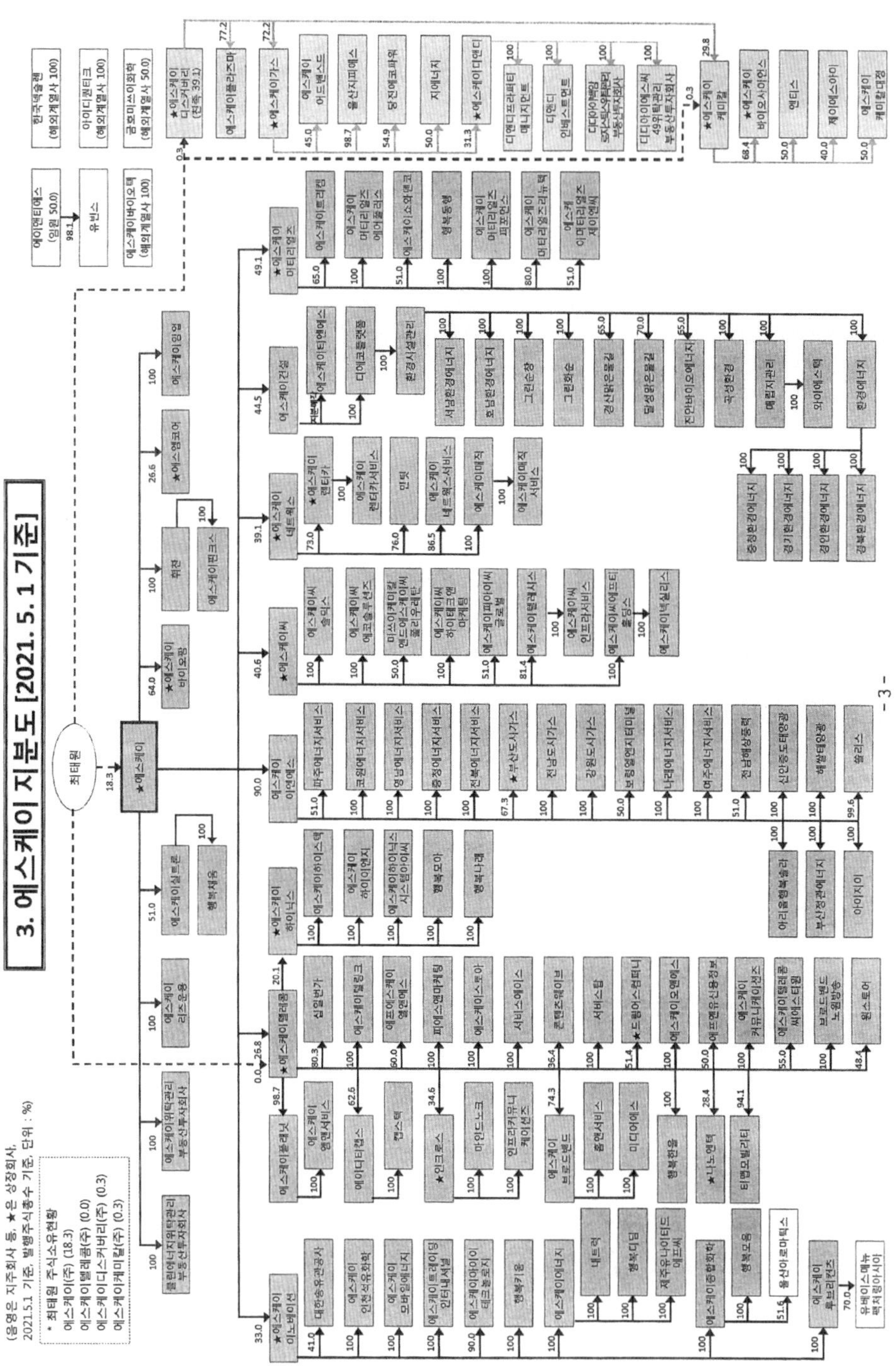

39. STX그룹: 2012-2013년

연도	동일인	순위 (위)	계열회사 (개)	자산총액 (10억 원)	매출액 (10억 원)	당기순이익 (10억 원)
2005		28	14	4,139	4,969	274
2006		26	10	4,907	6,468	355
2007		24	11	5,878	7,694	295
2008		15	15	10,912	11,754	853
2009		14	17	20,687	19,025	976
2010		14	16	20,901	15,796	-210
2011		14	21	21,969	18,359	353
2012	강덕수	13	26	24,321	20,168	146
2013	강덕수	14	21	24,328	18,834	-1,413

	[소유구조]
주요 주주	강덕수 (동일인)
주요 지배 회사	포스텍
주요 계열회사	STX

주: 2005-2013년 순위: 공기업집단을 제외한 순위.

1. 그룹

1) 대규모기업집단 지정 연도: 2005-2013년.

2) 연도 수: 9년.

2. 소유지분도: 개관

1) 소유지분도 작성 연도: 2012-2013년.
연도 수: 2년.

2) 그룹 주요 지표: [동일인] 강덕수. [순위] 13-14위.
[계열회사] 21-26개. [자산총액] 24.3조 원.
[매출액] 18.8-20.2조 원. [당기순이익] (-1.4) - 0.1조 원.

3) 소유구조

◆ 강덕수 → 포스텍 → 계열회사 ◆

① [주요 주주]

1명.

강덕수 (동일인).

지분: 69.4-87.5%.

② [주요 지배 회사]

1개.

포스텍.

③ [계열회사]

유형: 자회사 → 손자회사 → 증손회사.

주요 회사: 1개.

STX (상장).

3. 소유지분도: 연도별, 2012-2013년

1) 2012년 4월: [순위] 13위, [동일인] 강덕수, [계열회사] 26개

강덕수 (69.4%) →

포스텍 → STX 등.

2) 2013년 4월: [순위] 14위, [동일인] 강덕수, [계열회사] 21개

강덕수 (87.5%) →

포스텍 → STX 등.

1) STX그룹, 2012년 4월: [순위] 13위, [동일인] 강덕수, [계열회사] 26개

강덕수 (69.4%) → 포스텍 → STX 등

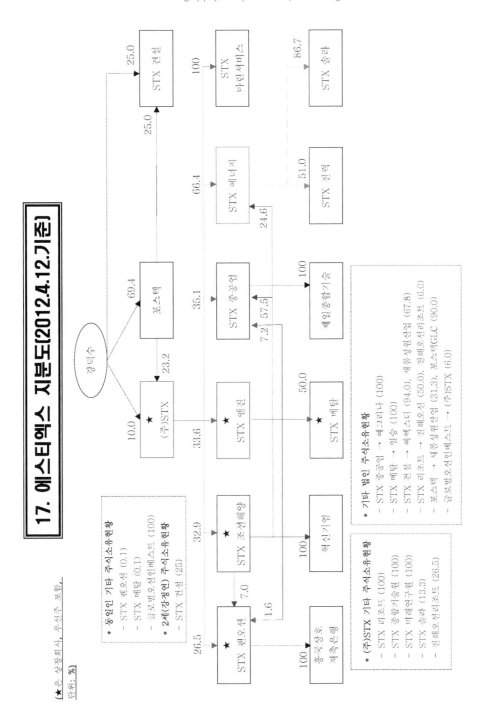

17. 에스티엑스 지분도(2012.4.12.기준)

(★은 상장회사, 우선주 포함, 단위: %)

강덕수

- 강덕수 → (주)STX 10.0
- 강덕수 → 포스텍 69.4
- 강덕수 → STX 건설 25.0
- 포스텍 → (주)STX 23.2
- 포스텍 → STX 건설 25.0
- (주)STX → STX 팬오션 26.5, STX 조선해양 32.9, STX 엔진 33.6, STX 중공업 35.1, STX 에너지 66.4, STX 마린서비스 100
- STX 조선해양 → STX 팬오션 7.0
- STX 조선해양 → STX 팬오션 1.6, STX 중공업 7.2
- STX 엔진 → STX 중공업 57.5, STX 에너지 24.6
- STX 팬오션 → 홍국상호저축은행 100
- STX 조선해양 → 혁신기업 100
- STX 엔진 → STX 메탈 50.0
- STX 중공업 → 제일종합기술 100
- STX 에너지 → STX 전력 51.0, STX 솔라 86.7

★ (주)STX, ★ STX 팬오션, ★ STX 조선해양, ★ STX 엔진, ★ STX 메탈

* 동일인 기타 주식소유현황
- STX 팬오션 (0.1)
- STX 메탈 (0.1)
- 글로벌오션인베스트 (100)

* 2세(강정연) 주식소유현황
- STX 건설 (25)

* (주)STX 기타 주식소유현황
- STX 리조트 (100)
- STX 종합기술원 (100)
- STX 미래연구원 (100)
- STX 솔라 (13.3)
- 진해오션리조트 (26.5)

* 기타 법인 주식소유현황
- STX 중공업 → 에그리나 (100)
- STX 메탈 → 일승 (100)
- STX 건설 → 씨엑스디 (94.0), 새롬성원산업 (67.8)
- STX 리조트 → 진해오션 (50.0), 진해오션리조트 (6.0)
- 포스텍 → 새롬성원산업 (31.3), 포스텍GLC (90.0)
- 글로벌오션인베스트 → (주)STX (6.0)

19. STX 지분도 (2013.04.01. 기준)

2) STX그룹, 2013년 4월: [순위] 14위, [동일인] 강덕수, [계열회사] 21개

강덕수 (87.5%) → 포스텍 → STX 등

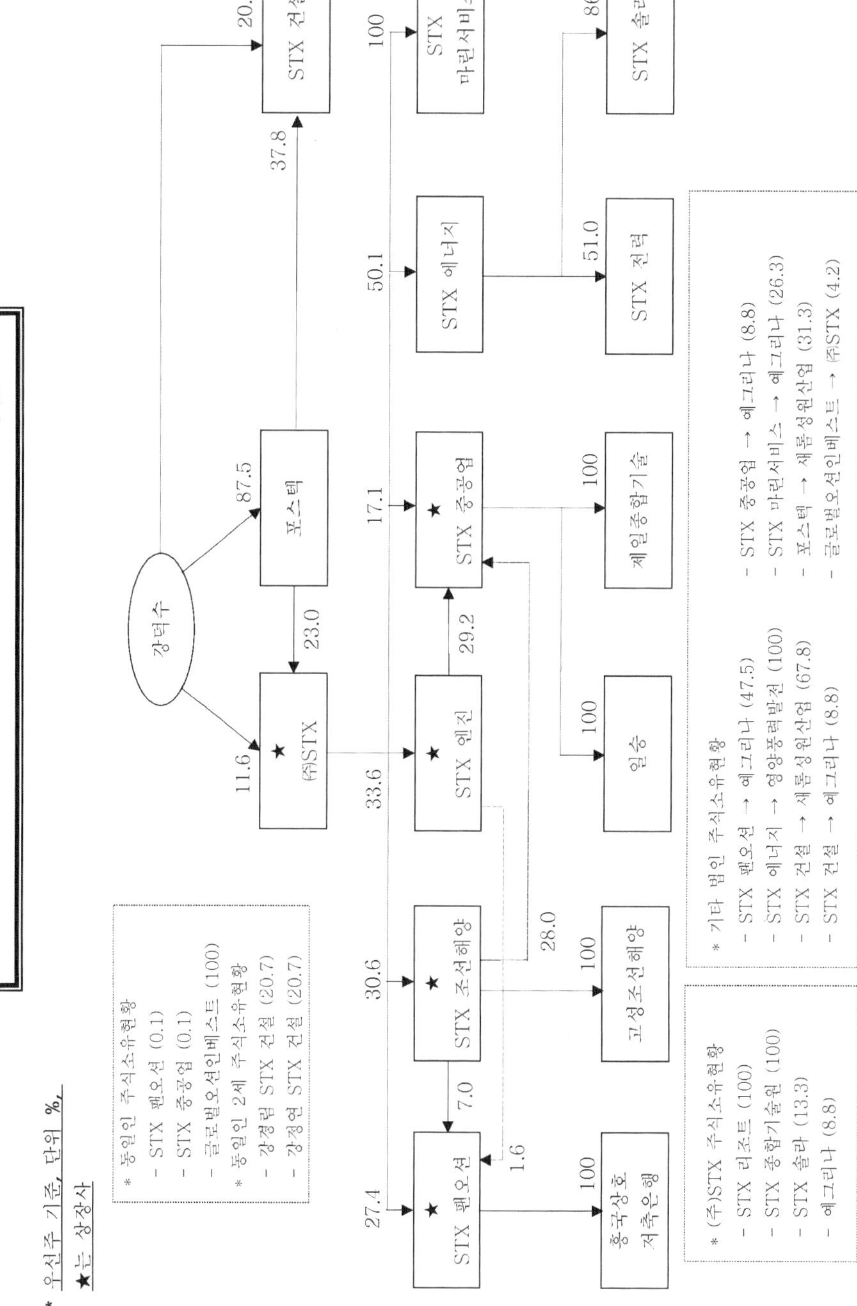

40. HDC그룹: 2012-2021년

연도	동일인	순위 (위)	계열회사 (개)	자산총액 (10억 원)	매출액 (10억 원)	당기순이익 (10억 원)
2000		25	7	3,420	2,111	81
2001		22	9	4,070	2,024	46
2002		25	10	3,033	2,753	-100
2003		28	11	2,800	2,677	110
2004		35	12	2,786	3,080	219
2005		33	12	3,274	3,041	205
2006		33	13	4,117	2,908	327
2007		35	16	4,434	3,039	257
2008		35	15	4,926	3,309	332
2009		35	16	5,736	3,470	225
2010		37	15	6,693	2,944	30
2011		37	15	7,106	3,638	88
2012	정몽규	39	15	7,470	4,250	223
2013	정몽규	41	15	7,388	3,526	22
2014	정몽규	41	15	7,248	4,497	-206
2015	정몽규	42	16	6,686	4,704	68
2016	정몽규	47	17	6,424	4,860	209
2017	정몽규	48	19	6,880	5,413	307
2018	정몽규	46	23	7,981	6,624	430
2019	정몽규	33	24	10,597	5,457	1,192
2020	정몽규	31	27	11,708	7,127	485
2021	정몽규	28	29	13,549	6,039	296

	[소유구조]
주요 주주	정몽규 (동일인)
주요 지배 회사	현대산업개발/HDC
주요 계열회사	현대이피/HDC현대이피, HDC현대산업개발

주: 2002-2016년 순위: 공기업집단을 제외한 순위.

1. 그룹

1) 대규모기업집단 지정 연도: 2000-2021년.

2) 연도 수: 22년.

3) 그룹 이름: 현대산업개발 (2000-2018년), HDC (2019-2021년).

2. 소유지분도: 개관

1) 소유지분도 작성 연도: 2012-2021년.

연도 수: 10년.

2) 그룹 주요 지표: [동일인] 정몽규. [순위] 28-48위.

[계열회사] 15-29개. [자산총액] 6.4-13.5조 원.

[매출액] 3.5-7.1조 원. [당기순이익] (-0.2) - 1.2조 원.

3) 소유구조

◆ 정몽규 → 현대산업개발/HDC → 계열회사 ◆

① [주요 주주]

1명.

정몽규 (동일인).

지분: 13.4-33.7%.

② [주요 지배 회사]

1개.

현대산업개발 (상장) / HDC (상장).

③ [계열회사]

유형: 자회사 → 손자회사 (9년; 2012-2017, 2019-2021년),

자회사 → 손자회사 → 증손회사 (1년; 2018년).

주요 회사: 2개 (1-2개씩 관련).

현대이피 (상장) / HDC현대이피 (상장), HDC현대산업개발 (상장).

4) 현대산업개발: HDC (2018년 5월 인적분할 후 상호 변경, HDC현대산업개발 신설).
현대이피: HDC현대이피 (2018년 3월 상호 변경).

3. 소유지분도: 연도별, 2012-2021년

1) 2012년 4월: [순위] 39위, [동일인] 정몽규, [계열회사] 15개
정몽규 (13.4%) →
현대산업개발 → 현대이피 등.

2) 2013년 4월: [순위] 41위, [동일인] 정몽규, [계열회사] 15개
정몽규 (13.6%) →
현대산업개발 → 현대이피 등.

3) 2014년 4월: [순위] 41위, [동일인] 정몽규, [계열회사] 15개
정몽규 (13.6%) →
현대산업개발 → 현대이피 등.

4) 2015년 4월: [순위] 42위, [동일인] 정몽규, [계열회사] 16개
정몽규 (13.6%) →
현대산업개발 → 현대이피 등.

5) 2016년 4월: [순위] 47위, [동일인] 정몽규, [계열회사] 17개
정몽규 (13.4%) →
현대산업개발 → 현대이피 등.

6) 2017년 9월: [순위] 48위, [동일인] 정몽규, [계열회사] 19개
정몽규 (13.4%) →
현대산업개발 → 현대이피 등.

7) 2018년 5월: [순위] 46위, [동일인] 정몽규, [계열회사] 23개
정몽규 (13.4%) →
현대산업개발 → HDC현대이피 등.

8) 2019년 5월: [순위] 33위, [동일인] 정몽규, [계열회사] 24개

정몽규 (33%) →

HDC → HDC현대산업개발, HDC현대이피 등.

9) 2020년 5월: [순위] 31위, [동일인] 정몽규, [계열회사] 27개

정몽규 (33.7%) →

HDC → HDC현대산업개발, HDC현대이피 등.

10) 2021년 5월: [순위] 28위, [동일인] 정몽규, [계열회사] 29개

정몽규 (33.7%) →

HDC → HDC현대산업개발, HDC현대이피 등.

1) 현대산업개발그룹, 2012년 4월: [순위] 39위, [동일인] 정몽규, [계열회사] 15개

정몽규 (13.4%) → 현대산업개발 → 현대이피 등

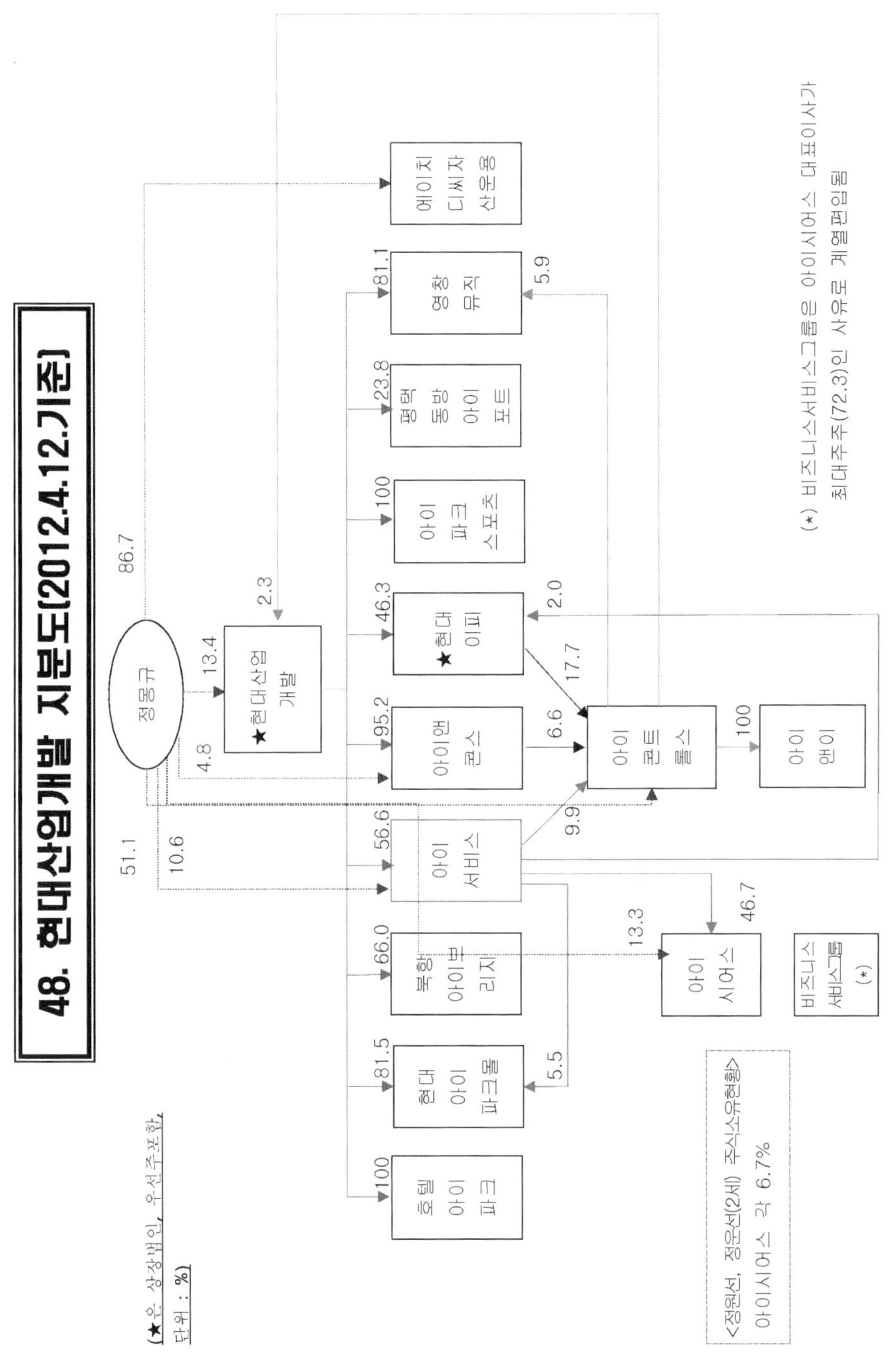

2) 현대산업개발그룹, 2013년 4월: [순위] 41위, [동일인] 정몽규, [계열회사] 15개

정몽규 (13.6%) → 현대산업개발 → 현대이피 등

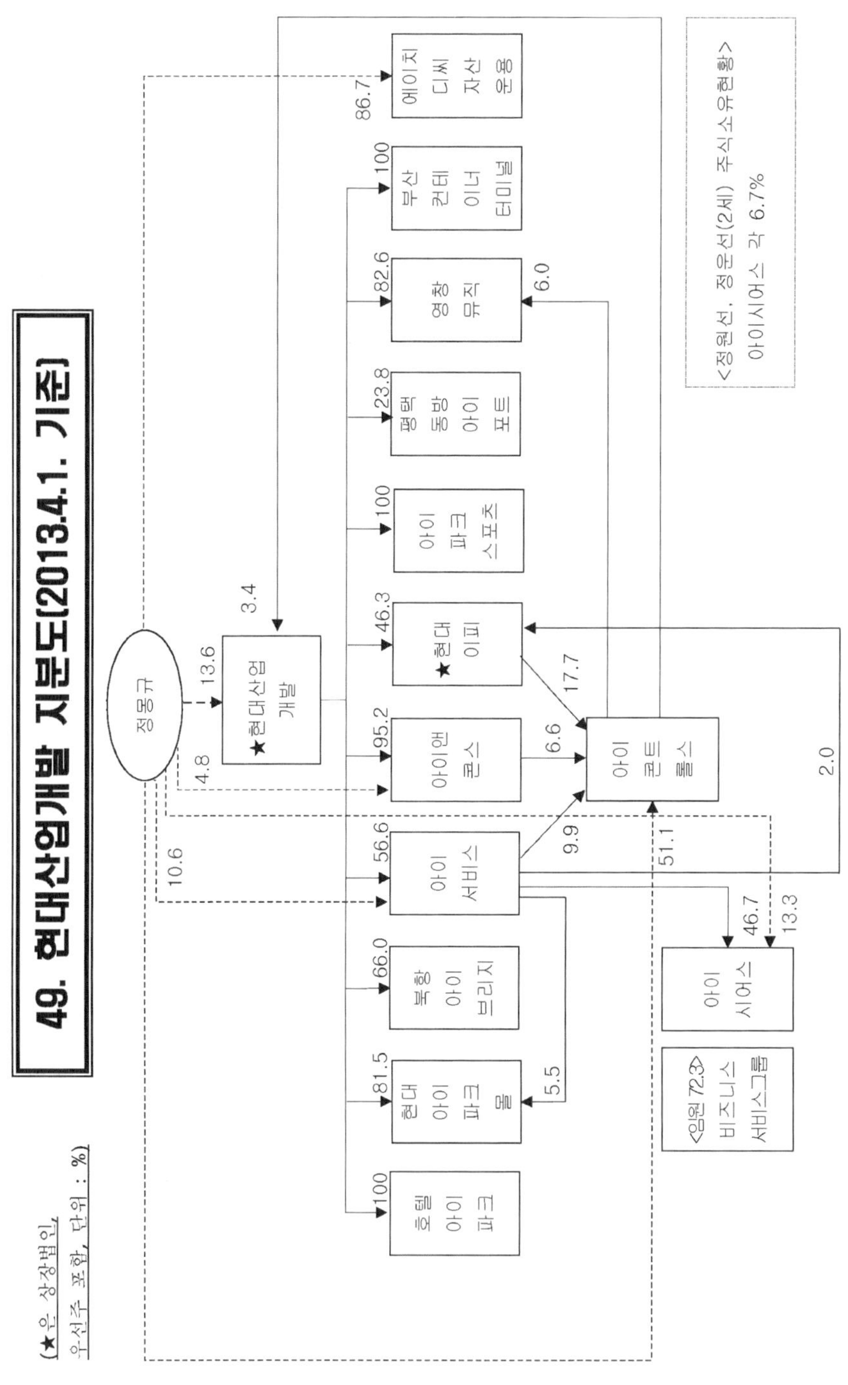

3) 현대산업개발그룹, 2014년 4월: [순위] 41위, [동일인] 정몽규, [계열회사] 15개

정몽규 (13.6%) → 현대산업개발 → 현대이피 등

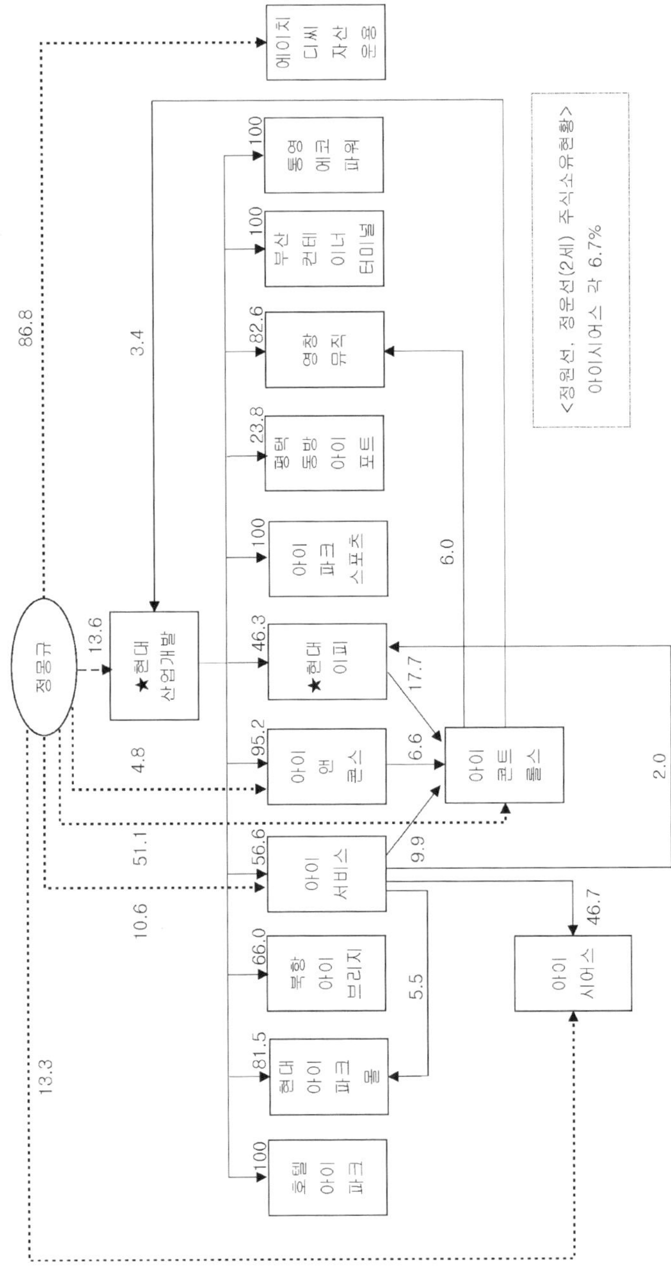

4) 현대산업개발그룹, 2015년 4월: [순위] 42위, [동일인] 정몽규, [계열회사] 16개

정몽규 (13.6%) → 현대산업개발 → 현대이피 등

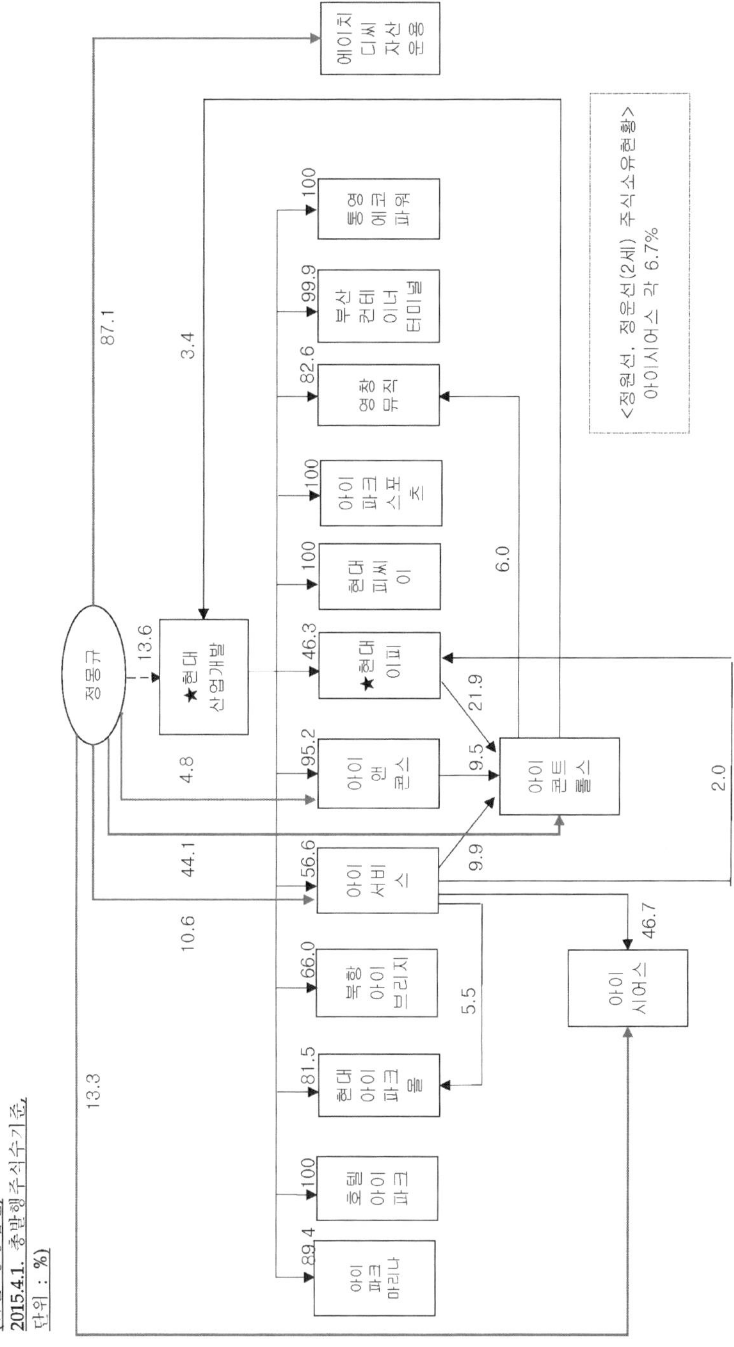

5) 현대산업개발그룹, 2016년 4월: [순위] 47위, [동일인] 정몽규, [계열회사] 17개

정몽규 (13.4%) → 현대산업개발 → 현대이피 등

56. 「현대산업개발」 소유지분도

(음영은 지주회사 등, ★은 상장회사, 2016. 4. 1. 기준, 발행주식총수 기준, 단위: %)

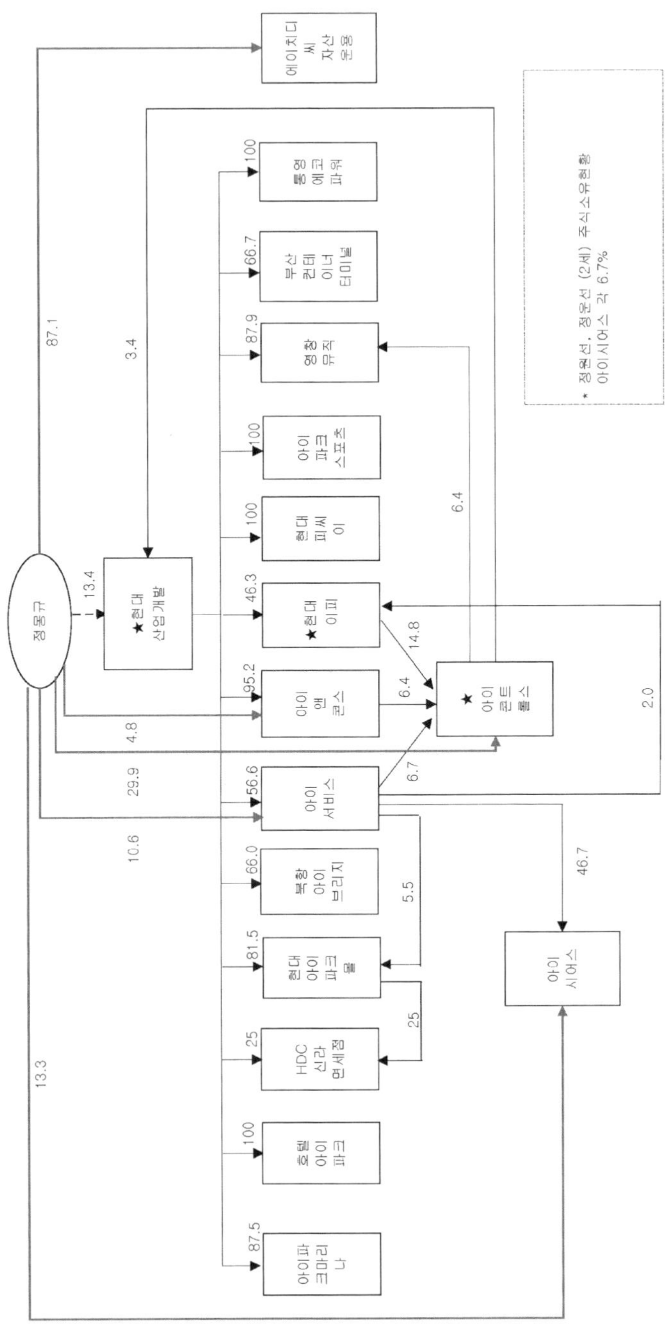

6) 현대산업개발그룹, 2017년 9월: [순위] 48위, [동일인] 정몽규, [계열회사] 19개

정몽규 (13.4%) → 현대산업개발 → 현대이피 등

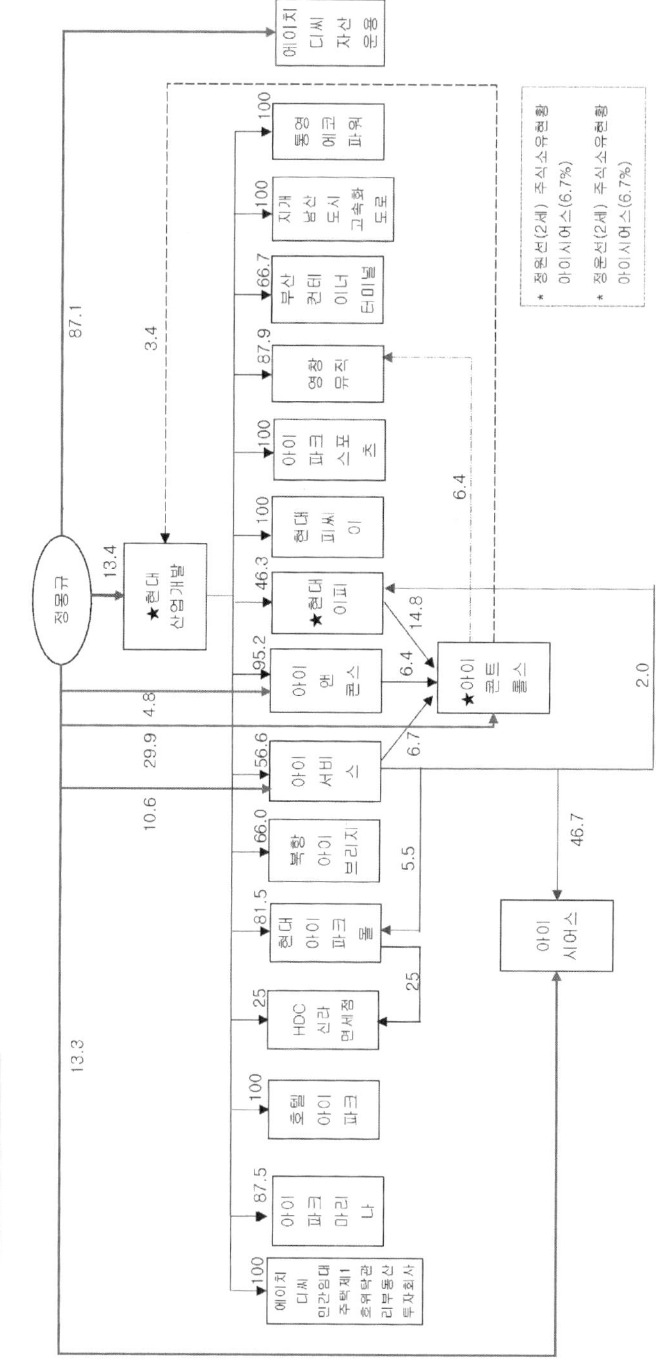

7) 현대산업개발그룹, 2018년 5월: [순위] 46위, [동일인] 정몽규, [계열회사] 23개

정몽규 (13.4%) → 현대산업개발 → HDC현대이피 등

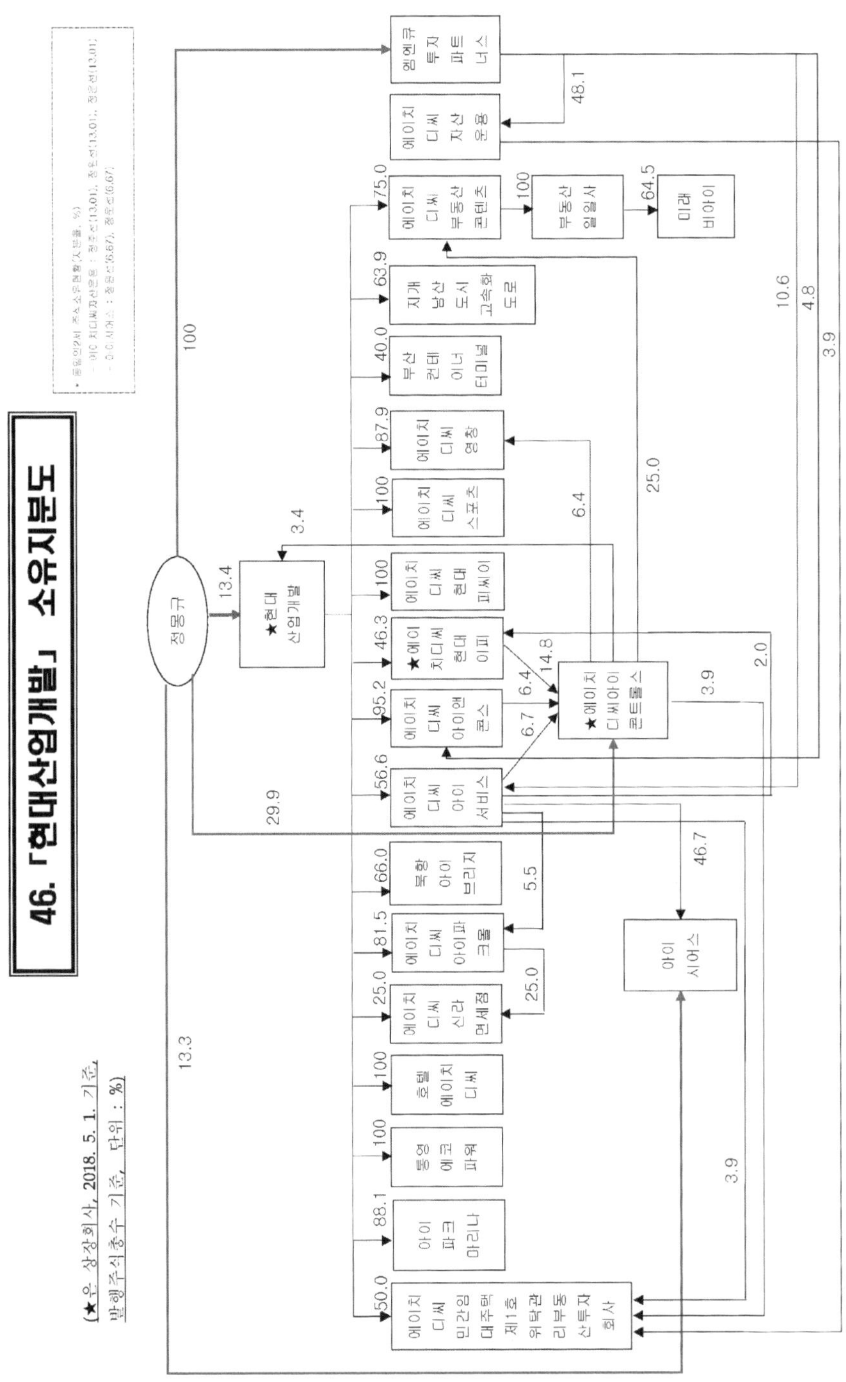

8) HDC그룹, 2019년 5월: [순위] 33위, [동일인] 정몽규, [계열회사] 24개

정몽규 (33%) → HDC → HDC현대산업개발, HDC현대이피 등

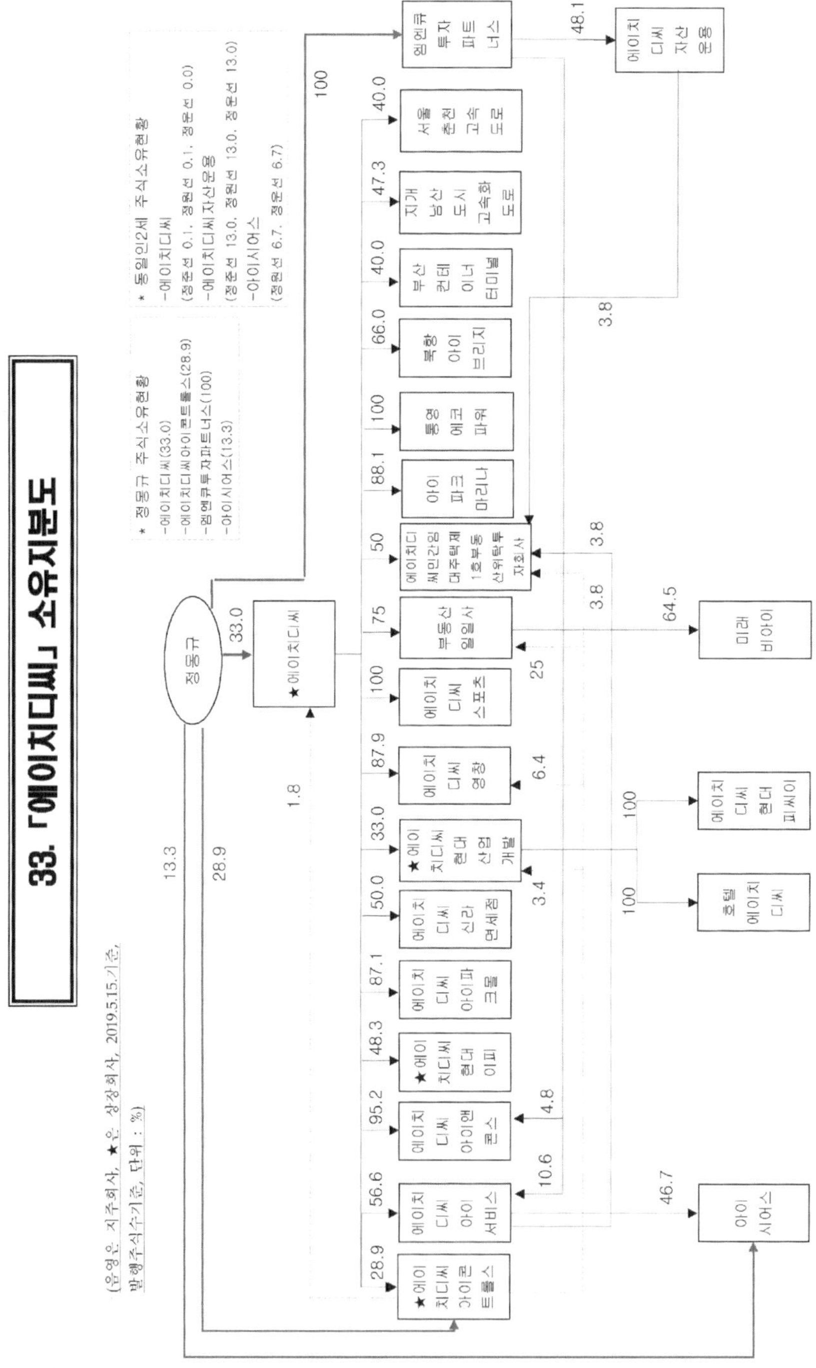

31. 「에이치디씨」 소유지분도

9) HDC그룹, 2020년 5월: [순위] 31위, [동일인] 정몽규, [계열회사] 27개

정몽규 (33.7%) → HDC → HDC현대산업개발, HDC현대이피 등

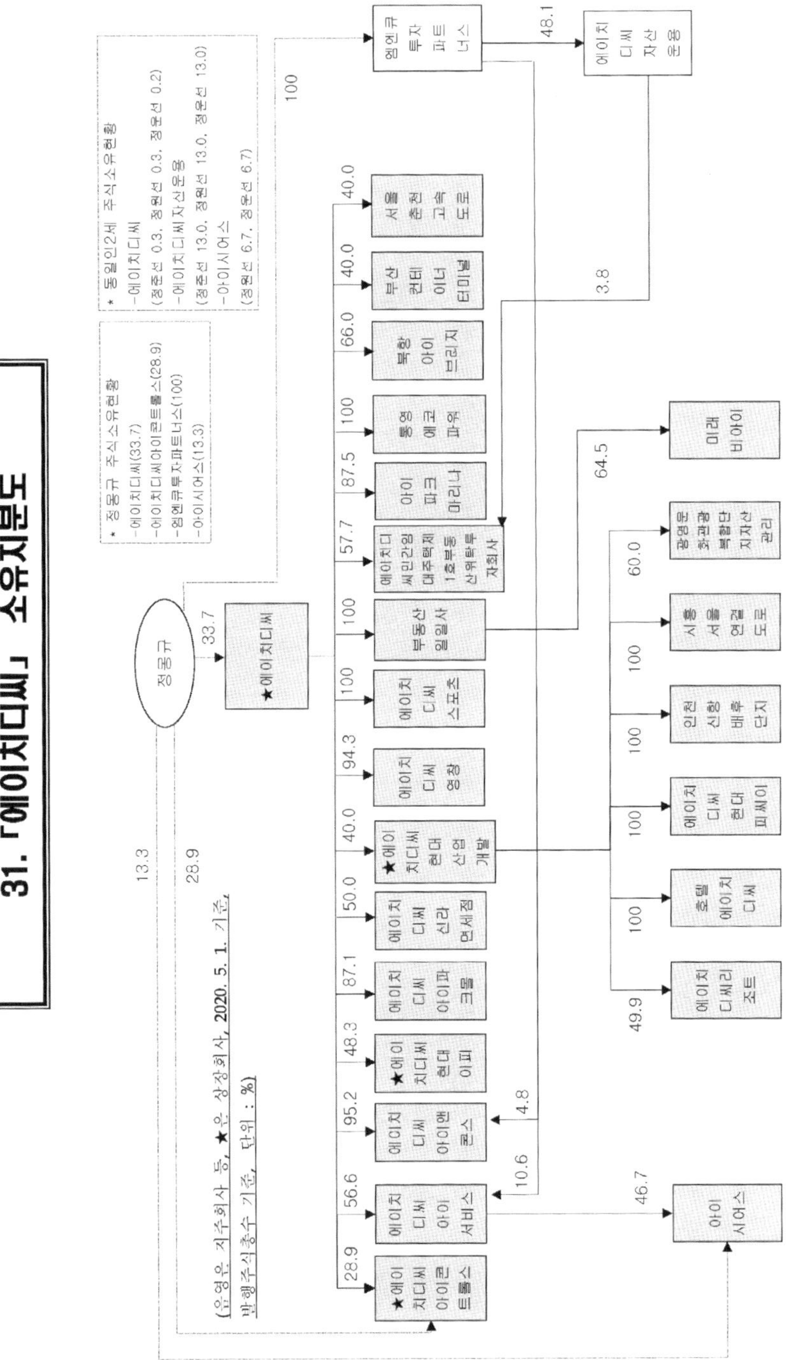

10) HDC그룹, 2021년 5월: [순위] 28위, [동일인] 정몽규, [계열회사] 29개

정몽규 (33.7%) → HDC → HDC현대산업개발, HDC현대이피 등

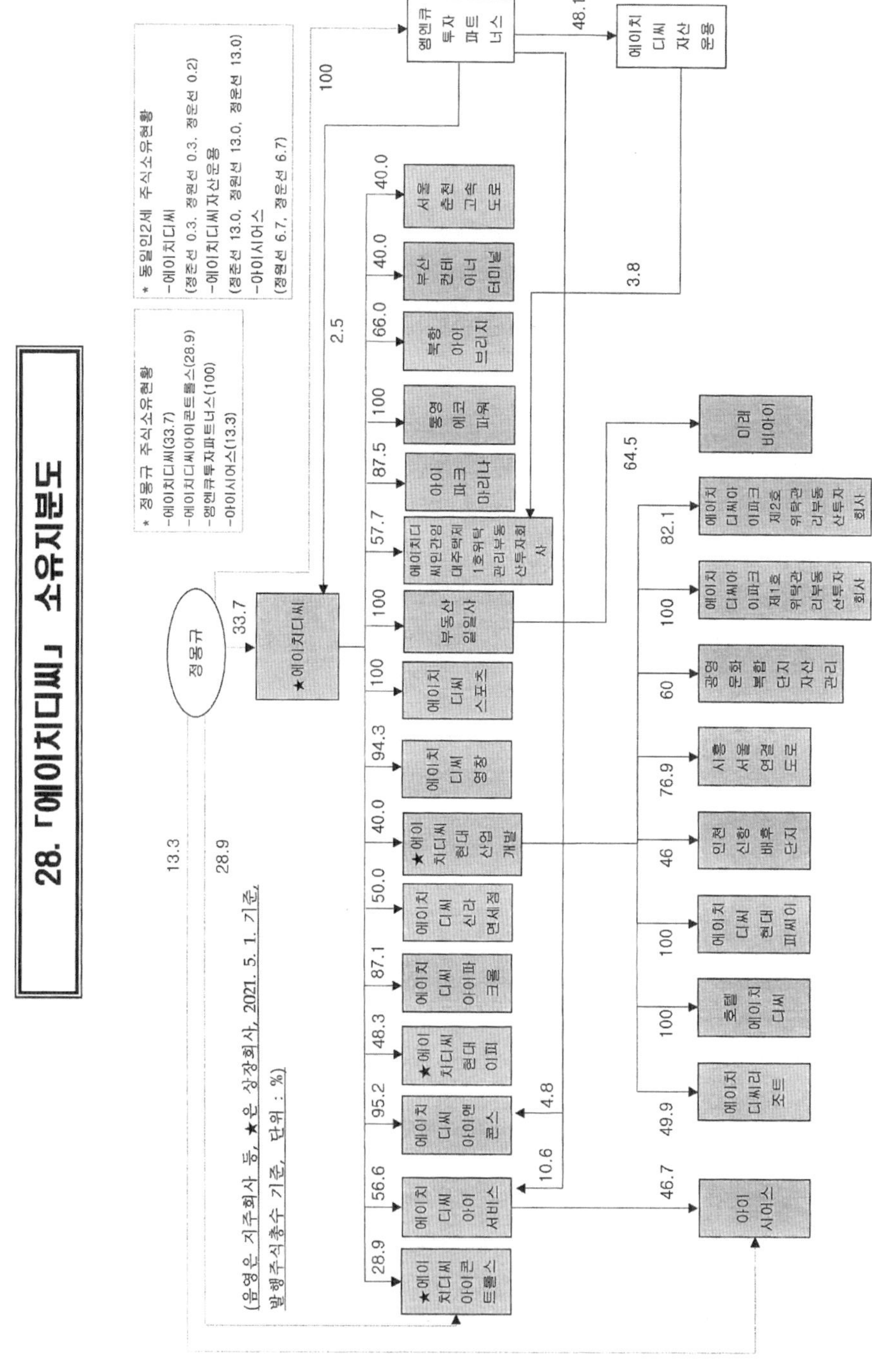

41. HMM그룹: 2020-2021년

연도	동일인	순위 (위)	계열회사 (개)	자산총액 (10억 원)	매출액 (10억 원)	당기순이익 (10억 원)
2020	HMM	53	4	6,528	5,394	-683
2021	HMM	48	4	8,789	6,284	51

	[소유구조]
주요 주주	-
주요 지배 회사	HMM (동일인)
주요 계열회사	현대상선퍼시픽/HMM퍼시픽

1. 그룹

1) 대규모기업집단 지정 연도: 2020-2021년.

2) 연도 수: 2년.

2. 소유지분도: 개관

1) 소유지분도 작성 연도: 2020-2021년.
   연도 수: 2년.

2) 그룹 주요 지표: [동일인] HMM. [순위] 48-53위.
   [계열회사] 4개. [자산총액] 6.5-8.8조 원.
   [매출액] 5.4-6.3조 원. [당기순이익] (-0.7) - 0.1조 원.

3) 소유구조

◆ HMM → 계열회사 ◆

① [주요 주주] -

② [주요 지배 회사]

1개.

HMM (동일인, 상장).

지분: 100%.

③ [계열회사]

유형: 자회사.

주요 회사: 1개.

현대상선퍼시픽 / HMM퍼시픽.

4) 현대상선퍼시픽: HMM퍼시픽 (2020년 5월 이후 상호 변경).

3. 소유지분도: 연도별, 2020-2021년

1) 2020년 5월: [순위] 53위, [동일인] HMM, [계열회사] 4개

HMM (100%) →

현대상선퍼시픽 등.

2) 2021년 5월: [순위] 48위, [동일인] HMM, [계열회사] 4개

HMM (100%) →

HMM퍼시픽 등.

1) HMM그룹, 2020년 5월: [순위] 53위, [동일인] HMM, [계열회사] 4개

HMM (100%) → 현대상선퍼시픽 등

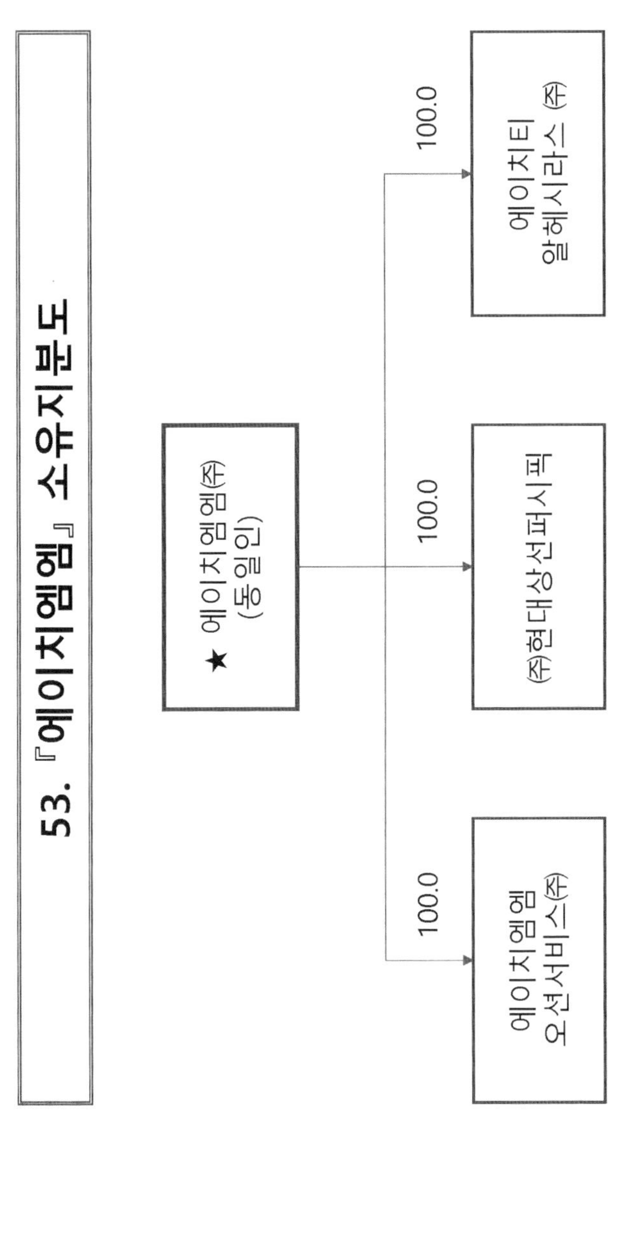

· 2020.5.1. 기준, 발행주식총수 기준, 단위 : %

· 음영은 지주회사 등, ★은 상장회사

2) HMM그룹, 2021년 5월: [순위] 48위, [동일인] HMM, [계열회사] 4개

HMM (100%) → HMM퍼시픽 등

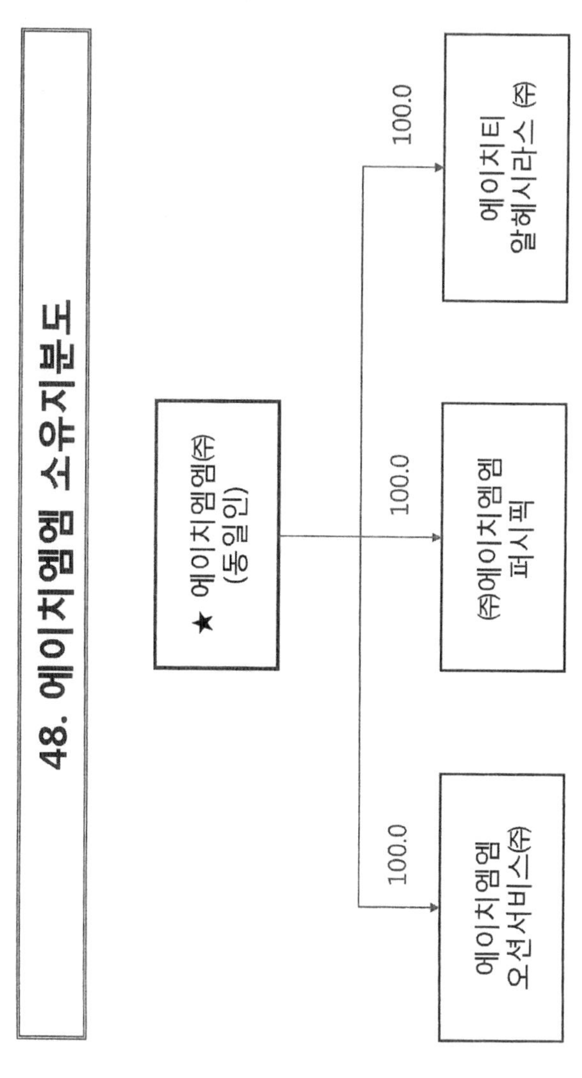

42. LS그룹: 2012-2021년

연도	동일인	순위 (위)	계열회사 (개)	자산총액 (10억 원)	매출액 (10억 원)	당기순이익 (10억 원)
2004		17	12	5,056	7,344	126
2005		19	17	5,877	8,696	575
2006		19	19	6,591	9,648	462
2007		16	20	9,852	13,223	677
2008		18	24	9,562	15,006	681
2009		17	32	12,845	19,180	223
2010		15	44	16,179	19,433	473
2011		15	47	18,043	24,941	734
2012	구태회	15	50	19,316	29,198	495
2013	구태회	17	49	20,075	29,315	581
2014	구태회	16	51	20,367	26,966	435
2015	구태회	16	48	20,975	25,508	250
2016	구태회	17	45	20,230	21,939	123
2017	구자홍	17	45	20,683	20,807	486
2018	구자홍	17	48	21,048	22,510	655
2019	구자홍	17	53	22,644	22,901	1,025
2020	구자홍	16	54	23,717	22,975	289
2021	구자홍	16	58	25,243	22,817	337

	[소유구조]		
주요 주주	구태회 (동일인), 구자홍 (동일인, 2세), 구자열 (조카)	구태회, 구자홍	친족
주요 지배 회사	LS	예스코/ 예스코홀딩스	이원
주요 계열회사	LS산전/LS일렉트릭, LS전선	한성, 예스코	LS네트웍스

주: 2004-2016년 순위: 공기업집단을 제외한 순위.

1. 그룹

1) 대규모기업집단 지정 연도: 2004-2021년.

2) 연도 수: 18년.

3) 그룹 이름: LG전선 (2004년), LS (2005-2021년).

2. 소유지분도: 개관

1) 소유지분도 작성 연도: 2012-2021년.

   연도 수: 10년.

2) 그룹 주요 지표: [동일인] 구태회, 구자홍. [순위] 15-17위.

   [계열회사] 45-58개. [자산총액] 19.3-25.2조 원.

   [매출액] 20.8-29.3조 원. [당기순이익] 0.1-1.0조 원.

3) 소유구조

◆ {구태회, 구자홍, 구자열 → LS → 계열회사} +
{구태회, 구자홍 → 예스코/예스코홀딩스 → 계열회사} +
{친족 → 이원 → 계열회사2} ◆

① [주요 주주]

3명 (1-2명씩 독립적으로 지분 보유).

구태회 (동일인)(5년; 2012-2016년) ‖ 구자홍 (동일인, 2세)(5년; 2017-2021년) ‖ 구자열 (조카; 구태회 동생 구평회의 아들).

지분: 0.01-0.5% (5년; 2012-2016년) ‖ 0.06-6.45% (6년; 2012, 2017-2021년) ‖ 1.87-3.27% (9년; 2013-2021년).

② [주요 지배 회사]

2개 (1개씩 독립적으로 관련).

LS (상장), 예스코 (상장) / 예스코홀딩스 (상장).

* 기타: 1개.

이원 (상장).

③ [계열회사]

유형: 자회사 → 손자회사 → 증손회사.

주요 회사: 4개 (1-2개씩 독립적으로 관련).

LS산전 (상장) / LS일렉트릭 (상장), LS전선, 한성, 예스코.

* 계열회사2: 1개.

LS네트웍스 (상장).

4) 예스코: 예스코홀딩스 (2018년 4월 물적분할 후 상호 변경, 예스코 신설).

LS산전: LS일렉트릭 (2020년 3월 상호 변경).

3. 소유지분도: 연도별, 2012-2021년

1) 2012년 4월: [순위] 15위, [동일인] 구태회, [계열회사] 50개

{구태회 (0.5%), 구자홍 (2.83%) →
LS → LS산전, LS전선 등} +
{구태회 (0.01%), 구자홍 (4.98%) →
예스코 → 한성 등} +
{친족 → 이원 → LS네트웍스 등}.

2) 2013년 4월: [순위] 17위, [동일인] 구태회, [계열회사] 49개

{구태회 (0.5%), 구자열 (3.27%) →
LS → LS산전, LS전선 등} +
{구태회 (0.01%) →
예스코 → 한성 등} +
{친족 → 이원 → LS네트웍스 등}.

3) 2014년 4월: [순위] 16위, [동일인] 구태회, [계열회사] 51개

{구태회 (0.5%), 구자열 (3.27%) →
LS → LS산전, LS전선 등} +
{구태회 (0.01%) →
예스코 → 한성 등} +
{친족 → 이원 → LS네트웍스 등}.

4) 2015년 4월: [순위] 16위, [동일인] 구태회, [계열회사] 48개

{구태회 (0.5%), 구자열 (2.5%) →
LS → LS산전, LS전선 등} +
{구태회 (0.01%) →
예스코 → 한성 등} +
{친족 → 이원 → LS네트웍스 등}.

5) 2016년 4월: [순위] 17위, [동일인] 구태회, [계열회사] 45개

{구태회 (0.5%), 구자열 (2.5%) →
LS → LS산전, LS전선 등} +
{구태회 (0.01%) →
예스코 → 한성 등} +
{친족 → 이원 → LS네트웍스 등}.

6) 2017년 5월: [순위] 17위, [동일인] 구자홍, [계열회사] 45개

{구자홍 (2.78%), 구자열 (2.5%) →
LS → LS산전, LS전선 등} +
{구자홍 (6.45%) →
예스코 → 한성 등} +
{친족 → 이원 → LS네트웍스 등}.

7) 2018년 5월: [순위] 17위, [동일인] 구자홍, [계열회사] 48개

{구자홍 (2.78%), 구자열 (2.5%) →
LS → LS산전, LS전선 등} +
{구자홍 (6.45%) →
예스코홀딩스 → 예스코, 한성 등} +
{친족 → 이원 → LS네트웍스 등}.

8) 2019년 5월: [순위] 17위, [동일인] 구자홍, [계열회사] 53개

{구자홍 (2.78%), 구자열 (2.5%) →
LS → LS산전, LS전선 등} +
{구자홍 (3.6%) →
예스코홀딩스 → 예스코, 한성 등} +
{친족 → 이원 → LS네트웍스 등}.

9) 2020년 5월: [순위] 16위, [동일인] 구자홍, [계열회사] 54개

{구자홍 (2.62%), 구자열 (2.5%) →
LS → LS일렉트릭, LS전선 등} +
{구자홍 (3.6%) →
예스코홀딩스 → 예스코, 한성 등} +
{친족 → 이원 → LS네트웍스 등}.

10) 2021년 5월: [순위] 16위, [동일인] 구자홍, [계열회사] 58개

{구자홍 (0.06%), 구자열 (1.87%) →
LS → LS일렉트릭, LS전선 등} +
{친족 → 예스코홀딩스 → 예스코 등} +
{친족 → 이원 → LS네트웍스 등}.

1) LS그룹, 2012년 4월: [순위] 15위, [동일인] 구태회, [계열회사] 50개

{구태회 (0.5%), 구자홍 (2.83%) → LS → LS산전, LS전선 등} +
{구태회 (0.01%), 구자홍 (4.98%) → 예스코 → 한성 등} + {친족 → 이원 → LS네트웍스 등}

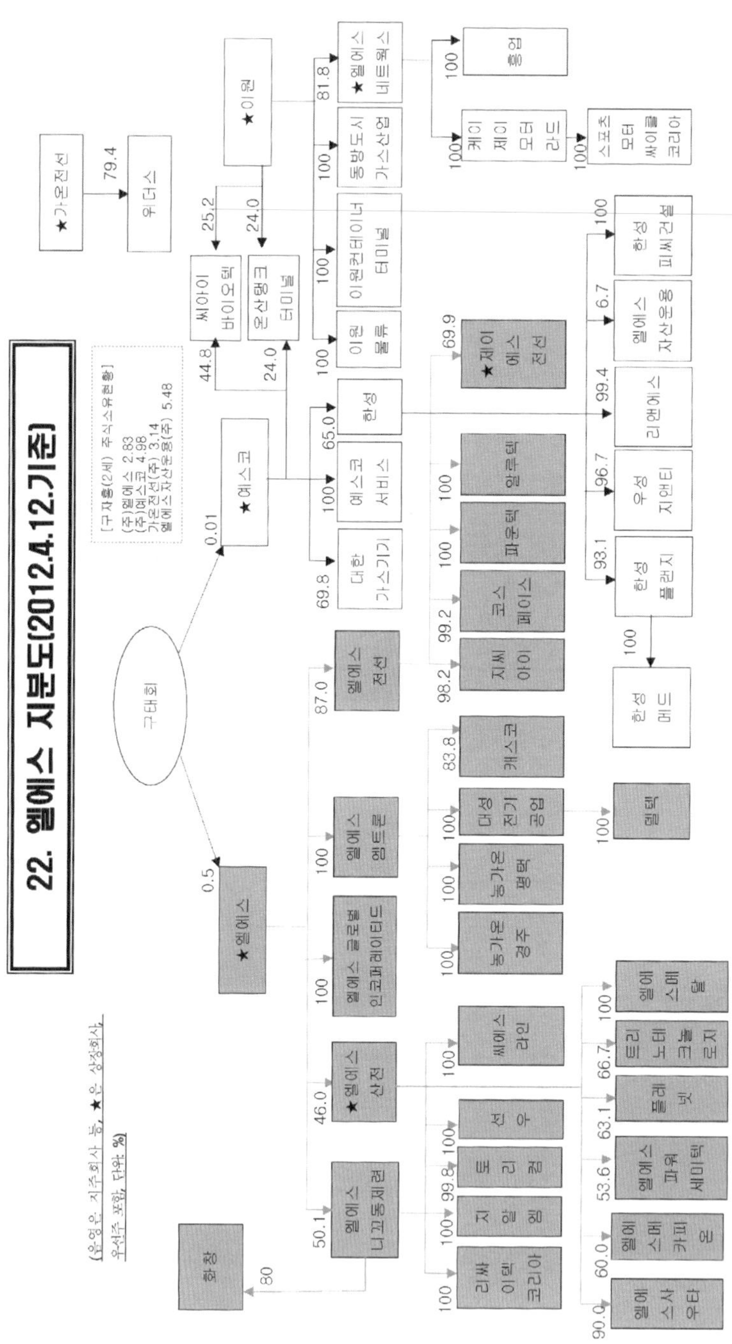

2) LS그룹, 2013년 4월: [순위] 17위, [동일인] 구태회, [계열회사] 49개

{구태회 (0.5%), 구자열 (3.27%) → LS → LS산전, LS전선 등} +
{구태회 (0.01%) → 예스코 → 한성 등} + {친족 → 이원 → LS네트웍스 등}

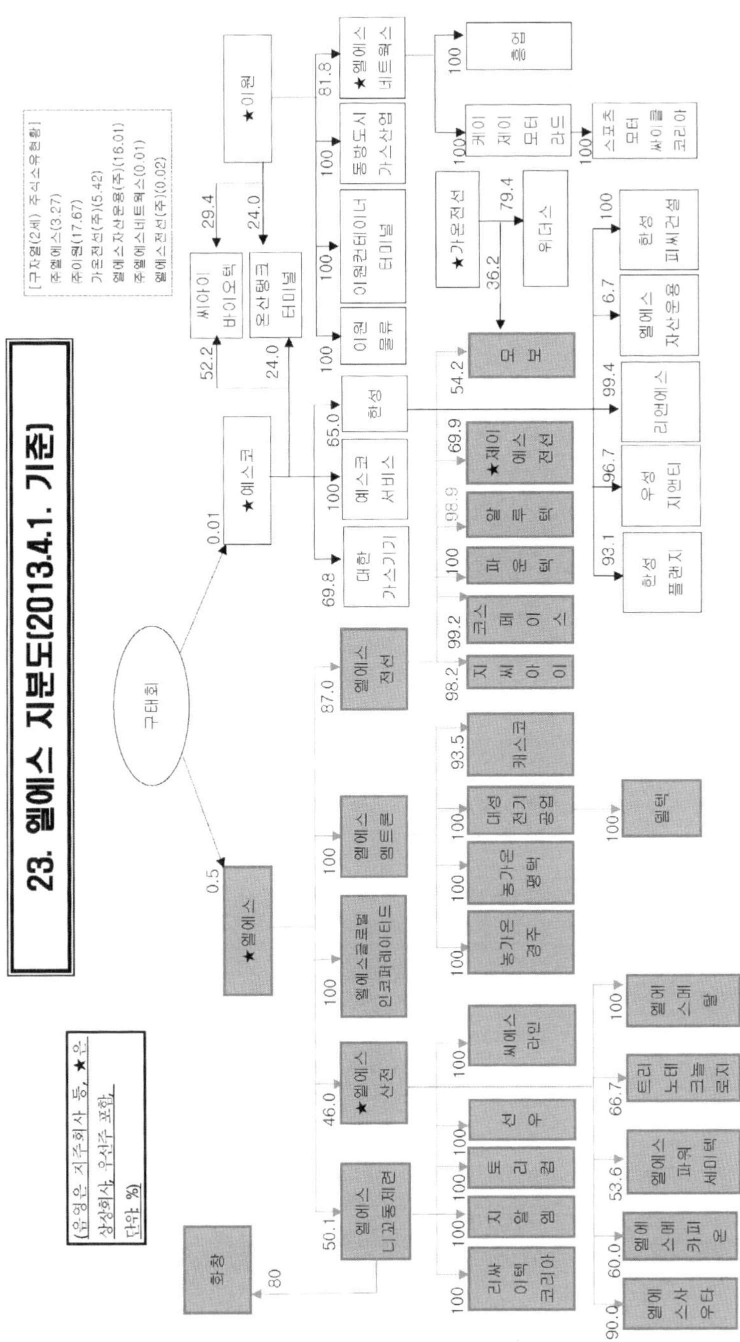

3) LS그룹, 2014년 4월: [순위] 16위, [동일인] 구태회, [계열회사] 51개

{구태회 (0.5%), 구자열 (3.27%) → LS → LS산전, LS전선 등} +
{구태회 (0.01%) → 예스코 → 한성 등} + {친족 → 이원 → LS네트웍스 등}

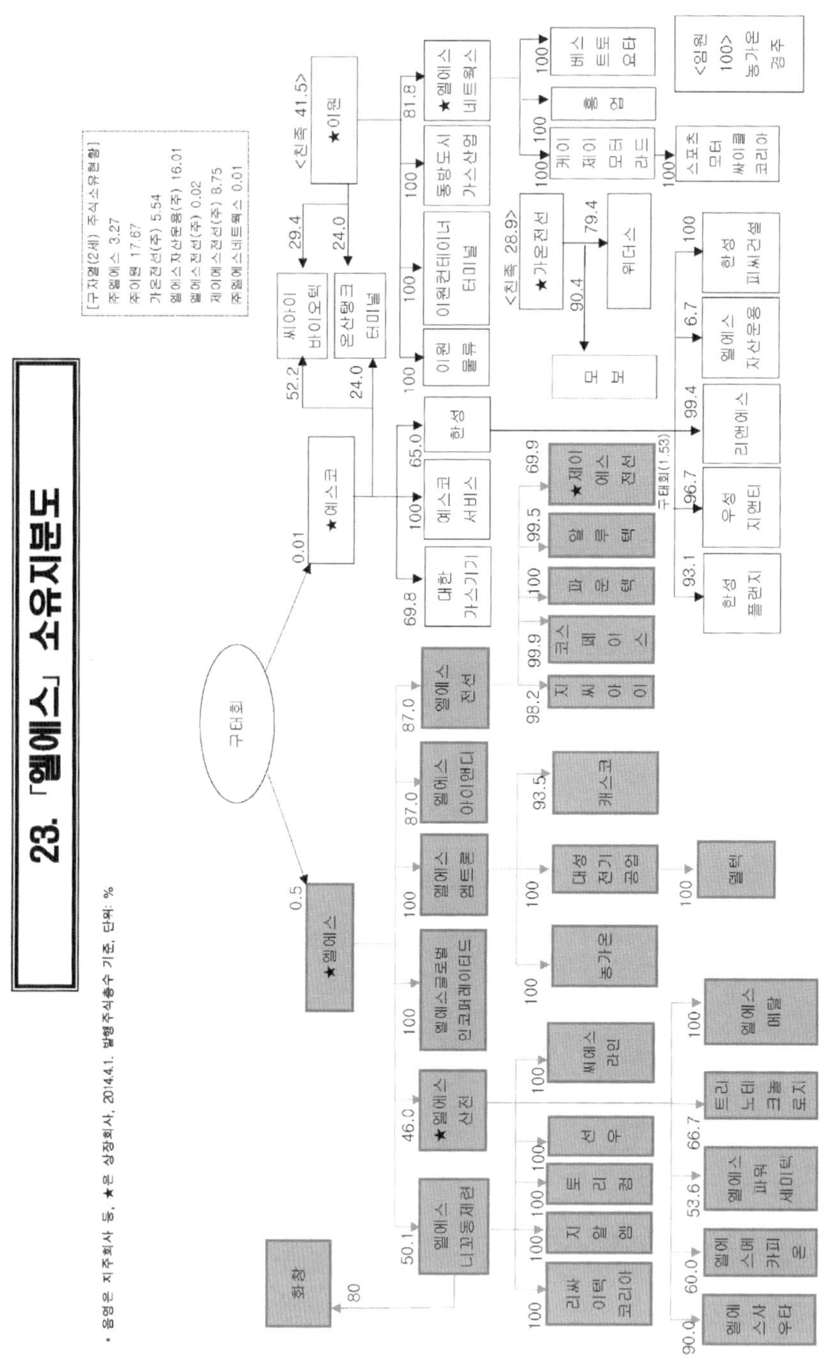

4) LS그룹, 2015년 4월: [순위] 16위, [동일인] 구태회, [계열회사] 48개

{구태회 (0.5%), 구자열 (2.5%) → LS → LS산전, LS전선 등} +
{구태회 (0.01%) → 예스코 → 한성 등} + {친족 → 이원 → LS네트웍스 등}

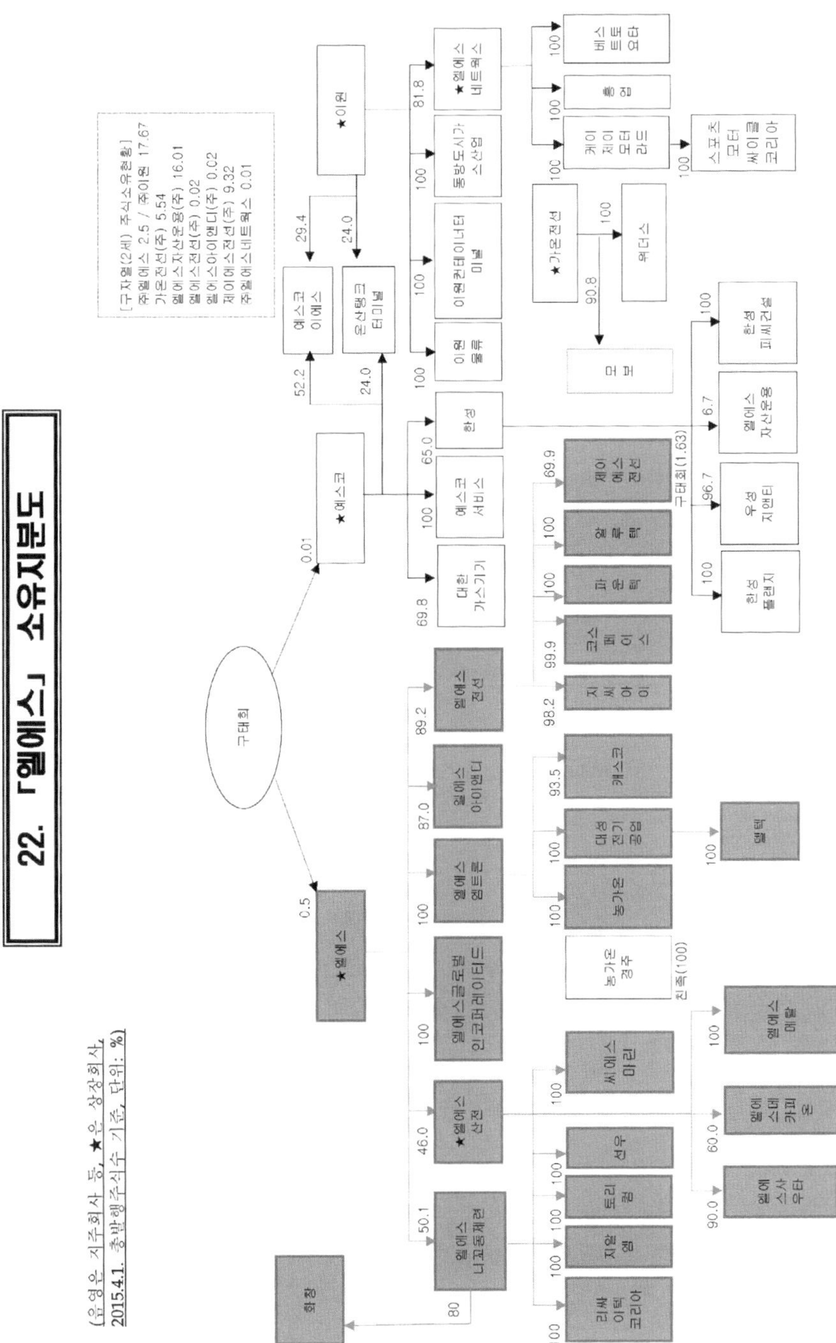

5) LS그룹, 2016년 4월: [순위] 17위, [동일인] 구태회, [계열회사] 45개

{구태회 (0.5%), 구자열 (2.5%) → LS → LS산전, LS전선 등} +
{구태회 (0.01%) → 예스코 → 한성 등} + {친족 → 이원 → LS네트웍스 등}

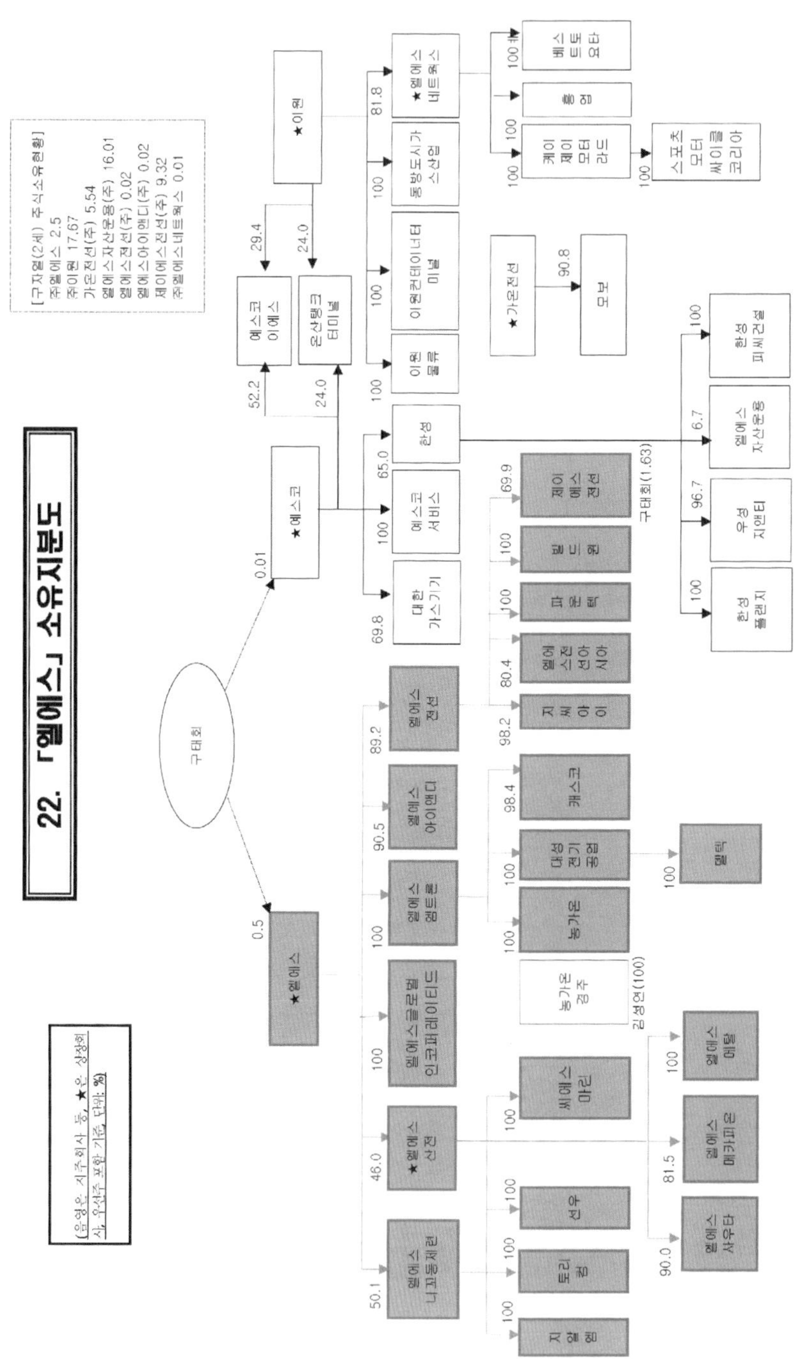

6) LS그룹, 2017년 5월: [순위] 17위, [동일인] 구자홍, [계열회사] 45개

{구자홍 (2.78%), 구자열 (2.5%) → LS → LS산전, LS전선 등} +
{구자홍 (6.45%) → 예스코 → 한성 등} + {친족 → 이원 → LS네트웍스 등}

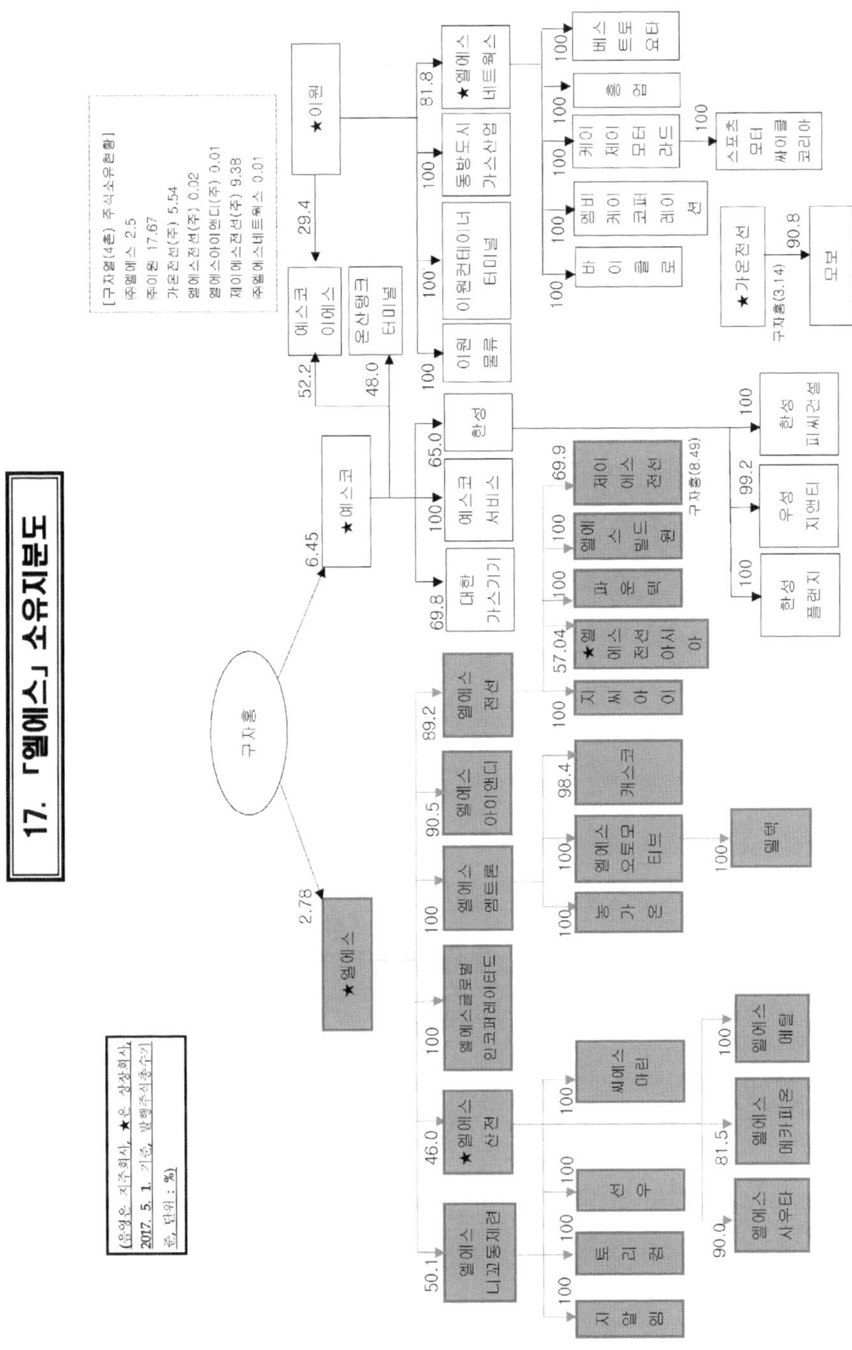

7) LS그룹, 2018년 5월: [순위] 17위, [동일인] 구자홍, [계열회사] 48개

{구자홍 (2.78%), 구자열 (2.5%) → LS → LS산전, LS전선 등} +
{구자홍 (6.45%) → 예스코홀딩스 → 예스코, 한성 등} + {친족 → 이원 → LS네트웍스 등}

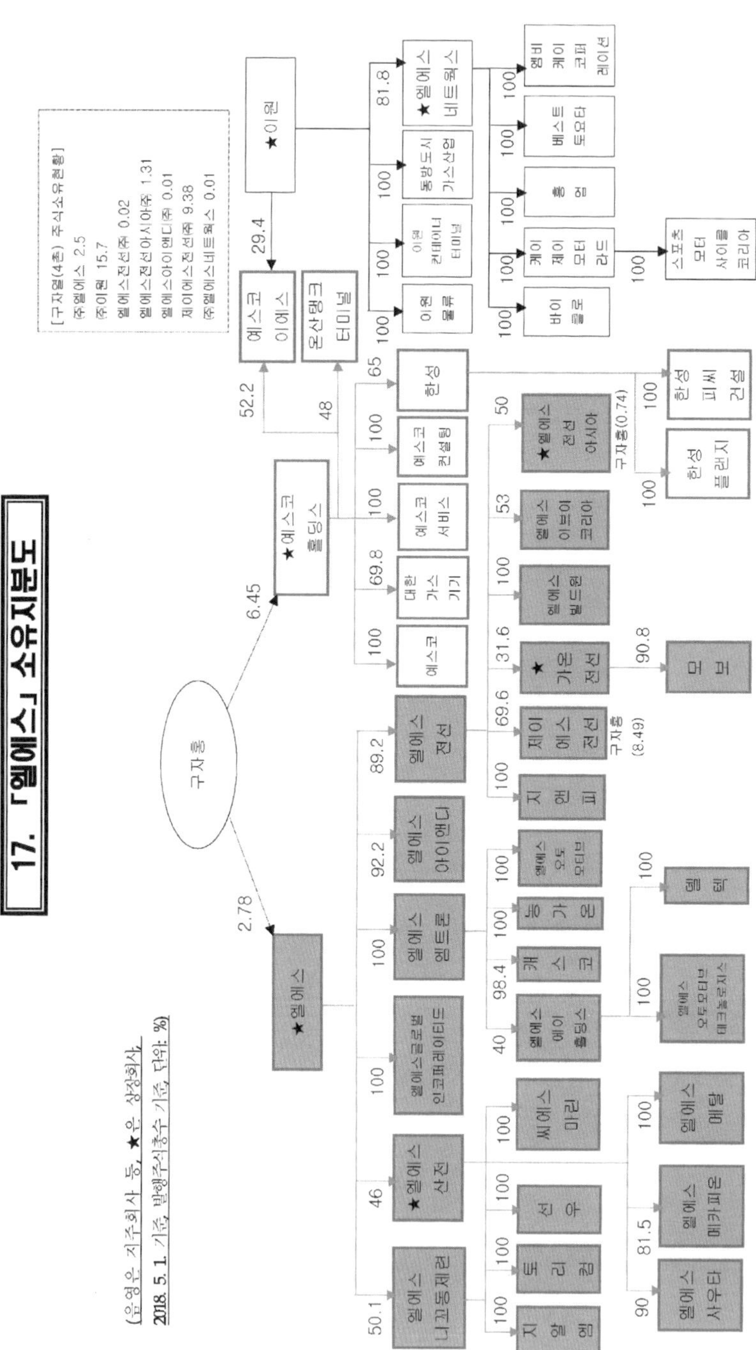

8) LS그룹, 2019년 5월: [순위] 17위, [동일인] 구자홍, [계열회사] 53개

{구자홍 (2.78%), 구자열 (2.5%) → LS → LS산전, LS전선 등} +
{구자홍 (3.6%) → 예스코홀딩스 → 예스코, 한성 등} + {친족 → 이원 → LS네트웍스 등}

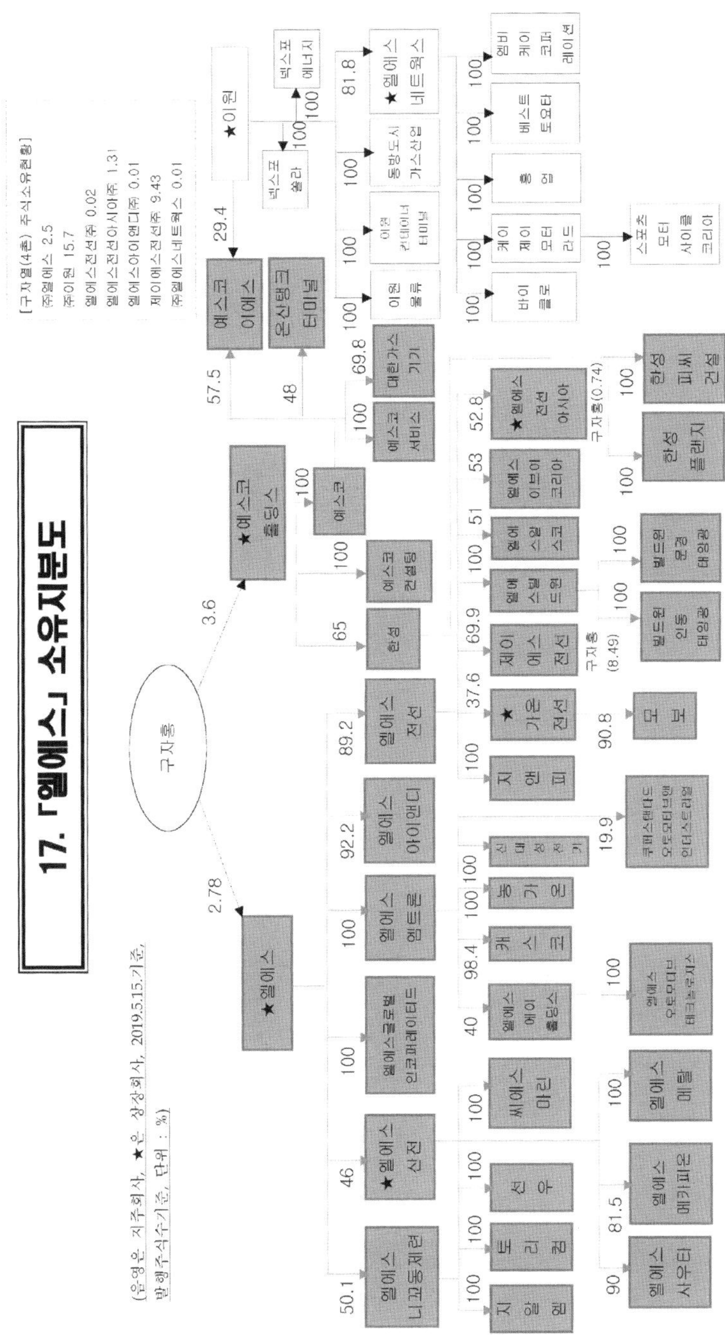

9) LS그룹, 2020년 5월: [순위] 16위, [동일인] 구자홍, [계열회사] 54개

{구자홍 (2.62%), 구자열 (2.5%) → LS → LS일렉트릭, LS전선 등} +
{구자홍 (3.6%) → 예스코홀딩스 → 예스코, 한성 등} + {친족 → 이원 → LS네트웍스 등}

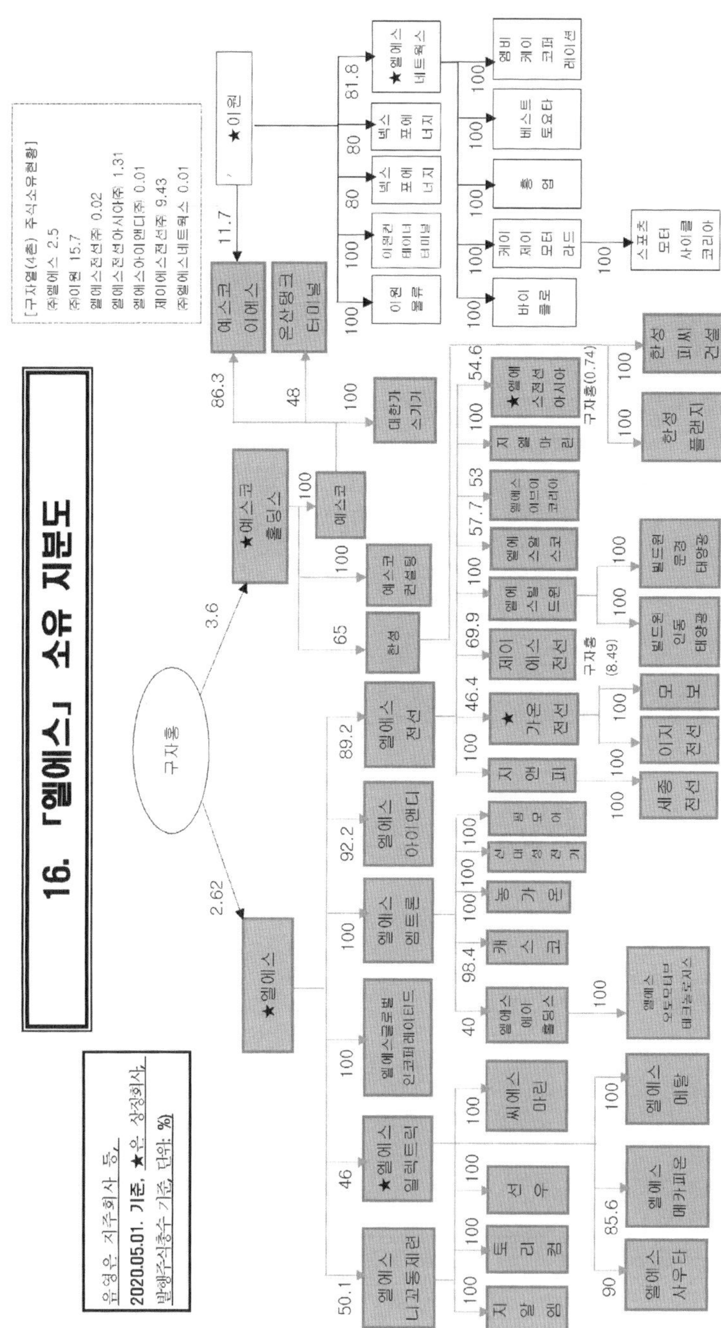

10) LS그룹, 2021년 5월: [순위] 16위, [동일인] 구자홍, [계열회사] 58개

{구자홍 (0.06%), 구자열 (1.87%) → LS → LS일렉트릭, LS전선 등} +
{친족 → 예스코홀딩스 → 예스코 등} + {친족 → 이원 → LS네트웍스 등}

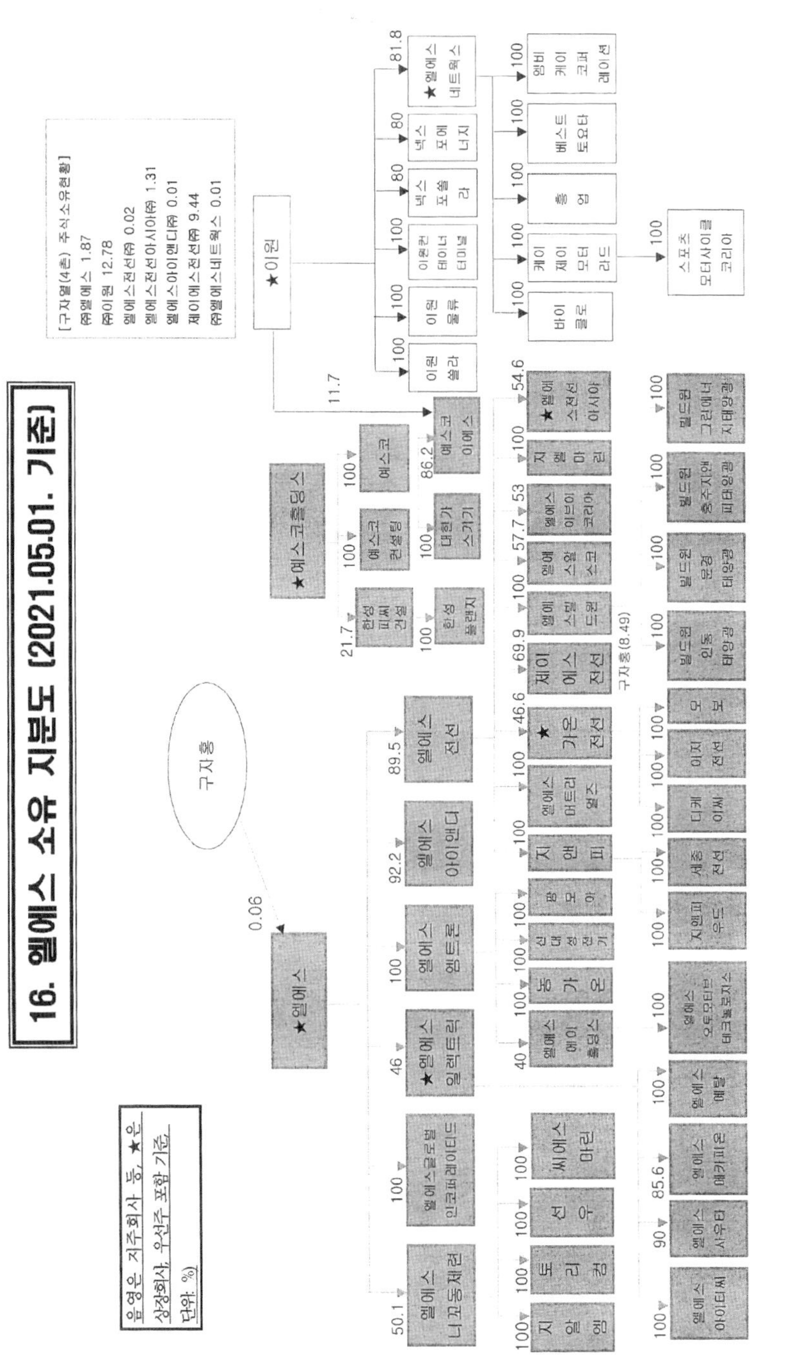

43. LG그룹: 2012-2021년

연도	동일인	순위 (위)	계열회사 (개)	자산총액 (10억 원)	매출액 (10억 원)	당기순이익 (10억 원)
1987		4	57	5,508	9,181	117
1988		3	62	6,997	10,748	149
1989		3	59	8,645	13,211	211
1990		3	58	11,186	13,467	192
1991		2	63	14,889	16,199	159
1992		4	58	17,152	18,995	61
1993		4	54	19,105	-	-
1994		4	53	20,388	24,981	329
1995		4	50	24,351	29,570	822
1996		3	48	31,395	41,618	1,414
1997		3	49	38,376	48,635	308
1998		4	52	52,773	61,000	-364
1999		4	48	49,524	64,641	-671
2000		3	43	47,612	62,016	3,840
2001		3	43	51,965	75,287	2,037
2002		2	51	54,484	79,966	1,627
2003		2	50	58,571	85,045	2,911
2004		2	46	61,648	70,940	3,557
2005		3	38	50,880	63,116	5,498
2006		4	30	54,432	64,033	3,338
2007		4	31	52,371	66,493	1,209
2008		4	36	57,136	72,686	5,120
2009		4	52	68,289	83,911	4,309
2010		4	53	78,918	94,638	7,332
2011		4	59	90,592	107,113	4,639
2012	구본무	4	63	100,777	111,804	2,094
2013	구본무	4	61	102,360	115,884	2,410
2014	구본무	4	61	102,060	116,468	2,155
2015	구본무	4	63	105,519	115,926	2,882
2016	구본무	4	67	105,849	114,290	3,285
2017	구본무	4	68	112,326	114,610	3,963
2018	구본무	4	70	123,135	127,396	7,124
2019	구광모	4	75	129,616	126,475	3,410
2020	구광모	4	70	136,967	122,238	-87
2021	구광모	4	70	151,322	123,434	3,215

	[소유구조]
주요 주주	구본무 (동일인), 구광모 (동일인, 2세)
주요 지배 회사	LG
주요 계열회사	LG전자, LG유플러스, LG생활건강

주: 2002-2016년 순위: 공기업집단을 제외한 순위.

1. 그룹

1) 대규모기업집단 지정 연도: 1987-2021년.

2) 연도 수: 35년.

3) 그룹 이름: 럭키금성 (1987-1994년), LG (1995-2021년).

2. 소유지분도: 개관

1) 소유지분도 작성 연도: 2012-2021년.
연도 수: 10년.

2) 그룹 주요 지표: [동일인] 구본무, 구광모. [순위] 4위.
[계열회사] 61-75개. [자산총액] 100.8-151.3조 원.
[매출액] 111.8-127.4조 원. [당기순이익] (-0.1) - 7.1조 원.

3) 소유구조

◆ 구본무, 구광모 → LG → 계열회사 ◆

① [주요 주주]

2명 (1명씩 지분 보유).

구본무 (동일인)(7년; 2012-2018년) || 구광모 (동일인, 2세)(3년; 2019-2021년).

지분: 10.6-11.1% (7년; 2012-2018년) || 14.7-15.7% (3년; 2019-2021년).

② [주요 지배 회사]

1개.

LG (상장).

③ [계열회사]

유형: 자회사 → 손자회사 → 증손회사.

주요 회사: 3개 (3개씩 관련).

LG전자 (상장), LG유플러스 (상장), LG생활건강 (상장).

3. 소유지분도: 연도별, 2012-2021년

1) 2012년 4월: [순위] 4위, [동일인] 구본무, [계열회사] 63개

구본무 (10.6%) →

LG → LG전자, LG유플러스, LG생활건강 등.

2) 2013년 4월: [순위] 4위, [동일인] 구본무, [계열회사] 61개

구본무 (10.7%) →

LG → LG전자, LG유플러스, LG생활건강 등.

3) 2014년 4월: [순위] 4위, [동일인] 구본무, [계열회사] 61개

구본무 (10.8%) →

LG → LG전자, LG유플러스, LG생활건강 등.

4) 2015년 4월: [순위] 4위, [동일인] 구본무, [계열회사] 63개

구본무 (10.8%) →

LG → LG전자, LG유플러스, LG생활건강 등.

5) 2016년 4월: [순위] 4위, [동일인] 구본무, [계열회사] 67개

구본무 (10.8%) →

LG → LG전자, LG유플러스, LG생활건강 등.

6) 2017년 5월: [순위] 4위, [동일인] 구본무, [계열회사] 68개

구본무 (11.1%) →

LG → LG전자, LG유플러스, LG생활건강 등.

7) 2018년 5월: [순위] 4위, [동일인] 구본무, [계열회사] 70개

구본무 (11.1%) →

LG → LG전자, LG유플러스, LG생활건강 등.

8) 2019년 5월: [순위] 4위, [동일인] 구광모, [계열회사] 75개

구광모 (14.7%) →

LG → LG전자, LG유플러스, LG생활건강 등.

9) 2020년 5월: [순위] 4위, [동일인] 구광모, [계열회사] 70개

구광모 (14.7%) →

LG → LG전자, LG유플러스, LG생활건강 등.

10) 2021년 5월: [순위] 4위, [동일인] 구광모, [계열회사] 70개

구광모 (15.7%) →

LG → LG전자, LG유플러스, LG생활건강 등.

1) LG그룹, 2012년 4월: [순위] 4위, [동일인] 구본무, [계열회사] 63개

구본무 (10.6%) → LG → LG전자, LG유플러스, LG생활건강 등

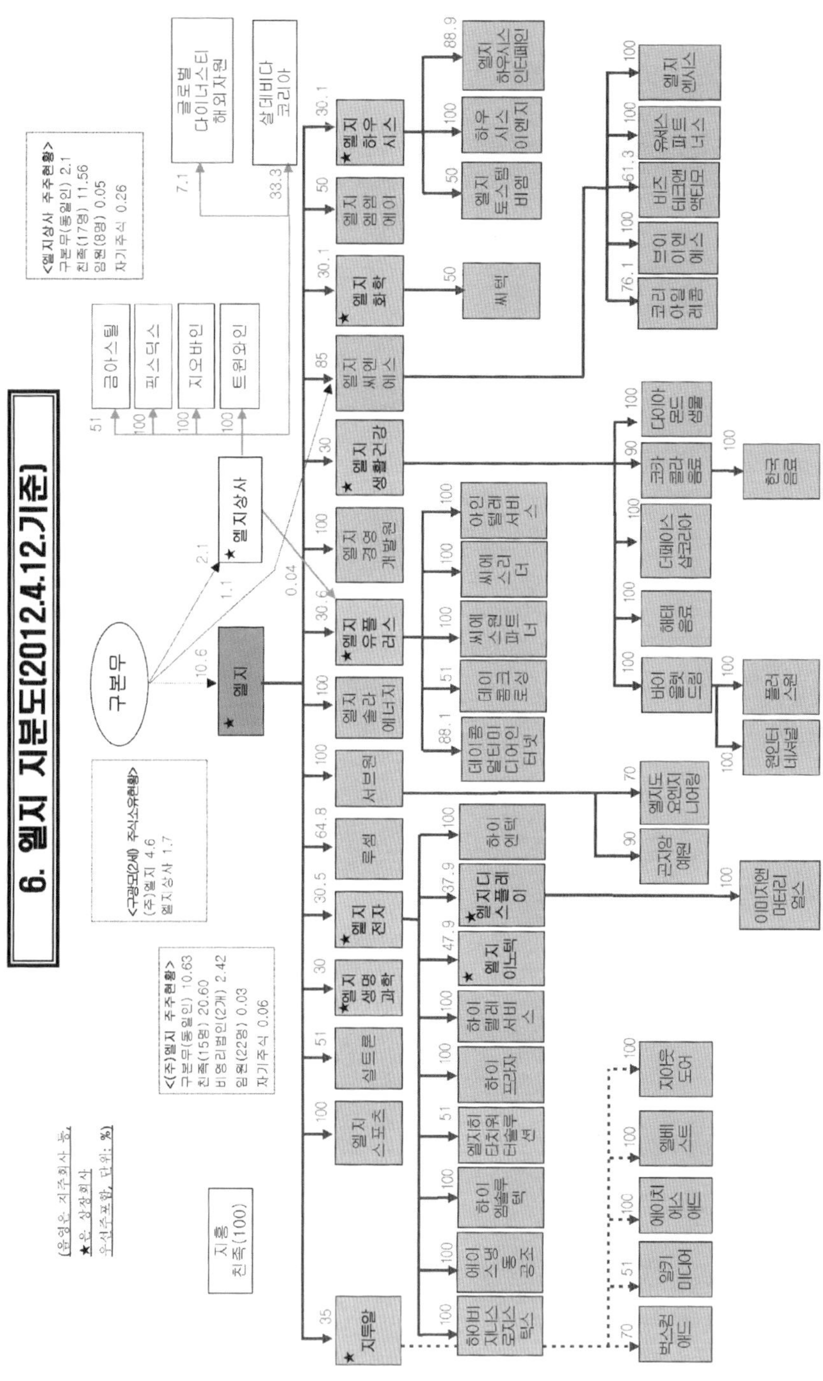

2) LG그룹, 2013년 4월: [순위] 4위, [동일인] 구본무, [계열회사] 61개

구본무 (10.7%) → LG → LG전자, LG유플러스, LG생활건강 등

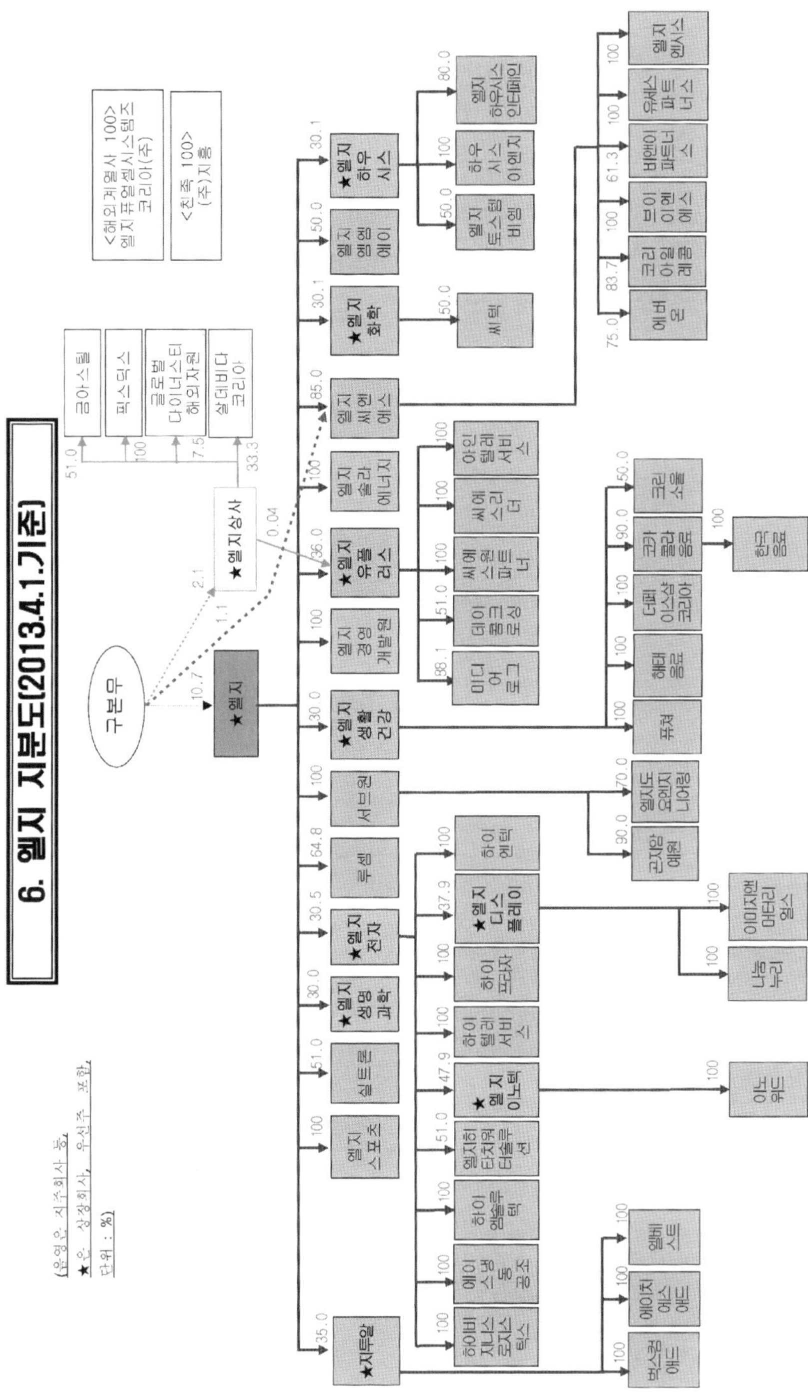

3) LG그룹, 2014년 4월: [순위] 4위, [동일인] 구본무, [계열회사] 61개

구본무 (10.8%) → LG → LG전자, LG유플러스, LG생활건강 등

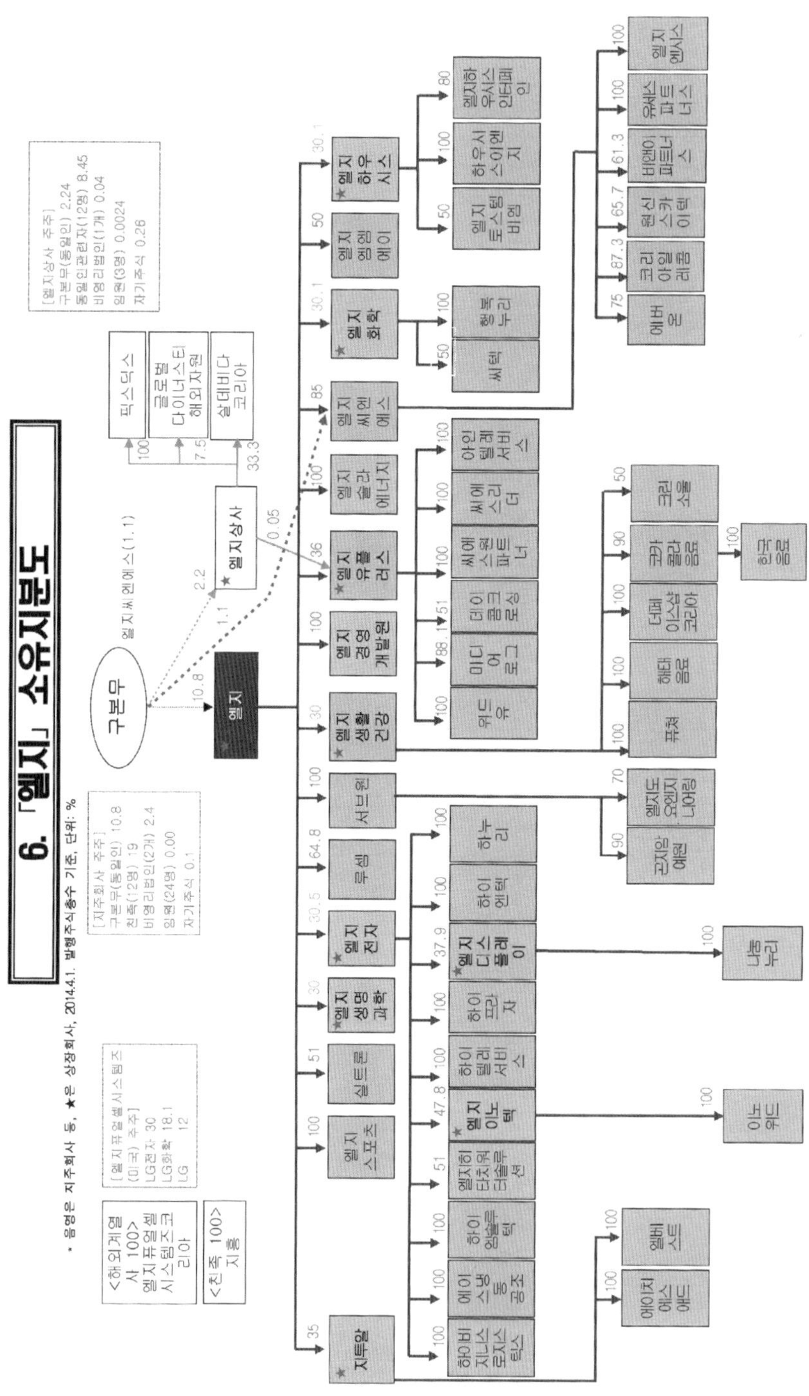

4) LG그룹, 2015년 4월: [순위] 4위, [동일인] 구본무, [계열회사] 63개

구본무 (10.8%) → LG → LG전자, LG유플러스, LG생활건강 등

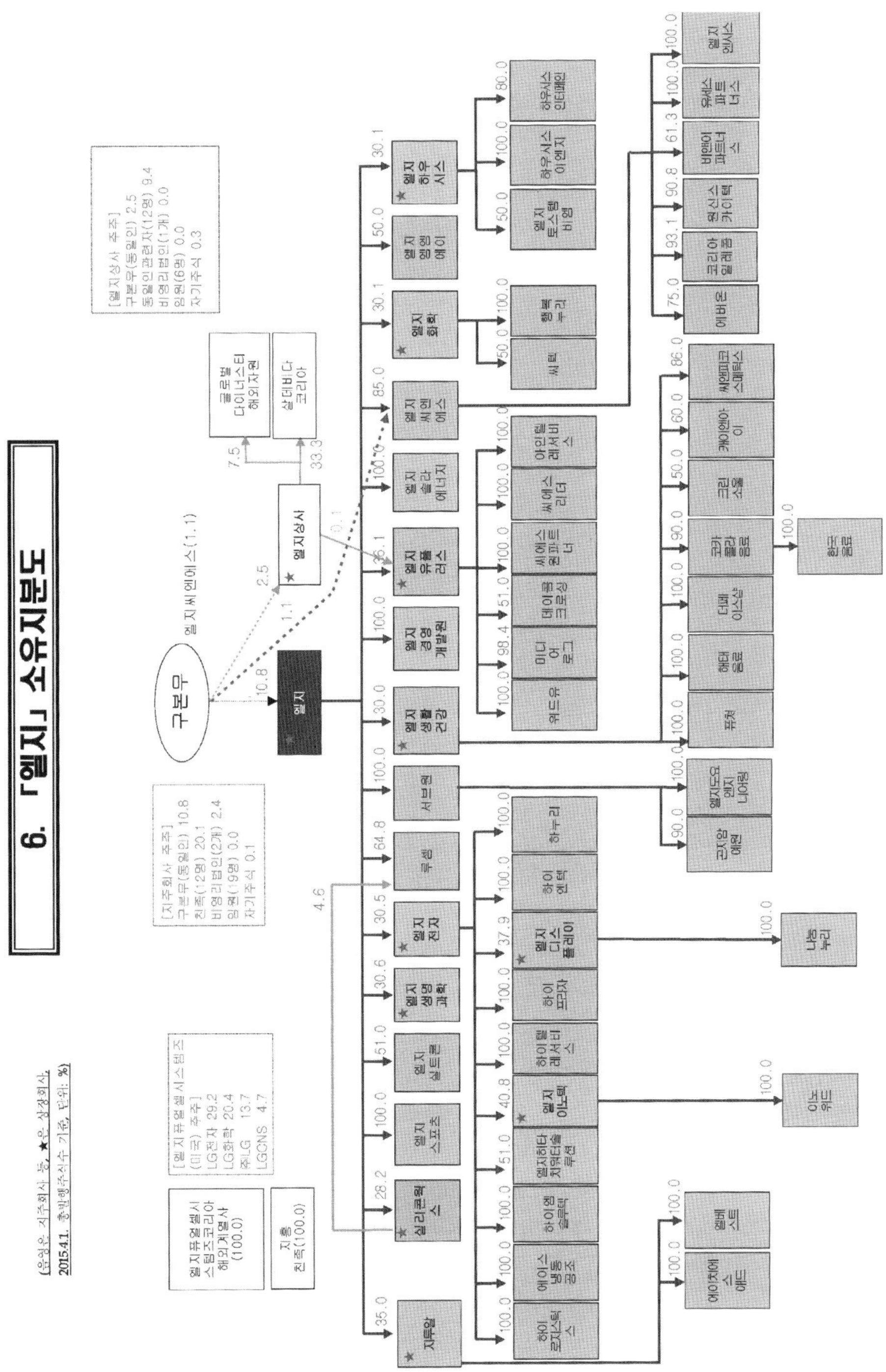

5) LG그룹, 2016년 4월: [순위] 4위, [동일인] 구본무, [계열회사] 67개

구본무 (10.8%) → LG → LG전자, LG유플러스, LG생활건강 등

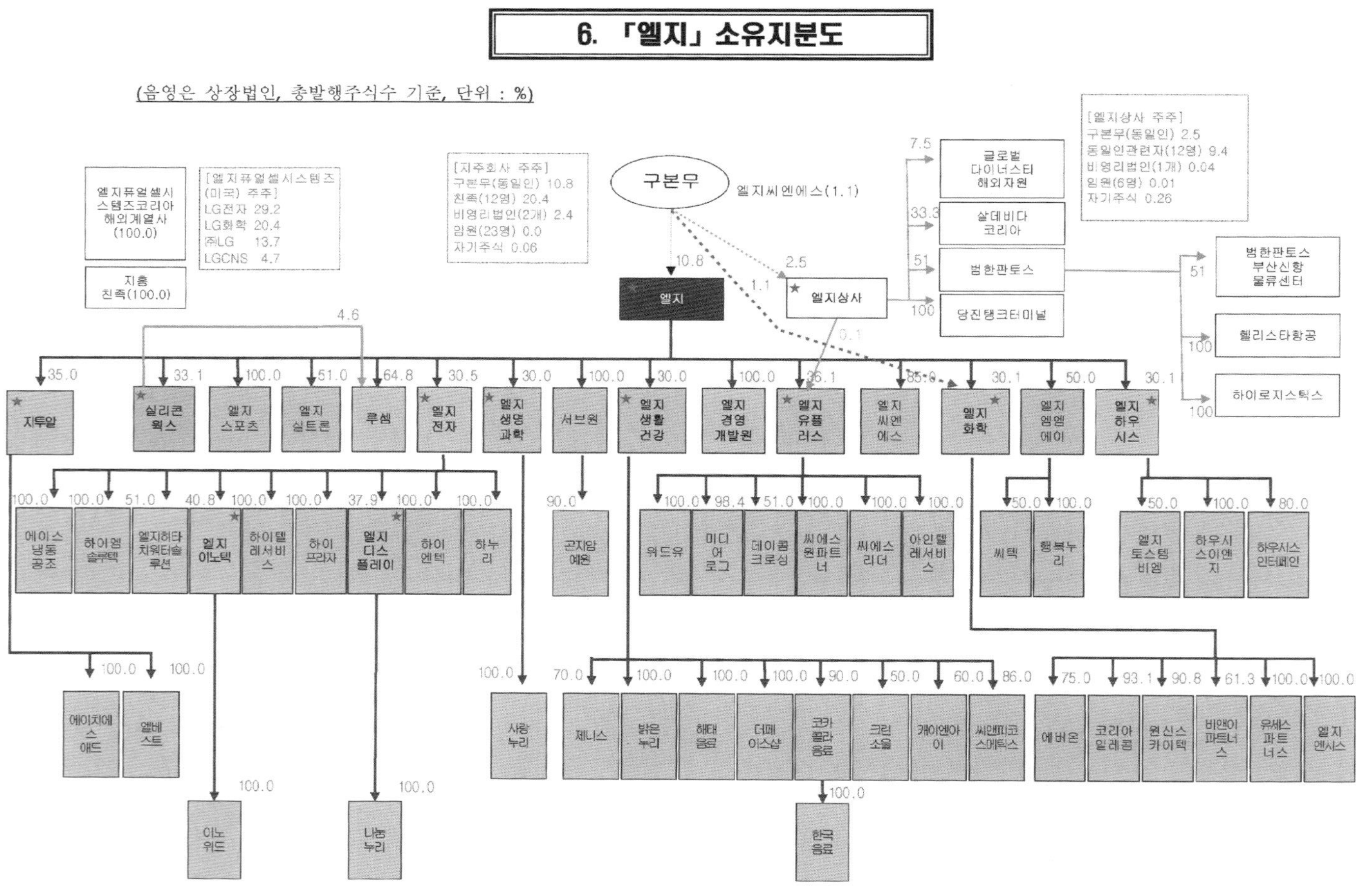

6) LG그룹, 2017년 5월: [순위] 4위, [동일인] 구본무, [계열회사] 68개

구본무 (11.1%) → LG → LG전자, LG유플러스, LG생활건강 등

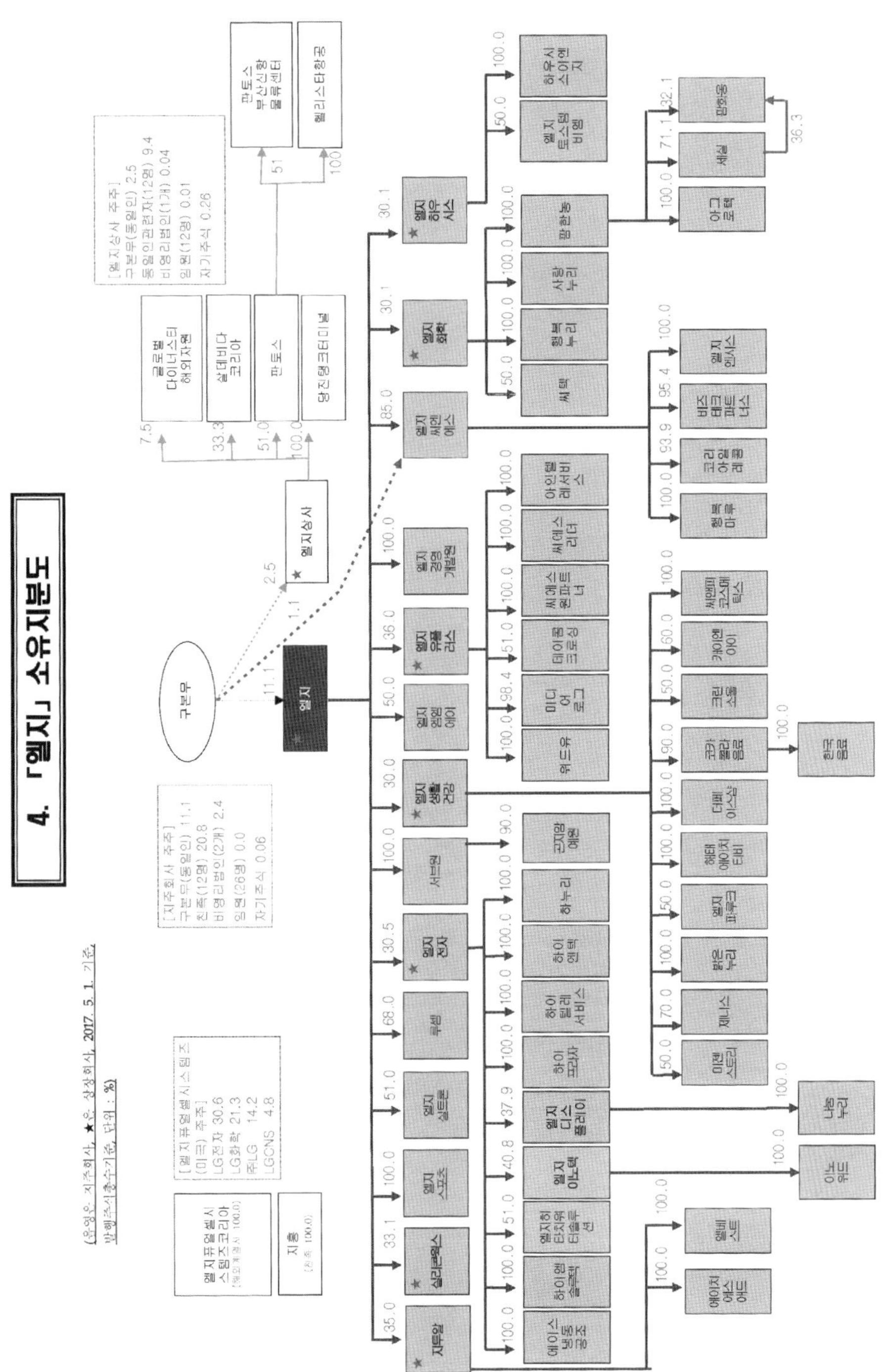

7) LG그룹, 2018년 5월: [순위] 4위, [동일인] 구본무, [계열회사] 70개

구본무 (11.1%) → LG → LG전자, LG유플러스, LG생활건강 등

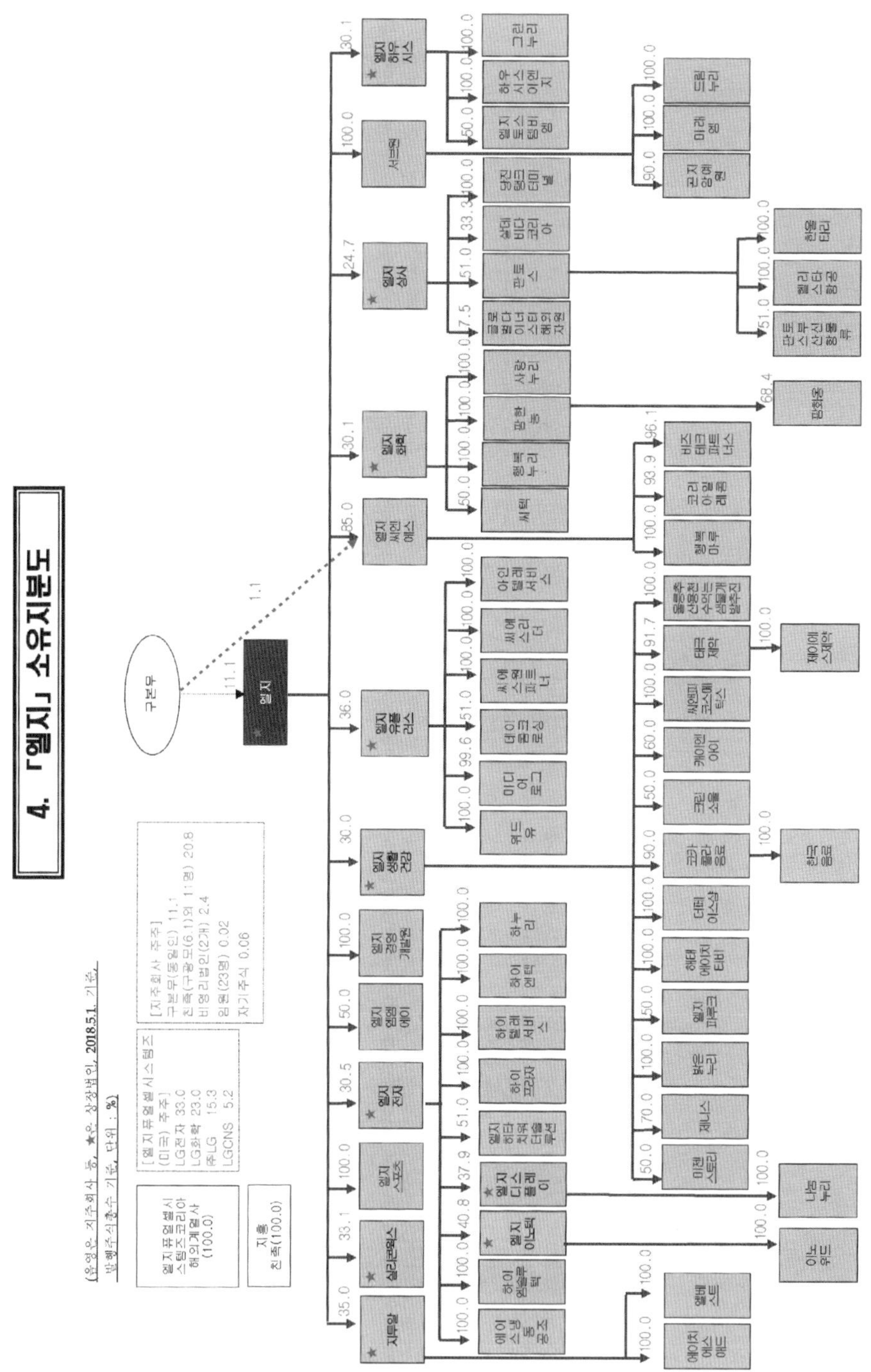

8) LG그룹, 2019년 5월: [순위] 4위, [동일인] 구광모, [계열회사] 75개

구광모 (14.7%) → LG → LG전자, LG유플러스, LG생활건강 등

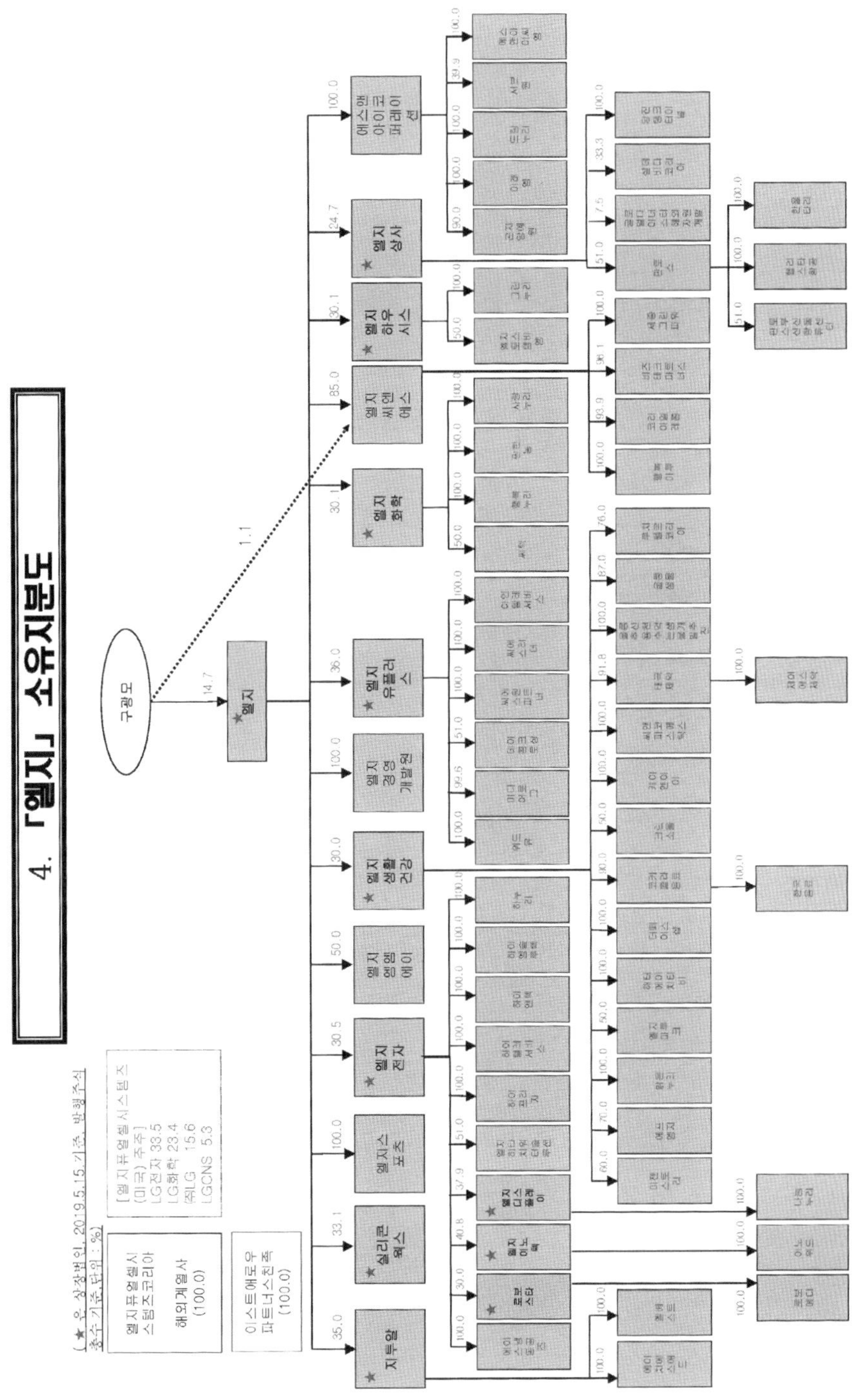

9) LG그룹, 2020년 5월: [순위] 4위, [동일인] 구광모, [계열회사] 70개

구광모 (14.7%) → LG → LG전자, LG유플러스, LG생활건강 등

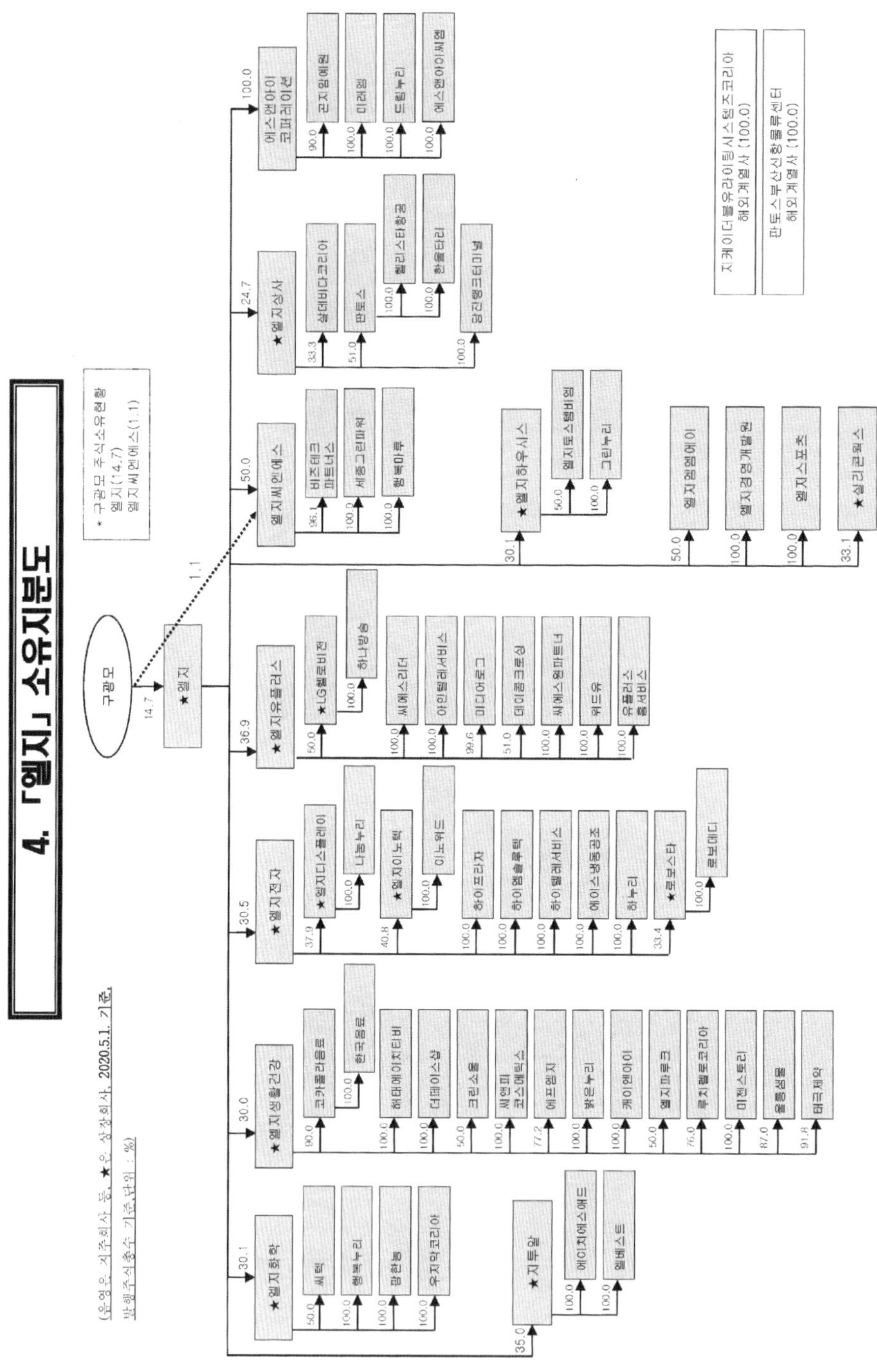

10) LG그룹, 2021년 5월: [순위] 4위, [동일인] 구광모, [계열회사] 70개

구광모 (15.7%) → LG → LG전자, LG유플러스, LG생활건강 등

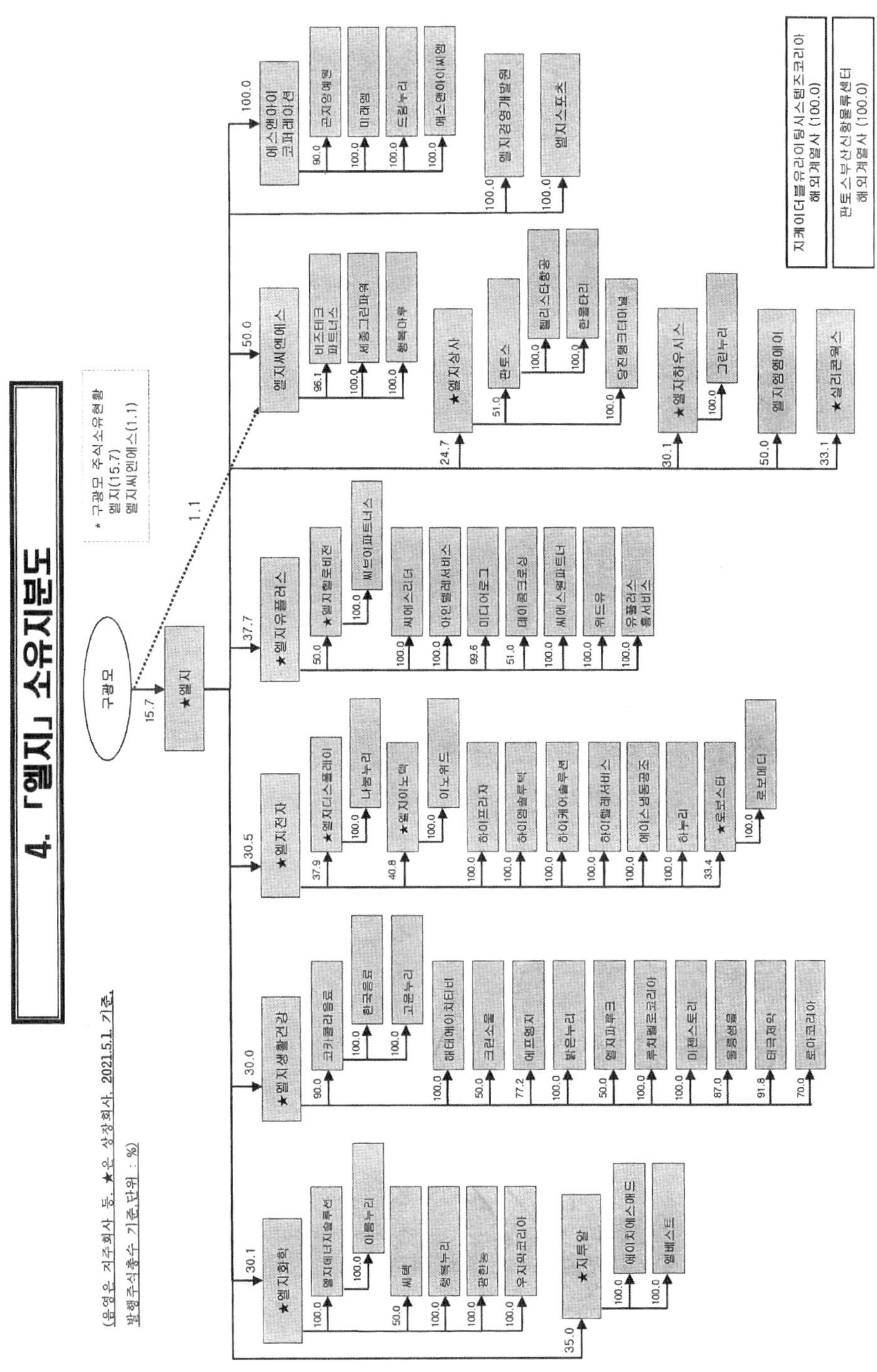

44. MDM그룹: 2021년

연도	동일인	순위 (위)	계열회사 (개)	자산총액 (10억 원)	매출액 (10억 원)	당기순이익 (10억 원)
2021	문주현	69	22	5,256	1,542	408

	[소유구조]		
주요 주주	문주현 (동일인)	문주현, 문현정 문초연 (2세)	친족
주요 지배 회사	MDM	MDM플러스	-
주요 계열회사	한국자산신탁	한국자산에셋운용	쏘울컬렉션

1. 그룹

1) 대규모기업집단 지정 연도: 2021년.

2) 연도 수: 1년.

2. 소유지분도: 개관

1) 소유지분도 작성 연도: 2021년.
연도 수: 1년.

2) 그룹 주요 지표: [동일인] 문주현. [순위] 69위.
[계열회사] 22개. [자산총액] 5.3조 원.
[매출액] 1.5조 원. [당기순이익] 0.4조 원.

3) 소유구조

◆ {문주현 → MDM → 계열회사} +
{문주현, 문현정, 문초연 → MDM플러스 → 계열회사} +
{친족 → 계열회사2} ◆

① [주요 주주]

3명 (1-3명씩 독립적으로 지분 보유)

문주현 (동일인) || 문현정 (2세; 딸, 언니) || 문초연 (2세; 딸, 동생).

지분: 4.8-95% || 47.6% || 47.6%.

② [주요 지배 회사]

2개 (1개씩 독립적으로 관련).

MDM, MDM플러스.

③ [계열회사]

유형: 자회사 → 손자회사.

주요 회사: 2개 (1개씩 독립적으로 관련).

한국자산신탁 (상장), 한국자산에셋운용.

* 계열회사2: 1개.

쏘울컬렉션.

3. 소유지분도: 연도별, 2021년

<u>2021년 5월: [순위] 69위, [동일인] 문주현, [계열회사] 22개</u>

{문주현 (95%) →

MDM → 한국자산신탁 등} +

{문주현 (4.8%), 문현정 (47.6%), 문초연 (47.6%) →

MDM플러스 → 한국자산에셋운용 등} +

{친족 → 쏘울컬렉션 등}.

MDM그룹, 2021년 5월: [순위] 69위, [동일인] 문주현, [계열회사] 22개

{문주현 (95%) → MDM → 한국자산신탁 등} +
{문주현 (4.8%), 문현정 (47.6%), 문초연 (47.6%) → MDM플러스 → 한국자산에셋운용 등} + {친족 → 쏘울컬렉션 등}

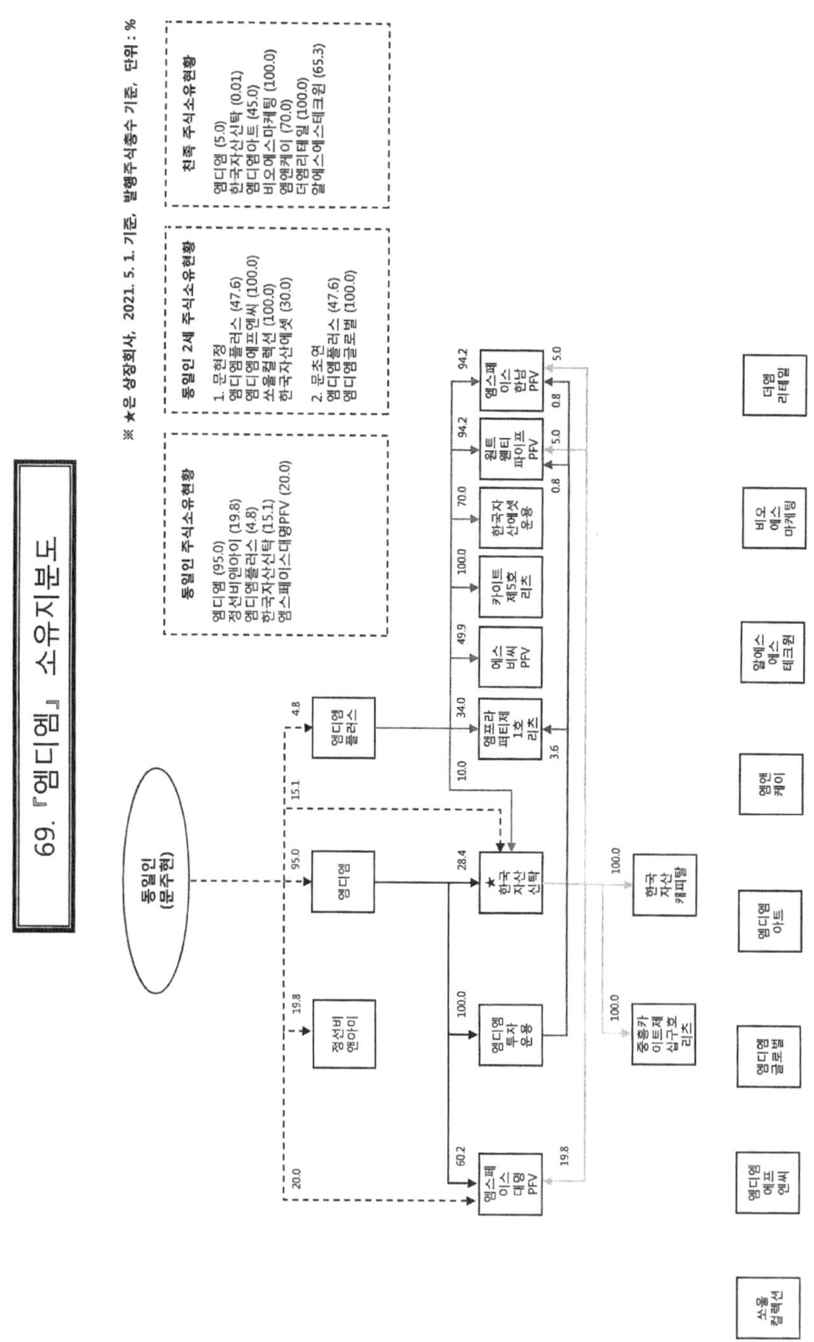

45. 영풍그룹: 2012-2021년

연도	동일인	순위 (위)	계열회사 (개)	자산총액 (10억 원)	매출액 (10억 원)	당기순이익 (10억 원)
1990		(31)	12	(0)	552	27
1991		(31)	15	(0)	592	32
1992		(31)	15	(0)	594	47
2000		30	21	2,620	2,071	72
2001		25	24	2,897	2,579	16
2002		26	24	2,831	2,541	-15
2003		29	23	2,771	2,732	76
2004		34	20	2,885	2,850	31
2005		39	19	2,855	3,255	241
2006		37	26	3,612	3,905	184
2007		36	22	4,417	5,334	552
2008		32	21	5,218	5,785	639
2010		41	23	5,790	5,130	647
2011		36	24	7,170	6,306	807
2012	장형진	33	23	8,726	8,479	839
2013	장형진	31	23	9,921	9,002	875
2014	장형진	29	22	9,944	8,324	589
2015	장형진	28	22	10,311	7,757	467
2016	장형진	28	23	10,561	7,224	415
2017	장형진	26	23	10,963	8,331	560
2018	장형진	22	24	12,259	9,939	751
2019	장형진	25	24	11,975	9,289	464
2020	장형진	28	26	12,445	9,380	703
2021	장형진	30	27	13,170	9,874	574

	[소유구조]
주요 주주	장형진 (동일인), 장세준 장세환 (2세)
주요 지배 회사	영풍
주요 계열회사	고려아연, 코리아써키트

주: 1) 2002-2016년 순위: 공기업집단을 제외한 순위.
2) 1990-1992년: 31위 이하 순위 및 자산총액 정보 없음. (31)/(0)으로 표시함.

1. 그룹

1) 대규모기업집단 지정 연도: 1990-1992, 2000-2008, 2010-2021년.

2) 연도 수: 24년.

2. 소유지분도: 개관

1) 소유지분도 작성 연도: 2012-2021년.

연도 수: 10년.

2) 그룹 주요 지표: [동일인] 장형진. [순위] 22-33위.

[계열회사] 22-27개. [자산총액] 8.7-13.2조 원.

[매출액] 7.2-9.9조 원. [당기순이익] 0.4-0.9조 원.

3) 소유구조

◆ 장형진, 장세준, 장세환 → 영풍 → 계열회사 ◆

① [주요 주주]

3명 (2-3명씩 지분 보유).

장형진 (동일인) ‖ 장세준 (2세; 아들, 형) ‖ 장세환 (2세; 아들, 동생).

지분: 0.7-11.5% (10년; 2012-2021년) ‖ 16.9% (10년; 2012-2021년) ‖ 11.2% (9년; 2013-2021년).

② [주요 지배 회사]

1개.

영풍 (상장).

③ [계열회사]

유형: 자회사 → 손자회사 → 증손회사 (7년; 2012-2016, 2020-2021년), 자회사 → 손자회사 (3년; 2017-2019년).

주요 회사: 2개 (2개씩 관련).

고려아연 (상장), 코리아써키트 (상장).

3. 소유지분도: 연도별, 2012-2021년

1) 2012년 4월: [순위] 33위, [동일인] 장형진, [계열회사] 23개

장형진 (1.1%), 장세준 (16.9%) →

영풍 → 고려아연, 코리아써키트 등.

2) 2013년 4월: [순위] 31위, [동일인] 장형진, [계열회사] 23개

장형진 (1.1%), 장세준 (16.9%), 장세환 (11.2%) →

영풍 → 고려아연, 코리아써키트 등.

3) 2014년 4월: [순위] 29위, [동일인] 장형진, [계열회사] 22개

장형진 (1.1%), 장세준 (16.9%), 장세환 (11.2%) →

영풍 → 고려아연, 코리아써키트 등.

4) 2015년 4월: [순위] 28위, [동일인] 장형진, [계열회사] 22개

장형진 (1.1%), 장세준 (16.9%), 장세환 (11.2%) →

영풍 → 고려아연, 코리아써키트 등.

5) 2016년 4월: [순위] 28위, [동일인] 장형진, [계열회사] 23개

장형진 (1.1%), 장세준 (16.9%), 장세환 (11.2%) →

영풍 → 고려아연, 코리아써키트 등.

6) 2017년 5월: [순위] 26위, [동일인] 장형진, [계열회사] 23개

장형진 (1.1%), 장세준 (16.9%), 장세환 (11.2%) →

영풍 → 고려아연, 코리아써키트 등.

7) 2018년 5월: [순위] 22위, [동일인] 장형진, [계열회사] 24개

장형진 (1.1%), 장세준 (16.9%), 장세환 (11.2%) →

영풍 → 고려아연, 코리아써키트 등.

8) 2019년 5월: [순위] 25위, [동일인] 장형진, [계열회사] 24개

장형진 (1.1%), 장세준 (16.9%), 장세환 (11.2%) →

영풍 → 고려아연, 코리아써키트 등.

9) 2020년 5월: [순위] 28위, [동일인] 장형진, [계열회사] 26개

장형진 (11.5%), 장세준 (16.9%), 장세환 (11.2%) →
영풍 → 고려아연, 코리아써키트 등.

10) 2021년 5월: [순위] 30위, [동일인] 장형진, [계열회사] 27개

장형진 (0.7%), 장세준 (16.9%), 장세환 (11.2%) →
영풍 → 고려아연, 코리아써키트 등.

1) 영풍그룹, 2012년 4월: [순위] 33위, [동일인] 장형진, [계열회사] 23개

장형진 (1.1%), 장세준 (16.9%) → 영풍 → 고려아연, 코리아써키트 등

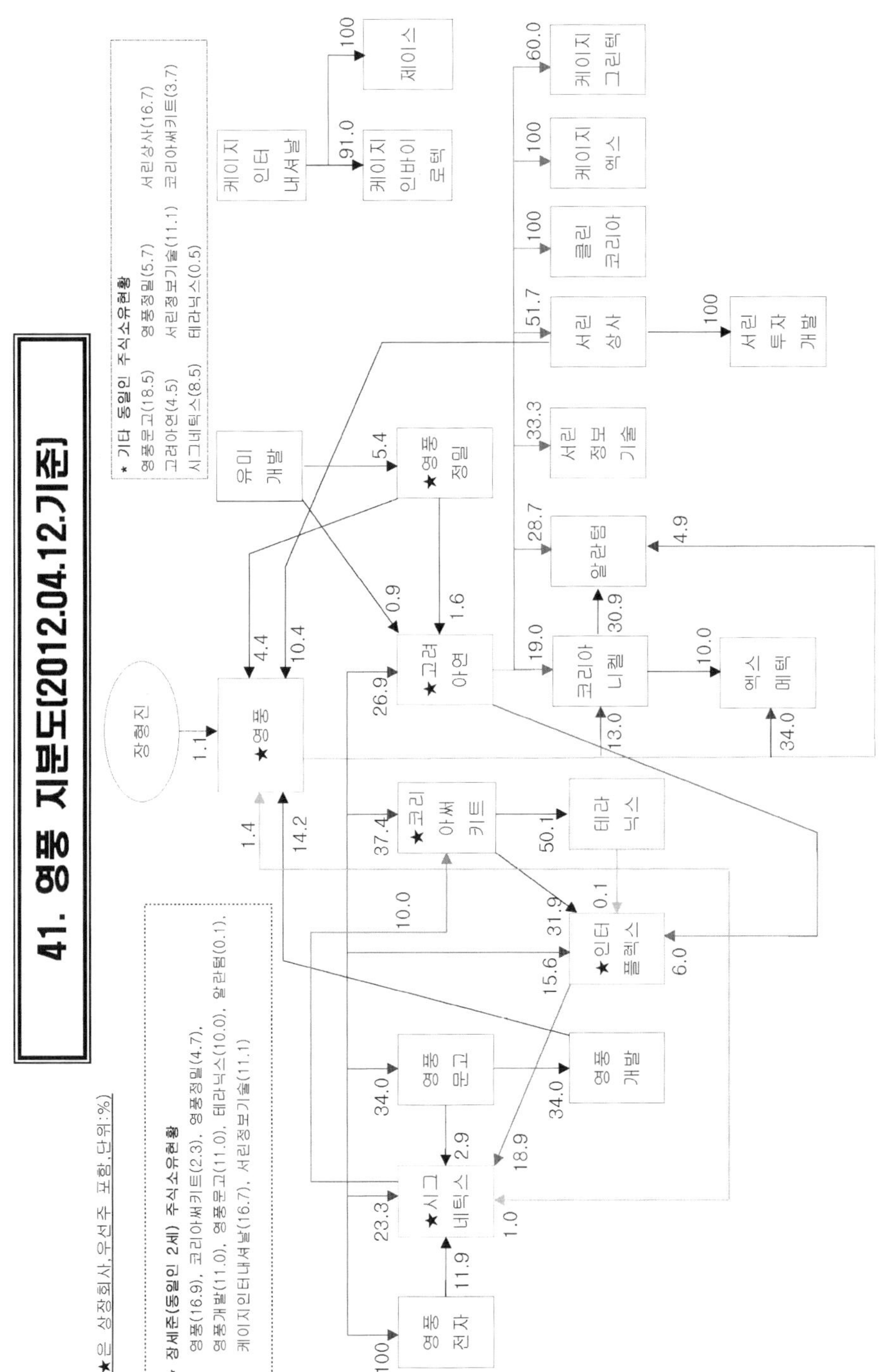

2) 영풍그룹, 2013년 4월: [순위] 31위, [동일인] 장형진, [계열회사] 23개

장형진 (1.1%), 장세준 (16.9%), 장세환 (11.2%) → 영풍 → 고려아연, 코리아써키트 등

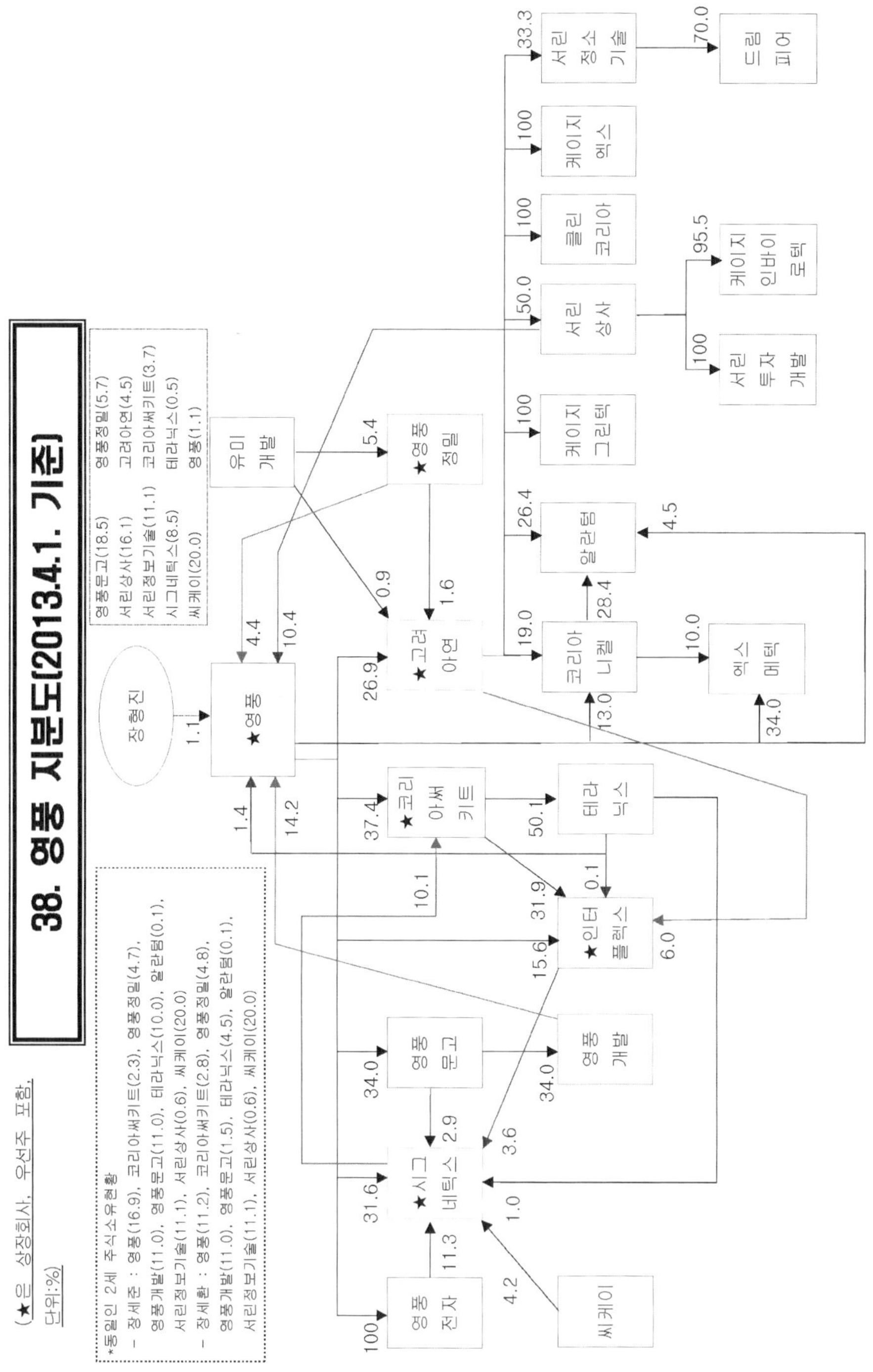

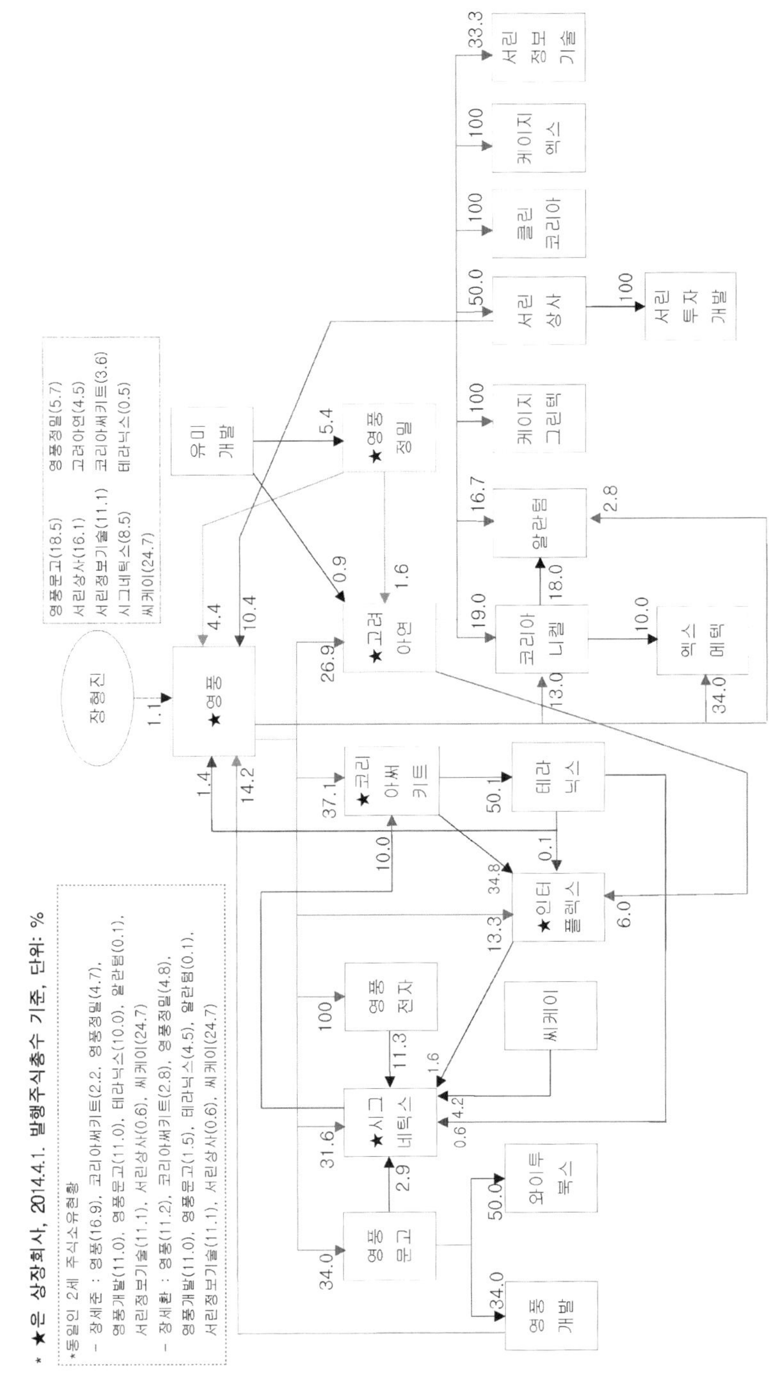

3) 영풍그룹, 2014년 4월: [순위] 29위, [동일인] 장형진, [계열회사] 22개

장형진 (1.1%), 장세준 (16.9%), 장세환 (11.2%) → 영풍 → 고려아연, 코리아써키트 등

4) 영풍그룹, 2015년 4월: [순위] 28위, [동일인] 장형진, [계열회사] 22개

장형진 (1.1%), 장세준 (16.9%), 장세환 (11.2%) → 영풍 → 고려아연, 코리아써키트 등

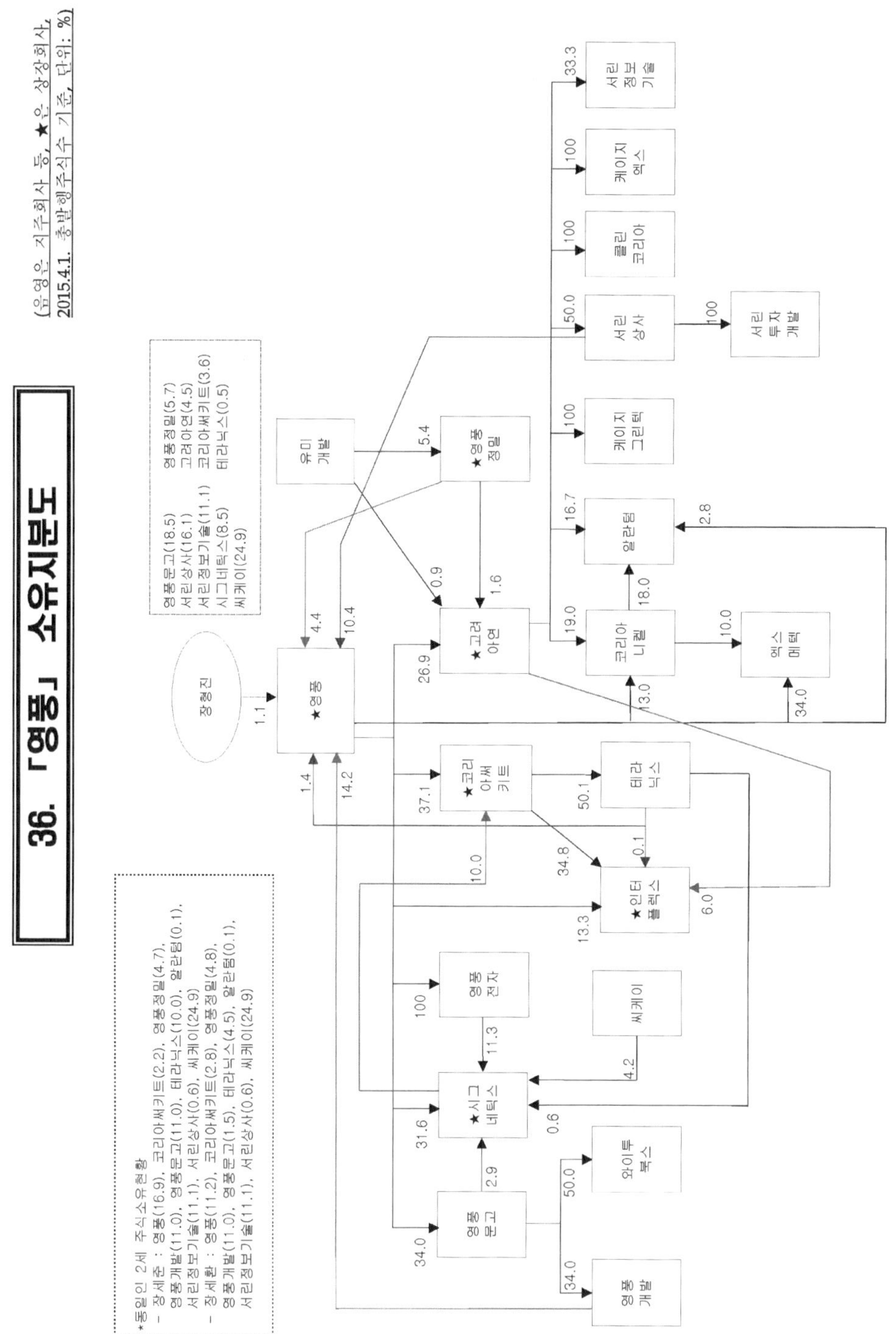

5) 영풍그룹, 2016년 4월: [순위] 28위, [동일인] 장형진, [계열회사] 23개

장형진 (1.1%), 장세준 (16.9%), 장세환 (11.2%) → 영풍 → 고려아연, 코리아써키트 등

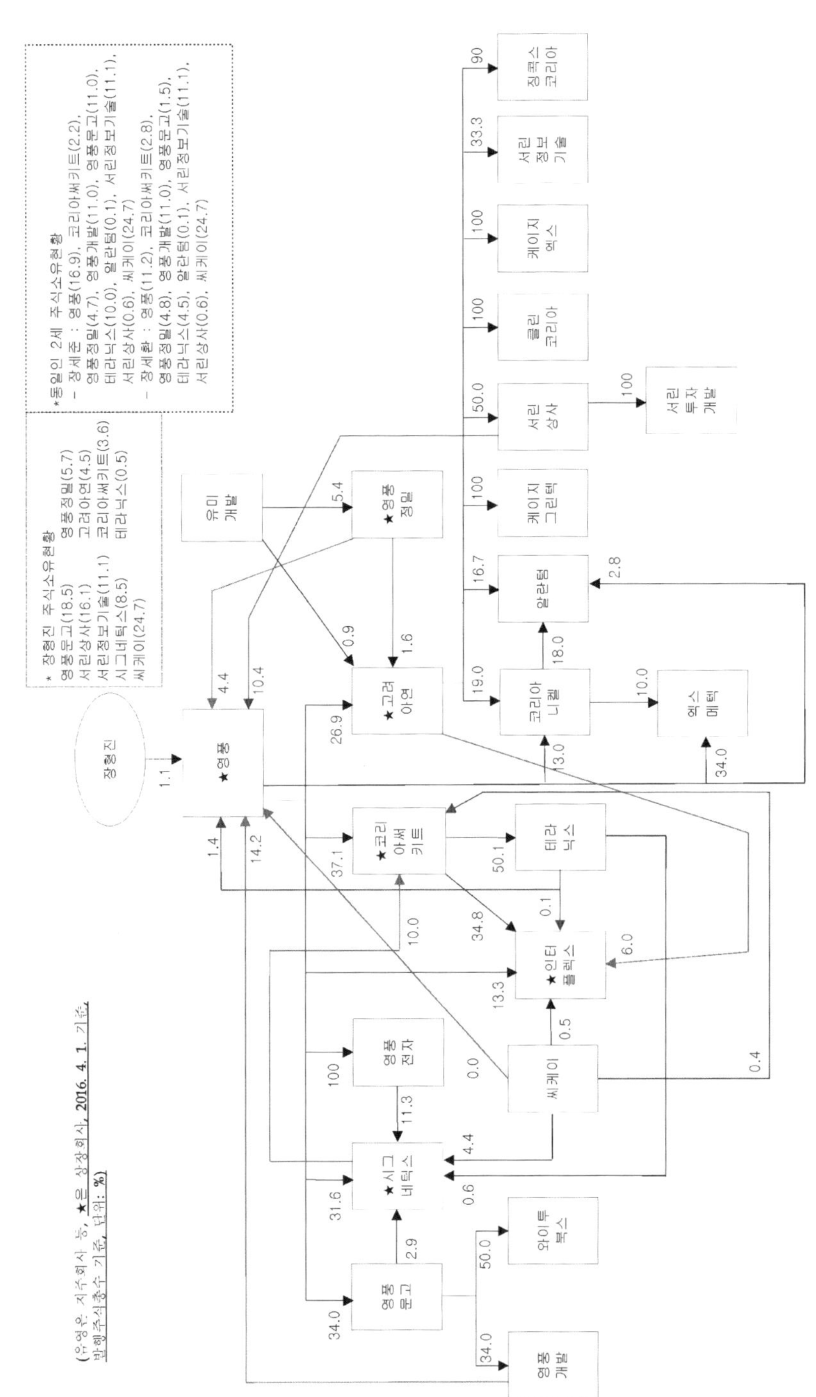

6) 영풍그룹, 2017년 5월: [순위] 26위, [동일인] 장형진, [계열회사] 23개

장형진 (1.1%), 장세준 (16.9%), 장세환 (11.2%) → 영풍 → 고려아연, 코리아써키트 등

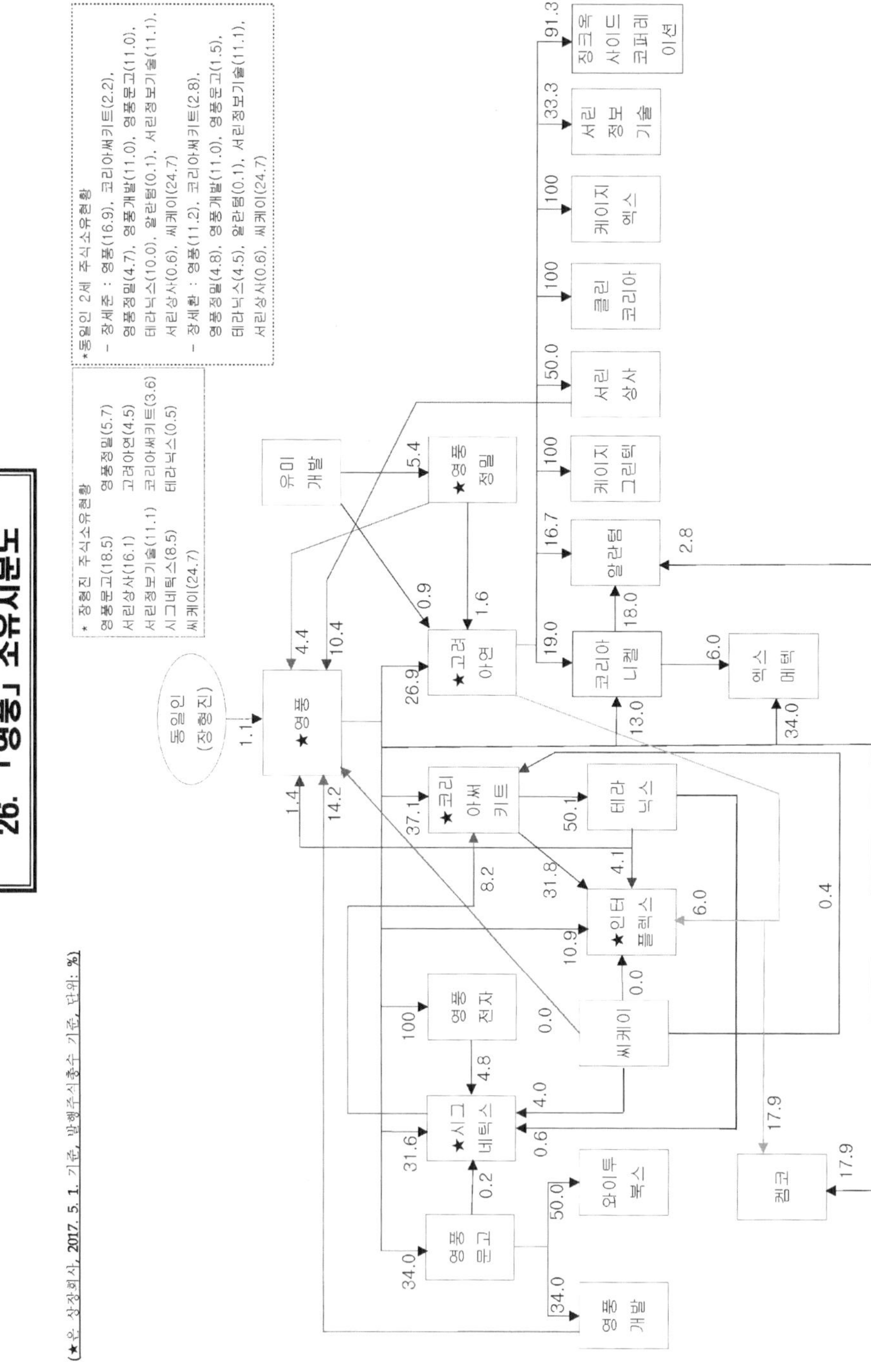

7) 영풍그룹, 2018년 5월: [순위] 22위, [동일인] 장형진, [계열회사] 24개

장형진 (1.1%), 장세준 (16.9%), 장세환 (11.2%) → 영풍 → 고려아연, 코리아써키트 등

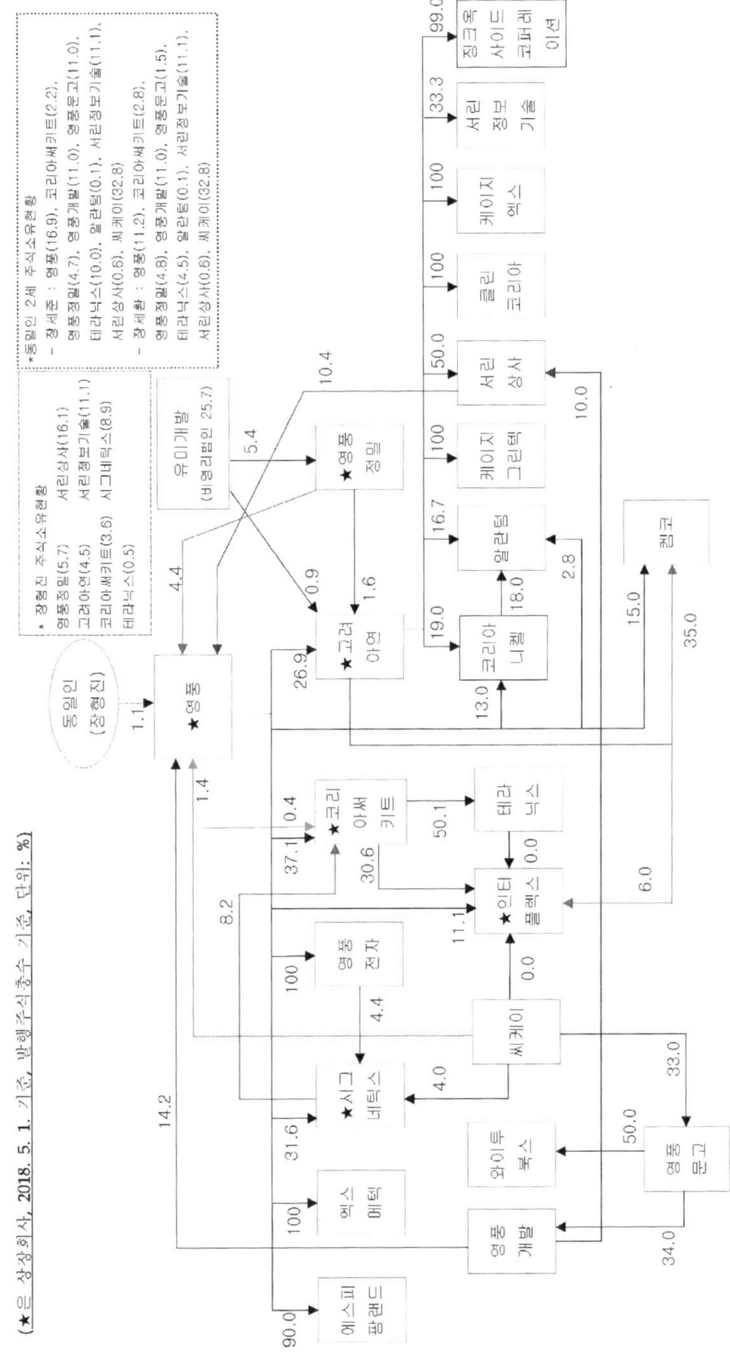

8) 영풍그룹, 2019년 5월: [순위] 25위, [동일인] 장형진, [계열회사] 24개

장형진 (1.1%), 장세준 (16.9%), 장세환 (11.2%) → 영풍 → 고려아연, 코리아써키트 등

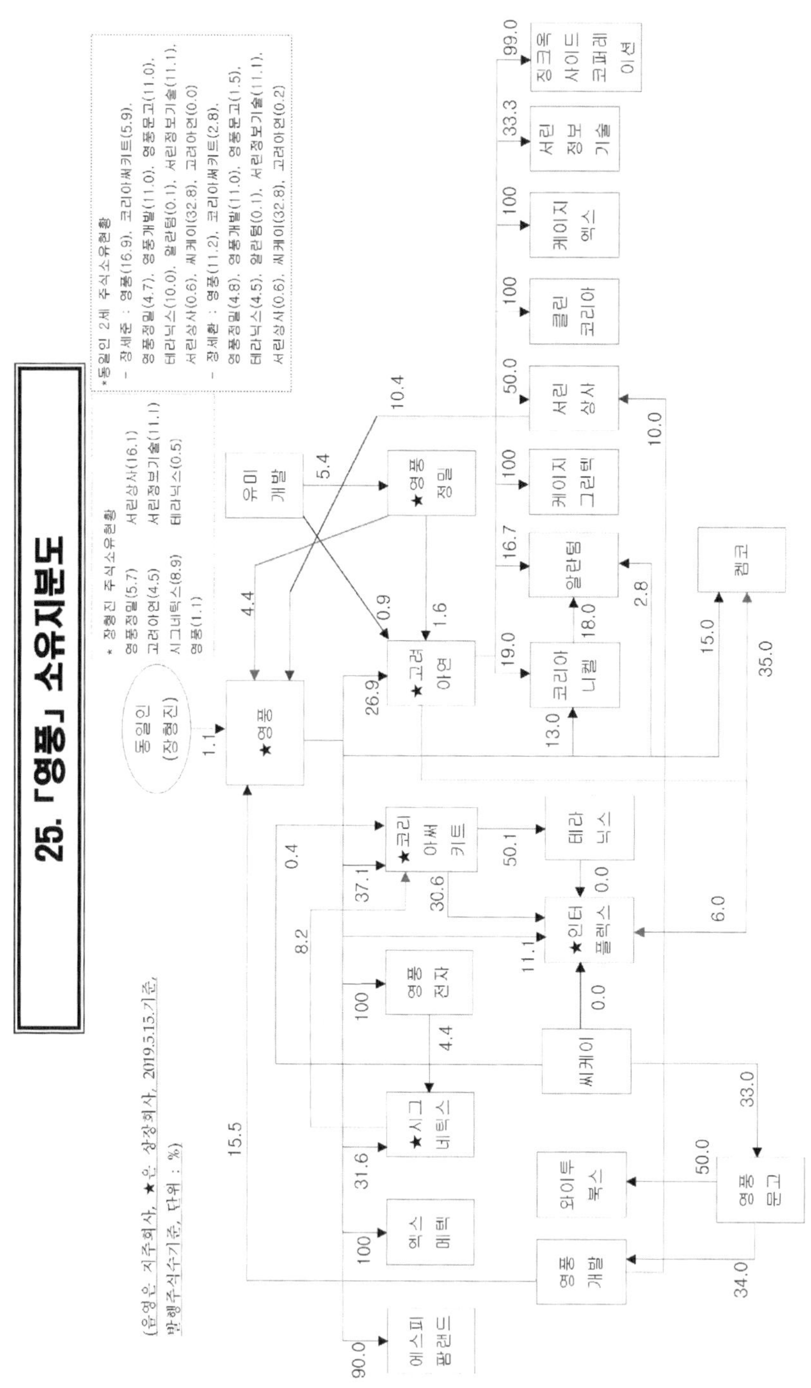

9) 영풍그룹, 2020년 5월: [순위] 28위, [동일인] 장형진, [계열회사] 26개

장형진 (11.5%), 장세준 (16.9%), 장세환 (11.2%) → 영풍 → 고려아연, 코리아써키트 등

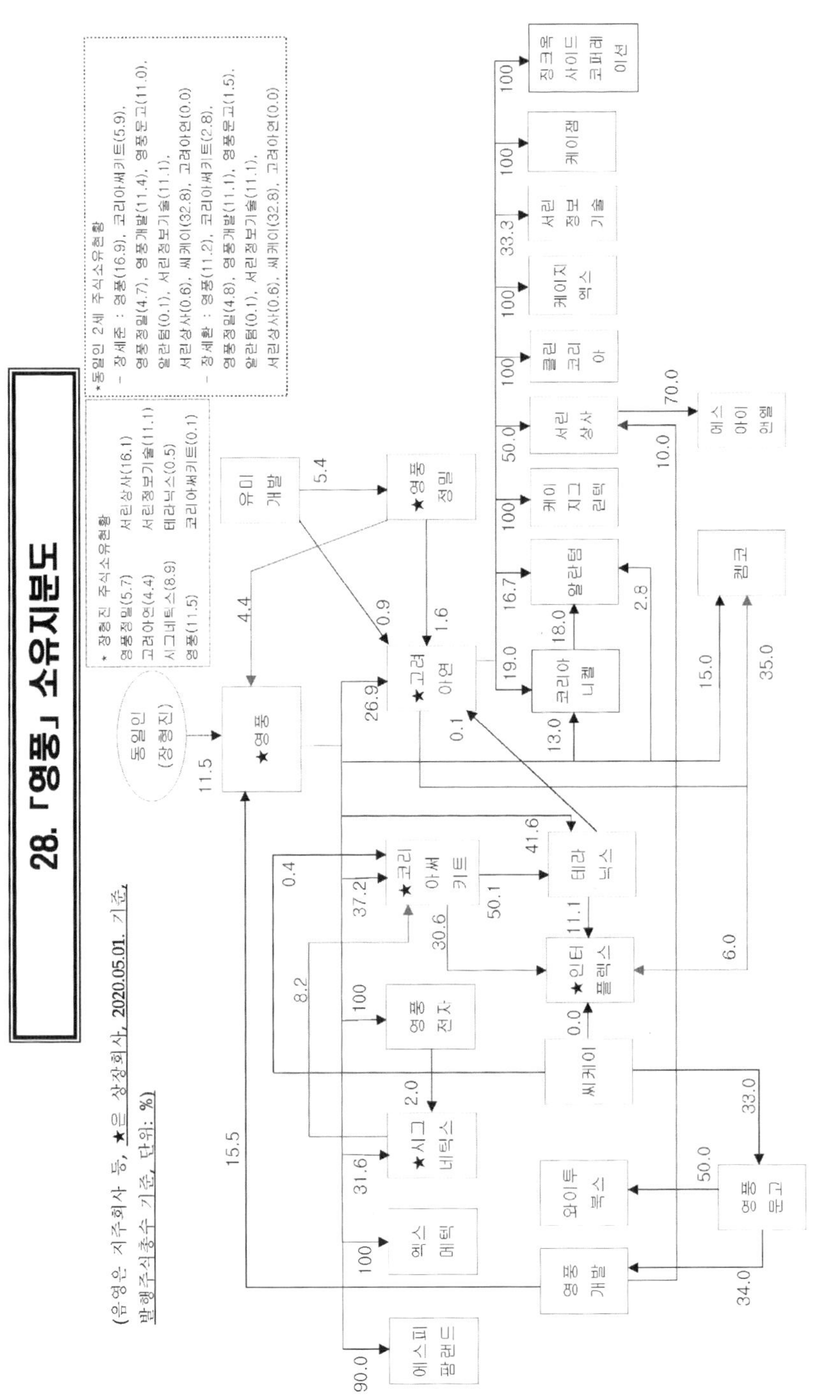

10) 영풍그룹, 2021년 5월: [순위] 30위, [동일인] 장형진, [계열회사] 27개

장형진 (0.7%), 장세준 (16.9%), 장세환 (11.2%) → 영풍 → 고려아연, 코리아써키트 등

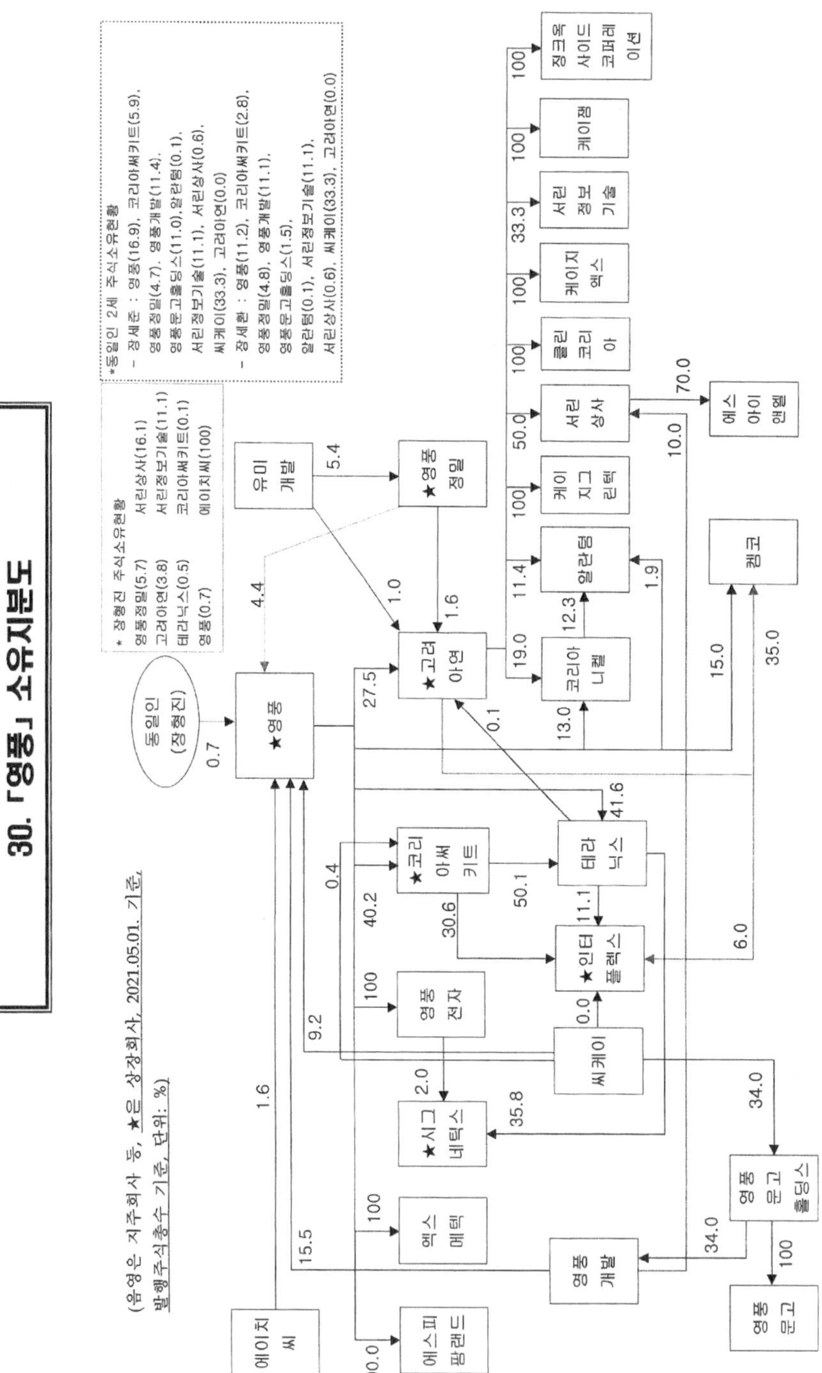

46. OCI그룹: 2012-2021년

연도	동일인	순위 (위)	계열회사 (개)	자산총액 (10억 원)	매출액 (10억 원)	당기순이익 (10억 원)
1990		(31)	11	(0)	362	10
1991		(31)	13	(0)	429	18
1992		(31)	13	(0)	518	13
2001		27	22	2,826	2,066	77
2002		31	19	2,293	1,791	-142
2003		35	19	2,241	2,123	86
2004		42	19	2,287	2,270	79
2005		44	18	2,364	2,586	87
2006		47	19	2,627	2,598	65
2007		42	18	3,119	2,998	142
2008		41	15	4,163	3,496	220
2009		27	18	8,214	5,443	518
2010		32	18	7,769	5,237	553
2011		29	17	9,645	6,341	900
2012	이수영	24	19	11,773	7,804	921
2013	이수영	25	22	12,159	6,195	-182
2014	이수영	23	26	12,131	5,650	-377
2015	이수영	24	26	12,007	5,877	-263
2016	이수영	23	22	11,590	5,936	164
2017	이수영	24	22	11,803	6,161	487
2018	이우현	27	21	11,323	6,110	263
2019	이우현	31	19	10,655	5,570	189
2020	이우현	35	18	9,930	5,121	-652
2021	이우현	43	18	9,815	3,778	-37

	[소유구조]	
주요 주주	이수영 (동일인), 이우현 (동일인, 2세)	친족
주요 지배 회사	OCI	OCI상사/유니드글로벌상사
주요 계열회사	OCI머티리얼즈, OCI정보통신, OCI파워, 삼광유리/삼광글라스	유니드, '유니드 → 삼광글라스/SGC에너지'

주: 1) 2002-2016년 순위: 공기업집단을 제외한 순위.
2) 1990-1992년: 31위 이하 순위 및 자산총액 정보 없음. (31)/(0)으로 표시함.

1. 그룹

1) 대규모기업집단 지정 연도: 1990-1992, 2001-2021년.

2) 연도 수: 24년.

3) 그룹 이름: 동양화학 (1990-1992, 2001-2008년), OCI (2009-2021년).

2. 소유지분도: 개관

1) 소유지분도 작성 연도: 2012-2021년.

연도 수: 10년.

2) 그룹 주요 지표: [동일인] 이수영, 이우현. [순위] 23-43위.

[계열회사] 18-26개. [자산총액] 9.8-12.2조 원.

[매출액] 3.8-7.8조 원. [당기순이익] (-0.7) - 0.9조 원.

3) 소유구조

◆ {이수영, 이우현 → OCI → 계열회사} +

{친족 → OCI상사/유니드글로벌상사 → 계열회사2} ◆

① [주요 주주]

2명 (1명씩 지분 보유).

이수영 (동일인)(6년; 2012-2017년) ‖ 이우현 (동일인, 2세)(4년; 2018-2021년).

지분: 10.9% (6년; 2012-2017년) ‖ 5-5.5% (4년; 2018-2021년).

② [주요 지배 회사]

1개.

OCI (상장).

* 기타: 1개.

OCI상사 / 유니드글로벌상사.

③ [계열회사]

유형: 자회사 → 손자회사 → 증손회사.

주요 회사: 4개 (2-3개씩 관련).

OCI머티리얼즈 (상장), OCI정보통신, OCI파워,

삼광유리 (상장) / 삼광글라스 (상장).

* 계열회사2: 2개 (1-2개씩 관련).

유니드 (상장),

'유니드 → 삼광글라스 / SGC에너지 (상장)'.

4) OCI상사: 유니드글로벌상사 (2017년 9월 상호 변경).

삼광유리: 삼광글라스 (2013년 3월 상호 변경),

SGC에너지 (2020년 10월 상호 변경; 군장에너지 합병 및 물적분할 후 SGC솔루션 설립, 이테크건설에서 인적분할된 투자부문 합병, 이테크건설은 SGC이테크건설로 상호 변경).

3. 소유지분도: 연도별, 2012-2021년

1) 2012년 4월: [순위] 24위, [동일인] 이수영, [계열회사] 19개

{이수영 (10.9%) →

OCI → OCI머티리얼즈, OCI정보통신, 삼광유리 등} +

{친족 → OCI상사 → 유니드 등}.

2) 2013년 4월: [순위] 25위, [동일인] 이수영, [계열회사] 22개

{이수영 (10.9%) →

OCI → OCI머티리얼즈, OCI정보통신, 삼광글라스 등} +

{친족 → OCI상사 → 유니드 등}.

3) 2014년 4월: [순위] 23위, [동일인] 이수영, [계열회사] 26개

{이수영 (10.9%) →

OCI → OCI머티리얼즈, OCI정보통신, OCI파워 등} +

{친족 → OCI상사 → '유니드 → 삼광글라스 등'}.

4) 2015년 4월: [순위] 24위, [동일인] 이수영, [계열회사] 26개

{이수영 (10.9%) →

OCI → OCI머티리얼즈, OCI정보통신, OCI파워 등} +

{친족 → OCI상사 → '유니드 → 삼광글라스 등'}.

5) 2016년 4월: [순위] 23위, [동일인] 이수영, [계열회사] 22개

{이수영 (10.9%) →

OCI → OCI정보통신, OCI파워 등} +

{친족 → OCI상사 → '유니드 → 삼광글라스 등'}.

6) 2017년 5월: [순위] 24위, [동일인] 이수영, [계열회사] 22개

{이수영 (10.9%) →

OCI → OCI정보통신, OCI파워 등} +

{친족 → OCI상사 → '유니드 → 삼광글라스 등'}.

7) 2018년 5월: [순위] 27위, [동일인] 이우현, [계열회사] 21개

{이우현 (5%) →

OCI → OCI정보통신, OCI파워 등} +

{친족 → 유니드글로벌상사 → '유니드 → 삼광글라스 등'}.

8) 2019년 5월: [순위] 31위, [동일인] 이우현, [계열회사] 19개

{이우현 (5%) →

OCI → OCI정보통신, OCI파워 등} +

{친족 → 유니드글로벌상사 → '유니드 → 삼광글라스 등'}.

9) 2020년 5월: [순위] 35위, [동일인] 이우현, [계열회사] 18개

{이우현 (5.5%) →

OCI → OCI정보통신, OCI파워 등} +

{친족 → 유니드글로벌상사 → '유니드 → 삼광글라스 등'}.

10) 2021년 5월: [순위] 43위, [동일인] 이우현, [계열회사] 18개

{이우현 (5%) →

OCI → OCI정보통신, OCI파워 등} +

{친족 → 유니드글로벌상사 → '유니드 → SGC에너지 등'}.

1) OCI그룹, 2012년 4월: [순위] 24위, [동일인] 이수영, [계열회사] 19개

{이수영 (10.9%) → OCI → OCI머티리얼즈, OCI정보통신, 삼광유리 등} + {친족 → OCI상사 → 유니드 등}

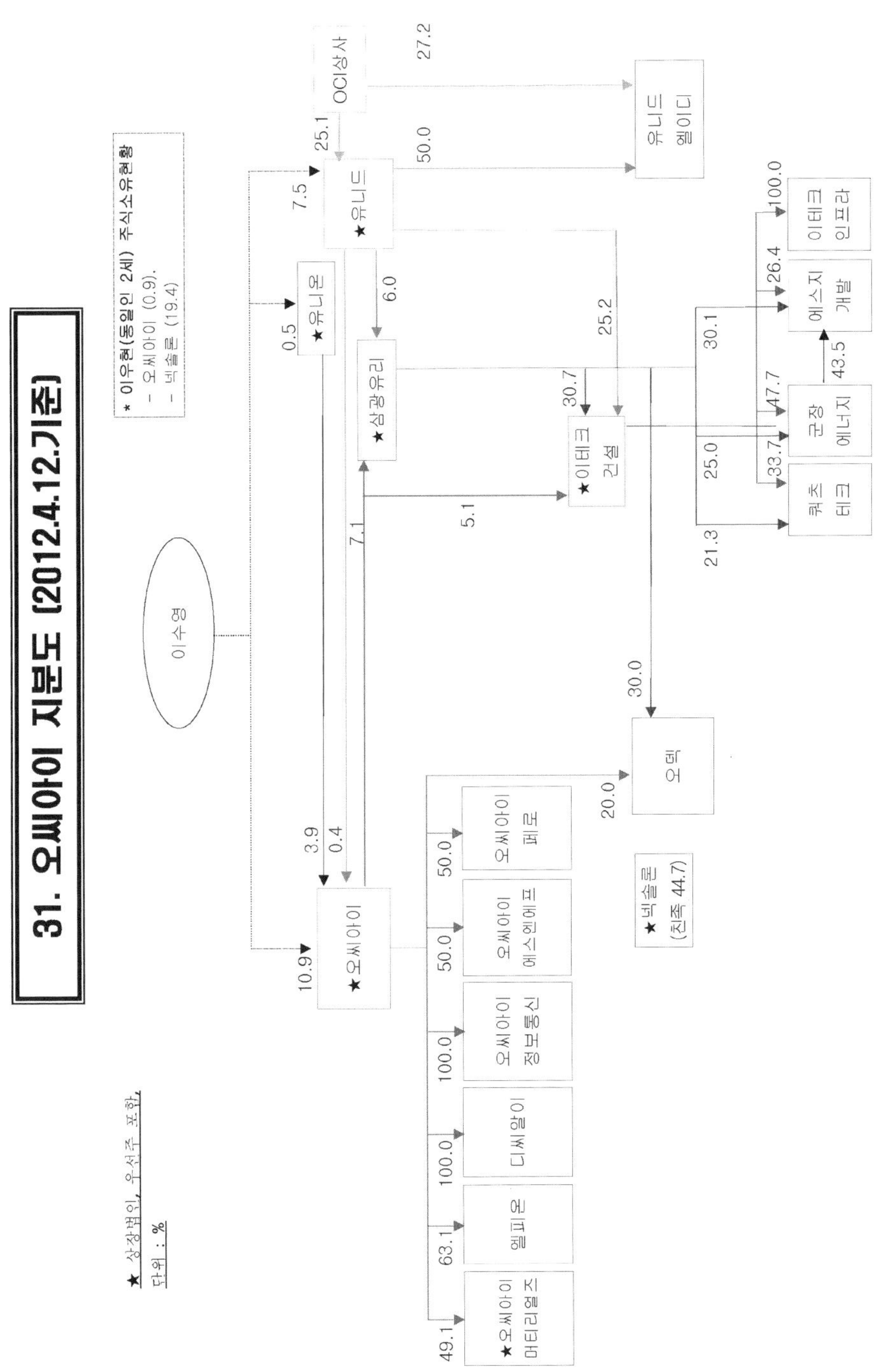

2) OCI그룹, 2013년 4월: [순위] 25위, [동일인] 이수영, [계열회사] 22개

{이수영 (10.9%) → OCI → OCI머티리얼즈, OCI정보통신, 삼광글라스 등} + {친족 → OCI상사 → 유니드 등}

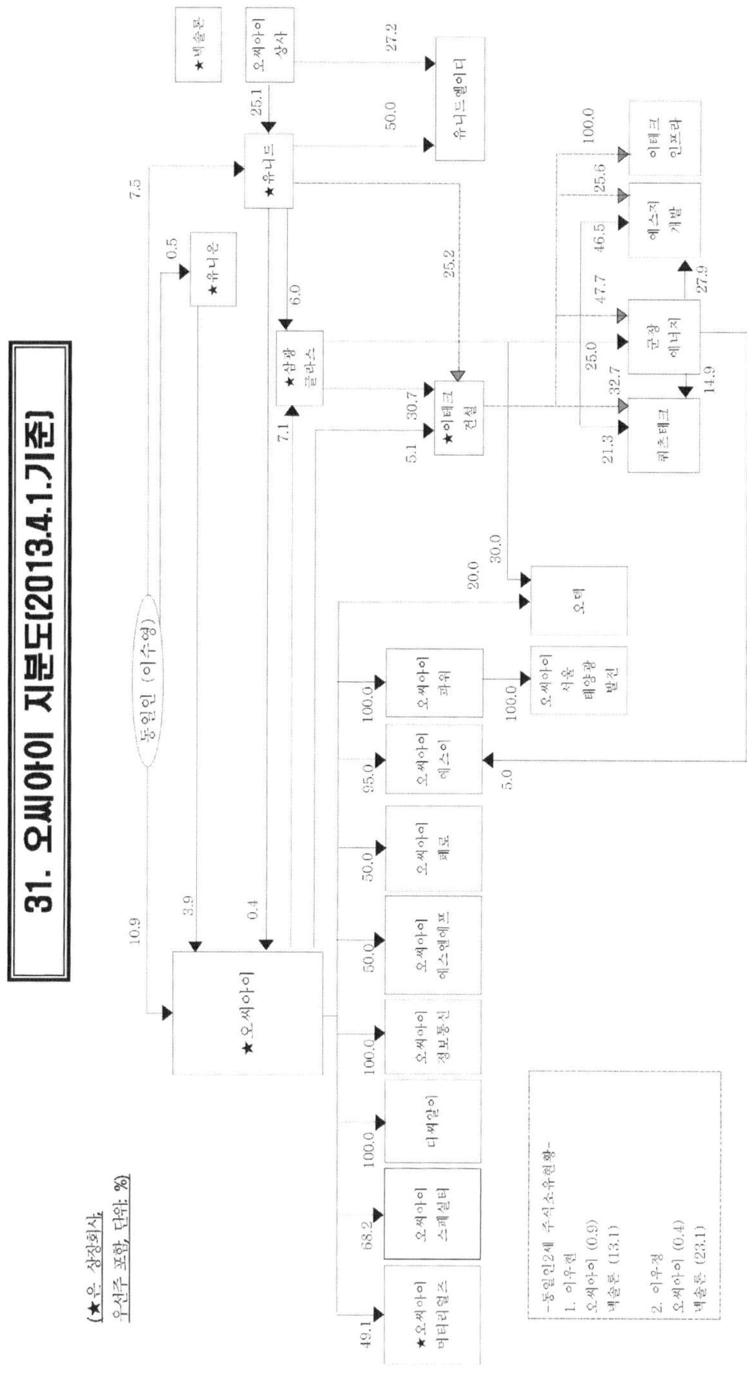

3) OCI그룹, 2014년 4월: [순위] 23위, [동일인] 이수영, [계열회사] 26개

{이수영 (10.9%) → OCI → OCI머티리얼즈, OCI정보통신, OCI파워 등} + {친족 → OCI상사 → '유니드 → 삼광글라스 등'}

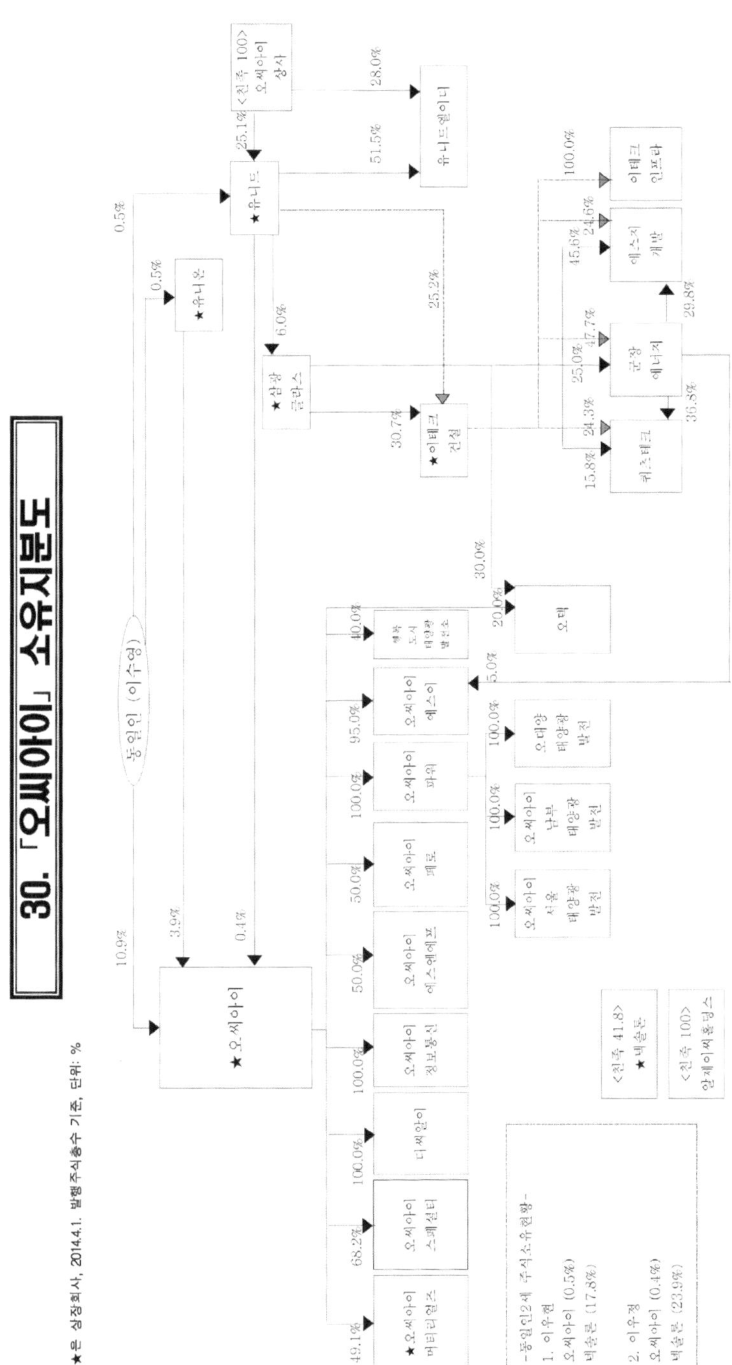

4) OCI그룹, 2015년 4월: [순위] 24위, [동일인] 이수영, [계열회사] 26개

{이수영 (10.9%) → OCI → OCI머티리얼즈, OCI정보통신, OCI파워 등} + {친족 → OCI상사 → '유니드 → 삼광글라스 등'}

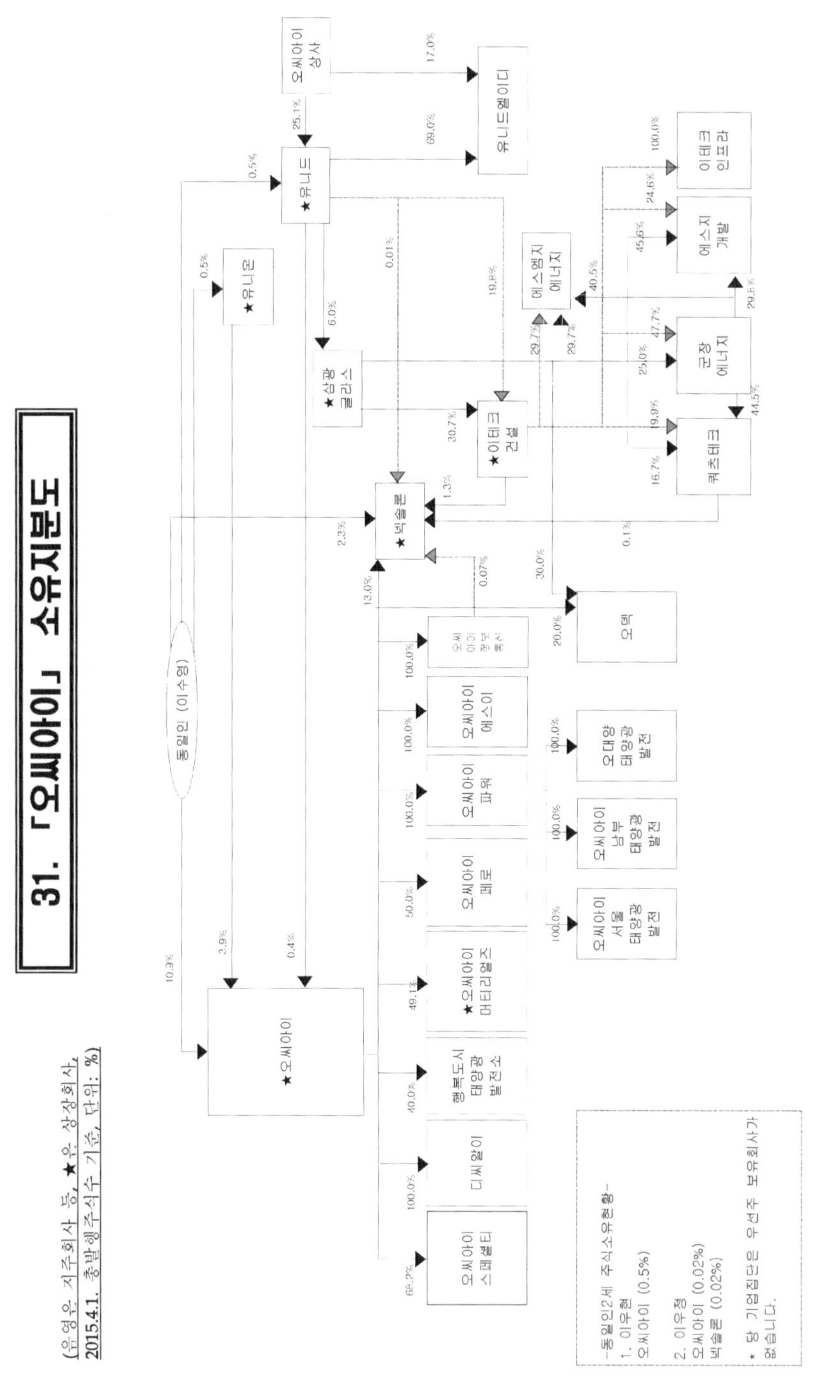

5) OCI그룹, 2016년 4월: [순위] 23위, [동일인] 이수영, [계열회사] 22개

{이수영 (10.9%) → OCI → OCI정보통신, OCI파워 등} + {친족 → OCI상사 → '유니드 → 삼광글라스 등'}

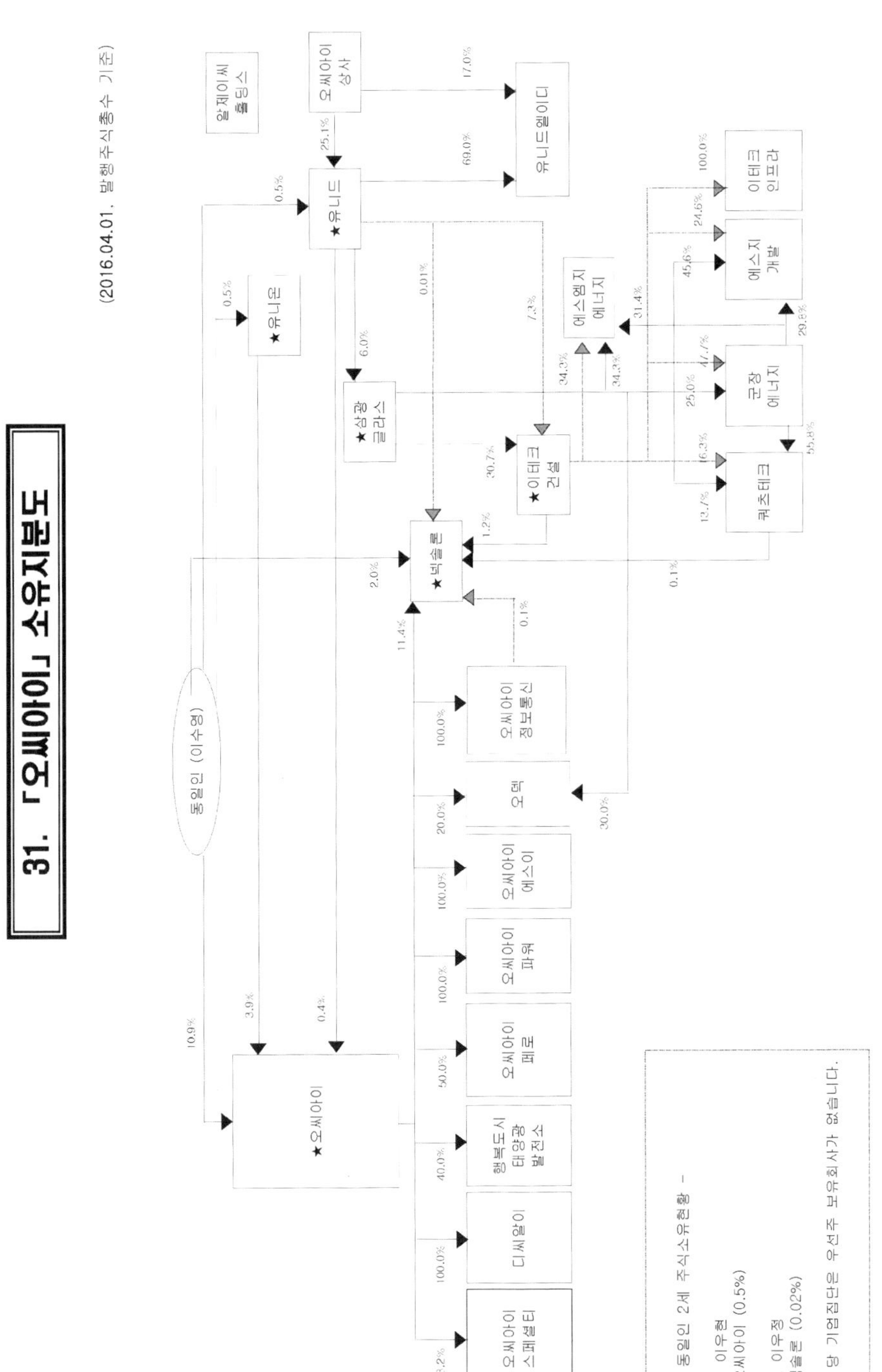

6) OCI그룹, 2017년 5월: [순위] 24위, [동일인] 이수영, [계열회사] 22개

{이수영 (10.9%) → OCI → OCI정보통신, OCI파워 등} + {친족 → OCI상사 → '유니드 → 삼광글라스 등'}

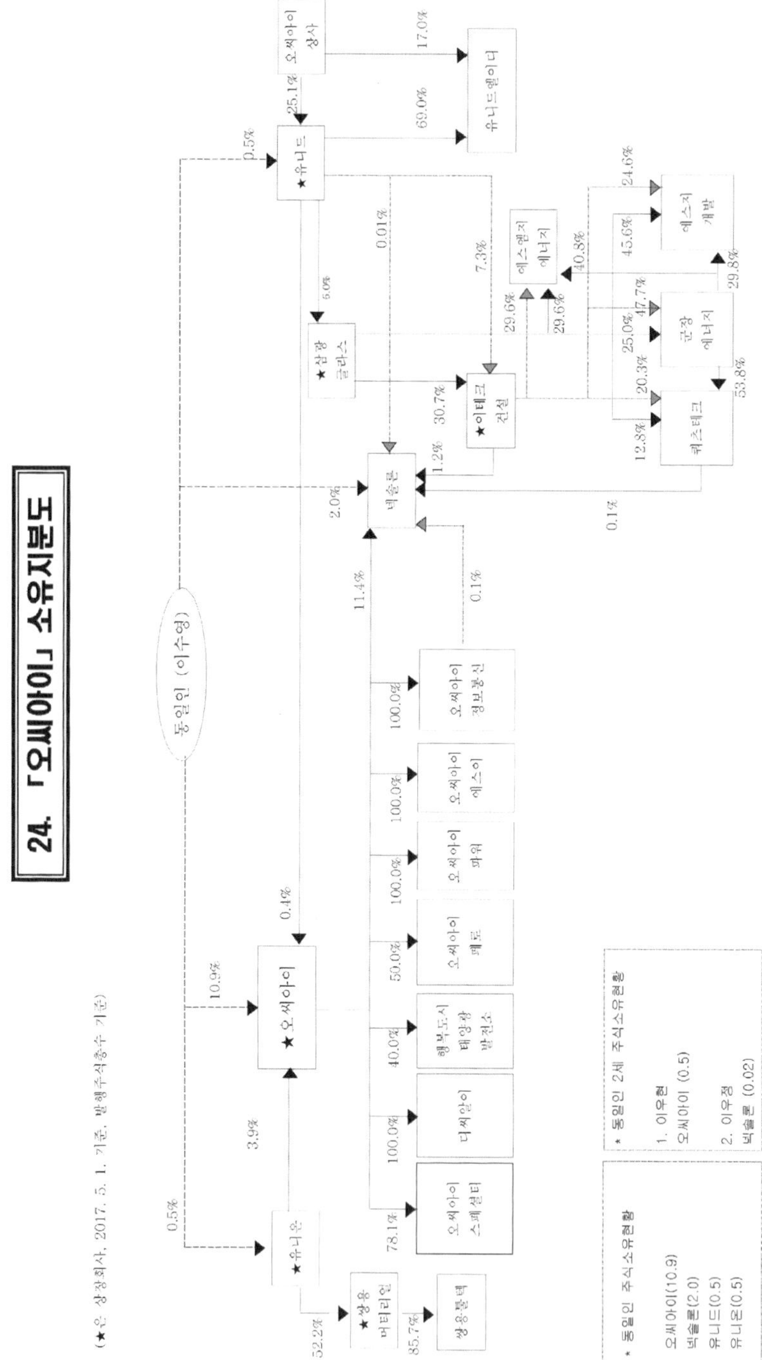

7) OCI그룹, 2018년 5월: [순위] 27위, [동일인] 이우현, [계열회사] 21개

{이우현 (5%) → OCI → OCI정보통신, OCI파워 등} + {친족 → 유니드글로벌상사 → '유니드 → 삼광글라스 등'}

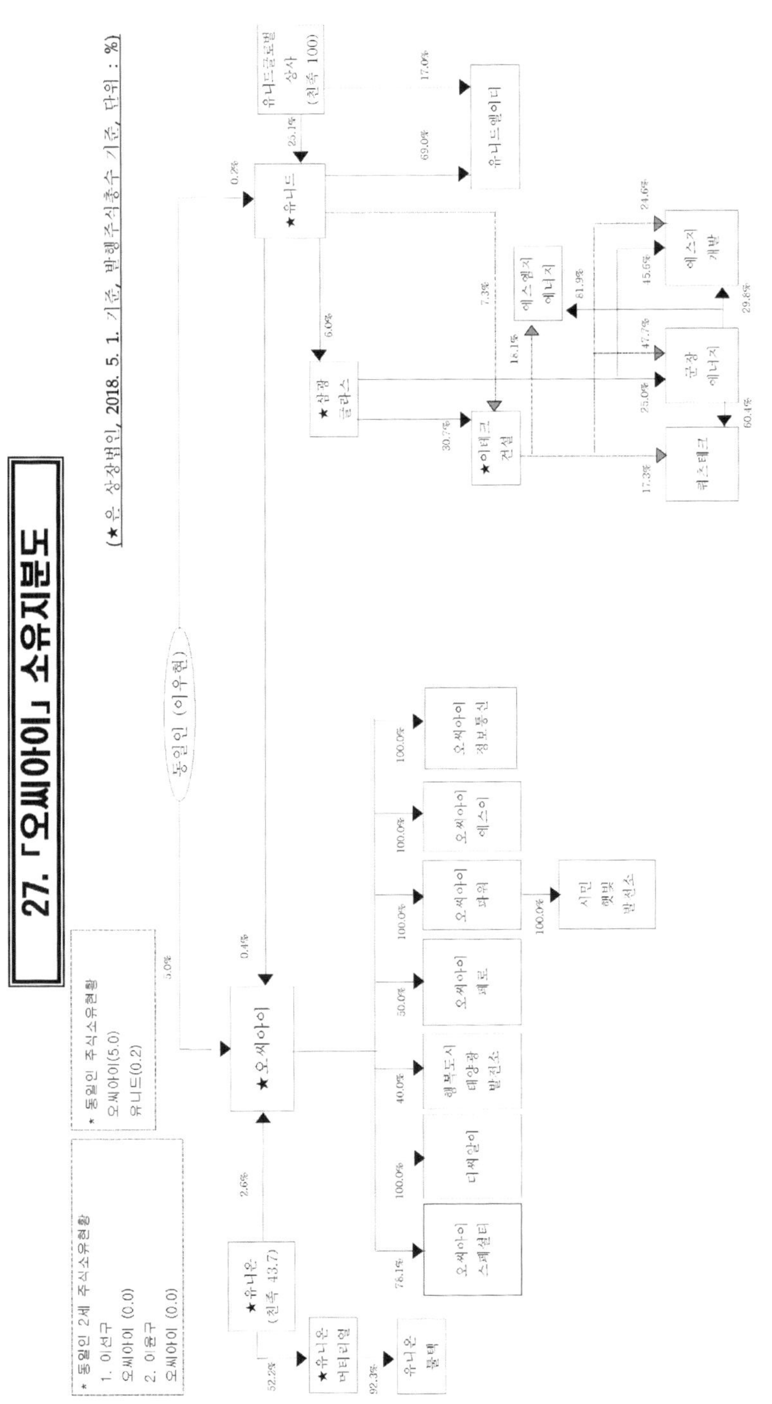

8) OCI그룹, 2019년 5월: [순위] 31위, [동일인] 이우현, [계열회사] 19개

{이우현 (5%) → OCI → OCI정보통신, OCI파워 등} + {친족 → 유니드글로벌상사 → '유니드 → 삼광글라스 등'}

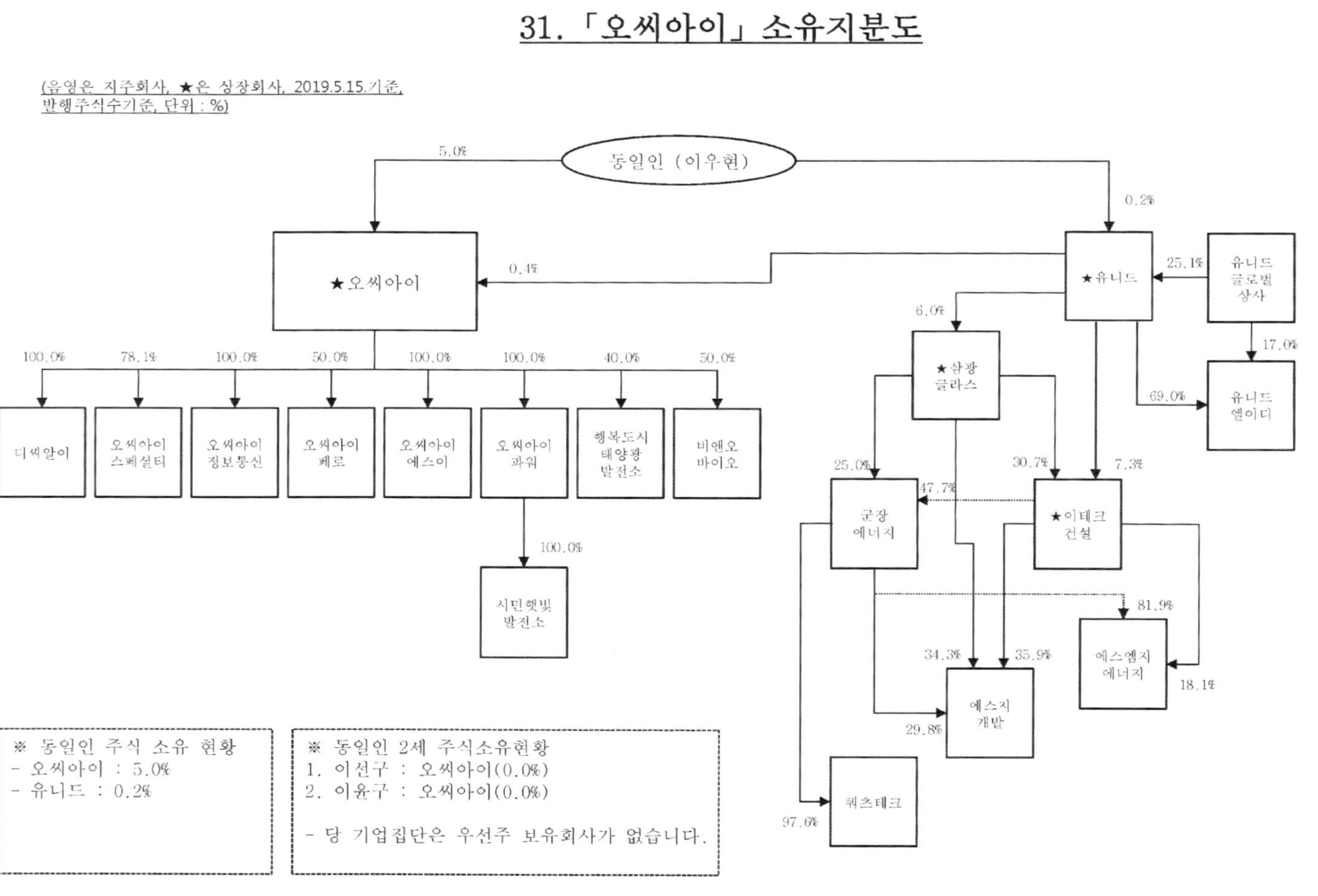

9) OCI그룹, 2020년 5월: [순위] 35위, [동일인] 이우현, [계열회사] 18개

{이우현 (5.5%) → OCI → OCI정보통신, OCI파워 등} + {친족 → 유니드글로벌상사 → '유니드 → 삼광글라스 등'}

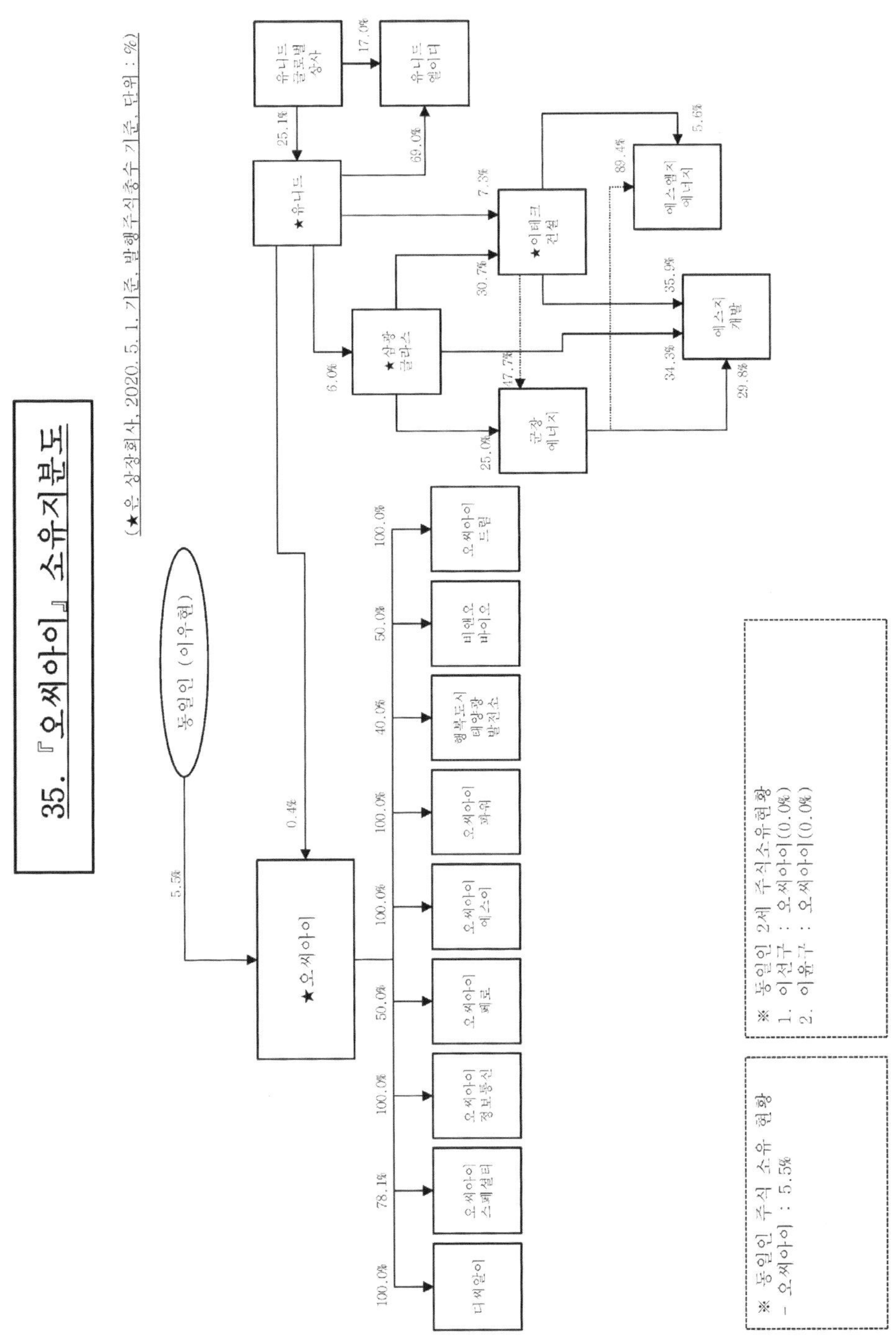

10) OCI그룹, 2021년 5월: [순위] 43위, [동일인] 이우현, [계열회사] 18개

{이우현 (5%) → OCI → OCI정보통신, OCI파워 등} + {친족 → 유니드글로벌상사 → '유니드 → SGC에너지 등'}

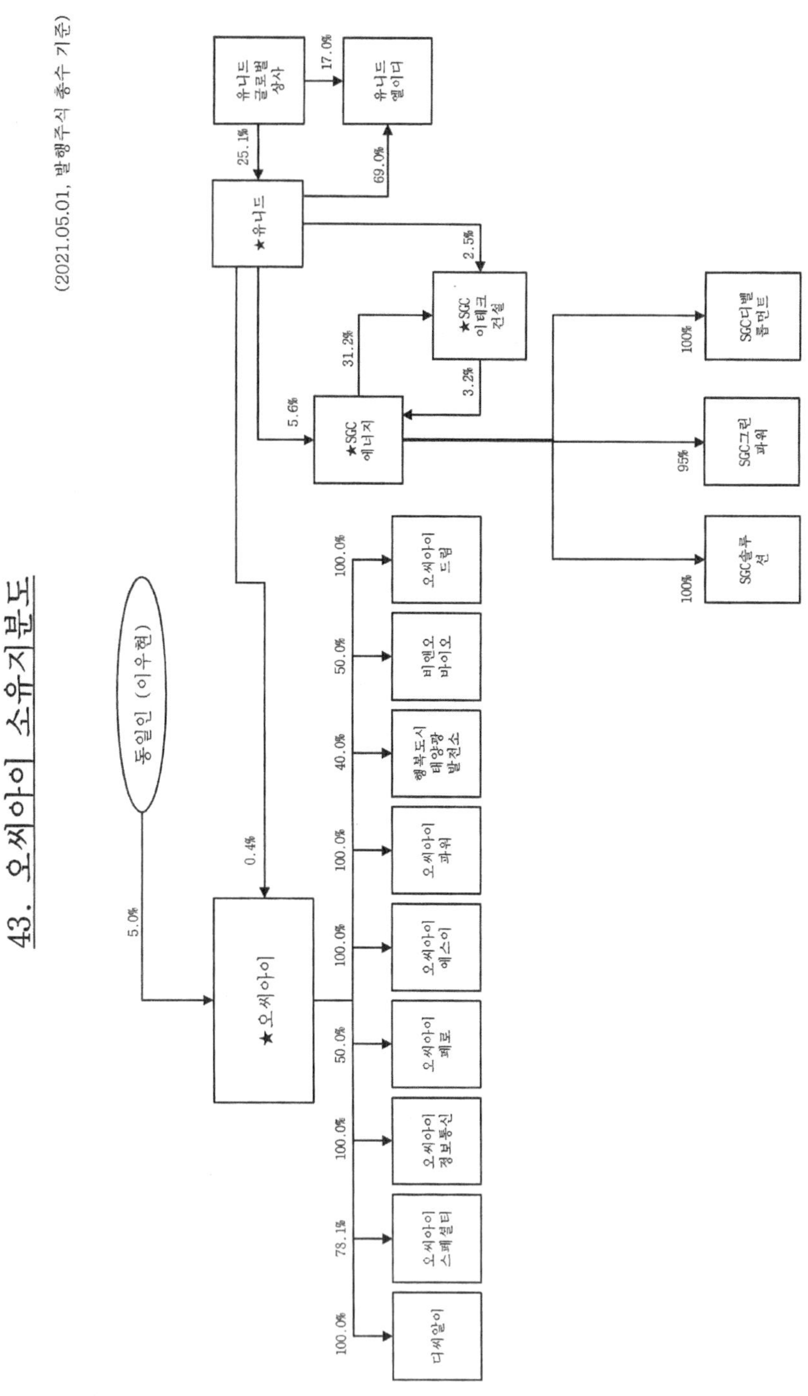

47. 웅진그룹: 2012-2013년

연도	동일인	순위 (위)	계열회사 (개)	자산총액 (10억 원)	매출액 (10억 원)	당기순이익 (10억 원)
2008		36	24	4,920	4,004	75
2009		34	29	5,867	4,407	84
2010		33	24	6,874	4,573	270
2011		32	31	8,071	5,335	106
2012	윤석금	31	29	9,335	6,017	-183
2013	윤석금	49	25	5,895	3,652	-3,518

	[소유구조]
주요 주주	윤석금 (동일인)
주요 지배 회사	웅진홀딩스, 웅진캐피탈
주요 계열회사	웅진씽크빅, 극동건설, 서울상호저축은행

주: 순위: 공기업집단을 제외한 순위.

1. 그룹

1) 대규모기업집단 지정 연도: 2008-2013년.

2) 연도 수: 6년.

2. 소유지분도: 개관

1) 소유지분도 작성 연도: 2012-2013년.
연도 수: 2년.

2) 그룹 주요 지표: [동일인] 윤석금. [순위] 31-49위.
[계열회사] 25-29개. [자산총액] 5.9-9.3조 원.
[매출액] 3.7-6.0조 원. [당기순이익] (-3.5) - (-0.2)조 원.

3) 소유구조

◆ 윤석금 → 웅진홀딩스, 웅진캐피탈 → 계열회사 ◆

① [주요 주주]

1명.

윤석금 (동일인).

지분: 7-93%.

② [주요 지배 회사]

2개 (2개씩 관련).

웅진홀딩스 (상장), 웅진캐피탈.

③ [계열회사]

유형: 자회사 → 손자회사 → 증손회사.

주요 회사: 3개 (2-3개씩 관련).

웅진씽크빅 (상장), 극동건설,

서울상호저축은행 (2012년 상장, 2013년 비상장).

3. 소유지분도: 연도별, 2012-2013년

1) 2012년 4월: [순위] 31위, [동일인] 윤석금, [계열회사] 29개

윤석금 (73.9, 93%) →

웅진홀딩스, 웅진캐피탈 → 웅진씽크빅, 극동건설, 서울상호저축은행 등.

2) 2013년 4월: [순위] 49위, [동일인] 윤석금, [계열회사] 25개

윤석금 (7, 93%) →

웅진홀딩스, 웅진캐피탈 → 웅진씽크빅, 서울상호저축은행 등.

1) 웅진그룹, 2012년 4월: [순위] 31위, [동일인] 윤석금, [계열회사] 29개

윤석금 (73.9, 93%) → 웅진홀딩스, 웅진캐피탈 → 웅진씽크빅, 극동건설, 서울상호저축은행 등

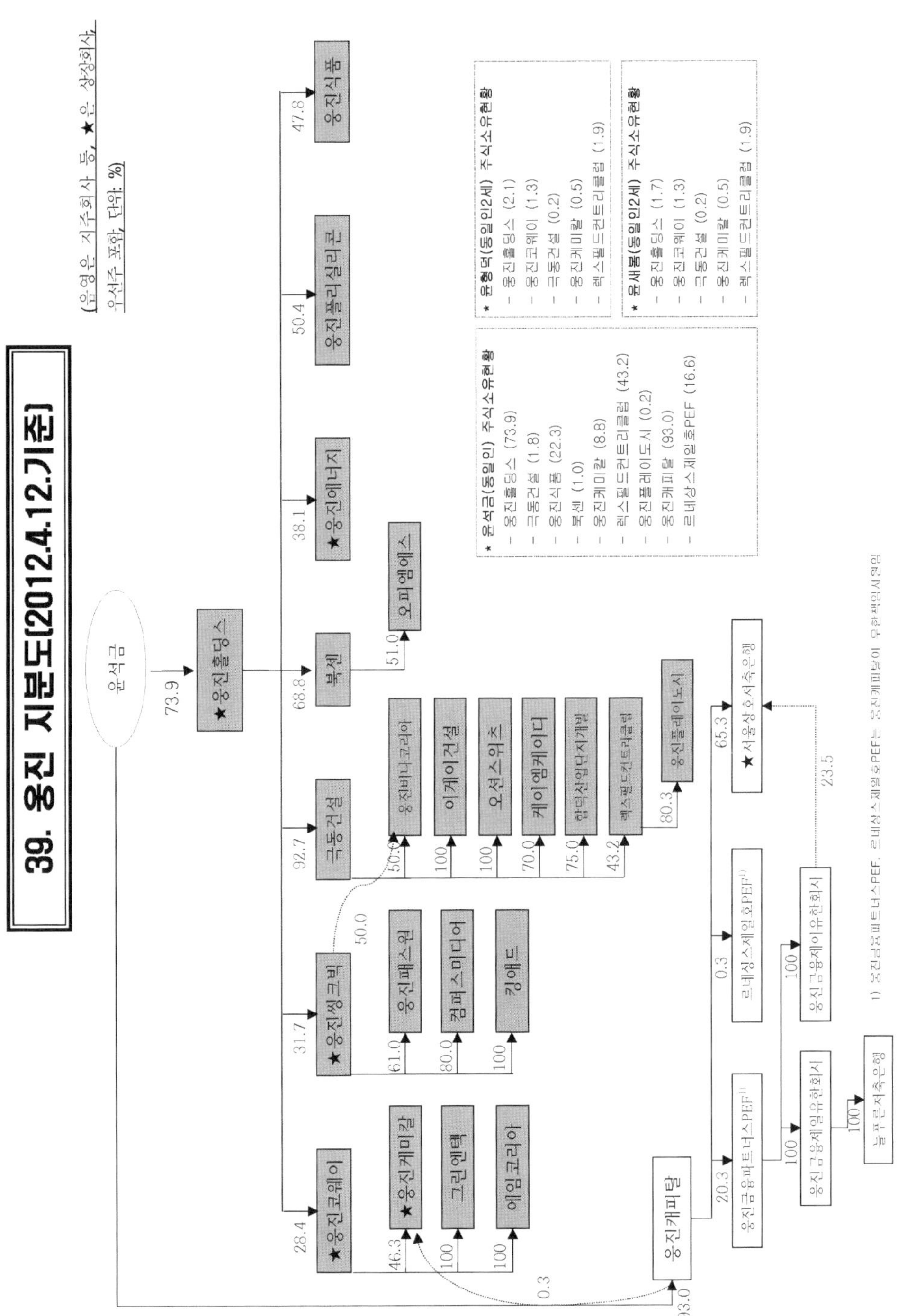

2) 웅진그룹, 2013년 4월: [순위] 49위, [동일인] 윤석금, [계열회사] 25개

윤석금 (7, 93%) → 웅진홀딩스, 웅진캐피탈 → 웅진씽크빅, 서울상호저축은행 등

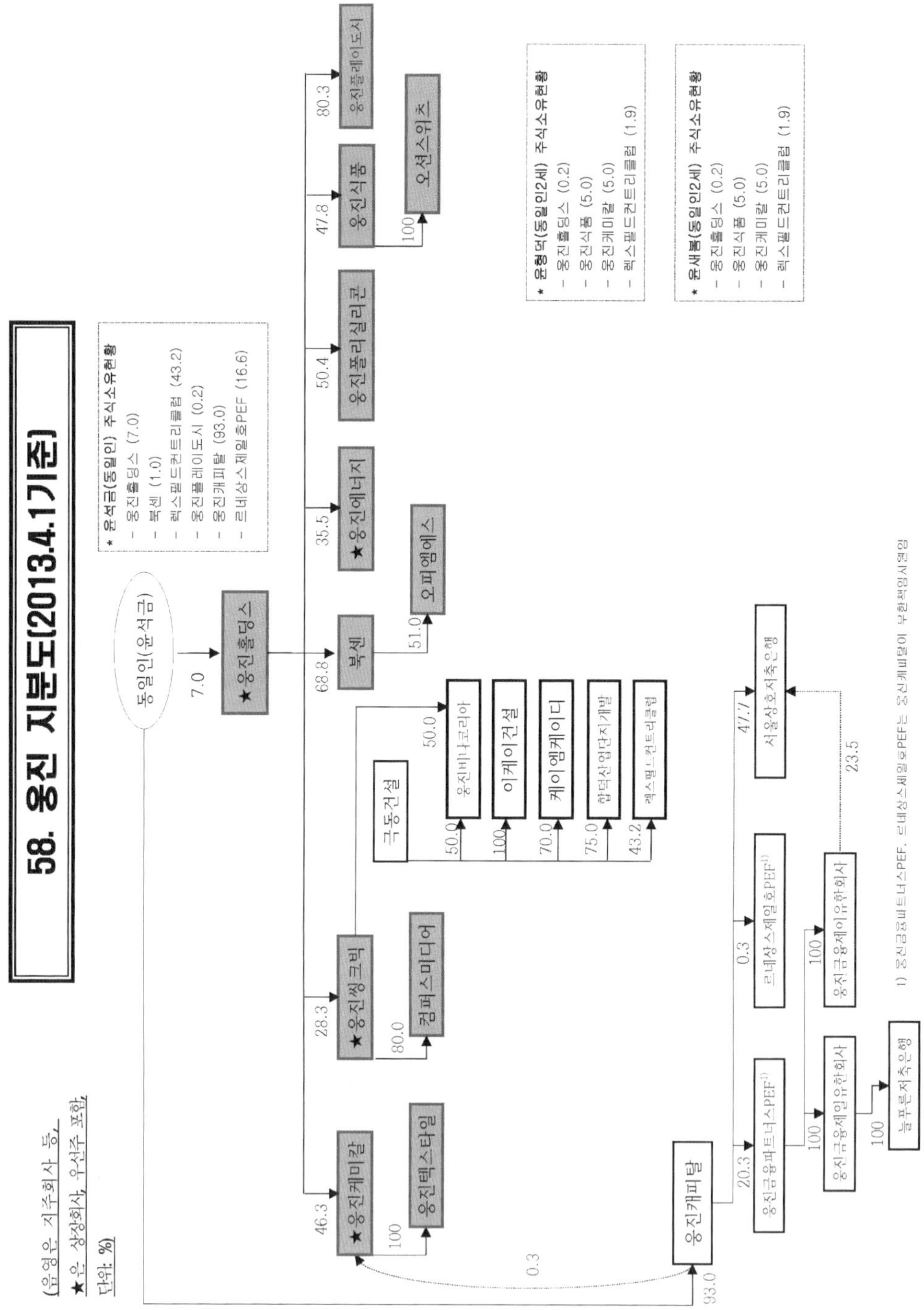

48. 유진그룹: 2012, 2018-2021년

연도	동일인	순위 (위)	계열회사 (개)	자산총액 (10억 원)	매출액 (10억 원)	당기순이익 (10억 원)
2008		48	42	3,080	2,789	101
2011		47	33	5,158	4,766	135
2012	유경선	52	28	5,139	4,938	-36
2018	유경선	59	71	5,328	2,902	212
2019	유경선	54	54	6,323	3,337	85
2020	유경선	62	46	5,435	3,507	52
2021	유경선	63	52	5,528	3,695	197

	[소유구조]
주요 주주	유경선 (동일인)
주요 지배 회사	유진기업
주요 계열회사	유진투자증권, 유진프라이빗에쿼티, 동양

주: 2008-2012년 순위: 공기업집단을 제외한 순위.

1. 그룹

1) 대규모기업집단 지정 연도: 2008, 2011-2012, 2018-2021년.

2) 연도 수: 7년.

2. 소유지분도: 개관

1) 소유지분도 작성 연도: 2012, 2018-2021년.

연도 수: 5년.

2) 그룹 주요 지표: [동일인] 유경선. [순위] 52-63위.

[계열회사] 28-71개. [자산총액] 5.1-6.3조 원.

[매출액] 2.9-4.9조 원. [당기순이익] (-0.04) - 0.2조 원.

3) 소유구조

◆ 유경선 → 유진기업 → 계열회사 ◆

① [주요 주주]

1명.

유경선 (동일인).

지분: 11.5-11.8%.

② [주요 지배 회사]

1개.

유진기업 (상장).

③ [계열회사]

유형: 자회사 → 손자회사 (1년; 2012년),

자회사 → 손자회사 → 증손회사 (4년; 2018-2021년).

주요 회사: 3개 (1-3개씩 관련).

유진투자증권 (= 유진증권; 상장), 유진프라이빗에쿼티 (= 유진PE), 동양 (상장).

3. 소유지분도: 연도별, 2012, 2018-2021년

1) 2012년 4월: [순위] 52위, [동일인] 유경선, [계열회사] 28개

유경선 (11.6%) →

유진기업 → 유진투자증권 등.

2) 2018년 5월: [순위] 59위, [동일인] 유경선, [계열회사] 71개

유경선 (11.8%) →

유진기업 → 유진투자증권, 유진프라이빗에쿼티, 동양 등.

3) 2019년 5월: [순위] 54위, [동일인] 유경선, [계열회사] 54개

유경선 (11.6%) →

유진기업 → 유진증권, 유진프라이빗에쿼티, 동양 등.

4) 2020년 5월: [순위] 62위, [동일인] 유경선, [계열회사] 46개

유경선 (11.5%) →

유진기업 → 유진증권, 유진PE, 동양 등.

5) 2021년 5월: [순위] 63위, [동일인] 유경선, [계열회사] 52개

유경선 (11.5%) →

유진기업 → 유진증권, 유진PE, 동양 등.

1) 유진그룹, 2012년 4월: [순위] 52위, [동일인] 유경선, [계열회사] 28개

유경선 (11.6%) → 유진기업 → 유진투자증권 등

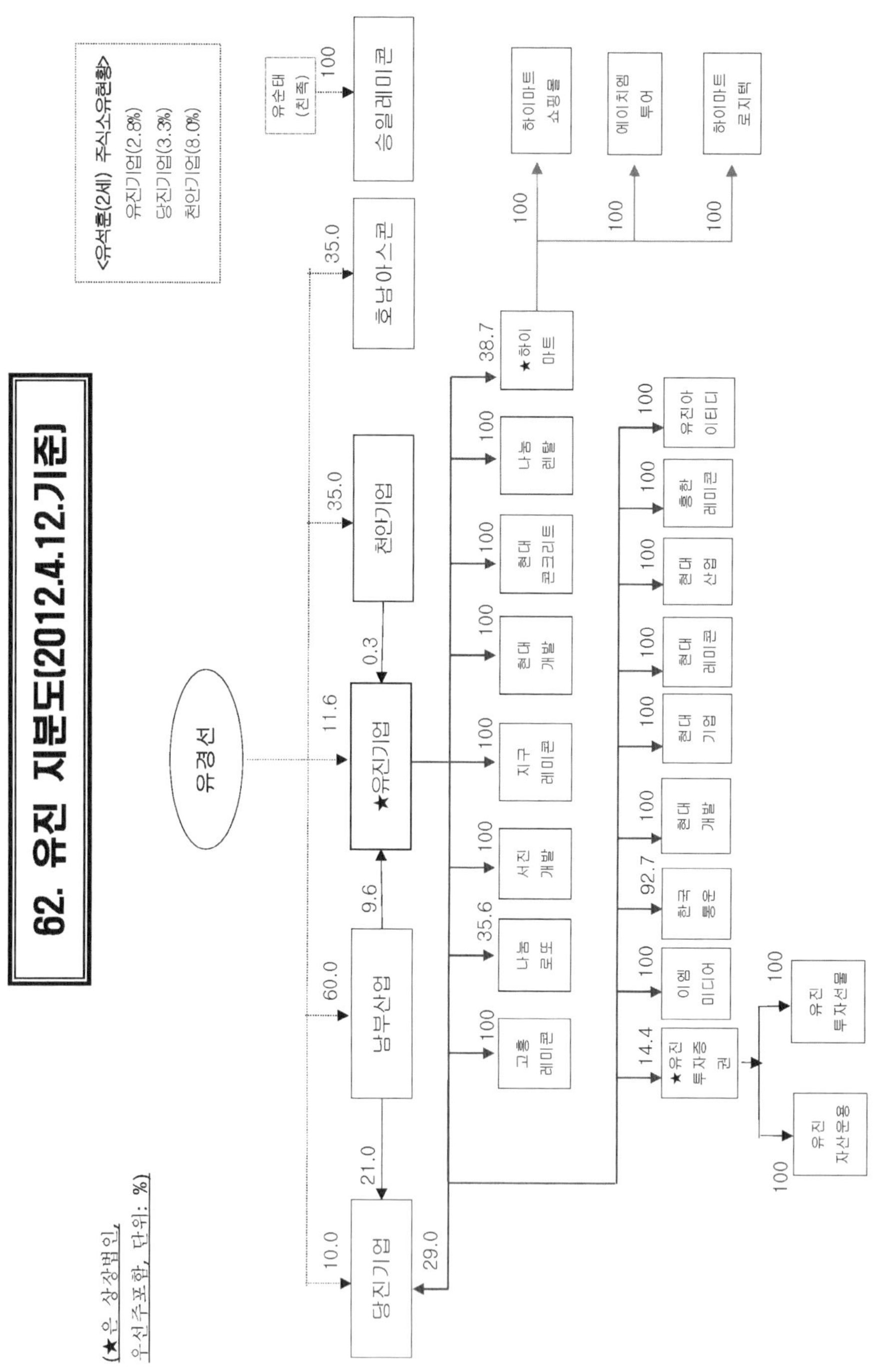

2) 유진그룹, 2018년 5월: [순위] 59위, [동일인] 유경선, [계열회사] 71개

유경선 (11.8%) → 유진기업 → 유진투자증권, 유진프라이빗에쿼티, 동양 등

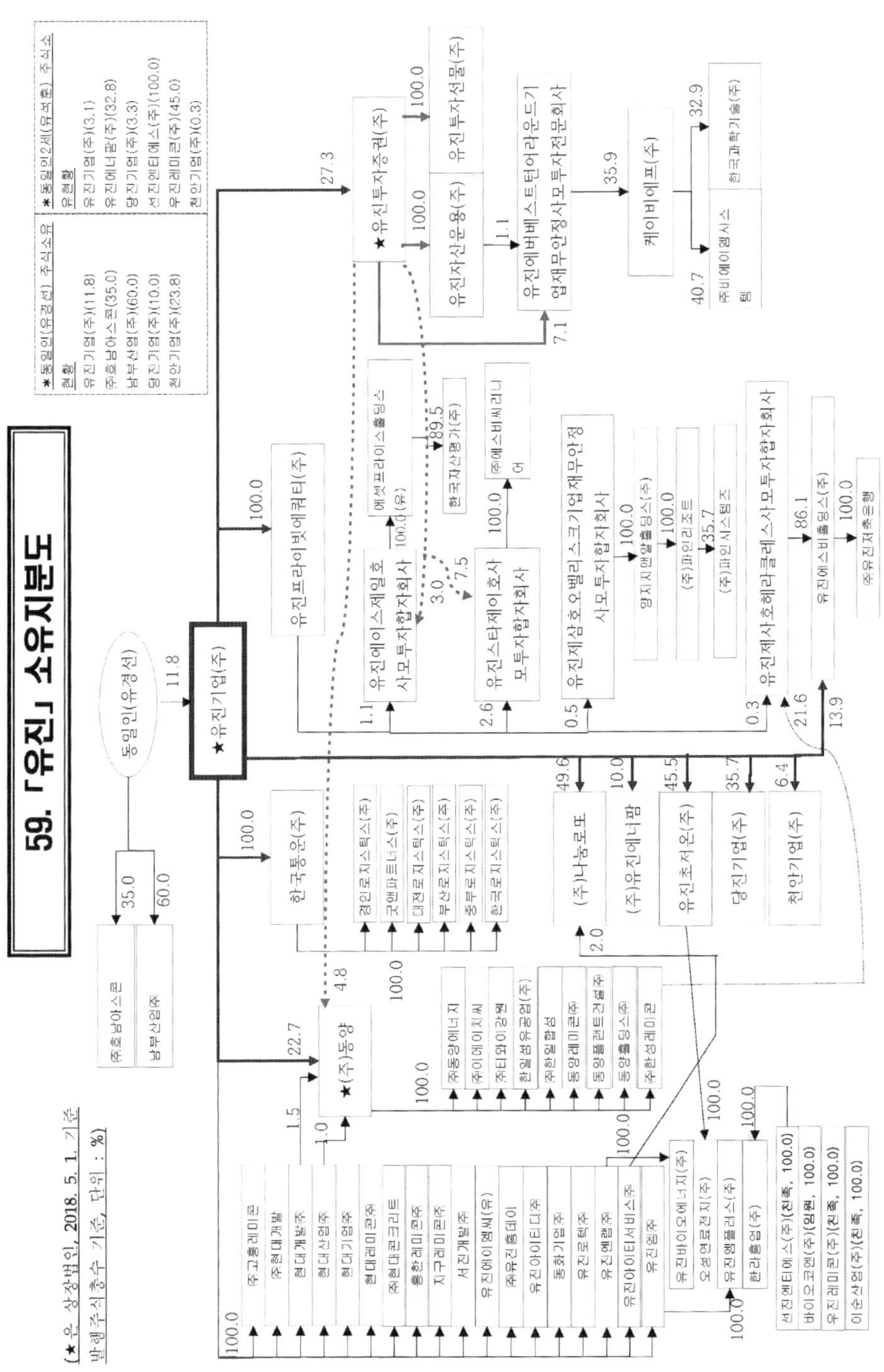

3) 유진그룹, 2019년 5월: [순위] 54위, [동일인] 유경선, [계열회사] 54개

유경선 (11.6%) → 유진기업 → 유진증권, 유진프라이빗에퀴티, 동양 등

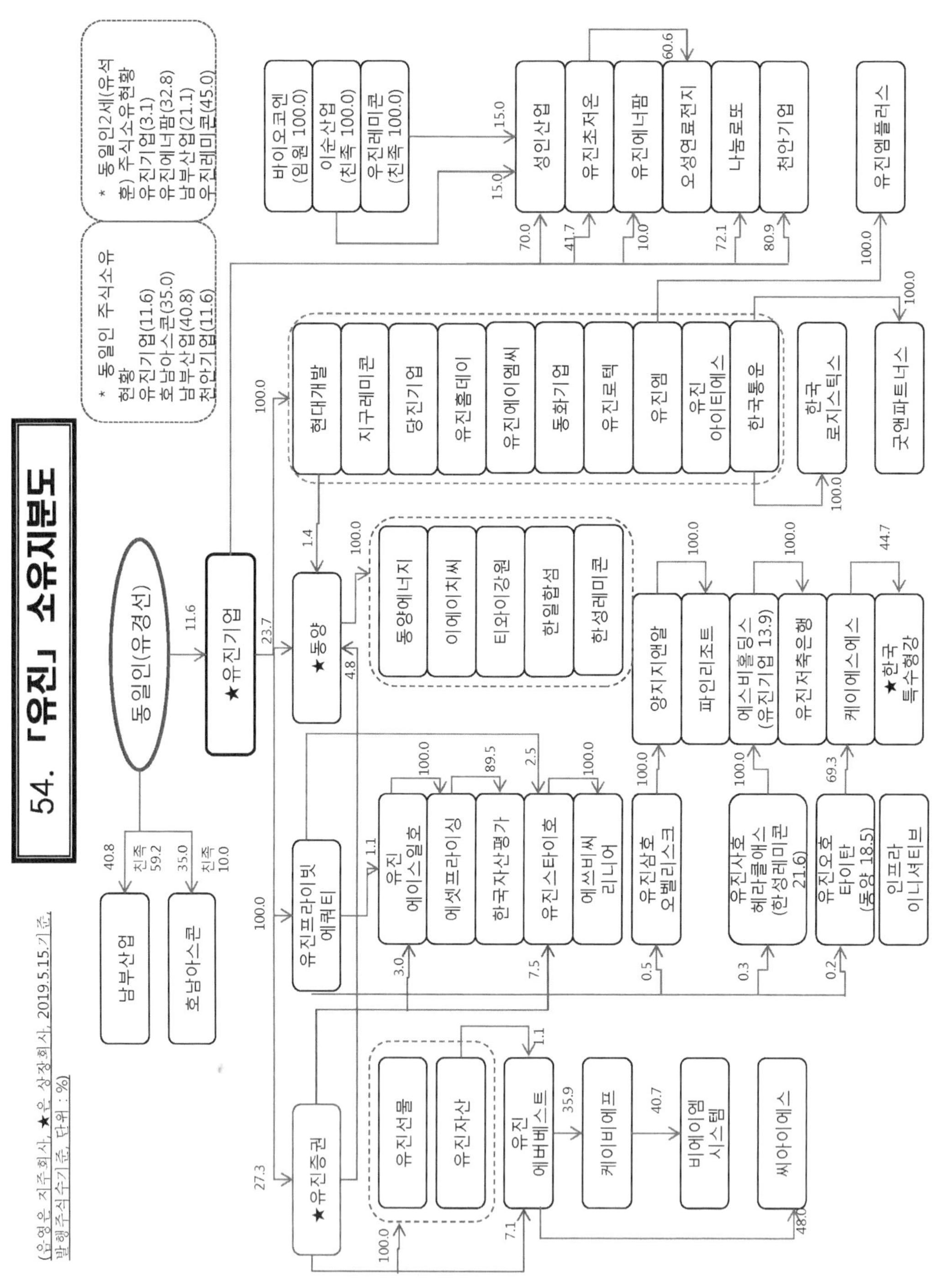

4) 유진그룹, 2020년 5월: [순위] 62위, [동일인] 유경선, [계열회사] 46개

유경선 (11.5%) → 유진기업 → 유진증권, 유진PE, 동양 등

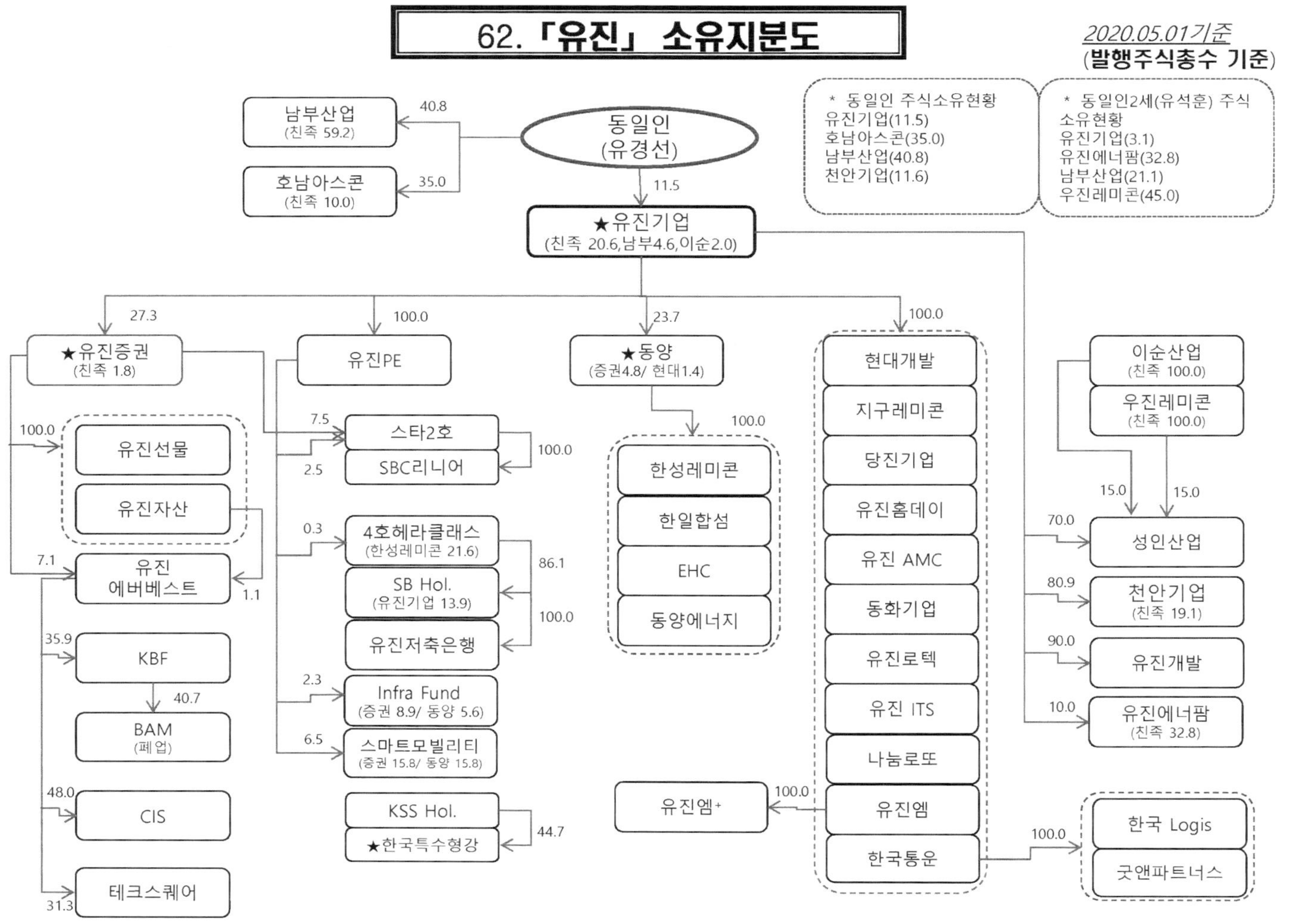

5) 유진그룹, 2021년 5월: [순위] 63위, [동일인] 유경선, [계열회사] 52개

유경선 (11.5%) → 유진기업 → 유진증권, 유진PE, 동양 등

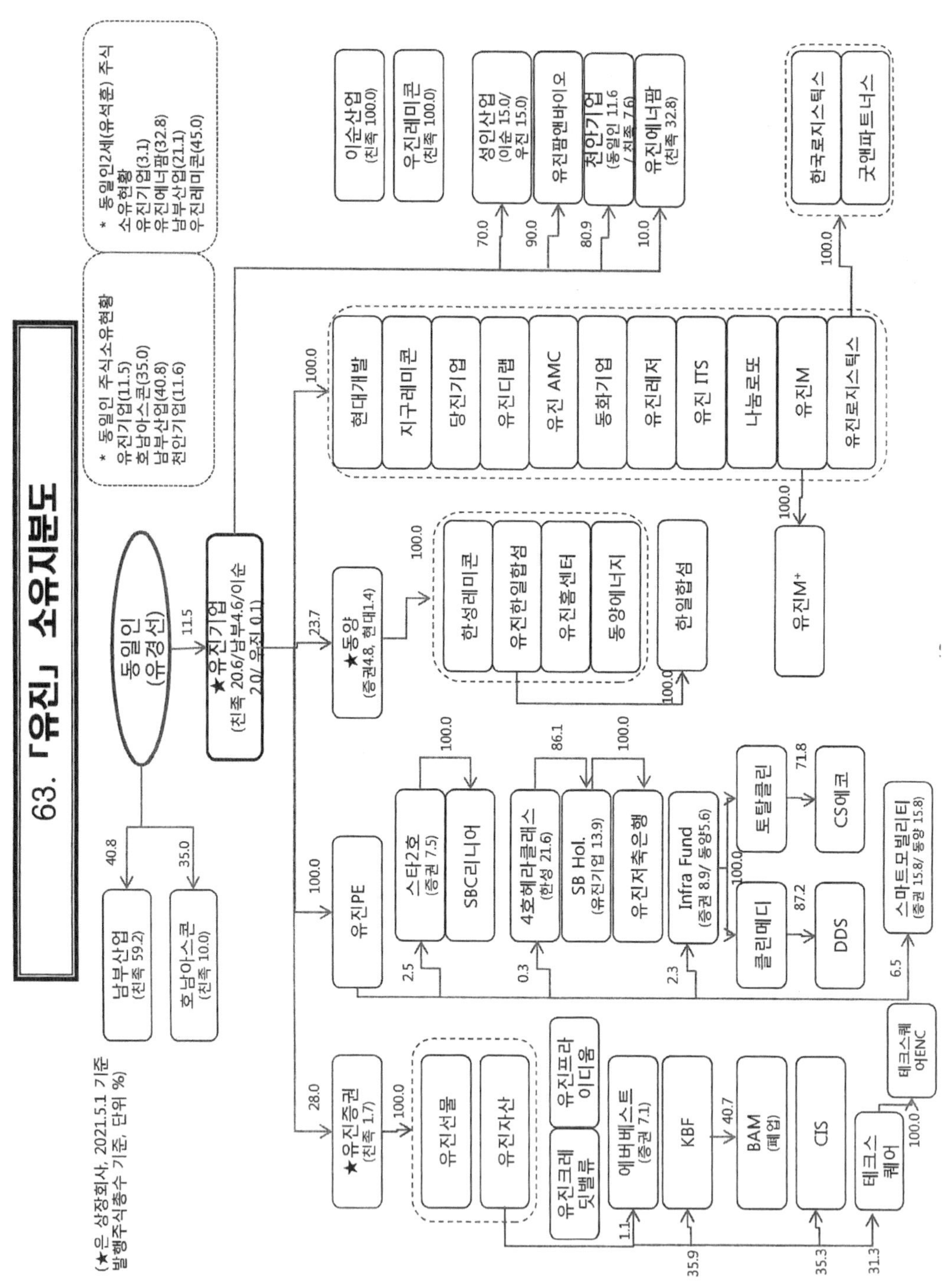

49. 이랜드그룹: 2012-2021년

연도	동일인	순위 (위)	계열회사 (개)	자산총액 (10억 원)	매출액 (10억 원)	당기순이익 (10억 원)
2005		40	12	2,610	1,139	171
2006		46	13	2,794	2,178	227
2007		26	16	5,383	2,666	108
2008		33	19	5,200	4,456	-266
2012	박성수	51	30	5,242	3,764	117
2013	박성수	50	27	5,542	4,427	56
2014	박성수	45	24	6,375	4,695	166
2015	박성수	43	25	6,657	4,711	149
2016	박성수	42	29	7,531	4,980	189
2017	박성수	42	29	7,536	5,169	-9
2018	박성수	42	30	8,250	4,701	681
2019	박성수	41	29	9,280	4,706	193
2020	박성수	36	31	9,873	4,562	488
2021	박성수	45	33	9,509	3,713	-547

	[소유구조]
주요 주주	박성수 (동일인)
주요 지배 회사	이랜드월드
주요 계열회사	이랜드리테일, 이랜드파크

주: 2005-2016년 순위: 공기업집단을 제외한 순위.

1. 그룹

1) 대규모기업집단 지정 연도: 2005-2008, 2012-2021년.

2) 연도 수: 14년.

2. 소유지분도: 개관

1) 소유지분도 작성 연도: 2012-2021년.

연도 수: 10년.

2) 그룹 주요 지표: [동일인] 박성수. [순위] 36-51위.
[계열회사] 24-33개. [자산총액] 5.2-9.9조 원.
[매출액] 3.7-5.2조 원. [당기순이익] (-0.5) - 0.7조 원.

3) 소유구조

◆ 박성수 → 이랜드월드 → 계열회사 ◆

① [주요 주주]

1명.

박성수 (동일인).

지분: 33.9-40.9%.

② [주요 지배 회사]

1개.

이랜드월드.

③ [계열회사]

유형: 자회사 → 손자회사 → 증손회사.

주요 회사: 2개 (1-2개씩 관련).

이랜드리테일, 이랜드파크.

3. 소유지분도: 연도별, 2012-2021년

1) 2012년 4월: [순위] 51위, [동일인] 박성수, [계열회사] 30개

박성수 (40.9%) →

이랜드월드 → 이랜드리테일 등.

2) 2013년 4월: [순위] 50위, [동일인] 박성수, [계열회사] 27개

박성수 (40%) →

이랜드월드 → 이랜드리테일 등.

3) 2014년 4월: [순위] 45위, [동일인] 박성수, [계열회사] 24개

박성수 (40.6%) →

이랜드월드 → 이랜드리테일 등.

4) 2015년 4월: [순위] 43위, [동일인] 박성수, [계열회사] 25개

박성수 (40.6%) →

이랜드월드 → 이랜드리테일 등.

5) 2016년 4월: [순위] 42위, [동일인] 박성수, [계열회사] 29개

박성수 (40.6%) →

이랜드월드 → 이랜드리테일 등.

6) 2017년 9월: [순위] 42위, [동일인] 박성수, [계열회사] 29개

박성수 (40.6%) →

이랜드월드 → 이랜드리테일, 이랜드파크 등.

7) 2018년 5월: [순위] 42위, [동일인] 박성수, [계열회사] 30개

박성수 (33.9%) →

이랜드월드 → 이랜드리테일, 이랜드파크 등.

8) 2019년 5월: [순위] 41위, [동일인] 박성수, [계열회사] 29개

박성수 (40.7%) →

이랜드월드 → 이랜드리테일, 이랜드파크 등.

9) 2020년 5월: [순위] 36위, [동일인] 박성수, [계열회사] 31개

박성수 (40.7%) →

이랜드월드 → 이랜드리테일, 이랜드파크 등.

10) 2021년 5월: [순위] 45위, [동일인] 박성수, [계열회사] 33개

박성수 (40.7%) →

이랜드월드 → 이랜드리테일, 이랜드파크 등.

1) 이랜드그룹, 2012년 4월: [순위] 51위, [동일인] 박성수, [계열회사] 30개

박성수 (40.9%) → 이랜드월드 → 이랜드리테일 등

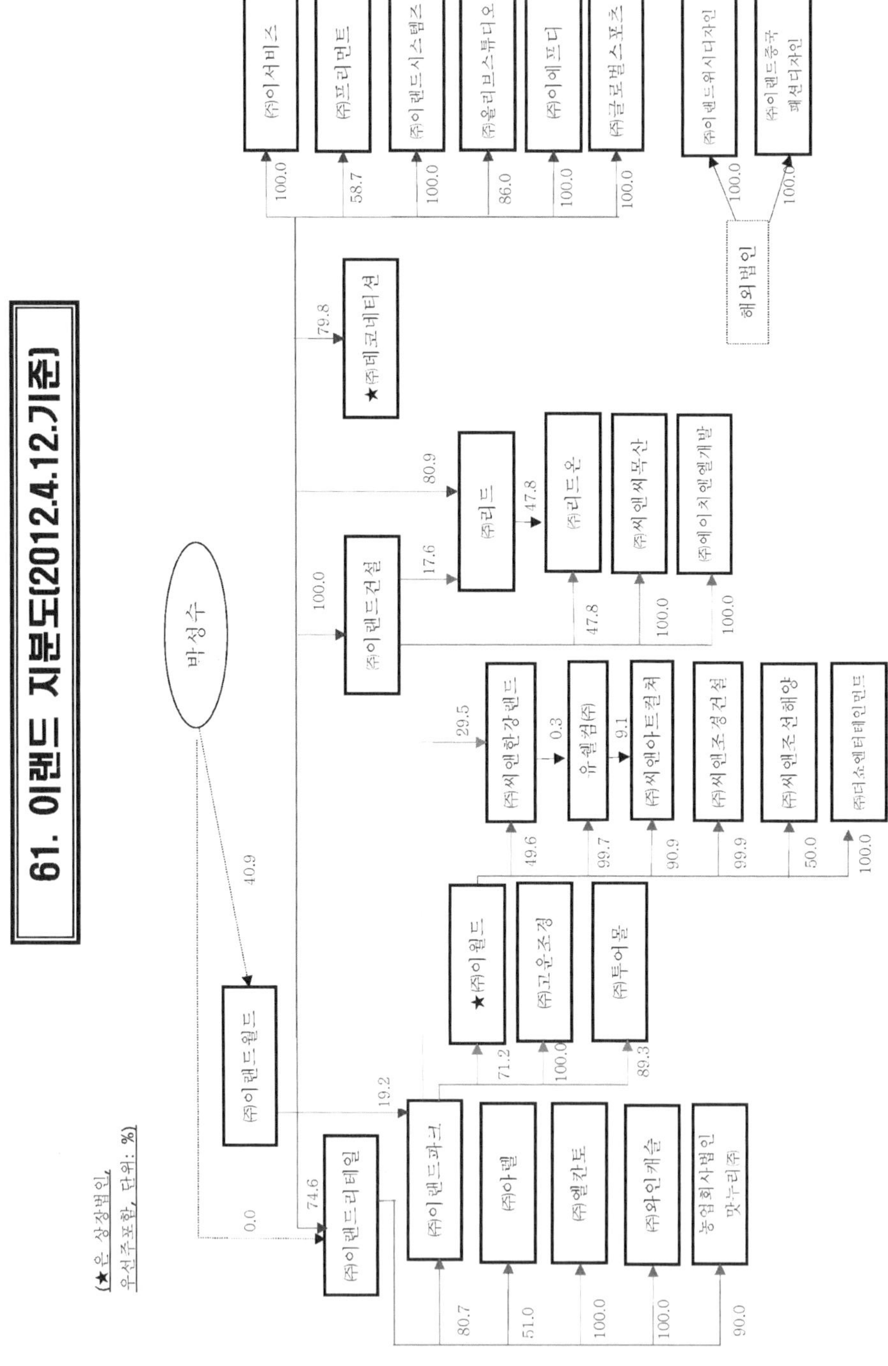

2) 이랜드그룹, 2013년 4월: [순위] 50위, [동일인] 박성수, [계열회사] 27개

박성수 (40%) → 이랜드월드 → 이랜드리테일 등

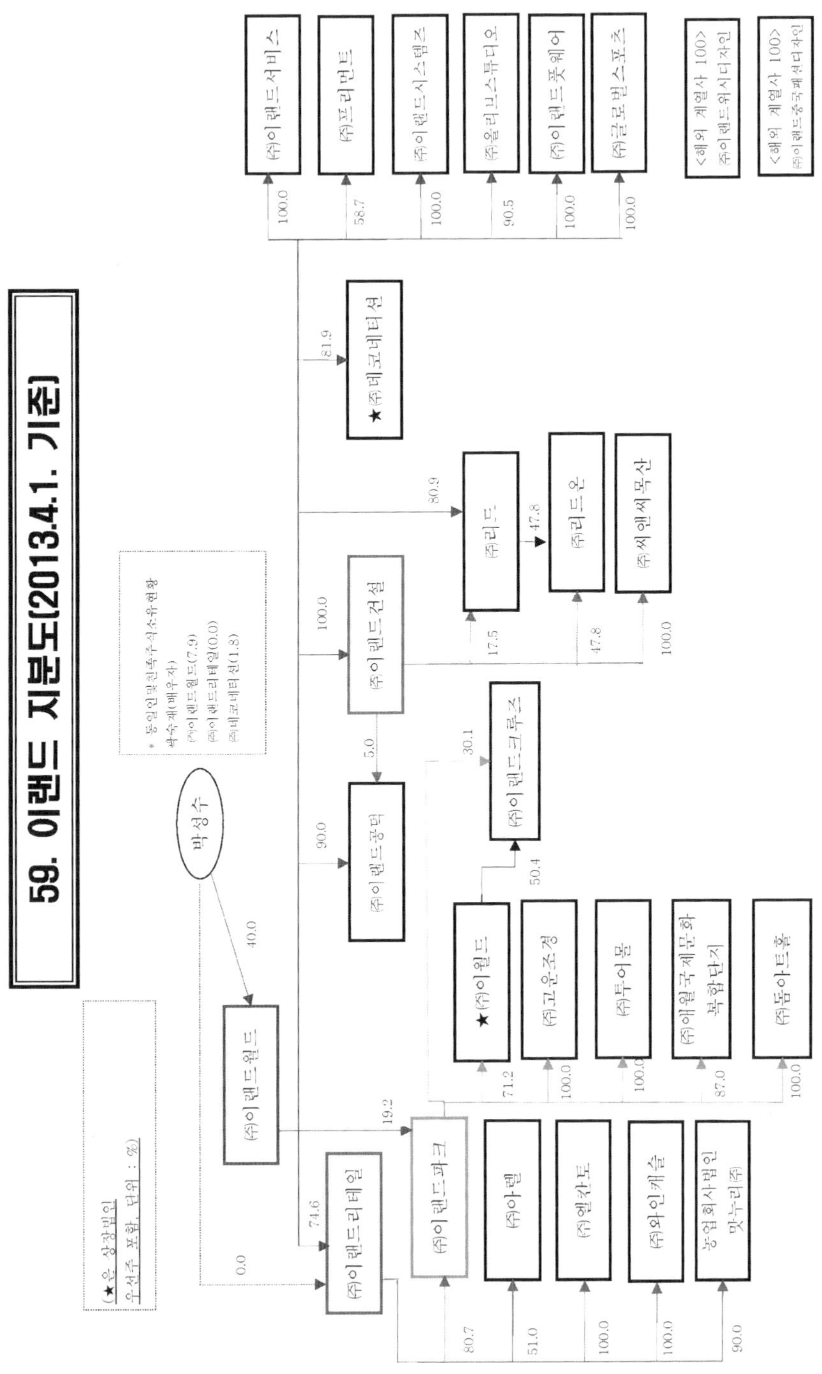

3) 이랜드그룹, 2014년 4월: [순위] 45위, [동일인] 박성수, [계열회사] 24개

박성수 (40.6%) → 이랜드월드 → 이랜드리테일 등

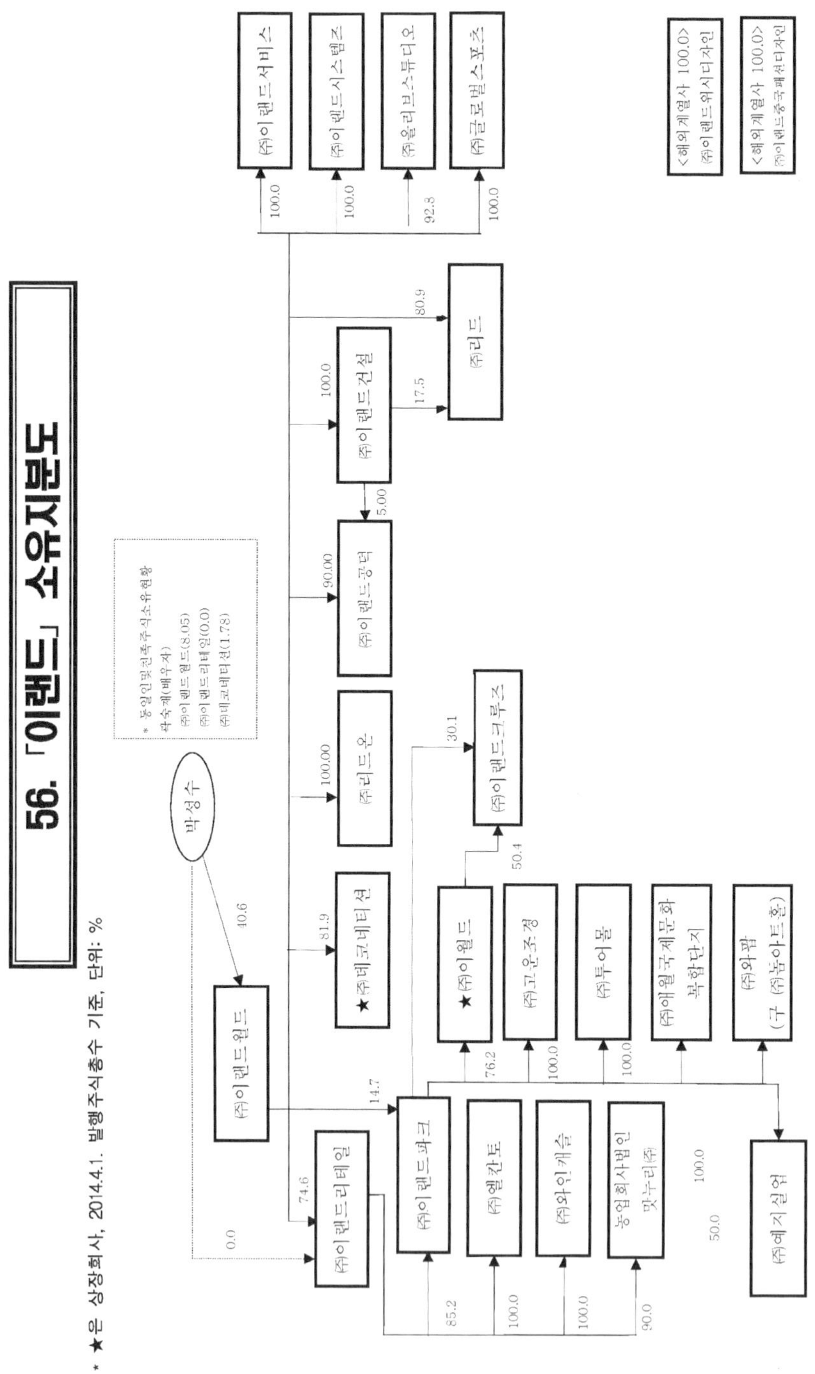

4) 이랜드그룹, 2015년 4월: [순위] 43위, [동일인] 박성수, [계열회사] 25개

박성수 (40.6%) → 이랜드월드 → 이랜드리테일 등

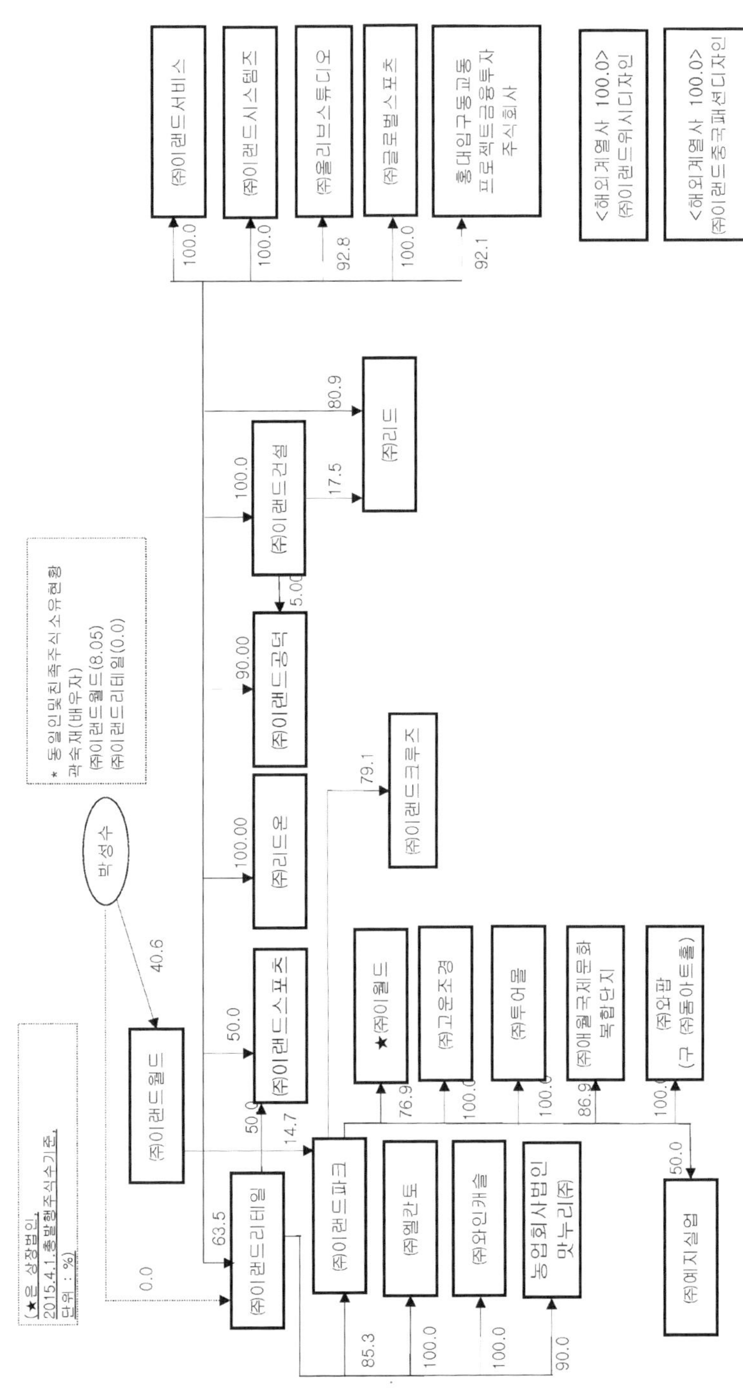

5) 이랜드그룹, 2016년 4월: [순위] 42위, [동일인] 박성수, [계열회사] 29개

박성수 (40.6%) → 이랜드월드 → 이랜드리테일 등

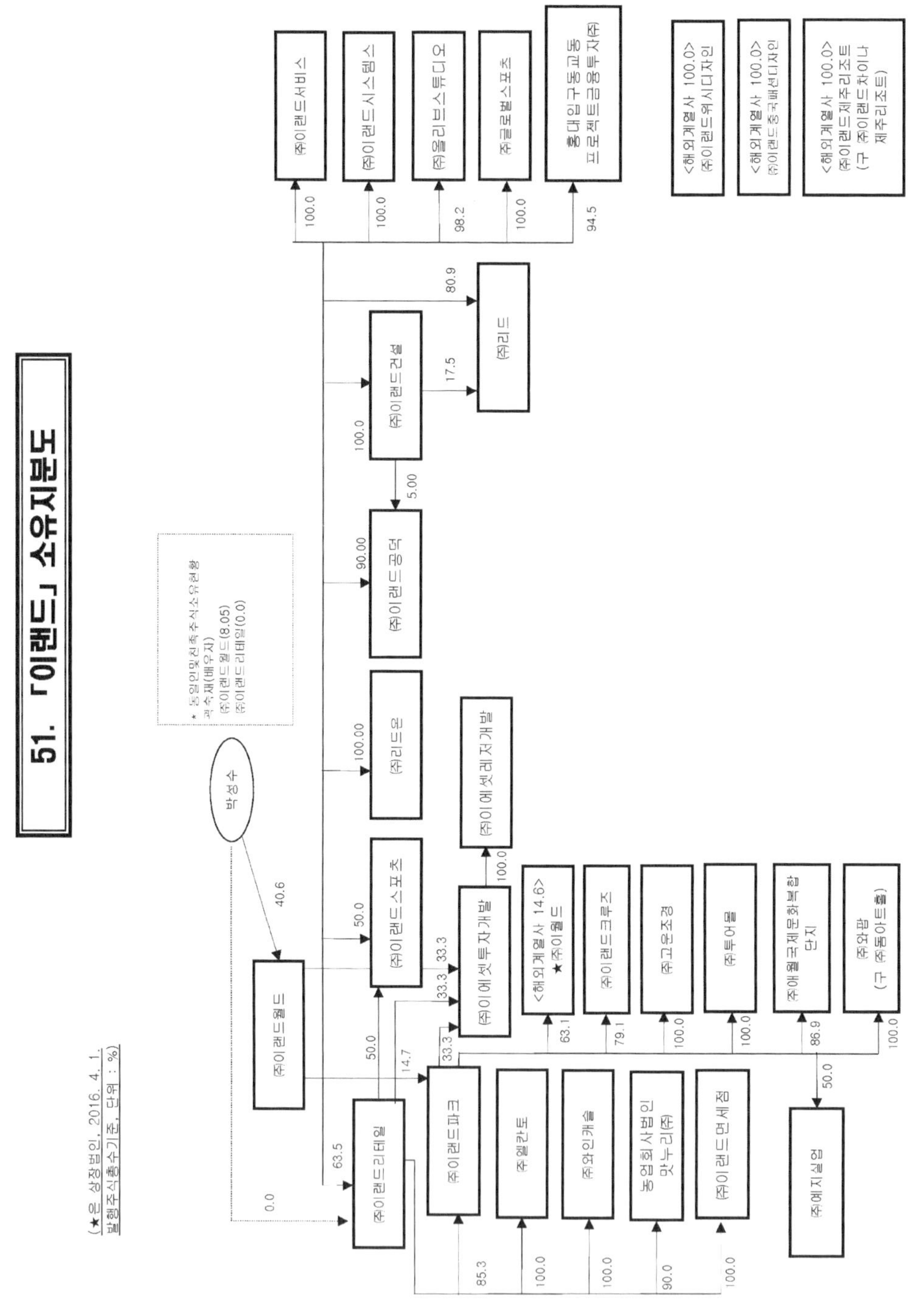

6) 이랜드그룹, 2017년 9월: [순위] 42위, [동일인] 박성수, [계열회사] 29개

박성수 (40.6%) → 이랜드월드 → 이랜드리테일, 이랜드파크 등

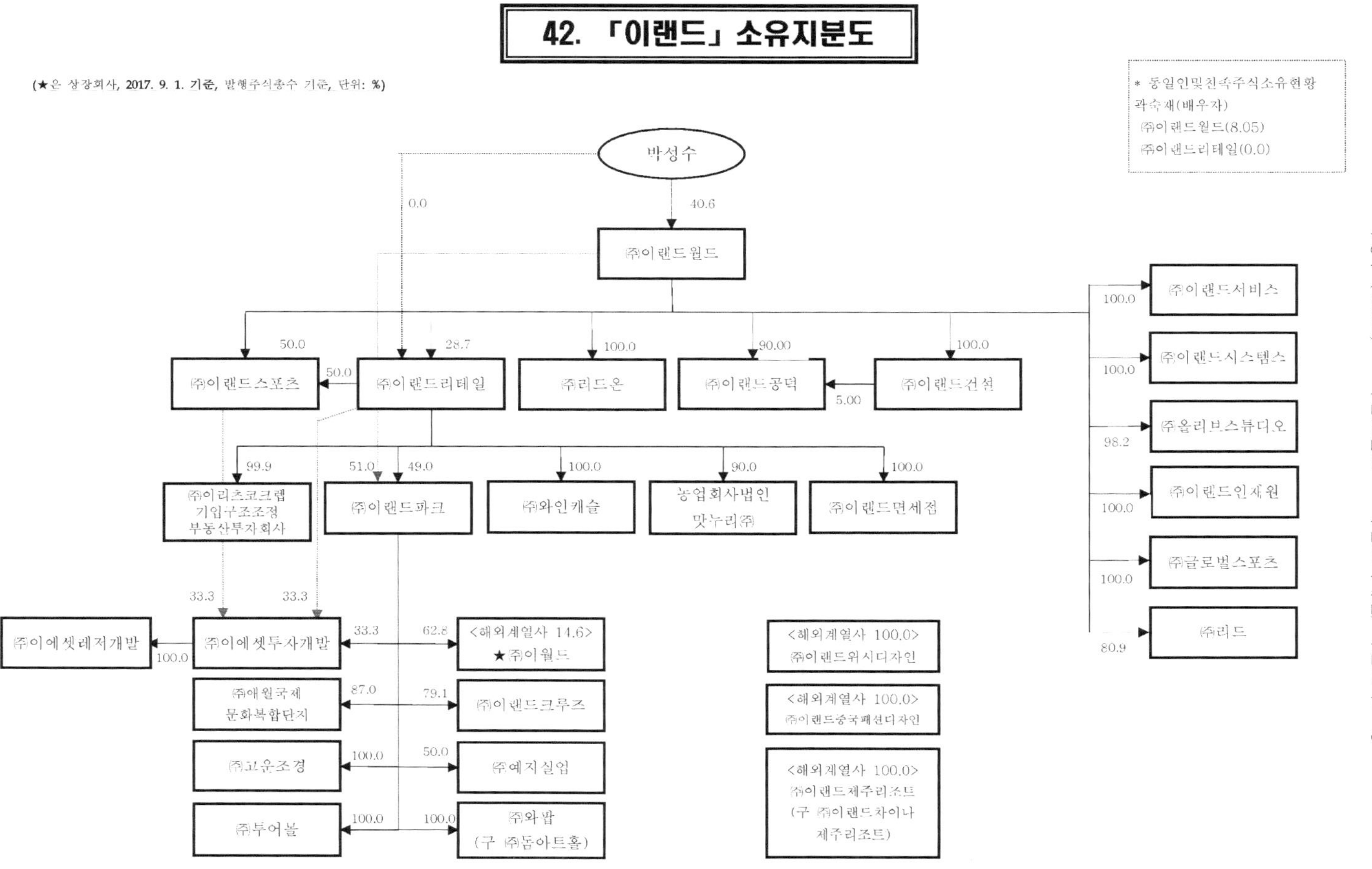

7) 이랜드그룹, 2018년 5월: [순위] 42위, [동일인] 박성수, [계열회사] 30개

박성수 (33.9%) → 이랜드월드 → 이랜드리테일, 이랜드파크 등

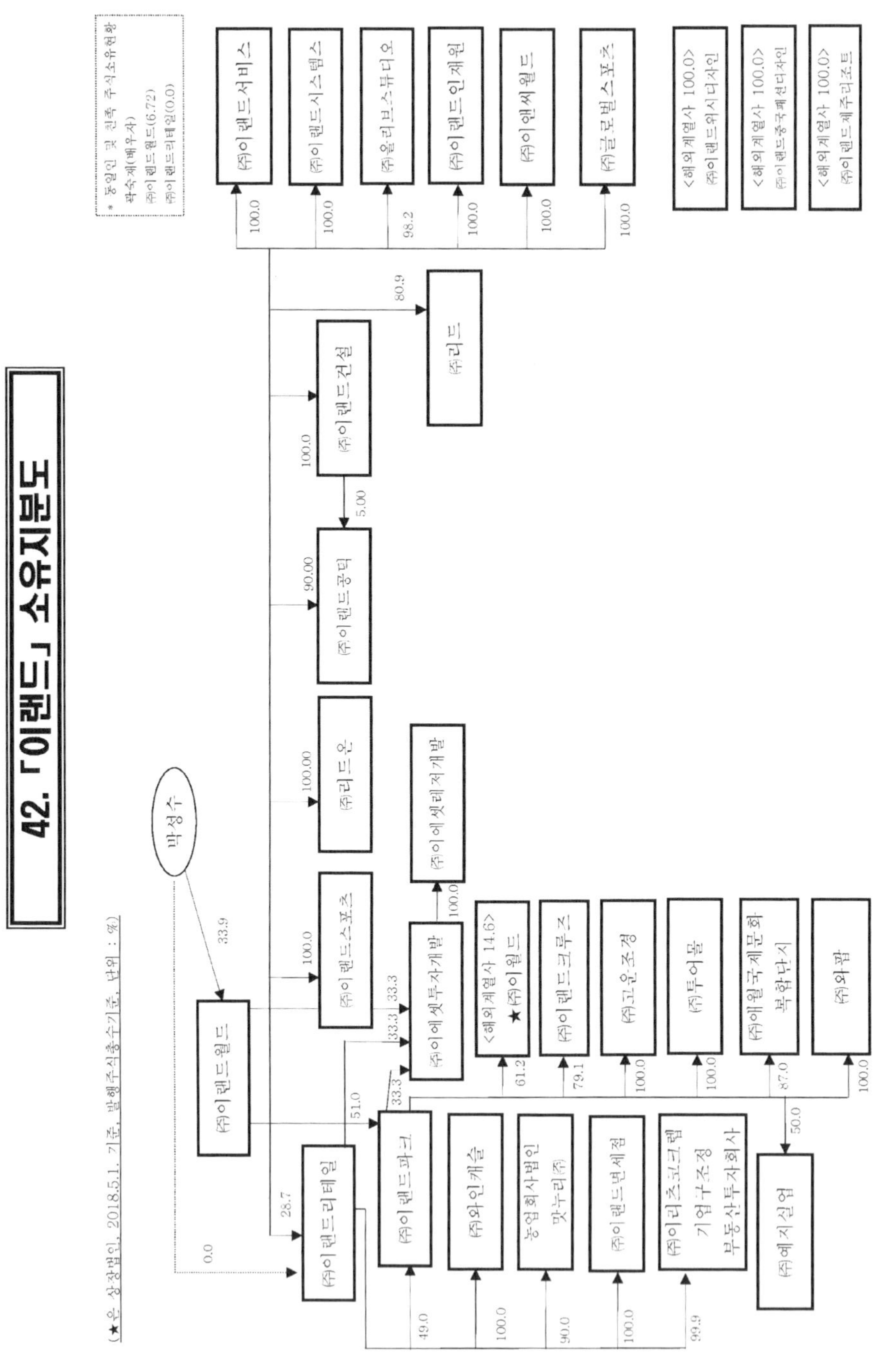

8) 이랜드그룹, 2019년 5월: [순위] 41위, [동일인] 박성수, [계열회사] 29개

박성수 (40.7%) → 이랜드월드 → 이랜드리테일, 이랜드파크 등

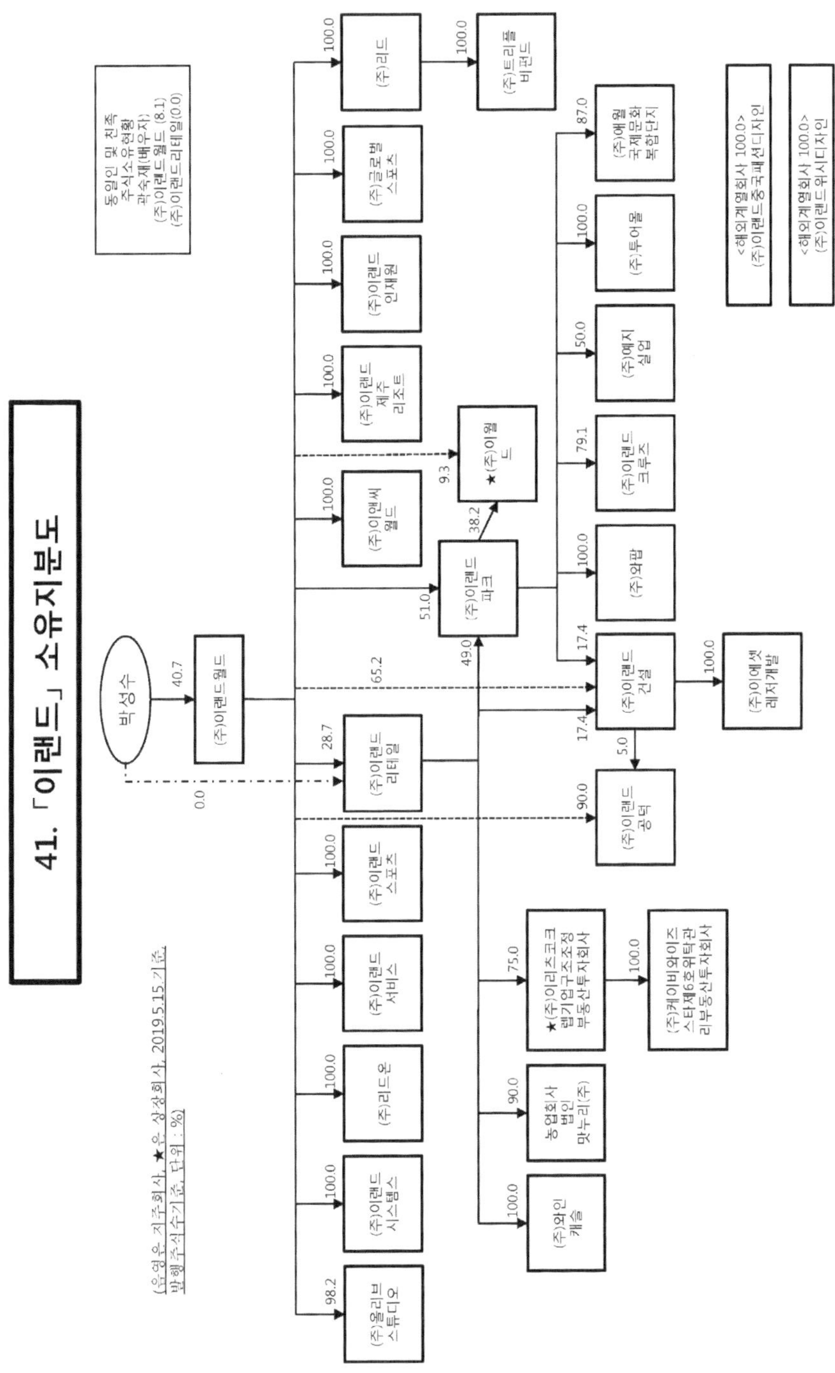

9) 이랜드그룹, 2020년 5월: [순위] 36위, [동일인] 박성수, [계열회사] 31개

박성수 (40.7%) → 이랜드월드 → 이랜드리테일, 이랜드파크 등

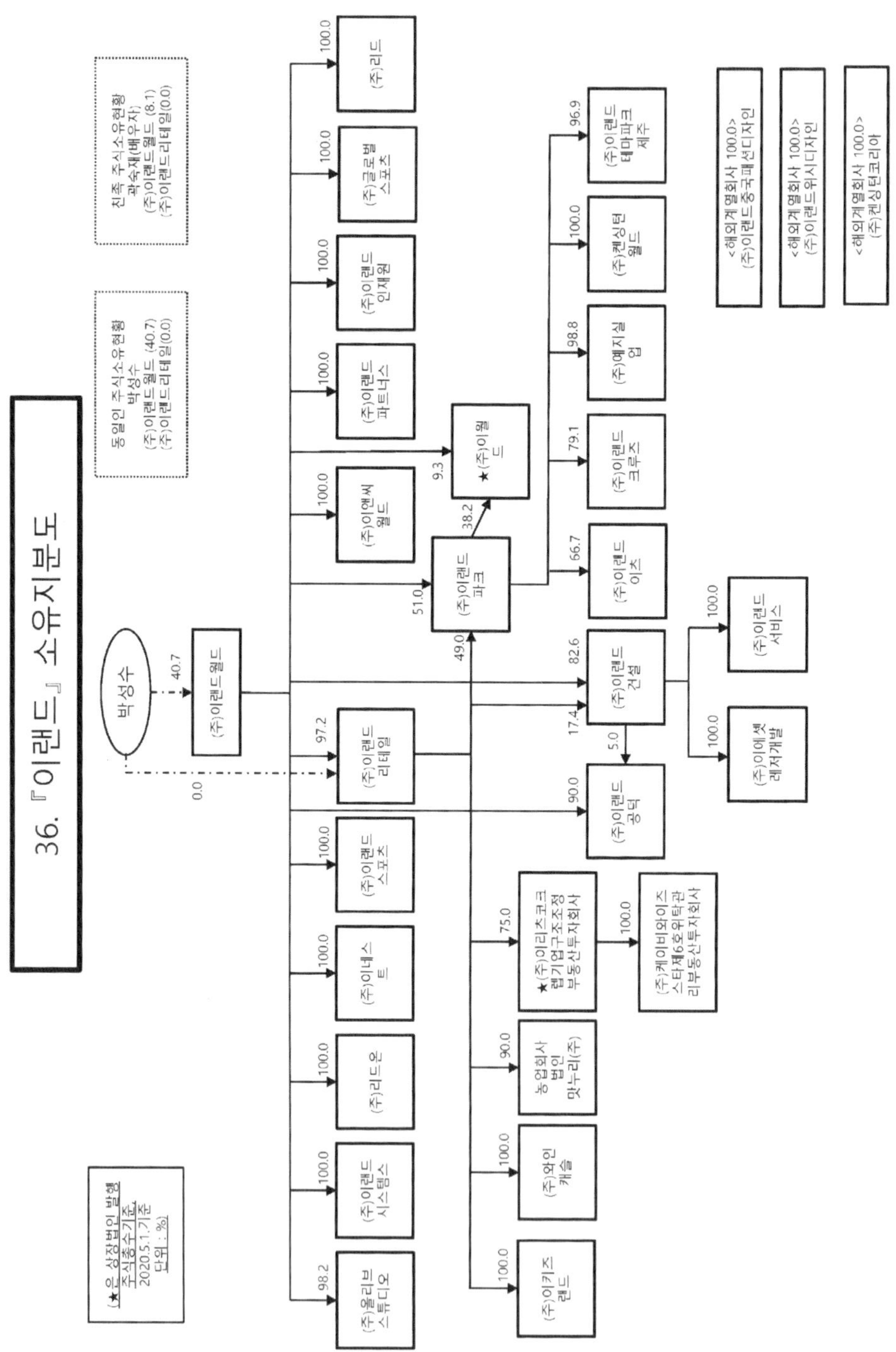

10) 이랜드그룹, 2021년 5월: [순위] 45위, [동일인] 박성수, [계열회사] 33개

박성수 (40.7%) → 이랜드월드 → 이랜드리테일, 이랜드파크 등

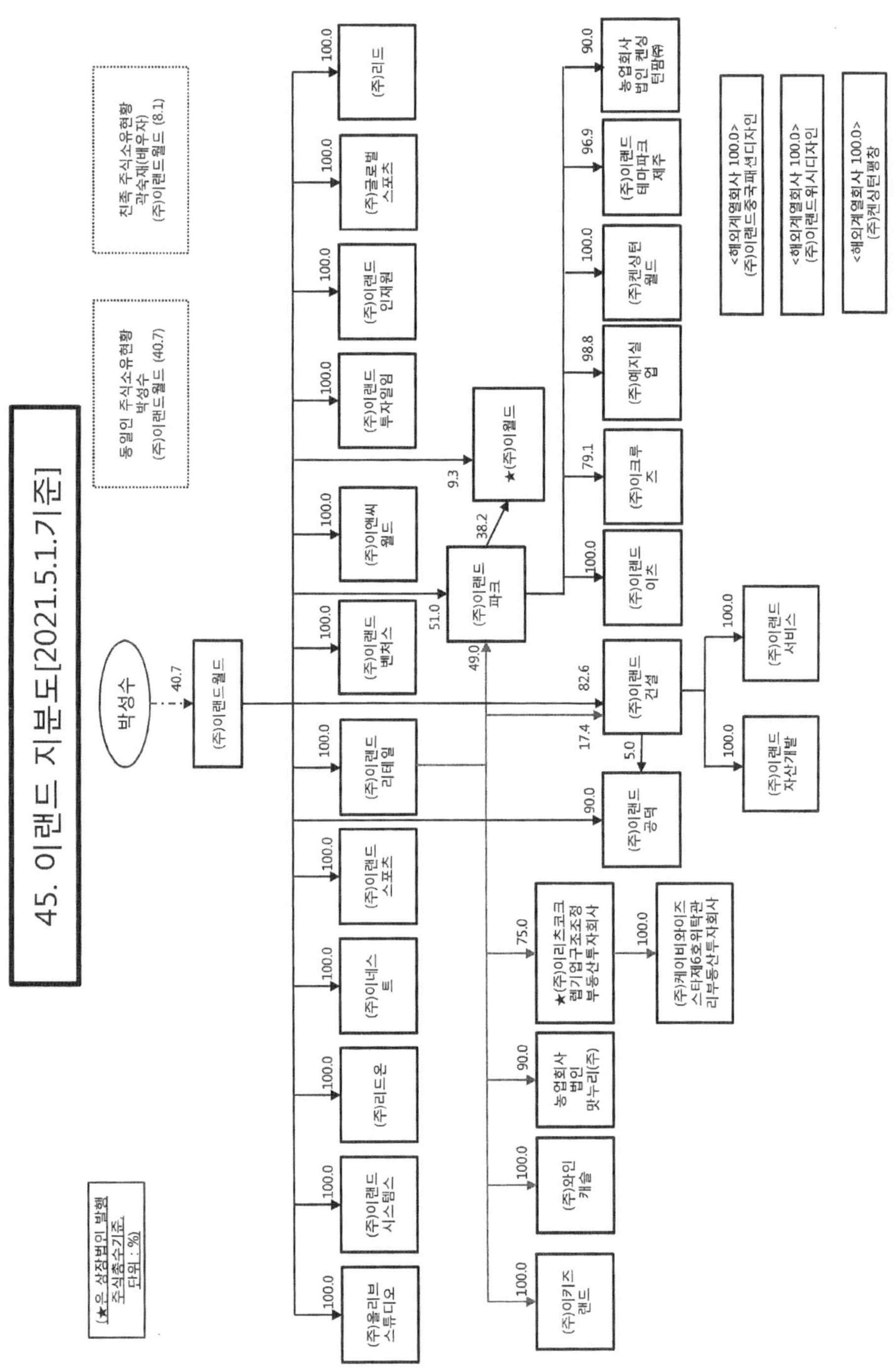

참고문헌

1. 공정거래위원회 홈페이지(www.ftc.go.kr) 자료

대기업집단의 소유지분구조 공개 (2004.12.28.).
2005년 대기업집단의 소유지배구조에 관한 정보 공개 (2005.7.13.).
2006년 대규모기업집단 소유지배구조에 대한 정보 공개 (2006.7.31.).
2007년 대규모기업집단 소유지분구조에 대한 정보 공개 (2007.9.3.).
2008년 대규모기업집단 소유지분구조에 대한 정보 공개 (2008.11.6.).
2009년 대기업집단 주식 소유 현황 등에 대한 정보 공개 (2009.10.23.).
2010년 대기업집단 주식 소유 현황 등에 대한 정보 공개 (2010.10.11.).
2011년 대기업집단 주식 소유 현황 등에 대한 정보 공개 (2011.7.28.).
2012년 대기업집단 주식 소유 현황 및 소유지분도에 대한 정보 공개 (2012.6.29.).
2013년 대기업집단 주식 소유 현황 정보 공개 (2013.5.30.).
2014년 대기업집단 주식 소유 현황 공개 (2014.7.10.).
2015년 대기업집단 주식 소유 현황 공개 (2015.6.30.).
공정위, 2016년 상호출자제한기업집단 주식 소유 현황 공개 (2016.7.7.).
공정위, 2017년 공시대상기업집단 주식 소유 현황 공개 (2017.11.30.).
2018년 공시대상기업집단 주식 소유 현황 (2018.8.27.).
2019년 공시대상기업집단 주식 소유 현황 (2019.9.5.).
2020년 공시대상기업집단 주식 소유 현황 분석·공개 (2020.8.31.).
2021년 공시대상기업집단 주식 소유 현황 분석·공개 (2021.9.1.).

지주회사 설립 동향 (2000.3.10.).
지주회사 설립 동향 (2000.5.31.).
지주회사 전환·설립 신고 현황 (2001.5.11.).
지주회사 설립·전환 신고 동향 (2001.8.7.).
2003년 지주회사 현황 (2003.8.15.).
2004년 지주회사 현황 (2004.7.1.).
2005년 8월 말 현재 지주회사 현황 (2005.9.30.).
2006년 공정거래법상 지주회사 현황 분석 (2006.11.1.).
2007년 공정거래법상 지주회사 현황 분석 (2007.10.4.).
2008년 공정거래법상 지주회사 현황 분석 결과 발표 (2008.10.30.).
2009년 공정거래법상 지주회사 현황 분석 결과 (2009.10.28.).
지주회사 증가 추세 계속 (2010.11.8.).
2011년 공정거래법상 지주회사 현황 분석 결과 발표 (2011.10.27.).
2012년 공정거래법상 지주회사 현황 분석 결과 발표 (2012.10.25.).

2013년 공정거래법상 지주회사 현황 분석 결과 발표 (2013.11.6.).
2014년 공정거래법상 지주회사 현황 분석 결과 발표 (2014.10.29.).
2015년 공정거래법상 지주회사 현황 분석 결과 발표 (2015.10.29.).
공정위, 2016년 공정거래법상 지주회사 현황 분석 결과 발표 (2016.11.2.).
공정위, 2017년 공정거래법상 지주회사 현황 분석 결과 발표 (2017.11.2.).
2018년 공정거래법상 지주회사 현황 분석 결과 발표 (2018.11.13.).
2019년 공정거래법상 지주회사 현황 분석 결과 발표 (2019.11.11.).
2020년 공정거래법상 지주회사 현황 분석 결과 발표 (2020.11.18.).
2021년 공정거래법상 지주회사 현황 분석 결과 발표 (2021.6.10.).

99년도 대규모기업집단 지정 (1999.4.6.).
2000년도 대규모기업집단 지정 (2000.4.17.).
2001년도 대규모기업집단 지정 (2001.4.2.).
2002년도 출자총액제한대상기업집단 지정 (2002.4.3.).
2003년도 상호출자제한기업집단 등 지정 (2003.4.2.).
2004년도 상호출자제한기업집단 등 지정 (2004.4.2.).
개편된 대기업집단제도에 따른 2005년도 상호출자제한기업집단 등 지정 (2005.4.8.).
2006년도 상호출자제한기업집단 등 지정 (2006.4.14.).
2007년도 상호출자제한기업집단 등 지정 (2007.4.13.).
2008년도 상호출자제한기업집단 등 지정 (2008.4.4.).
공정위, 자산 5조 원 이상 48개 상호출자제한기업집단 지정 (2009.4.1.).
공정위, 자산 5조 원 이상 53개 상호출자제한기업집단 지정 (2010.4.1.).
공정위, 자산 5조 원 이상 상호출자제한기업집단으로 55개 지정 (2011.4.5.).
공정위, 자산 5조 원 이상 상호출자제한기업집단으로 63개 지정 (2012.4.12.).
공정위, 자산 5조 원 이상 상호출자제한기업집단 62개 지정 (2013.4.1.).
공정위, 자산 5조 원 이상 상호출자제한기업집단 63개 지정 (2014.4.1.).
공정위, 자산 5조 원 이상 상호출자제한기업집단 61개 지정 (2015.4.1.).
공정위, 65개 상호출자제한기업집단 지정 (2016.4.1.).
공정위, 31개 상호출자제한기업집단 지정 (2017.5.1.).
공정위, 57개 공시대상기업집단 지정 (2017.9.1.).
공정위, 60개 공시대상기업집단 지정 (2018.4.30.).
공정위, 59개 공시대상기업집단 지정 (2019.5.15.).
2020년도 공시대상기업집단 64곳 지정 (2020.5.1.).
2021년도 공시대상기업집단 71개 지정 (2021.4.29.).
2022년도 공시대상기업집단 76개 지정 (2022.4.27.).
대규모기업집단 소속 회사 수 현황, 1987-1999.
대규모기업집단 자산총액 현황, 1987-1999.
대규모기업집단 자본총액·자본금 등 현황, 1987-1999.
대규모기업집단 내부지분율 현황, 1989-1999.

2010년 대기업집단 지배구조 현황에 대한 정보 공개 (2010.12.10.).
2011년 대기업집단 지배구조 현황에 대한 정보 공개 (2011.11.4.).

2012년 대기업집단 지배구조 현황에 대한 정보 공개 (2012.9.27.).
2013년 대기업집단 지배구조 현황 정보 공개 (2013.12.26.).
2014년 대기업집단 지배구조 현황 정보 공개 (2014.11.27.).
2015년 대기업집단 지배구조 현황 분석·발표 (2015.12.23.).
2016년 대기업집단 지배구조 현황 분석·발표 (2016.12.22.).
2017년 상호출자제한기업집단 지배구조 현황 공개 (2017.12.27.).
2018년 공시대상기업집단 지배구조 현황 공개 (2018.12.6.).
2019년 공시대상기업집단 지배구조 현황 공개 (2019.12.9.).
2020년 공시대상기업집단 지배구조 현황 공개 (2020.12.9.).
2021년 공시대상기업집단 지배구조 현황 공개 (2021.12.2.).

2. 기업집단포털(www.egroup.go.kr) 자료

1. **지분도***.
2. 주식 소유: 집단별 소속 회사 소유지분구조 현황, 집단별 소속 회사 간 주식 보유 현황, 집단별 순환출자 현황, 내부지분(대동 비교), 특수관계인 내부지분, 내부 지분(주식수 대비).
3. 지주회사: 설립/전환 신고 현황, 자회사 및 손자회사 현황, 계열사 관계 현황.
4. 지배구조: 사외이사 현황, 이사회 내 위원회 현황, 주주총회 의결권 관련 제도 현황.
5. 기업집단: 지정 현황, 집단별 계열사 수 및 자산총액, 그룹 관련 현황, 집단별 기업공개 현황.
6. 소속 회사: 기업집단 소속 회사 조회, 소속 회사 개요, 소속 회사 재무 현황, 소속 회사 임원 현황, 소속 회사 주주 현황, 소속 회사 참여 업종 현황.
7. 경영성과 정보: 기업집단 경영성과 정보, 기업집단 간 비교, 회사 간 비교.
8. 채무보증: 집단별 소속사 간 채무보증 현황, 제한 제외 사유별 현황.

3. 금융감독원 전자공시시스템(http://dart.fss.or.kr) 자료

사업보고서, 반기보고서, 분기보고서; 감사보고서, 연결감사보고서.

4. 일반문헌: '김동운 (Dong-Woon Kim)' 집필 자료

(1999, 공저) <한국재벌개혁론>, 나남출판.
(1999, 공저) <한국 5대 재벌 백서, 1995-1997>, 나남출판.
(2001) <박승직상점, 1882-1951년>, 혜안.
(2005, 공저) <재벌의 경영지배구조와 인맥 혼맥>, 나남출판.
(2008, 공저) <대한민국기업사 1>, 중앙북스.
(2008) <한국재벌과 개인적 경영자본주의>, 혜안.
(2010, 공저> <대한민국기업사 2>, 주영사.

(2011) <한국재벌과 지주회사체제: LG와 SK>, 이담북스.
(2013) <한국재벌과 지주회사체제: CJ와 두산>, 이담북스.
(2015) <한국재벌과 지주회사체제: GS와 LS>, 이담북스.
(2016) <한국재벌과 지주회사체제: 34개 재벌의 현황과 자료>, 한국학술정보.
(2017) <한국재벌과 지주회사체제: 34개 재벌의 추세와 특징>, 한국학술정보.
(2019) <한국의 대규모기업집단 30년, 1987-2016> 1·2권, 한국학술정보.
(2020) <한국재벌과 지주회사체제 20년, 2000-2019>, 한국학술정보.
(2020) <구광모와 박정원: 재벌 4세의 소유 경영 승계>, 한국학술정보.
(2021) 'The Emergence of New Corporate Governance and the Consolidation of Personalized Managerial Capitalism in South Korea' in K. Sogner and A. Colli (eds.), <The Emergence of Corporate Governance: People, Power, and Performance>, Routledge.

(2003), 'Interlocking Ownership in the Korean Chaebol', <Corporate Governance: An International Review> 11-2.
(2007) 'LG그룹 지주회사체제의 성립과정과 의의', <경영사학> 22-1.
(2010) '한진중공업그룹 지주회사체제의 성립과정과 의의', <지역사회연구> 18-1.
(2010) '한국재벌과 지주회사체제 - SK그룹의 사례', <경영사학> 25-2.
(2010) '금호아시아나그룹과 지주회사체제', <지역사회연구> 18-3.
(2011) '대규모기업집단과 지주회사', <지역사회연구> 19-1.
(2011) '공정거래법상 지주회사의 주요 추세와 특징 - 신설·존속 지주회사, 계열회사, 지주 비율, 자산총액을 중심으로', <기업경영연구> 18-2.
(2011) 'LG그룹 지주회사체제와 개인화된 지배구조의 강화, 2001-2010년', <경영사학> 26-3.
(2012) '지주회사체제와 개인화된 지배구조의 강화: CJ그룹의 사례, 1997-2012년', <경영사학> 27-3.
(2012) '두산그룹 지주회사체제와 개인화된 소유지배구조의 강화, 1998-2011년', <질서경제저널> 15-3.
(2012) 'CJ그룹과 두산그룹의 지주회사체제 성립과정: 주요 추세 및 특징의 비교', <유라시아연구> 9-3.
(2013) '두산그룹 지주회사체제와 개인화된 경영지배구조의 강화, 1998-2011년', <질서경제저널> 16-1.
(2013) '한국재벌과 지주회사체제: 주요 추세 및 특징, 2001-2011년', <경영사학> 28-2.
(2013) 'BS금융그룹과 DGB금융그룹', <지역사회연구> 21-4.
(2014) '대규모기업집단의 변천, 1987-2013년: 지정 연도 수 및 순위를 중심으로', <경영사학> 29-2.
(2014) 'GS그룹의 소유구조, 2005-2013년', <경영사학> 29-4.
(2014) '한국재벌과 지주회사체제: GS그룹과 LS그룹의 비교', <질서경제저널> 17-4.
(2015) '재벌 오너 일가의 경영지배: GS그룹과 LS그룹의 사례', <전문경영인연구> 18-4.
(2015) '한진그룹 지주회사체제의 성립과정과 의의, 2009-2015년', <질서경제저널> 18-4.
(2015) '재벌오너 일가의 소유방정식: GS그룹과 LS그룹의 사례', <질서경제저널> 18-2.
(2016) '한진그룹 오너 조양호 일가의 소유지배에 관한 사적 고찰', <경영사학> 31-4.
(2018) '한국의 대규모기업집단, 1987-2016년', <경영사연구> 33-2.
(2019) '롯데그룹 지주회사체제의 성립 과정과 의의', <경영사연구> 34-1.
(2019) '두산그룹과 4세 경영: 승계 과정 및 의의', <경영사연구> 34-4.
(2019) 'LG그룹과 4세 경영', <전문경영인연구> 22-4.
(2020) '한국재벌과 소유·경영 승계: LG와 두산의 비교', <경영사연구> 35-1.
(2021) '롯데그룹의 소유구조', <경영사연구> 36-4.

김동운

동의대학교 경제학과 교수
이메일: dongwoon@deu.ac.kr

한국경영사학회 부회장,『경영사연구』편집위원

『The Emergence of Corporate Governance: People, Power, and Performance』(공저, 2021)
『구광모와 박정원: 재벌 4세의 소유 경영 승계』(2020)
『한국재벌과 지주회사체제 20년, 2000-2019』(2020)
『한국의 대규모기업집단 30년, 1987-2016 1』(2019)
『한국의 대규모기업집단 30년, 1987-2016 2』(2019)
『한국재벌과 지주회사체제: 34개 재벌의 추세와 특징』(2017)
『한국재벌과 지주회사체제: 34개 재벌의 현황과 자료』(2016)
『한국재벌과 지주회사체제: GS와 LS』(2015)
『한국재벌과 지주회사체제: CJ와 두산』(2013)
『한국재벌과 지주회사체제: LG와 SK』(2011)
『대한민국기업사 2』(공저, 2010)
『Encyclopedia of Business in Today's World』(공저, 2009)
『한국재벌과 개인적 경영자본주의』(2008)
『대한민국기업사 1』(공저, 2008)
『재벌의 경영지배구조와 인맥 혼맥』(공저, 2005)
『A Study of British Business History』(2004)
『The Oxford Encyclopedia of Economic History』(공저, 2003)
『박승직상점, 1882-1951년』(2001)
『한국 5대 재벌 백서, 1995-1997』(공저, 1999)
『한국재벌개혁론』(공저, 1999)

대규모기업집단
소유지분도

10년

2 0 1 2 - 2 0 2 1

2

초판인쇄 2022년 8월 12일
초판발행 2022년 8월 12일

지은이 김동운
펴낸이 채종준
펴낸곳 한국학술정보㈜
주 소 경기도 파주시 회동길 230(문발동)
전 화 031) 908-3181(대표)
팩 스 031) 908-3189
홈페이지 http://ebook.kstudy.com
E-mail 출판사업부 publish@kstudy.com
등 록 제일산-115호(2000. 6. 19)

ISBN 979-11-6801-601-9 93330